NUEVO ESPAÑOL EN MARCHA
한국어판

3

*Nuevo Español en marcha*는 어떤 책인가요?

NUEVO ESPAÑOL EN MARCHA는 '유럽연합 공통 참조 기준(Marco Común Europeo de Referencia)'에서 제시하는 A1, A2, B1, B2 단계에 적합한 내용을 아우르는 총 4권으로 구성된 스페인어 코스북입니다. 이 세 번째 교재를 모두 학습하면 학습자는 누구나 알고 있는 주제에 대하여 표준 스페인어로 작성된 텍스트를 이해할 수 있을 것입니다. 또한 경험, 사건, 욕구, 소망 등에 대해 단순한 어휘를 이용하여 서술할 수 있게 됩니다. '의사소통과 문화' 섹션에서 학습자는 자신의 언어능력을 좀 더 단단하게 다질 수 있고, 최종적으로는 스페인어권 국가로의 여행에서부터 이의 신청, 상이한 유형의 문서 작성 등에 이르기까지 다양한 상황에 적절하게 대처할 수 있습니다.

1 단원 도입

해당 단원에서 학습하게 될 내용을 제시합니다.
또한 학습에 필요한 음성 파일을 QR 코드로 제공하였으며, 해당 MP3 파일은 다락원 홈페이지에서도 무료로 다운로드 받을 수 있습니다.

2 A, B, C 섹션

각 섹션의 주제 내용을 소개하고, 각 활동을 진행하며 연습 문제까지 풀어 봅니다. 매 섹션은 예시에서부터 응용을 위한 마지막 연습 활동 부분까지 세심하게 조절된 단계가 순차적으로 연결되어 있습니다. 각 단원을 공부하면서 학습자는 읽기, 듣기, 쓰기, 말하기의 능력을 발전시킬 수 있으며, 다양한 과제를 통해 문법, 어휘, 발음을 심도 있게 학습할 수 있습니다.

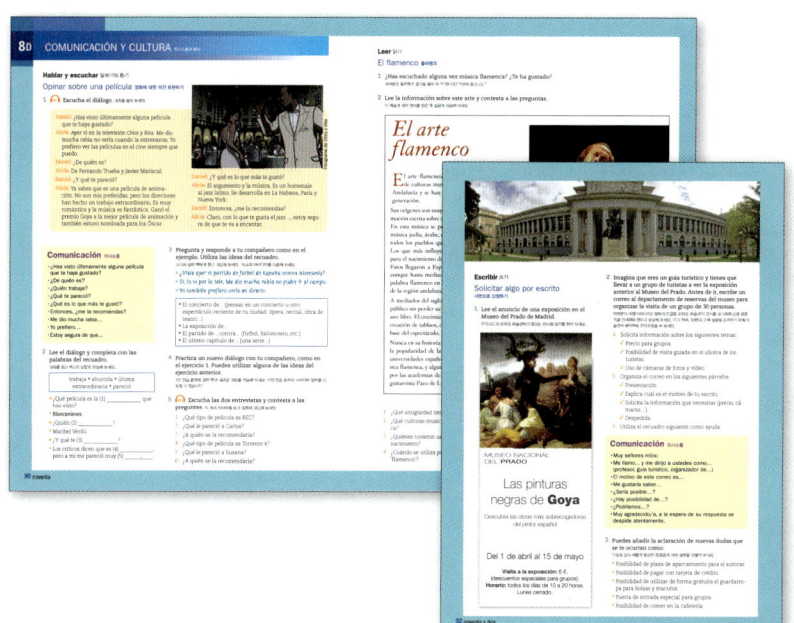

3 D 섹션: 의사소통과 문화

- 말하기와 듣기 1페이지: 일상생활에서의 대화를 듣고 이를 재현합니다.
- 읽기 1페이지: 이를 통해 스페인어권 국가의 문화에 대한 지식을 얻습니다.
- 쓰기 1페이지: 이메일, 이의 제기용 문서, 이력서, 엽서 등을 작성하는 법을 배웁니다.

4 자체 평가

단원의 학습 목표를 요약 정리하고 이해 확인을 위한 활동입니다. '유럽 언어 포트폴리오 (Portfolio Europeo de las Lenguas)' 기준에 따라 학습자가 자신의 발전 정도를 평가할 수 있는 테스트가 포함됩니다.

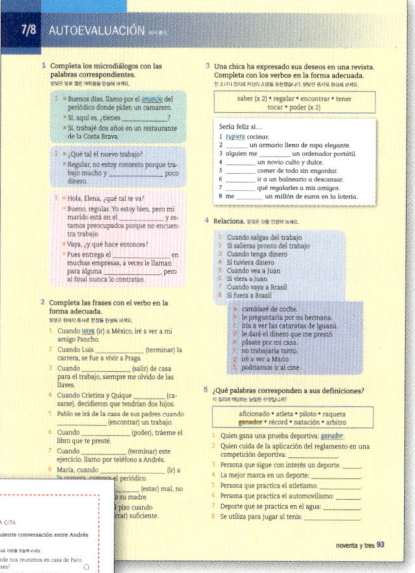

5 부록

- 문법 및 어휘, 실전 연습 문제
- 규칙동사와 불규칙동사
- 듣기 대본·읽기 지문 번역
- 정답

Nuevo Español En Marcha 한국어판은 부록에 〈듣기〉 대본만 실려 있던 기존 원서와는 달리 한국어 번역을 추가하고, 본문에 나온 〈읽기〉 지문의 한국어 번역도 수록하여 한국인 학습자들이 내용을 확인할 수 있도록 하였습니다. 또한, '활동' 부분에 해당하는 정답을 추가하여 기존 원서에서는 정답을 확인하기 위해 교사용 지도서를 별도 구매해야 했던 부담을 덜고자 하였습니다.

Contenidos 내용 구성표

TEMA	A	B	C	D	PÁG.
Unidad 1 Gente 사람들	Vida cotidiana • Rutinas y tiempo libre: 일과와 여가 *¿Cuánto tiempo hace que…?* *¿Desde cuándo…?*	¿Qué hiciste? ¿Qué has hecho? • Hablar de experiencias en el pasado. 과거의 경험에 대해 이야기하기 • Repaso de usos verbales (pretérito perfecto, indefinido e imperfecto). 과거시제 복습 (현재완료, 단순과거, 불완료과거)	El futuro que nos espera • Hablar sobre el futuro 미래에 대해 이야기하기 • Usos del futuro. 미래시제의 용법 **Pronunciación y ortografía:** Acentuación. 강세	**Hablar y escuchar:** Conocer a alguien. 누군가를 처음 만났을 때 **Cultura:** El voseo 문화: vos로 부르기 **Escribir:** • Organización de un escrito. 글의 작성 순서 • Los párrafos. 문단 • Uso de mayúsculas. 대문자의 쓰임	7
Unidad 2 Lugares 장소	En la estación • Viajar. Referirse al pasado. 여행하기. 과거에 대해 이야기하기 • Comprar billetes de tren, avión, autobús. 기차표, 비행기표, 버스표 구입하기 • Pretérito pluscuamperfecto: 과거완료 *Cuando llegamos, el tren ya había salido.*	¿Cómo vas al trabajo? • Moverse por la ciudad 도시에서 이동하기 • Hablar de transportes. 교통수단에 대해 이야기하기 • Verbos de movimiento. 이동을 나타내는 동사 **Pronunciación y ortografía:** Entonación exclamativa. 감탄문의 억양	Intercambio de casa • Describir una casa. 집 묘사하기 • Preposiciones de lugar. 장소 전치사 • Pedir información para intercambiar una casa. 집 교환을 위한 정보 요청하기	**Hablar y escuchar:** Hacer sugerencias. 제안하기 **Cultura:** Cartagena de Indias 문화: 카르타헤나 데 인디아스 **Escribir:** Un correo personal. 개인적인 전자 우편	17
Autoevaluación 1/2 자기 평가 1/2					27
Unidad 3 Relaciones personales 인간관계	Julia me cae bien • Conocer a los otros. 다른 사람 만나기 Hablar del carácter. 성격에 대해 이야기하기 • Verbos reflexivos, verbos "le". 재귀동사, le와 함께 쓰는 동사들 **Pronunciación y ortografía:** Entonación interrogativa. 의문문의 억양	Amigos • Descripción física y de la personalidad. 외모와 성격에 대해 서술하기 • Oraciones de relativo: indicativo o subjuntivo. 관계사 구문: 직설법, 접속법	Tengo problemas • Pedir y dar consejos y sugerencias. 충고나 제안하기, 충고나 제안을 부탁하기 • Hablar de sentimientos. 감정에 대해 이야기하기 • Condicional: forma y uso para dar consejos. 조건문: 형태와 용법 충고하기	**Hablar y escuchar:** Describir cómo son las personas. 사람들에 대해 서술하기 **Cultura:** Machu Picchu 문화: 마추피추 **Escribir:** Rellenar formularios. 신청서 작성하기	29
Unidad 4 El tiempo pasa 시간은 흐른다	¡Cuánto tiempo sin verte! • Hablar del pasado. 과거에 대해 이야기하기 • Perífrasis verbales: 완곡어법 동사 *dejar de, acabar de, empezar a, volver a* + infinitivo • Perífrasis verbales: 완곡어법 동사 *seguir, llevar* + gerundio 현재분사 • *Estaba / estuve / he estado* + gerundio. 현재분사	La educación antes y ahora • Hablar de hábitos del pasado. 과거의 습관에 대해 이야기하기 • Pretérito imperfecto. 불완료과거 • Antes y ahora. 과거와 현재	Trabajo y vocación • Pretérito perfecto para hablar de experiencias. 경험 표현을 위한 현재완료 • Formación de palabras: contrarios con *in- / i- / des-*. 반의어의 형성: 접두사 in- / i- / des- **Pronunciación y ortografía:** Acentuación de monosílabos. 단음절 어휘의 강세	**Hablar y escuchar:** Comentar los cambios de la vida. 삶의 변화에 대해 이야기하기 **Cultura:** Test sobre España y los españoles 문화: 스페인과 스페인 사람들에 대한 테스트 **Escribir:** Signos de puntuación: punto, dos puntos y coma. 구두점: 마침표, 쌍점, 쉼표,	39
Autoevaluación 3/4 자기 평가 3/4					49

TEMA	A	B	C	D	PÁG.
Unidad 5 Salud y enfermedad 건강과 질병	**¿Por qué soy vegetariano?** • Hablar de dietas. 식단에 대해 이야기하기 • Léxico de comida. 음식 관련 어휘 • Oraciones finales: *para + infinitivo / para que + subjuntivo / para qué + indicativo.* 목적절: para + 동사원형 / para que + 접속법 / para qué + 직설법	**Las otras medicinas** • Hablar de terapias alternativas. 대체 의학에 대해 이야기하기 • Léxico del cuerpo humano. 인체 관련 어휘	**El sueño** • Consejos para dormir bien. 숙면을 위한 조언 • Imperativo para dar consejos. 조언을 위한 명령형 **Pronunciación y ortografía:** La *g* y la *j*. g와 j	**Hablar y escuchar:** Dar consejos. 충고하기 **Cultura: Cuba** 문화: 쿠바 **Escribir:** Carta a un consultorio de salud. 병원에서 보내는 편지	51
Unidad 6 Nuestro mundo 우리의 세계	**Ecológicamente correcto** • Expresar sentimientos y opiniones: *me preocupa, me molesta que* + subjuntivo. 감정과 의견 표현하기: me preocupa, me molesta que + 접속법	**Menos humos, por favor** • Expresar recomendaciones y obligaciones: *Hay que, es necesario* + infinitivo, *Es necesario que, hace falta que* + subjuntivo. 권고와 의무 표현하기: hay que, es necesario + 동사원형, es necesario que, hace falta que + 접속법 • Hacer valoraciones: *Es conveniente que* + subjuntivo. 가치평가하기: es conveniente que + 접속법 **Pronunciación y ortografía:** *Qu, z, c.*	**La ecologista del Himalaya** • Comparativos y superlativos. 비교급과 최상급 • Léxico de geografía. 지리 관련 어휘	**Hablar y escuchar:** Protestar ante una situación. 어떤 상황에 대해 반대하기 **Cultura: Ciudades españolas Patrimonio de la Humanidad** 문화: 세계 문화유산인 스페인의 도시들 **Escribir:** Carta al director de un periódico. 편집장에게 보내는 편지	61
Autoevaluación 5/6 자기 평가 5/6					71
Unidad 7 Trabajo y profesiones 일과 직업	**Un buen trabajo** • Hablar de profesiones. 직업에 대해 이야기하기 • Hablar de condiciones laborales. 근로 조건에 대해 이야기하기	**Cuando pueda, cambiaré de trabajo** • Oraciones temporales con *cuando*. cuando 시간절 • *Cuando* + subjuntivo, *cuándo* + futuro. cuando + 접속법, cuándo + 미래시제	**Si tuviera dinero...** • Hablar de condiciones poco probables. 가능성이 희박한 가정 • Oraciones condicionales: *Si tuviera dinero...* 조건문: Si tuviera dinero... • Pretérito imperfecto de subjuntivo. 접속법 불완료과거 **Pronunciación y ortografía:** futuro / pretérito imperfecto de subjuntivo. 미래, 접속법 불완료과거	**Hablar y escuchar:** Buscando trabajo. 직장을 구하면서 **Cultura: Refranes** 문화: 속담 **Escribir:** Carta de motivación. 지원서	73
Unidad 8 Tiempo de ocio 여가	**Deportes** • Léxico de deportes. 스포츠 용어 • Hablar de deportistas. 운동선수에 대해 이야기하기	**¿Salimos?** • Concertar una cita. 만날 약속하기 • Estilo indirecto (I): transmitir una información. 간접화법(I): 정보 전달하기	**Música, arte y literatura** • Léxico de espectáculos. 관람물 관련 어휘 • Leer un fragmento de una obra de teatro. 극작품 일부 읽어 보기	**Hablar y escuchar:** Opinar sobre una película. 영화에 대한 의견 표현하기 **Cultura: El flamenco** 문화: 플라멩코 **Escribir:** Carta formal a una institución. 특정 단체에 공식적인 편지 쓰기	83
Autoevaluación 7/8 자기 평가 7/8					93

TEMA	A	B	C	D	PÁG.
Unidad 9 Noticias 뉴스	Sucesos • Leer y escuchar noticias periodísticas. 신문 뉴스 읽고 듣기 • Léxico del delito. 범죄 관련 용어 • La voz pasiva. 수동태	¡Cásate conmigo! • Estilo indirecto (II): transmitir órdenes, peticiones, sugerencias. 간접화법(II): 명령, 부탁, 제안하기	Quiero que mi ciudad esté bonita • Expresión de deseo: *Me gustaría* + infinitivo / *Me gustaría que* + subjuntivo. 소망 표현: me gustaría + 동사원형 / me gustaría que + 접속법 • Pronunciación y ortografía: oposición /p/ y /b/ /p/y /b/의 대비	Hablar y escuchar: Hablar de planes de estudios. 학업 계획에 대해 이야기하기 Cultura: Atapuerca 문화: 아타푸에르카 Escribir: Notas y recados. 메모와 메시지	95
Unidad 10 Tiempo de vacaciones 휴가철	De viaje • Hacer preparativos para un viaje. 여행 준비하기 • Expresión de la probabilidad y de la conjetura: *a lo mejor, quizás, seguramente...* 가능성과 추측 표현: a lo mejor, quizás, seguramente...	Alojamientos • Elegir un hotel. Léxico de hospedajes. 호텔 고르기, 호텔 관련 용어 • Pedir un servicio. 서비스 신청하기 • Pronunciación y ortografía: Diptongos, triptongos e hiatos. 이중모음, 삼중모음, 모음분립	Historias de viajes • Tiempos de la narración. 서술문에서의 시제 • Contar anécdotas. 일화 이야기하기 • Hablar del tiempo. 날씨에 대해 이야기하기	Hablar y escuchar: Expresar probabilidad. 가능성 표현하기 Cultura: Guatemala 문화: 과테말라 Escribir: Una tarjeta postal. 엽서	105
Autoevaluación 9/10 자기 평가 9/10					115
Unidad 11 Tiempo de compras 쇼핑 시간	En el mercadillo • Comprar en un mercadillo al aire libre. 노천 시장에서 쇼핑하기 • Léxico de la ropa. 의복 관련 어휘 • Pronombres personales de objeto directo e indirecto. 직·간접목적대명사	¡Me encanta ir de compras! • Expresión de la cantidad. Uso de indefinidos: *bastante, mucho, poco, un poco, demasiado.* 양에 대한 표현. 부정어: bastante, mucho, poco, un poco, demasiado	Un hombre emprendedor • Léxico de economía. 경제 관련 어휘 • Usos de los artículos. 관사의 용법 • Pronunciación y ortografía: Trabalenguas. 트라바렝구아스(어려운 발음을 연속으로 하는 말놀이)	Hablar y escuchar: Cambiar algo en una tienda. 상점에서 교환하기 Cultura: Las líneas de Nazca (Perú) 문화: 나스카의 지상화(페루) Escribir: Una carta de reclamación. 항의 편지	117
Unidad 12 Fiestas y tradiciones 축제와 전통	7 de julio, San Fermín • Hablar de fiestas tradicionales. 전통 축제에 대해 이야기하기 • Oraciones impersonales con *se*. se 비인칭구문	¿Quieres venir a mi casa en Navidad? • Pedir un favor: ¿*Te / Le importa* + infinitivo? 부탁하기: ¿te/le importa + 동사원형? • Pedir permiso: ¿*Te / Le importa que* + subjuntivo? 허락 구하기: ¿te/le importa que + 접속법? • Ofrecer ayuda: *Quiere(s) + que* + subjuntivo. 도움 제공하기: quiere(s) + que + 접속법	Gente • Responder a un cuestionario personal. 질문에 대답하기 • Adverbios. 부사 • Pronunciación y ortografía: Entonación. 억양	Hablar y escuchar: Ofrecer y pedir ayuda. 도움 제공하고 요청하기 Cultura: Los aztecas 문화: 아스테카인들 Escribir: Una redacción: conectores discursivos. 작문: 담화 표지	127
Autoevaluación 11/12 자기 평가 11/12					137

Gramática, vocabulario y ejercicios prácticos 문법 및 어휘, 실전 연습 문제		140
Verbos regulares e irregulares 규칙동사·불규칙동사		164
Transcripciones 듣기 대본·읽기 지문 번역		171
Soluciones 정답		199

Gente 사람들

·· Rutinas y tiempo libre 일상생활과 여가
·· Hablar de experiencias en el pasado 과거의 경험에 대해 이야기하기
·· Hablar sobre el futuro 미래에 대해 이야기하기
·· **Cultura:** El voseo 문화: vos로 부르기

001-004

1A Vida cotidiana
일상생활

- Rutinas
- Tiempo libre

Rocío, 20 años, dependienta.
Fernando, 67 años, jubilado.
Carmen, 40 años, ama de casa.
Carlos, 12 años, estudiante.

1 Piensa en algunos de tus hábitos y háblales de ellos a tus compañeros.
여러분의 습관 중 일부에 대해 생각해 본 후 그것에 대해 친구들에게 이야기해 보세요.

- *Yo me levanto temprano, me conecto a internet, escucho música, practico yoga y trabajo mucho.*
- *Pues yo veo películas en el ordenador, monto en bicicleta y estudio idiomas.*

Escuchar 듣기

2 Mira las fotos y lee la lista de actividades. ¿Quién crees que realiza cada una de ellas? Escribe el nombre.
위의 사진들을 보고 다음 활동들을 읽으세요. 누가 각 활동을 한다고 생각하나요? 그 이름을 써 보세요.

1. Leer novelas Rocío
2. Salir con los amigos _____
3. Tocar el piano _____
4. Escuchar música _____
5. Montar en bici _____
6. Jugar al fútbol _____
7. Ver la tele _____
8. Estudiar ruso _____
9. Ir a la playa _____
10. Hacer la compra _____
11. Oír la radio _____
12. Hacer la comida _____

3 🎧 001 Escucha y comprueba tus respuestas.
듣고 정답을 확인해 보세요.

4 🎧 001 Escucha otra vez y señala V o F.
다시 듣고 참(V)인지 거짓(F)인지 표시해 보세요.

1. A Carlos le gusta ir a la playa. [V]
2. Carlos toca el piano los domingos. ☐
3. Fernando lee las noticias todos los días. ☐
4. Rocío lee una novela a la semana. ☐
5. Carmen trabaja en la Escuela de Idiomas. ☐

Hablar 말하기

5 Pasea por la clase y encuentra a alguien que cumpla alguna de estas condiciones. Escribe el nombre. Luego pregúntale cuánto tiempo hace que realiza esa actividad o tiene ese estado.
교실을 돌아다니면서 다음 조건에 해당하는 친구를 찾아보세요. 그 이름을 쓰세요. 이후에는 얼마 동안 그 일을 해왔거나 그런 상태였는지 그 사람에게 물어보세요.

- *¿Estás casado?*
- *Sí.*
- *¿Cuánto tiempo hace que te casaste? / ¿Desde cuándo estás casado?*
- *Dos años.*

	Nombre	Tiempo
1 Está casado/a		
2 Usa lentillas		
3 Trabaja		
4 Hace surf		
5 Escribe (poesías, un diario)		
6 Toca un instrumento musical		
7 Tiene una mascota		
8 Va a la discoteca		
9 Tiene carné de conducir		

6 Ahora escribe la información que has recogido y léesela a tu compañero.
얻어낸 정보를 필기하여 친구들에게 읽어 주세요.

Paolo está casado. Se casó hace dos años.
Paolo está casado desde hace dos años.

Comunicación 의사소통

Informar sobre el tiempo que hace que se realiza una actividad
특정 행위를 실천해 온 기간에 대해 알려 주기

- María trabaja en el Banco Central **desde hace tres años**.
- María trabaja en el Banco Central **desde 2009**.
- María trabaja en el Banco Central **desde que** terminó sus estudios.
- **Hace tres años que** María trabaja en el Banco Central.
- **Hace tres años que** María empezó a trabajar en el Banco Central.

Preguntar y responder sobre el tiempo que hace que se realiza una actividad
특정 행위를 실천해 온 기간에 대해 묻고 답하기

- ¿*Cuánto tiempo hace que* te casaste?
- *Diez años.*
- ¿*Cuánto tiempo hace que* estudias español?
- *Un año y medio.*
- ¿*Desde cuándo* estudias español?
- *Desde hace dos años.*
- *Yo, desde abril del año pasado.*

7 Relaciona.
각 질문에 알맞은 대답을 찾아 연결해 보세요.

1. ¿Cuánto tiempo hace que vives en esta ciudad?
2. ¿Desde cuándo te gusta el jazz?
3. ¿Desde cuándo trabajas en esta empresa?
4. ¿Cuánto tiempo hace que no vas al cine?
5. ¿Cuánto tiempo hace que viste a Elena la última vez?

a. Desde que escuché un concierto en la universidad.
b. Unos tres meses. Vi una película de Ricardo Darín.
c. Diez años. Antes vivía en Sevilla.
d. Un año, más o menos. La vi en la boda de Antonio.
e. Desde que terminé mis estudios de Administración.

8 Escribe las preguntas y respuestas adecuadas siguiendo el modelo. Luego, comprueba con tu compañero.
보기와 같이 적절한 질문과 대답을 작성한 다음 짝과 확인해 보세요.

1. Salir con este chico / medio año.
   - ¿Cuánto tiempo hace que sales con ese chico?
   - (Hace) medio año.
   - ¿Desde cuándo sales con ese chico?
   - Desde hace medio año.
2. Jugar al tenis / dos años.
3. Empezar la película / diez minutos.
4. Esperar el autobús / casi veinte minutos.
5. Tener carné de conducir / enero.
6. Conocer a Pilar / 2012.
7. Tener este móvil / hace un mes.

Escribir 쓰기

9 Completa la carta de presentación de este estudiante de español.
이 스페인어(를 배우는) 학생의 자기소개서를 완성해 보세요.

Me llamo Marcelo Chaves y soy brasileño. (1) Nací en São Paulo, pero (2)_____ en Río de Janeiro desde que (3)_____ cinco años. Mi padre (4)_____ médico, y mi madre, ama de casa. (5)_____ dos hermanos, Emilio y Rosana.

(6)_____ periodista. (7)_____ Periodismo en la universidad y actualmente (8)_____ en el periódico *El Globo de Río* desde hace dos años. En mi tiempo libre me gusta (9)_____ al fútbol, ir a la playa y salir con mis amigos.
También me gusta mucho (10)_____, especialmente libros de viajes.
Ahora (11)___ español porque lo necesito para mi trabajo, para comunicarme con mis colegas hispanoamericanos. En el futuro me gustaría (12)_____ a algún país hispanoamericano como corresponsal. De momento, el verano próximo (13)_____ a España de vacaciones.

10 Escribe una carta de presentación sobre ti mismo como la anterior. Intercámbiala con un compañero.
위와 같은 자기소개서를 작성해 보세요. 그리고 그것을 친구와 교환해 보세요.

1B ¿Qué hiciste? ¿Qué has hecho?
너 뭐 했니?

■ *Hablar de experiencias en el pasado*

1 Primero, piensa y escribe unas diez cosas que hiciste el domingo pasado. Luego, pregunta y responde a tu compañero, sin mirar la lista.
먼저, 지난 일요일에 했던 일 열 가지를 생각하여 써 보세요. 이후에는 이 목록을 보지 말고 짝에게 다음과 같이 질문하고 대답해 보세요.

- ¿Qué hiciste el domingo pasado?
- Me levanté a las 10, desayuné con un amigo, compré el periódico, lo leí, comí con Carlos. Por la tarde fui a ensayar con mi grupo de música.

2 Relaciona. 알맞은 시제와 연결해 보세요.

a Pretérito perfecto   c Pretérito indefinido
b Pretérito imperfecto d Presente

1 Hace 100 años las mujeres tenían muy pocos derechos sociales. [b]
2 Eduardo ha viajado por todo el mundo. ☐
3 Últimamente no he visto mucho a Luis porque he estado muy ocupada. ☐
4 Antes íbamos de vacaciones a Alicante, a un camping. ☐
5 En la otra empresa, cuando salíamos a comer tomábamos el sol en el parque. ☐
6 Este verano hemos estado de vacaciones en Galicia. ☐
7 Mis abuelos eran de Asturias. ☐
8 Eduardo fue a Brasil en 2011. ☐
9 Jorge, son las once y media de la noche, ¿por qué llegas tan tarde? ☐

PRETÉRITO INDEFINIDO / PRETÉRITO PERFECTO / PRETÉRITO IMPERFECTO 단순과거 / 현재완료 / 불완료과거

- El **pretérito indefinido** se utiliza para expresar acciones o estados acabados en un momento determinado del pasado.
  단순과거는 과거의 특정 시점에 끝난 행위나 상태 표현에 사용합니다.

- El **pretérito perfecto** sirve para hablar de acciones acabadas o muy próximas al presente. También se usa para expresar acciones acabadas sin especificar el momento en que ocurrieron.
  현재완료는 이미 완료되었거나 현재시점에서 매우 가까운 행위를 표현할 때 사용합니다. 또한 발생 시점을 특정하지 않은 채 종료된 일을 나타내기도 합니다.

  Rosa **viajó** el año pasado a Brasil.
  Rosa **ha viajado** mucho.
  Cervantes **escribió** El Quijote.
  Rosa Montero **ha escrito** una veintena de libros.
  Ganó en 1987 el premio Ondas.
  Ha ganado muchos premios.

- Con el **pretérito imperfecto** hablamos de hábitos en el pasado y describimos las circunstancias de una acción en el pasado.
  불완료과거는 과거의 습관이나 과거 행위의 상황 묘사에 사용합니다.
  En 1980 la gente no **tenía** teléfono móvil.

3 Completa las frases con el verbo en la forma más adecuada.
동사를 알맞은 형태로 활용하여 문장을 완성해 보세요.

1 Hoy no *he ido* (ir) a trabajar porque _____ (tener) que ir al hospital a hacerme una radiografía.
2 Antes a Laura no le _____ (gustar) ninguna verdura, ahora le _____ algunas, como las espinacas y las judías verdes.
3 El domingo pasado mis amigos y yo _____ (ir) a la playa y nos lo _____ (pasar) muy bien.
4 ■ ¿Qué _____ (hacer) este fin de semana?
  ● Nada especial. El sábado _____ (limpiar) la casa y el domingo _____ (ver) una película en la tele.
5 Javier Marías _____ (escribir) muchos libros y _____ (ganar) varios premios.
6 La escritora Rosa Montero _____ (ganar) el premio Primavera de novela en 1997 por *La hija del caníbal*.
7 La casa de mis tíos _____ (ser) muy grande y _____ (tener) piscina.
8 Anoche _____ (tomar, yo) dos cafés y por eso esta mañana _____ (levantar, yo) muy cansado. _____ (Dormir, yo) fatal.
9 Enrique _____ (conocer) a Laura, su mujer, cuando los dos _____ (estudiar) en la universidad.
10 Cuando _____ (vivir, yo) en Lima, _____ (ser) feliz, porque toda mi familia es de allí.

Leer 읽기

4 Mira la foto. ¿Conoces a esta cantante?
사진을 보세요. 이 가수를 아시나요?

Julieta Venegas Percevault

Nació en Tijuana (México) en 1970. A los ocho años comenzó a estudiar piano clásico. Cuando aún era estudiante, empezó a tocar en el grupo Chantaje, por invitación de un amigo, y a componer canciones.

Tras formar parte de otros grupos, en 1996 se convirtió simplemente en Julieta Venegas. Al año siguiente editó *Aquí*, su primer disco como solista. En él, además de cantar y escribir los temas, tocaba el acordeón, el piano, la guitarra y el vibráfono.

A lo largo de su carrera musical ha compuesto música para obras teatrales y ha participado en la banda sonora de películas como *Amores perros*, de Alejandro González Iñárritu.

En 2006 publicó el álbum *Limón y sal*, con temas que tuvieron un gran éxito: "Limón y sal", "Me voy"... En los últimos años se ha situado como una de las cantantes más destacadas del pop rock en América Latina y ha ganado, entre otros premios, cinco Grammys Latinos.

También ha participado en diversos proyectos humanitarios y actualmente es embajadora de Unicef en México. Recientemente ha sacado un nuevo álbum.

5 Completa las preguntas y responde según el texto. 다음 질문을 완성해 보고 그에 대해 답해 보세요.

1. ¿Dónde nació Julieta Venegas?
   En Tijuana, México.
2. ¿Cuántos años _____ cuando _____ a estudiar piano?
3. ¿Cuándo _____ en Julieta Venegas sin más?
4. ¿En qué año _____ su primer disco sola?
5. ¿_____ música para el teatro o el cine?
6. ¿Qué premios _____?
7. ¿_____ en algún proyecto humanitario?

6 Subraya los verbos que aparecen en el texto en pretérito indefinido y el marcador temporal que les corresponde. Luego, comprueba con tu compañero.
위의 글에서 단순과거시제로 등장한 동사와 각각에 해당하는 시간 표현을 찾아 밑줄을 그어 보세요. 이후에는 짝과 확인해 보세요.

Nació... en 1970

7 Subraya el verbo adecuado. 알맞은 동사에 밑줄 그어 보세요.

1. Rosalía *vivió* / *ha vivido* en Lima hasta 2007.
2. Mis hermanos nunca *salieron* / *han salido* al extranjero.
3. ■ ¿*Tuviste* / *Has tenido* alguna vez algún accidente grave?
   ● Sí, en 2008 mi coche *chocó* / *ha chocado* con un camión. *Estuve* / *He estado* diez meses en el hospital.
4. ■ Hablas muy bien español, ¿dónde lo *aprendiste* / *has aprendido*?
   ● *Empecé* / *He empezado* hace diez años en la escuela y cuando *terminé* / *he terminado* mis estudios, *vine* / *he venido* a Mallorca a trabajar.
5. Federico en su juventud *vivió* / *ha vivido* en muchos sitios: Roma, Copenhague, Varsovia...
6. ■ ¿Qué tal el fin de semana?
   ● Bien, el sábado *fui* / *he ido* a ver un partido de fútbol y el domingo *invité* / *he invitado* a comer a Pablo en un restaurante.

Escribir y hablar 쓰기와 말하기

8 En grupos de cuatro. Escribid toda la información biográfica que sabéis sobre estos personajes famosos. Luego ponedla en común. ¿Qué grupo está más informado?
네 명이 그룹 지어 다음 유명 인물들에 대해 알고 있는 모든 정보를 써 보세요. 이후에는 그것을 모두 함께 나누어 보세요. 어떤 그룹이 가장 많은 정보를 가지고 있나요?

Teresa de Calcuta | Marilyn Monroe | Amy Winehouse
Charles Chaplin | Martin Luther King | Steve Jobs

1c El futuro que nos espera
우리를 기다리는 미래

■ *Hablar sobre el futuro*

Leer 읽기

1. ¿Te imaginas la vida sin petróleo?
   여러분은 석유가 없는 삶을 상상할 수 있나요?
   - *Es difícil, pero posible.*
   - *Yo no puedo vivir sin el plástico.*

2. Lee el artículo. 다음 글을 읽어 보세요.

Vivir sin petróleo

Dicen los geólogos que el petróleo es un tesoro. Según el catedrático Mariano Marzo, "es la fuente de energía más energética, la más competitiva y la más versátil. Y si tenemos en cuenta su precio, es relativamente barato". Pero este tesoro no durará eternamente y cada vez será más caro. Entonces, ¿cómo vamos a sustituirlo? Las energías renovables como la solar o la del viento producen energía, pero no pueden usarse en la industria petroquímica para artículos de uso cotidiano como bolsas de plástico, calzado, electrodomésticos o detergentes.

Según el profesor Joaquín Sempere, de la Universidad de Barcelona, "tendremos que aprender a vivir con menos energía".

Otro experto en el tema, Joaquín Nieto, formula la siguiente hipótesis: "Yo creo que en el futuro este mundo sin petróleo será mejor. Habrá menos coches y todos serán eléctricos. Por tanto, en las ciudades se respirará mejor, el aire será más limpio y habrá menos contaminación acústica y ambiental. La gente usará más la bicicleta para moverse y al mismo tiempo estará más sana a causa del ejercicio".

Por otro lado, viajar será caro, así que se acabarán las vacaciones en países lejanos o los viajes de negocios: habrá más videoconferencias y menos congresos. Y también cambiarán los hábitos de trabajo: se trabajará diez horas durante cuatro días a la semana o se trabajará desde el hogar, para ahorrar desplazamientos.

¡Realmente, nos esperan grandes cambios!

Extraído de La Vanguardia

3. Lee las siguientes predicciones y señala cuáles de ellas aparecen en el artículo.
   다음 예측을 읽고 이들 중 어떤 것들이 위의 글에 등장하는지 표시해 보세요.
   1. Mucha gente trabajará sin salir de casa. ☐
   2. Las casas se calentarán con energía solar. ☐
   3. Viajarán al extranjero pocas personas. ☐
   4. Los coches funcionarán con electricidad. ☐
   5. Los niños no irán a la escuela, estudiarán en casa con el ordenador. ☐
   6. Todo el mundo tendrá internet. ☐
   7. Habrá poco tráfico en las ciudades. ☐
   8. No habrá bolsas ni objetos de plástico. ☐
   9. Los libros, los cuadernos de papel y los bolígrafos serán un lujo. ☐

Hablar 말하기

4. Con tu compañero, discute si estás de acuerdo o no. 동의하는지 반대하는지 짝과 토의해 보세요.
   - *¿Tú crees que la gente trabajará en su casa?*
   - *Yo creo que sí.*
   - *Yo creo que no, ¿qué pasará con los jefes?*

Gramática 문법

FUTURO 미래시제		
Regulares 규칙형		
trabajar	ser	vivir
trabaj**aré**	ser**é**	vivir**é**
trabaj**arás**	ser**ás**	vivir**ás**
trabaj**ará**	ser**á**	vivir**á**
trabaj**aremos**	ser**emos**	vivir**emos**
trabaj**aréis**	ser**éis**	vivir**éis**
trabaj**arán**	ser**án**	vivir**án**
Irregulares 불규칙형		
haber : habré	**hacer** : haré	**tener** : tendré

Se usa el futuro para. 다음의 경우에 미래시제를 사용합니다.
- Hacer predicciones. 미래의 예측
  *Dentro de unos años todos los coches **serán** eléctricos.*
- Hacer promesas. 약속
  *El domingo **iré** a verte.*
- Detrás de *creo que / supongo que*.
  creo que / supongo que 다음에 올 경우
  *Yo creo que este año **encontraré** trabajo.*

5 Completa las oraciones con uno de los verbos del recuadro en futuro.
박스의 동사를 미래시제로 활용하여 문장을 완성해 보세요.

> construir • vender • ganar • bajar • haber
> subir • casar • existir • ir • venir • poder • querer

1. Óscar le dijo a Lucía: "Nos _____ el verano que viene".
2. Cuando salió de casa, mi hija me aseguró: "_____ antes de las doce".
3. El Ministro de Economía ha asegurado que no _____ los impuestos.
4. El próximo año no se _____ nuevas autovías por falta de presupuesto.
5. Yo supongo que en el futuro _____ medicinas para las enfermedades más graves.
6. Martina dice que _____ la casa de la playa antes de tres años.
7. Yo creo que este año _____ la Liga el FC Barcelona.
8. Según el presidente del Gobierno, el paro _____ en los próximos meses.
9. Si no se arregla pronto esta carretera, _____ más accidentes.
10. Si Federico quiere, _____ este año de vacaciones a Galicia.
11. ¿Tú crees que Julia _____ venir de vacaciones con nosotros?
12. Profesora, mañana no _____ venir a clase porque tengo que ir al médico.

Pronunciación y ortografía 발음과 철자

Acentuación 강세

1 Subraya la sílaba tónica en las palabras siguientes. 다음 낱말들의 강세 음절에 밑줄을 그어 보세요.

conserva**dor** simpático alegre tímido
formal aburrido rizado jardín amable
televisión enfadarse olvidar dormir

2 🎧 002 Escucha, comprueba y repite.
듣고 확인하고 따라해 보세요.

3 Escribe la tilde en las frases siguientes. Mira la referencia gramatical, para recordar las reglas.
다음 문장에 강세 부호를 첨가하세요. 규칙을 기억하기 위해 문법 설명을 확인해 보세요.

1. Laura se enfado con Jose porque el queria ver el futbol en la television y ella queria ver una pelicula.
2. Yo creo que Raul es un egoista.
3. Ayer no trabaje mucho porque me dolia el estomago.
4. Necesitan una persona que trabaje bien la madera.
5. Yo creo que deberias ir al medico.
6. El sabado me encontre en el autobus con Victor.
7. A el le molesto la broma de Fatima.
8. Dijo que vendria mas tarde.
9. Los profesores hablaron en arabe durante toda la conversacion.

4 🎧 003 Escucha, comprueba y repite.
듣고 확인하고 따라해 보세요.

Vocabulario 어휘

6 Mira las imágenes y haz una lista de los elementos que contienen petróleo. Y otra lista de los que no.
그림을 보고 석유가 혼합된 물건들의 목록을 작성하세요. 그렇지 않은 물건들의 목록도 작성해 보세요.

con petróleo 석유 포함	sin petróleo 석유 불포함

 Anillos  Bolígrafo  Bolsa de papel  Bolsa de plástico  Botella  Caja

 Gafas de sol Cuchara Cerillas Cesto  CD  Calculadora

 Ladrillos Jersey de lana Pasta de dientes Pinzas 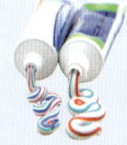 Tiesto  Gasolina

7 Propuesta. ¿Crees que dentro de 50 años seguiremos usando los mismos objetos? Escríbelo.
제안. 우리가 50년 후에도 똑같은 물건들을 계속 사용할 것이라고 생각하나요? 생각을 써 보세요.

Yo creo que dentro de 20 años no beberemos en tazas de plástico, serán de barro.

1D COMUNICACIÓN Y CULTURA 의사소통과 문화

Hablar y escuchar 말하기와 듣기

Conocer a alguien 누군가를 처음 만났을 때

1 Por parejas preguntad y responded a las siguientes preguntas. 짝을 지어 질문하고 대답해 보세요.

   1 ¿Cómo te llamas? ¿Cuál es tu nacionalidad?
   2 Hablad sobre vuestra familia: ¿Cuántos sois?
   3 ¿Has viajado alguna vez a un país de habla hispana? ¿A cuál/cuáles? ¿Qué te pareció/parecieron?
   4 ¿Qué planes tienes para este curso?

2 Completa el diálogo entre Alice y Dimitri, dos compañeros que estudian español en Barcelona, con las expresiones del recuadro. Luego practícalo con tu compañero. 앨리스와 디미트리는 바르셀로나에서 스페인어를 공부하는 학급 친구들입니다. 박스의 표현을 이용하여 대화를 완성한 후 짝과 연습해 보세요.

> ¿Y tú, de dónde eres? • Encantada de conocerte.
> De acuerdo. • ¿Ah, sí? • Empecé en el colegio.
> ¡Qué suerte! • ¿Qué te parece?
> ¿Cuánto tiempo hace que llegaste a Barcelona?

Dimitri: ¡Hola! Me llamo **Dimitri**.
Alice: ¡Hola! Yo soy **Alice**. (1) _____ ¿De dónde eres?
Dimitri: Soy de **Moscú**.
Alice: (2) _____. Creo que es una ciudad muy interesante, ¿no? Lo peor debe de ser el frío.
Dimitri: Al frío te acostumbras pronto pero es una ciudad muy bonita y con muchas cosas para visitar. (3) _____
Alice: Yo soy de **Devon, al sur de Inglaterra**.
Dimitri: **Allí llueve mucho, ¿no?** Tiene que ser un paisaje precioso.
Alice: Hablas muy bien español. ¿Cuánto tiempo llevas estudiando?
Dimitri: **Desde los 14 años.** (4) _____ ¿Y tú?
Alice: Yo un poco más tarde, cuando entré en la universidad. (5) _____
Dimitri: Hace **dos meses**. Quería visitar la ciudad antes de empezar las clases y buscar alojamiento. ¿Y tú?
Alice: Llegué hace **tres días**. Estoy en casa de **una amiga catalana**.
Dimitri: (6) _____ Yo todavía no tengo alojamiento. **Estoy en un hotel**. Al acabar la clase podríamos tomarnos un café y comentar nuestro primer día. (7) _____
Alice: (8) _____. Nos vemos luego.

3 Cambia las palabras en negrita en el ejercicio 1, cuando lo encuentres necesario, y practica un nuevo diálogo con tu compañero.
필요할 경우 2번 연습 문제의 대화에서 진하게 처리된 말들을 수정해 보세요. 그리고 짝과 새로운 대화를 만들어 보세요.

4 🎧 004 Vas a escuchar lo que le pasó a Dimitri cuando volvía a casa después de pasar un día en la playa.
해변에서 하루를 보내고 집에 돌아가던 디미트리에게 일어난 일을 듣게 될 거예요.

5 🎧 004 Escucha de nuevo y responde a las preguntas. 다시 듣고 질문에 대답해 보세요.

   1 ¿Qué hacía Dimitri en Salou?
   2 ¿Por qué subió Dimitri a ese tren?
   3 ¿Qué error cometió Dimitri?
   4 ¿Cómo se enteró de su error?
   5 ¿Dónde pasó la noche Dimitri?

Leer 읽기

El voseo vos로 부르기

1 En tu lengua, ¿hay diferencias lingüísticas en cómo tratas a una persona si es más o menos joven? ¿Y en otros casos?
여러분의 모국어에는 상대방의 나이가 많고 적음에 따라 사용을 달리하는 언어 형태가 있나요? 또 다른 경우는요?

2 ¿Sabes cuándo se usa normalmente *tú* o *usted* en español?
스페인어에서 일반적으로 *tú*와 *usted*를 언제 사용하는지 알고 있나요?

	Tú	Usted
a Al médico		X
b A una dependienta		
c A tu abuelo		
d A un camarero		
e A tu jefe		
f Al profesor/a		

3 Lee y señala V o F.
다음을 읽고 나서 참(V)인지 거짓(F)인지 표시해 보세요.

1. En Latinoamérica no se usa *vosotros*. [V]
2. Los latinoamericanos son menos formales que los españoles. ☐
3. En Canarias prefieren *ustedes* a vosotros. ☐
4. Algunos latinoamericanos hablan de *usted* a sus parientes. ☐
5. El voseo es utilizar *vos* en lugar de *ustedes*. ☐

EL VOSEO

Una diferencia importante entre el español de España y el de América es el uso de los pronombres personales *vosotros / ustedes / tú*.

La forma *vosotros* apenas se utiliza en Latinoamérica, donde prefieren la forma de cortesía *ustedes*. También se utiliza *ustedes* en algunas partes de Andalucía y en Canarias, aunque con alguna diferencia en la forma verbal.

Los latinoamericanos suelen hablarse de *usted* o de *tú*. Utilizan *usted* para dirigirse a personas mayores, desconocidas o en situaciones formales. En general se utiliza más que en España, donde está muy generalizado el *tuteo* (uso de *tú*). No es raro que un hispanoamericano hable de *usted* a sus padres o abuelos, costumbre que en España ha desaparecido.

Por otro lado, en Centroamérica y algunos países de Sudamérica (Argentina, Uruguay y otros) existe la costumbre de utilizar *vos* en lugar de *tú*.

Vos es una forma de tratamiento antigua que en España desapareció en el siglo XVIII, pero que se

conserva actualmente en algunas zonas de América. Se estima que un 30% de hispanohablantes lo usa actualmente. El *voseo* (uso de *vos*) obliga a cambios en la forma del verbo.

España	Argentina
Tú eres	Vos sos
Tú cantas	Vos cantás
Tú tienes	Vos tenés
Tú sabes	Vos sabés

Escribir 쓰기

El párrafo. Uso de las mayúsculas
문단. 대문자의 쓰임

1 Ordena los párrafos del siguiente escrito.
다음 글의 문단을 정렬해 보세요.

1 Mucha gente no puede vivir sin amigos pero, ¿qué es la amistad? ☐1

2 Para otros, un amigo es el que siempre acude a nuestra llamada. También el que nos conoce en profundidad, más allá de las apariencias. ☐

3 Para unos, un amigo es la persona con la que nos sentimos cómodos y con la que podemos expresar libremente lo mejor de nosotros mismos. ☐

4 Una buena amistad puede resistir el paso del tiempo, pero hay que cuidarla y regarla como a una planta, pues de lo contrario se seca y se pierde para siempre. ☐

5 Pero, sobre todo, un amigo es el que comparte con nosotros los ratos buenos y los malos. ☐

Comunicación 의사소통

El párrafo 문단
Formalmente, un párrafo es cada una de las partes de un escrito separadas por un punto y aparte. Desde el punto de vista del contenido, cada párrafo contiene una idea principal. Por tanto, cada vez que queremos cambiar de una idea a otra hay que escribir punto y aparte y cambiar de párrafo.
형식상으로 문단은 마침표를 찍고 행이 분리된 글의 각 부분을 가리킵니다. 내용의 관점에서 각 문단은 하나의 주요 의견을 가집니다. 그러므로 한 의견에서 다른 의견으로 이동하고 싶을 때마다 마침표 이후 줄바꾸기를 하여 문단을 바꿔야만 합니다.

2 En el correo que sigue, señala (//) dónde acaba cada párrafo.
전자 우편에서 각 문단이 끝나는 곳을 // 로 표시해 보세요.

Hola, Mayte:
Te escribo para presentarme. Me llamo Francesca y nací en Sicilia hace 34 años. Acabé los estudios de auxiliar de enfermería a los diecinueve años en mi ciudad. Me casé en 1999 y tengo un hijo de cinco años. Lo que más me gusta hacer en mi tiempo libre es escuchar música, ver la tele y leer. Me gustan sobre todo las novelas policíacas. Estoy aprendiendo español porque vivo aquí con mi familia desde hace un año y porque me gustan los idiomas. También quiero comunicarme con los españoles. En esta clase espero mejorar mi español escrito y hablado, además de conocer a nuevos compañeros, nuevas culturas.

MAYÚSCULAS 대문자

Se escribe con **mayúscula**: 다음의 경우에는 대문자로 표기합니다.
- Al principio de un escrito y después de un punto.
  글의 시작점과 마침표 다음
- Los nombres propios de personas, ciudades, países, ríos, etcétera: 사람, 도시, 국가, 강 등의 명칭
  Sevilla, Marruecos, Duero.
- Las palabras que aluden a instituciones:
  조직을 지칭하는 어휘
  el Tribunal Supremo.
- La primera palabra del título de un libro, una película, una obra de teatro:
  책, 영화, 극작품 제목의 첫 번째 어휘
  La guerra de las galaxias.
- Las siglas y algunos acrónimos: 약어나 준말
  ONU (Organización de las Naciones Unidas).
  OMS (Organización Mundial de la Salud).

3 Escribe las mayúsculas donde corresponde.
알맞은 곳을 대문자로 표기해 보세요.

1 el cantante italiano nicola di bari triunfa en el festival de mallorca.
2 el próximo otoño el papa viajará a méxico.
3 las obras del río manzanares terminarán en marzo.
4 el presidente del gobierno ha anunciado una nueva ley antitabaco.
5 millones de europeos visitan cada año la torre eiffel de parís.
6 el lunes próximo es navidad.
7 los juegos olímpicos de 2012 fueron en londres.

Lugares 장소

- Viajar 여행하기
- Referirse al pasado 과거에 대해 이야기하기
- Moverse por la ciudad 도시에서 이동하기
- Describir una casa 집에 대해 묘사하기
- **Cultura:** Cuenca y Cartagena de Indias 문화: 쿠엥카, 카르타헤나 데 인디아스

2

005-011

2A En la estación
역에서

- *Viajar*
- *Referirse al pasado*

A

B

C

D

1 Mira las fotos. ¿Qué forma de transporte te gusta más?
사진들을 보세요. 어떤 교통수단이 가장 마음에 드나요?

- *A mí me gusta mucho el tren, puedes conocer a gente nueva, andar un poco…*
- *Pues yo prefiero…*

Escuchar 듣기

2 Ordena los diálogos. 대화를 순서대로 정렬해 보세요.

1 (EN LA ESTACIÓN DE CERCANÍAS DE ATOCHA)
- ☐ Gracias, adiós.
- ☐ ¿Cuánto vale el de ida y vuelta?
- ☐ Hola, quería un billete para Alcalá de Henares para el tren de las 9.30.
- ☐ Pues…, deme uno de ida y vuelta.
- ☐ ¿Ida solo o ida y vuelta?
- ☐ El billete de ida cuesta 2 € y el de ida y vuelta 3,60 €.
- ☐ Aquí tiene su billete, son 3,60 €.

2 (EN EL AEROPUERTO DE BARAJAS)
- ☐ Buenos días, ¿me da el billete y el pasaporte?
- ☐ Pasillo, por favor.
- ☐ Sí, las dos marrones.
- ☐ Aquí tiene.
- ☐ ¿Ventana o pasillo?
- ☐ ¿A qué hora ha dicho que tengo que embarcar?
- ☐ ¿Estas son sus maletas?
- ☐ Muy bien. Mire, esta es su tarjeta de embarque. Tiene que estar en la sala de embarque media hora antes de la salida, a las 6.35. Todavía no se sabe en qué sala. Mírelo en los paneles de información.
- ☐ A las 6.35.
- ☐ Ah, vale, gracias.

3 🎧 005 Escucha y comprueba. 듣고 확인해 보세요.

Hablar 말하기

4 Practica las conversaciones anteriores con tu compañero. Imagina trayectos de tren o autobús en tu propia ciudad / país. 앞의 대화를 짝과 연습해 보세요. 살고 있는 도시/나라에서의 기차나 버스 여정을 상상해 보세요.

Gramática 문법

PRETÉRITO PLUSCUAMPERFECTO 과거완료

Pretérito imperfecto de *haber* + participio
*haber*의 불완료과거형 + 과거분사

había	
habías	
había	+ escapado/escondido/servido
habíamos	
habíais	
habían	

- Con el pretérito pluscuamperfecto expresamos acciones pasadas que son anteriores a otras.
  과거완료시제로 특정한 과거의 일보다 더 앞선 과거의 일을 표현한다.
  *Cuando llegué a la estación, el tren ya **había salido**.*

5 Subraya el verbo más adecuado.
알맞은 동사에 밑줄을 그어 보세요.

1. Cuando Lucía *llamó / había llamado* por teléfono, Silvia ya *salió / había salido*.
2. Mi hija *vino / había venido* cuando ya nos *habíamos acostado / acostamos*.
3. Ayer Rosa *contó / había contado* que estuvo de vacaciones en Málaga.
4. Cuando vi a Luis, me *alegré / había alegrado* mucho.
5. Miguel no fue ayer a trabajar porque *estaba / había estado* enfermo.
6. Luisa vendió el anillo que le *había regalado / regaló* su novio.

6 Pon el verbo en la forma correcta (pretérito indefinido o pretérito pluscuamperfecto).
괄호 안의 동사를 알맞은 형태(단순과거나 과거완료)로 바꿔 써 보세요.

1. Juan <u>llamó</u> (llamar) por teléfono a Elena esta mañana, pero ya se <u>había ido</u> (irse).
2. Andrés _____ (perder) el reloj que sus padres le _____ (regalar).
3. La policía _____ (descubrir) dónde _____ (esconder) los diamantes los ladrones.
4. Nadie _____ (venir) a la fiesta porque a Sara se le _____ (olvidar) avisar a sus amigos.
5. Julia _____ (enfadarse) con Antonio porque él _____ (llegar) tarde a la cita.
6. Nieves y Pedro me _____ (enseñar) las fotos del viaje que _____ (hacer) el mes pasado.
7. Cuándo _____ (llegar) Alicia, el examen ya _____ (empezar).
8. _____ (Empezar) a llover cuando Miguel y yo ya _____ (llegar) a casa.
9. Miguel _____ (comprar) un coche con el dinero que _____ (ahorrar).
10. Nos _____ (ir) al cine porque ya _____ (acabar) nuestro trabajo.

7 Combina las dos frases para hacer una frase nueva con el verbo en pretérito pluscuamperfecto.
과거완료시제로 활용한 동사로 새 문장을 만들기 위해 두 개의 절을 연결해 보세요.

1. El jefe salir / (yo) llegar a la oficina.
   Cuando yo llegué a la oficina, el jefe ya había salido.
2. Trabajar en un supermercado / Entrar a trabajar aquí (Carlos).
3. Empezar la película / Entrar en el cine (nosotros).
4. Mi marido preparar la cena / Llegar a casa (yo).
5. Su madre morir / Casarse (ella).
6. Estar trabajando en China / Empezar a estudiar chino (Ramón).
7. Tener dos accidentes (él) / Quitarle el carné de conducir (ellos).

8 Completa la conversación con los verbos del recuadro en pretérito pluscuamperfecto.
박스의 동사를 과거완료시제로 활용하여 대화를 완성해 보세요.

> vender • encontrar • ir • terminar • ~~morir~~

- ¿Sabes a quién vi ayer?
- No, ¿a quién?
- A Lucía, la mujer de José Luis.
- ¿Y qué te contó?
- Pues me dijo que su padre (1)<u>había muerto</u>, que su madre (2)_____ el piso y se (3)_____ a vivir a una residencia.
- ¡Vaya!
- Sí, estaba un poco triste. Bueno, también me contó que su hijo mayor (4)_____ un buen trabajo y que su hija (5)_____ la universidad con buenas notas.

diecinueve **19**

2B ¿Cómo vas al trabajo?

■ Moverse por la ciudad

직장에 어떻게 가세요?

1 ¿Cómo vienes a clase? Explícalo a tus compañeros. 여러분은 수업에 어떻게 오나요? 친구들에게 설명해 보세요.

Yo vengo en el autobús 15, me bajo en la avenida de Ríos Rosas y desde allí vengo andando.

2 Tres personas explican cómo van al trabajo cada día. Completa con las palabras del recuadro.
세 사람이 매일 직장에 어떻게 가는지 설명합니다. 박스의 낱말로 설명을 완성해 보세요.

> estación • atasco • regresar • llegar • rápido • Durante (x 2) • tren (x 2) • ir
> hasta (x 2) • va • coche • tardo (x 2) • transbordo

Normalmente voy al trabajo en coche. Es que vivo a quince kilómetros de Madrid y no hay ninguna (1) <u>estación</u> de tren cerca de mi casa. Si no hay problemas, tardo media hora en (2) _____, pero si hay algún (3) _____ tardo una hora o, a veces, más. No me gusta mucho conducir, pero así puedo (4) _____ a casa media hora antes y recoger a mi hija del colegio.

Yo vivo en el sur de Madrid y tengo que (5) _____ a la Universidad Autónoma, que está al norte. Primero voy en metro (6) _____ la plaza de Castilla. Tengo que hacer un (7) _____ en Gran Vía. En la plaza de Castilla tomo el autobús que (8) _____ a la Universidad. La verdad es que está un poco lejos, (9) _____ más de una hora en llegar. (10) _____ el viaje puedo leer y estudiar algo, si no hay muchos pasajeros.

Yo vivo en Madrid y trabajo en Alcalá de Henares. No tengo (11) _____ , así que voy a trabajar en metro y en tren. Primero voy en metro (12) _____ Atocha, es lo más rápido, y luego tomo el (13) _____ de cercanías hasta Alcalá de Henares. (14) _____ una hora en llegar, más o menos. (15) _____ el viaje tengo tiempo de leer el periódico o una novela, o también puedo dormir, si tengo sueño. El (16) _____ es cómodo, (17) _____ y barato.

3 🎧 006 Escucha y comprueba. 듣고 확인해 보세요.

4 Escribe un párrafo sobre ti mismo utilizando expresiones de los textos anteriores. Léeselo a tus compañeros.
앞의 글에 나왔던 표현들을 이용하여 자기 자신에 대한 문단 하나를 작성해 보세요. 친구들에게 읽어 주세요.

Vocabulario 어휘

5 Haz una lista de palabras y expresiones referentes a los medios de transporte que has aprendido hasta ahora.
지금까지 배운 교통수단을 가리키는 낱말과 표현 목록을 작성해 보세요.

> • *Estación de tren / metro*
> • *Parada de autobús*

Leer 읽기

6 Antes de leer el texto sobre el transporte en Madrid, piensa si las afirmaciones siguientes son verdaderas (V) o falsas (F).
마드리드의 교통수단에 대한 글을 읽기 전에 다음 설명들이 참(V)인지 거짓(F)인지 생각해 보세요.

1. En Madrid no hay metro. ☐
2. Los autobuses de Madrid son baratos. ☐
3. Hay autobuses nocturnos. ☐
4. Los trenes de cercanías funcionan toda la noche. ☐

7 Lee el texto y comprueba.
글을 읽고 확인해 보세요.

MOVERSE POR MADRID

Madrid dispone de una extensa y moderna red de transportes públicos que llega a todas partes. Tiene autobuses, metro, taxis y trenes de cercanías.

Los autobuses de la Empresa Municipal de Transportes (EMT) recorren toda la ciudad. La mayoría de las líneas circulan todos los días entre las 6.00 y las 23.00 horas, cada diez o quince minutos. Existe una línea que comunica el aeropuerto de Barajas y el centro de la ciudad.

También hay autobuses nocturnos (llamados búhos) que salen de la plaza de Cibeles.

Los autobuses se toman en las paradas establecidas. En el mismo autobús se puede comprar el billete para un viaje, pero es más económico comprar un Metrobús (billete de 10 viajes en metro o en autobús). Este se compra en las estaciones de metro y en los estancos; no se puede comprar en el mismo autobús. El metro abre a las seis de la mañana y cierra a las dos de la madrugada.

Los trenes de cercanías son otra manera de recorrer la Comunidad de Madrid. Salen o pasan por la estación de Atocha. Son baratos y rápidos, además de útiles para hacer excursiones fuera de Madrid, a la sierra de Guadarrama y a ciudades cercanas, como Aranjuez, Alcalá de Henares o El Escorial.

Los "cercanías" empiezan a circular todos los días entre las 5.00 y las 6.00 horas y terminan a las 24.00. Los precios varían según la distancia.

Si vives en Madrid, la forma más económica de viajar en transporte público es el Abono Transporte. Es un billete mensual que se puede utilizar en el metro, el autobús y en los trenes de cercanías.

8 Responde a las preguntas.
질문에 대답해 보세요.

1. ¿Qué tipos de transporte público encontramos en Madrid?
2. ¿Con qué frecuencia pasan los autobuses?
3. ¿Puedes comprar un Metrobús dentro del autobús?
4. ¿Cuándo puedes tomar el primer tren?
5. ¿En qué se diferencia el Metrobús del Abono Trasporte?

Pronunciación y ortografía 발음과 철자

Entonación exclamativa 감탄문의 억양

1 🎧 007 Escucha y repite. 듣고 따라해 보세요.

¡Estupendo! ¡No me digas! ¡Enhorabuena!
¡Cuánto tiempo sin verte! ¡Ven aquí!
¡Qué bonito! ¡Eres genial! ¡Estoy harta!
¡Espérame!

2 🎧 008 Escucha y escribe los signos necesarios (¿? / ¡!). 듣고 필요한 문장 부호를 써 보세요.

1. ¿Está libre?
2. Qué pena
3. Vas a la compra
4. Qué barato
5. Puedo salir
6. He aprobado
7. No es barato
8. Estás tonto
9. Te gusta
10. Es carísimo

2c Intercambio de casa
집 맞바꿔 살기

■ *Describir una casa*

Leer 읽기

1. ¿Te gustaría pasar las vacaciones en un país extranjero sin tener que pagar hotel ni alquiler? ¿Por qué no intercambias tu casa con otras personas?
   여러분은 호텔에 숙박비를 지불하거나 집을 임대하지 않고 외국에서 휴가를 보내고 싶나요? 왜 여러분의 집을 다른 사람과 맞바꾸지 않나요?

2. Maribel y Andrés están buscando en internet una casa en México para intercambiar durante las vacaciones. Lee los siguientes textos.
   마리벨과 안드레스는 휴가 기간 동안 맞바꾸기 위해 인터넷을 통해 멕시코에서 집을 찾고 있어요. 글을 읽어 보세요.

a

Ubicación: CUERNAVACA
Pueden dormir: 6 personas. **Dormitorios:** 3
Baños: 2
No se admiten niños.

Pequeña casa muy atractiva en urbanización situada a tres horas en coche de Acapulco, a una hora de la Ciudad de México y a una hora de Taxco. La casa tiene *jacuzzi*, aire acondicionado, garaje, alberca y un jardín bastante grande. En los alrededores se pueden encontrar interesantes atracciones turísticas y culturales. Hay un centro comercial próximo.

PROPIETARIOS:
Profesión: empleado de banca y profesora de Educación Física. **Grupo familiar:** 2 adultos. **Destinos deseados:** Italia, España y Estados Unidos.

b

Ubicación: ACAPULCO
Pueden dormir: 4 personas. **Dormitorios:** 2
Baños: 1
Solamente no fumadores.

Precioso departamento en la playa. Situado en urbanización con campo de golf junto al mar. La urbanización tiene alberca privada. La casa tiene aire acondicionado, cocina moderna, barbacoa y pequeño jardín. En la zona hay interesantes atracciones turísticas y culturales. Es una zona muy atractiva para los aficionados a la pesca y al golf. Ideal para la práctica de vela y surf.

PROPIETARIOS:
Profesión: abogados. **Grupo familiar:** 2 adultos. **Destinos deseados:** abiertos a distintas posibilidades.

3. ¿Cuál de las dos casas les interesa a Maribel y Andrés teniendo en cuenta las siguientes circunstancias?
   다음 조건들을 고려할 때 위 두 집 중 마리벨과 안드레스는 어떤 집에 관심 있나요?

   1. Viajan con sus dos hijos. **b**
   2. Desean hacer turismo por México. ☐
   3. Andrés es aficionado a la pesca. ☐
   4. Desean tener una piscina para los niños. ☐
   5. No fuma ninguno de los dos. ☐
   6. Quieren tener la playa cerca. ☐
   7. Les gustaría tener jardín. ☐
   8. Les divierte la idea de cocinar al aire libre. ☐
   9. Los niños quieren hacer un curso de vela. ☐
   10. Les gusta jugar al golf. ☐

4 Imagina que quieres hacer un intercambio. Escribe tu ficha con la descripción de tu casa y tus datos personales para ponerla en la página de internet. Utiliza, entre otras, las siguientes palabras.

집 맞바꾸기를 원한다고 가정해 봅시다. 인터넷 사이트에 올리기 위해 여러분의 집에 대한 설명과 여러분의 개인 정보가 담긴 카드를 작성해 보세요. 다음 말들을 이용해 보세요.

> aire acondicionado • calefacción • chimenea
> equipo de música • ordenador • televisión
> vídeo • DVD • lavaplatos • lavadora • secadora

5 Maribel y Andrés han elegido la casa de Acapulco. Completa el *e-mail* que envía Maribel proponiendo el intercambio.

마리벨과 안드레스는 아카풀코의 집을 선택했습니다. 마리벨이 맞바꾸기를 제안하기 위해 보내는 이메일을 완성해 보세요.

> quincena • urbanización • anuncio
> alrededores • intercambio • visitar • hijos
> gastronomía • fotografías • profesores

Mensaje nuevo

Destinatarios acapulco@gmail.com

Asunto vacaciones

Hola:
Acabamos de ver su (1)_____ en la página de internet y estamos muy interesados en hacer un (2)_____ con ustedes durante la primera (3)_____ de agosto. Somos una pareja de no fumadores con dos (4)_____ de 9 y 14 años. Mi marido es muy aficionado a la pesca. Trabajamos como (5)_____ de español. Nuestra casa está en una (6)_____ cerca de Segovia, una de las ciudades medievales más bonitas de España. Desde allí podrán (7)_____ Ávila, Salamanca y Madrid. También podrán disfrutar de la rica (8)_____ de la zona. Si están interesados, podemos mandarles (9)_____ de la casa y (10)_____. También podríamos enviarles folletos informativos de la zona.
Por favor, contesten lo antes posible, tanto si están interesados como si no.
Un saludo cordial,
Maribel y Andrés

---

6 Escribe ahora un *e-mail* haciendo tu propuesta de intercambio.

여러분의 집 맞바꾸기 제안을 담은 이메일을 작성해 보세요.

Gramática 문법

PREPOSICIONES 전치사

A / Al (a + el)
- Se utiliza para indicar lugar, distancia, temperatura, precio, especialmente con el verbo *estar*.
  장소, 거리, 기온, 가격을 나타내기 위해 특히 *estar* 동사와 함께 사용합니다.
  La piscina está al fondo del jardín.
  El aeropuerto está a cinco km.
  Hoy estamos a 29 ºC
  Los tomates hoy están a 3 € el kilo.
- Indica punto final en el espacio o en el tiempo.
  시간이나 공간의 최종 시점이나 지점을 가리킵니다.
  Abren de 9.00 a 14.00.

De
- Indica origen en el espacio o en el tiempo.
  시간이나 공간의 시작 시점이나 지점을 가리킵니다.
  Estudia de octubre a junio.
- Se utiliza en expresiones con el verbo *ir*.
  ir 동사와 함께 다음과 같은 표현에 쓰입니다.
  Ir de viaje, ir de excursión, ir de visita...

Desde
- Indica origen en el espacio o en el tiempo.
  시간이나 공간의 시작 시점이나 지점을 가리킵니다.
  Desde Segovia tienen que tomar la autopista.

En
- Indica lugar, situación. 장소, 상황을 가리킵니다.
  Dejen las llaves en el buzón.
- Selecciona un medio de transporte. 교통수단을 선택합니다.
  Iremos en coche.

Hasta
- Indica punto final en el tiempo y en el espacio.
  시간이나 공간의 최종 시점이나 지점을 가리킵니다.
  Tienen que llegar hasta la iglesia.

Por
- Indica causa, razón, lugar y medio. 원인, 이유, 장소, 수단을 가리킵니다.
  Juan camina por el parque todas las mañanas.

Para
- Indica finalidad y utilidad. 목적, 유용성을 나타냅니다.
  Ana lee novelas para entretenerse.

Escuchar 듣기

7 🎧 009 Maribel habla por teléfono con Juan Zúñiga, el hombre mexicano que va a venir a Segovia. Escucha y completa. 마리벨이 세고비아에 오기로 한 멕시코 사람 후안 수니가와 전화 통화를 하고 있습니다. 듣고 다음 문장을 완성해 보세요.

1 Villacastín está a unos _____
   _____.
2 Deben tomar la Nacional VI _____.
3 _____ tienen que desviarse por la carretera que va a Segovia.
4 A cinco kilómetros del pueblo encontrarán la entrada _____.
5 Justo _____ está nuestra casa.
6 Las llaves están _____.

2D COMUNICACIÓN Y CULTURA 의사소통과 문화

Hablar y escuchar 말하기와 듣기

Hacer sugerencias 제안하기

1 🎧 010 **Escucha la conversación.** 대화를 들어 보세요.

> Sandra: ¿Has leído la revista de *El Viajero* de la semana pasada?
> María: No, ¿por qué?
> Sandra: Pues venía un artículo muy interesante sobre la ciudad de *Cuenca*.
> María: ¿Ah, sí? ¿Y qué dice?
> Sandra: *Habla de su catedral, sus museos, su casco antiguo…* Había pensado que, si quieres, nos organizamos el próximo fin de semana para ir a conocerla.
> María: Bueno, ¿y cómo vamos?
> Sandra: Podemos ir en *coche*, pero yo creo que es más cómodo ir en *tren*.
> María: Yo también prefiero el tren. ¿Y dónde dormiríamos?

> Sandra: Podríamos buscar un hotel barato en internet. Lo que sí me gustaría *es comer en un restaurante nuevo que está en las Casas Colgadas, junto al Museo de Arte Abstracto*. El cocinero es muy famoso y creo que se come muy bien.
> María: ¡Genial! ¿Por qué no se lo decimos a *Luisa y a Alicia* para que se vengan con nosotras.

Comunicación 의사소통

- Había pensado que, si quieres, nos vamos a Cuenca el próximo fin de semana.
- Podemos ir en coche o en tren.
- Podríamos buscar un hotel barato.
- Lo que sí me gustaría es comer en un restaurante.
- ¿Por qué no se lo decimos a Luisa y a Alicia?

2 **Pregunta y responde a tu compañero como en el ejemplo. Utiliza las situaciones del recuadro.** 보기와 같이 짝에게 묻고 대답하세요. 박스의 상황을 이용해 보세요.

> ■ *Había pensado que, si quieres, nos vamos a Toledo el próximo fin de semana.*
> • *Bueno, ¿y cómo vamos?*
> ■ *Podemos ir en tren o en autobús.*
> • *Yo prefiero el autobús, porque es más cómodo.*

> Mallorca / barco o avión.
> Santiago de Compostela / coche o avión.
> Barcelona / tren o avión.
> Valencia / coche o tren.

3 **Completa la conversación con las palabras del recuadro.** 박스의 표현으로 대화를 완성해 보세요.

> prefiero • comer • restaurante
> comemos • Por qué no

- ■ Podríamos (1) _____ una paella.
- • ¿Por qué no (2) _____ en una pizzería?
- ▲ Yo (3) _____ ir a un restaurante chino.
- ♦ ¿(4) _____ no le pedimos a Fernando que nos recomiende algún (5) _____ bueno?

4 **Cambia las palabras en negrita del ejercicio 1 y practica un nuevo diálogo con tu compañero.** 1번 연습 문제에서 진하게 처리된 말을 수정하여 짝과 새로운 대화를 만들어 보세요.

5 🎧 011 **Escucha la conversación telefónica entre Sandra y Luisa y contesta a las preguntas.** 산드라와 루이사의 전화 통화를 듣고 질문에 대답해 보세요.

1. ¿Para qué llama Sandra a Luisa?
2. ¿Desde qué ciudad salen?
3. ¿A qué distancia está la estación de tren del centro de Cuenca?
4. ¿En qué medio de transporte van a ir?
5. ¿Por qué no van a tener problemas para encontrar alojamiento?

Leer 읽기

Viaje a Colombia 콜롬비아 여행

1. ¿Sabes algo de la ciudad colombiana de Cartagena de Indias? Coméntalo con tus compañeros.
   콜롬비아의 카르타헤나 데 인디아스라는 도시에 대해 아는 바가 있나요? 친구들과 이야기해 보세요.

2. Lee el texto. 글을 읽어 보세요.

3. En parejas. Prepara diez preguntas sobre Cartagena de Indias para tu compañero. Luego, con el libro cerrado hazle las preguntas y responde a las suyas.
   짝을 지어 짝에게 할 카르타헤나 데 인디아스에 대한 질문 10개를 만들어 보세요. 이후에 책을 덮고 짝에게 질문하고 짝의 질문에도 대답해 보세요.

   ¿Dónde está situada Cartagena de Indias?

CARTAGENA DE INDIAS

La ciudad de Cartagena de Indias está situada en el noroeste de Colombia, es la capital del departamento de Bolívar. Está a orillas del mar Caribe, y su clima es tropical. Tiene unos 900 000 habitantes. En 1984 fue considerada **patrimonio cultural mundial** por la UNESCO.

Historia
 La ciudad fue fundada por el español don Pedro de Heredia en 1533, y fue colonia española hasta el 11 de noviembre de 1811, fecha de la firma del Acta de Independencia Absoluta de España.

¿Qué hacer en Cartagena?
 Hay muchos sitios donde ir en Cartagena de Indias. Puedes encontrar historia, recreación, descanso, placer y muchas cosas más.
Islas y playas. Está situada en una amplia bahía, rodeada de islas y lagunas.
 Vida nocturna. Los lugares preferidos para divertirse por la noche son el centro amurallado, la calle del Arsenal y Bocagrande.
 Sitios de interés. La ciudad de Cartagena está llena de monumentos (iglesias, conventos, museos, palacios) que hay que visitar. Fuera de la ciudad se pueden hacer excursiones a las islas del Rosario o al acuario San Martín.

Gastronomía
 En la gastronomía de Cartagena se mezclan ingredientes indígenas y españoles. Los platos más conocidos son:
Ajiaco: sopa hecha con pollo y papas.
Tamales: masa de maíz con pollo, cerdo y verduras, envuelta en hojas de plátano.
Patacón: plátano verde frito mezclado con carne o queso.
Arepa: masa hecha de harina de maíz rellena de diversos ingredientes.
Empanadas: masa de harina de trigo rellena de arroz, carne y verduras.

Escribir 쓰기

Un correo personal 개인적인 전자 우편

Los correos personales pueden tener estructuras muy variadas, pero en muchos casos siguen este esquema.
개인의 전자 우편은 매우 다양한 구조를 가질 수 있으나 많은 경우 다음 형식을 따릅니다.

1 Lee el correo y señala dónde empieza y acaba cada una de las secciones anteriores.
전자 우편을 읽은 다음 위의 각 부분이 어디에서 시작하고 끝나는지 표시해 보세요.

> a Saludo.
> b Motivo principal del correo.
> c Información general sobre uno mismo.
> d Interés por el otro. Se hacen preguntas sobre su trabajo, salud, familia.
> e Despedida.

2 Lee otra vez y responde.
다시 읽고 대답해 보세요.

¿Qué relación hay entre Cati y Carmen?
¿Cuál es el motivo del correo?

3 A continuación, tienes un correo desordenado. Ordénalo.
순서가 뒤섞인 전자우편이 있습니다. 순서대로 정렬해 보세요.

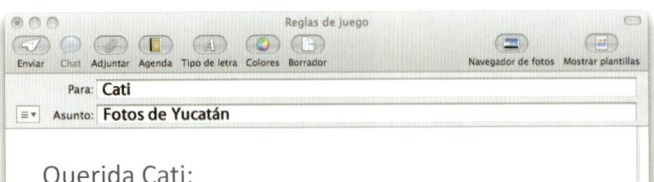

Querida Cati:

¿Qué tal te va? Espero que estés bien. Perdona que no te haya escrito antes, pero es que he estado liadísima. Después de volver de México empecé a trabajar enseguida.

Cati, te escribo para mandarte las fotos que nos hicimos en Yucatán. Como ves, han salido estupendamente. ¡Qué bien nos lo pasamos en el viaje! ¿verdad?

En cambio, aquí, en Salamanca, la vida no es muy divertida. Después del trabajo del hospital voy al gimnasio dos días a la semana y, luego, los fines de semana salgo con los amigos a ver alguna película o a comer fuera, pero, vaya, nada especial. Y tú, ¿sigues con tu proyecto de arquitectura? Y tu amigo Antonio, ¿qué tal está? Dale recuerdos de mi parte.

Bueno, espero que me escribas pronto y me cuentes cómo te va. Si tienes oportunidad de venir a Salamanca, ya sabes que aquí tienes tu casa.

Un abrazo,
Carmen

Un saludo cordial, ☐
Te escribo porque mi hermana me ha dado tu dirección. ¿Puedo ir a tu casa por unos días, al llegar a Salamanca? Mi idea es buscar una habitación en un piso compartido con otros estudiantes y un centro para estudiar español. Estoy dispuesto a ayudar en la casa y no darte muchas molestias. ☐

Marcus ☐
Hola, Álvaro, ¿qué tal estás? Soy el hermano de Renate y voy a ir el próximo mes a Salamanca para hacer un curso de español ☐

Espero tu respuesta. ☐

4 Imagina que el verano pasado conociste a un español en la playa. Escríbele un correo para invitarlo a venir a tu casa. Explícale qué actividades podéis realizar si acepta la invitación.
지난여름 해변에서 스페인 사람을 알게 되었다고 상상해 보세요. 그 사람에게 여러분 집으로 초대하는 전자 우편을 작성해 보세요. 만일 초대를 받아들인다면 무슨 활동을 할 수 있을지 그 사람에게 설명해 보세요.

1/2 AUTOEVALUACIÓN 자기 평가

1 Completa las preguntas. 질문을 완성해 보세요.

1. ■ ¿Cómo te llamas de apellido?
   ● Martínez Herrero.
2. ■ ¿Dónde _____?
   ● En Valladolid, en 1978.
3. ■ ¿Dónde _____ actualmente?
   ● En Bilbao.
4. ■ ¿_____?
   ● Sí, mi mujer se llama Eva.
5. ■ ¿_____?
   ● Sí, una niña de tres años.
6. ■ ¿_____?
   ● Soy administrativo. Trabajo en una agencia de viajes.
7. ■ ¿_____ en esa agencia?
   ● _____ hace cuatro años.
8. ■ ¿_____?
   ● Me gusta ir a la playa y jugar al tenis con mi mujer.
9. ■ ¿_____ en el extranjero?
   ● Sí, hace dos años fui a Londres.

2 Completa la biografía con los verbos del recuadro en la forma adecuada. 박스의 동사를 활용하여 일대기를 완성해 보세요.

> publicar (x 2) • ingresar • estudiar
> trabajar • obtener • ganar • escribir
> ~~nacer~~ • trasladarse • vivir

ALFREDO BRYCE ECHENIQUE, ESCRITOR PERUANO

(1) *Nació* en Lima, en 1939. (2) _____ en colegios norteamericanos e ingleses. En 1957 (3) _____ en la Universidad Nacional de San Marcos para estudiar Derecho y Letras. En 1964 (4) _____ a Europa. (5) _____ en Francia, Italia, Grecia y España, donde (6) _____ como profesor en varias universidades.
(7) _____ su primer libro de cuentos en 1968 (*Huerto cerrado*), que (8) _____ un premio en el concurso Casa de las Américas.
En 1970 (9) _____ *Un mundo para Julius*, que muchos consideran su mejor novela. Desde esa fecha (10) _____ numerosos cuentos, crónicas periodísticas y unas "antimemorias": *Permiso para vivir* (1993) y *Permiso para sentir* (2005). En 2002 (11) _____ el Premio Planeta con *El huerto de mi amada*.

3 Subraya la preposición adecuada. 알맞은 전치사에 밑줄을 그어 보세요.

> Me llamo Rosa, soy ama *en / de* casa y vivo *con / a* mi marido y mi hija *por / en* Granada. Cristina se despierta *a / en* las ocho, yo le doy el biberón y juego *con / a* ella un rato. A las diez damos un paseo *por / a* el parque y *a / de* la vuelta paso *por / en* el supermercado *para / por* hacer la compra. *Desde / De* la una *hasta / a* las cuatro Cristina duerme la siesta y yo aprovecho *para / por* comer, lavar, planchar y descansar. *Por / Para* la tarde vamos otra vez *en / al* parque, si hace buen tiempo, y volvemos *a / en* casa a las siete, cuando mi marido llega *de / a* su trabajo.

4 Sigue el modelo. 보기와 같이 질문을 만들고 답해 보세요.

1. Leer el periódico / más tarde.
   ¿Has leído ya el periódico? No, lo leeré más tarde.
2. Hacer la comida / dentro de un rato.
3. Mandar el mensaje a Carmen / esta tarde.
4. Llamar por teléfono a tu madre / luego.
5. Fregar los platos / mañana.
6. Planchar las camisas / más tarde.
7. Poner la lavadora / el lunes.

5 Completa con la palabra adecuada. 알맞은 말로 문장을 완성해 보세요.

> ~~crucero~~ • billetes • parada • estación • vía
> cercanías • puerto • tarjeta de embarque

1. Maribel y Andrés han hecho un *crucero* por el Mediterráneo y están encantados.
2. Nuestro tren sale de la _____ 5 dentro de quince minutos.
3. Cuando llegó el autobús, en la _____ había más de cuarenta personas.
4. Cerca de mi casa no hay ninguna _____ de tren de _____.
5. Ángel, ¿dónde has puesto los _____ de avión y los pasaportes?
6. Isabel, mira la _____ para saber de qué puerta sale nuestro avión.
7. Para tomar el barco tenemos que estar en el _____ dos horas antes.

veintisiete **27**

1/2 AUTOEVALUACIÓN 자기 평가

6 Relaciona. 질문에 맞는 답을 찾아 연결해 보세요.

1. Por favor, ¿cómo puedo ir al aeropuerto de Barajas? ☐
2. ¿Cuánto se tarda de aquí al Museo del Prado? ☐
3. ¿Cuánto cuesta el billete de metro? ☐
4. ¿A qué hora sale el próximo tren para Aranjuez? ☐
5. ¿Aquí para el autobús que va a la plaza Mayor? ☐

a. Un billete para un viaje cuesta 1,50 €, pero un billete para 10 viajes cuesta 12,20 €.
b. No, tiene que ir a la parada que está más allá y tomar el autobús número 12.
c. A las diez quince.
d. Si vas en metro, unos diez minutos, pero si vas andando, unos veinticinco minutos.
e. Puede ir en metro, tomando la línea 8, en tren de Cercanías, en la línea 1, o en los autobuses que salen de la estación de Atocha.

7 En este texto hay 10 errores. Búscalos y corrígelos.
이 글에는 10개의 오류가 있습니다. 그것들을 찾아서 수정해 보세요.

Jorge vive en un barrio de Madrid, cerca a una estación de metro. Antes iba a trabajar todos las días con metro. Pero ahora su empresa se ha trasladado a un polígono industrial fuera de la ciudad y es desesperado. Todos los días tarda una hora y media a llegar al trabajo Así que tiene que levantarse a las 6 por la mañana. Sale de su casa a las seis y media para llegar a la oficina a las ocho. Coge el metro hasta plaza de Castilla y luego tiene que tomar un autobús en su empresa. Si un día hay alguna problema en la carretera, se forma un atasco y entonces llego tarde. Su jefe ya le ha dicho que, si llega tarde más veces, tendrá de buscarse otro trabajo.

8 Lee y completa el texto con las palabras del recuadro. Sobran tres.
글을 읽고 박스의 낱말로 완성해 보세요. 낱말 세 개는 남습니다.

centro • a • vuelos • tarda • está • día
que • red • para • es • estaciones

SEVILLA TRANSPORTES

Avión ✈
El aeropuerto de Sevilla _____(1) a siete kilómetros del _____(2) de la ciudad. Desde allí hay vuelos diarios a algunas ciudades españolas y _____ (3) directos a varias ciudades europeas: Londres, París, Bruselas, Ámsterdam, etc.

Tren 🚃
En la moderna estación de Santa Justa se puede tomar el AVE (primer tren español de alta velocidad) que _____(4) dos horas y media en llegar a Madrid. Hace el trayecto Madrid-Sevilla quince veces al _____ (5). También se puede viajar en tren a la Costa del Sol.

Autobuses 🚌
Sevilla cuenta con una completa _____(6) de autobuses interurbanos _____(7) llegan a casi todos los rincones de la ciudad. También hay dos _____ (8) de autobuses que comunican a la ciudad con otras poblaciones andaluzas y del resto de España.

¿Qué sabes?

☺ 😐 ☹

- Hablar de mis actividades cotidianas. ☐ ☐ ☐
- Contar una biografía. ☐ ☐ ☐
- Utilizar el futuro. ☐ ☐ ☐
- Acentuar palabras y distinguir la entonación exclamativa. ☐ ☐ ☐
- Diferenciar los párrafos de un escrito y utilizar las mayúsculas. ☐ ☐ ☐
- Comprar billetes de tren, metro, autobús. ☐ ☐ ☐
- Hablar de un hecho pasado anterior a otro también pasado. ☐ ☐ ☐
- Explicar cómo me traslado por la ciudad. ☐ ☐ ☐
- Describir mi casa. ☐ ☐ ☐
- Escribir un correo personal. ☐ ☐ ☐

Relaciones personales 인간관계

- Describir a personas 사람에 대해 서술하기
- Hablar del carácter 성격에 대해 이야기하기
- Dar consejos 충고하기
- **Cultura:** Machu Picchu 문화: 마추피추

3

012-017

3A Julia me cae bien
나는 훌리아가 마음에 들어

■ *Hablar del carácter*

1 Decimos que una persona es simpática cuando "nos cae bien" a primera vista. Y tú, ¿crees que eres una persona simpática? Contesta a las preguntas y lo sabrás. Después, comenta la puntuación con tu compañero.

우리는 처음 만난 어떤 사람이 마음에 들 때 상냥한 사람이라고 말합니다. 여러분은 상냥한 사람이라고 생각하나요? 다음 질문에 대답해 보면 알게 될 거예요. 이후에는 짝과 점수에 대해 이야기해 보세요.

¿Eres una persona simpática?

1. CUANDO TE PRESENTAN A ALGUIEN EN UNA FIESTA:

- a Conversas con ella.
- b Saludas y escuchas lo que dice.
- c Saludas, le pides disculpas y te vas.

2. SI UNA PERSONA CUENTA UN CHISTE NO MUY GRACIOSO:

- a Te ríes bastante.
- b Sonríes.
- c No te ríes nada.

3. SI VAS EN UN VIAJE ORGANIZADO:

- a Haces amigos desde el primer día.
- b Haces amigos después de algunos días.
- c No te interesa el resto del grupo y vas por tu cuenta.

4. SI TE HACEN UNA BROMA:

- a La aceptas con una sonrisa.
- b Te pones serio, pero no dices nada.
- c Te molesta mucho y lo dices.

5. SI UN VECINO TE PIDE UN FAVOR:

- a Lo ayudas encantado.
- b A veces te molesta, pero finalmente lo haces.
- c Pones una excusa porque no quieres interferencias en tu vida privada.

6. SI TE INVITAN A UNA REUNIÓN DE ANTIGUOS ALUMNOS DE TU ESCUELA PRIMARIA:

- a Vas encantado. De hecho, la convocas tú.
- b Le escribes al organizador y le das una excusa por no ir.
- c No contestas.

RESULTADOS

MAYORÍA DE A: ☺☺☺
Eres una persona encantadora, amable y sociable. Muy simpática.

MAYORÍA DE B: ☺☺
Puedes llegar a "caer muy bien" si vences la timidez.

MAYORÍA DE C: ☺
Parece que no te gusta nada relacionarte con la gente. Piensa que si te esfuerzas en ser más sociable, tu relación con los demás será más agradable.

Gramática 문법

VERBOS REFLEXIVOS Y VERBOS *LE*
재귀동사 / *LE*와 함께 쓰는 동사들

- Muchos verbos se utilizan habitualmente con los pronombres reflexivos *me, te, se, nos, os, se*.
  많은 동사들이 습관적으로 재귀대명사 *me, te, se, nos, os, se*와 함께 사용됩니다.

  Luis se ríe mucho cuando ve alguna comedia.

  Otros ejemplos 기타 동사:
  encontrarse (bien o mal), llevarse (bien o mal), enfadarse, divertirse, preocuparse.

  Mis hermanos y yo nos llevamos muy bien.

  Ana se ha enfadado con su novio y ya no salen juntos.

- Otra serie de verbos siguen la estructura del verbo *gustar*, y necesitan los pronombres *me, te, le, nos, os, les* para funcionar.
  다른 일련의 동사들은 *gustar*와 같은 동사 구조를 갖기 때문에 목적대명사인 *me, te, le, nos, os, les*와 함께 사용됩니다.

  A Lucía le caen mal los vagos.

  Siguen este modelo 이와 같은 구조의 동사:
  molestar (algo a alguien); encantar; importar; quedar (bien o mal); preocupar (algo a alguien); interesar, pasar (algo a alguien).

- A veces, el mismo verbo puede usarse con las dos estructuras. En este caso, el verbo puede tener significados muy diferentes o, al contrario, no variar apenas.
  때로는 한 동사가 두 개의 구조로 쓰이기도 합니다. 이 경우, 동사의 의미가 매우 다르거나 또는 거의 차이가 없을 수 있습니다.

  Lola se queda en casa todos los sábados.

  A Lola no le quedan bien los vaqueros.

  A Roberto le preocupan los problemas medioambientales.

  Enrique se preocupa mucho por sus hijos y por eso les dedica todo su tiempo.

2 Completa las frases con el verbo y el pronombre adecuado *(me, te, se, le, nos, os, les)*.
박스의 동사와 알맞은 대명사*(me, te, se, le, nos, os, les)*로 문장을 완성해 보세요.

> ~~interesar~~ • quedar • caer (x 2) • pasar
> encantar • preocupar • parecer • enfadarse

1 ¿A vosotros qué programas de la tele <u>os interesan</u> más, los documentales o los deportivos?
2 A todos los padres ____ ____ el futuro de sus hijos.
3 ■ ¿Sabes qué ____ ____ a Alicia? La veo muy seria.
   • No tengo ni idea. Yo la veo normal.
4 Yo creo que ese jersey ____ ____ grande, no es de tu talla.
5 ■ ¿A ti ____ ____ bien Javier?, a mí ____ ____ que es un pesado.
   • Pues a mí no ____ ____ mal.
6 A mis amigos ____ ____ salir al campo los fines de semana.
7 ■ ¿Por qué ____ ____ tu padre?
   • Porque ayer utilicé su coche y tuve un accidente.

3 Subraya el pronombre adecuado.
알맞은 대명사에 밑줄을 그어 보세요.

1 Ayer llovía mucho y los niños no salieron, <u>se</u> / *les* quedaron en casa.
2 José Luis es muy tranquilo, no *se* / *le* preocupa por nada, ni siquiera por su trabajo.
3 ¡Mamá, Javier *se* / *le* ha caído por las escaleras!
4 ■ ¿Sabes que Eduardo y Rosa *se* / *le* han separado?
   • No me extraña, no *se* / *le* llevaban bien.
5 Yo creo que a mi jefe no *se* / *le* cae bien el secretario nuevo.
6 A mi mujer no *se* / *le* molestan los ruidos de las obras, pero a mí sí.
7 ¿Has visto qué mal *se* / *le* queda esa falda a Luisa?
8 A los vecinos del quinto *se* / *les* parece que el ascensor no ha quedado bien.
9 ■ ¿Qué *se* / *le* pasa a Celia? Tiene mala cara.
   • No *se* / *le* encuentra bien.
10 ¿No te has enterado? Lucía *se* / *le* cayó cuando bajaba del autobús y *se* / *le* rompió una pierna.

Pronunciación y ortografía 발음과 철자

Entonación interrogativa 의문문의 억양

Podemos distinguir dos tipos de entonación interrogativa. 의문문의 억양을 두 종류로 구분할 수 있습니다.

(a) Preguntas absolutas. Tienen un final ascendente.
절대의문문: 상승조의 종결

¿Vamos al cine? ↗

(b) Preguntas pronominales. Tienen un final descendente. Empiezan con un pronombre interrogativo.
의문사로 구성된 의문문: 하향조의 종결. 의문사로 시작합니다.

¿Cuándo te vas? ↘

1 🔊 012 **Escucha y repite.** 듣고 따라해 보세요.

1 ¿Ha venido María?   4 ¿Estás seguro?
2 ¿Tienes hambre?   5 ¿Quieres venir?
3 ¿Quién ha venido?   6 ¿Cómo lo sabes?

2 🔊 013 **Escucha y señala la opción correcta.**
듣고 맞는 문장에 체크해 보세요.

1 ¿Hace frío? ☐		4 ¿Estudia mucho? ☐	
Hace frío. ☐		Estudia mucho. ☐	
2 ¿No ha venido? ☐		5 ¿Le gusta la tortilla? ☐	
No ha venido. ☐		Le gusta la tortilla. ☐	
3 ¿Quiere comer? ☐		6 ¿Está esperando? ☐	
Quiere comer. ☐		Está esperando. ☐	

3B Amigos
친구들

■ *Describir a personas*

1 En parejas. Mira las fotos y describe a estas personas. Utiliza el vocabulario del recuadro. 짝을 지어 위의 사진을 보고 이 사람들에 대해 서술해 보세요. 박스의 낱말을 이용해 보세요.

Carácter
egoísta • generoso • terco • aburrido • formal tímido • tolerante • comprensivo • sincero presumido • cariñoso
Físico
guapo • bigote • bajo • barba • perilla • liso elegante • moreno • rizado • delgado

2 🎧014 Escucha y escribe el nombre correspondiente. 듣고 해당하는 이름을 써 보세요.

3 🎧014 Escucha otra vez y completa el recuadro. 다시 듣고 다음 표를 완성해 보세요.

	CARÁCTER	FÍSICO	GUSTOS
1 Jaime			
2 Paloma			
3 Paco			
4 Rosa			

Hablar 말하기

4 Responde a estas preguntas de forma esquemática. 다음 질문에 체계적으로 대답해 보세요.
1. ¿Quién es tu mejor amigo/a?
2. ¿Cómo es físicamente?
3. ¿Y de carácter?
4. ¿Qué cosas le gustan?
5. ¿Cuánto tiempo hace que lo/la conoces?
6. ¿Cómo os conocisteis?
7. ¿Por qué crees que os lleváis bien?
8. ¿Te enfadas con él/ella alguna vez?

5 En parejas, habla con tu compañero de tu mejor amigo/a. 짝을 지어 가장 친한 친구에 대해 짝과 이야기해 보세요.

Escribir 쓰기

6 Escribe un párrafo sobre tu amigo/a. 친구에 대해 한 문단의 글을 작성해 보세요.

Mi mejor amiga es Rosalía. Es amable y cariñosa, pero cuando se enfada…

Gramática 문법

ORACIONES DE RELATIVO 관계사 구문

- Si el hablante conoce la existencia del antecedente, se usa el indicativo.
  화자가 선행사의 존재를 알고 있다면 직설법을 사용합니다.

  *He encontrado a un hombre **que no tiene** trabajo.*
  *Busco un hombre **que trabaja** en esta oficina (yo sé que existe, lo conozco).*

- Las oraciones de relativo llevan el verbo en subjuntivo cuando el hablante desconoce la existencia del antecedente.
  화자가 선행사의 존재를 알지 못할 때 관계사 구문에 접속법 동사를 사용합니다.

  Busco un hombre que tenga trabajo.

  También se utiliza el subjuntivo cuando se dice del antecedente que no existe o que es escaso.
  또한 존재하지 않거나 희귀한 선행사에 대해 언급할 때도 접속법을 사용합니다.

  *Hay pocas personas **que canten** mejor que tú.*

PRESENTE DE SUBJUNTIVO 접속법 현재

Regulares 규칙형

cantar	comer	vivir
cant**e**	com**a**	viv**a**
cant**es**	com**as**	viv**as**
cant**e**	com**a**	viv**a**
cant**emos**	com**amos**	viv**amos**
cant**éis**	com**áis**	viv**áis**
cant**en**	com**an**	viv**an**

Irregulares 불규칙형

haber: haya	hacer: haga	tener: tenga

32 treinta y dos

Leer 읽기

7 Lee la siguiente historieta y contesta a las preguntas. 다음 이야기를 읽고 질문에 대답해 보세요.

- Dígame, ¿qué es exactamente lo que está buscando?
- Pues, yo busco un hombre que sea inteligente, comprensivo y amable, que tenga estudios universitarios, que tenga piso, coche y, a ser posible, un apartamento en la playa. Ah, y que le gusten los niños... es que yo tengo tres.
- Bueno, bien, voy a mirar en nuestros ficheros a ver si tenemos suerte, pero no puedo garantizarle nada.

- Carmen, ¡lo he encontrado! He encontrado un hombre que es un encanto, amable, educado, es ingeniero, tiene un apartamento en la playa, le gustan los niños.
- ¡Qué bien! Me alegro por ti. ¿Dónde trabaja?
- Ese es el problema: está en el paro.

1. ¿Qué está buscando Ana?
2. ¿A qué tipo de lugar ha pedido ayuda?
3. ¿Qué problema tiene el hombre?

8 Completa con el verbo en subjuntivo.
접속법 형태의 동사로 문장을 완성해 보세요.

1. Mi jefe está buscando un secretario que __quiera__ (querer) quedarse a trabajar por las tardes hasta las ocho.
2. Me han dicho que necesitan chicos que _____ (tener) carné de conducir.
3. Aquí no hay nadie que _____ (tener) el pelo como dijo Fernando.
4. ¿Conoces a alguien que _____ (trabajar) en la televisión?
5. Buenos días, póngame un pollo, que no _____ (ser) muy grande, por favor.
6. Ángel y Laura están buscando un piso que no _____ (ser) muy caro.

9 Lee cada frase y elige la opción correcta.
문장을 읽고 정답을 골라 보세요.

1. Para hacer ese trabajo necesitan a alguien que sea muy organizado.
   - ☐ a Estoy hablando de una persona que conozco.
   - ☐ b Estoy hablando en general.
2. Queremos alojarnos en una habitación que tiene unas vistas estupendas.
   - ☐ a Conocemos esa habitación porque ya hemos estado antes o porque unos amigos nos han hablado de ella.
   - ☐ b Suponemos que el hotel tiene una habitación así.
3. Estoy buscando unas pastillas que son muy eficaces para el dolor de garganta.
   - ☐ a Busco unas pastillas específicas que me han recomendado.
   - ☐ b Me sirve cualquier pastilla para la garganta.
4. ¿Tenéis un producto que sirva para limpiar la pantalla del ordenador?
   - ☐ a Quiero una marca concreta.
   - ☐ b Busco un producto eficaz, nada más.

10 Relaciona y escribe el verbo en la forma correcta. Puedes hacer más de una combinación.
알맞은 것끼리 연결한 다음 빈칸에 알맞은 동사형을 써 보세요. 한 개 이상의 조합이 있을 수 있습니다.

1. Me gusta la gente que _se ríe mucho_.
2. Me molesta la gente que _____
3. Busco personas que _____
4. En mi clase hay dos personas que _____
5. No hay nadie que _____
6. Conozco gente a la que _____

   a. Hacer la paella como Celia.
   b. Tener muy buena pronunciación.
   c. Expresar sus sentimientos.
   d. Reírse mucho.
   e. Hablar mucho.
   f. Gustar la música.
   g. Gustar mucho los deportes de riesgo.
   h. Tener los mismos gustos que yo.
   i. (No) escuchar a los demás.

Hablar 말하기

11 Imagina que estás buscando amigos para salir. Haz una lista de las cualidades que pides. Luego compara con tus compañeros y comprueba cuántos comparten tus gustos.
여러분이 함께 놀러 나갈 친구를 찾고 있다고 상상해 보세요. 여러분이 원하는 친구의 특징을 목록으로 작성해 보세요. 이후에는 짝과 비교하여 얼마나 많은 취향을 공유하고 있는지 확인해 보세요.

Busco personas a las que les guste _____, que sepan _____.

3c Tengo problemas

문제가 있어요

■ Dar consejos

1. ¿Qué haces cuando tienes problemas? Comenta la respuesta con tus compañeros.
   문제가 생기면 무엇을 하나요? 대답에 대해 짝과 이야기해 보세요.

   ■ Yo llamo a un amigo.
   • Pues yo no. Yo no se le digo a nadie. ¿Y vosotros?
   ■ Yo una vez escribí a una web...
   • Pues yo, si es importante, se lo cuento siempre a mi madre.

2. Lee las consultas y relaciónalas con sus respuestas. 상담 편지를 읽고 알맞은 대답과 연결해 보세요.

CONSULTAS

1 No sé qué hacer
Desde hace unos meses estoy pensando en comprar un perro. Vivo con otras dos chicas que están de acuerdo con la idea y lo cuidaríamos muy bien. El problema es que nuestro piso es pequeño y trabajamos cuatro días a la semana, desde la mañana hasta la noche. Sé que es posible, puesto que mucha gente tiene perros en pisos, pero, ¿sería bueno para él?, ¿qué deberíamos hacer?

2 Indeciso
Soy un hombre de 30 años y últimamente me estoy tomando la vida muy en serio. Llevo viviendo dos años con una chica y creo que es la mujer de mi vida. Al principio nos llevábamos muy bien. Tenemos las mismas aficiones y me decía que estaba muy enamorada de mí. Es verdad que nos peleábamos de vez en cuando, como todas las parejas, pero nada serio.

Últimamente mi chica ha cambiado mucho. Ya no le interesan las cosas que hacíamos antes juntos. A veces se queja de todo: de mi manera de hablar, de vestir, de comer... Estoy desesperado. He intentado hablar con ella para saber si hay otro hombre en su vida, pero su respuesta es siempre negativa. ¿Qué me aconseja?

RESPUESTAS

A Tener un animal es parecido a tener un hijo. Tienes la responsabilidad de otra vida (del perro en este caso). Es necesario preocuparse de todo: darle de comer, bañarlo, sacarlo a pasear independientemente del sol o de la lluvia, y muchas cosas más. Es normal que la gente mayor que no trabaja tenga animales de compañía para no estar sola.
Antes de comprarlo, por tanto, deberías pensar en todos los problemas y las consecuencias para ti, tus amigas y el perro. ¿Qué vais a hacer con vuestras vacaciones, visitas, salidas, etc.? ¿Qué va a hacer el perro solo cuando vosotras trabajáis? En tu lugar, yo esperaría a ver si tus condiciones de vida cambian.
Otra opción sería buscar a alguien que quiera cuidar el perro cuando vosotras no podáis.

B Todas las parejas tienen sus épocas felices y otras infelices. Parece que las épocas difíciles duran más que las felices, porque las relaciones humanas no son fáciles. Por eso muchas parejas se divorcian, porque no tienen paciencia y capacidad para resolver el problema de la convivencia diaria. Espero que no sea este tu caso.
Yo en tu lugar hablaría con otros amigos y les contaría el problema, a ver qué te dicen. Pero antes, lo que tienes que hacer es hablar con ella tranquilamente, explicarle tus sentimientos y, sobre todo, tienes que mantener la calma y, al final, deberías decidir si ella es la mujer de tu vida o no.

3. Lee las cartas otra vez y contesta a las preguntas. 상담 편지를 다시 읽고 질문에 대답해 보세요.

   1. ¿Cuál es el problema de la chica de la primera carta?
   2. ¿Cómo se siente el chico de 30 años? ¿Qué le aconsejarías tú?

Vocabulario 어휘

4. Completa las frases con uno de los verbos del recuadro. Fíjate en los pronombres.
   박스의 동사 중 하나로 문장을 완성해 보세요. 대명사에 주의하세요.

   > enfadarse • ~~imaginarse~~ • darse cuenta de
   > optar • acordarse • olvidarse (x 2)
   > equivocarse • preocuparse

   1. Yo _me imagino_ que María no ha venido porque está muy ocupada.
   2. Ayer Eduardo _____ con nosotros porque no lo esperamos al salir del trabajo.
   3. ■ ¿Me has traído el libro que te dije?
      • No, lo siento, _____ me _____.
   4. ■ Pablo, ¿_____ de comprar el pan?
      • ¡Vaya!, otra vez _____.
   5. ■ Ana, ¿_____ cómo te mira aquel chico?
      • No me mira a mí, te mira a ti.
   6. En la vida muchas veces tienes que _____ por una cosa o por otra, y no es fácil decidirse.
   7. ■ ¿Diga?
      • ¿Está Roberto?
      ■ No, _____.
      • Perdone.
   8. Mi hermana es muy pesada, siempre _____ por mi vida, si salgo mucho por las noches, si estudio mucho o poco. Estoy harta.

Comunicación 의사소통

DAR SUGERENCIAS Y CONSEJOS 제안과 충고하기

a. **Deberías + infinitivo** Deberías + 동사원형
   Deberías ir a la peluquería, tienes el pelo muy largo.
b. **Podría + infinitivo** Podría + 동사원형
   ¿*Podría* hablar más bajo, por favor?
c. **Tener + que + infinitivo** Tener + que + 동사원형
   Lo que **tienes que hacer** es estudiar más si quieres aprobar el curso.
d. **Verbo en forma condicional** 가정미래시제의 동사형
   - He suspendido Historia y no estoy de acuerdo.
   - Yo en tu lugar **hablaría** con la profesora.

Gramática 문법

CONDICIONAL 가정미래		
comprar	comer	vivir
compraría	comería	viviría
comprarías	comerías	vivirías
compraría	comería	viviría
compraríamos	comeríamos	viviríamos
compraríais	comeríais	viviríais
comprarían	comerían	vivirían

Irregulares 불규칙형

- El condicional tiene las mismas irregularidades que el futuro. 가정미래시제는 미래시제와 동일한 불규칙 유형을 나타냅니다.

decir: diría, dirías, diría, diríamos…
hacer: haría, harías, haría, haríamos…
poder: podría, podrías, podría, podríamos…
poner: pondría, pondrías, pondría, pondríamos…
salir: saldría, saldrías, saldría, saldríamos…

Escuchar 듣기

5 🎧 015 Escucha y completa los consejos
듣고 충고를 완성해 보세요.

1 Yo en tu lugar _____

2 Lo que tienes que hacer _____
  Yo en tu lugar _____

6 Escribe dos consejos para cada problema. Utiliza los verbos del recuadro para ayudarte.
각 문제에 해당하는 충고를 두 개 써 보세요. 도움이 되기 위해 박스의 동사를 활용해 보세요.

> comprar • tomar • salir • escuchar • ahorrar
> ir al médico • leer el periódico • ~~hablar~~

1 Estoy enfadada con mi hija porque no ha aprobado el curso.
   Yo en tu lugar hablaría con ella.
2 No sé qué regalarle a Julio por su cumpleaños.
3 No puedo dormir.
4 A mí me gustaría conocer gente.
5 Mañana tengo un examen y estoy nervioso.
6 No encuentro trabajo.
7 No tengo dinero para ir de vacaciones.
8 Mi novio/a me ha dejado.

7 ¿Qué sugieres en estas situaciones? Escribe una frase para cada caso usando el condicional.
이런 상황에는 어떤 충고를 할까요? 가정미래시제를 활용하여 각 상황을 위한 문장 한 개를 써 보세요.

1 Estás en una cafetería y tienes frío porque el aire acondicionado está muy fuerte.
   ¿Podrían bajar un poco el aire, por favor?
2 Vas paseando con unos amigos por una calle con muchos bares. Has comido muy pronto y tienes hambre.
3 Estáis en un restaurante y tu novio/a no sabe qué pedir. Tú ya has probado casi todos los platos.
4 El hijo de un amigo tuyo tiene problemas con sus estudios y saca malas notas, sobre todo en matemáticas.
5 A tu pareja y a ti os apetece hacer un viaje. Estáis hablando para decidir adónde ir.
6 Estás en la calle con un amigo. Tu móvil se ha quedado sin batería y necesitas hacer una llamada importante ahora mismo.

3D COMUNICACIÓN Y CULTURA 의사소통과 문화

Hablar y escuchar 말하기와 듣기

Describir cómo son las personas
사람들이 어떤지 서술하기

1 🔊 016 **Escucha el diálogo.** 대화를 들어보세요.

> **Laura:** ¿Qué tal tu fiesta de cumpleaños?
>
> **Carmen:** Lo pasamos muy bien. Al final no vino mucha gente, pero estuvo mi hermana y conocimos a su novio. ¿Sabías que tenía novio?
>
> **Laura:** ¡No sabía nada! ¿Y cómo es?
>
> **Carmen:** Me cayó muy bien. Me pareció encantador. Se llama Eduardo. Es mexicano. Es muy simpático y nada tímido. ¡No paró de hablar sobre su país!
>
> **Laura:** ¿Y es lindo?
>
> **Carmen:** Es muy alto y moreno y tiene unos ojos muy bonitos. Lo que no me gusta es que tiene barba. ¿Quieres que te enseñe alguna foto de la fiesta?
>
> **Laura:** ¡Ah, parece muy alegre! ¿A qué se dedica?
>
> **Carmen:** Es cocinero en un restaurante mexicano y nos preparó un postre riquísimo.
>
> **Laura:** ¿Cuándo se conocieron?
>
> **Carmen:** El verano pasado, cuando estaban de vacaciones en la playa. El único problema es que es un poco celoso. No deja a mi hermana sola ni un momento al día. Pero se llevan muy bien.

Comunicación 의사소통

- ¿Cómo es?
- ¿Es guapo? ¿A qué se dedica?
- Lo que no me gusta es que…
- El único problema es que…

2 **Completa la conversación con las palabras del recuadro.** 박스의 낱말로 대화를 완성해 보세요.

> moreno • cómo • aburrido • barba • rizado

- ¿(1) _____ es el hermano de tu novio?
- Es muy tímido y un poco (2) _____.
- ¿Es (3) _____?
- Sí, y tiene el pelo (4) _____. Lo que no me gusta es que tiene (5) _____.

3 **Pregunta y responde a tu compañero como en el ejemplo. Utiliza las frases del recuadro.** 보기와 같이 짝에게 묻고 대답해 보세요. 박스의 말을 이용해 보세요.

- ¿A qué se dedica tu novio?
- Estudia periodismo.
- ¿Y dónde lo conociste?
- Me lo presentaron en una fiesta en la universidad.

> médico / hospital
> camarero / terraza de un bar
> dependiente / grandes almacenes
> mecánico / taller

4 **Cambia las palabras en negrita del ejercicio 1 y practica un nuevo diálogo con tu compañero.** 1번 연습 문제에서 진하게 처리된 말을 수정하여 짝과 새로운 대화를 만들어 보세요.

5 🔊 017 **Escucha la conversación y contesta a las preguntas.** 대화를 듣고 질문에 대답해 보세요.

1. ¿Qué está haciendo Santiago cuando llega Marcos?
2. ¿Qué piensa Marcos sobre la personalidad de Ana?
3. ¿Qué dice Santiago sobre la personalidad de Ana?
4. ¿Qué piensa Marcos sobre la personalidad de Pedro?
5. ¿Por qué le dice Marcos a Santiago que mejor piense en otra chica?

Leer 읽기

Machu Picchu 마추픽추

1. ¿Sabes algo de Machu Picchu? Coméntalo con tus compañeros.
   마추픽추에 대해 아는 바가 있나요? 짝과 이야기해 보세요.

2. Lee el texto y completa cada hueco con una de las opciones que se dan a continuación.
   글을 읽은 후 아래 제시된 보기 중 하나로 빈칸을 채워 보세요.

Machu Picchu

MACHU PICCHU

Es una antigua (1)_____ inca, próxima a Cuzco, rodeada de montañas de la Cordillera Central de los Andes peruanos. El sitio arqueológico incaico se encuentra a 2438 metros sobre (2)_____ del mar. La ciudad tiene una superficie de 530 metros de largo (3)_____ 200 de ancho y cuenta con 172 edificios.

La zona arqueológica solo es accesible o bien a través de los caminos incas o bien utilizando la carretera que nace en Aguas Calientes y (4)_____ en la entrada al lugar sagrado. El acceso a Aguas Calientes solo es posible a través de un tren, que tarda unas tres horas desde Cuzco.

Para llegar a Machu Picchu por el principal camino incaico se debe hacer una caminata de unos tres días. Para ello (5)_____ tomar el tren hasta el km 82 de la vía férrea Cuzco-Aguas Calientes y desde allí empezar a caminar.

En cuanto a su historia, hay dos teorías: una sostiene que la ciudad (6)_____ por Pachacútec (1438-1470) en 1440, y otra versión afirma que fue Huiracocha Inca quien ordenó la construcción de esta maravilla, aproximadamente en los años 1380-1400.

En cualquier caso, durante varios siglos quedó deshabitada y rodeada de vegetación. En 1911, Hiram Bingham, un profesor norteamericano de Historia, llegó a Machu Picchu guiado por algunos propietarios de tierras, que (7)_____ el sitio.

Bingham (8)_____ muy impresionado por lo que vio y firmó acuerdos entre la Universidad de Yale, la National Geographic Society y el gobierno peruano para iniciar de inmediato el estudio científico del sitio. Así, Bingham dirigió trabajos arqueológicos en Machu Picchu desde 1912 hasta 1915, período (9)_____ se despejó la maleza y se excavaron tumbas incas en los extramuros de la ciudad. La "vida pública" de Machu Picchu empieza en 1913 con la publicación de todo ello en (10)_____ en la revista *National Geographic*.

Actualmente estas maravillosas ruinas forman parte del Patrimonio de la Humanidad y es uno de los lugares más visitados del mundo.

Aguas Calientes

1	(a) ciudad ☐		6	(a) construyó ☐	
	(b) laguna ☐			(b) fue construida ☐	
	(c) diosa ☐			(c) fue construido ☐	
2	(a) la altura ☐		7	(a) sabían ☐	
	(b) la vista ☐			(b) veían ☐	
	(c) el nivel ☐			(c) conocían ☐	
3	(a) con ☐		8	(a) Se hizo ☐	
	(b) por ☐			(b) se puso ☐	
	(c) a ☐			(c) se quedó ☐	
4	(a) llega ☐		9	(a) en que ☐	
	(b) termina ☐			(b) que ☐	
	(c) empieza ☐			(c) donde ☐	
5	(a) debe ☐		10	(a) un artículo ☐	
	(b) es necesario ☐			(b) una nota ☐	
	(c) se tiene ☐			(c) un anuncio ☐	

3. Con tu compañero, prepara cinco preguntas para hacérselas a otra pareja de compañeros. Gana la pareja que acierte más preguntas.
   짝과 함께 친구들에게 할 질문 다섯 개를 만들어 보세요. 더 많은 문제를 맞춘 팀이 이깁니다.

¿Cuánto se tarda en llegar a Machu Picchu por el camino inca?

Escribir 쓰기

Rellenar formularios 신청서 작성하기

1 Con la información que sigue, rellena la hoja de suscripción a la revista Muy Interesante.
다음 정보로 '무이 인테레산테' 잡지의 구독 신청서를 작성해 보세요.

> Elena García Sandoval, con número de identificación fiscal 03827254P, nació el 3 de diciembre de 1983 y reside en Getafe, una ciudad de la provincia de Madrid. Su domicilio está en la calle Baleares 15, segundo izquierda, código postal 28011. Su dirección de correo electrónico es egarciasandoval3@yahoo.es... y su teléfono es el 912516570. Su número de móvil es el 650392800. Elena es técnica de laboratorio y tiene una tarjeta VISA con el número 0021 2456 3718 5344. A ella le gusta guardar las revistas y encuadernarlas con sus tapas correspondientes.

```
NIF _____ NOMBRE _____ APELLIDOS _____
DIRECCIÓN _____
C. P. _____ POBLACIÓN _____ PROVINCIA _____ PAÍS _____
TELÉFONO _____ TEL. MÓVIL _____
E-MAIL _____                                  Firma del titular (Imprescindible)
PROFESIÓN/ACTIVIDAD _____
FECHA NACIMIENTO _____
FORMA DE PAGO                                             MUY INTERESANTE Nº 377
□ Tarjeta de crédito Visa, Master Card o Amex ☐☐☐☐ ☐☐☐☐ ☐☐☐☐ ☐☐☐☐   Fecha de Caducidad ☐☐☐☐
  Código de seguridad CVC o CVV ☐☐☐   Tres últimos dígitos impresos   Titular de la tarjeta _____
                                      al dorso de la tarjeta
□ Domiciliación bancaria ☐☐☐☐ ☐☐☐☐ ☐☐ ☐☐☐☐☐☐☐☐☐☐
                         CLAVE ENTIDAD  OFICINA  D.C.  NÚMERO DE CUENTA
  Nombre de la entidad bancaria _____
  Titular de la cuenta _____
```

2 En el formulario siguiente faltan algunos datos. Complétalos.
다음 신청서에는 정보가 빠져 있습니다. 신청서를 완성해 보세요.

unicef Comité Español

SOLICITUD DE INGRESO COMO SOCIO COLABORADOR

Nombre _____ Antonio
_____ Fernández Herrero
_____ Avda. 32 – 2
_____ Zafra Badajoz
_____ 1962 37282739
_____ abogado   606320718
_____ ferher86@gmail.com

Domiciliación bancaria
_____ 0021
_____ Caja Sevilla

El tiempo pasa 시간은 흐른다

- Cambios en la vida 삶의 변화
- Expresar hábitos en el pasado 과거의 습관에 대해 이야기하기
- Hablar de experiencias vitales 중요한 경험에 대해 이야기하기
- **Cultura:** España y los españoles 문화: 스페인과 스페인 사람들

4

018-022

4A ¡Cuánto tiempo sin verte!
오래간만이야!

■ *Cambios en la vida*

Hablar 말하기

1 ¿Qué has hecho en los últimos años? Utiliza la ayuda del recuadro y cuéntale a tu compañero qué ha sido de tu vida en los últimos cinco años.
최근 몇 년간 무엇을 했나요? 박스의 표현을 이용하여 최근 5년간의 삶이 어땠는지 짝에게 이야기해 보세요.

> casarse • acabar la carrera • mudarse a otra ciudad
> viajar • estudiar • tener hijos • cambiar de trabajo

En estos cinco años he estado en el extranjero, he conocido a un/a chico/a, he tenido un/a hijo/a.

2 🎧 018 Laura y Javier se encuentran después de un tiempo. Escucha la conversación y di si las afirmaciones son verdaderas (V) o falsas (F).
라우라와 하비에르가 오랜만에 만났습니다. 대화를 듣고 다음 설명들이 참(V)인지 거짓(F)인지 말해 보세요.

1 Laura y Javier se ven con frecuencia. ☐
2 La vida de Laura no ha cambiado mucho. ☐
3 Javier vive en Madrid. ☐
4 Javier no ha cambiado de empresa desde que empezó a trabajar. ☐
5 La madre de Javier tiene problemas de salud. ☐

3 🎧 018 Escucha otra vez la grabación y contesta a las siguientes preguntas. 다시 듣고 질문에 대답해 보세요.

1 ¿Por qué le ha cambiado la vida a Laura?
2 ¿Dónde trabaja Laura?
3 ¿En qué ciudades ha trabajado Javier?
4 ¿Cuánto tiempo lleva Javier viviendo en el campo?
5 ¿Sigue viviendo con Ana?
6 ¿Cuándo va a tener Javier su primer hijo?
7 ¿Qué está haciendo Javier en Madrid?
8 ¿Dónde están los hijos de Laura?

Gramática 문법

PERÍFRASIS VERBALES '조동사 + 동사원형/현재분사' 구문
Dejé de ir al gimnasio el mes pasado. *Acabo de ver* a Rosa con su novio. Óscar *empezó a trabajar* la semana pasada. Laura *ha vuelto a operarse* de la rodilla. *Sigo teniendo* el mismo teléfono. *Llevamos viviendo* en esta casa más de diez años.
Dejar de *Acabar de* + infinitivo 동사원형 *Empezar a* *Volver a*
Seguir + gerundio 현재분사 *Llevar*

4 Relaciona. 알맞은 것끼리 연결해 보세요.

1 Después de casarme… ☐
2 Empecé a bucear… ☐
3 El médico le aconsejó… ☐
4 Acabo de ver a Jesús… ☐
5 Lleva estudiando inglés… ☐
6 Maribel ha vuelto a estudiar… ☐

a …dejar de fumar.
b …seguí viviendo en el mismo barrio.
c …desde que iba a la escuela.
d …en la puerta de la clase.
e …cuando tenía siete años.
f …piano después de diez años.

5 Reescribe la frase. Utiliza una perífrasis.
문장을 다시 쓰세요. 조동사 구문을 이용해 보세요.

1 Roberto dejó el fútbol, pero ahora juega otra vez.
   Roberto ha vuelto a jugar al fútbol.
2 Mi hermana tenía dos niños. Hace muy poco ha tenido una niña.
3 Rosa canta en un coro desde hace diez años.
4 Emilio ha jugado en un equipo de balonmano hasta el año pasado. Ya no juega.
5 Mi amiga Eva pinta paisajes desde que tenía ocho años.

6 Escribe el verbo en la forma adecuada: *he estado / estaba / estuve* + gerundio.
동사를 'he estado / estaba / estuve + 현재분사' 중 알맞은 형태로 바꿔 써 보세요.

1 María llegó ayer de vacaciones, <u>ha estado visitando</u> (visitar) a sus primos en Alemania.
2 La semana pasada _____ _____ (hablar, yo) con la profesora de música de Jorge y me dijo que estaba muy contenta.
3 Cuando llegaron los abuelos, los niños _____ (dormir).
4 Tienes los ojos rojos. Otra vez _____ (jugar, tú) al ordenador toda la tarde.
5 El sábado por la tarde, _____ _____ (ver, nosotros) a Paloma en el hospital. Ha tenido un accidente.
6 Mientras esperábamos el autobús, _____ (hablar, nosotras) de nuestras cosas.
7 La tormenta empezó cuando Roberto _____ (salir) con la bicicleta.
8 Mi marido _____ (limpiar) el coche toda la mañana.
9 El verano pasado María _____ (estudiar) español en Salamanca.

Gramática 문법

ESTAR + GERUNDIO ESTAR + 현재분사

- La perífrasis *estar* + *gerundio* se utiliza para hablar de acciones en desarrollo en **presente**, **pasado** y **futuro**.
  'estar + 현재분사' 구문은 현재, 과거, 미래에서 진행 중인 일에 대해 표현하기 위해 사용됩니다.

  Estamos esperando el autobús.
  Estuvimos esperando el autobús.
  Estuvimos esperándole más de media hora y no apareció.
  Estaremos esperando el autobús.

Estaba + gerundio Estaba + 현재분사

- Se utiliza para acciones inacabadas en desarrollo. Generalmente tiene el mismo valor que el pretérito imperfecto.
  종료되지 않고 진행 중이었던 일을 표현하기 위해 사용됩니다. 일반적으로 불완료과거와 동등한 역할을 합니다.

  Conocí a Pedro cuando *estábamos trabajando* / trabajábamos en la agencia.

Estuve + gerundio Estuve + 현재분사

- Se utiliza para acciones acabadas pero vistas en su desarrollo. Coincide con el pretérito indefinido.
  종료된 일을 진행 시점에서 표현하기 위해 사용됩니다. 단순과거와 동등한 역할을 합니다.

  Estuvo trabajando / Trabajó en la agencia doce años.

He estado + gerundio He estado + 현재분사

- Se utiliza para acciones acabadas recientemente. Coincide con el pretérito perfecto.
  최근에 종료된 일을 표현하기 위해 사용됩니다. 현재완료와 동등한 역할을 합니다.

  He estado leyendo toda la mañana. / He leído toda la mañana.

Hablar 말하기

7 ¿Qué sabes de tu compañero? Practica con él las siguientes preguntas.
짝에 대해 무엇을 알고 있나요? 다음 질문을 짝과 연습해 보세요.

- ¿Cuánto tiempo llevas
  …viviendo en esta ciudad?
  …estudiando español?
- ¿Qué estuviste haciendo
  …el verano pasado?
  …el fin de semana?
- ¿Cuándo empezaste a
  …estudiar en esta escuela?
  …salir con tus amigos?
- ¿Cuándo dejaste de
  …ver los dibujos animados en la tele?

4B La educación antes y ahora
과거와 현재의 교육

■ *Expresar hábitos en el pasado*

Hablar 말하기

1. En parejas. Habla con tu compañero sobre tu educación primaria o secundaria. Di todo lo que puedas y contesta a las preguntas de tu compañero, como en el ejemplo.
   짝과 함께 여러분의 초등과 중등 교육에 대해 이야기해 보세요. 가능한 모든 것을 이야기하고 예시처럼 짝의 질문에 대답해 보세요.

   - ■ *Fui a la escuela en mi pueblo.*
   - ● *¿Era una escuela pública o privada?*

   1. ¿Llevabas uniforme?
   2. ¿Comías en la escuela o en casa?
   3. ¿Qué horario tenías?
   4. ¿Te gustaban los profesores?
   5. ¿Cuáles eran tus asignaturas favoritas?...

Leer 읽기

2. Antes de leer el texto, busca el significado de: *mero/a, desembarcar, retos, enfocar* y *contribuir*.
   글을 읽기 전에 *mero/a, desembarcar, retos, enfocar, contribuir*의 뜻을 찾아보세요.

3. Lee el texto y contesta a las preguntas.
   글을 읽고 질문에 대답해 보세요.
   1. ¿Qué aportan las nuevas tecnologías a la enseñanza?
   2. ¿Qué nuevas tecnologías se están implantando en las aulas?
   3. ¿Qué es necesario para que las nuevas tecnologías tengan éxito en el aula?
   4. ¿En qué puede ayudar el uso de las nuevas tecnologías?

Las nuevas tecnologías en el aula

Numerosos estudios demuestran que el uso en las clases de pizarras digitales, internet y ordenadores puede mejorar la enseñanza, crear otra dinámica pedagógica y una mayor participación del alumnado en el proceso de aprendizaje. Y esos mismos estudios señalan que la mera informatización de las tareas escolares solo implica un cambio superficial en la adquisición de conocimientos si detrás no hay un auténtico cambio en el sistema pedagógico.

Las nuevas tecnologías, que se presentan como un complemento de la enseñanza tradicional, están empezando a desembarcar en las aulas con retos importantes. La pizarra de toda la vida se convierte en una que funciona unida a un ordenador y a un proyector; el cuaderno y el bolígrafo son sustituidos por el ordenador o la tableta, que es portátil, tiene wi-fi y reconoce la escritura manual. Los libros de papel dejan paso a los digitales. Internet es una fuente muy importante de información.

Pero todo eso exige otra manera de enfocar las clases, de estar en ellas, de corregir los ejercicios y valorar la adquisición de conocimientos.

Estamos en el inicio del cambio. Los políticos, los profesores y la sociedad empiezan a entender que el uso de la tecnología en las aulas puede ser muy positivo y puede contribuir a mejorar el aprendizaje, a crear otra dinámica pedagógica y a rebajar el fracaso escolar.

Extraído de lavanguardia.com

Hablar 말하기

4 Con tu compañero, haz una lista de los materiales que se utilizaban en la escuela antes y ahora, con las nuevas tecnologías.

과거 학교에서 사용했던 도구들과 오늘날의 신기술로 만들어진 도구의 목록을 짝과 작성해 보세요.

antes	ahora
pizarra tradicional	*pizarra digital*

Gramática 문법

> **PRETÉRITO IMPERFECTO** 불완료과거
>
> Utilizamos el **pretérito imperfecto** especialmente para hablar de hábitos en el pasado. También para descripciones de situaciones en el pasado.
> 불완료과거시제는 특히 과거의 습관에 대해 이야기할 때 사용합니다. 또한 과거의 상황 서술에도 씁니다.
>
> *Pablo, cuando **era** pequeño, **comía** en el colegio.*

5 Escribe frases sobre los cambios de hábitos (del pasado al presente), como en el ejemplo.

보기와 같이 습관의 변화(과거에서 현재까지)에 대한 문장을 만들어 보세요.

1 (yo) / tomar / café / té.
 Antes tomaba café, pero ahora tomo té.
2 Alicia / vivir / Barcelona / Madrid.
3 Mis amigos y yo / escuchar / música rock / música clásica.
4 Luisa / ir al trabajo / coche / metro.
5 Joaquín / ser / alegre / serio.
6 Mis hermanos / practicar / ciclismo / natación.

Escribe tres frases más sobre ti mismo.

Hablar 말하기

6 Pregúntale a tu compañero sobre su infancia. Utiliza las ideas del recuadro.

짝에게 어린 시절에 대해 물어보세요. 박스의 아이디어를 이용하세요.

> ...con quién / compartir la habitación?
> ...qué deportes / practicar tú y tus amigos?
> ...qué comidas / gustar?
> ...qué tipo de música / oír tus padres?
> ...tu padre / tener coche?
> ...vosotros / jugar en la calle?
> ...qué programas / ver en la televisión?
> ...qué notas / sacar tú en los exámenes?
> ...qué película, libro, canción... / ser tu favorita?

Cuando eras pequeño, ¿qué programas veías en la televisión?

Escuchar 듣기

7  Dos profesores hablan sobre la enseñanza de ahora y la de antes. Escucha y di si las afirmaciones son verdaderas (V) o falsas (F).

두 명의 교사가 과거와 현재의 교육에 대해 이야기합니다. 듣고서 다음 설명들이 참(V)인지 거짓(F)인지 말해 보세요.

1 En la enseñanza de antes se utilizaba mucho la memoria. ☐
2 Ahora los alumnos aprenden a razonar. ☐
3 En las escuelas de ahora, los chicos están separados de las chicas. ☐
4 Ahora las escuelas son mixtas. ☐
5 Antes los alumnos no respetaban al profesor. ☐
6 Ahora los estudiantes no pueden preguntar ni participar en las clases. ☐
7 Antes los profesores eran más estrictos. ☐
8 Ahora los profesores son más dialogantes. ☐
9 Ahora hay más silencio en clase que antes. ☐
10 Si el alumno no trabaja, no puede aprender. ☐

Escribir 쓰기

8 Escribe tres párrafos sobre la escuela a la que fuiste. 여러분이 다녔던 학교에 대해 문단 3개의 글을 작성해 보세요.

> • Tipo de escuela.
> • ¿Dónde?
> • ¿Cuánto tiempo estuviste allí?

> • Número de alumnos por clase.
> • Profesores (estrictos, abiertos...).
> • Disciplina.
> • Asignaturas preferidas.

> • ¿Te gustaba tu escuela? ¿Por qué?
> • Cuenta las cosas que te gustaban y las que no.

4c Trabajo y vocación
일과 적성

▪ *Hablar de experiencias vitales*

1 Responde a las preguntas y comenta tus respuestas con tu compañero. 질문에 대답한 후 그 답에 대해 짝과 이야기해 보세요.

¿En qué te gustaría trabajar?   ¿Qué tienes que hacer para conseguirlo?

2 Lee y señala la opción verdadera, según el texto. 글을 읽고 정답에 표시해 보세요.

Vargas Llosa
La educación, defensa contra la infelicidad

El escritor peruano-español Mario Vargas Llosa, Premio Nóbel de Literatura en 2010, en su conferencia en la Universidad Autónoma Metropolitana de México D.F. afirmó:

La primera y la más importante función de la enseñanza es ayudar a los niños y jóvenes a descubrir su vocación y convencerlos de que deben entregarse a ella, porque es la mejor manera de defenderse contra la futura infelicidad.

Las personas menos infelices que he conocido en mi vida son aquellas que dedicaron su tiempo y su esfuerzo, su talento y creatividad, a lo que les gusta hacer, por eso, la tarea más importante de las escuelas y universidades es ayudar a los jóvenes a descubrir su verdadera vocación. En mi caso, ser escritor ha sido la decisión más importante que he tomado en mi vida.

Generalmente, quien elige una profesión por razones ajenas a su vocación, muchas veces pensando que de esa manera tendrá éxito social y económico, es probable que en esa actividad fracase y se sienta frustrado.

Cuando uno dedica su existencia a su propia vocación, en ella tendrá más posibilidades de tener éxito. Según la Biblia, el trabajo es un castigo divino. Estamos condenados a ganarnos nuestra vida con el sudor de nuestra frente trabajando. Pero para el que trabaja en aquello que le gusta, el trabajo no significa de ninguna manera un castigo o una maldición.

Yo, cuando trabajo, y trabajo mucho, muchas veces sudo tinta, pero gozo; sufriendo, gozo. No cambiaría con nadie, ni por nada, este quehacer.

Extraído de elecomista.com

1 Según el autor, la función más importante de la enseñanza es:
   ○ (a) preparar a los jóvenes para el futuro,
   ○ (b) enseñarles a ser felices,
   ○ (c) facilitarles el descubrir lo que quieren hacer en la vida.

2 Las personas más felices que ha conocido el autor son:
   ○ (a) las que tienen mucho talento y creatividad,
   ○ (b) las que se dedican a lo que les gusta,
   ○ (c) los escritores.

3 Deberíamos elegir nuestro trabajo pensando en:
   ○ (a) nuestra vocación,
   ○ (b) el éxito social,
   ○ (c) el éxito económico.

Gramática 문법

PRETÉRITO PERFECTO 현재완료

- Se utiliza el **pretérito perfecto** para expresar experiencias vitales, sin especificar el momento concreto en el que ocurrieron.
  현재완료는 정확한 발생 시점에 대한 언급 없이 중요한 경험 표현에 사용합니다.
  *Las personas más felices que **he conocido** trabajan en lo que les gusta.*
  *Ser escritor **ha sido** la decisión más importante que he tomado en mi vida.*

FORMACIÓN DE CONTRARIOS 반의어 파생

- Para formar adjetivos contrarios, usamos los prefijos: **in-, i-** y **des-**.
  반의의 형용사를 파생하기 위해 접두사 *in-, i-, des-*을 부가합니다.

útil	**in**útil
legales	**i**legales
ordenada	**des**ordenada

- Si el adjetivo empieza por *p* o *b*, el prefijo es **im-**, en vez de **in-**.
  *p*나 *b*로 시작하는 형용사의 경우, 접두사 *in–* 대신 *im–*을 부가합니다.

  | presentable | **im**presentable |
  | borrable | **im**borrable |

3 Escribe los contrarios de los siguientes adjetivos, utilizando los prefijos adecuados. Comprueba en tu diccionario.
알맞은 접두사를 활용하여 다음 형용사들의 반의어를 써 보세요. 사전에서 확인해 보세요.

1. feliz   *infeliz*
2. limitado
3. tranquila
4. honesto
5. posible
6. perfecto
7. conectado
8. mortal
9. tranquilo
10. cómodo

4 Subraya el adjetivo correcto.
알맞은 형용사에 밑줄을 그어 보세요.

1. El dinero es *necesario* / *innecesario* para comprar.
2. Este problema tan difícil no lo puede resolver una persona *experta* / *inexperta*.
3. Ser *responsable* / *irresponsable* es un gran defecto.
4. Su ayuda no sirvió para nada. Fue *útil* / *inútil*.
5. Este sillón es estupendo; es muy *cómodo* / *incómodo*.
6. Una vez resuelto el problema, la situación estaba *controlada* / *descontrolada*.
7. Siempre quiere tener razón, es muy *tolerante* / *intolerante*.

5 Completa las frases con los adjetivos contrarios a los del recuadro.
박스의 형용사와 상반되는 형용사로 문장을 완성해 보세요.

> paciente • justo/a • maduro/a • legal
> ~~agradable~~ • sensible • sociable • posible

1. Nosotros estábamos muy incómodos, la situación era muy *desagradable*.
2. Todos lloraban, menos María. Es muy _____.
3. No tengas prisa. No seas _____.
4. Actúa como una niña pequeña. Es muy _____.
5. Está prohibido aparcar aquí. Es _____.
6. El castigo no fue igual para todos. Fue _____.
7. Tiene mucha dificultad para relacionarse. Es muy _____.
8. Sin un mapa es _____ llegar al final del recorrido.

Pronunciación y ortografía 발음과 철자

Acentuación de monosílabos 단음절 어휘의 강세

Generalmente, las palabras de una sola sílaba no llevan tilde. 일반적으로 단음절 어휘는 강세부호를 수반하지 않습니다.
pan, mar, yo, sal, fue, dio.
Sin embargo, algunas palabras monosílabas llevan tilde para diferenciar su categoría gramatical o su significado.
그러나 몇몇 단음절 어휘들은 문법 범주나 의미를 구분하기 위해 강세부호를 수반합니다.
***Mi** hermana tiene 20 años.*
*A **mí** no me gusta bailar.*

1 Escribe la tilde en la palabra monosílaba correspondiente. 알맞은 단음절 어휘에 강세부호를 표시해 보세요.

1. a. Déjame el diccionario.
   b. A el no le digas nada.
2. a. El te verde es muy bueno.
   b. ¿Cuándo te vas a duchar?
3. a. Dame el paquete a mi.
   b. Mañana viene mi hermano.
4. a. Este niño no se llama Pedro.
   b. Yo no se dónde está Carmen.
5. a. ¿Tu vas a ir a la boda de María?
   b. ¿Dónde está tu abrigo?
6. a. Si puedo, iré a verte.
   b. El si quiere casarse, pero ella no.

2 🎧 020 Escucha, comprueba y repite.
듣고 확인하고 따라해 보세요.

3 Escribe otras frases con los monosílabos anteriores. Díctaselas a tu compañero.
앞의 단음절 어휘들로 문장을 만드세요. 짝에게 읽어 주세요.

4D COMUNICACIÓN Y CULTURA 의사소통과 문화

Hablar y escuchar 말하기와 듣기

Comentar los cambios de la vida
삶의 변화에 대해 이야기하기

1. 🎧 021 Escucha el diálogo. 대화를 들어보세요.

> **Paloma:** ¡Hombre, Jorge! ¡Cuánto tiempo sin verte! ¿Dónde te has metido últimamente?
>
> **Jorge:** ¡Hola, Paloma! Es que he estado viviendo en Barcelona. Después de terminar la carrera de Piano, empecé a dar clases en el Conservatorio de allí. Y ahora he vuelto a vivir a Madrid y acabo de presentarme a unas pruebas para la orquesta de la Comunidad. Y tú, ¿qué tal?
>
> **Paloma:** Yo acabé la carrera de Medicina el año pasado y he empezado a trabajar en un hospital este verano. ¿Y qué sabes de Eva? ¿Sigues en contacto con ella?
>
> **Jorge:** No, antes nos veíamos mucho, pero ahora hace tiempo que no la veo. Y tú, ¿sigues saliendo con David?

> **Paloma:** ¡Ah! ¿Pero no te has enterado? Llevamos casados seis meses y ¡estamos esperando nuestro primer hijo!
>
> **Jorge:** ¡Vaya! ¡Enhorabuena! ¡Esto hay que celebrarlo!
>
> **Paloma:** Vale, vente a cenar mañana a casa y así saludas a David.
>
> **Jorge:** Muy bien. Venga, mañana nos vemos.

Comunicación 의사소통

- ¡Hombre, cuánto tiempo sin verte!
- Acabo de…
- Antes… pero ahora…
- ¿Sigues en contacto con…?
- ¡Vaya! ¡Enhorabuena!
- Venga, mañana nos vemos.

2. Pregunta y responde a tu compañero como en el ejemplo. Utiliza las frases del recuadro.
보기와 같이 짝에게 질문하고 대답해 보세요. 박스의 구문을 이용해 보세요.

> ■ ¡Hola! ¡Cuánto tiempo sin verte! ¿Qué tal te va?
> ● Muy bien, acabo de alquilar un piso? Y tú, ¿qué tal?
> ■ Pues yo sigo viviendo con mis padres.

> terminar la carrera / estudiar Medicina
> comprar un coche / viajar en autobús
> encontrar trabajo / estar en el paro
> romper con mi novio / salir con Juan

3. Lee el diálogo y completa con las expresiones del recuadro. 대화를 읽고 박스의 표현으로 완성해 보세요.

> si quieres • ¡Enhorabuena! • Venga
> ¿Pero no te has enterado?

> ■ ¿Sigues trabajando en Correos?
> ● ¡Ah! (1) _____ Me he jubilado hace dos años.
> ■ ¡Vaya! (2) _____ Estarás contento. Yo me jubilé también el año pasado.
> ● ¡Anda, no sabía nada! Ahora podemos quedar alguna mañana para dar un paseo, (3) _____.
> ■ (4) _____, te llamo la semana que viene.

4. Practica un nuevo diálogo con tu compañero como en el ejercicio 1. Puedes utilizar alguna de las expresiones del ejercicio anterior.
1번 연습 문제와 같이 짝과 새로운 대화를 연습해 보세요. 이전 연습 문제의 표현들을 이용할 수 있습니다.

5. 🎧 022 Escucha el diálogo entre Sandra y Pedro y contesta a las preguntas.
산드라와 페드로의 대화를 듣고 질문에 대답해 보세요.

1. ¿Dónde han estado hablando Sandra y Beatriz?
2. ¿De dónde acaba de volver Beatriz?
3. ¿Qué hace allí? ¿Con quién vive?
4. ¿Cuándo se van a volver a ver Beatriz y Sandra?

46 cuarenta y seis

Leer 읽기

España y los españoles 스페인과 스페인 사람들

1 ¿Cuánto sabes sobre España? Completa el cuestionario. Luego comprueba con tu compañero.
스페인에 대해 얼마나 알고 있나요? 질문표를 작성해 보세요. 이후에는 짝과 확인해 보세요.

En España....

1 La Cibeles es:
- ○ una bebida
- ○ un famoso restaurante de Toledo
- ○ una fuente en Madrid

2 En Sevilla tú puedes visitar:
- ○ la Giralda
- ○ la Mezquita
- ○ la Sagrada Familia

3 El Real Madrid es un famoso equipo de:
- ○ rugby
- ○ fútbol
- ○ balonmano

4 La capital de Cataluña es:
- ○ Bilbao
- ○ Santiago de Compostela
- ○ Barcelona

5 ¿Cuál de estos actores es español?
- ○ Robert de Niro
- ○ Javier Bardem
- ○ Andy García

6 La región de La Rioja es famosa por:
- ○ el jamón ibérico
- ○ el vino
- ○ el aceite

7 La población de España es alrededor de:
- ○ 20 millones
- ○ 40 millones
- ○ 60 millones

8 ¿Quién escribió *El Quijote*?
- ○ Quevedo
- ○ Lope de Vega
- ○ Cervantes

9 ¿Cuál es la comida típica española?
- ○ la pizza
- ○ la paella
- ○ los rollitos de primavera

10 El tren de alta velocidad entre Madrid y Sevilla se llama:
- ○ Talgo
- ○ Ter
- ○ AVE

2 Escribe un cuestionario y haz las preguntas a tus compañeros. Puede ser sobre tu país o sobre un país donde se hable español.
질문 목록을 작성해서 친구들에게 물어보세요. 여러분의 나라나 스페인어를 사용하는 다른 나라에 대해서도 할 수 있습니다.

Escribir 쓰기

Punto, dos puntos y coma
마침표, 쌍점, 쉼표

1 Lee el siguiente cuadro con las normas de puntuación en español. ¿Cuáles de ellas son diferentes en tu idioma?
다음 스페인어 구두점 규칙을 읽어 보세요. 모국어의 규칙과 어떤 점이 다른가요?

SIGNOS DE PUNTUACIÓN 구두점

Utilizamos punto (.): 마침표를 사용하는 경우

- Al final de cada frase (periodo del texto con sentido completo).
  각 문장(완전한 의미를 가진 종합문)의 끝에 사용합니다.
- Cada vez que se pasa a otro asunto se pone punto y aparte, así se inicia otro párrafo. Siempre después de punto se empieza con mayúscula.
  다른 사안으로 옮겨갈 때마다 마침표와 문단 바꾸기를 하여 다른 문단을 시작합니다. 마침표 다음에는 항상 대문자로 시작합니다.
  Juan llamó por teléfono. Dijo que acababa de llegar de Londres.

Utilizamos coma (,): 쉼표를 사용하는 경우

- Para separar las enumeraciones.
  열거되는 말들을 분리하기 위해 사용합니다.
  Antonio, Ana y Jesús vienen a cenar.
- Para separar el vocativo (la persona a la que nos dirigimos) del resto de la frase.
  호칭어(호명하는 사람)를 문장의 나머지 부분과 분리하기 위해 사용합니다.
  Enrique, ¿tú qué opinas?
- Para separar las aclaraciones dentro de una frase. 한 문장 내에서 내용을 분리하기 위해 사용합니다.
  Cristiano Ronaldo, que juega en el Real Madrid, nació en Portugal.
- Delante de conectores como *pero, sin embargo, por tanto…*
  pero, sin embargo, por tanto 등의 접속어구 앞에서 씁니다.
  Es lista, pero muy perezosa.

Utilizamos dos puntos (:): 쌍점(:)을 사용하는 경우

- Delante de las citas, que siempre van entre comillas (").
  항상 " "부호와 함께 쓰는 인용문 앞에서 사용합니다.
  Xavi dijo: "Ganaremos el mundial".
- Después de la presentación en una carta.
  편지글에서 호칭 다음에 씁니다.
  Estimado señor:
- Para iniciar una enumeración.
  열거를 시작하기 위해 사용합니다.
  Los cuatro puntos cardinales son: norte, sur, este y oeste.

2 Escribe las mayúsculas y los signos de puntuación necesarios. 필요한 대문자와 구두점을 표시해 보세요.

1. no tuvo que decirme cuándo dónde ni por qué
2. cambié de imagen y me puse a la moda bigote pelo largo pantalones vaqueros camisa de flores y sandalias
3. jacinto ven aquí que voy a contarte algo
4. quise pedir un préstamo pero mi sueldo era muy bajo
5. no le faltaba razón ese barco no era seguro
6. pedro estás contento con tu trabajo
7. le dije a adriana estás igual que siempre
8. ella no dijo nada sin embargo todos la entendimos
9. él me dijo hace más de un año que no veía a juan
10. encontré lo que estaba buscando tijeras pegamento papel y rotuladores

3 Puntúa el siguientes texto con los signos de puntuación adecuados. 다음 글에 알맞은 구두점을 표시해 보세요.

Gabriel García Márquez

Mi madre me pidió que la acompañara a vender la casa había llegado a Barranquilla esa mañana desde el pueblo distante donde vivía la familia y no tenía la menor idea de cómo encontrarme preguntando por aquí y por allá entre los conocidos le indicaron que me buscara en la librería Mundo o en los cafés vecinos donde iba dos veces al día a conversar con mis amigos escritores el que se lo dijo le advirtió vaya con cuidado porque son locos de remate llegó a las doce en punto se abrió paso con su andar ligero por entre las mesas de libros en exhibición se me plantó enfrente mirándome a los ojos con la sonrisa pícara de sus días mejores y antes que yo pudiera reaccionar me dijo soy tu madre.

Vivir para contarla

3/4 AUTOEVALUACIÓN 자기 평가

1 Completa las frases con el verbo en la forma adecuada. 알맞은 동사로 문장을 완성해 보세요.

1. Ayer _nos divertimos_ (divertirse, nosotros) mucho en el parque de atracciones.
2. Mi madre _____ (enfadarse) cuando llego tarde del cine.
3. Antonio nunca _____ (aburrirse), siempre está entretenido con sus cosas.
4. Ella dice que nunca _____ (olvidarse) de sus promesas.
5. ■ ¿Dónde has puesto la carta del banco?
   ● No _____ (acordarse, yo).
6. ¿_____ (Darse cuenta, tú) de que el vecino sale mucho por las noches?
7. Parece que Emilio y su hermana no _____ (llevarse) bien, siempre están discutiendo.
8. A mí me parece que Raúl no _____ (preocuparse) mucho de la casa, la tiene un poco sucia.

2 Completa las frases con el pronombre adecuado. 알맞은 대명사로 문장을 완성해 보세요.

1. ■ ¿A ti no te molestan los ruidos de la calle para dormir?
   ● No, a mí _____ molesta más la luz.
2. Estoy harta de estos niños, _____ llevan tan mal que no pueden jugar en paz ni un momento.
3. Mi marido no soporta a Enrique, _____ cae fatal.
4. El otro día María _____ cayó en la calle y _____ rompió un brazo.
5. ■ ¿Qué _____ pasó el domingo?, ¿por qué no viniste al campo?
   ● Es que no _____ encontraba bien, _____ dolía la cabeza.
6. ■ A Elena no _____ interesa nada, yo creo que está un poco deprimida.
7. Jorge es un chico estupendo, a todos nosotros _____ cae bien.
8. ■ ¿Qué tal _____ (a mí) quedan estos pantalones?
   ● Pues…, a mí _____ parece que no _____ quedan muy bien, la verdad. Los otros _____ sientan mejor.
9. Mi jefe es una buena persona, _____ preocupa por todos sus empleados.
10. Vicente dice que a él no _____ preocupa el futuro porque tiene bastante dinero para vivir sin trabajar.

3 Relaciona los problemas con los consejos. Hay más de una opción.
각 문제와 충고를 알맞게 연결해 보세요. 1개 이상의 정답이 있습니다.

1. No tengo amigos y me siento solo. ☐
2. Estoy deprimida, no tengo ganas de nada. ☐
3. Yo no quiero estudiar, quiero ser guitarrista, pero mis padres no me comprenden. ☐
4. Mi marido está trabajando todo el día y casi no nos vemos. ☐
5. Mi mejor amiga se ha ido a vivir a otra ciudad y la echo mucho de menos. ☐

a. Lo que tienes que hacer es buscar otra amiga.
b. Yo en tu lugar hablaría con él y se lo diría.
c. Deberías hablar con tus padres y matricularte en una escuela de música.
d. Quizás deberías ir a un especialista.
e. Lo que tienes que hacer es salir, apuntarte a un grupo de senderismo o pintura y conocer gente.

4 En cada frase hay un error. Búscalo y corrígelo.
각 문장에 1개의 오류가 있습니다. 알맞게 고쳐 보세요.

1. A mí me gusta la gente que sea simpática.
2. Roberto enfadó con su novia.
3. Viven en un piso que tenga dos dormitorios.
4. María es tímido y cariñoso.
5. Roberto tiene pelo castaño.
6. ¿Conoces a alguien que sabe hablar japonés?
7. Últimamente se me olvido las cosas.
8. Yo en tu lugar hablaré con tus padres.
9. Busco una chica que sea sincero.
10. ¿Acuerdas de Elena, la hermana de Jorge? Pues ha tenido un accidente.

5 Escribe la forma correspondiente del condicional. 가정미래시제의 알맞은 형태를 써 보세요.

1. escribir, ella _escribiría_
2. salir, yo _____
3. poner, tú _____
4. decir, ella _____
5. hacer, nos. _____
6. comer, Vd. _____
7. vivir, yo _____
8. estudiar, tú _____
9. buscar, él _____
10. venir, yo _____

6 Escribe un párrafo (puede ser un poema) sobre "¿qué es un amigo?".
'친구란 무엇인가?'에 대해 한 문단의 글 혹은 한 편의 시를 작성해 보세요.

> Un amigo es alguien que te ayuda cuando lo necesitas…

AUTOEVALUACIÓN 자기 평가

7 Completa las frases. Utiliza *estaba / estuve / he estado* + gerundio. 문장을 완성해 보세요. '*estaba / estuve / he estado* + 현재분사'를 활용해 보세요.

1. ¿Qué <u>estabas haciendo</u> (hacer, tú) cuando sonó el teléfono?
2. Cuando lo vi, Ignacio _____ (comprar) un regalo para Ana.
3. El año pasado _____ (estudiar, yo) español en el Instituto Cervantes.
4. ¡_____ (comer, vosotros) caramelos toda la mañana!
5. Cuando sonó el teléfono, _____ (preparar, yo) la comida.
6. Ayer _____ (trabajar, nosotros) hasta las diez de la noche.
7. ¿Por dónde _____ (viajar) tus padres este verano?
8. Hace muchos años, _____ (trabajar, nosotros) en Barcelona.
9. Esta mañana _____ (esperar, yo) el autobús más de media hora.
10. _____ (Ver, nosotros) el partido cuando se estropeó la televisión.

8 Completa el texto con los verbos del recuadro. 박스의 동사로 글을 완성해 보세요.

> se abrazaban • vio • ~~vivía~~ • viajaba • vino
> desapareció • subía • escuchó
> esperaba • volvía

EL VIAJE

Achával (1) <u>vivía</u> lejos, a más de una hora de Buenos Aires. Cada mañana Acha (2)_____ al ferrocarril de las nueve para irse a trabajar. Subía siempre al mismo vagón y se sentaba en el mismo lugar.

9 Completa las frases con las palabras del recuadro. 박스의 표현으로 문장을 완성해 보세요.

> de fumar • a vivir • a casarse • estudiando
> ~~trabajar~~ • fumando • de llamar
> escuchando • trabajando • viviendo

1. Cuando cumplió veinte años, empezó a <u>trabajar</u>.
2. Cuando nació mi primer hijo, seguí _____ en la misma empresa.
3. Cuando se lo recomendó el médico, dejó _____.
4. Aunque estaba enfermo siguió _____.
5. Llevamos muchos años _____ en Sevilla.
6. Cuando me divorcié, volví _____ en casa de mis padres.
7. Acaba _____ Pepe y dice que viene a comer con nosotras.
8. Siguió _____ hasta que terminó su segunda carrera.
9. Mi hermana ha vuelto _____.
10. Mis amigos siguen _____ música de los años ochenta.

Frente a él (3)_____ una mujer. Todos los días, a las nueve y veinticinco, esa mujer bajaba por un minuto en una estación, siempre la misma, donde un hombre la (4)_____ parado siempre en el mismo lugar. La mujer y el hombre (5)_____ y se besaban hasta que sonaba la señal de salida. Entonces ella se desprendía y (6)_____ al tren. Esa mujer se sentaba siempre frente a él, pero Acha nunca le (7)_____ la voz. Una mañana ella no (8)_____ y a las nueve y veinticinco Acha (9)_____, por la ventanilla, al hombre esperando en el andén. Ella nunca más vino. Al cabo de una semana el hombre también (10)_____.

Eduardo Galeano

¿Qué sabes?   😊 😐 ☹

- Describir la personalidad y el aspecto físico de una persona. ☐ ☐ ☐
- Definir características de personas o cosas por medio de oraciones de relativo. ☐ ☐ ☐
- Hablar de sentimientos y de relaciones personales. ☐ ☐ ☐
- Dar consejos. ☐ ☐ ☐
- Hablar de experiencias utilizando las perífrasis verbales. ☐ ☐ ☐
- Hablar de la infancia y de la educación que has recibido. ☐ ☐ ☐
- Formar contrarios de algunos adjetivos. ☐ ☐ ☐
- Distinguir la entonación interrogativa y acentuar palabras monosílabas. ☐ ☐ ☐

Salud y enfermedad 건강과 질병

5

·· Hablar de dietas 식단에 대해 이야기하기
·· Terapias alternativas 대체 의학
·· Consejos para tener buena salud 건강 유지를 위한 조언
·· **Cultura:** Viajar a Cuba 문화: 쿠바로 여행가기

023-028

5A ¿Por qué soy vegetariano?
내가 왜 채식주의자냐고요?

■ *Hablar de dietas*

Vocabulario 어휘

1 Clasifica los alimentos del recuadro en la columna correspondiente. Añade algunos más.
박스의 음식을 다음 도표에 적절하게 분류해 보세요. 음식을 더 첨가해 보세요.

> berenjenas • garbanzos • mejillones
> ~~filete~~ • yogur • salchichas • merluza
> queso • lentejas • coliflor

CARNE	*filete*
LEGUMBRES	
PESCADO	
LÁCTEOS	
VERDURAS	

2 ¿Qué sabes sobre los distintos tipos de alimentación? 다양한 종류의 음식에 대해 알고 있나요?

1. ¿Cómo se llaman las personas que no comen carne?
2. ¿Y las que no comen ningún producto de origen animal (leche, huevos…)?
3. ¿Estás de acuerdo con su filosofía?
4. ¿Hay algún alimento que no sueles comer? ¿Por qué?

3 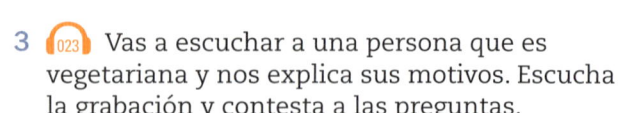 Vas a escuchar a una persona que es vegetariana y nos explica sus motivos. Escucha la grabación y contesta a las preguntas.
한 채식주의자의 이야기를 들어볼 텐데 우리에게 동기를 설명해 줄 겁니다. 내용을 듣고 질문에 대답해 보세요.

1. ¿Por qué se convirtió en vegetariano?
2. ¿Qué alimentos no comen los vegetarianos?
3. El autor desayuna solo fruta por la mañana, ¿para qué?
4. ¿Cómo reaccionaron sus amigos cuando se convirtió en vegetariano?
5. ¿Qué miembro de su familia no come carne actualmente?
6. ¿Qué hará el autor para evitar que sus hijos coman "comida basura"?
7. ¿Qué alimentos comen los vegetarianos?
8. ¿Qué es lo que más le gusta al autor cuando invita a cenar a sus amigos?

Hablar 말하기

4 Lee y señala con V las afirmaciones con las que estás de acuerdo y con X las que no compartes. Luego compara tus respuestas con las de tu compañero.
읽고서 동의하는 설명에는 V를, 동의하지 않는 설명에는 F를 표시해 보세요. 이후에는 짝과 답을 비교해 보세요.

1. Comer carne hace más agresiva a la gente. ☐
2. No es necesario comer carne porque una dieta vegetariana cubre todas las necesidades. ☐
3. Una dieta completa necesita de todo, también la carne. ☐
4. Es injusto tener que matar animales para comer. ☐
5. Los pollos y pavos viven en unas condiciones horribles. ☐
6. La comida vegetariana es aburrida. ☐
7. La carne contiene aditivos perjudiciales para la salud. ☐

5 En grupos de tres. Cada uno elige uno de los siguientes personajes. Defiende tu dieta y trata de convencer a tus compañeros. Prepara un guion antes de hablar.
세 명이 그룹 지어 각자 다음 인물 중 한 명을 선택하세요. 자신의 식단을 지지하며 친구들을 설득해 보세요. 이야기하기 전에 할 말을 생각해 보세요.

A Eres vegetariano. Estás en desacuerdo con la gente que come carne, pescado, huevos y leche.

B Te alimentas habitualmente de "comida rápida": bocadillos, congelados, pizzas, perritos, etcétera.

C Eres un "gourmet". Te encanta la comida de calidad, incluyendo la carne, pescado y productos frescos.

6 Relaciona. Hay varias opciones.
알맞은 것끼리 연결해 보세요. 여러 개의 정답이 있습니다.

1 Hago dieta para... ☐
2 He comprado lechuga y tomates para que... ☐
3 Come espinacas para... ☐
4 He ido a la frutería para... ☐
5 He lavado los tomates para... ☐
6 He abierto la ventana para que... ☐
7 Duermo ocho horas para... ☐
8 Te llamo para que... ☐
9 Hacen deporte para... ☐
10 He hecho pasta para que... ☐

a ...entre aire fresco.
b ...hagas una ensalada.
c ...cenen los niños.
d ...estar en forma.
e ...comprar fruta para el desayuno.
f ...estar fuerte como Popeye.
g ...me des la receta del pastel de manzana.
h ...preparar la ensalada.
i ...levantarme descansado.
j ...adelgazar.

Gramática 문법

ORACIONES FINALES 목적절

- Se utiliza **para** + **infinitivo** cuando el sujeto de los dos verbos es el mismo.
  'para + 동사원형'은 두 동사의 주어가 동일한 경우에 사용합니다.
  *(Yo) Desayuno fruta **para** (yo) **desintoxicarme**.*

- Se utiliza **para que** + **subjuntivo** cuando los sujetos son diferentes.
  'para que + 접속법'은 주어가 상이할 때 사용합니다.
  *(Yo) Te llamo **para que** (tú) **me cuentes** lo que pasó.*

- Se utiliza **para qué** + **indicativo** en el caso de una oración interrogativa.
  'para qué + 직설법'은 의문문에 사용합니다.
  *¿**Para qué quieres** mi coche?*
  *¿**Para qué has comprado** tantas patatas?*

7 Completa las frases con el infinitivo o subjuntivo de los verbos del recuadro.
박스의 동사를 직설법이나 접속법으로 활용하여 문장을 완성해 보세요.

regar • secarse • cocinar • oír • explicar
saber (x 2) • hacer • ~~estar~~

1 Hay que cuidar la alimentación para _estar_ sano.
2 Fuimos al concierto para _____ cantar a Luis.
3 En verano le dejo las llaves a la vecina para que _____ las plantas.
4 Esta tarde viene mi sobrino para que mi marido le _____ los problemas de matemáticas.
5 Hablé con Laura para _____ cómo estaba.
6 He comprado setas para que Daniel _____ la cena.
7 He regado el césped para que no _____.
8 Te mando este correo para que _____ lo que ha pasado.
9 Nos hace falta aceite para _____.

5B Las otras medicinas
기타 의학들

■ *Terapias alternativas*

Leer 읽기

1 Antes de leer el texto busca el significado de las siguientes palabras. 글을 읽기 전에 다음 어휘의 뜻을 찾아보세요.

> rama • aceites esenciales • infusiones • aromas
> oler • aplicar • tratar • albahaca

2 Lee el texto y después señala si son verdaderas (V) o falsas (F) las afirmaciones siguientes.
글을 읽은 후 다음 설명들이 참(V)인지 거짓(F)인지 표시해 보세요.

1 En la aromaterapia se utiliza el olor de las plantas para curar. ☐
2 La aromaterapia es una rama de la medicina convencional. ☐
3 Los aceites vegetales deben beberse en infusiones. ☐
4 El aceite de lavanda es bueno para las quemaduras. ☐
5 La aromaterapia funciona por la relación entre olor y cerebro. ☐

3 Relaciona cada planta con su remedio.
각 식물과 그 용도를 알맞게 연결해 보세요.

1 Albahaca ☐
2 Árbol del té ☐
3 Rosa ☐
4 Sándalo ☐
5 Romero ☐

a Desórdenes emocionales
b Dolores musculares
c Infecciones
d Problemas respiratorios
e Relajante

AROMATERAPIA

La aromaterapia es una rama de la ciencia herbolaria que utiliza aceites vegetales concentrados (aceites esenciales) para mejorar la salud física y mental A diferencia de las plantas utilizadas en herbolaria en forma de infusiones para beber, los aceites esenciales no se beben, sino que se huelen o se aplican en la piel.

El término aromaterapia fue utilizado por primera vez por el químico francés René-Maurice Gattefossé en 1935. Desde un punto de vista científico, no se considera parte de la medicina convencional, sino más bien de la medicina alternativa.

Los aceites esenciales de las plantas han sido usados para propósitos terapéuticos desde hace cientos de años. Chinos, hindúes, egipcios, griegos y romanos usaron los aceites esenciales en cosméticos, perfumes y medicinas. En Centroamérica eran utilizados los aromas de las flores y algunas plantas en infusiones para baños corporales.

Hacia 1920 René-Maurice Gattefossé, químico francés, descubrió las propiedades medicinales del aceite esencial de lavanda cuando lo aplicó a una quemadura sobre su mano después de sufrir un accidente en su laboratorio, y así empezó la moda del uso de los aceites vegetales.

Más tarde, el doctor Jean Valnet, médico del ejército francés, utilizó con éxito los aceites esenciales para tratar a los soldados heridos en la guerra. En 1964 Valnet publicó *L'aromathérapie*, un libro que muchos consideran la biblia de la aromaterapia.

Es indudable la relación que existe entre los olores y los efectos químicos que provocan en el sistema límbico y en el hipotálamo, los órganos del cerebro donde se fabrican las emociones.

USOS DE LOS ACEITES ESENCIALES

Algunas propiedades que se atribuyen a los aceites esenciales más utilizados son:

Aceite de albahaca. Se usa para el tratamiento de la depresión, los dolores de cabeza y para problemas respiratorios.

Aceite de árbol de té. Este arbolito es un remedio tradicional de los aborígenes australianos. Al principio se hacía con él una infusión para beber, de donde viene su nombre inglés "Tea tree". Investigaciones recientes dicen que su aceite puede combatir todo tipo de infecciones.

Aceite de Rosa: Lo usan para el tratamiento de los desórdenes emocionales. Tiene un aroma dulce y penetrante.

Aceite de Sándalo: Aceite con olor a madera, es usado como relajante en meditación y para las pieles secas.

Aceite de Romero: Es uno de los aceites esenciales más utilizados. Es un potente estimulante de la mente, además de combatir dolores musculares y afecciones respiratorias. Destaca por sus propiedades antisépticas. Es muy valorado en tratamientos estéticos, especialmente para el fortalecimiento del cabello.

4 ¿Sabes la diferencia entre medicina occidental y medicina alternativa? ¿Conoces algún tipo de medicina alternativa? ¿Cuál? Cuéntaselo a tus compañeros.

서양 의학과 대체 의학의 차이를 알고 있나요? 대체 의학 중에서 아는 종류가 있나요? 무엇인가요? 친구들에게 이야기해 보세요.

5 Lee las definiciones y completa las frases.

다음 정의를 읽고 문장을 완성해 보세요.

PEQUEÑO DICCIONARIO DE MEDICINAS ALTERNATIVAS

AROMATERAPIA
Remedios naturales basados en el olor de las plantas.

CROMOTERAPIA
Los colores se utilizan para producir respuestas psicológicas.

FITOTERAPIA
Uso medicinal de las plantas, en estado natural o preparados.

HIDROTERAPIA
Utilización del agua en forma medicinal.

MUSICOTERAPIA
Uso de la música como medio de expresión de sentimientos y emociones.

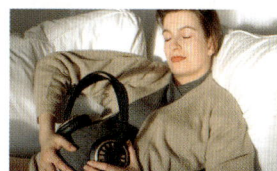

RISOTERAPIA
Uso de la risa para mejorar el ánimo y algunas enfermedades.

1 En los balnearios con sus aguas termales se practica la _____.
2 Los vahos de eucalipto para curar resfriados se utilizan en la _____.
3 El corazón recibe más oxígeno cuando nos reímos en la clase de _____.
4 El *jazz* y la música clásica se utilizan en la _____.
5 Mi médico me ha mandado un tratamiento de hierbas. Practica la _____.

Escuchar 듣기

6 🎧 024 Vas a leer y escuchar las instrucciones para realizar un ejercicio de yoga llamado *El saludo al sol*. Completa el texto con las palabras del recuadro.

'태양에게 경배'라는 명칭의 요가 연습을 위한 지침을 읽고 듣게 될 거예요. 박스의 낱말로 글을 완성해 보세요.

EL SALUDO AL SOL

El saludo al sol es un ejercicio de yoga que consiste en una serie de movimientos suaves sincronizados con la respiración. Una vez que haya aprendido las posturas, es importante que las combine con una respiración rítmica.

> brazos (x 2) • frente • orejas • manos (x 2)
> pierna (x 2) • rodillas (x 2) • espalda • pies (x 4)
> cuerpo • dedos • caderas • cabeza • pecho

1 De pie, espire al tiempo que junta las (1) *manos* a la altura del (2) _____.
2 Aspire y estire los (3) _____ por encima de la (4) _____. Inclínese hacia atrás.
3 Espirando, lleve las manos al suelo, a cada lado de los (5) _____, de forma que los (6) _____ de manos y pies estén en línea.
4 Aspire al tiempo que estira hacia atrás la (7) _____ derecha, y baje la (8) _____ derecha hasta el suelo.
5 Conteniendo la respiración, lleve hacia atrás la otra pierna y estire el (9) _____.
6 Apoye las rodillas, el pecho y la (10) _____ sobre el suelo.
7 Aspire, deslice las (11) _____ hacia delante e incline la cabeza hacia atrás.
8 Espire y, sin mover las (12) _____ ni los (13) _____, levante las caderas.
9 Aspire y lleve el (14) _____ derecho hacia delante. Estire hacia atrás la (15) _____ izquierda.
10 Lleve el otro (16) _____ hacia delante. Estire las (17) _____ y toque las piernas con la frente.
11 Aspire a la vez que inclina la (18) _____ con la cabeza hacia atrás y mantiene los (19) _____ junto a las (20) _____.
12 Espire al tiempo que regresa a la posición inicial.

5c El sueño

Consejos para dormir bien

Leer

1. Lee el cuestionario y luego hazle las preguntas a tu compañero.

   - ¿Cuántas horas duermes diariamente?
   - ¿Te afectan el café o el té para dormir?
   - Cuando no puedes dormir, ¿qué haces: oír la radio, ver la televisión, leer…?
   - ¿Puedes dormir en los viajes?
   - ¿Te da sueño después de comer?
   - ¿Recuerdas tus sueños?
   - ¿Necesitas despertador?

2. Lee el texto. ¿Los consejos que da son para dormir o para no dormir?

3. Subraya los imperativos que aparecen en el texto.

4. Escribe todos los imperativos en forma negativa, de manera que los consejos sean válidos para dormir.

Acuéstese	No se acueste

Actitudes que seguro le causarán **insomnio**

Mucha gente adopta ciertas conductas nocivas sin pensar que con ellas está afectando a la calidad de su sueño. Si usted quiere pasarse toda la noche dando vueltas en la cama sin poder dormirse, haga lo siguiente:

A Acuéstese pensando en todas las cosas negativas que le pasaron durante el día, y piense en cómo resolverá los problemas que le esperan al día siguiente.

B Cene abundantemente y acuéstese inmediatamente después. Su diafragma estará tan comprimido que tendrá los ojos más abiertos que un búho.

C Una hora antes de acostarse, practique un deporte de competencia como el tenis o el fútbol. La adrenalina originada por su organismo para tratar de ganar, sumada al enfado de la posible derrota, hará que no pegue ojo en toda la noche.

D De un día para otro cambie sus costumbres: duerma sin almohada o, si antes no lo hacía, dese un baño bien caliente antes de acostarse. Si logra dormir, será casi un milagro.

E Tome café, té o alguna bebida estimulante a las ocho de la tarde.

F Después de comer, duerma una siesta larga.

Hablar 말하기

5 En grupos de tres o cuatro, escribid una lista de consejos en imperativo afirmativo y negativo para dormir bien. Intercambiad los consejos con otros grupos.
서너 명이 그룹 지어 숙면을 위한 조언 목록을 긍정명령형과 부정명령형으로 작성해 보세요. 조언을 다른 조와 교환해 보세요.

Gramática 문법

EL IMPERATIVO 명령형

- Se usa el imperativo para dar órdenes, para pedir favores, para dar instrucciones y consejos.
  명령형은 명령, 부탁, 지시, 충고를 하기 위해 사용합니다.
  Abrid los libros.
  Tráeme un vaso de agua, por favor.
  Duerma ocho horas.

- Todas las formas del imperativo (excepto *tú* y *vosotros* en la forma afirmativa) son iguales que las del presente de subjuntivo.
  명령형의 모든 형태(긍정명령형의 *tú*와 *vosotros*형 제외)는 접속법 현재시제와 동일합니다.

  Cambiar

cambia (tú)	**no cambies** (tú)
cambie (usted)	**no cambie** (usted)
cambiad (vosotros)	**no cambiéis** (vosotros)
cambien (ustedes)	**no cambien** (ustedes)

- Los verbos que son irregulares en presente de indicativo tienen la misma irregularidad en imperativo (excepto la persona *vosotros*).
  직설법 현재시제에서 불규칙형인 동사들은 명령형에서도 동일한 불규칙 패턴을 갖습니다. (*vosotros*형 제외)

  Dormir

Presente 현재시제	Imperativo 명령형	
duermo (yo)	*duerme* (tú)	*dormid* (vosotros)

- Otros verbos irregulares. 기타 불규칙동사

	Imperativo 명령형	
	afirmativo 긍정	negativo 부정
Decir:	di (tú)	no digas
Ir:	ve (tú)	no vayas
Hacer:	haz (tú)	no hagas
Poner:	pon (tú)	no pongas
Oír:	oye (tú)	no oigas
Venir:	ven (tú)	no vengas
Salir:	sal (tú)	no salgas

- Imperativo con pronombres. 대명사를 수반하는 명령형

afirmativo 긍정	negativo 부정
tráelo	no lo traigas
dámela	no me la des
díselo	no se lo digas

6 Completa los siguientes consejos. Utiliza los verbos del recuadro.
다음 조언들을 완성해 보세요. 박스의 동사들을 이용해 보세요.

> no dormir • levantarse • olvidarse • elegir
> ~~no tomar~~ • recordar • poner

LOS SECRETOS DE LA SIESTA

a <u>No tomes</u> té o café al terminar de comer si vas a dormir la siesta.
b _____ un sillón o sofá adecuado.
c _____ más de veinte o treinta minutos.
d _____ de las preocupaciones y el estrés.
e _____ una música de fondo que te acompañe en tu descanso.
f _____ con calma, sin prisas.
g _____ que la siesta es una buena terapia para la salud física y mental.

Pronunciación y ortografía 발음과 철자

La *g* y la *j* g와 j

/g/ g + a, o, u	/x/ g + e, i
gu + e, i	j + a, e, i, o, u

1 🎧 025 **Escucha y repite.** 듣고 따라해 보세요.

genio gente joven jueves jefe jirafa
gato gorro agua García goma guapo
guerra guía guitarra guepardo

2 Completa con *j, g o gu*. j, g, gu로 문장을 완성해 보세요.
1 El ___ueves pasado ___u___é al fútbol con Martín.
2 El ___epardo es un animal muy rápido.
3 Lávate las manos con ___abón.
4 El novio de Isabel es muy ___uapo.
5 En el ___ardín de Luis hay dos ___eranios.
6 Tu corbata es i___ual que la mía.
7 Luis, toca la ___itarra, por favor.
8 Julia, tráeme la a___enda que está al lado del teléfono.
9 María ha te___ido un ___ersey para su nieto.
10 Para lle___ar al hotel, si___e todo recto y luego ___ira a la derecha.

3 🎧 026 **Escucha, comprueba y repite.**
듣고 확인하고 따라해 보세요.

5D COMUNICACIÓN Y CULTURA 의사소통과 문화

Hablar y escuchar 말하기와 듣기

Dar consejos 충고하기

1 🎧 027 Escucha el diálogo. 대화를 들어 보세요.

> **Antonio:** Hola, Luis. Soy Antonio.
> **Luis:** Hola, ¿qué tal?
> **Antonio:** Te llamo para decirte que no voy a poder ir a la oficina mañana y no vamos a poder terminar el informe que tenemos pendiente.
> **Luis:** ¿Por qué? ¿Qué te pasa?
> **Antonio:** Me encuentro fatal. Me duele la cabeza y tengo fiebre.
> **Luis:** Habrás cogido la gripe. Tómate una aspirina y métete en la cama. Ya terminaremos nuestro trabajo otro día. No te preocupes. Si puedo, me acerco mañana a verte.
> **Antonio:** Vale y tráeme alguna revista para entretenerme.
> **Luis:** Y no te preocupes. Si quieres, yo aviso mañana en la oficina para que sepan que no vas a poder ir a trabajar.
> **Antonio:** No, déjalo. Ya llamo yo. Muchas gracias.
> **Luis:** ¡Que te mejores!

Comunicación 의사소통

- ¿Qué te pasa?
- Te llamo para decirte que…
- Tómate…
- No te preocupes…
- No, déjalo.
- ¡Que te mejores!

2 Lee el diálogo y completa con las palabras del recuadro. 대화를 읽고 박스의 낱말로 완성해 보세요.

> cenes • llevártelos • Tómate
> traerme • estómago

- ¿Qué te pasa?
- Me duele el (1) _____.
- (2) _____ un té y no (3) _____.
- Por favor, ven a mi casa para (4) _____ los apuntes.
- Vale, iré a tu casa mañana por la tarde para (5) _____.

3 Practica con tu compañero, siguiendo el modelo.
보기와 같이 짝과 연습해 보세요.

- ■ He suspendido los exámenes.
- • No te vayas de vacaciones y prepáratelos para septiembre.
- • Mi novia/o me ha dejado.
- • Me he quedado en el paro.
- • No entiendo este ejercicio.
- • Me duele la espalda.
- • Se me ha estropeado el coche.

4 Practica un nuevo diálogo con tu compañero como en el ejercicio 1. Puedes utilizar alguna de las situaciones del ejercicio anterior.
1번 연습 문제와 같이 짝과 새로운 대화를 연습해 보세요. 이전 연습 문제의 상황 일부를 이용할 수 있습니다.

5 🎧 028 Escucha las dos llamadas telefónicas y contesta a las preguntas. 두 개의 전화 통화를 듣고 질문에 대답해 보세요.

1. ¿Qué le ha pasado a Ángel?
2. ¿Cómo se lo ha hecho?
3. ¿Qué consejos le dan en el servicio de urgencias?
4. ¿Cómo va a ir al servicio de urgencias?
5. ¿Qué le ha pasado a la madre de Roberto?
6. ¿Qué le manda hacer Julián a Roberto?
7. ¿Para qué va a comprar Julián la crema?

Leer 읽기

Viajar a Cuba 쿠바 여행

1 ¿Qué sabes de Cuba? Marca verdadero (V) o falso (F).
쿠바에 대해 아는 바가 있나요? 참(V)이나 거짓(F)을 표시해 보세요.

1. Cuba es una isla. ☐
2. Está en el mar Mediterráneo. ☐
3. Los cubanos hablan portugués. ☐
4. Los cigarros habanos son de Cuba. ☐
5. La capital es Santiago de Cuba. ☐

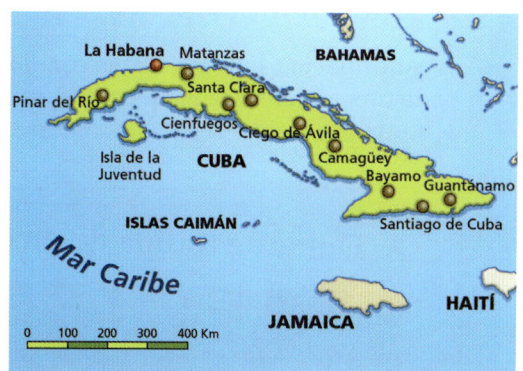

2 Lee el texto y contesta a las preguntas. 글을 읽고 질문에 대답해 보세요.

Al son de Cuba

¿No has estado hasta ahora en la isla más divertida de América, el mejor lugar para bailar, relajarse y disfrutar?

Sí, **Cuba**.

Cuba es tu destino: sol radiante, preciosas playas de arena blanca y cultura centenaria.

Son muchos los destinos que se pueden visitar en esta isla. La Habana, su capital, puede ser el punto de comienzo. Es una ciudad donde se mezclan la modernidad y tradición. Es imprescindible caminar por sus calles, visitar sus castillos y disfrutar de su malecón, sus teatros, restaurantes... Pero sin ninguna duda lo más impresionante de La Habana son sus gentes, hospitalarias y sonrientes como pocas en el mundo.

Nuestro viaje podría continuar en Varadero, conocido como la "playa Azul", donde sus playas de arena blanca y aguas multicolores te permitirán ponerte moreno y descansar. Si eres aficionado al buceo, los distintos tipos de corales y peces te harán sentir en el paraíso. No lo dudes, Varadero te espera.

No podemos dejar a un lado la comida cubana, con influencias españolas y africanas. El arroz con frijoles, también llamado "moros y cristianos", el puerco, preparado de distintas formas, y la langosta son los platos más típicos, sin olvidarnos de los dulces como las natillas, el arroz con leche, etcétera.

Las compras tradicionales son: los puros habanos y la música cubana. No dejes de visitar esta joya caribeña tan pronto como puedas.

La Habana · Músicos en una calle de La Habana · Playa de Varadero

1. ¿Dónde se encuentra la isla de Cuba?
2. ¿Cuál es su capital?
3. ¿Cómo son los habitantes de La Habana?
4. ¿Qué se puede hacer en Varadero?
5. ¿Qué vas a encontrar si buceas en la "playa Azul"?
6. ¿Qué son los "moros y cristianos"?
7. ¿Qué postres destacan en la cocina cubana?
8. ¿Qué puedes traer de recuerdo a tus amigos si vas a Cuba?

Escribir 쓰기

Consultar al médico 의사에게 진찰받기

1. A continuación hay dos cartas con dos problemas diferentes que se han mezclado. Mira el título de cada una e identifica los párrafos con las cartas. Después, ordénalos.
두 개의 상이한 문제가 뒤섞인 편지 두 장이 있습니다. 각 편지의 제목을 본 후 편지와 문단들을 짝지어 보세요. 이후에 문단들을 순서에 맞게 정렬해 보세요.

A. Dolor de rodilla de un ciclista.

B. Molestias en el hombro derecho.

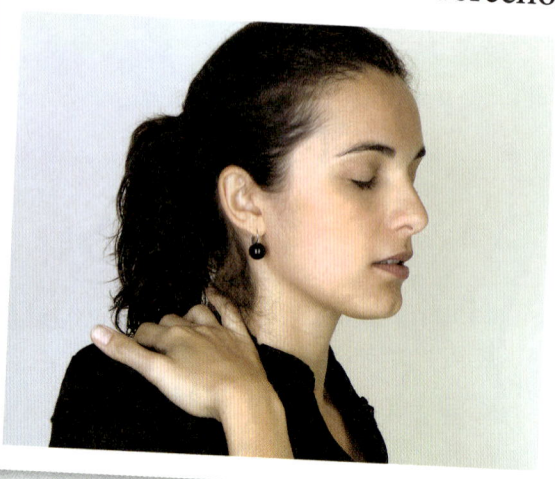

Desde hace tres meses tengo un dolor en el hombro derecho. Al principio el dolor durante el día era muy leve y algo más molesto por la noche. B 1

Soy un hombre de 43 años, mido 1,75 y peso 68 kg. Hace unos dos años que practico *mountain bike*. Siempre me ha ido muy bien, pero desde hace un mes he empezado a sentir dolor en las dos rodillas.

Cuando subo escaleras, siento una punzada en el menisco que me deja paralizado. Por la noche en la cama el dolor es como un hormigueo. Por la mañana vuelven las molestias y dolores que son insoportables.

A los pocos días fui al médico y me diagnosticó tendinitis y me recetó antiinflamatorios durante 15 días. Pero el dolor seguía, los antiinflamatorios no me hacían efecto. A los quince días volví al médico y me mandó unas radiografías.

Hace dos semanas que no practico nada de ciclismo y estoy esperando para hacerme unas pruebas. ¿Cree usted que es grave?

Estoy a la espera de las pruebas, pero últimamente el dolor ha aumentado, hasta el punto de que no puedo peinarme. No sé si debo esperar a las radiografías o dirigirme a urgencias.

2. En parejas. Comprueba con tu compañero si has ordenado bien las cartas. Comenta qué respuestas daríais a cada problema.
편지를 잘 정렬했는지 짝과 함께 확인해 보세요. 각 문제에 어떤 답변을 할지 이야기해 보세요.

3. Las dos consultas anteriores tratan de dolores. Imagina que tienes algún tipo de dolor y escribe una carta al consultorio de la revista anterior. Explica.
앞의 두 상담 편지는 통증에 대한 것입니다. 통증을 느낀다고 상상하며 앞의 잡지 상담실에 보낼 편지를 작성해 보세요. 다음을 설명해 보세요.

- qué molestias tienes,
- cuándo han empezado las molestias,
- cómo han evolucionado,
- en qué momento del día es más fuerte el dolor,
- si has ido al médico,
- qué te ha recomendado y recetado.

Nuestro mundo 우리의 세계

.. Expresar sentimientos y opiniones 감정과 의견 표현하기
.. Expresar recomendaciones y obligaciones 권고와 의무 표현하기
.. Comparar 비교하기
.. **Cultura:** Ciudades españolas Patrimonio de la Humanidad
문화: 인류 문화유산인 스페인의 도시들

029-032

6A Ecológicamente correcto
환경친화적인 것

■ *Expresar sentimientos y opiniones*

Hablar 말하기

1 **Comenta con tu compañero.** 짝과 이야기해 보세요.
¿Cuáles son los problemas medioambientales más importantes en este momento?
¿Crees que los partidos "verdes" son importantes? ¿Por qué?

2 **Contesta el cuestionario y compara tu puntuación final con la de tu compañero.** 질문 목록에 대답하고 최종 점수를 짝과 비교해 보세요.

1 ¿Utilizas el transporte público?
 ○ a Sí, pero si puedo voy andando.
 ○ b De vez en cuando.
 ○ c No, prácticamente nunca.

2 ¿Qué opinas de las centrales nucleares?
 ○ a Deberían desaparecer.
 ○ b Deberían mejorar sus medidas de seguridad.
 ○ c Es un tema que no me preocupa.

3 ¿Qué importancia tiene para ti la recogida de basura selectiva?
 ○ a Es algo muy positivo que debe implantarse en todo el mundo.
 ○ b Es una exigencia a la que hay que acostumbrarse.
 ○ c Es una actividad inútil a la que me resistiré todo lo que pueda.

4 ¿Qué haces con las pilas gastadas?
 ○ a Las deposito en recipientes preparados para su recogida.
 ○ b Unas veces las dejo en contenedores de pilas y otras veces las tiro a la basura.
 ○ c Las tiro a la basura.

5 ¿Te preocupa la contaminación del planeta?
 ○ a Sí, mucho.
 ○ b Algo, pero no demasiado.
 ○ c Sinceramente, poco.

6 ¿Entregas dinero a alguna organización ecologista?
 ○ a Sí, de forma regular.
 ○ b Alguna pequeña cantidad de vez en cuando.
 ○ c No, nunca.

7 Van a hacer una autopista que altera el paisaje, ¿cuál es tu actitud?
 ○ a De lucha, no se puede permitir.
 ○ b De preocupación.
 ○ c De alegría. Al fin voy a poder moverme con rapidez

PUNTUACIÓN
Si la mayoría de tus respuestas son **a**, eres un ecologista o casi llegas a serlo. No solo te preocupas por la naturaleza, sino que participas activamente en su conservación.
Si la mayoría de tus respuestas son **b**, por lo general respetas el medioambiente y procuras no contaminar, pero tampoco te esfuerzas en exceso. Claramente podrías hacer mucho más.
Si la mayoría de tus respuestas son **c**, tu actitud se podría llamar contaminante. Vives de espaldas a la problemática medioambiental que te rodea.

Escuchar 듣기

3 Vas a oír una entrevista a un miembro de Greenpeace. Antes de escuchar, señala si crees que las siguientes afirmaciones son verdaderas o falsas.
그린피스 회원의 인터뷰를 듣게 될 겁니다. 듣기 전에 다음 설명들이 참(V)인지 거짓(F)인지 표시해 보세요.

1. Greenpeace es una organización dedicada a la defensa de los emigrantes. ☐
2. Greenpeace es una organización que trabaja solo en Europa. ☐
3. El objetivo de Greenpeace es conseguir la paz mundial. ☐
4. Los países más ricos colaboran activamente con esta organización. ☐
5. La misión de los miembros de Greenpeace es defender la tierra. ☐

4 🎧 **Escucha la entrevista y comprueba tus hipótesis.** 인터뷰를 듣고 위에서 추측한 바와 비교해 보세요.

5 🎧 **Escucha de nuevo y contesta a las siguientes preguntas.** 다시 듣고 질문에 대답해 보세요.

1. ¿Cuál es el objetivo de Greenpeace?
2. ¿Cuál es la mayor preocupación de esta organización?
3. ¿Quiénes deben colaborar para mejorar el futuro del planeta?
4. ¿Existe un apoyo total por parte de la gente hacia esta organización?
5. ¿Cómo se puede colaborar con esta organización?

1. A Manu le gusta ☐
2. A nosotros nos molesta ☐
3. Me preocupa que ☐
4. A algunos políticos no les preocupa que ☐
5. Me molesta que ☐

a. ver montones de basura sin reciclar.
b. llevar los cristales al contenedor.
c. gastes tanta agua.
d. la gente no sea ecologista.
e. haya contaminación.
f. mis hijos vivan en un mundo contaminado.

7 Completa las frases con el verbo en la forma adecuada del subjuntivo.
접속법 시제의 동사로 문장을 완성해 보세요.

1. Me molesta que *la gente no cuide* (la gente, no cuidar) el medioambiente.
2. Me preocupa que _____ (el gobierno, no solucionar) los problemas medioambientales.
3. Me gusta que _____ (la televisión, hacer) campañas sobre el reciclado de basuras.
4. ¿Te importa que me _____ (yo, llevar) tus papeles al contenedor?
5. Me molesta que _____ no _____ (los políticos, colaborar) con Greenpeace.
6. Me preocupa que _____ (no llover).

8 Escribe tus opiniones sobre el futuro del planeta. Utiliza, entre otras, las expresiones del recuadro.
지구의 미래에 대한 의견을 작성해 보세요. 박스의 표현을 이용하세요.

> creo que… • espero que… • no me importa…
> me preocupa que… • me molesta que…

Comunicación 의사소통

Expresar sentimientos y opiniones 감정과 의견 표현하기

- En oraciones dependientes de verbos como *gustar, interesar, molestar, preocupar*, se utiliza infinitivo o subjuntivo.
  gustar, interesar, molestar, preocupar 등과 같은 동사들로 이루어진 독립문은 직설법이나 접속법으로 씁니다.

  – **Infinitivo:** si el *sujeto lógico* * de las dos frases es el mismo. 직설법: 두 문장의 논리적 주어가 동일할 때

  *A Rosa no le **gusta usar** el transporte público.*

  – **Subjuntivo:** si el *sujeto lógico* * de las dos frases es diferente. 접속법: 두 문장의 논리적 주어가 상이할 때

  *Nos **preocupa que haya** desastres ecológicos.*

  * *Sujeto lógico:* persona que experimenta ese sentimiento u opinión.
  논리적 주어: 감정이나 의견을 가진 당사자

6 Forma frases. Hay más de una posibilidad.
알맞은 것을 연결하여 문장을 만들어 보세요. 1개 이상의 선택지가 있습니다.

6B Menos humos, por favor

매연을 줄여주세요

Expresar recomendaciones y obligaciones

1 ¿Qué medio de transporte utilizas para desplazarte a diario? 이동하기 위해 매일 어떤 교통수단을 이용하나요?

2 Lee el texto. 글을 읽어 보세요.

Las grandes ciudades se suben a **la bicicleta**

Más de 100 ciudades españolas tienen ya servicios públicos de préstamo.
Hay que hacer posible su uso con el de los coches y con los peatones.

Alquiler de bicicletas en Barcelona. **Ciclistas en Ámsterdam.**

Manuel, de 31 años, ciclista habitual en una gran ciudad española, teme por su seguridad cada vez que utiliza la bicicleta entre coches y autobuses. A Carmen, que camina hasta su trabajo cada día, le indigna que vaya a cruzar una calle y un ciclista casi la atropelle porque no respeta el semáforo. Y Carlos, desde su coche, ve con simpatía las dos ruedas pero reconoce que acaban siendo una molestia y un peligro cuando circulan por la calzada. La convivencia no está siendo fácil, pero aun así la bicicleta se abre paso en las grandes ciudades a un ritmo imparable.

Es conveniente utilizar la bicicleta porque es sostenible, humaniza las ciudades, combate el sedentarismo, suele ser divertida y, por si fuera poco, proporciona una grata sensación de libertad, argumentan sus defensores más fieles. Hasta no hace mucho había una decena de ciudades españolas con sistemas de préstamo público de bicis, hoy cuentan con él más de 100 municipios.

Pero está lejos todavía de países como Holanda, Dinamarca o Francia, donde el uso de la bici es habitual. Además, en las distintas ciudades españolas las situaciones son muy diferentes. En Barcelona, el 2% de los desplazamientos que se hacen a diario se realizan en bicicleta. En San Sebastián son casi el 3%, al igual que en Zaragoza o Vitoria. Sevilla está a la cabeza de todas ellas, con más del 6% de los desplazamientos, mientras que en otras capitales, como Madrid, apenas llegan al 0,3%.

No hay fórmulas mágicas para hacer compatible la circulación de coches, autobuses y bicis. Cada ciudad hace lo que puede. Es necesario que se tomen medidas para facilitar la convivencia de todos. Un gran número de capitales usan igual la calzada que las aceras para la circulación de las bicis. En unos casos los carriles bici están separados del resto del tráfico por un bordillo, en otros solo por una línea pintada en el suelo. También hay Ayuntamientos que prefieren desviar el tráfico de bicicletas por calles secundarias, donde la velocidad se limita a los 30 kilómetros por hora. En París o en Bruselas, la bici comparte el carril con autobuses… Sea cual sea la solución, para poder usar la bicicleta con seguridad hace falta que disminuya la velocidad del tráfico y circulen menos vehículos por las calles de la ciudad.

Extraído de *El País*

3 Localiza en el texto cinco palabras relacionadas con las siguientes definiciones.
다음 정의와 관련된 5개의 어휘를 위의 글에서 찾아 보세요.

1. Alcanzar violentamente un vehículo a personas o animales: _____
2. Lugar por el que circulan los vehículos motorizados: _____
3. Que puede mantenerse por sí mismo, sin ayuda exterior: _____
4. Falta de movimiento: _____
5. Cada banda utilizada para el tránsito de vehículos: _____

4 Vuelve a leer el texto y contesta a las siguientes preguntas.
글을 다시 읽고 다음 질문에 대답해 보세요.

1. ¿Qué beneficios aporta el uso de la bicicleta?
2. ¿En qué ciudad española se usa más la bicicleta?
3. ¿De qué distintas maneras se puede organizar el tráfico de las bicis en las ciudades?
4. ¿Qué cambios son necesarios para que los ciclistas circulen con seguridad?
5. ¿Has utilizado tú en alguna ocasión este servicio?

Hablar 말하기

5 En grupos de cuatro. ¿Qué piensas del uso de la bicicleta en las ciudades? Con tus compañeros elabora una lista de recomendaciones y obligaciones para mejorar los desplazamientos en tu ciudad.
도시에서의 자전거 사용에 대해 어떻게 생각하나요? 네 명이 그룹 지어 도시에서의 이동을 개선하기 위한 권고와 의무 목록을 함께 작성해 보세요.

Es necesario prohibir la circulación en el centro de la ciudad.

Es conveniente que construyan más carriles para las bicicletas.

Comunicación 의사소통

- Expresar obligaciones impersonales, generales.
  일반적이고 무인칭의 의무 표현

  – **Infinitivo** 직설법
  *No **hace falta tener** dos coches.*
  ***Es necesario cambiar** de hábitos.*
  ***Hay que usar** la bici para ahorrar energía.*

  – **Subjuntivo** 접속법
  ***Es necesario que se tomen** medidas.*
  ***Hace falta que disminuya** la velocidad del tráfico.*

- Expresar valoraciones. 가치 평가

  – **Generales** 일반적인 경우
  ***Es conveniente utilizar** menos el coche.*

  – **Particulares** 특수한 경우
  ***Es conveniente que tú utilices** menos el coche.*

6 Completa la conversación con una de las formas estudiadas. 학습한 형태 중 하나로 대화를 완성해 보세요.

> hay que • es necesario que • es importante
> (no) hace falta que.

Hoy es el cumpleaños de Jesús y está organizando una fiesta con sus amigos.

Ángela: ¿Jesús, qué (1) *hay que* hacer?
Jesús: Lo primero, (2) _____ pongamos la sillas pegadas a las paredes.
David: No olvidéis que (3) _____ traer un equipo de música.
Rubén: ¿(4) _____ coloquemos unas mesas para las bebidas?
Jesús: No, (5) _____ dejar sitio para las dos neveras. Y no olvidéis que (6) _____ quede todo preparado para las seis de la tarde. (7) _____ terminar la fiesta antes de las doce de la noche para que los vecinos no protesten.

7 Completa las frases con las siguientes expresiones. Hay más de una opción.
다음 표현들로 문장을 완성해 보세요. 1개 이상의 정답이 있습니다.

> (no) hay que • (no) es necesario que
> (no) es conveniente que

1 *Es conveniente que* la gente hable mas bajo en los bares.
2 _____ poner la música muy alta después de las doce de la noche.
3 _____ tener cuidado para no molestar a los vecinos.
4 _____ que compremos refrescos; no tenemos suficientes.
5 _____ que avisemos a Juan. Ya sabe la hora de la fiesta.
6 _____ denunciar a los locales que no cumplan sus horarios.
7 _____ poner el bozal al perro para que no ladre.
8 _____ cojas el coche para ir al centro. Puedes ir en autobús.
9 _____ estar bien informado antes de opinar.
10 _____ que me llames. Mándame un correo.

Pronunciación y ortografía 발음과 철자

QU, Z, C

/K/ que, qui, ca, co, cu
     cama, cuatro, quién

/θ/ za, zo, zu, ce, ci
     azul, cine, hace

1 Completa las frases con qu, z y c.
*qu, z, c*를 써서 문장을 완성해 보세요.

1 Es conveniente ___e los bares __ierren a las on__e.
2 En las __onas de o__io hay mucho ruido.
3 Di__en ___e van a fabri__ar __oches más silen__iosos.
4 Greenpeace es una organi__a__ión dedi__ada a defender la naturale__a.
5 Las denun__ias que ha__en los ve__inos son inútiles.

2 🎧 030 **Escucha y comprueba.** 듣고 확인해 보세요.

6c La ecologista del Himalaya

히말라야의 환경운동가

■ *Comparar*

Leer 읽기

1 Lee el texto y señala si las afirmaciones son verdaderas o falsas. 글을 읽고 다음 설명들이 참(V)인지 거짓(F)인지 표시해 보세요.

Vandana Shiva

Una de las ecologistas, feministas y filósofas de la ciencia más prestigiosas a escala internacional que luchan activamente a favor de los derechos de los pueblos.

Nació en la India, a los pies del Himalaya. Hija de una familia dedicada a la agricultura, Shiva pronto desarrolló un profundo respeto por la naturaleza.

Debido a su formación en física y su amor por la naturaleza, Shiva comenzó a preocuparse por el impacto de la tecnología científica sobre el medioambiente y fundó Navdanya, que significa "nueve semillas", para proteger la diversidad de las semillas de su tierra natal. Esta organización anima a los agricultores a rechazar las presiones políticas y económicas que pueden poner en peligro la biodiversidad de la India.

Shiva participó en el movimiento pacífico Chipko de los años 70. Este movimiento, encabezado principalmente por mujeres, adoptaba la táctica de abrazar a los árboles para evitar que los talaran.

Autora de varios libros y más de 300 ensayos, Shiva ha combatido públicamente la "revolución verde" de los años 70, con la que se pretendía solucionar el problema del hambre mejorando los cultivos con el uso de irrigación, fertilizantes, pesticidas y mecanización. Ella afirma que "la revolución verde" pretendía usar la tecnología occidental para ayudar a los agricultores del Tercer Mundo. Pero, en vez de riqueza, las nuevas semillas trajeron más pobreza que riqueza y la "destrucción ambiental". Además de la crítica a la "revolución verde", Shiva continúa con la campaña internacional contra los alimentos transgénicos. Ha colaborado con varias organizaciones en África, Asia, América Latina, Irlanda, Suiza y Austria en sus campañas contra la ingeniería genética.

Ha recibido más de 15 premios nacionales e internacionales por su contribución a la conciencia ecológica y la preservación ambiental, entre ellos un premio tan importante como el Right Livelihood Award (también conocido como el Premio Nóbel alternativo).

1 Sus padres trabajaban el campo. **V**
2 Estudió el efecto negativo del clima en la agricultura de su país. ☐
3 La organización Navdanya lucha por el uso de las semillas propias de su país. ☐
4 En los años 70, las mujeres no participaban en el movimiento ecologista de la India. ☐
5 Shiva estaba a favor de la "revolución verde". ☐
6 La "revolución verde" pretendía ayudar a los agricultores del Tercer Mundo con nuevas tecnologías. ☐

Vocabulario 어휘

2 Completa las frases con el vocabulario del recuadro. 박스의 어휘로 문장을 완성해 보세요.

cordillera • mar • continente • océano
desierto • selva • ~~río~~ • país • isla • cañón

1 El Nilo es un *río*.
2 El Pacífico es un _____.
3 Los Alpes son una _____.
4 Turquía es un _____.
5 El Sahara es un _____.
6 El Mediterráneo es un _____.
7 Mallorca es una _____.
8 La Amazonía es una _____.
9 Asia es un _____.
10 El Colorado es un _____.

Gramática 문법

COMPARATIVOS 비교급

Comparación con adjetivos 형용사의 비교

Superioridad 우등 : **más** + adjetivo 형용사 + **que**
Inferioridad 열등 : **menos** + adjetivo 형용사 + **que**
Igualdad 동등 : **tan** + adjetivo 형용사 + **como**

*Esta organización ecologista es **más** importante **que** la otra.*

Comparación con nombres 명사의 비교

Superioridad 우등 : **más** + nombre 명사 + **que**
Inferioridad 열등 : **menos** + nombre 명사 + **que**
Igualdad 동등 : **tanto/a/os/as** + nombre 명사 + **como**

*Antes no había **tantas** guarderías **como** ahora.*

Comparación con verbos 동사의 비교

Superioridad 우등 : verbo 동사 + **más que**
Inferioridad 열등 : verbo 동사 + **menos que**
Igualdad 동등 : verbo 동사 + **tanto como**

*Ella estudió **más que** sus compañeros.*

Comparativos irregulares 불규칙형 비교급

grande	➡	mayor
pequeño	➡	menor
bueno	➡	mejor
malo	➡	peor

*Juan es **menor que** su hermano.*

3 Completa las siguientes frases con el comparativo correspondiente.
알맞은 비교급으로 다음 문장을 완성해 보세요.

1 Cada día trabajo más. Este año trabajo *más* horas que el año pasado.
2 Este año hay sequía. Ha llovido _____ _____ el año pasado.
3 Las temperaturas son muy altas. Esta primavera hace _____ calor _____ los dos últimos años.
4 La energía solar es _____ contaminante _____ la energía nuclear.
5 Mis vecinos son igual de ruidosos: el de la derecha hace _____ ruido _____ el de la izquierda.
6 La cantidad de contaminación es _____ en las ciudades _____ en el campo.
7 En muchos países, las mujeres están discriminadas. Con iguales trabajos, ellas ganan _____ _____ los hombres.
8 Se han talado muchos árboles en la Amazonía. Ahora no hay _____ árboles _____ antes.

SUPERLATIVOS 최상급

*China es el país **más** poblado **del** mundo.*
*El Premio Livelihood Award es un premio important**ísimo**.*
*Venezuela es **el mayor** exportador de petróleo del continente americano.*

4 Pon el adjetivo entre paréntesis en la forma más adecuada (comparativo o superlativo).
괄호 안의 형용사를 비교급 혹은 최상급 중 알맞은 형태로 바꿔 써 보세요.

1 Es la historia *más increíble* (increíble) que nunca he oído.
2 Etiopía es uno de los países _____ (lluvioso) del mundo.
3 La capa de ozono cada día está _____ (dañada).
4 Noruega es _____ (fría) como Suecia.
5 Los países del Tercer Mundo tienen el _____ (grande) índice de mortalidad infantil.
6 El español es una de las lenguas _____ (habladas) en el mundo.
7 Europa es un continente _____ (pequeño) África.
8 El río Nilo es el _____ (largo) del mundo. Es _____.
9 El calentamiento de la tierra es uno de los _____ (malo) desastres naturales.
10 Ante la situación actual lo _____ (bueno) es apoyar a una asociación ecologista.

Hablar 말하기

5 Compara tus gustos con los de tu compañero.
여러분의 취향과 짝의 취향을 비교해 보세요.

1 hamburguesa - verduras.
   A mí me gustan más las verduras que las hamburguesas.
   Las verduras son más sanas que las hamburguesas.
2 música clásica - hip-hop.
3 cine de terror - comedias.
4 quedar con los amigos - navegar por internet.
5 el mar - la montaña.
6 el tren - el avión.

6D COMUNICACIÓN Y CULTURA 의사소통과 문화

Hablar y escuchar 말하기와 듣기

Protestar ante una situación
어떤 상황에 대해 반대하기

1 🎧 031 **Escucha el diálogo.** 대화를 들어 보세요.

> Periodista: Estamos en la plaza Mayor de Villanueva, donde tiene lugar en estos momentos una manifestación. Para Radio 1, en directo, ¿puede decirnos por qué se están manifestando?
>
> Fernando: Estamos protestando porque quieren instalar una central nuclear en nuestro pueblo.
>
> Periodista: ¿Y por qué piensa que esto puede ser negativo?
>
> Fernando: Nos preocupa que haya un accidente en la central. Creemos que la energía nuclear es muy peligrosa y por eso no queremos tenerla cerca de nuestras casas.
>
> Periodista: Pero dicen que van a crear muchos puestos de trabajo. Habrá gente que esté a favor…
>
> Fernando: Sí, pero la mayoría de los habitantes del pueblo pensamos que es más importante nuestra salud.
>
> Periodista: Concretamente, ¿qué quieren conseguir con esta protesta?
>
> Fernando: Esperamos que paralicen las obras de la central y nos gustaría que los representantes de los vecinos puedan negociar con el gobierno para alcanzar una solución.

Comunicación 의사소통

- ¿Por qué se están manifestando?
- ¿Por qué piensan que esto es negativo?
- Pero habrá otra gente que esté a favor…
- ¿Qué quieren conseguir?
- Estamos protestando porque…
- Nos preocupa que…
- Esperamos que …
- Nos gustaría que…

2 Lee el diálogo y completa con las palabras del recuadro.
대화를 읽고 박스의 낱말로 완성해 보세요.

> conseguir • explicarme • recojan
> reciclemos • recogerla

- ¿Les importa (1) _____ para qué están reunidos?
- Nos preocupa que solo (2) _____ la basura un día a la semana.
- ¿Qué esperan (3) _____?
- Creemos que es necesario (4) _____ con más frecuencia. También es conveniente que (5) _____ correctamente nuestra basura.

3 Pregunta y responde a tu compañero como en el ejemplo. Utiliza las frases del recuadro.
보기와 같이 짝에게 묻고 대답해 보세요. 박스의 구문을 이용해 보세요.

- ▪ ¿Por qué estáis protestando?
- • Nos preocupa que vayan a construir una autopista al lado de nuestro pueblo.
- ▪ ¿Por qué piensas que esto es negativo?
- • Creemos que van a destruir el paisaje y además habrá mucha contaminación.

> - Cerrar el cine de nuestro barrio
> - Abrir una discoteca en nuestro edificio
> - Aumentar los precios de los alimentos
> - Disminuir las inversiones en sanidad

4 Practica un nuevo diálogo con tu compañero como en el ejercicio 1. Puedes utilizar alguna de las situaciones del ejercicio anterior.
1번 연습 문제와 같이 짝과 새로운 대화를 연습해 보세요. 이전 연습 문제의 상황 일부를 이용할 수 있습니다.

5 🎧 032 **Escucha la entrevista y contesta a las preguntas.**
인터뷰를 듣고 질문에 대답해 보세요.

1. ¿Dónde se está celebrando la manifestación?
2. ¿Cuánta gente hay aproximadamente en la plaza?
3. ¿Cuál es el objetivo de la manifestación?
4. ¿Hacia dónde se dirige la manifestación?
5. ¿Qué les piden a los políticos?

Leer 읽기

Ciudades españolas Patrimonio de la Humanidad 세계 문화유산인 스페인의 도시들

1 Lee el texto y señala si las afirmaciones son verdaderas o falsas. Corrige las falsas.
글을 읽고서 설명들이 참(V)인지 거짓(F)인지 표시해 보세요. 거짓인 것은 알맞게 수정해 보세요.

Ciudades españolas de ensueño

Su solo nombre evoca miles de sueños. Pero lo mejor de todo es que sus piedras están vivas y en ellas permanecen las huellas de fenicios, romanos, visigodos, árabes… De entre estas Ciudades Patrimonio de la Humanidad españolas, vamos a hacer un rápido paseo por tres de ellas: Mérida, Córdoba y San Cristóbal de la Laguna.

MÉRIDA

Mérida, capital de Extremadura, fue declarada Patrimonio de la Humanidad por la UNESCO en el año 1993. La ciudad fue fundada en el año 25 después de Cristo, con el nombre de Emerita Augusta, por Cesar Augusto. Durante siglos y hasta la caída del Imperio Romano de Occidente, Mérida fue un importantísimo centro jurídico, económico, militar, cultural y una de las poblaciones más florecientes en la época romana.

Es imprescindible visitar su Teatro romano, así como el Museo Nacional de Arte Romano.

CÓRDOBA

Córdoba es una ciudad de Andalucía, situada a orillas del río Guadalquivir y al pie de Sierra Morena. Aún podemos contemplar edificaciones con elementos arquitectónicos de cuando Córdoba fue capital durante el Imperio romano o del Califato de Córdoba. Según los testimonios arqueológicos, la ciudad llegó a contar con alrededor de un millón de habitantes hacia el siglo X, siendo la ciudad más grande, culta y opulenta de todo el mundo.

Las mezquitas, las bibliotecas, los baños y los zocos abundaron en la ciudad. Todo ello contribuyó a la gestación del Renacimiento europeo.

Su casco histórico fue declarado Patrimonio de la Humanidad por la Unesco en 1994,

La Mezquita, en la actualidad Catedral de culto católico, y sus numerosos palacios merecen una atenta visita. No olvidemos pasear por el barrio judío con sus calles estrechas y sus patios con fuentes y flores.

SAN CRISTÓBAL DE LA LAGUNA

Conocida popularmente como La Laguna, es una ciudad canaria situada en la isla de Tenerife. Fue fundada entre 1496 y 1497. En ella fueron asentándose la élite y aristocracia de la época, así como el poder religioso.

El casco histórico de la ciudad fue declarado Patrimonio de la Humanidad por la Unesco en 1999. Esta declaración se debió en gran parte a su constitución como primera ciudad de paz (sin murallas) y a que conserva prácticamente intacto su trazado original del siglo XV. La conformación de la ciudad, sus calles, sus colores, y su ambiente son elementos que comparte con ciudades coloniales del continente americano como La Habana, en Cuba, Lima, en Perú y Cartagena de Indias, en Colombia.

Sus iglesias y conventos de estilo colonial bien merecen una visita.

1. En estas ciudades quedan restos de distintas civilizaciones. [V]
2. Mérida fue fundada por los árabes. □
3. Durante el Imperio Romano, Mérida no tuvo ningún interés cultural. □
4. En el siglo X, Córdoba fue una de las ciudades más pobladas del mundo. □
5. La Mezquita se utiliza, en la actualidad, exclusivamente como centro de oración musulmana. □
6. La Laguna pertenece a las Islas Baleares. □
7. La arquitectura de La Laguna es similar a la de algunas ciudades de la América colonial. □

sesenta y nueve **69**

Escribir 쓰기

Cartas al director 편집장에게 보내는 편지

1 ¿Para qué se escriben cartas al director? Señala las funciones más adecuadas.
무엇을 위해 편집장에게 편지를 쓰나요? 가장 알맞은 기능에 표시해 보세요

- Para dar una opinión sobre un tema actual.
- Para expresar rabia, dolor, sorpresa, ante un acontecimiento…
- Para informar de un nacimiento, una boda…
- Para agradecer algo a alguien.
- Para corregir una información.
- Para contestar a otra carta.
- Para felicitar a alguien en su cumpleaños.

2 ¿Cuál es el mensaje principal de los autores de las siguientes cartas al director?
편집장에게 다음 편지를 쓴 사람들의 주요 메시지는 무엇입니까?

Cartas al director

Contaminación acústica

Acabo de llegar de unas vacaciones en Alemania, en donde, a pesar de una población mayor y un tráfico más denso que en España, disfruté de un verdadero descanso acústico. Los ruidos de mi ciudad me parecen ahora más fuertes que nunca.

En mi opinión, una de las causas mayores de esta contaminación son las motos con libre escape, un fenómeno desconocido o sancionado en otros países más concienciados. Este ruido desagradable obliga a cortar conversaciones, molesta en la realización de trabajos e impide dormir.

Es por esto que escribo esta carta, para agradecerles la publicación del artículo del domingo pasado, en el que se trataba el problema del ruido en nuestras ciudades, esperando que todos nos concienciemos de la necesidad de controlar nuestros ruidos.

– Carmen Sánchez

Cartas al director

Mi barrio

Señor alcalde, quiero contarle el porqué de mi pena, rabia e indignación. Hace unos años mi barrio era normal, con gente normal, con las ventajas y los inconvenientes de un barrio céntrico de una gran ciudad.

Últimamente cada vez está peor. Las calles que antes estaban llenas de comercios hoy se han convertido en unas calles sucias y con aceras intransitables.

Algunas veces siento náuseas cuando voy por la calle o cojo el metro para ir a trabajar.

Señor alcalde, qué pena de mi ciudad. Haga el favor de quitarle el título de la ciudad más sucia del país.

– Isabel Martínez

3 Ordena los párrafos de la siguiente carta. Después completa el párrafo D expresando tu opinión sobre el tema.
다음 편지의 문단을 순서에 맞게 정렬해 보세요. 이후에는 이 주제에 대해 의견을 더하여 D 문단을 완성해 보세요.

A ☐
Pero es que además su columna es muy peligrosa por lo que significa de apología del maltrato a los niños.

B ☐ 1
Estoy sorprendido después de haber leído su columna del lunes sobre el cachete a los niños.

C ☐
Su argumentación es penosa porque hace ya muchos años que se demostró que la violencia física contra los niños genera un enorme sufrimiento y puede dejar graves daños.

D ☐
Trabajo como… (psiquiatra infantil, ama de casa, profesor…) y opino que…

5/6 AUTOEVALUACIÓN 자기 평가

1 Completa las frases con *para* o *para que* y con uno de los verbos del recuadro en su forma correcta.
*para*나 *para que*, 박스의 동사들 중 하나를 올바른 형태로 활용하여 문장을 완성해 보세요.

> jugar • adelgazar • ~~no entrar~~ • hacer • ver
> no tener • haber • venir • no salir • comprar

1. Cierra la ventana *para que no entre* frío.
2. Llama al restaurante _____ una reserva.
3. No debemos tomar pastillas _____.
4. Cambia la bombilla _____ luz.
5. Ponte la bufanda _____ frío en la garganta.
6. Trae el juego nuevo _____ los niños.
7. Dame dinero _____ leche.
8. He cerrado el grifo _____ el agua.
9. ¿Vienes a mi casa _____ el partido?
10. Llama a tus amigos _____ a tu fiesta.

2 Completa el texto con las palabras del recuadro. 박스의 낱말로 글을 완성해 보세요.

> manos • dedos • pecho • brazos • piernas
> pies • rodillas • caderas • ~~cabeza~~ • espalda

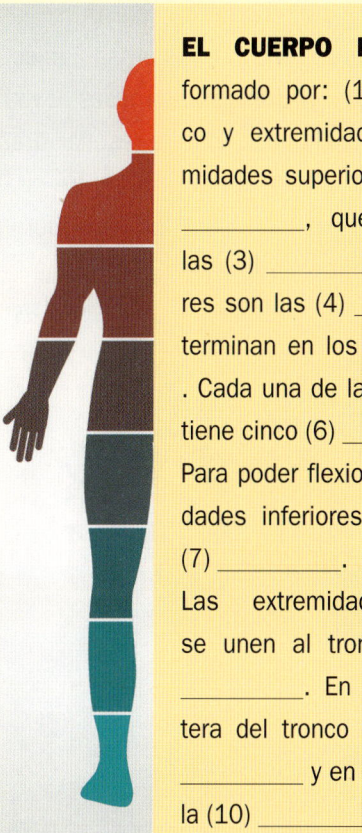

EL CUERPO HUMANO está formado por: (1) *cabeza*, tronco y extremidades. Las extremidades superiores son los (2) _____, que terminan en las (3) _____, y la inferiores son las (4) _____, que terminan en los (5) _____. Cada una de las extremidades tiene cinco (6) _____.
Para poder flexionar las extremidades inferiores utilizamos las (7) _____.
Las extremidades inferiores se unen al tronco en las (8) _____. En la parte delantera del tronco tenemos el (9) _____ y en la parte trasera la (10) _____.

3 Escribe las frases en imperativo.
보기와 같이 명령문을 작성해 보세요.

1. Decir la verdad (tú).
   Afirmativa: ¡Di la verdad!
   Negativa: ¡No digas la verdad!
2. Ir al dentista (tú).
   Af.: _____
   Neg.: _____
3. Salir de uno en uno (vosotros).
   Af.: _____
   Neg.: _____
4. Apagar la luz, por favor (usted).
   Af.: _____
   Neg.: _____
5. Hacer lo que te han dicho (tú).
   Af.: _____
   Neg.: _____
6. Poner la televisión, por favor (tú).
   Af.: _____
   Neg.: _____
7. Bajar el volumen, por favor (ustedes).
   Af.: _____
   Neg.: _____
8. Seguir los consejos (usted).
   Af.: _____
   Neg.: _____

4 Completa las frases con el verbo entre paréntesis. 괄호 안의 동사를 활용하여 문장을 완성해 보세요.

1. Me preocupa que mi hijo *no quiera* (no querer) seguir estudiando.
2. ¿Te molesta que _____ (subir, yo) el volumen de la tele?
3. Me molesta que mis hijos _____ (no ayudar) en las tareas de la casa.
4. A mi madre le gusta que _____ (hacer, nosotros) reuniones familiares.
5. Espero que _____ (encontrar, ellos) una casa que no sea muy cara.
6. No entendemos que _____ (ser) tan difícil encontrar ayuda.
7. ¿No te preocupa que el problema _____ (no tener) solución?
8. ¿Te importa que _____ (ir, nosotros) primero a recoger los paquetes?
9. Me molesta que los vecinos _____ (poner) la música tan alta.
10. A ellos no les preocupa en absoluto lo que _____ (pensar) los demás.

setenta y uno **71**

5/6 AUTOEVALUACIÓN 자기 평가

5 Completa las frases con el verbo en su forma correcta. 괄호 안의 동사를 활용하여 문장을 완성해 보세요.

1. Es necesario que *vayamos* (ir, nosotros) unidos.
2. Es conveniente que _____ (levantarse, tú) temprano para ir a la reunión.
3. Hay que _____ (tener) paciencia con los niños.
4. Es importante que todo _____ (estar) preparado para la hora de la reunión.
5. No funciona el ordenador. Hay que _____ (llamar) al técnico.
6. Es conveniente que _____ (dejar) usted de fumar.
7. Hay que _____ (conseguir) que cumplan los objetivos.
8. Es necesario que _____ (ponerse, tú) la corbata para hacer la entrevista.
9. Es importante que _____ (leer, vosotros) este libro antes del examen.
10. Hay que _____ (terminar) el proyecto antes del jueves.

6 Lee el artículo de prensa y señala si las siguientes afirmaciones son verdaderas o falsas. 기사를 읽고 다음 설명들이 참(V)인지 거짓(F)인지 표시해 보세요.

1. Solo unas pocas ciudades sufren cortes de agua. ☐
2. Muchos agricultores no han recogido sus cosechas. ☐
3. El último año ha sido el más seco desde que se realizan mediciones de las lluvias. ☐
4. Los últimos estudios aseguran que lloverá en los próximos tres meses. ☐
5. Las sequías no suelen durar más de dos años. ☐

La SEQUÍA afecta a media ESPAÑA

Los cortes de agua, que ya sufren más de cien pueblos y ciudades, se extenderán si sigue sin llover.

La sequía comienza a producir víctimas. Desde Huesca a Granada, desde Madrid a Cataluña, media España se prepara para sufrir la falta de agua si sigue sin llover. Más de un centenar de pueblos sufren ya problemas con el agua; se han ordenado cortes en el suministro y, en algunos casos, dependen de camiones de reparto. Los agricultores han perdido cosechas enteras que no han recogido, y muchos no saben si deben plantar para la próxima temporada. El último año ha sido el más seco desde que en 1947 comenzaron a registrarse las lluvias en España, y no hay sistemas fiables para saber si en los próximos tres meses lloverá. La situación es delicada y puede resultar dramática. Las últimas sequías duraron entre cuatro y seis años, aunque no todos los años fueron tan secos como el pasado.

Extraído de El País

¿Qué sabes?

- Hablar de diferentes tipos de alimentación.
- Expresar finalidad (*para + infinitivo / para que + subjuntivo*).
- Hablar de enfermedades y terapias alternativas.
- Dar consejos con imperativo.
- Opinar sobre los problemas del medioambiente.
- Expresar obligación y necesidad.
- Hacer valoraciones y recomendaciones.
- Comparar.
- Escribir una carta al director de un periódico.

Trabajo y profesiones 일과 직업

- Condiciones laborales 근로 조건
- Oraciones temporales 시간절
- Hablar de condiciones poco probables
  가능성이 희박한 조건에 대해 이야기하기
- **Cultura:** Refranes 문화: 속담

033-037

7A Un buen trabajo

훌륭한 일자리

■ *Condiciones laborales*

Hablar 말하기

1 ¿Cuál crees que es el trabajo ideal? En la lista siguiente, señala las características de un buen trabajo. Luego piensa en una profesión que las reúna y coméntalo con tus compañeros.

이상적인 직업이란 무엇이라고 생각하나요? 다음 목록에서 좋은 직업의 특징을 표시해 보세요. 이후에는 그것을 충족하는 직업에 대해 생각하여 친구들과 이야기해 보세요.

- a Se gana mucho.
- b Se tienen muchas vacaciones.
- c Hay que hablar con gente.
- d Se trabaja solo.
- e Se trabaja de noche.
- f Hay que viajar.
- g Hay que hablar idiomas.
- h Se trabaja con las manos.
- i No hay que estudiar mucho.
- j Se trabaja al aire libre.
- k Hay que trabajar en equipo.
- l Tiene un buen horario.

Yo creo que el trabajo ideal es el de…

2 Mira las imágenes y completa la tabla con los nombres de los profesionales que aparecen. Añade otros nombres. ¿Cuál es la forma femenina de cada nombre?

사진을 보고 등장한 직업명으로 도표를 완성해 보세요. 다른 명칭들도 추가해 보세요. 각 명칭의 여성형은 무엇인가요?

MASCULINO	FEMENINO
el *futbolista*	la *futbolista*

3 Piensa en alguien que trabaja (puede ser de tu familia o un amigo). Responde a estas preguntas sobre el trabajo que hace. Luego habla con tu compañero sobre él o ella.

직업이 있는 누군가를 떠올려 보세요(가족이나 친구). 그 사람이 하는 일에 대한 다음 질문에 대답해 보세요. 이후에는 그 사람에 대해 짝과 이야기해 보세요.

1 ¿Qué profesión tiene?
2 ¿Dónde trabaja?
3 ¿En qué consiste su trabajo?
4 Condiciones: horario, sueldo, vacaciones.
5 Opinión personal: aspectos positivos y aspectos negativos.

- *Te voy a hablar de mi amigo Álex.*
- *¿A qué se dedica?*
- *Es fontanero…*

4 Las empresas de trabajo temporal (ETT) son agencias intermediarias entre las empresas y las personas que buscan trabajo. Vamos a escuchar una entrevista con el director de recursos humanos (RR. HH.) de una ETT. Lee las preguntas antes de escuchar.

임시직 회사는 기업과 일자리를 찾는 사람들 간의 중개 업체입니다. 한 임시직 회사 인적 자원 부장과의 인터뷰를 듣게 될 겁니다. 듣기 전에 다음 질문을 읽어 보세요.

1 ¿En qué consiste la actividad de las empresas de trabajo temporal?
2 ¿Qué ventajas tiene para las empresas contratar personal por medio de una ETT?
3 ¿Qué posibilidades hay de encontrar un trabajo estable a través de una ETT?
4 ¿En qué meses canalizan más ofertas de empleo?
5 ¿Cuánto pagan las empresas de trabajo temporal?
6 ¿Se queda la ETT una parte del salario de los trabajadores que cede?
7 ¿Utilizan las empresas de trabajo temporal pruebas psicotécnicas para seleccionar personal?

Escuchar 듣기

5 🎧 Ahora escucha la entrevista y señala si las afirmaciones son verdaderas (V) o falsas (F).
이제 인터뷰를 듣고 다음 설명들이 참(V)인지 거짓(F)인지 표시해 보세요.

1. Las ETT contratan trabajadores para empresas que necesitan trabajadores eventuales. ☐
2. La función principal de las ETT es seleccionar al candidato más adecuado. ☐
3. Según el responsable de RR.HH., después del trabajo temporal los trabajadores pasan a trabajar en la ETT de forma estable. ☐
4. Todos los meses del año son buenos para encontrar trabajo a través de una ETT. ☐
5. El trabajador tiene derecho a cobrar lo mismo que un trabajador fijo de la plantilla. ☐
6. La ETT se queda un 10% del salario de cada trabajador. ☐
7. Las ETT realizan todas las pruebas necesarias para encontrar a la persona adecuada. ☐

6 Completa el siguiente texto con las palabras del recuadro. Sobran dos.
박스의 낱말로 글을 완성해 보세요. 낱말 두 개는 남습니다.

> paro (x 2) • contrato • horario • sueldo
> anuncio • empresa • currículo • despidieron
> extra • firmar • entrevista • fijo

Víctor estaba en (1) _paro_ y se puso a buscar trabajo. Leyó en el periódico un (2) _____ en el que pedían un diseñador gráfico y envió su (3) _____.

Dos días después le llamaron para hacerle una (4) _____. En la sala de espera había otras seis personas para el mismo puesto, pero él no se desanimó, salió contento de la entrevista.

A los pocos días le llamaron para (5) _____ un (6) _____ temporal de seis meses y al día siguiente empezó a trabajar. Al principio tenía que hacer horas (7) _____, pero estaba contento porque el (8) _____ era muy bueno. Él pensaba que después de los seis meses firmaría otro contrato (9) _____. Pero no fue así. Al terminar el contrato, lo (10) _____ y se quedó otra vez en (11) _____.

Leer 읽기

7 Lee los anuncios siguientes y responde.
다음 공고를 읽고 대답해 보세요.

1. ¿En qué anuncio piden experiencia?
2. ¿En qué anuncios se pide capacidad de comunicación hablada?
3. ¿En qué anuncio no piden estudios universitarios?
4. ¿Crees que en el puesto de cocinero es necesario saber trabajar en equipo?

GLOBAL train ⬜ 1

Experto en RR.HH.
Salario: 1000 euros / Jornada de 8 horas.
Aptitudes deseadas:
* Titulación superior y/o de posgrado.
* Especialización en el sector de RR.HH.
* Idiomas.
* Buenas dotes de comunicación.
* Capacidad de gestión de grupos multiculturales.
Para acceder a la oferta de trabajo introduce el JOB IP: 1235210 en el buscador de empleo.lanación.com.

GLOBOMEDIA ⬜ 2

Redactor con idiomas
El gabinete de estudios del grupo Globomedia busca un redactor con idiomas.
Su trabajo consistirá en redactar informes diarios y estar al día de las novedades de las televisiones de diferentes países.
Requisitos:
• Licenciado en Periodismo o Comunicación Audiovisual.
• Buen nivel hablado de italiano, francés y español.
• Capacidad de trabajar en equipo.
Para acceder a la oferta de trabajo introduce el JOB IF: 1763 en el buscador de empleo.lanación.com

---

3 **EMPRESA MULTINACIONAL SECTOR SERVICIOS**

UBICACIÓN
Población: Madrid.

DESCRIPCIÓN
Puesto vacante: Cocinero.
Categorías: Turismo y restauración.
Departamento: Producción.
Nivel: Especialista.
Personal a cargo: 6 - 10
Número de vacantes: 2
Empresa líder en el sector del *catering*, busca dos cocineros con experiencia y formación en:
-Planificar y organizar.
-Responsable de la entrada de materias primas.
-Supervisión del cumplimiento de los procedimientos de higiene, calidad y seguridad alimentaria.

REQUISITOS
Estudios mínimos:
Formación Profesional Grado Medio - Hostelería y Turismo.
Experiencia mínima:
Al menos 3 años.
Requisitos mínimos:
Titulado en cocina con al menos 3 años de experiencia.
-Capacidad de liderazgo.
Capacidad de trabajo bajo presión.

CONTRATO
Tipo de contrato:
De duración determinada: 3+6 meses.
Jornada laboral: Completa.
Horario: Rotativo.

7B Cuando pueda, cambiaré de trabajo
가능할 때 직업을 바꿀 거예요

■ *Oraciones temporales*

Leer 읽기

1 Vas a leer una columna del periódico que habla sobre el teletrabajo. Antes de leerla, señala si estás de acuerdo (V) o no (X) con las siguientes afirmaciones.
원격 근무에 대한 신문 칼럼을 읽게 될 겁니다. 읽기 전에, 다음 설명들에 동의하는지(V) 반대하는지(X) 표시해 보세요.

a Trabajar en casa es más cómodo porque no tienes que sufrir los problemas del tráfico. ☐
b Los medios de comunicación modernos nos hacen la vida más cómoda. ☐
c Los medios de comunicación modernos nos permiten una mayor comunicación personal. ☐
d El teletrabajo puede llevar a la soledad y a la depresión. ☐

2 Lee el texto y comprueba tus hipótesis.
글을 읽고 추측한 바를 확인해 보세요.

3 Relaciona estas palabras con su significado.
어휘와 의미를 알맞게 연결해 보세요.

1 humano
2 aparato
3 aumento
4 insoportable
5 rumor
6 inconvenientes
7 optar
8 mental

a crecimiento
b desventajas
c elegir
d máquina
e de las personas
f de la mente
g no se puede soportar
h ruido confuso

EL **TELE**TRABAJO

Hace una semana, estaba en casa escribiendo mi artículo semanal para este periódico, cuando llamaron a la puerta. Abrí y me encontré con mi amiga Ángela, a quien no veía personalmente desde hacía dos años. Aunque estamos en permanente comunicación a través del móvil y del correo, lo cierto es que en los dos últimos años no hemos encontrado ni una tarde libre para quedar a tomar un café o ver una película en el cine.

Mi amiga tenía mala cara, entró y lo primero que dijo fue: "Tienes que ayudarme a encontrar un trabajo en una empresa, no puedo seguir trabajando sola, en casa". "Yo pensaba que estabas contenta de trabajar en casa, sin necesidad de coger el coche o el autobús ni de soportar el mal humor del jefe", le dije. "Bueno, sí, al principio me gustaba. No tenía que madrugar ni tomar el metro lleno de gente. Mientras trabajaba, escuchaba música, veía vídeos y charlaba por internet. También me llamaba alguna gente por teléfono. Pero ahora este tipo de vida me resulta insoportable. En la casa solo se oye el rumor del ordenador, del

equipo de música y de otros aparatos. Ni una voz humana. La verdad es que me siento muy sola, ni siquiera voy a la compra porque la hago por internet y me la traen a casa".

"¿Pero no chateas o hablas por internet?", le pregunté.

"Sí, claro, tengo un montón de conocidos a los que veo en la pantalla, que me envían chistes y recetas de cocina, comentamos las noticias… Pero lo que yo quiero es hablar con personas de carne y hueso, no con una máquina".

Mi amiga Ángela es una de las miles de personas en todo el mundo que han optado por una nueva forma de trabajo que le permite quedarse en casa sin someterse a horarios ni a los inconvenientes del tráfico o de los cambios de humor de unos compañeros de trabajo. También tiene la ventaja de que el trabajador puede vivir donde quiera, por ejemplo, en el campo, con una buena calidad de vida.

Como contrapartida, este tipo de trabajo puede conducir al aislamiento y a la soledad, debido a la falta de contacto humano y de intercambio de ideas con los compañeros. Es obvio que el contacto real (no solo a través de las máquinas) con los demás es necesario para una buena salud mental. Parece contradictorio que cuanto más comunicados estamos a través de la tecnología, más alejados estamos en la realidad unos de otros.

Para despedirse, Ángela me pidió ayuda para encontrar un trabajo en una oficina.

"No te preocupes, cuando sepa algo, te avisaré", le prometí.

4 Señala V o F. Corrige las afirmaciones falsas.
참(V)이나 거짓(F)을 표시해 보세요. 거짓인 설명을 수정해 보세요.

1. La autora del artículo no se comunicaba con su amiga desde hacía dos años. ☐
2. Ángela está harta de trabajar en casa. ☐
3. Ángela no se comunica por internet. ☐
4. Ángela no tiene que soportar a sus compañeros de trabajo. ☐
5. El teletrabajo tiene algunas ventajas. ☐
6. El teletrabajo puede llevar a la depresión. ☐
7. El contacto humano es necesario para todos. ☐

Hablar 말하기

5 Elabora con tu compañero una lista de las ventajas y desventajas del teletrabajo.
짝과 원격 근무의 장점과 단점 목록을 작성해 보세요.

Ventajas	Desventajas
No hay que madrugar.	

6 Comenta el artículo con tus compañeros. ¿Te gustaría trabajar en esas condiciones? ¿Por qué? 친구들과 위의 글에 대해 이야기해 보세요. 그런 조건에서 일하고 싶나요? 이유는요?

Gramática 문법

ORACIONES TEMPORALES CON *CUANDO*
CUANDO 시간절

- En las oraciones subordinadas temporales con *cuando* se utiliza el indicativo.
  *cuando*로 구성된 시간 종속절에서는 직설법을 사용합니다.
  – Cuando hablamos del pasado. 과거에 대해 이야기할 때
  *Cuando **abrí** la puerta, me encontré con Ángela.*
  – Cuando hablamos en presente. 현재에 대해 이야기할 때
  *Todos los días, cuando **me levanto**, lo primero que **hago** es encender el ordenador.*

- Se utiliza subjuntivo. 접속법을 사용합니다.
  – Cuando hablamos del futuro. 미래에 대해 이야기할 때
  *Cuando **sepa** algo, te avisaré.*
  *Tráeme el informe cuando lo **termines**.*
  *Cuando **veas** a Carmen, dale recuerdos.*
  *Cuando **pueda**, tengo que ir a ver a mi tía.*
  *Cuando **tenga** dinero, voy a hacer un viaje largo.*

- En el caso de las oraciones interrogativas en futuro se utiliza el verbo en el tiempo futuro.
  미래에 대한 의문문의 경우 미래시제의 동사를 사용합니다.
  *¿Cuándo **empezarás** / **vas a empezar** tu trabajo?*

7 Forma frases en futuro, como en el ejemplo. Compara con tu compañero.
보기와 같이 미래시제로 문장을 완성해 보세요. 짝과 비교해 보세요.

1. Llamar a Rosa / llegar a casa.
   Llamaré a Rosa cuando llegue a casa.
2. Ir a verte / ir a Valencia.
3. Poner la tele / terminar este trabajo.
4. Salir de compras / el jefe pagar (a mí).
5. Comprar un piso / tener un trabajo fijo.
6. Volver a mi pueblo / tener vacaciones.
7. Limpiar el piso / tener tiempo.
8. Comprar un coche / tener dinero.
9. Casarme / encontrar mi media naranja.
10. Empezar a trabajar / terminar los estudios.

8 Subraya el verbo adecuado.
알맞은 동사에 밑줄을 그어 보세요.

1. Cuando **sea** / **seré** mayor, seré bombero.
2. Cuando **tendré** / **tenga** tiempo, le escribiré un correo electrónico a Javier.
3. Los viernes, cuando **salimos** / **salgamos** de la oficina, nos vamos a tomar un aperitivo al bar de al lado.
4. David, manda este documento por fax cuando **puedes** / **puedas**.
5. Cuando **trabajaba** / **trabaje** en la otra empresa, el jefe no nos permitía chatear por internet.
6. Cuando Miguel **llevaba** / **lleve** tres meses en la empresa, le subieron el sueldo y le hicieron un contrato fijo.
7. Cuando **tienes** / **tengas** más experiencia en este trabajo, te subiré el sueldo.
8. Cuando **terminaré** / **termine** este curso, voy a hacer un máster de relaciones laborales.

Hablar 말하기

9 Responde a estas preguntas y luego intercambia las preguntas y respuestas con tu compañero. Responde siempre con *cuando* + subjuntivo.
질문에 대답한 다음 질문과 대답을 짝과 교환해 보세요. '*cuando* + 접속법' 구문을 이용하여 대답해 보세요.

1. ¿Cuándo vas a ir otra vez al cine?
   Cuando haya una película interesante.
2. ¿Cuándo vas a hacer la redacción de español?
3. ¿Cuándo vas a llamar por teléfono a tus padres?
4. ¿Cuándo vas a ordenar tu dormitorio?
5. ¿Cuándo vas a ir a España?
6. ¿Cuándo vas a devolver los libros a la biblioteca?
7. ¿Cuándo vas a salir con tus amigos?
8. ¿Cuándo vas a comprarte otro móvil?

7c Si tuviera dinero...
만일 돈이 있다면……

■ *Hablar de condiciones poco probables*

Hablar 말하기

1 En parejas, pregunta y responde a tu compañero. 짝을 지어 짝에게 질문하고 대답해 보세요.

¿Eres honrado? ¿Qué harías si…

❶ … encontraras una cartera con 6000 € en un taxi?
   a Se la daría al taxista. ○
   b Me la quedaría. ○

❷ … en una tienda, el dependiente te devolviera más dinero del adecuado?
   a Se lo diría. ○
   b No diría nada. ○

❸ … en el hotel donde te alojas hubiera unas toallas maravillosas?
   a Me llevaría una. ○
   b Las dejaría. ○

❹ … vieras al novio de tu amiga con otra chica?
   a Se lo diría a mi amiga. ○
   b No le diría nada. ○

❺ … tus jefes te pagaran en la nómina 100 euros de más?
   a Informaría al responsable. ○
   b No informaría a nadie. ○

Gramática 문법

ORACIONES CONDICIONALES 조건절

Si yo encontrara una cartera con 6000 € en un taxi, se la daría al taxista.

Si yo encontrara una cartera con 6000 € en un taxi, me la quedaría.

- Usamos esta estructura cuando hablamos de condiciones poco probables o imposibles de cumplir.
  이 구문은 가능성이 희박하거나 실현 불가능한 조건에 대해 이야기할 때 사용합니다.
  En el ejemplo, es casi imposible que yo encuentre una cartera en un taxi, pero puedo imaginarlo.
  예문에서는 내가 택시에서 지갑을 찾는 것이 거의 불가능하지만 그것을 상상할 수는 있습니다.

- La oración que empieza por *Si* lleva el verbo en pretérito imperfecto de subjuntivo. El verbo de la otra oración va en forma condicional.
  *por si*로 시작하는 문장은 접속법 불완과거시제의 동사를 수반합니다. 나머지 절의 동사는 가정미래시제입니다.

PRETÉRITO IMPERFECTO DE SUBJUNTIVO
접속법 불완료과거

REGULARES 규칙형

hablar	comer	vivir
habl**ara**	com**iera**	viv**iera**
habl**aras**	com**ieras**	viv**ieras**
habl**ara**	com**iera**	viv**iera**
habl**áramos**	com**iéramos**	viv**iéramos**
habl**arais**	com**ierais**	viv**ierais**
habl**aran**	com**ieran**	viv**ieran**

IRREGULARES 불규칙형

- Generalmente tienen la misma irregularidad que el pretérito indefinido.
  일반적으로 직설법 단순과거와 동일한 불규칙 유형을 나타냅니다.

  decir: dijera, dijeras, dijera, dijéramos…
  estar: estuviera, estuvieras, estuviera, estuviéramos…
  hacer: hiciera, hicieras, hiciera, hiciéramos…
  ir/se: fuera, fueras, fuera, fuéramos…

Escribir 쓰기

2 Relaciona. 알맞은 것끼리 연결해 보세요.

1. Si me subieran el sueldo,
2. Si yo hablara bien inglés,
3. Óscar no trabajaría ahí
4. Si Luisa supiera informática,
5. Saldría más
6. Roberto estudiaría Medicina

a. si no tuviera que estudiar.
b. podría entrar a trabajar en mi empresa.
c. si tuviera otro trabajo mejor.
d. me iría a una empresa multinacional.
e. si tuviera mejores notas.
f. me cambiaría de piso.

3 En las oraciones condicionales anteriores, subraya los verbos que aparecen en pretérito imperfecto de subjuntivo.
앞의 가정문에서 접속법 불완료과거시제로 쓴 동사에 밑줄을 그어 보세요.

4 Escribe las formas correspondientes de pretérito imperfecto de subjuntivo de los siguientes verbos.
다음 동사들의 접속법 불완료과거형을 써 보세요.

1. VIVIR, ellos *vivieran*.
2. SER, nosotros _____.
3. TENER, yo _____.
4. PONER, él _____.
5. ESTAR, ellos _____.
6. VER, yo _____.
7. VENIR, tú _____.
8. LEER, Uds. _____.

5 Completa las frases con el verbo en la forma adecuada. 알맞은 형태의 동사로 문장을 완성해 보세요.

1. Si no *tuviera* (tener) tanto trabajo, _____ (ir) más a menudo a ver a mis padres.
2. Si mi novio _____ (ser) rico, (nosotros) _____ (casarse) el mes próximo.
3. Si los jóvenes _____ (leer) más libros y _____ (ver) menos la tele, _____ (ser) más cultos.
4. Si _____ (llover) más, _____ (plantar) unas verduras.
5. Si mi marido _____ (ser) más joven, _____ (empezar) una nueva carrera en la universidad.
6. Si _____ (poder), yo me _____ (ir) de vacaciones contigo.
7. Si tú _____ (querer), (nosotros) _____ (hacer) un crucero por el Mediterráneo.

6 ¿Qué harías en las siguientes situaciones?
다음 상황에서 여러분은 어떻게 하겠습니까?

1. Tú eres ministro de Educación.
   Si yo fuera ministro de Educación, prohibiría las películas violentas en la televisión.
2. Tienes un millón de euros.
3. Eres actor/actriz.
4. Puedes vivir donde quieras.
5. Un/a hombre/mujer rico/a te pide que te cases con él/ella.
6. Encuentras al presidente del gobierno en una fiesta.

7 Completa las frases. 문장을 완성해 보세요.

1. Si no existieran los móviles, _____.
2. Si viajar fuera gratis, _____.
3. Si pudiera vivir en otro país, _____.
4. Si la gente fuera más solidaria, _____.

Pronunciación y ortografía 발음과 철자

Acentuación: ¿futuro o pretérito imperfecto de subjuntivo? 강세: 미래시제인가 접속법 불완료과거시제인가?

1 🎧 034 Escucha las frases y subraya la sílaba tónica de los verbos en cursiva. Escribe la tilde donde corresponda.
다음 문장을 듣고 이탤릭체로 된 동사의 강세음절에 밑줄을 그어 보세요. 알맞은 곳에 강세 부호를 첨가해 보세요.

1. Si no *estuviera* cansada, iría a verte esta tarde.
2. María *estara* en casa a las ocho.
3. Luis *terminara* el informe mañana.
4. Elena te llamaría si tú *fueras* más amable con ella.
5. Si tú *hablaras* con Pablo, quizás dejaría de fumar.
6. Mañana *vendran* tus abuelos.
7. Si *vinieras* a casa en Navidad, tus abuelos se alegrarían mucho.

2 🎧 034 Escucha otra vez, repite y comprueba.
다시 듣고 확인하고 따라해 보세요.

3 🎧 035 Escucha los verbos y escríbelos en la columna correspondiente. Atiende a la sílaba tónica. 동사를 듣고 해당하는 빈칸에 써 보세요. 강세 음절에 주의하세요.

Futuro	Imperfecto de subjuntivo
beberá	*lloviera*

4 🎧 035 Escucha otra vez y repite. 다시 듣고 따라해 보세요.

5 Escribe algunas frases con estos verbos y díctaselas a tu compañero.
이 동사들을 이용하여 몇 개의 문장을 작성한 후 짝에게 읽어 주세요.

7D COMUNICACIÓN Y CULTURA 의사소통과 문화

Hablar y escuchar 말하기와 듣기

Buscando trabajo 직장을 구하면서

1. 🎧036 **Escucha el diálogo.** 대화를 들어 보세요.

> **Encargada de Personal:** Hola, buenas tardes. Usted está interesado en el puesto vacante de cocinero. ¿Ha trabajado alguna vez en la cocina de un restaurante?
> **Antonio:** Cuando acabé mis estudios de cocina, hice prácticas en la cocina de la Escuela de Hostelería.
> **Encargada de Personal:** ¿Durante cuánto tiempo estuvo de prácticas?
> **Antonio:** Durante seis meses, y cuando terminé, me fui a París para hacer un curso de cocina francesa.
> **Encargada de Personal:** ¿Y qué es lo que más le gusta de este trabajo?
> **Antonio:** Me gusta la cocina en general, pero mi especialidad son los postres.
> **Encargada de Personal:** Tenemos dos turnos: de mañana y de tarde. ¿En qué horario le gustaría trabajar?
> **Antonio:** Hombre, si pudiera trabajar por la mañana, continuaría mis estudios por la tarde.
> **Encargada de Personal:** ¿Y qué está estudiando?
> **Antonio:** Estoy estudiando inglés y haciendo un curso de cocina.
> **Encargada de Personal:** Bien, pues como ya sabe, tenemos varios candidatos. Cuando tomemos una decisión definitiva, nos pondremos en contacto con usted.

Comunicación 의사소통

- ¿Ha trabajado alguna vez en…?
- ¿En qué horario le gustaría trabajar?
- Cuando acabé mis estudios…
- Si pudiera trabajar…
- Cuando tomemos una decisión…

2. **Lee el diálogo y completa con las palabras del recuadro.** 대화를 읽고 박스의 낱말로 완성해 보세요.

> encontré • gustaría • terminé • trabajado
> pudiera

- ¿Has (1) _____ alguna vez?
- Cuando (2) _____ mis estudios, (3) _____ trabajo en una oficina, pero ahora estoy en paro. ¿Y tú?
- No, aún no he empezado a trabajar. Pero si (4) _____, me (5) _____ trabajar en una peluquería.

3. **Pregunta y contesta a tu compañero sobre los trabajos que más os gustaría realizar.** 여러분이 하고 싶은 일에 대해 짝에게 묻고 대답해 보세요.

> ■ Si pudieras elegir, ¿en qué te gustaría trabajar?
> ● Si pudiera, trabajaría de jardinero, porque me gusta estar al aire libre. ¿Y tú?
> ■ Si me dejaran elegir, sería pianista, porque me gusta mucho la música.

4. **Practica un nuevo diálogo con tu compañero como en el ejercicio 1. Proponed nuevas situaciones con distintas profesiones.** 1번 연습 문제와 같이 새로운 대화를 짝과 연습해 보세요. 다양한 직업으로 새로운 상황을 제시해 보세요.

5. 🎧037 **Juan ha estado en una entrevista de trabajo. Escucha el diálogo y contesta a las preguntas.** 후안이 취업 면접에 갔었습니다. 대화를 듣고 질문에 대답해 보세요.

   1. ¿Por qué está preocupado Juan?
   2. ¿Para qué necesita el trabajo?
   3. ¿Cuánto cobraría si le contrataran?
   4. ¿Cuándo empezaría a trabajar?
   5. ¿Si trabajara en ese restaurante, qué tendría que aprender a cocinar?

Leer 읽기

Refranes 속담

1 En todas las lenguas existen refranes, fragmentos de sabiduría popular. Aquí tienes algunos. Léelos y relaciónalos con su explicación.
모든 언어에는 속담이나 민간의 지식이 담긴 말이 존재합니다. 여기 몇 개가 있습니다. 읽어 보고 그 의미와 연결해 보세요.

1. A quien madruga Dios le ayuda.
2. A CABALLO REGALADO NO LE MIRES EL DIENTE.
3. En boca cerrada no entran moscas.
4. MUCHO RUIDO Y POCAS NUECES.
5. Quien mal anda, mal acaba.
6. CONTIGO, PAN Y CEBOLLA.

7. Más vale pájaro en mano que ciento volando.

8. CUANDO EL RÍO SUENA, AGUA LLEVA.

a. Cuando hay rumores de un acontecimiento es que hay algo de verdad.
b. Hay que ser realista y aceptar lo que se tiene, sin esperar lo inalcanzable.
c. Algo que se había presentado como muy importante (con ruido), resulta que no tiene ninguna importancia.
d. Cuando dos personas están muy enamoradas no necesitan dinero, se conforman con poco.
e. Las personas trabajadoras (madrugadoras) tienen suerte y consiguen sus objetivos.
f. No hay que despreciar nada de lo que nos regalen.
g. Las personas que no siguen el camino correcto moralmente acabarán su vida de mala manera.
h. No se debe hablar demasiado para no cometer errores.

2 Con tus compañeros, piensa cuál es la equivalencia de estos refranes en tu lengua.
이 속담들 중 어떤 것이 한국어에 대등한 것이 있는지 친구들과 함께 생각해 보세요.

3 ¿Estás de acuerdo con la filosofía que encierran? Coméntalo con tus compañeros y tu profesor/a.
속담에 담겨 있는 철학에 동의하나요? 친구들, 그리고 선생님과 이야기해 보세요.

Escribir 쓰기

Carta de motivación 지원서

1 Lee el anuncio. 공지문을 읽어 보세요.

AGENCIA HISPANOTOURS, S.L.

Agente de Viajes
Será el responsable de la oficina en Varsovia.

Requisitos:
- Graduado en Turismo.
- Imprescindible nivel alto de inglés, polaco y alemán.
- Capacidad de organización y buena comunicación con clientes.
- Experiencia en el mismo puesto.

Se ofrece:
- Contrato de seis meses.
- Buen salario.

Enviar CV a hispanotours@españolenmarcha.es y carta de motivación a: Paseo de la Andaluza, 130, 3.º Izda. 28046 Madrid

---

2 Para solicitar este trabajo, Luis ha escrito esta carta de motivación. Léela y contesta a las preguntas.
루이스가 이 일에 지원하기 위해 지원서를 작성했습니다. 그것을 읽고 질문에 대답해 보세요.

1 ¿Es una carta formal o informal?
2 ¿Cómo se dirige al destinatario?
3 ¿Cómo se despide?

3 Ahora fíjate en la carta de motivación y ordena los apartados de la misma.
이제 지원서를 보고 다음 항목들을 정렬해 보세요.

1 Decir dónde se ha visto el anuncio. ☐
2 Razones para solicitar el puesto. ☐
3 Información personal y profesional relevante. ☐
4 Datos del remitente. ☐
5 Firma. ☐
6 Datos del destinatario. ☐
7 Fecha. ☐
8 Despedida ☐

4 Elige un anuncio de la página 75 y escribe una carta de solicitud de trabajo. 75페이지에서 공고를 하나 선택한 다음 아래와 같이 구직 신청서를 작성해 보세요.

Luis Castro Rojo
San Fernando, 17
28015 Madrid
Tel.: 91 123 45 67 / 666 666 666
Email: luis.castro@presentación.es

Sr. D. Jaime Goded Rosales
Director
AGENCIA HISPANOTOURS, S.L.
Paseo de la Andaluza, 130 – 3.º
Izda.
28046 Madrid

Madrid, 30 de marzo de 2014

Asunto: Solicitud para el puesto de Agente de Viajes para la zona de Centroeuropa

Estimado señor:

Le escribo en respuesta al anuncio publicado por su empresa en el diario *La nación* del pasado 28 de marzo, en el que solicitan un Agente de Viajes especializado en la zona de Centroeuropa.

Soy Técnico Especialista en Agencias de Viajes, he hecho mis estudios en la Escuela Internacional de Turismo, tengo un nivel B2 de inglés y además hablo con fluidez polaco y alemán. Les adjunto mi CV, no obstante, me gustaría destacar los siguientes aspectos:

Tengo 2 años de experiencia en Agencias de Viajes, tanto en España como en Alemania, donde desarrollé varios proyectos de promoción de lugares turísticos de países como Alemania, Polonia y Croacia.

He colaborado con la Editorial Travel en la redacción de una nueva edición de la Guía Turística de Polonia. Este trabajo me ha dado mucha experiencia y me ha permitido especializarme en ese país concreto.

Si lo considera oportuno, tendría mucho gusto en proporcionarles más detalles sobre mi currículum vítae durante una entrevista con ustedes.

En espera de su respuesta, le saluda atentamente,

Luis Castro Rojo

Firma

Tiempo de ocio
여가

- Léxico de deportes 스포츠 용어
- Concertar una cita 만날 약속하기
- Espectáculos 관람물
- **Cultura:** El flamenco 문화: 플라멩코

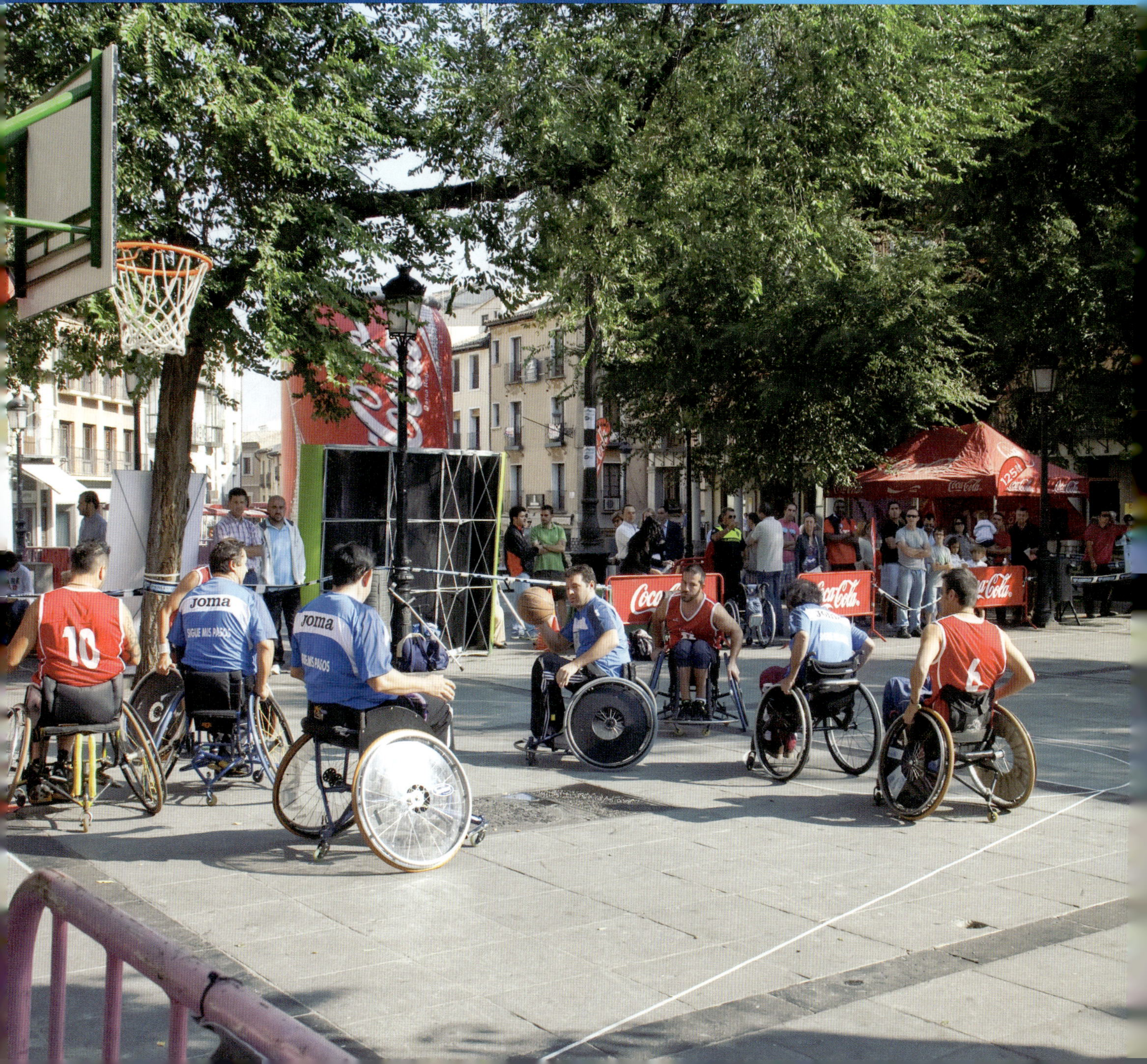

8A Deportes

■ Léxico de deportes

Marc Márquez | Juan Martín del Potro | Mireia Belmonte | Neymar da Silva

1 ¿Conoces a estos deportistas? ¿Qué deportes practican? ¿De dónde son? 이 선수들을 아시나요? 무슨 운동을 합니까? 어느 나라 사람입니까?

Leer 읽기

2 Lee la entrevista con Teresa Perales, campeona paralímpica de natación y relaciona las preguntas con las respuestas. 장애인 올림픽 수영 종목 챔피언인 테레사 페레레스와의 인터뷰를 읽은 후 질문과 대답을 연결해 보세요.

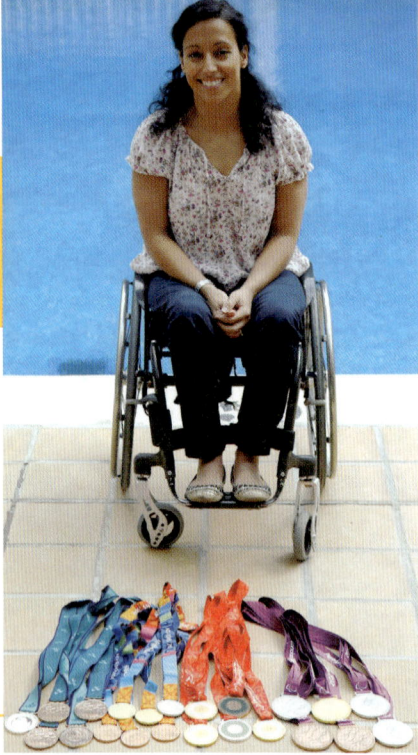

TERESA PERALES

A los 19 años quedó parapléjica. Probó suerte en la piscina y ahora, a sus 36 años, es la discapacitada con más medallas de la historia: 22, tantas como Michael Phelps.

1. Teresa, ¿cómo fueron tus inicios después de quedarte parapléjica? ___
2. ¿Por qué elegiste la natación? ___
3. ¿Cómo reaccionaste cuando te dijeron que ibas a ser la abanderada de España en Londres? ___
4. Han sido tus cuartos Juegos, ¿te han resultado especiales? ___
5. ¿Cuántas medallas has conseguido en Londres? ___
6. Has ganado por ahora 22 medallas olímpicas, las mismas que Michael Phelps, sin embargo no tienen la misma repercusión mediática… ___
7. ¿Cuánto hay que entrenar para lograr esos resultados? ___
8. ¿Y cómo compaginas todas estas horas de esfuerzo con tus obligaciones? ___
9. ¿Qué tratas en tu libro *Una vida sobre ruedas*? ___
10. ¿Cuáles son tus planes para el futuro? ___

a Al principio fueron muy duros, pero enseguida, con el apoyo de mi familia, logré salir adelante.

b Fueron únicos, porque estaba mi hijo en la grada y le pude entregar mi medalla de plata.

c Sobre todo es complicado cuando estás concentrada. De hecho, lo más duro para mí en este último año ha sido no poder ver ni a mi hijo ni a mi marido durante las concentraciones, ya que un niño de dos años no entiende por qué su madre se va de casa durante unos días. Eso es lo más duro.

d Depende de lo que el cuerpo aguante, pero no descarto ir a las olimpiadas de Río.

e Seis de seis: un oro, tres platas y dos bronces.

f El libro destaca que lo más importante es transmitir un mensaje de superación: tenemos que aprender a querernos a nosotros mismos y descubrir que tenemos muchas posibilidades en esta vida.

g Nunca había pensado en la posibilidad de nadar, de hecho, nadaba muy mal, pero empecé con un chaleco salvavidas y poco a poco fui teniendo una sensación de libertad que no había sentido antes.

h Sí es cierto: entrenamos las mismas horas, tenemos la misma organización, pero la situación económica del deporte paralímpico es mucho más precaria.

i Sentí una gran emoción y una gran responsabilidad. Al entrar en el estadio, estaba lleno de público y jamás olvidaré esa sensación.

j En los últimos tres meses solo he descansado un día entero. El resto me ha tocado entrenar, descansando un par de tardes por semana. En total son unas seis horas al día entre piscina y gimnasio.

Extraído de *El País Semanal*

Vocabulario 어휘

3 Localiza en el texto las palabras que corresponden a las siguientes definiciones. 다음 정의에 해당하는 어휘들을 글에서 찾아보세요.

1. Mujer que logra ser la número uno en su deporte: _____
2. Máximo premio al que opta un deportista olímpico: _____
3. Deportistas que llevan la bandera de su país: _____
4. Deportistas olímpicos discapacitados: _____
5. Prepararse físicamente para una prueba deportiva: _____
6. Aislamiento de un deportista antes de una competición: _____
7. Lugar donde se sientan los espectadores en un estadio: _____
8. Prenda que se utiliza para flotar en el agua: _____

4 Completa los textos con las palabras del recuadro. 박스의 낱말로 글을 완성해 보세요.

> campeona • récord • árbitro • batir • ganador
> atleta • aficionado • medalla

Oro de Conde

El (1) *atleta* paraolímpico Javier Conde consiguió la (2) _____ de oro en los 5000 metros de los Mundiales de Atletismo celebrados en Nueva Zelanda.

Polonia venció

Polonia volvió a ganar el título femenino de (3) _____ europea de voleibol al (4) _____ en la final a Italia (campeona mundial) por 3-1.

Nuevo récord para David Meca

El nadador David Meca fue el (5) _____ por sexta vez consecutiva de la travesía de Barcelona, batiendo su propio (6) _____ del año 2000.

Más violencia

El (7) _____ Antonio Rama denunció ayer a un (8) _____ que el sábado pasado le arrojó una bicicleta cuando acababa de suspender un partido de juveniles en La Coruña.

Escuchar 듣기

5 🎧 038 Marina Alabau fue campeona olímpica de windsurf en las Olimpiadas de Londres. Escucha y completa la información. 마리나 알라바우는 런던 올림픽에서 윈드서핑 종목 챔피언이었습니다. 듣고 다음 정보를 완성해 보세요.

1. Marina Alabau nació en _____.
2. Fue campeona del mundo en _____.
3. Ha ganado cinco campeonatos de _____.
4. Preparó las Olimpiadas de Londres en _____.
5. En Londres ganó _____.
6. Probablemente en las próximas olimpiadas eliminen la prueba de _____.
7. En los próximos campeonatos de Europa, Marina va a competir junto a _____.
8. Además de windsurf, practica _____ y _____.
9. El _____, el _____ y el puchero andaluz son sus comidas favoritas.
10. Le gusta pasar sus vacaciones en _____ y en _____.

Vocabulario 어휘

6 Coloca las siguientes palabras en la columna correspondiente. 다음 낱말을 해당 칸에 배치해 보세요.

> natación • guantes • casco • fútbol • raqueta
> pista • botas • palos • tenis • ring • ciclismo
> piscina • boxeo • pista de hierba • pista batida
> balón • bicicleta • golf • bañador • estadio
> • campo • carretera

DEPORTE	LUGAR	EQUIPAMIENTO
natación	piscina	bañador

8B ¿Salimos?
우리 외출할까?

- Concertar una cita
- Estilo indirecto

1 ¿A cuál de estos espectáculos has ido últimamente? Relaciona cada palabra del recuadro con su fotografía.
최근 이 관람물들 중 어떤 것에 가 보았나요? 설명과 사진을 연결해 보세요.

1 CIRCO ☐
2 CONCIERTO DE ROCK ☐
3 ÓPERA ☐
4 CINE ☐
5 EXPOSICIÓN DE PINTURA ☐

Escuchar 듣기

2 🎧 039 Escucha la conversación entre Ana y Pedro y contesta a las preguntas.
아나와 페드로의 대화를 듣고 질문에 대답해 보세요.

1 ¿Para cuándo están quedando?
2 ¿Adónde van a ir?
3 ¿A qué hora quedan?
4 ¿Dónde se van a encontrar?
5 ¿Adónde van a ir antes del espectáculo?

3 🎧 039 Escucha de nuevo y completa las preguntas y respuestas. 다시 듣고 질문과 대답을 완성해 보세요.

SUGERENCIAS
- ¿Qué _____ esta tarde?
- ¿Y si _____?
- ¿Qué te parece _____?
- ¿Dónde _____?
- ¿A qué hora _____?
- Nos vemos _____, entonces.

RESPUESTAS
- Podemos _____.
- ¡Ah, vale, _____!
- Podemos quedar _____.
- ¿Qué tal a _____?
- Bien, _____.

Hablar 말하기

4 Piensa en algo interesante que hacer el próximo fin de semana. Invita a tu compañero. Sigue el esquema de la actividad anterior para quedar a una hora en un sitio determinado.
다음 주말에 할 재미있는 일을 생각해 보세요. 짝을 초대하세요. 특정 시간과 장소에서 만나기 위해 이전 활동의 구성을 따라해 보세요.

¿Qué te parece si el sábado vamos a …?

5 Pregunta a tu compañero utilizando el vocabulario del ejercicio 1.
짝에게 1번 연습 문제의 어휘를 이용하여 질문해 보세요.

- *¿Cuándo fue la última vez que fuiste a…?*
- *Fui a… el fin de semana pasado.*
  La última vez que fui a… fue hace un año. Nunca he ido a…

Escribir 쓰기

6 Elige uno de los sitios a los que fuiste y escribe algunas frases. Incluye las respuestas a las siguientes preguntas.
가 보았던 장소들 중 한 곳을 선택한 후 문장을 작성해 보세요.
다음 질문에 대한 대답도 써 보세요.

> ¿Dónde fuiste? • ¿Con quién fuiste?
> ¿Cuándo fuiste? • ¿Te gustó?
> ¿Qué viste / escuchaste?

La última vez que fui a _____
fue _____.
Fui con _____.
Vi / escuché _____.
Me pareció _____.

Gramática 문법

ESTILO DIRECTO 직접화법

- Reproduce las palabras del hablante exactamente igual a como fueron dichas. Gráficamente va escrito con dos puntos, comillas y mayúscula.
  화자의 말을 정확히 그대로 재현합니다. 글의 경우 쌍점, 큰따옴표, 대문자를 사용한다.

  Juan dijo: *"Esa película es muy buena".*

ESTILO INDIRECTO 간접화법

- Reproduce la información del primer hablante pero no sus palabras textuales y requiere de adaptaciones en las estructuras (verbos, pronombres, posesivos, expresiones de tiempo…).
  화자가 말 자체가 아니라 정보를 전달하므로 구조 변경이 필요합니다 (동사, 대명사, 소유사, 시간 표현 등).

  Juan me dijo que *esa película era muy buena.*

ESTILO DIRECTO 직접화법 … DIJO: …

"Esta película **es** muy buena".
"La exposición **fue** muy interesante".
"Mi abuela **tenía** muchos hermanos".
"La actuación **ha sido** impresionante".
"**Voy** a reservarlo por internet".
"Mañana **compraré** su último disco".
"Ya **habíamos visto** esta película".

ESTILO INDIRECTO 간접화법 (ME) DIJO QUE…

…esta película **es** / **era** muy buena.
…la exposición **fue** / **había sido** muy interesante.
…su abuela **tenía** muchos hermanos.
…la actuación **había sido** / **fue** impresionante.
…**iba** a reservarlo por internet.
…al día siguiente **compraría** su último disco.
…ya **habían visto** esa película.

7 Escribe las siguientes frases en estilo indirecto.
다음 문장을 간접화법으로 작성해 보세요.

1 El concierto empezó a las siete y media.
   Dijo que el concierto había empezado / empezó a las siete y media.
2 Sacaremos las entradas mañana por la tarde.
3 Vamos a ir en coche.
4 Hace dos años que no voy al teatro.
5 Iremos todos juntos.
6 Ese concierto ha sido muy caro.
7 No me gustó nada la película.
8 Lo he oído por la radio.
9 Me habían regalado las entradas.
10 Voy a leer la novela de Andrés.

8 Transforma las siguientes preguntas de estilo directo a estilo indirecto, como en los ejemplos.
보기와 같이 직접화법의 질문들을 간접화법으로 바꿔 보세요.

1 ¿Dónde quedamos?
   Dijo que / Quería saber dónde quedábamos.
2 ¿Venís al cine esta tarde?
   Preguntó si / Quería saber si íbamos al cine esa tarde.
3 ¿Cuánto costaron las entradas?
4 ¿A qué hora habéis llegado?
5 ¿Nos vemos a la salida del trabajo?
6 ¿Comeréis con nosotros?
7 ¿Cuándo has vuelto?
8 ¿Viniste en metro?
9 ¿Dónde los escuchaste la última vez?
10 ¿Te gustaría venir con nosotros?

8c Música, arte y literatura

음악, 미술, 문학

■ *Espectáculos*

1. Penélope Cruz

2. Alejandro Amenábar

3. Herbert von Karajan

4. Pablo Picasso

5. León Tolstoi

6. Federico García Lorca

7. Mick Jagger   8. Guissepe Verdi

Hablar 말하기

1 ¿A qué se dedican o se dedicaron estas personas? Elige la palabra correspondiente del recuadro.
이 인물들은 무슨 일에 종사하거나 종사했습니까? 박스에서 알맞은 말을 선택해 보세요.

Pablo Picasso era…

> cantante • poeta • actriz
> director de orquesta • escritor • compositor
> pintor • director de cine

2 ¿Qué sabes de ellos? Escribe dos frases para cada uno.
이들에 대해 아는 바가 있나요? 각 인물들에 대해 두 문장의 설명을 작성해 보세요.

Penélope Cruz es una actriz española. Creo que ha trabajado en alguna película de Almodóvar.

3 Escribe el nombre del músico que toca el instrumento. 다음 악기의 연주자 명칭을 써 보세요.

1 violonchelo: *violonchelista*
2 violín: _____
3 piano: _____
4 guitarra: _____
5 saxofón: _____
6 batería: _____
7 flauta: _____

4 ¿De qué rama de arte crees que se está hablando?
어떤 예술 분야에 대해 이야기한다고 생각하나요?

1 La rima no tiene por qué ser perfecta. *Poesía*
2 La puesta en escena fue espléndida. _____
3 La fotografía era buena, pero con demasiados primeros planos. _____
4 El arte abstracto es difícil de entender. _____
5 La orquesta hizo vibrar al público. _____

Leer 읽기

5 Busca la respuesta a estas preguntas en la sección de sugerencias de nuestro periódico.
이 질문들의 답을 우리 신문의 제안 섹션에서 찾아 보세요.

1 ¿Qué espectáculo trata sobre los problemas de unos vecinos?
2 ¿Qué espectáculo se puede ver en Cádiz?
3 ¿Cuál está basado en un texto de García Lorca?
4 ¿Cuál podrías ir a ver el viernes?
5 ¿En cuál de ellos podrás escuchar música moderna?
6 ¿En cuál podrás oír música y ver baile?
7 ¿A cuál se va a poder asistir durante más días?
8 ¿Cuál empieza más tarde?
9 ¿Cuál es el más caro?
10 ¿Cuáles son los más baratos?

Sugerencias

HISTORIA DE UNA ESCALERA, EN CÓRDOBA

EL GRAN TEATRO DE CÓRDOBA acoge la obra *Historia de una escalera*, de Antonio Buero Vallejo. José Sacristán y MERCEDES Sampietro son los protagonistas de esta gran obra de teatro que narra los problemas personales de los vecinos de una escalera.
Sábado y domingo: 21.00 h.
Entradas: de 5 a 18 €.

EL ROCK JOVEN ANDALUZ EN GRANADA

Granada acogerá esta noche el FESTIVAL DE MÚSICA DE ANDALUCÍA. En él actuarán los granadinos Veronica's Aggressive State, los jienenses Dogma, y los cordobeses Superfly. Además, actuará Malú, como cabeza de cartel.
CARPA DEL RECINTO FERIAL.
Sábado: 22.00 h.
Entradas: 20 €.

HOYOS LLEVA *YERMA* A SAN FERNANDO

La Compañía de la bailaora CRISTINA HOYOS presenta en San Fernando (Cádiz) su espectáculo *Yerma*, basado en el texto de García Lorca. El montaje explora los conflictos de una mujer casada que busca sin éxito la maternidad.
REAL TEATRO DE LAS CORTES.
Sábado y domingo: 21.00 h.
Entrada gratuita.

MUESTRA DE PINTURA ESPAÑOLA CONTEMPORÁNEA EN JAÉN

Unas trescientas obras de los principales pintores españoles del siglo XX se dan cita en una exposición que ofrece además la posibilidad de comprar las últimas creaciones de estos autores.
SALA DE EXPOSICIONES DE LA DIPUTACIÓN.
Viernes, sábado y domingo.
Entrada libre.

Leer y Escuchar 읽기와 듣기

6 Este es un extracto desordenado de la obra *Historia de una escalera*, de Buero Vallejo. Completa el texto colocando en el lugar correspondiente las intervenciones de Fernando.
이것은 부에로 바예호의 작품 '어느 계단의 이야기'의 무실서한 발췌입니다. 페르난도의 대사를 알맞은 곳에 배치하여 글을 완성해 보세요.

Fernando: Buenos días.
Generosa: Hola, hijo. ¿Quieres comer?
Fernando: _____
Generosa: Muy disgustado, hijo. Como lo retiran por la edad… Y es lo que él dice: "¿De qué sirve que un hombre se deje los huesos conduciendo un tranvía durante cincuenta años, si luego le ponen en la calle?". Y si le dieran un buen retiro… Pero es una miseria, hijo; una miseria. ¡Y a mi Pepe no hay quien lo encarrile! (Pausa) ¡Qué vida! No sé cómo vamos a salir adelante.
Fernando: _____
Generosa: Carmina es nuestra única alegría. Es buena, trabajadora, limpia… Si mi Pepe fuese como ella…
Fernando: _____
Generosa: Sí. Es que se me había olvidado la cacharra de la leche. Ya la he visto. Ahora sube ella. Hasta luego, hijo.
Fernando: _____

FERNANDO:
1. Gracias, que aproveche. ¿Y el señor Gregorio?
2. No me haga mucho caso, pero creo que Carmina la buscaba antes.
3. (Generosa sube. Fernando la saluda muy sonriente) Buenos días.
4. Hasta luego.
5. Lleva usted razón. Menos mal que Carmina…

7 Escucha y comprueba. 듣고 확인해 보세요.

8 Contesta a las siguientes preguntas sobre el texto del ejercicio anterior.
이전 연습문제의 글에 대한 다음 질문에 대답해 보세요.
1. ¿Qué dos personajes se encuentran en la escalera?
2. ¿De qué tres personajes habla Generosa?
3. ¿A quién jubilan?
4. ¿Cuál era su profesión?
5. ¿Qué problema tiene Generosa con su hijo Pepe?
6. ¿Cómo es Carmina?
7. ¿Con quién compara Generosa a Pepe?

8D COMUNICACIÓN Y CULTURA 의사소통과 문화

Hablar y escuchar 말하기와 듣기

Opinar sobre una película 영화에 대한 의견 표현하기

1 🎧 041 Escucha el diálogo. 대화를 들어 보세요.

> **Daniel:** ¿Has visto últimamente alguna película que te haya gustado?
> **Alicia:** Ayer vi en la televisión *Chico y Rita*. Me dio mucha rabia no verla cuando la estrenaron. Yo prefiero ver las películas en el cine siempre que puedo.
> **Daniel:** ¿De quién es?
> **Alicia:** De Fernando Trueba y Javier Mariscal.
> **Daniel:** ¿Y qué te pareció?
> **Alicia:** Ya sabes que es una película de animación. No son mis preferidas, pero los directores han hecho un trabajo extraordinario. Es muy romántica y la música es fantástica. Ganó el premio Goya a la mejor película de animación y también estuvo nominada para los Óscar.

Fotograma de *Chico y Rita*

> **Daniel:** ¿Y qué es lo que más te gustó?
> **Alicia:** El argumento y la música. Es un homenaje al *jazz* latino. Se desarrolla en La Habana, París y Nueva York.
> **Daniel:** Entonces, ¿me la recomiendas?
> **Alicia:** Claro, con lo que te gusta el *jazz*..., estoy segura de que te va a encantar.

Comunicación 의사소통

- ¿Has visto últimamente alguna película que te haya gustado?
- ¿De quién es?
- ¿Quién trabaja?
- ¿Qué te pareció?
- ¿Qué es lo que más te gustó?
- Entonces, ¿me la recomiendas?
- Me dio mucha rabia…
- Yo prefiero…
- Estoy segura de que…

2 Lee el diálogo y completa con las palabras del recuadro.
대화를 읽고 박스의 낱말로 완성해 보세요.

> trabaja • aburrida • última
> extraordinaria • pareció

- ¿Qué película es la (1) _____ que has visto?
- *Blancanieves*.
- ¿Quién (2) _____?
- Maribel Verdú.
- ¿Y qué te (3) _____?
- Los críticos dicen que es (4) _____, pero a mí me pareció muy (5) _____.

3 Pregunta y responde a tu compañero como en el ejemplo. Utiliza las ideas del recuadro.
보기와 같이 짝에게 묻고 대답해 보세요. 박스의 아이디어를 이용해 보세요.

- ¿Viste ayer el partido de fútbol de España contra Alemania?
- Sí, lo vi por la tele. Me dio mucha rabia no poder ir al campo.
- Yo también prefiero verlo en directo.

> - El concierto de… (pensar en un concierto u otro espectáculo reciente de tu ciudad: ópera, recital, obra de teatro…)
> - La exposición de…
> - El partido de… contra… (fútbol, baloncesto, etc.)
> - El último capítulo de… (una serie…)

4 Practica un nuevo diálogo con tu compañero, como en el ejercicio 1. Puedes utilizar alguna de las ideas del ejercicio anterior.
1번 연습 문제와 같이 짝과 새로운 대화를 연습해 보세요. 이전 연습 문제의 아이디어 일부를 이용할 수 있습니다.

5 🎧 042 Escucha las dos entrevistas y contesta a las preguntas. 두 개의 인터뷰를 듣고 질문에 대답해 보세요.

1. ¿Qué tipo de película es REC?
2. ¿Qué le pareció a Carlos?
3. ¿A quién se la recomendaría?
4. ¿Qué tipo de película es Torrente 4?
5. ¿Qué le pareció a Susana?
6. ¿A quién se la recomendaría?

90 noventa

Leer 읽기

El flamenco 플라멩코

1 ¿Has escuchado alguna vez música flamenca? ¿Te ha gustado?
여러분은 플라멩코 음악을 들어 본 적 있나요? 마음에 들었나요?

2 Lee la información sobre este arte y contesta a las preguntas.
이 예술에 대한 정보를 읽은 후 질문에 대답해 보세요.

El arte flamenco

El arte flamenco es el resultado de una suma de culturas musicales que se desarrollaron en Andalucía y se han transmitido de generación en generación.

Sus orígenes son muy antiguos, pero no existe información escrita sobre el flamenco hasta el siglo XVIII. En esta música se pueden encontrar huellas de la música judía, árabe, castellana y gitana, es decir, de todos los pueblos que han pasado por Andalucía. Los que más influyeron sobre el folclore andaluz para el nacimiento del flamenco fueron los gitanos. Estos llegaron a España a principios del siglo XV, aunque hasta mediados del siglo XIX no aparece la palabra flamenco en referencia a los cantes y bailes de la región andaluza en España.

A mediados del siglo XX, el flamenco llegó al gran público sin perder su esencia a través de festivales al aire libre. El crecimiento del turismo contribuyó a la creación de tablaos, donde el baile y el cante son la base del espectáculo.

Nunca en su historia el arte flamenco ha gozado de la popularidad de la que disfruta hoy en día. Las universidades españolas ofrecen conciertos de música flamenca, y algunos artistas han sido premiados por las academias de las artes, entre ellos destaca el guitarrista Paco de Lucía.

UN GUITARRISTA UNIVERSAL

Paco de Lucía nació en Algeciras, Cádiz, en 1947. A los veinte años grabó su primer disco y tuvo su primer gran éxito popular en 1974, con su tema *Entre dos aguas*. Compuso bandas sonoras para distintas películas, entre las que destaca su colaboración con el director de cine español Carlos Saura. En octubre de 2004 recibió el premio Príncipe de Asturias de las Artes. En 2009 fue nombrado Doctor Honoris Causa por la Universidad de Cádiz, y en 2010 por el Berklee College of Music.

Paco de Lucía hoy está considerado como uno de los "catedráticos" de este arte. La obra del guitarrista gaditano supuso un hito en la historia de la música flamenca y le ha convertido en un referente indiscutible de la música española.

Murió en la ciudad mexicana de Playa del Carmen el 25 de febrero de 2014.

1 ¿Qué antigüedad tiene la historia del flamenco?
2 ¿Qué culturas musicales son la base de esta música?
3 ¿Quiénes tuvieron un papel más importante en su nacimiento?
4 ¿Cuándo se utiliza por primera vez el término "flamenco"?
5 ¿Qué es un tablao?
6 ¿Qué instrumento tocaba Paco de Lucía?
7 ¿Cuál fue su primer triunfo artístico?
8 ¿Cómo está considerado actualmente Paco de Lucía?
9 ¿Dónde murió?

Escribir 쓰기

Solicitar algo por escrito
서면으로 신청하기

1. Lee el anuncio de una exposición en el Museo del Prado de Madrid.
마드리드의 프라도 미술관에서 열리는 전시회 공지를 읽어 보세요.

MUSEO NACIONAL DEL **PRADO**

Las pinturas negras de **Goya**

Descubra las obras más sobrecogedoras del pintor español

Del 1 de abril al 15 de mayo

Visita a la exposición: 6 €.
(descuentos especiales para grupos).
Horario: todos los días de 10 a 20 horas.
Lunes cerrado.

2. Imagina que eres un guía turístico y tienes que llevar a un grupo de turistas a ver la exposición anterior al Museo del Prado. Antes de ir, escribe un correo al departamento de reservas del museo para organizar la visita de un grupo de 30 personas.
여러분이 여행가이드이고 앞에서 언급한 프라도 미술관의 전시를 보기 위해 단체 관광객을 안내해야 한다고 상상해 보세요. 가기 전에, 30명의 단체 방문을 조직하기 위해 미술관의 예약부에 전자우편을 써 보세요.

a. Solicita información sobre los siguientes temas:
   ✓ Precio para grupos.
   ✓ Posibilidad de visita guiada en el idioma de los turistas.
   ✓ Uso de cámaras de fotos y vídeo.

b. Organiza el correo en los siguientes párrafos:
   ✓ Presentación.
   ✓ Explica cuál es el motivo de tu escrito.
   ✓ Solicita la información que necesitas (precio, cámaras…).
   ✓ Despedida.

c. Utiliza el recuadro siguiente como ayuda.

Comunicación 의사소통

- Muy señores míos:
- Me llamo… y me dirijo a ustedes como… (profesor, guía turístico, organizador de…)
- El motivo de este correo es…
- Me gustaría saber…
- ¿Sería posible…?
- ¿Hay posibilidad de…?
- ¿Podríamos…?
- Muy agradecido/a, a la espera de su respuesta se despide atentamente.

3. Puedes añadir la aclaración de nuevas dudas que se te ocurran como.
다음과 같이 새롭게 발생한 궁금증에 대한 설명을 덧붙여 보세요.

- Posibilidad de plaza de aparcamiento para el autocar.
- Posibilidad de pagar con tarjeta de crédito.
- Posibilidad de utilizar de forma gratuita el guardarropa para bolsas y macutos.
- Puerta de entrada especial para grupos.
- Posibilidad de comer en la cafetería.

7/8 AUTOEVALUACIÓN 자기 평가

1 Completa los microdiálogos con las palabras correspondientes.
알맞은 말로 짧은 대화들을 완성해 보세요.

1
- Buenos días, llamo por el _anuncio_ del periódico donde piden un camarero.
- Sí, aquí es, ¿tienes _____?
- Sí, trabajé dos años en un restaurante de la Costa Brava.

2
- ¿Qué tal el nuevo trabajo?
- Regular, no estoy contento porque trabajo mucho y _____ poco dinero.

3
- Hola, Elena, ¿qué tal te va?
- Bueno, regular. Yo estoy bien, pero mi marido está en el _____ y estamos preocupados porque no encuentra trabajo.
- Vaya, ¿y qué hace entonces?
- Pues entrega el _____ en muchas empresas, a veces le llaman para alguna _____, pero al final nunca lo contratan.

2 Completa las frases con el verbo en la forma adecuada.
알맞은 형태의 동사로 문장을 완성해 보세요.

1. Cuando _vaya_ (ir) a México, iré a ver a mi amigo Pancho.
2. Cuando Luis _____ (terminar) la carrera, se fue a vivir a Praga.
3. Cuando _____ (salir) de casa para el trabajo, siempre me olvido de las llaves.
4. Cuando Cristina y Quique _____ (casarse), decidieron que tendrían dos hijos.
5. Pablo se irá de la casa de sus padres cuando _____ (encontrar) un trabajo.
6. Cuando _____ (poder), tráeme el libro que te presté.
7. Cuando _____ (terminar) este ejercicio, llamo por teléfono a Andrés.
8. María, cuando _____ (ir) a la compra, compra el periódico.
9. Roberto, cuando _____ (estar) mal, no va al médico, llama a su madre.
10. Nos compraremos el piso cuando _____ (ahorrar) suficiente.

3 Una chica ha expresado sus deseos en una revista. Completa con los verbos en la forma adecuada.
한 소녀가 잡지에 자신의 소망을 표현했습니다. 알맞은 동사로 완성해 보세요.

saber (x 2) • regalar • encontrar • tener
tocar • poder (x 2)

Sería feliz si…
1. _supiera_ cocinar.
2. _____ un armario lleno de ropa elegante.
3. alguien me _____ un ordenador portátil.
4. _____ un novio culto y dulce.
5. _____ comer de todo sin engordar.
6. _____ ir a un balneario a descansar.
7. _____ qué regalarles a mis amigos.
8. me _____ un millón de euros en la lotería.

4 Relaciona. 알맞은 것을 연결해 보세요.

1. Cuando salgas del trabajo
2. Si salieras pronto del trabajo
3. Cuando tenga dinero
4. Si tuviera dinero
5. Cuando vea a Juan
6. Si viera a Juan
7. Cuando vaya a Brasil
8. Si fuera a Brasil

a. cambiaré de coche.
b. le preguntaría por su hermana.
c. iría a ver las cataratas de Iguazú.
d. le daré el dinero que me prestó.
e. pásate por mi casa.
f. no trabajaría tanto.
g. iré a ver a Mario.
h. podríamos ir al cine.

5 ¿Qué palabras corresponden a sus definiciones?
각 정의에 해당하는 낱말은 무엇입니까?

aficionado • atleta • piloto • raqueta
~~ganador~~ • récord • natación • arbitro

1. Quien gana una prueba deportiva: _ganador_.
2. Quien cuida de la aplicación del reglamento en una competición deportiva: _____.
3. Persona que sigue con interés un deporte. _____.
4. La mejor marca en un deporte: _____.
5. Persona que practica el atletismo: _____.
6. Persona que practica el automovilismo: _____.
7. Deporte que se practica en el agua: _____.
8. Se utiliza para jugar al tenis: _____.

7/8 AUTOEVALUACIÓN 자기 평가

6 Cuando Rosa se trasladó a su piso nuevo, era necesario hacer algunos cambios. El dueño la llamó por teléfono y le dejó el siguiente mensaje.
로사가 새 아파트로 이사했을 때, 몇 가지를 바꿀 필요가 있었습니다. 집주인이 그녀에게 전화를 걸어 다음 메시지를 남겼습니다.

> "Ahora estoy ocupado, pero me pasaré por allí esta tarde o mañana. El tejado lo arreglaré el viernes y llevaré un sofá nuevo la semana próxima. Comprobé el funcionamiento de la calefacción el mes pasado y he comprado una lavadora nueva recientemente. Las alfombras están en el tinte. Tendrías que llamar por teléfono para que te las lleven a casa. Si tienes algún problema, llámame esta noche a casa".

Un mes más tarde, el propietario no había hecho ninguna de las cosas que había prometido. Rosa le está contando a una amiga lo que él le dijo, utilizando el estilo indirecto. Completa el texto.
한 달 후, 주인은 약속했던 일들 중 그 어느 것도 하지 않았습니다. 로사는 친구에게 간접화법을 이용하여 그가 자신에게 한 말을 들려주고 있습니다. 글을 완성해 보세요.

> *Cuando me llamó, me dijo que estaba ocupado, pero que se pasaría por aquí esa tarde o al día siguiente. También me dijo que…*

7 Completa la entrevista con las palabras que faltan. 빈칸에 알맞은 어휘를 넣어 인터뷰를 완성해 보세요.

> Debuté • hacer • era • fundé • dio • nací
> son • retiré • vivo

E.: ¿Quién es Julio Bocca?

J.B.: (1) <u>Nací</u> en 1967 en Buenos Aires. Mis primeras clases de danza me las (2)_____ mi mamá. (3)_____ a los 14 años. (4)_____ el Ballet Argentino en 1990. Me (5)_____ como bailarín profesional en Buenos Aires en diciembre de 2007. Actualmente (6)_____ en Uruguay y soy el director del Cuerpo de Baile del SODRE (Servicio Oficial de Difusión y Espectáculos) del país. Hago pilates y me gusta el buen vino.

E.: ¿Qué es bailar?

J.B.: Viene a ser como (7)_____ el amor: algo siempre diferente, único, incluso con la misma persona…

E.: ¿El fútbol y el tango (8)_____ una religión en Argentina?

J.B.: El fútbol más que el tango. El tango casi más fuera.

E.: ¿Boca o River?

J.B.: ¡Boca, claro! (9)_____ el equipo de mi abuelo.

¿Qué sabes?

- Hablar de las condiciones de trabajo.
- Expresar condiciones poco probables de cumplir, utilizando el pretérito imperfecto del subjuntivo.
- Situar una acción en el futuro utilizando la estructura *cuando* + presente de subjuntivo.
- Escribir una carta de motivación.
- Hablar de deportes y espectáculos.
- Quedar con alguien para salir.
- Transmitir una información en estilo indirecto.
- Solicitar algo por escrito.

Noticias 뉴스

- Leer y escuchar noticias 뉴스 읽고 듣기
- Transmitir órdenes, peticiones y sugerencias 명령, 부탁, 제안하기
- Expresar deseos 소망 표현하기
- **Cultura:** Atapuerca 문화: 아타푸에르카기

9

043-051

9A Sucesos
사건들

Leer y escuchar noticias

Leer 읽기

1. ¿Te gusta estar informado de las noticias? ¿Qué medio prefieres: prensa, radio, televisión, internet...? ¿Qué tipo de noticias te interesan? Coméntalo con tus compañeros.
   뉴스에서 정보를 얻는 것을 좋아하나요? 어떤 수단을 선호하나요? 신문, 라디오, TV, 인터넷…… 어떤 종류의 뉴스에 관심 있나요? 친구들과 이야기해 보세요.

2. Lee los titulares de prensa. 신문 제목을 읽어 보세요.

   > La policía detiene a dos jóvenes por bañarse de noche en una piscina municipal. **A**

   > **Robaron un coche y tres bares en hora y media.** **B**

   > Un hombre apuñala a su compañero de piso en Ávila. **C**

3. ¿Cuál de las tres noticias crees que es más grave? ¿Por qué crees que actuaron así los protagonistas de las noticias?
   세 개의 뉴스 중에서 어느 것이 더 심각하다고 생각하나요? 뉴스의 주인공들이 왜 그렇게 행동했다고 생각하나요?

   Yo creo que la menos grave es la de los...

4. Mira la siguiente lista de palabras. ¿Qué palabras crees que pertenecen a cada noticia? Utiliza tu diccionario. Hay más de una posibilidad.
   아래 낱말 목록을 보세요. 어떤 낱말이 각 뉴스에 해당한다고 생각하나요? 사전을 이용해 보세요. 1개 이상 선택할 수 있습니다.

1	agentes	☐	8	agresor	☐
2	persecución	☐	9	puñalada	☐
3	suceso	☐	10	detener	☐
4	madrugada	☐	11	navaja	☐
5	asaltar	☐	12	huir	☐
6	heridas	☐	13	barrio	☐
7	discutir	☐	14	detenido	☐

5. En parejas, mira los titulares de nuevo. Lee el principio de cada noticia y relaciónalo con los distintos textos. 짝을 지어 다시 제목을 보세요. 각 뉴스의 도입부를 읽고 나머지 글과 연결해 보세요.

   1. La policía nacional detuvo el lunes por la noche, tras una espectacular persecución, a tres hombres...

   2. Dos jóvenes, de dieciocho años, fueron descubiertos por agentes municipales...

   3. Un hombre terminó con dos puñaladas una discusión con su compañero de piso...

   ☐ ...que en poco más de hora y media robaron un coche en Madrid y asaltaron dos bares en la capital y un restaurante en Alcobendas. Los detenidos robaron un BMW blanco a las 23.00 horas y fueron detenidos cerca de la 1.00 horas tras una espectacular persecución en la que intervinieron varias unidades policiales, incluido un helicóptero. Los tres detenidos, que chocaron con coches de policía, tienen antecedentes policiales.

   ☐ ...Los hechos ocurrieron el viernes en Ávila. Sobre las 7.30 horas el agresor, de 28 años, cogió una navaja y dio dos puñaladas a su compañero, una en el pecho y otra en el cuello. Ambos compartían un piso de alquiler. Tras atacar a su amigo, huyó del lugar. El agresor fue detenido dos horas más tarde por la Guardia Civil. La víctima fue trasladada al hospital, donde se le atendió de sus heridas.

   ☐ ...mientras se bañaban de madrugada en una piscina municipal en el barrio de Ríos Rosas de Madrid. Los hechos ocurrieron sobre la una de la madrugada del pasado sábado. Los muchachos, ambos vecinos de ese barrio, entraron en la piscina con la única intención de darse un baño. Ambos fueron trasladados a la comisaría y tras el susto y el baño regresaron a sus domicilios.

6 Lee otra vez las noticias y contesta a las siguientes preguntas.

뉴스를 다시 읽고 질문에 대답해 보세요.

1. ¿Qué medio de transporte utilizaron los ladrones para robar?
2. ¿Cómo fueron detenidos?
3. ¿Habían sido detenidos con anterioridad?
4. ¿Qué arma utilizó el agresor de Ávila?
5. ¿Cuántas puñaladas recibió el agredido?
6. ¿Murió la víctima?
7. ¿Quién detuvo a los jóvenes bañistas?
8. ¿Qué pretendían hacer en las instalaciones municipales?
9. ¿Qué castigo recibieron?

Gramática 문법

VOZ PASIVA 수동태

- La voz pasiva en español se utiliza especialmente en los textos periodísticos e históricos.
  스페인어에서 수동태는 특히 신문 기사나 역사 기술에 사용됩니다.

  *La catedral de León **fue construida** en el siglo XII.*

- El hablante utiliza la voz pasiva cuando no le interesa decir quién es el sujeto agente de la acción o cuando este sujeto es obvio. También se usa cuando al hablante le parece más importante enunciar el objeto directo que el sujeto. Compara:
  화자가 행위를 하는 동작의 주체에 관심이 없거나 이 동작의 주체가 명확할 때 수동태를 사용합니다. 또한 동작의 주체보다 직접목적어를 밝히는 것이 더 중요하다고 생각할 때 사용합니다. 비교해 봅시다.

  <u>La Guardia Civil</u> detuvo <u>al agresor</u>.
  sujeto agente 행위자 주어 **objeto directo** 직접목적어

  <u>El agresor</u> fue detenido <u>por la Guardia Civil</u>.
  sujeto pasivo 피동 주어 **complemento agente** 동작주보어

- La voz pasiva se forma con el verbo *ser* y el participio del verbo correspondiente en el mismo género y número que el sujeto pasivo.
  수동태는 ser 동사와 피동 주어와 동일한 성과 수로 활용된 과거분사로 구성됩니다.

  *Hoy **ha sido encontrado** el coche que desapareció en la ríada del lunes.*
  *Los ladrones **fueron detenidos** dos horas más tarde.*
  *La víctima **fue trasladada** al hospital.*
  *Las pinturas descubiertas en el sótano del museo **han sido restauradas** recientemente.*

7 Completa las frases con un verbo del recuadro.

박스 안의 동사로 문장을 완성해 보세요.

> han sido encontrados • ha sido elegido
> fue inaugurada • fue detenido
> ~~serán clausurados~~ • fueron detenidos
> fueron elogiadas • serán elegidos

1. Mañana *serán clausurados* los Juegos Olímpicos de este año.
2. Ayer _____ una nueva autopista que une Madrid y Valencia.
3. _____ restos de mamuts de hace más de diez mil años.
4. Los atracadores _____ por la policía antes de salir del banco.
5. Ayer _____ el constructor acusado de corrupción.
6. Ricardo Pérez _____ presidente de la Compañía Nacional de Papelería.
7. Mañana _____ los mejores dibujos del concurso infantil de pintura.
8. Las nuevas pinturas de Rosa León _____ por la crítica.

Escuchar 듣기

8 🎧 043 Escucha la noticia radiofónica y di si las afirmaciones son verdaderas o falsas.

라디오 뉴스를 듣고 다음 설명들이 참(V)인지 거짓(F)인지 말해 보세요.

1. A Diego le han tocado las quinielas. ☐
2. Cuando le tocó la lotería, Diego había iniciado ya los trámites de separación con su mujer. ☐
3. Diego y Juani se pusieron de acuerdo para repartirse el premio. ☐
4. La decisión de repartir el premio la han tenido que tomar los jueces. ☐
5. Diego había rellenado el boleto en su pueblo. ☐
6. El premio no era una cantidad muy importante de dinero. ☐

Escribir 쓰기

9 En grupos de cuatro. Pensad en una noticia de actualidad que haya ocurrido en vuestra ciudad, en vuestro país o en el mundo. Escribid la historia y dad alguna información errónea. Cuando hayáis terminado, leed la noticia en voz alta. El resto de la clase tiene que decir dónde está el error.

네 명이 그룹 지어 현재 여러분의 도시나 나라, 세계에서 발생한 뉴스에 대해 생각해 보세요. 그 이야기를 쓰고 거짓 정보를 포함해 보세요. 작업을 마치면 그 뉴스를 큰 소리로 읽어 보세요. 나머지 친구들은 틀린 부분이 어디인지 말해야 합니다.

9B ¡Cásate conmigo!
나와 결혼해줘!

■ *Transmitir órdenes, peticiones y sugerencias*

1 Relaciona las frases con los dibujos.
문장과 삽화를 알맞게 연결해 보세요.

1. No coma grasa. ☐
2. ¡Cásate conmigo! ☐
3. Hola, soy Ana, ven a buscarme al aeropuerto, por favor. ☐
4. No compres este producto, no es bueno. ☐
5. ¡Hoy haz tú la comida, por favor! ☐
6. David, saca tú las entradas para el concierto, yo no puedo. ☐

2 Relaciona las dos partes para formar el mensaje en estilo indirecto.
간접화법으로 메시지를 구성하기 위해 두 부분을 알맞게 연결해 보세요.

1. ¿Sabes? Sergio me ha pedido
2. Paola me ha dicho
3. La médica me ha prohibido
4. Ana me ha pedido
5. Mi vecina me aconseja
6. David me ha pedido

a. que haga yo la comida.
b. que vaya a buscarla al aeropuerto.
c. que coma grasas.
d. que saque las entradas.
e. que me case con él.
f. que no compre ese producto.

3 ¿En qué tiempo y modo están las oraciones en estilo indirecto?
간접화법의 문장들이 어떤 시제, 어떤 형태로 되어 있나요?

Gramática 문법

ESTILO INDIRECTO: ÓRDENES, PETICIONES Y SUGERENCIAS 간접화법: 명령, 부탁, 제안

● Cuando presentamos una orden o sugerencia en estilo indirecto, el verbo de la oración subordinada va en subjuntivo.
명령이나 제안을 간접화법으로 표현할 때, 종속절의 동사는 접속법으로 씁니다.
María: *Pablo, ven a verme.*
Pablo: *María me ha pedido que **vaya** a verla.*

● Además de cambiar la forma verbal, se producen otros cambios de acuerdo con el contexto de cada momento y lugar del habla.
동사형의 변화 외에 발화 순간과 장소 상황에 맞춰 다른 변화도 발생합니다.
– Verbos 동사: *ir > venir, traer > llevar.*
– Pronombres, adverbios de lugar 대명사, 장소 부사: *aquí > allí.*

● Si el verbo introductor está en presente o pretérito perfecto, la oración de estilo indirecto lleva el verbo en presente de subjuntivo.
주절의 동사가 현재나 현재완료시제일 경우, 간접화법의 종속절은 접속법 현재시제가 됩니다.
*Mis padres siempre me dicen que **vuelva** pronto.*

● Si el verbo introductor está en pretérito imperfecto, indefinido o pluscuamperfecto, la oración de estilo indirecto lleva el verbo en pretérito imperfecto de subjuntivo.
주절의 동사가 불완료과거, 단순과거, 과거완료시제일 경우, 간접화법의 종속절은 접속법 불완료과거시제가 됩니다.
*Me pidió que **sacara** las entradas.*

 A
 B
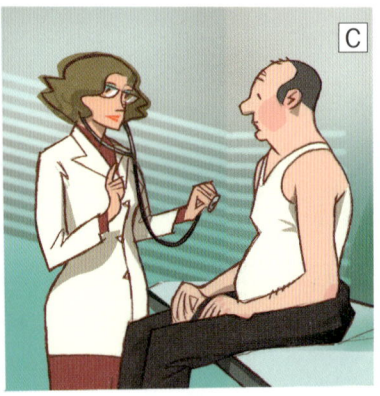 C
 D
 E
 F

4 Completa con uno de los verbos del recuadro en el tiempo adecuado.
박스의 동사를 알맞은 시제로 활용하여 문장을 완성해 보세요.

> hablar • venir • dormir • llamar • leer
> ir (x 2) • dejar • comprar • ~~hacer~~

1. Mi madre dice que no *hagamos* tanto ruido, que le duele la cabeza.
2. La profesora nos ha pedido que _____ más bajo.
3. Julia me ha dicho que la _____ (tú) cuando puedas.
4. Le he dicho a Paco que no _____ aquí antes de las nueve.
5. Todos los días le encargo a Goyo que _____ el periódico.
6. Le he sugerido al taxista que no _____ tan rápido.
7. El médico me ha aconsejado que _____ la siesta todos los días.
8. El técnico de la lavadora me ha recomendado que _____ bien las instrucciones.
9. La policía nos ha prohibido que _____ el equipaje en esa sala.
10. Mis padres me han prohibido que _____ a la discoteca los miércoles.

5 Pasa a estilo indirecto. 간접화법으로 바꿔 보세요.

1. Abróchense los cinturones.
   La azafata ha ordenado que nos abrochemos los cinturones.
2. Recojan la documentación en el mostrador 25.
   El policía nos ha dicho que _____.
3. Cierra la puerta, pero no eches la llave.
   Mi padre me ha pedido que _____.
4. Buscad en el diccionario las palabras que no conozcáis.
   La profesora siempre dice que _____.
5. Hace frío, coge el abrigo.
   Paloma te ha dicho que _____
6. Empezad a comer vosotros.
   Carlos nos ha dicho que _____.
7. No llegues tarde.
   María me ha pedido que _____.
8. Recoge al niño del colegio a las cinco.
   Mi mujer me ha pedido que _____.
9. No te olvides del cumpleaños de Óscar.
   Susana me ha dicho que _____.
10. No pruebe el alcohol ni las grasas.
    El médico me ha prohibido que _____.

Escuchar 듣기

6 🎧 044 Escucha y completa la historia.
듣고 이야기를 완성해 보세요.

Ya estamos en Berlín. Estamos bien pero, (1)_____, en el aeropuerto del Prat pasamos un mal momento. Eran (2)_____ y estábamos esperando la salida del avión. Cuando fuimos a facturar el equipaje, nos pidieron (3)_____ nuestros pasaportes. Y Sergio no lo encontraba. La azafata nos _____ que fuéramos rápidamente a la (4)_____ de policía del aeropuerto. Allí le pidieron que rellenara un impreso y (5)_____. Se las hizo en una máquina que había allí mismo. Cuando entregó la documentación, le prometieron que tendría (6)_____ en 30 minutos. Con el tiempo muy justo y el susto en el cuerpo, conseguimos coger (7)_____ en el último momento.

Hablar 말하기

7 En grupos de cuatro: uno da una orden en voz baja al compañero de su derecha. Este transmite la orden al grupo. Te damos algunas sugerencias.
네 명이 그룹 지어 한 명이 작은 소리로 오른쪽 친구에게 명령을 합니다. 이 친구가 그룹 전체에게 명령을 전달합니다. 우리가 몇 개의 제안을 합니다.

- *Cerrar los libros*
- *Cerrad los libros.*
- *Me ha dicho que cerréis los libros.*

> darle una moneda • cantar una canción
> abrir la ventana

9c Quiero que mi ciudad esté bonita
나의 도시가 예쁘면 좋겠어요

■ *Expresar deseos*

Leer 읽기

1 ¿Cómo es tu ciudad? ¿Te parece cómoda? ¿Y bonita?
여러분의 도시는 어떠한가요? 안락하다고 생각해요? 예쁜가요?

2 Lee la carta de una lectora a su periódico y contesta a las preguntas.
신문에 보낸 독자의 편지를 읽고 질문에 대답해 보세요.

CARTAS DEL LECTOR

Demasiadas obras en el camino

LA SEMANA PASADA iba caminando por mi barrio con unas amigas cuando una de ellas tropezó con un ladrillo, se cayó y se rompió el hombro. La culpa fue de unas obras que están haciendo en la acera desde hace más de tres meses.

Yo creo que la mayoría de los madrileños deseamos que nuestras autoridades nos hagan la vida más cómoda y agradable, no más difícil, a causa de las obras.

¿Cuáles son las cosas sencillas que desean los ciudadanos?

- Que las calles estén limpias, que las aceras no sean peligrosas para las personas mayores o los invidentes.
- Que los transportes públicos funcionen normalmente, sobre todo, los autobuses.
- Que nuestra ciudad esté bonita y podamos presumir de ella ante nuestros visitantes.
- Que las obras municipales no se eternicen…

Espero que cuando terminen las obras que hay actualmente en marcha se cumplan mis deseos.

Isabel Camino Vila. Madrid

1 ¿Qué le pasó a la amiga de la autora de la carta?
2 ¿Cuáles son los deseos de la autora con respecto a su ciudad?
3 ¿En qué tiempo verbal aparecen expresados esos deseos? Subráyalos.

Gramática 문법

EXPRESAR DESEOS 소망 표현하기

Las oraciones subordinadas dependientes de verbos de deseo y necesidad (*espero, quiero, deseo, necesito, me gustaría*) pueden llevar el verbo en **infinitivo** o **subjuntivo**.
소망이나 필요를 나타내는 주절 동사(*espero, quiero, deseo, necesito, me gustaría*)의 종속절은 직설법이나 접속법으로 쓰인 동사를 수반합니다.

- En infinitivo. Cuando el sujeto de las dos oraciones es el mismo. 직설법: 두 절의 주어가 동일할 때
  *Deseo **vivir** tranquilo.*
   (yo)   (yo)
  *Espero **aprobar** este curso.*
  *Me gustaría **viajar**.*

- En subjuntivo. Cuando el sujeto de las dos oraciones es diferente. 접속법: 두 절의 주어가 상이할 때
  *Yo deseo que tú **vivas** tranquila.*
  *Me gustaría que **vinieras** a mi casa.*

3 Completa las frases con el verbo en el tiempo adecuado. 알맞은 시제의 동사로 문장을 완성해 보세요.

1 Quiero que le *digas* (decir, tú) a Rosa que iré a verla pronto.
2 Deseamos que _____ (pasar, vosotros) un buen día de cumpleaños.
3 Espero que Ángel _____ (encontrar) pronto un trabajo, está bastante decaído.
4 María espera que _____ (ir, nosotros) a verla el fin de semana.
5 Todos los padres desean que sus hijos _____ (ser) felices.
6 A Julio le gustaría _____ (poner) un negocio de compra venta de coches.
7 Necesito que me _____ (ayudar, tú).
8 Óscar quiere que le _____ (comprar, yo) un perrito.
9 Mario, no quiero que _____ (salir, tú) con esa gente, no me gusta nada.
10 Es tardísimo, espero _____ (llegar) a tiempo a la reunión.

Hablar 말하기

4 Escribe cinco deseos en un papel. No escribas tu nombre y entrégale el papel a tu profesor. Alguien puede leer los papeles con los deseos y el resto de la clase debe adivinar quién lo ha escrito.
소망 다섯 개를 종이에 쓰세요. 이름은 쓰지 말고 그 종이를 선생님께 제출하세요. 누군가 소망이 적힌 종이를 읽고 나머지 친구들은 누가 그것을 썼는지 맞혀 보세요.

5 🎧 (045) Vas a escuchar a varias personas expresar sus deseos para el año que está empezando. Completa la información.
이제 막 시작하는 한 해를 위한 여러 사람의 소망을 듣게 될 겁니다. 다음 정보를 완성해 보세요.

1 MARCOS, 34 años
Quiero que _____ de Navidad y _____ la hipoteca de mi casa.

4 ALBERTO, 9 años
Yo quiero que _____ _____.

2 ANDREA
Quiero _____ y pasarme allí _____ _____ _____.

5 ÓSCAR
Quiero _____ bueno y que mi novia _____ y que _____ los precios de los pisos.

3 RAQUEL
Yo quiero _____ _____.
Me gustaría _____ _____.

6 ALEJANDRA
Solo deseo _____ _____.
Me gustaría _____ _____.

Pronunciación y ortografía 발음과 철자

Oposición /p/-/b/ /p/와 /b/의 대비

1 🎧 (046) **Escucha y repite las palabras.**
듣고 낱말을 따라해 보세요.

**pala padre rápido poco poder pena
ópera piscina**

**boda vino baño ambulancia vela
vida Buda bolso verde**

abuelo robo avión ave pavo Ávila robó

2 🎧 (047) **Escucha y señala la palabra que oyes.**
듣고 나서, 들었던 낱말들에 표시해 보세요.

1 pela   vela   6 vuelvo   pueblo
2 pava   baba   7 Japón   jabón
3 pueblo bobo   8 jarabe   jarapa
4 apio   avión   9 ávido   rápido
5 bala   pala   10 ropa   roba

3 🎧 (047) **Escucha y repite.** 듣고 따라해 보세요.

4 Completa las frases con una palabra de las anteriores. 앞의 낱말로 문장을 완성해 보세요.

1 ¿Adónde vas con esa *ropa* tan elegante?
2 A Luis le gusta mucho poner _____ en la ensalada.
3 Mi padre necesita la _____ para trabajar en el jardín.
4 Ese chico es _____, ahora resulta que no sabe multiplicar.
5 ¿Te has tomado el _____ para la tos?
6 Me encanta este _____, huele estupendamente.
7 Este tren es muy _____.

5 🎧 (048) **Escucha y comprueba.** 듣고 확인해 보세요.

9D COMUNICACIÓN Y CULTURA 의사소통과 문화

Hablar y escuchar 말하기와 듣기

¿Qué te gustaría hacer? 무엇을 하고 싶은가요?

1 🎧 049 Escucha el diálogo. 대화를 들어 보세요.

> **Tutor:** Buenos días, Laura. Siéntate, por favor.
> **Laura:** Buenos días.
> **Tutor:** Como sabes estoy hablando con todos vosotros para saber qué os gustaría hacer al acabar vuestros estudios en el instituto. ¿Qué planes tienes para el próximo curso?
> **Laura:** Estoy un poco dudosa. Por una parte, me gustaría ir a la universidad y estudiar Arquitectura. Me encanta dibujar, pero a veces pienso que es un poco difícil. Por otra parte, también me gustan mucho los niños pequeños.
> **Tutor:** ¿Y tus padres qué piensan?
> **Laura:** Dicen que es mejor que estudie algo práctico que me sirva para encontrar trabajo y poder ayudar en casa.
> **Tutor:** ¿Por ejemplo?
> **Laura:** Escuela Infantil o algún curso de formación profesional de Diseño Gráfico o algo así. Todavía no he tomado una decisión y me gustaría tener su opinión.
> **Tutor:** Yo en tu lugar estudiaría lo que más me gustara. Siempre puedes hacer formación profesional y ampliar tus estudios más adelante, cuando estés trabajando. Estoy seguro de que no te equivocarás. Eres una chica inteligente y acertarás en tu elección.

Comunicación 의사소통

- ¿Qué planes tienes para el próximo curso / año?
- Por una parte, me gustaría…, por otra parte…
- ¿Y tus padres / amigos, qué piensan?
- Dicen que…
- Todavía no he tomado una decisión y me gustaría tener su opinión.
- Yo, en tu lugar…
- Estoy seguro de que…

2 Lee el diálogo y completa con las palabras del recuadro. 대화를 읽고 박스의 낱말들로 완성해 보세요.

> novia • encontrar • busquemos
> año • encantaría

- ¿Qué planes tienes para el próximo (1) _____?
- Por una parte, me gustaría (2) _____ trabajo pero, por otra parte, me (3) _____ viajar al extranjero.
- ¿Y tu (4) _____, qué piensa?
- Dice que es mejor que (5) _____ trabajo.

3 Pregunta y responde a tu compañero, como en el ejemplo. Utiliza las frases del recuadro.
보기와 같이 짝에게 질문하고 대답해 보세요. 박스의 구문을 이용해 보세요.

> ■ No sé si estudiar francés o alemán. ¿Y tú qué harías?
> ● Yo en tu lugar estudiaría los dos. Estoy seguro de que te ayudarán a encontrar trabajo.

> - Visitar Madrid o Barcelona.
> - Ir al cine o al teatro.
> - Comprar carne o pescado.
> - Ir en metro o en autobús.

4 Practica un nuevo diálogo con tu compañero, como en el ejercicio 1. Puedes utilizar alguna de las ideas del ejercicio anterior.
1번 연습 문제와 같이 새로운 대화를 짝과 연습해 보세요. 이전 연습 문제의 아이디어 일부를 이용할 수 있습니다.

5 🎧 050 Escucha la entrevista de Ricardo e Inés con su tutor y contesta a las preguntas.
리카르도와 이네스가 지도 교사와 하는 인터뷰를 듣고 질문에 대답해 보세요.

1. ¿Qué quiere estudiar Ricardo en la universidad?
2. ¿Por qué ha elegido esa carrera?
3. ¿Qué planes tiene su padre para el futuro?
4. ¿Qué quiere hacer Inés el próximo curso?
5. ¿Por qué?
6. ¿Qué opinan sus padres?

Leer 읽기

Atapuerca 아타푸에르카

1. ¿Te interesa la arqueología? 여러분은 고고학에 관심 있나요?

2. Lee el siguiente texto. Completa los huecos con las palabras del recuadro. Utiliza el diccionario, si lo necesitas. 다음 글을 읽어 보세요. 박스의 낱말로 빈칸을 채우세요. 필요하다면 사전을 이용해 보세요.

> excavaciones • científicos • fósiles • esqueletos
> clima • herramientas • arqueólogos • ~~yacimientos~~

Museo de la Evolución Humana

ATAPUERCA
LOS ORÍGENES DEL SER HUMANO

Atapuerca se encuentra en la provincia de Burgos, en Castilla y León, en la cordillera Ibérica. En ella se han descubierto (1) yacimientos con restos de homínidos, que se remontan a un millón de años, y numerosos indicadores climáticos que dan a conocer un (2) _____ cambiante durante el último millón de años.

En 1978 se iniciaron las (3) _____ que han dado importantes frutos. En Atapuerca se han encontrado los (4) _____ de los europeos más antiguos que se conocen, que se han catalogado como una nueva especie: el *Homo antecesor*. Hasta el año 92 no se empezaron a encontrar los primeros fósiles, que se encuentran en el estrato inferior de uno de los yacimientos encima de los cuales había más de 180 (5) _____ de osos, por lo que es fácil imaginar que las condiciones de trabajo para los (6) _____ son muy difíciles. El yacimiento también alberga numerosas (7) _____ y fósiles de animales y polen, así como los restos óseos que pertenecen a un grupo de 30 individuos de la especie *Homo erectus*.

En 1997 el equipo de (8) _____ que estudia el yacimiento, dirigido por Juan Luis Arsuaga, recibió el Premio Príncipe de Asturias. Los yacimientos de Atapuerca han sido incluidos por la UNESCO en la lista del Patrimonio Mundial en el año 2000.

En 2010 se inauguró en la ciudad de Burgos el Museo de la Evolución Humana. En él se pueden ver los restos arqueológicos encontrados en Atapuerca.

Yacimiento de Atapuerca.

Juan Luis Arsuaga

3. Comprueba con tu compañero. 짝과 확인해 보세요.

4. Lee el texto otra vez y contesta a las preguntas.
글을 다시 읽고 질문에 대답해 보세요.

   1. ¿Qué antigüedad tienen los restos encontrados en Atapuerca?
   2. ¿Cuándo comenzaron las excavaciones?
   3. ¿Qué es un Homo antecesor?
   4. ¿Debajo de qué estaban sepultados los primeros fósiles humanos que fueron encontrados en Atapuerca?
   5. Además de restos humanos, ¿qué otras cosas se han encontrado?
   6. ¿Quién es el responsable de las excavaciones?
   7. ¿Cómo se ha reconocido internacionalmente la importancia de estos yacimientos?
   8. ¿Cómo se llama el museo que alberga los restos encontrados?

Escribir 쓰기

Notas y recados 메모와 메시지

1 ¿Escribes notas y recados normalmente? ¿A quién escribes? ¿Para qué? Coméntalo con tu compañero. 평소에 여러분은 메모와 메시지를 쓰나요? 누구에게 쓰나요? 무엇을 위해서요? 짝과 이야기해 보세요.

2 Lee los mensajes y contesta a las preguntas.
메시지를 읽고 질문에 대답해 보세요.

> Felipe:
> ¡Urgente! ¡Llama a tu padre cuando llegues a casa! Te espero en la puerta del cine. Si hay problemas, llámame al móvil.
> Un beso

> Jorge:
> No queda comida para el gato.
> He dejado mi parte del dinero para el alquiler en tu habitación. Nos vemos a la vuelta del fin de semana.
> Juanjo

> Sara:
> Te dejo los papeles del informe en el cajón. Hay que entregarlos el jueves. Si acabas pronto, tomamos café juntas.
> Loli

> Carlos:
> Llama tú al colegio de Pablo, su profesora quiere hablar con nosotros.
> Un beso

> ¿Te importaría no aparcar tu coche tan cerca del mío? Tengo serios problemas para poder entrar en mi coche.
> Gracias

> Julia, han llamado de la óptica y han dicho que ya puedes recoger las gafas. Son 310 euros.
> Tu madre

1 ¿Cuál es la situación y el propósito de cada uno de los mensajes?
2 ¿Cuál crees que es la relación entre las dos personas en cada mensaje?

3 Con los datos siguientes, redacta las notas apropiadas. Compara con tu compañero.
다음 정보로 알맞은 메모를 작성해 보세요. 짝과 비교해 보세요.

❶ Charo avisa a Belén de que su novio ha llamado diciendo que llega al aeropuerto a las diez de la noche y que tiene que ir a buscarle con el coche.

❷ María le recuerda a su marido, Manolo, que no se olvide de sacar dinero del banco para pagar el alquiler, porque el casero viene a cobrarlo a las cinco de la tarde.

❸ El presidente de la comunidad de vecinos convoca a una reunión urgente a los vecinos de la comunidad porque ha habido una rotura en las cañerías que obliga a hacer una revisión urgente en todos los pisos y es necesario dejar las llaves a los porteros.

❹ Necesitas con urgencia un libro que le has prestado a tu compañero de piso, al que no puedes ver durante toda la semana por horarios de trabajo.

Escuchar 듣기

4 🎧 051 Escucha los mensajes del contestador automático y escribe las notas correspondientes para tus compañeros de piso.
자동 응답기의 메시지를 듣고 아파트 공동 거주자에게 알맞은 메모를 작성해 보세요.

Tiempo de vacaciones 휴가철

- Planear un viaje 여행 계획하기
- Expresar probabilidad y hacer conjeturas 가능성을 표현하고 추측하기
- Pedir un servicio 서비스 신청하기
- Contar anécdotas 일화 이야기하기
- Tiempo atmosférico 날씨
- **Cultura:** Guatemala 문화: 과테말라

10

052-060

10A De viaje
여행가기

- *Planear un viaje*
- *Expresar probabilidad y hacer conjeturas*

1. Islas Galápagos 2. Cádiz 3. Tarragona 4. Perito Moreno

Escuchar 듣기

1 ¿Qué planes tienes para tus vacaciones? Comenta con tu compañero.
여러분은 휴가를 위해 어떤 계획을 갖고 있나요? 짝과 이야기해 보세요.

¿Te gusta viajar fuera de tu país?
¿Vas solo, con tu familia o con amigos?
¿Prefieres viajes culturales o de descanso?
¿Dónde te gustaría ir?

2 🎧 052 Escucha los planes de verano de las siguientes personas y completa la información.
다음 사람들의 여름 계획을 듣고 정보를 완성해 보세요.

1 Alejandra está montando _____ y seguramente irá _____.
2 A Eduardo le gustaría ir a _____, pero quizás coja la mochila y _____.
3 María desearía recorrer durante un año _____ _____, pero a lo mejor se va unos días _____.
4 A Rodrigo le gusta ir todos los veranos a _____ _____, probablemente vaya primero a _____ y "...después quizás _____."

Comunicación 의사소통

Expresión de la conjetura 추측 표현

Para expresar nuestras dudas y planes sin definir (conjeturas) podemos utilizar las siguientes expresiones.
의심과 계획을 명확히 밝히지 않고 이야기하기 위해(추측) 다음 표현들을 사용합니다.

- ***A lo mejor* + presente de indicativo**
  A lo mejor + 직설법 현재시제
  A lo mejor voy a Málaga en vacaciones, pero no estoy seguro.

- ***Seguramente* + futuro / presente de subjuntivo**
  Seguramente + 미래시제 / 접속법 현재시제
  Seguramente iré / vaya en tren; ya veremos.

- ***Quizás* + presente de subjuntivo**
  Quizás + 접속법 현재시제
  Quizás vayamos a Canarias, pero aún no lo sabemos con seguridad.

- ***Probablemente* + futuro / presente de subjuntivo**
  Probablemente + 미래시제 / 접속법 현재시제
  Probablemente compraremos los billetes por internet.
  Probablemente ya ***sea*** tarde para salir.

3 **Construye correctamente las siguientes frases.** 다음 문장을 바르게 구성해 보세요.

1. Quizás / llegar (yo) / antes de comer.
2. A lo mejor / comer (nosotros) / en un restaurante chino.
3. Seguramente / visitar (ellos) / los museos más importantes.
4. A lo mejor / ir (nosotros) / este verano a tu pueblo.
5. Quizás / hacer (ellos) / un curso de vela.
6. Probablemente / venir (él) / a esquiar con nosotros.
7. Seguramente / visitar (nosotros) / la catedral.
8. Quizás el viaje / ser / demasiado largo.
9. Probablemente / hacer / buen tiempo.
10. A lo mejor / no haber / cajero automático en ese pueblo.

4 **Lee el texto "Españoles en el mundo" y contesta a las preguntas.** '세계 속의 스페인 사람들'이란 글을 읽고 질문에 대답해 보세요.

1. ¿De qué trata el programa que dirige Carmen de Cos?
2. ¿Qué motivos llevan a los protagonistas de *Españoles en el mundo* a dejar su país?
3. ¿Por qué el programa invita a conocer mundo?
4. ¿Qué cosas puede sugerir el programa?
5. ¿Qué características comunes tienen los emigrantes?
6. ¿Por qué a los jóvenes de ahora les resulta más sencillo emigrar?
7. ¿Por qué hay algunos países a los que es más difícil emigrar?
8. ¿Qué desea Carmen de Cos para estos países?

5 **Por parejas, imaginad que cada uno de vosotros queréis viajar a un país extranjero. Preparad la entrevista para preguntar al compañero dónde quiere viajar, los motivos, con quién va a viajar, los planes...** 짝을 지어 여러분 각자가 외국으로 여행가기를 원한다고 상상해 보세요. 가고 싶은 장소, 동기, 함께 여행갈 사람, 계획 등을 짝에게 물어보기 위해 인터뷰를 만들어 보세요.

6 **Realiza la entrevista a tu compañero.** 짝에게 인터뷰를 해 보세요.

Españoles en el mundo

Carmen de Cos es la directora del programa de televisión *Españoles en el mundo*. Tres millones de espectadores de media siguen el programa cada semana, para conocer las historias y experiencias vitales de muchos españoles que decidieron dejar atrás sus vidas en España para adentrarse en otros lugares, por amor, trabajo o simplemente por curiosidad.

Carmen: ¿Cuál crees que ha sido la aportación principal de este programa?
Nuestro programa es una forma directa y fresca de acercarnos a la vida de los españoles que viven fuera de nuestras fronteras. A través de sus historias hemos viajado por distintos países y hemos mostrado que es posible encontrar tu lugar en el mundo, y que los españoles llevan mucho tiempo haciéndolo.

¿Crees que *Españoles en el mundo* invita a la gente a conocer mundo, a buscarse la vida más allá de nuestras fronteras?
Al mostrar cómo se vive en otros países, otras culturas y otras formas de vida, seguramente el programa estimulará la curiosidad y el deseo de salir a conocer otros lugares.

En tiempos de dificultades económicas quizás algunos destinos parezcan soluciones perfectas.
Nosotros presentamos una serie de opciones de vida. Cada espectador encontrará en estas historias cosas diferentes. Algunos, ideas para irse a trabajar, otros, lugares paradisíacos donde retirarse, o simplemente destinos para su próximo viaje.

¿Qué diferencias habéis encontrado entre los emigrantes más antiguos y los jóvenes que se van de España ahora?
Probablemente tengan mucho en común. Son personas con coraje, arriesgados, aventureros... Sí es cierto que, con la crisis, hay cada vez más jóvenes que emigran por trabajo. Pero quizás la diferencia es que ahora lo tengan más fácil, las comunicaciones son mejores, tienen más formación, saben idiomas...

¿Cuáles son los nuevos retos y destinos?
Me gustaría que países a los que en la actualidad no podemos viajar, por conflictos, inseguridad, falta de libertades..., fuesen muy pronto lugares de paz donde, no solo los españoles, sino cualquier ciudadano pudiera vivir felizmente.

Extraído de www.rtve.es

10B Alojamientos
숙소

- Elegir un hotel
- Pedir un servicio

1 Mira las fotografías y comenta con tu compañero. 사진을 보고 짝에게 이야기해 보세요.

¿Cuál de estos tres alojamientos preferirías para pasar unos días?
¿Por qué?
Haz una lista de cuatro o cinco cosas que te gustaría que tuviera un alojamiento para que te resultase agradable.

Hotel en Cancún (México)

Parador de turismo de León (España)

Camping en la Costa del Sol (España)

Vocabulario 어휘

2 Mira las dos listas de servicios del hotel "El jardín de los sueños" de Almería. La primera lista se refiere a las instalaciones que ofrece el hotel. La segunda lista se refiere a los servicios que encontrarás en las habitaciones.
알메리아의 엘 하르딘 데 로스 수에뇨스 호텔의 서비스 목록 2개를 보세요. 첫 번째 목록은 호텔에서 제공하는 시설에 대한 것입니다. 두 번째 목록은 객실에 있는 서비스에 대한 것입니다.

1 Elige los cinco servicios de cada lista que consideras más importantes.
2 Elige otros cinco servicios de los que podrías prescindir.
3 ¿Hay algún servicio que no aparezca en las listas y consideres imprescindible?

Hotel
El jardín de los sueños

INSTALACIONES

Piscina • Sala de reuniones
Gimnasio • Sauna • Restaurante
Servicio de plancha • Cuidado de niños
Aparcamiento • Lavandería
 Prensa gratuita • Telefax

LAS HABITACIONES DISPONEN DE

Radio / Televisión • Teléfono
Albornoz • Secador de pelo
Minibar • Baño privado
Servicio de habitaciones 24 h
Cafetera y tetera • Terraza
Aire acondicionado • Escritorio

3 🎧 (053) Vas a oír cuatro conversaciones en diferentes lugares. Escucha y completa.
다양한 장소에서의 대화를 4개 듣게 될 겁니다. 듣고 완성해 보세요.

1 (EN UN HOTEL, POR TELÉFONO)
- ¿_____ que me subieran el desayuno a la habitación?
- Sí, señor, _____.

2 (EN LA RECEPCIÓN DE UN ALBERGUE)
- ¿_____ dejarnos alguna manta más para nuestra habitación?
- ¡_____! ¿Cuántas necesitáis?

3 (POR TELÉFONO)
- ¿_____ despertarme a las siete de la mañana?
- _____, señora.

4 (EN LA RECEPCIÓN DEL HOTEL)
- ¿_____ pedir a alguien que nos revisara el aire acondicionado?
- Sí, _____. ¿Cuál es el problema?

Comunicación 의사소통

Pedir un servicio de forma educada
예의 바르게 서비스 신청하기

Formal 격식체
¿Le importaría…?
¿Sería posible…?   } + infinitivo 동사원형
¿Sería / Serían tan amables de…?

Informal 비격식체
¿Te importaría…?
¿Podrías…?   } + infinitivo 동사원형

Respuestas 대답
Sí, cómo no.   Por supuesto.
Sí, ahora mismo.   Claro que sí.
Lo siento, pero…

Escribir 쓰기

4 Por parejas, preparad tres diálogos para las siguientes situaciones, después practicadlo con vuestro compañero.
짝과 함께 다음 상황을 위해 세 개의 대화를 만든 후 연습해 보세요.

- No funciona la calefacción en la habitación.
- Preferiríais una habitación más tranquila.
- Necesitáis un enchufe especial (adaptador) para vuestro cargador de móvil.

Hablar 말하기

5 Por parejas, el estudiante A le pide al estudiante B tres cosas de la siguiente lista. El estudiante B contesta afirmativa o negativamente.
짝을 지어 A학생이 B학생에게 다음 목록 중 세 가지를 부탁해 보세요. B학생은 긍정이나 부정으로 대답해 보세요.

pasar la sal • prestar su coche
hacer la cena • sacar al perro a pasear
prestar un libro • hablar más bajo

Pronunciación y ortografía 발음과 철자

Diptongos, triptongos e hiatos
이중모음, 삼중모음, 모음분립

- Dos o tres vocales juntas forman diptongo o triptongo, de forma que se pronuncian en una sola sílaba.
  둘이나 세 개의 모음이 함께 이중모음이나 삼중모음을 만듭니다. 그래서 한 음절로 발음됩니다.
  vacaciones (va-ca-*cio*-nes)   *viaje* (*via*-je)
  familia (fa-mi-*lia*)   *buey* (*buey*)
  continuáis (con-ti-*nuáis*)

- No se considera diptongo la unión de dos vocales abiertas. 연결된 2개의 개모음은 이중모음으로 간주하지 않습니다.
  aéreo (a-é-re-o)   *leo* (le-o)

- Cuando el acento recae en la vocal cerrada, se rompe el diptongo y se produce un hiato.
  강세가 폐모음에 올 경우, 이중모음은 깨지고 모음 분립이 발생합니다.
  María (Ma-*rí*-a)   *río* (*rí*-o)
  país (pa-*ís*)   *Raúl* (Ra-*úl*)

1 🎧 (054) **Escucha y repite.** 듣고 따라해 보세요.

diez / Díez   secretaria / secretaría
sería / seria   hacia / hacía   río / rio
guío / guio   sabia / sabía   estudio / estudió
cantara / cantaría

2 🎧 (055) **Escucha y escribe las tildes necesarias.**
듣고 필요한 강세부호를 첨가해 보세요.

1 Angel se rio mucho de los chistes de Rosa.
2 Mañana no vendra la secretaria.
3 Roberto estudio en Valencia.
4 El rio Ebro pasa por Zaragoza.
5 Luisa se cree muy sabia.
6 Moises guio a su pueblo por el desierto.
7 Ayer no sali porque hacia frio.
8 Le pidieron que cantara otra canción.
9 Yo no estudio mucho, no me gusta.
10 Yo creo que ella no sabia nada.

10c Historias de viajes

- *Contar anécdotas*
- *Tiempo atmosférico*

Leer 읽기

1 🎧 056 Lee y numera los párrafos del 1 al 8. Después escucha y comprueba.

읽은 후 문단을 1에서 8까지 정렬해 보세요. 이후에는 듣고 확인해 보세요.

JÚZGUELO USTED MISMO

a ○ Después de escuchar a las dos partes del conflicto, el juez dijo que parecía que estaban hablando de dos hoteles diferentes.

b ○ Pero, cuando regresaron, lo primero que hicieron fue ir a su agencia de viajes para quejarse.

c ○ Sin embargo, los responsables del hotel negaron todas las críticas, y en la agencia de viajes les dijeron que fueran a juicio si lo deseaban.

d ○ En el juicio los responsables del hotel llevaron a varios testigos que dijeron que habían disfrutado mucho durante su estancia en el hotel y pidieron al juez que viera un vídeo para demostrar lo agradable que era.

e ○ También se quejaron del mal servicio, dijeron que la bañera estaba en muy malas condiciones y que había un olor horrible en el baño. Aseguraron que se parecía más a una cárcel que a un hotel, y pidieron 6000 € de compensación.

f ○ Al final, el juez decidió que era imposible decir quién estaba diciendo la verdad; así que solo se podía hacer una cosa: ir a ver el hotel por sí mismo.

g ○ Los señores Blanco iban entusiasmados a pasar sus vacaciones en un hotel de tres estrellas en la playa.

h ○ Sus vacaciones habían sido una pesadilla. Dijeron que su estancia había resultado desastrosa porque el hotel estaba muy sucio, con cucarachas en los dormitorios y en el restaurante.

2 Lee la historia otra vez y completa las frases con la forma correcta del verbo.

이야기를 다시 읽고 동사를 적절히 활용하여 문장을 완성해 보세요.

1. <u>Fueron</u> (Ir) a su agencia de viajes nada más regresar.
2. Los testigos aseguraron que _____ (disfrutar) mucho en el hotel.
3. Las instalaciones de la habitación _____ (estar) en muy malas condiciones.
4. Los testigos querían que el juez _____ (ver) un vídeo del hotel.
5. Los señores Blanco _____ (quejarse) del mal servicio del hotel.
6. Les aconsejaron que _____ (ir) a juicio.

Escuchar 듣기

3 🎧 057 Escucha a Paloma contando sus experiencias en su viaje a Nueva York y ordena los dibujos según la historia.

팔로마가 뉴욕 여행에서의 경험담을 들려줍니다. 이야기에 맞춰 삽화를 정렬해 보세요.

110 ciento diez

4 🎧 057 Escucha de nuevo la historia de Paloma y completa estas frases.
팔로마의 이야기를 다시 듣고 이 문장들을 완성해 보세요.

1. Me di cuenta de que _____ mi tarjeta de embarque.
2. Oí mi nombre pidiendo que _____ en el mostrador de Iberia.
3. Me dijeron que una niña la _____ junto a la puerta del servicio.
4. El policía me pidió que _____.
5. El señor me dijo que _____ mi maleta por error.

Hablar 말하기

5. En parejas, utiliza las frases del ejercicio 4 y los dibujos para volver a contar la historia.
짝을 지은 후 이야기를 다시 들려주기 위해 4번 연습 문제의 문장들과 삽화들을 이용해 보세요.

6. En grupos de tres. Habla con tus compañeros sobre las anécdotas que te han ocurrido en alguno de tus viajes. Contestad entre otras a las siguientes preguntas.
세 명이 그룹 지어 여행에서 있었던 일화에 대해 친구들과 이야기해 보세요. 다른 것 보다도 다음 질문에 대답해 보세요.

- ¿Alguna vez te has puesto enfermo en un viaje?
- ¿Te han robado?
- ¿Has perdido alguna maleta?
- ¿Ha salido tu vuelo con retraso?
- ¿Te has dejado algo en un hotel?

Escribir 쓰기

7. Escribe una historia que te ocurriera en algún viaje que no salió del todo bien. Léesela al resto de la clase.
전부 좋지만은 않았던 여행에서 생겼던 일에 대해 써 보세요. 그리고 나서 친구들에게 읽어 주세요.

Vocabulario 어휘

8. Observa el mapa. ¿qué tiempo está haciendo en Galicia? 지도를 보세요. 갈리시아는 날씨가 어떤가요?

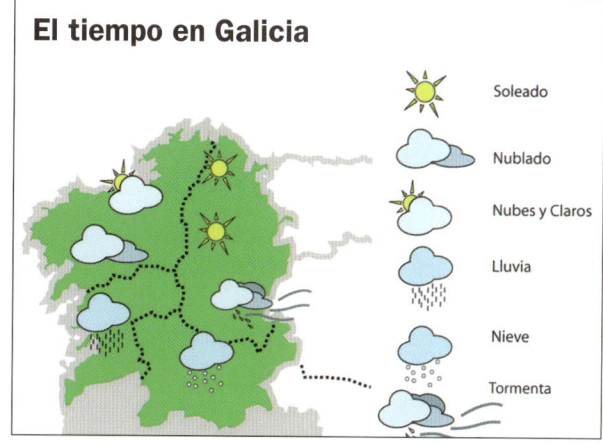

El tiempo en Galicia
- Soleado
- Nublado
- Nubes y Claros
- Lluvia
- Nieve
- Tormenta

9. 🎧 058 Completa el siguiente texto con las palabras del recuadro. Después escucha y comprueba.
박스의 낱말로 다음 글을 완성해 보세요. 이후에는 듣고 확인해 보세요.

> nubes • lloviendo • frío • sol • niebla
> paraguas • nubló • viento

Viaje a Galicia

Mi primera experiencia de lo que es un verano lluvioso la tuve el pasado mes de julio cuando decidí ir de fin de semana con mi novio a Galicia.

Nosotros vivimos en Sevilla, donde casi no llueve y el (1) _____ brilla todo el año. Nada más bajar del coche tuvimos que sacar el (2) _____, porque empezó a llover. El resto de la gente caminaba por la calle tranquilamente, mientras nosotros buscábamos refugio en el hotel. Al día siguiente, cuando íbamos a salir hacia nuestra primera excursión, tuvimos que cambiar de planes, porque estaba (3) _____ a cántaros. A mediodía se retiraron las (4) _____ y apareció el sol. Muy contentos, nos preparamos para bajar a la playa. A la media hora de estar sentados al sol (el agua estaba bastante fría y era imposible bañarse), el cielo se (5) _____, empezó a lloviznar y tuvimos que volvernos al hotel. Al día siguiente nos dirigimos al cabo de Finisterre, para ver sus bonitas vistas. Nos tuvimos que llevar la chaqueta porque hacía bastante (6) _____ y allí soplaba un (7) _____ muy fuerte. Pero lo peor fue que, al llegar al mirador, no se veía absolutamente nada porque había una (8) _____ muy espesa. Eso sí, comimos el plato de pulpo más rico que habíamos probado en nuestra vida.

10D COMUNICACIÓN Y CULTURA 의사소통과 문화

Hablar y escuchar 말하기와 듣기

Expresión de la probabilidad 가능성에 대한 표현

1. 🎧 059 Sara quiere conocer las islas Canarias y pide información en una agencia de viajes. Escucha el diálogo.

   사라가 카나리아스 제도를 가 보고 싶어서 여행사에 정보를 부탁합니다. 대화를 들어 보세요.

   Sara: ¡Hola, buenos días! Quería visitar las islas Canarias. ¿Sería tan amable de informarme?
   Agente: Sí, ¿cómo no? ¿Cuándo le gustaría viajar?
   Sara: Probablemente vaya en el mes de julio, que hace buen tiempo.
   Agente: Bueno, ya sabe usted que en las islas Canarias hace buen tiempo en todas las estaciones del año. ¿Qué islas le gustaría conocer?
   Sara: Quiero ir a Lanzarote y me gustaría conocer Fuerteventura, pero quizás sea un poco caro, ¿no?
   Agente: Todo depende del tipo de alojamiento que elija.
   Sara: ¿Sería posible un hotel de tres estrellas cerca de la playa?
   Agente: Sí, tenemos varios hoteles de esas características. ¿Cuántos días quiere estar allí?
   Sara: Quisiera estar diez días. ¿Cuánto me costaría?
   Agente: Si se aloja siete días en Lanzarote y tres días en Fuerteventura, el precio aproximado sería de 1200 €.
   Sara: ¿Este precio incluye la comida?
   Agente: No, solo el viaje, alojamiento y desayuno.
   Sara: Seguramente iré, pero tengo que pensármelo. Volveré la semana que viene. Muchas gracias por la información.

Comunicación 의사소통
- Probablemente vaya en …
- Quizás sea un poco caro…
- ¿Sería posible…?
- Seguramente iré, pero….
- Sí, ¿cómo no?
- Todo depende

2. Lee el diálogo y completa con las palabras del recuadro.
   대화를 읽고 박스의 낱말로 완성해 보세요.

   > haga • paraguas • semana
   > seguramente • vayamos

   - ¿Sabes qué tal tiempo va a hacer la (1) _____ que viene?
   - No estoy seguro, pero probablemente (2) _____ calor. Estamos en agosto.
   - Ya. Lo digo porque quizás (3) _____ a Galicia y allí, ya sabes… (4) _____ tengamos que llevar el (5) _____.

3. Pregunta y responde a tu compañero como en el ejemplo. Utiliza las ideas del recuadro.
   보기와 같이 짝에게 묻고 대답해 보세요. 박스의 아이디어를 이용해 보세요.

   - *Todos los veranos vamos a Alicante, pero quizás este año cambiemos de planes. ¿Podrías recomendarme alguna zona interesante para conocer?*
   - *Claro que sí. El año pasado estuvimos en Tenerife y nos gustó mucho. Probablemente volvamos este verano otra vez.*

   > - sábados / ir al cine / obra teatro.
   > - vacaciones / leer novelas policíacas / novela de aventuras.
   > - fines de semana / montar en bicicleta / jugar un partido de fútbol.
   > - noches / cenar verduras / menú diferente.

4. Practica un nuevo diálogo con tu compañero, como en el ejercicio 1. Puedes utilizar alguna de las ideas del ejercicio anterior.
   1번 연습 문제와 같이 짝과 새로운 대화를 연습해 보세요. 이전 연습 문제의 아이디어 일부를 이용할 수 있습니다.

5. 🎧 060 Escucha la conversación entre Enrique y Elena y contesta a las preguntas.
   엔리케와 엘레나의 대화를 듣고 질문에 대답해 보세요.

   1. ¿Con quién quiere viajar Enrique este fin de semana?
   2. ¿A qué zona de España quieren ir?
   3. ¿Qué les puede hacer cambiar de idea?
   4. ¿Para qué le pide Enrique a Elena que le recomiende un página de internet?
   5. ¿Por qué quiere Elena ir a Salamanca?

Leer 읽기

Guatemala 과테말라

1 Lee el siguiente texto y marca si las afirmaciones son verdaderas o falsas.
다음 글을 읽고 설명들이 참(V)인지 거짓(F)인지 표시해 보세요.

¿QUIERES VIAJAR A...?
Guatemala
Antes de iniciar tu viaje es imprescindible que sepas

CLIMA: La temperatura media anual es de 20 ºC. En la costa puede llegar hasta los 37 ºC, mientras que en las zonas montañosas más altas pueden llegar a temperaturas bajo cero. Por lo general, las noches son bastante frescas en cualquier época del año.

INDUMENTARIA: La indumentaria aconsejable es ropa ligera, de tejidos naturales, durante todo el año. Un jersey o alguna prenda de abrigo te serán útiles para las noches y para cuando entres en locales con aire acondicionado.

GASTRONOMÍA: Los restaurantes de la capital (Guatemala) ofrecen una amplia variedad de platos de cocinas tan diversas como la china, francesa, italiana o estadounidense, a precios muy asequibles. La comida nativa ofrece especialidades a base de mariscos, carne de pollo, de ternera o de cerdo, acompañados de arroz, frijoles fritos, tortillas de maíz, café y frutas tropicales.

GUATEMALA CIUDAD: La capital del país no solo muestra la arquitectura colonial, sino que también es moderna y cosmopolita, y en ella se mezclan las tradiciones y la moderna vida de sus habitantes. Sus museos ofrecen una amplia muestra de la historia y de la cultura nacional.

LOS MAYAS: El viajero que llegue a este país no tardará en descubrir que los mayas tuvieron el centro de su imperio en lo que es la actual Guatemala. Pero del esplendor del Imperio maya no solo quedan sus ruinas; más de la mitad de la población actual guatemalteca se puede considerar descendiente de esta antigua civilización.

1 En Guatemala las noches son muy calurosas. ☐
2 En la alta montaña hiela. ☐
3 Si vas a Guatemala, no necesitas llevar ropa de abrigo. ☐
4 En la capital podemos comer en un restaurante chino. ☐
5 La comida guatemalteca se suele servir con arroz, frijoles y maíz. ☐
6 En la capital podemos encontrar edificios que recuerdan su época como colonia española. ☐
7 En Guatemala ciudad es difícil encontrar edificios modernos. ☐
8 La huella de los mayas no es muy visible en este país. ☐
9 Quedan una gran cantidad de ruinas de la época del Imperio maya. ☐
10 La mayoría de los habitantes de Guatemala tienen ascendencia europea. ☐

Escribir 쓰기

Una tarjeta postal 엽서

1 Lee la siguiente tarjeta y contesta a las preguntas.
다음 엽서를 읽고 질문에 대답해 보세요.

Querido Jorge:

Estamos de vacaciones en Galicia. Hoy hemos estado en la ciudad de La Coruña. Hemos recorrido su paseo marítimo de más de diez kilómetros que bordea la ciudad, con unas vistas preciosas sobre el océano Atlántico. Luego hemos visitado la Torre de Hércules, el faro romano más antiguo del mundo en funcionamiento.
Lo estamos pasando muy bien y además... ¡no llueve y hace sol!
Muchos besos.

Laura y Sara

Jorge Gutiérrez
C/ Ibiza, 56; 3º E
28010 - MADRID - España

1 ¿Quién envía la tarjeta?
2 ¿Desde qué ciudad la envía?
3 ¿A quién va dirigida?
4 ¿Cuáles son los principales atractivos turísticos de La Coruña?
5 ¿Qué tiempo hace?

2 Relaciona cada palabra con su abreviatura.
낱말과 약자를 알맞게 연결해 보세요.

1 calle   a p.º
2 plaza   b dcha.
3 paseo   c avda.
4 avenida   d c/
5 izquierda   e izda.
6 derecha   f pza.

3 Ordena los siguientes datos para escribir las direcciones correctas. Escribe las abreviaturas y las mayúsculas donde sea necesario. Fíjate en la postal de la actividad 1.
올바른 주소를 쓰기 위해 다음 자료를 정렬해 보세요. 필요한 곳에 약자와 대문자를 쓰세요. 1번 연습 문제의 엽서를 잘 보세요.

1 príncipe / barcelona / 30029 / españa / 2.º D / 90 / calle
2 madrid / 4.º E / plaza / 28045 / peñuelas / 5
3 de la paz / toledo / avenida / 12005 / 128 / 3.º izquierda
4 paseo / valencia / imperial / 16 / 35004 / 5.º dcha.

Comunicación 의사소통

Para hablar del tiempo 날씨에 대해 이야기할 때
- hace mucho frío / calor / viento / sol
- llueve sin parar / a cántaros
- está nublado / está nevando

Para hablar del paisaje 풍경에 대해 이야기할 때
- esto es precioso / impresionante / muy bonito

Para hablar de la gente 사람들에 대해 이야기할 때
- la gente es amable / antipática / acogedora

Para despedirte 작별인사할 때
- Saludos / Recuerdos / Un abrazo / Besos /
- ¡Hasta pronto!

4 Escribe el texto de dos postales.
엽서 두 장의 내용을 작성해 보세요.

a. Piensa en una ciudad de tu país, en la que estás de vacaciones. Escribe una postal a un amigo y cuéntale qué estás viendo, qué tal lo estás pasando, qué tal tiempo hace...

b. Estás pasando unos días en la montaña, hace muy mal tiempo y el hotel no es muy bueno. Escribe una tarjeta a tus padres.

114 ciento catorce

9/10 AUTOEVALUACIÓN 자기 평가

1 Los siguientes titulares de periódico han sido separados de sus noticias. Relaciona cada titular con su texto.
다음 신문 제목이 뉴스에서 분리됐습니다. 각 제목과 글을 연결해 보세요.

1 ___ La fiesta de la bicicleta en Madrid.

2 ___ Cinco millones de personas se enfrentan al hambre en África.

3 ___ El juez encarcela a los detenidos por agresiones a dos policías.

4 ___ El atasco de la A-3.

5 ___ El tifón amaina y el partido se podrá disputar sin problemas.

- [ ] a La sequía del año pasado y las consecuencias de una grave plaga de langostas enfrentan a Níger, Malí, Burkina Faso y Mauritania a una de las mayores emergencias alimentarias de los últimos años.
- [ ] b El encuentro entre el Júbilo Iwata y el Real Madrid no corre peligro. A pesar de las malas condiciones meteorológicas, todo hace indicar que este se celebrará.
- [ ] c La circulación por el centro de la capital quedará cortada mañana por la mañana debido al popular acontecimiento deportivo.
- [ ] d Se abrió un carril adicional, se recomendaron itinerarios alternativos, se restringió la circulación de camiones y hubo escalonamiento; así y todo, ha habido retenciones.
- [ ] e Los tres jóvenes arrestados el sábado en Málaga tras los enfrentamientos con las fuerzas del orden público ingresaron ayer en prisión.

2 Busca palabras en los textos anteriores relacionadas con las siguientes definiciones.
앞의 글에서 다음 정의와 관련된 낱말을 찾아 보세요.

1 Tráfico de vehículos: _____
2 Periodo de escasez de lluvia de larga duración: _____
3 Huracán del mar de la China: _____
4 Embotellamiento, congestión de vehículos en la carretera: _____
5 Cárcel: _____

3 Transforma las siguientes frases de estilo directo a estilo indirecto.
직접화법의 다음 문장들을 간접화법으로 바꿔 보세요.

1 El doctor me dice: "Haga mas ejercicio".
El doctor me dice que _____

2 Antonio siempre me dice: "No me esperes a comer".
_____

3 Mis amigos me dicen: "Ven a vernos los fines de semana".
_____

4 Todos los días le digo a mi marido: "Espérame a la salida de la oficina".
_____

5 En la Administración siempre te dicen: "Vuelva usted mañana".
_____

4 Transforma a estilo indirecto los consejos que la profesora da a su alumno.
교사가 학생에게 하는 충고들을 간접화법으로 바꿔 보세요.

- Mira, Raúl, atiende en clase, haz los deberes, pregunta si tienes dudas, no molestes a tus compañeros y estudia para los exámenes.
- *Raúl, ¿qué te ha dicho la profesora?*
- *Un montón de cosas: que atienda en clase....*

5 Transforma las siguientes frases de estilo indirecto a estilo directo.
간접화법의 다음 문장들을 직접화법으로 바꿔 보세요.

1 Me pidió que me fuera con él.
_____

2 Me ha dicho que vaya mañana.
_____

3 Me dijo que lo leyera en voz alta.
_____

4 Me dice siempre que no haga ruido.
_____

5 Nos pidieron que fuésemos puntuales.
_____

6 Nos dijo que terminásemos pronto.
_____

7 Me pidió que hiciera la cena.
_____

8 Les dijo a los niños que se lavasen las manos.
_____

ciento quince **115**

9/10 AUTOEVALUACIÓN 자기 평가

6 Subraya el verbo adecuado. 알맞은 동사에 밑줄을 그어 보세요.

1. Espero que <u>seas</u> / eres muy feliz.
2. No quiero que sales / salgas de casa tan tarde.
3. Necesito que me decir / digas el número de teléfono de Marta.
4. Mis padres quieren que estudie / estudio Medicina.
5. Rosa no quiere salir / salga esta tarde.
6. A nosotros nos gustaría comprarnos / que compráramos un piso, pero están muy caros.
7. Aunque no he estudiado nada, espero tener / que tengas suerte en el examen de matemáticas.
8. Me gustaría que ellos vinieran / venir más a mi casa.
9. ¿Necesitas que te ayude / ayudar?
10. ¿Quieres que te acompañe / acompañarte?
11. ¿Esperas que Miguel viene / venga a la boda?
12. Me gustaría tener / que tuviera más vacaciones, estoy muy cansada.

7 Escribe la palabra correspondiente para cada uno de los símbolos del hotel.
호텔의 각 기호에 해당하는 낱말을 써 보세요.

1 _____ 2 _____ 3 _____
4 _____ 5 _____ 6 _____
7 _____ 8 _____ 9 _____

8 Completa el siguiente correo con el tiempo correspondiente de los verbos entre paréntesis.
괄호 안의 동사를 알맞은 시제로 활용하여 다음 전자 우편을 완성해 보세요.

> Mensaje nuevo
>
> Querido Carlos:
> Ayer (1)_____ (llegar, yo) de Caracas y aún no me he recuperado de lo mal que lo (2)_____ (pasar, yo).
> Despegamos dos horas tarde a causa del mal tiempo y luego, mientras (3)_____ (cruzar) el océano, (4)_____ (empezar) a soplar un viento muy fuerte. El capitán nos dijo que (5)_____ (abrocharse, nosotros) los cinturones. Todos (6)_____ (asustarse, nosotros) muchísimo, y durante más de media hora (7)_____ (atravesar) una terrible tormenta. Aún estaba lloviendo y (8)_____ (hacer) mucho viento cuando llegamos a Caracas. No sabes qué feliz me sentí cuando la azafata nos anunció que el avión ya (9)_____ (aterrizar) y nos pidió que (10)_____ (quitarse, nosotros) el cinturón de seguridad. Por fin podíamos respirar tranquilos. Afortunadamente, el tiempo ha mejorado desde entonces y espero que el viaje de vuelta sea mejor.
> Un abrazo, Elena

9 Escribe un párrafo sobre qué desean los habitantes de tu país de sus autoridades.
본국의 국민이 행정 기관에 원하는 것이 무엇인지에 대해 한 문단의 글을 작성해 보세요.

Los habitantes de mi país esperan que los gobernantes piensen más en los problemas que tenemos...

En primer lugar... queremos / deseamos que...

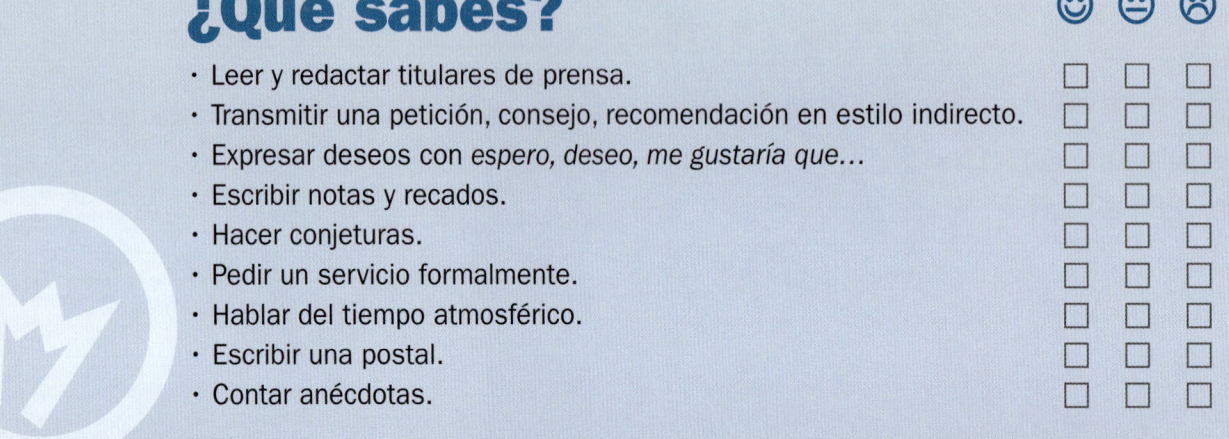

¿Qué sabes?

- Leer y redactar titulares de prensa.
- Transmitir una petición, consejo, recomendación en estilo indirecto.
- Expresar deseos con *espero, deseo, me gustaría que...*
- Escribir notas y recados.
- Hacer conjeturas.
- Pedir un servicio formalmente.
- Hablar del tiempo atmosférico.
- Escribir una postal.
- Contar anécdotas.

Tiempo de compras 쇼핑 시간

- Comprar ropa 옷 사기
- Expresar cantidades indefinidas 부정확한 양 표현하기
- Hablar de economía 경제에 대해 이야기하기
- Escribir un carta de reclamación 항의 편지 작성하기
- **Cultura:** Las líneas de Nazca 문화: 나스카의 지상화

061-064

11A En el mercadillo
시장에서

- *La ropa*
- *Pronombres personales*

1 camisa	5 pantalones	9 zapatos
2 traje	6 jersey	10 chándal
3 corbata	7 camiseta	11 zapatillas de deporte
4 sombrero	8 botas	12 calcetines

1 chaqueta	7 pendientes	13 gorro
2 bolsillos	8 pañuelo (de cuello)	14 abrigo
3 botones	9 cinturón	15 guantes
4 falda	10 medias	16 sombrero
5 blusa	11 zapatos (de tacón)	
6 bufanda	12 bolso	

Vocabulario 어휘

1 Comenta con tus compañeros. 짝과 이야기해 보세요.

- ¿Te gusta ir de compras?
- ¿Dónde sueles comprar la ropa: en centros comerciales, en las tiendas de tu barrio, en las del centro...?
- ¿Te gusta comprar en los mercadillos?

Comunicación 의사소통

Para hablar de ropa y complementos
옷과 장신구에 대해 이야기하기 위해

- **Algunas prendas de ropa tienen un nombre en plural.** 어떤 의복은 복수형의 명사를 사용합니다.
  Unos pantalones, unas gafas, unos calcetines, unas medias, unas botas, unos pendientes...
  *Estas **gafas** no me quedan bien, voy a probarme aquellas.*

- **También puede decirse.** 또한 다음과 같이 말할 수도 있습니다.
  Un par de zapatos, un par de medias.
  *Ayer Juanjo se compró **tres pares** de calcetines.*

2 Completa las frases con el vocabulario adecuado. Hay más de una opción.
알맞은 말로 문장을 완성해 보세요. 1개 이상의 정답이 있습니다.

1 María decidió ponerse una <u>falda</u> y una _____ en vez de un vestido.

2 Jesús se probó un _____; la chaqueta le estaba bien, pero los _____ le estaban cortos.

3 Me he comprado unos _____ de piel, pero me hacen daño en un dedo.

4 Para que no se me queden las manos heladas me he comprado unos _____.

5 Como hacía mucho calor en la oficina, me quité la _____.

6 Clara, hoy tienes Educación Física, tienes que ponerte el _____, no los vaqueros.

7 Este invierno están de moda las _____. Yo me he comprado unas altas, hasta la rodilla.

8 En mi oficina, los viernes no es obligatorio llevar _____, podemos llevar una camisa deportiva, sin _____.

9 A mi marido le gustan las chaquetas con muchos _____ para guardar las llaves, el móvil...

10 Por favor, ¿cuánto cuestan esas _____ de licra?

Gramática 문법

PRONOMBRES DE OBJETO DIRECTO E INDIRECTO
직접목적대명사, 간접목적대명사

Pronombres de objeto directo 직접목적대명사

	singular 단수	plural 복수
1.ª persona: 1인칭	me	nos
2.ª persona: 2인칭	te	os
3.ª persona: 3인칭	lo (le) / la	los (les) / las

- En 3.ª persona el uso de los pronombres *le / les* está aceptado para personas masculinas.
  3인칭 직접목적대명사 le/les의 사용은 남성에게 국한됩니다.
  - ¿Dónde están tus hermanos? **Los / Les** hemos estado esperando toda la tarde.

Pronombres de objeto indirecto 간접목적대명사

	singular 단수	plural 복수
1.ª persona: 1인칭	me	nos
2.ª persona: 2인칭	te	os
3.ª persona: 3인칭	le (se)	les (se)

- ¿**Les** has comprado unas camisetas a los niños?
- No, todavía no **se** las he comprado, no he podido, **se** las compraré mañana.

- Cuando es necesario utilizar los dos pronombres (directo e indirecto), el indirecto va en primer lugar.
  직접과 간접 두 개의 목적대명사를 사용해야 할 때, 간접목적대명사가 앞자리에 위치합니다.
  - ¡Qué jarrón tan bonito! ¿**Me lo** puede enseñar?

- Cuando al pronombre *le* (objeto indirecto) le sigue un pronombre de objeto directo de 3.ª persona (*lo, la; los, las*), el objeto indirecto se convierte en *se*.
  간접목적대명사 le를 3인칭 직접목적대명사(lo, la, los, las)가 뒤따를 경우, 간접목적대명사는 se로 바뀝니다.
  - Aquí tiene las zapatillas, señora. Pruébe**selas**, si quiere.

- Los pronombres de objeto directo e indirecto van siempre delante del verbo, excepto cuando el verbo va en imperativo, infinitivo o gerundio.
  직접과 간접 두 목적대명사는 동사가 명령형, 동사원형, 현재분사일 경우를 제외하고는 항상 동사 앞에 사용합니다.
- ¡Qué jarrón tan bonito! ¿**Lo** puedo ver?
- Sí, señora. Cójalo.

3 Sustituye los nombres subrayados por los pronombres correspondientes.
밑줄 친 명사들을 알맞은 대명사로 바꿔 보세요.

1. ¿Dónde has comprado ese jarrón?
   ¿Dónde lo has comprado?
2. ¿Quién te ha regalado ese libro?
3. Lleva las llaves a Ángel.
4. He dado el recado a Pedro.
5. ¿Me has traído los pantalones?
6. He perdido el paraguas.
7. Le compraron todos sus cuadros.
8. Acércame la jarra, por favor.
9. Virginia ha invitado a sus amigos a su cumpleaños.
10. Llamé a Alejandro ayer por la tarde.
11. Lee las cartas a tus padres.
12. Compré a mis hijos un ordenador.
13. ¿Has leído a los niños los cuentos?

Escuchar 듣기

4 🎧 061 Vas a escuchar tres conversaciones en un mercadillo. Completa las frases con las palabras y expresiones del recuadro. Luego, escucha y comprueba.
시장에서의 대화 세 개를 듣게 될 겁니다. 박스의 낱말과 표현으로 문장을 완성해 보세요. 이후에는 듣고 확인해 보세요.

> le queden • nos lo llevamos • talla • probador
> un par • barato • se las dejo • Tiene usted • caro

A 1 Es un poco _____. Nos lo dejará usted un poco más _____.
2 Vale, _____. ¿Nos lo podría envolver para regalo?

B 1 ¿_____ esas zapatillas de color naranja en el número 38?
2 Aquí tenemos _____. Pruébeselas si quiere.
3 Si se lleva las dos cosas, _____ en 50 €.

C 1 Venía a ver si tiene una _____ más.
2 Pase por aquí, que tenemos un _____.
3 Lo que hace falta es que _____ bien.

11B ¡Me encanta ir de compras!
쇼핑가는 것이 너무 좋아!

■ *Expresar cantidades indefinidas*

Vocabulario 어휘

1 **Comenta con tus compañeros.** 친구들과 이야기해 보세요.

- ¿Está el ir de compras entre tus actividades favoritas?
- ¿Te gusta ir de compras solo o acompañado?
- ¿Cuánto tiempo utilizas al mes para ir de compras?
- ¿Con qué frecuencia vas de compras?
- ¿Te gusta ir de rebajas?

2 Lee el siguiente texto y contesta a las preguntas.
다음 글을 읽고 질문에 대답해 보세요.

¿Te apetece ir de compras?

Para algunas personas el ir de compras es un placer, mientras que para otras se convierte en un auténtico suplicio. ¿Se encuentra usted entre alguna de ellas? Cuatro ciudadanos nos han contestado a esta pregunta.

Natalia, 19 años, soltera.
Natalia vive con su madre en Barcelona y confiesa que le encanta la moda. Todas las semanas se da un paseo por sus tiendas preferidas y reconoce gastarse bastante dinero en ropa. Se define como una compradora compulsiva. "Veo las revistas de moda pero no las sigo al pie de la letra. Entre los amigos no hablamos mucho de moda. Yo creo que a mí me gusta más que a la mayoría".

Ana, 39 años, casada.
"Me gusta mucho ir de compras, pero depende de con quién vaya. Cada vez que lo intento con mis hijos es una auténtica pesadilla. Tampoco me gusta ir de compras con mi marido, porque siempre tiene prisa y todo le parece un poco caro. Prefiero ir con mis amigas o sola".

Juan, 31 años, casado.
Juan trabaja como agente de seguros en Bilbao y es un comprador de comportamiento racional. "Trabajo de comercial, y la imagen es muy importante". A la hora de comprar, Juan no compra mucho, solo lo que necesita. Aprovecha las rebajas para comprar y no le importa buscar hasta que encuentra lo que quiere. "Si necesito unos vaqueros, puedo recorrer cinco tiendas hasta dar con lo que quiero".

Alberto, 56 años, casado.
"La verdad es que no me gusta demasiado ir de tiendas. Suelo hacer una compra en primavera y otra en otoño". Alberto prefiere ir a establecimientos donde le conozcan. Se deja aconsejar por su mujer y rara vez va a comprar solo. Las marcas, asegura, no le interesan mucho y se fija sobre todo en la calidad.

1 ¿Con qué frecuencia suele ir Natalia de compras?
2 ¿Cuánto se gasta en ropa?
3 ¿Qué tipo de compradora se considera a sí misma? ¿Por qué?
4 Como comprador, ¿cómo se define Juan a sí mismo? ¿Por qué?
5 ¿Cuándo suele ir de compras Juan?
6 ¿Es un comprador paciente? ¿Por qué?
7 ¿Con quién no le gusta a Ana ir de compras?
8 ¿Le gusta a Alberto ir de compras?
9 ¿En qué época del año suele comprar Alberto?
10 ¿Qué busca Alberto en la ropa que compra?

Gramática 문법

INDEFINIDOS 부정어

Poco / un poco 거의 없는 / 조금

- **Poco, poca, pocos, pocas + nombre.**
  Poco, poca, pocos, pocas + 명사
  Tengo **poco dinero** para ir de compras. Mejor lo dejamos para más adelante.

- **Un poco de + nombre.** Un poco de + 명사
  He ahorrado **un poco de dinero** y me quiero comprar un coche.

- **Poco + adjetivo.** Poco + 형용사
  Clara es **poco aficionada** a ir de compras. Prefiere gastarse el dinero en otras cosas.

- **Un poco + adjetivo.** Un poco + 형용사
  Todo le parece **un poco caro**. No me deja comprar nada.

Mucho 많은

- **Mucho / -a / -os / -as + nombre.**
  Mucho / -a / -os / -as + 명사
  A **mucha gente** no le gusta ir de compras.

- **Mucho (adverbio).** Mucho (부사)
  A mí no me gusta **mucho**.

Bastante / demasiado 충분한 / 지나친, 과도한

- **Bastante / demasiado + adjetivo.**
  Bastante / demasiado + 형용사
  Estas rebajas son **bastante buenas**.
  Esa tienda es **demasiado cara**.

- **Bastante, -s / demasiado, -a, -os, -as + nombre.**
  Bastante, -s / demasiado, -a, -os, -as + 명사
  Me compro **bastantes libros**.
  Hay **demasiados clientes** en esta tienda.

3 Elige el indefinido correcto. 알맞은 부정어를 골라 보세요.

1. He comprado <u>bastante</u> / bastantes ropa.
2. Tengo pocos / un poco pantalones.
3. Creo que son demasiado / demasiados caros.
4. No tengo mucho / muchos dinero.
5. Te voy a preparar una mermelada muy rica. He traído un poco de / poco fruta de mi pueblo.
6. Casi gano la carrera, pero los otros corredores corrían muchos / mucho más.
7. Los exámenes han sido demasiados / demasiado difíciles.
8. Hay mucha / muchas gente en este establecimiento.
9. Cierra la ventana. Hace un poco de / poca corriente.

4 Completa las frases con un elemento de cada columna. 각 칸에 있는 낱말로 문장을 완성해 보세요.

A	B
bastante	huevos
bastantes	dinero
demasiado	horas
demasiada	agua
demasiados	responsabilidad
demasiadas	tiempo
	ropa
	estudiantes

1. Estoy contento, no he gastado <u>demasiado dinero</u> estas vacaciones.
2. Me duele la cabeza. He dormido _____.
3. No tengo _____, pero puedo esperar un rato.
4. ■ Dime si las plantas están bien regadas.
   ● Sí, tienen _____.
5. No puedo hacer la tortilla. No hay _____.
6. _____ en el trabajo es mala para la salud.
7. En mi clase hay _____, así no se aprende bien.
8. ¡Que te compre otros pantalones! Ni hablar tienes _____.

11c Un hombre emprendedor

진취적인 한 남자

- Hablar de economía
- Usos del artículo

Leer 읽기

1 Lee el texto y señala V o F. Corrige las que no sean V. 글을 읽고 참(V)이나 거짓(F)을 표시해 보세요. 참이 아닌 것은 알맞게 수정해 보세요.

AMANCIO ORTEGA
el millonario dueño de ZARA

Tienda Zara en Beijing

Amancio Ortega fundó, junto a su mujer, Rosalía Mera, el imperio Zara. Actualmente, según la revista FORBES, está entre los hombres más ricos del mundo.

La firma Zara nació en 1963 con la apertura de su primera fábrica, y en 1975 inauguró la primera tienda. Actualmente ocupa las principales áreas comerciales de las ciudades más importantes de los cinco continentes.

Amancio Ortega nació en Busdongo de Arbas (León), en 1936, y llegó a A Coruña cuando era un niño, junto con sus tres hermanos. Empezó a trabajar muy joven. A los 14 años entró como repartidor en una camisería, y poco después fue contratado en una mercería, donde ya estaban sus hermanos y la que fue su primera esposa. En esta tienda, además de adquirir conocimientos básicos sobre tejidos, tuvo las primeras ideas para su primer negocio: las *batas guateadas*[1]. A Ortega se le ocurrió fabricarlas con menos costes, distribuirlas y venderlas directamente. Esta idea fue el origen de Zara.

Con el aumento de la producción y ventas, en 1985 se crea el grupo Inditex, que incluye firmas como *Pull and Bear, Bershka, Oysho, Massimo Dutti* y *Stradivarius*. Los años 90 fueron cruciales en el ascenso de la empresa, que se expandió internacionalmente. A partir de 2000 Ortega ha diversificado sus inversiones y se ha introducido en el sector inmobiliario, el financiero, los concesionarios de automóviles o la gestión de fondos de inversión.

En el campo de la moda, destaca su concepto de moda "muy actual a poco precio". Zara tiene una asombrosa capacidad de dar respuesta a los cambios de los gustos de los consumidores. En pocas semanas es capaz de hacer llegar a sus tiendas en todo el mundo las nuevas tendencias de moda.

En enero de 2011 Amancio anunció a sus trabajadores a través de una carta que abandonaba la presidencia del grupo Inditex y nombraba como sucesor a Pablo Isla, aunque él sigue siendo propietario de la mayoría de las acciones.

En agosto de 2013 murió, a los 69 años de edad, Rosalía Mera, cofundadora de Zara, dejando como heredera a su hija, Sandra Ortega.

[1] *Bata guateada*: prenda de vestir que se usa para estar en casa.

1. Amancio Ortega es el fundador de Zara. V
2. Amancio Ortega nació en 1963. ☐
3. Zara vende su ropa en casi todo el mundo. ☐
4. Amancio Ortega tuvo su primer trabajo en una mercería. ☐
5. Conoció a su mujer en su trabajo. ☐
6. Inventó un tipo de vestimenta para la mujer. ☐
7. Uno de los aciertos de Zara es la distribución lenta del producto. ☐

Vocabulario 어휘

2 Relaciona las definiciones con las palabras.
어휘와 정의를 알맞게 연결해 보세요.

a	presidente	☐	1 f	empleado ☐
b	empresario	☐	g	fábrica ☐
c	mercería	☐	h	millonaria ☐
d	precio	☐	i	director ☐
e	distribuir	☐	j	consumidor ☐

1 Persona que tiene a su cargo una empresa.
2 Tienda donde se venden hilos y botones.
3 Persona que consume productos.
4 El propietario de una empresa.
5 Cantidad que se paga por algo.
6 Repartir en el destino conveniente.
7 Persona elegida formalmente para un puesto de trabajo.
8 Lugar donde se fabrica una cosa.
9 Persona que posee mucho dinero.
10 Quien dirige una empresa.

Pronunciación y ortografía 발음과 철자

Trabalenguas
트라바렝구아스 (어려운 발음을 연속으로 하는 일종의 놀이)

1 🎧 062 **Dicta estos trabalenguas a tu compañero. Después escucha la grabación y apréndelos de memoria.**
이 어려운 발음(트라바렝구아스)을 짝에게 말해주세요. 이후에는 녹음을 듣고 암기해 보세요.

1 Pablito clavó un clavito.
   ¿Qué clavito clavó Pablito?

2 Pancha plancha con cinco planchas.
   Con cinco planchas Pancha plancha.

3 Perejil comí
   perejil cené
   y de tanto perejil
   me emperejilé.

4 Tres tristes tigres
   comen trigo en un trigal.

Gramática 문법

USO DE LOS ARTÍCULOS 관사의 용법

Artículos determinados (*el, la, los, las*)
정관사 (*el, la, los, las*)

- Cuando hablamos de algo que conocemos.
  우리가 알고 있는 것에 대해 말할 때
  *Voy a **la** tienda de mi hermana.*

- Con el verbo *gustar* y con todos los verbos que llevan *le*. *gustar*동사를 포함한 간접목적대명사를 수반하는 모든 동사와 함께 쓸 때
  *Le gustan **los** juegos de ordenador.*

- Con nombres de partes del cuerpo, objetos personales o ropa, en lugar del posesivo.
  신체 부위명, 개인적인 용품과 옷은 소유사 대신 정관사를 사용합니다.
  *Me duele **la** (mi) cabeza.*
  *Clara, lávate **las** (tus) manos.*

- A veces se puede eliminar el sustantivo y dejar el artículo. 가끔은 명사를 생략하고 정관사만 사용할 수 있습니다.
- *¿Quién es **el** presidente?*
- ***El** (hombre) de la barba.*

Artículos indeterminados (*un, una, unos, unas*)
부정관사 (*un, una, unos, unas*)

- Cuando se habla de algo por primera vez.
  처음으로 어떤 대상에 대해 언급할 때
  *Me he comprado **un** vestido nuevo.*

- Para hablar de una cantidad aproximada.
  대략적인 수량에 대해 이야기할 때
  *Había **unas** mil personas.*

No se usa artículo 관사 생략

- Cuando se habla de una profesión, excepto si va con un adjetivo.
  형용사가 수식하는 경우를 제외한 직업명 앞에서는 관사를 생략합니다.
  *Mi vecino es escritor. Es **un** escritor muy famoso.*

- Tras las preposiciones *de, con, sin*:
  전치사 *de, con, sin* 뒤에서는 관사를 생략합니다.
  *Tengo dolor **de** estómago.*

3 Selecciona el artículo correcto (Ø es ausencia de artículo). 알맞은 관사를 골라 보세요 (Ø는 관사 생략).

1 Ayer fui de (la / una / Ø) visita a casa de (los / unos / Ø) compañeros que tú no conoces.
2 Fernando Alonso es (un / el / Ø) piloto de Fórmula 1. Es (un / el / Ø) piloto muy conocido en todo el mundo.
3 ¿Sabes que Ángel juega muy bien a (el / un / Ø) tenis?
4 A (unos / los / Ø) niños les gustan mucho (las / unas / Ø) golosinas.
5 Alrededor de (unas / las / Ø) diez mil personas acudieron a (el / un / Ø) partido del Real Madrid.

ciento veintitrés **123**

11D COMUNICACIÓN Y CULTURA 의사소통과 문화

Hablar y escuchar 말하기와 듣기

Cambiar algo en una tienda 상점에서 교환하기

1 🎧 063 **Escucha el diálogo.** 대화를 들어 보세요.

Dependienta: ¡Hola, buenos días! ¿Puedo ayudarla en algo?

Clienta: Sí, buenos días. Mire, mi hijo me regaló estos pendientes por el día de la Madre y me parecen demasiado largos. ¿Podría cambiarlos por otra cosa?

Dependienta: Sí, señora, por supuesto. Mire usted y busque algo que le guste y se los cambio sin ningún problema.

Clienta: Ya he estado mirando y me gustaría llevarme este pañuelo.

Dependienta: Muy bien. ¿Desea algo más?

Clienta: Sí, he visto una camisa blanca que me gusta, pero la prefiero de color rosa.

Dependienta: Sí, aquí la tiene.

Clienta: ¡Ah, sí! Esta me gusta más. ¿Me la puedo probar?

Dependienta: ¡Cómo no! El probador está al fondo a la izquierda.

...

Dependienta: ¿Cómo le queda?

Clienta: Bien, me gusta mucho cómo me queda. Me la llevo también. ¿Puedo pagar la diferencia con la tarjeta?

Dependienta: No hay ningún problema. Deme, por favor, el ticket de los pendientes y así le cobro la diferencia.

Clienta: Muchas gracias. Muy amable.

Comunicación 의사소통

- ¿Puedo ayudarla/le en algo?
- ¿Podría cambiarlos por otra cosa?
- Busque algo que le guste y se los cambio sin ningún problema.
- ¿Desea algo más?
- ¿Me la puedo probar?
- ¿Cómo le queda?
- Me queda muy bien.
- Me la llevo también.

2 Lee el diálogo y completa con las palabras del recuadro.

대화를 읽고 박스의 낱말로 완성해 보세요.

> algo • los • estos • me • lo

- (1) _____ han regalado este CD y ya (2) _____ tengo. ¿Puedo cambiarlo por otra cosa?
- Sí, por supuesto. Busque (3) _____ que le guste y se lo cambio sin ningún problema.
- Lo quiero cambiar por (4) _____ dos libros. ¿Me (5) _____ envuelve, por favor?

3 Pregunta y responde a tu compañero, como en el ejemplo. Utiliza las ideas del recuadro.

보기와 같이 짝에게 질문하고 대답해 보세요. 박스의 아이디어를 이용해 보세요.

- ■ *Me gusta mucho la chaqueta gris del escaparate. ¿Me la puedo probar? (...)*
- • *¿Qué tal le está? / ¿Cómo le queda?*
- ■ *Me queda muy bien pero es demasiado cara. Ya buscaré otra cosa.*

> Guantes / pequeños • Bolso / grande
> Zapatillas de deporte / incómodas
> Falda / estrecha • Cinturón / moderno

4 Practica un nuevo diálogo con tu compañero, como en el ejercicio 1. Puedes utilizar alguna de las ideas del ejercicio anterior. 1번 연습 문제와 같이 짝과 새로운 대화를 연습해 보세요. 이전 연습 문제의 아이디어 일부를 이용할 수 있습니다.

5 🎧 064 **Escucha el anuncio radiofónico de las rebajas y contesta a las preguntas.**

라디오의 할인 행사 광고를 듣고 질문에 대답해 보세요.

1. ¿Qué están más rebajados, los lavavajillas o las toallas?
2. ¿Qué puedes comprar con la oferta de dos por uno?
3. ¿Qué puedes comprar a mitad de precio?
4. ¿Qué puedes comprar por 25 €?
5. ¿Qué descuento tienen los uniformes?

Leer 읽기

Nazca 나스카

1. Mira las fotos y comenta con tus compañeros.
   사진을 보고 친구들과 이야기해 보세요.
   - ¿Has visto alguna vez las imágenes que representan las fotografías?
   - ¿Sabes de qué se trata?
   - ¿Has oído alguna opinión lógica que explique la existencia de las mismas?

2. Lee el texto y contesta a las preguntas.
   글을 읽고 질문에 대답해 보세요.
   1. ¿Qué son las líneas de Nazca?
   2. ¿En qué país están?
   3. ¿Quién las encontró por primera vez?
   4. ¿Quién ha sido la principal investigadora del fenómeno?
   5. ¿Qué opina ella sobre el significado de las líneas?
   6. ¿Qué opina el equipo de científicos e informáticos que ha estudiado todos los dibujos en conjunto?
   7. ¿Qué distintas teorías existen sobre la forma en la que los nazcas realizaron las figuras?

LAS LÍNEAS DE NAZCA

En Perú, a 400 kilómetros al sur de Lima y a 50 kilómetros de la costa del Pacífico, se extiende la meseta desértica de Nazca, cubierta de gran cantidad de dibujos y figuras geométricas que solo pueden apreciarse desde el aire.

Fue en 1927 cuando un piloto peruano descubrió casualmente la increíble red dibujada en el suelo.

En 1939 el arqueólogo americano Paul Kosok comenzó los estudios sobre las excavaciones. Las líneas de Nazca están formadas por marcas de tres tipos diferentes: líneas rectas, en zig-zag o dibujos espirales que pueden alcanzar hasta unos 5 km de largo; figuras geométricas en forma de franjas de gran tamaño parecidas a "pistas de aterrizaje", y representaciones de animales que sobrepasan los 150 metros de largo.

Las figuras resurgieron en todo su esplendor gracias al trabajo de una matemática alemana llamada María Reiche.

¿Pero qué significan las líneas de Nazca? María Reiche piensa que las líneas rectas, que forman generalmente motivos solares que se entrecruzan, constituyen una especie de calendario astronómico que permite calcular fechas y estaciones. Sin embargo, un equipo de científicos e informáticos, que han estudiado el plan del conjunto de figuras geométricas y de representaciones de seres vivos, afirma que se trata de un calendario meteorológico.

¿Cómo pudieron los nazcas trazar dibujos tan perfectos sin verlos? María Reiche afirmó que lo hicieron agrandando "maquetas", de las que encontró huellas cerca de algunas figuras animales. El aeronauta inglés Julin Nott intentó probar que los nazcas sabían fabricar globos aerostáticos para supervisar el trazado de las figuras. Hipótesis osada, pero más sensata que la del suizo Erich von Daniken, para quien las "pistas" serían un aeropuerto rudimentario para extraterrestres que vinieron a visitar nuestro planeta en el pasado.

Escribir 쓰기

Una carta de reclamación 항의 편지

1 ¿Has necesitado alguna vez escribir una carta de reclamación? ¿Cuál fue el motivo? Coméntalo con tus compañeros.
   항의 편지를 써야 했던 적이 있나요? 이유는 무엇이었나요? 친구들과 이야기해 보세요.

2 Lee la carta. 편지를 읽어 보세요.

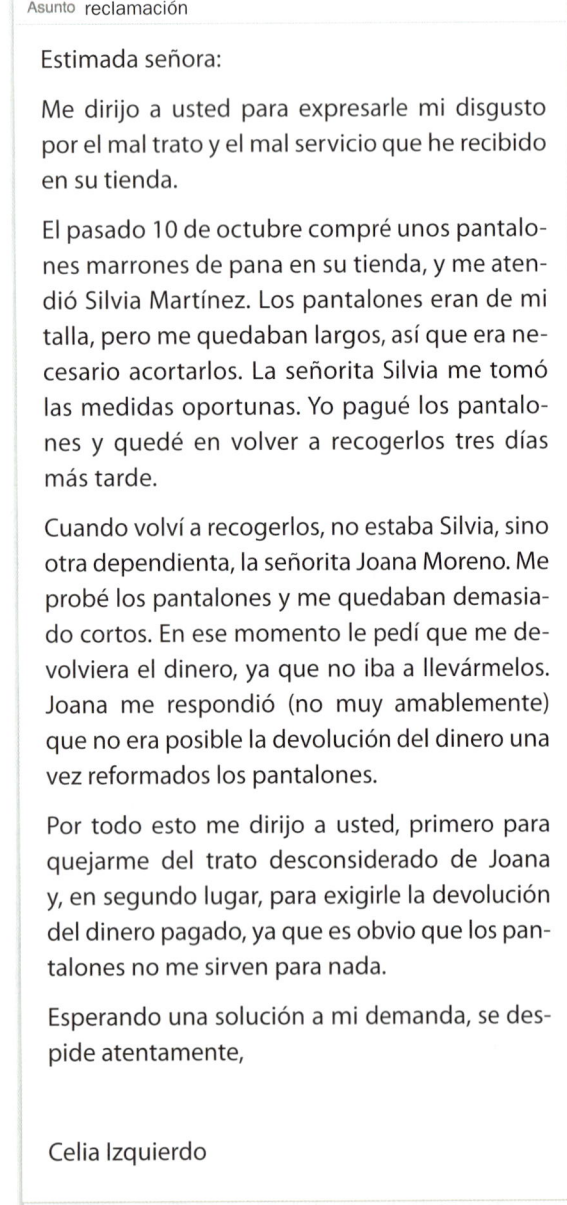

Mensaje nuevo
Destinatarios: vistebien@gmail.com
Asunto: reclamación

Estimada señora:

Me dirijo a usted para expresarle mi disgusto por el mal trato y el mal servicio que he recibido en su tienda.

El pasado 10 de octubre compré unos pantalones marrones de pana en su tienda, y me atendió Silvia Martínez. Los pantalones eran de mi talla, pero me quedaban largos, así que era necesario acortarlos. La señorita Silvia me tomó las medidas oportunas. Yo pagué los pantalones y quedé en volver a recogerlos tres días más tarde.

Cuando volví a recogerlos, no estaba Silvia, sino otra dependienta, la señorita Joana Moreno. Me probé los pantalones y me quedaban demasiado cortos. En ese momento le pedí que me devolviera el dinero, ya que no iba a llevármelos. Joana me respondió (no muy amablemente) que no era posible la devolución del dinero una vez reformados los pantalones.

Por todo esto me dirijo a usted, primero para quejarme del trato desconsiderado de Joana y, en segundo lugar, para exigirle la devolución del dinero pagado, ya que es obvio que los pantalones no me sirven para nada.

Esperando una solución a mi demanda, se despide atentamente,

Celia Izquierdo

3 Ordena las afirmaciones según aparecen en el texto. 글에 나타난 바에 따라 설명들을 정렬해 보세요.

a La señorita Joana no se portó correctamente. ☐
b La clienta está muy enfadada. 1
c Los pantalones no estaban bien arreglados. ☐
d La señorita Silvia le tomó las medidas para acortarlos. ☐
e La clienta espera que le devuelvan el dinero de la compra. ☐

Comunicación 의사소통

Cuando escribimos cartas de reclamación hay que tener en cuenta varios consejos.
항의 편지를 쓸 때, 여러 조언을 염두에 두어야만 합니다.

- Utiliza un lenguaje formal y educado, aunque estés muy enfadado.
  화가 나있더라도 정중하고 예의바른 말을 쓰세요.
- Explica claramente cuál es el motivo de la queja.
  무엇이 불만의 동기인지 분명하게 설명하세요.
- Di qué esperas conseguir exactamente.
  정확히 무엇을 얻기를 기대하는지 말하세요.

4 Completa los huecos de este fragmento de una carta de reclamación.
이 항의 편지 일부분의 빈칸을 채워 보세요.

> habitación • exijo • en • importe • que indemnización • estrellas

En la agencia nos dijeron que nos alojaríamos (1) _____ un hotel de cuatro (2) _____, pero cuando llegamos al hotel Marina Alta encontramos (3) _____ no teníamos en la (4) _____ nevera ni aire acondicionado y, además, las ventanas daban al patio de la cocina.
Por esta razón le (5) _____ que nos devuelvan el (6) _____ del hotel, más una (7) _____ por las molestias.

5 Escribe una carta de reclamación a una fábrica de mermelada porque en uno de sus productos has encontrado un insecto.
마말레이드 한 개에서 벌레를 발견했으므로 그 제조사에게 항의 편지를 작성해 보세요.

Fiestas y tradiciones 축제와 전통

- Hablar de fiestas tradicionales 전통 축제에 대해 이야기하기
- Pedir favores y ofrecer ayuda 부탁하기와 도움 제공하기
- Responder un cuestionario 질문 목록 작성하기
- **Cultura:** Los aztecas 문화: 아스테카인들

12

065-069

12A 7 de julio, San Fermín
7월 7일, 산 페르민

- Hablar de fiestas tradicionales
- Oraciones impersonales con se

1 Mira las fotos y contesta.
사진을 보고 대답해 보세요.
- ¿En qué país se celebran estas fiestas?
- ¿Qué están celebrando?

Hablar 말하기

2 En grupos de cuatro, comenta con tus compañeros.
네 명이 그룹 지어 이야기해 보세요.

> - ¿Cuáles son las tres fiestas más importantes en tu país o en tu región?
> - ¿Qué se celebra en cada una de ellas?
> - ¿Son tradicionales o modernas?
> - ¿Qué se suele hacer en cada una de ellas?
> - ¿Hay regalos, desfiles militares, bailes, canciones...?

Leer 읽기

3 En la página siguiente tienes un texto sobre una fiesta peruana. Léelo y contesta a las preguntas.
다음 페이지에 페루의 축제에 대한 글이 있습니다. 그것을 읽고 질문에 대답해 보세요.

1. ¿Cuándo se celebra?
2. ¿Qué se celebra?
3. ¿Dónde se celebra?
4. ¿En qué consiste la fiesta?
5. ¿Desde cuándo se celebra?
6. ¿En qué idioma se representa el Inti-Raymi?
7. ¿Qué tipo de cosas se venden?

4 ¿Qué título corresponde a cada párrafo?
각 문단에 어떤 제목이 적절한가요?

1. Una fiesta popular. ☐
2. Un rito. ☐
3. Fiesta en Sacsayhumán, la fortaleza inca. ☐

INTI RAYMI: CULTO AL SOL

EL 24 DE JUNIO, EN EL SOLSTICIO DE INVIERNO EN EL HEMISFERIO SUR, LOS PERUANOS HONRAN AL SOL, FUENTE DE VIDA.

A Todos los cuzqueños esperan llenos de alegría el Inti Raymi o fiesta del sol. Se celebra en Sacsayhuamán, una antigua fortaleza inca a dos kilómetros de Cuzco. En las ruinas hay ese día una representación teatral donde un millar de actores recuerdan el culto de los incas a su dios. A las once de la mañana llegan los turistas y peruanos a la fortaleza y se instalan con su comida sobre las antiguas piedras. Los turistas que han pagado tienen derecho a un asiento.

B En el escenario se desarrolla la representación en un ambiente colorista y variado. El momento más importante se produce cuando el inca arranca el corazón de una llama y se lo ofrece al Inti (el sol). (El corazón es de trapo, claro). Mirando el estado del corazón, se sabrá lo bueno y lo malo que le espera al pueblo. Toda la obra se desarrolla en quechua, la lengua de los incas. Este rito fue prohibido por los españoles, y los peruanos lo han recuperado después, en 1944.

C Pero, además de la celebración de ese rito, el Inti Raymi es una fiesta popular donde todos se reúnen para comer, beber y divertirse. Los cuzqueños cavan unos hornos en la tierra, en los que se quema leña para asar papas. Y muchos hacen negocio vendiendo platos de arroz con cui (conejo de indias), mazorcas de maíz, algodón de azúcar, refrescos, llamas de trapo…, en fin, una fiesta.

Gramática 문법

ORACIONES IMPERSONALES CON *SE* SE 비인칭구문

Se quema leña para asar papas.
En mi pueblo el día del Corpus Christi *se hacen* alfombras de flores.

- Se utiliza esta estructura cuando el sujeto agente no se conoce o no interesa para el mensaje.
  이 구문은 행위자 주어를 알지 못하거나 주어가 내용상 중요하지 않을 때 사용됩니다.

  Se venden casas.

- Cuando conocemos el sujeto pasivo, el verbo concuerda con él en número.
  피동 주어를 알고 있을 때 동사는 이 주어와 수를 일치합니다.

  Se dan clases particulares de piano
  (= *las clases particulares son dadas*).

- Se utiliza en textos informativos impersonales, en textos de instrucciones, como recetas de cocina, y también para hablar de normas y costumbres.
  보도 형식의 글이나 요리법과 같은 교육용 글, 또한 규칙과 습관에 대해 이야기할 때 비인칭구문을 사용합니다.

  Se habló mucho del tema.
  Se echa sal y pimienta y *se sirve* en el plato.

5 Completa con el pronombre se + verbo en 3.ª persona del singular o plural.
'대명사 se + 3인칭 단수/복수형 동사'로 완성해 보세요.

> ~~vender~~ (x 2) • terminar • escribir • hacer (x 3)
> oír • arreglar • vivir • trabajar

1. Lo siento, esta casa no <u>se vende</u>.
2. Lo siento, señora, aquí no _____ relojes de pared antiguos.
3. Las obras de la autopista _____ en mayo del año que viene.
4. Aquí no _____ fotocopias de libros.
5. Oiga, ¿puede hablar más alto? Aquí, al final, no _____ nada.
6. Me voy de esta empresa porque no _____ nada por mejorar las condiciones.
7. Valencia _____ con v, no con b.
8. La paella _____ con aceite de oliva.
9. Este año _____ menos coches que el año pasado.
10. En mi pueblo _____ muy bien porque tiene buen clima y no _____ mucho.

Escribir 쓰기

6 Escribe un pequeño artículo para una revista sobre una fiesta importante en tu ciudad o país.
한 잡지를 위해 당신의 도시나 나라에서 중요한 축제에 대한 작은 기사를 작성해 보세요.

12B ¿Quieres venir a mi casa en Navidad?
크리스마스에 우리 집에 올래?

■ *Pedir favores, pedir permiso y ofrecer ayuda*

1 En casa de los Martínez están preparando la cena de Nochebuena. Lee los diálogos.
마르티네스씨 일가의 집에서는 크리스마스이브의 저녁 식사를 준비 중입니다. 대화를 읽어 보세요.

2 Responde. 질문에 대답해 보세요.
1 ¿En qué diálogos se pide un favor?
2 ¿En qué diálogo se pide permiso?
3 ¿En qué diálogo se ofrece ayuda?

Comunicación 의사소통

Pedir un favor 부탁하기
- *Te / Le importa* + infinitivo 동사원형
  ¿*Te importa bajar* la voz? Hablas muy alto.
- *Podría(s)* + infinitivo 동사원형
  ¿*Podría cambiarme* este billete de 50 €?

Pedir permiso 허락 구하기
- *Te / Le importa* + *que* + subjuntivo 접속법
  ¿*Le importa que me siente* aquí?

Ofrecer ayuda 도움 제공하기
- *Quiere(s)* + *que* + subjuntivo 접속법
  ¿*Quieres que vaya* contigo al médico?

A: ¿Papá, mamá, os importa que traiga a Peter a cenar el día de Nochebuena?
B: No hija, no, dile que venga.

A: Carlos, ¿podrías bajar a comprar más turrón? Creo que no hay suficiente.
B: Vale, ahora voy.

A: Abuela, ¿quieres que te ayude?
B: No hace falta, gracias.

A: Abuelo, ¿te importa bajar un poco la tele? Está muy alta.
B: Es que no la oigo bien.

3 Pide permiso o un favor en estas situaciones.
다음 상황에서 허락을 구하거나 부탁을 해 보세요.

1. Estás de visita en casa de un amigo. Le pides que te preste un libro que te interesa mucho.
   ¿Podrías prestarme este libro? Tengo ganas de leerlo.
2. Estás en tu casa, tu nuevo compañero de piso tiene la tele muy alta.
3. Tu vecina del quinto es mayor y lleva varias bolsas de la compra.
4. Tienes una cena de compromiso y no tienes con quién dejar al niño. Llama a tu hermana y pídele que se quede con él.
5. En la oficina, le pides permiso al jefe para salir antes de la hora. Explica por qué.
6. En el hotel, pides permiso para dejar la maleta en la habitación hasta una hora determinada.
7. Necesitas cambio para coger un carro en un supermercado. Pídeselo a la cajera.
8. Tu amiga tiene que llevar al médico a su hijo pequeño. Ofrécete para quedarte con sus otros dos hijos.
9. Estás desayunando en una cafetería y tienes que tomarte una pastilla. Pídele agua al camarero.
10. Estás en una fiesta y un amigo ha hecho fotos con su móvil. Pídele que por favor te las mande a tu correo.

4 Ofrece ayuda en las siguientes situaciones.
다음 상황에서 도움을 제공해 보세요.

1. Unos amigos tienen un niño pequeño y no pueden salir nunca al cine.
   ¿Queréis que me quede con Carlos?
2. Una compañera de piso tiene fiebre y necesita un medicamento.
3. Un compañero de trabajo tiene que terminar un informe y va muy atrasado.
4. Un compañero de clase no entiende un punto gramatical.
5. Tus padres se van de viaje y tienen que ir al aeropuerto.

Leer 읽기

5 Virginia, una estudiante chilena, nos ha contado cómo celebran la Navidad en su país. Lee el texto y complétalo con las expresiones del recuadro.
칠레 학생인 비르히니아가 우리에게 자신의 나라에서는 크리스마스를 어떻게 보내는지 이야기했습니다. 글을 읽고 박스의 표현으로 완성해 보세요.

> ensaladas y pavo • lleno de regalos
> frutos secos • trozos de algodón
> cada uno ha pedido • dejar los regalos

Navidad en CHILE

Los componentes principales de la Navidad chilena son el viejito pascuero, el pan de pascua, la bebida llamada *cola de mono* y el calor.

Nuestro viejito pascuero tiene una gran barriga y una barba blanca, viene con un traje rojo y el saco (1)_____. Entra en las casas por la chimenea o las ventanas para (2)_____.

Las familias cenan (3)_____ y beben *cola de mono*, que es una especie de ponche hecho de pisco o aguardiente, café con leche, azúcar y canela. Tampoco falta el pan de pascua, una masa alta horneada, rellena de frutas confitadas, pasas y (4)_____, que se puede encontrar en cualquier esquina y en todas las confiterías.

Los niños dejan los zapatos debajo del árbol de Navidad, adornado con (5)_____, que recuerdan a la nieve, y bolas de colores. Después de la medianoche el viejito pascuero dejará en los zapatos los

regalos que (6)_____.

La calurosa Navidad chilena dura hasta el cinco de enero. A partir de ahí empiezan las vacaciones de verano, el calor y la playa.

6 Escucha y comprueba. 듣고 확인해 보세요.

12c Gente

사람들

■ *Responder a un cuestionario*

1. Sonia es una joven de Cádiz que quiere ser cantante. Con ese objetivo se presentó al *casting* del concurso de televisión "Operación Triunfo". Mira la foto y piensa: ¿Cómo crees que es? ¿Qué cosas le gustan?

   소니아는 가수가 되고 싶어 하는 카디스 출신의 젊은이입니다. 이런 목표를 가지고 TV 경연대회인 '오페라시온 트리운포(작전명 승리)' 캐스팅에 참가했습니다. 사진을 보고 생각해 보세요. 어떤 사람으로 보이나요? 무엇을 좋아할까요?

2. Estas son algunas respuestas que ha dado a la encuesta que le hemos hecho.
   ¿A qué preguntas corresponden?

   이것은 우리가 그녀에게 한 설문 조사에서 한 대답의 일부입니다. 어떤 질문에 해당할까요?

   a Mi madre. ☐
   b Mi dormitorio. ☐
   c La paella. ☐
   d Inglés y un poco de francés. ☐
   e Que no sea sincera. ☐
   f El pop y la música romántica. ☐
   g A la India. ☐
   h A la muerte. ☐

4. Hazle las mismas preguntas a un compañero. Pídele detalles.
   짝에게 동일한 질문을 해보세요. 그에게 세부 정보를 요청해 보세요.

Escuchar 듣기

3. 🎧066 Escucha la entrevista y completa las respuestas que faltan. 인터뷰를 듣고 빠진 질문을 완성해 보세요.

Sonia, cantante

1 ¿Quién es la persona de tu familia que más admiras?
   Mi madre.

2 ¿En qué parte de la casa te sientes más cómoda?
   _____.

3 ¿Sabes cocinar?
   _____.

4 ¿Cuál es tu plato preferido?
   _____.

5 ¿Te gustan los animales?
   _____.

6 ¿A qué lugar del mundo te gustaría viajar?
   _____.

7 ¿Qué tipo de música escuchas normalmente?
   _____.

8 ¿Quién es tu actor/actriz preferido?
   _____.

9 ¿Cuántos idiomas hablas?
   _____.

10 ¿Qué haces cuando estás nerviosa?
   _____.

11 ¿Qué es lo que más te molesta de la gente?
   _____.

12 ¿A qué tienes miedo?
   _____.

13 ¿Cuál es tu principal virtud?
   _____.

14 ¿Cuál es tu principal defecto?
   _____.

15 ¿Qué planes tienes para las vacaciones del año próximo?
   _____.

16 ¿Qué te gustaría hacer cuando te jubiles?
   _____.

5 Añade un adverbio del recuadro en el lugar adecuado. 박스의 부사를 알맞은 곳에 첨가해 보세요.

> felizmente • perfectamente
> ~~sorprendentemente~~ • próximamente
> inmediatamente • profundamente
> rápidamente • amablemente
> exactamente • finalmente

1 Este profesor es muy exigente, pero su examen fue <u>sorprendentemente</u> fácil.
2 No grites, te oigo _____.
3 Álex, ven aquí _____.
4 Dicen que van a abrir un nuevo centro médico en nuestro barrio _____.
5 La dependienta me atendió _____.
6 Después de tomar el biberón, el bebé se durmió _____.
7 Llamamos a la ambulancia, que vino _____.
8 No estoy seguro. No sé lo que me costó _____.
9 Parecía que iba a haber muchos problemas, pero todo acabó _____.
10 El avión salió con retraso, pero _____ llegaron a tiempo.

6 Subraya la opción adecuada. 정답에 밑줄을 그어 보세요.

1 ■ ¿Qué tal tu padre?
   ● <u>Bien</u> / *bueno*, gracias.
2 No me siento *bien* / *buen*, he comido *mucho* / *muchos* bombones.
3 Los coches van muy *despacio* / *tranquilos* porque ha habido un accidente.
4 No quiero más libros, tengo *demasiado* / *demasiados*.
5 La médica llegó *rápida* / *rápidamente* al hospital.
6 Escríbeme *pronto* / *temprano*.
7 La fiesta del sábado estuvo muy *bien* / *buena*.
8 Esa frase está *mal* / *mala*.
9 Espero que tengas un *buen* / *bien* año nuevo.
10 No he estado *nunca* / *nada* en Huelva.

Gramática 문법

ADVERBIOS 부사

- Usamos los adverbios para describir un verbo, un adjetivo u otro adverbio.
  부사는 동사, 형용사, 다른 부사를 서술하기 위해 사용합니다.
  *Rafa canta **maravillosamente**.*
  *La tele está **demasiado** alta.*
  *El accidente ocurrió **demasiado rápidamente** y no me enteré de nada.*

- Los adverbios que describen las acciones verbales pueden indicar tiempo, modo, lugar o cantidad.
  동사의 행위를 서술하는 부사는 시간, 양상, 장소, 양을 가리킬 수 있습니다.
  *Eduardo **nunca** ha estado en una discoteca.*
  *Rosalía vive **cerca**.*

- Muchos de los adverbios de modo se forman añadiendo el sufijo **-mente** a un adjetivo.
  양상 부사의 다수가 접미사 -mente를 형용사에 추가하여 형성됩니다.
  *rápido > **rápidamente** / final > **finalmente***

7 Relaciona los verbos y adverbios. Hay más de una combinación posible.
동사와 부사를 알맞게 연결해 보세요. 1개 이상의 선택지가 있습니다.

1 Respirar	a tranquilamente.
2 Hacer algo	b profundamente.
3 Actuar	c inmediatamente.
4 Venir	d rápidamente.
5 Ver	e lentamente.
6 Mirar	f directamente.
7 Aprender	g correctamente.
8 Conducir	h perfectamente.
9 Comer	i detenidamente.
10 Pensar	j responsablemente.

8 Con tu compañero, piensa situaciones y frases donde se utilicen estas expresiones.
짝과 함께 위 표현들이 사용된 상황과 문장을 생각해 보세요.

Por ejemplo, en el médico:
Respire profundamente.

Pronunciación y ortografía 발음과 철자

Entonación 억양

1 🎧 067 **Señala la expresión que oyes**
들리는 표현에 표시해 보세요.

1 (a) Ayer nevó en Ávila.
  (b) ¿Ayer nevó en Ávila?
  (c) ¡Ayer nevó en Ávila!
2 (a) ¿Volverá más tarde?
  (b) ¡Volverá más tarde!
  (c) Volverá más tarde.
3 (a) Tienes muchas plantas.
  (b) ¿Tienes muchas plantas?
  (c) ¡Tienes muchas plantas!
4 (a) Ella no lo sabe.
  (b) ¿Ella no lo sabe?
  (c) ¡Ella no lo sabe!

2 🎧 067 **Escucha otra vez y repite.**
다시 한 번 듣고 따라해 보세요.

5 (a) ¡Han llegado!
  (b) ¿Han llegado?
  (c) Han llegado.
6 (a) Hay mucha gente.
  (b) ¿Hay mucha gente?
  (c) ¡Hay mucha gente!
7 (a) No la quieres.
  (b) No, la quieres.
  (c) ¿No la quieres?
8 (a) ¿Qué pasó?
  (b) ¿Qué? ¿Paso?
  (c) ¡Que paso!

12D COMUNICACIÓN Y CULTURA 의사소통과 문화

Hablar y escuchar 말하기와 듣기

Ofrecer y pedir ayuda 도움을 제공하고 요청하기

1 🎧 068 **Escucha el diálogo.** 대화를 들어 보세요.

Abel: ¿Qué te parece si organizo una barbacoa en mi casa con los compañeros de clase para celebrar el final de curso?
Gloria: ¿Cuándo?
Abel: El próximo domingo.
Gloria: ¡Genial! ¿Puedo ayudarte en algo?
Abel: Bueno, te lo agradezco mucho. Yo puedo encargar la comida el sábado por la mañana, pero me queda por organizar el tema de las bebidas.
Gloria: ¿Quieres que te ayude? Conozco una tienda cerca de aquí, que además tiene muy buenos precios. Podemos ir el sábado por la tarde.
Abel: ¿De verdad no te importa?
Gloria: Por supuesto que no. Lo haré encantada.
Abel: Además de la bebida, vamos a necesitar unas bolsas de hielo y vasos y platos de plástico.
Gloria: Vale. No hay problema. Espero que haya de todo en esta tienda. ¿Cuándo se lo vamos a decir a los compañeros?
Abel: Se lo decimos esta tarde sin falta. Ahora quería pedirte un último favor: ¿te importaría quedarte para ayudarme a recoger después de la fiesta?
Gloria: No hace falta que me lo pidas. Ya lo había pensado. Y así me invitas a un último refresco cuando se vayan todos.

2 **Lee y completa los diálogos con tus propias ideas.** 읽고 자신의 생각으로 대화를 완성해 보세요.

1 ■ Hace mucho calor en esta habitación.
   • ¿Quieres que _____?
2 ■ Estos ejercicios son muy difíciles.
   • No te preocupes. ¿Puedo _____?
3 ■ No quiero ir sola. ¿Te importaría _____?
   • Por supuesto. _____
4 ■ Esa música está muy alta. ¿Podrías _____?
   • Vale. _____

3 **Pregunta y responde a tu compañero como en el ejemplo. Utiliza las ideas del recuadro.**
보기와 같이 짝에게 질문하고 답해 보세요. 박스의 아이디어들을 이용해 보세요.

■ *Quería organizar una fiesta sorpresa para mi marido. ¿Qué te parece?*
• *Me parece estupendo. ¿Quieres que te ayude?*
■ *Me queda por avisar a sus compañeros de la oficina. ¿Te importaría decírselo?*
• *Por supuesto. Lo haré encantada.*

> despedida de soltera / buscar discoteca
> fiesta de cumpleaños / comprar tarta
> partido de fútbol / llamar árbitro
> viaje fin de semana / comprar billetes

Comunicación 의사소통
• ¿Puedo ayudarte en algo? / ¿Quieres que te ayude?
• ¿De verdad no te importa?
• Por supuesto que no. Lo haré encantada.
• Vale. No hay problema.
• ¿Te importaría quedarte?
• No hace falta que me lo pidas…

4 **Practica un nuevo diálogo con tu compañero, como en el ejercicio 1. Puedes utilizar alguna de las ideas del ejercicio anterior.**
1번 연습 문제와 같이 짝과 함께 새로운 대화를 연습해 보세요. 이전 연습 문제의 아이디어 일부를 이용할 수 있습니다.

5 🎧 069 **Escucha la conversación telefónica y contesta a las preguntas.**
전화 통화를 듣고 질문에 대답해 보세요.

1 ¿Adónde va a ir Miguel?
2 ¿Para qué llama Miguel a Elisa?
3 ¿Qué le propone Elisa a Miguel?
4 ¿Para qué se ofrece Elisa?
5 ¿Cómo van a ir al festival?
6 ¿Qué información le va a dar Miguel a Elisa cuando lo sepa?

Leer 읽기

Los aztecas 아스테카인들

1 ¿Qué sabes del pueblo azteca? Antes de leer, señala si la información es V o F.
아스테카인들에 대해 아는 바가 있나요? 읽기 전에 정보가 참(V)인지 거짓(F)인지 표시해 보세요.

1. Los aztecas fundaron Lima. ☐
2. El Imperio azteca se extendía por Centroamérica y llegaba hasta las costas del Pacífico. ☐
3. En el escudo de la bandera mexicana aparece una serpiente que se come a un águila. ☐
4. Hernán Cortés fue un caudillo azteca. ☐
5. La base de su alimentación era el trigo. ☐
6. Los aztecas eran buenos astrónomos. ☐

2 Lee la información y comprueba si tus respuestas son acertadas. 다음 정보를 읽고 답이 맞는지 확인해 보세요.

Los aztecas

El zócalo* de la Ciudad de México es hoy una de las plazas más grandes del mundo. Ese entorno urbano fue el corazón de una ciudad llamada Tenochtitlan, capital de un Imperio que se extendió desde las costas del Pacífico hasta Centroamérica.

Los aztecas procedían de un lugar llamado Aztlan (lugar de las garzas), una isla en medio de una laguna en el norteño estado de Nayarit. Durante más de trescientos años deambularon siguiendo los cauces de los ríos, pescando y cazando, hasta llegar a lo que hoy se conoce como Valle de México, para edificar Tenochtitlan.

Tenochtitlan se comenzó a construir en 1345, en un islote abandonado a las orillas del lago de Texcoco, precisamente en el mismo lugar, según la leyenda, en donde los aztecas vieron una señal expuesta por el dios Huitzilopochtli: un águila sobre un nopal, devorando una serpiente. Esta escena aún puede verse representada como escudo de la bandera mexicana.

Los aztecas o "mexicas" fueron maestros en la construcción de templos con forma de pirámide, y sus avanzados conocimientos en matemáticas y astronomía los encontramos en su cé-

Mural de Diego Rivera

lebre calendario, compuesto por un año de dieciocho meses, de veinte días cada uno, más otros cinco complementarios. Su economía se basaba principalmente en la agricultura. Cultivaban maíz, camote, tabaco y hortalizas. Además, inventaron el chocolate, extraído del árbol del cacao.

Los aztecas también fueron hábiles guerreros que sometieron a la mayoría de los pueblos de su entorno. El apogeo de su dominación territorial coincidió con la llegada de los ejércitos es-

pañoles, en 1519, comandados por Hernán Cortés.

El capitán español, con más estrategia que fuerza militar, detuvo a Moctezuma (caudillo de los aztecas) y dos años más tarde logró destruir Tenochtitlan. Con las piedras de las grandes pirámides se construyeron la catedral y los palacios de una nueva ciudad colonial que ocultó bajo tierra muchos vestigios de la cultura azteca, que han sido redescubiertos mucho tiempo después.

*Zocalo: nombre que reciben las plazas en México.

3 Responde a las preguntas. 질문에 답해 보세요.

1. ¿Cómo se llamó la ciudad construida por los aztecas?
2. ¿Quién era Hernán Cortés? ¿Qué hizo?
3. ¿Quién era Moctezuma?
4. ¿De dónde procede el chocolate?
5. ¿Qué forma tienen los templos aztecas?
6. ¿En qué consiste el calendario azteca?

Escribir 쓰기

Una redacción 작문

1 ¿Crees que es necesario escribir redacciones para aprender español? Discútelo con tus compañeros.
   스페인어를 배우기 위해 작문이 필요하다고 생각하나요? 친구들과 토의해 보세요.

Comunicación 의사소통

Organización 구성

Además de la lengua utilizada, lo más importante en una redacción es la organización, tanto de la forma como de las ideas. La estructura más general de una redacción sobre un tema es:
사용하는 언어 외에, 작문에서 가장 중요한 것은 형태나 생각의 구성입니다. 한 주제에 대해 가장 일반적인 글쓰기의 구조는 다음과 같습니다.

a. **Introducción:** una afirmación general. 도입부: 일반적인 의견
b. **Argumentos a favor:** razones y ejemplos.
   긍정적인 의견: 이유와 예시
c. **Más argumentos a favor o argumentos en contra:** razones y ejemplos. 좀 더 많은 긍정 또는 부정적인 의견: 이유와 예시
d. **Conclusión:** resumen y opinión propia.
   결론: 요약과 자신만의 의견

Procedimiento 절차

Antes de empezar a escribir debes tener una lista de ideas sobre el tema. Luego, redacta un borrador. A continuación, revísalo con ayuda del diccionario y de una gramática. Por último, pásalo a limpio.
작문을 시작하기 전에 그 주제에 대한 아이디어 목록을 가지고 있어야만 합니다. 그리고 나서 초고를 씁니다. 다음으로는 사전과 문법의 도움을 받아 검토합니다. 마지막으로 깨끗이 옮겨 적습니다.

En fin, yo creo que a pesar de la contaminación y de la vida artificial, nosotros tenemos más oportunidades que nuestros abuelos. ☐ d

La gente mayor suele decir que antes se vivía mejor que ahora. ☐

Por otro lado, antes la comida era más natural, no tenía tantos conservantes como ahora. ☐

Ahora, gracias a los adelantos, podemos viajar en pocas horas a cualquier lugar del mundo. ☐

2 Vamos a escribir una redacción sobre el siguiente tema: Nuestros bisabuelos vivían mejor que nosotros.
   '우리 증조할아버지, 할머니는 우리보다 더 잘 살았다'라는 주제에 대해 작문해 봅시다.
   En grupos de cuatro. Primero discutid el tema y recoged las ideas en dos columnas.
   네 명이 그룹 지어 먼저 주제에 대해 토의한 후 생각들을 다음 두 칸에 정리해 보세요.

NUESTROS BISABUELOS
No tenían internet.

NOSOTROS
Tenemos más posibilidades de estudiar.

3 Compara las ideas de tu grupo con las del resto de la clase. Completa tu lista con ideas de los otros.
   우리 조와 다른 급우들과의 생각을 비교해 보세요. 다른 사람들의 생각으로 당신의 목록을 완성해 보세요.

4 Relaciona cada uno de los párrafos siguientes con uno de los apartados de la redacción.
   다음 각 문단을 작문의 각 단락과 연결해 보세요.

5 Ahora escribe la redacción (de unas 150 palabras) sobre el tema anterior. Utiliza los conectores apropiados.
   이제 이전의 주제에 대해 작문하세요(낱말 약 150개). 적절한 담화 연결어를 이용해 보세요.

Comunicación 의사소통

Introducción 소개
Mucha gente piensa / dice…
Este tema es polémico porque…
Para empezar, tengo que decir que…

Argumentación 의견
En primer lugar…, en segundo lugar…, por último…
Por una parte / Por otra parte…
Sin embargo / No obstante…
Antes…, ahora, en cambio…
Además…
Aunque…
Por ejemplo…

Conclusión 결론
En resumen…, para terminar…,
En fin, yo pienso que…

11/12 AUTOEVALUACIÓN 자기 평가

1 Describe cómo van vestidos estos dos personajes.
이 두 인물이 어떻게 옷을 입었는지 서술해 보세요.

A. El hombre lleva…   B. La mujer lleva…

2 Completa el texto con las palabras del recuadro.
박스의 낱말로 글을 완성해 보세요.

> guantes • calcetines • cálidos • jersey • vestirse
> bufanda • botas • fríos • gorro • abrigo

La gente de países (1)_____ encuentra difícil imaginar cómo la gente de los países muy (2)_____ puede vivir y trabajar en los meses de invierno. Estas personas lo consiguen porque saben cómo (3)_____ para el frío. Primero, es muy importante mantener la cabeza, las manos y los pies calientes; por eso todo el mundo lleva (4)_____, (5)_____ de lana para mantener sus manos calientes, (6)_____ altos y unas (7)_____ de piel. Por supuesto tienen que llevar un buen (8)_____ y un (9)_____ de lana gorda debajo. Una (10)_____ alrededor del cuello también ayuda a protegernos del frío.

3 Completa con los pronombres correspondientes.
알맞은 대명사로 완성해 보세요.

1 ■ ¿Quién te ha regalado ese reloj?
 • _____ _____ ha regalado mi marido.
2 ■ ¿Me dejas tu ordenador este fin de semana?
 • No, _____ necesito yo. Pide___ ___ a Enrique.
3 ■ Tengo mucha sed, ¿_____ traes un vaso de agua, por favor?
 • Ahora mismo _____ _____ traigo.
4 ■ ¿_____ has contado a Jorge la noticia?
 • No, _____ _____ contaré mañana.
5 ■ ¿Me has traído el libro que te encargué?
 • Sí, ya _____ _____ he traído.

4 Completa las frases y colócalas en el diálogo.
문장을 완성하여 대화에 배치해 보세요.

1 Ese bolso, ¿cuánto _____?
2 Oiga, por favor, ¿tiene unos vaqueros de la _____ 42?
3 ¡Uy! Es muy _____. ¿Me lo deja un poco más _____?
4 No me _____ bien. Necesito una talla más.
5 Entonces, póngame las dos cosas, que me _____ llevo.

■ _____
_____
_____
• Aquí tenemos uno de su talla. Pase por aquí al probador.

■ _____
_____
_____
• Aquí los tiene. ¿Qué más quiere?

■ _____
_____
_____
• Cuesta 80 euros.

■ _____
_____
_____
• Bueno… Como estamos en época de rebajas se lo dejo en 60 €.

■ _____
_____

11/12 AUTOEVALUACIÓN 자기 평가

5 Mira estas frases. Algunas son correctas y otras no. Corrige las incorrectas.
이 문장들을 보세요. 일부는 맞고 일부는 틀립니다. 틀린 부분을 수정해 보세요.

1. Vivo en París desde dos años.
   Vivo en París desde hace dos años.
2. Ernesto estudiaba tres años en la Universidad de Sevilla.
   _____
3. Mi abuelo ha muerto en 1977.
   _____
4. A Lucía le caen mal los vagos.
   _____
5. Luis llega en casa a las 9 de la noche.
   _____
6. Cuando llegamos a la estación, el tren ya salió.
   _____
7. ¿A qué hora sale el tren para Barcelona?
   _____
8. Mi amigo Paco es alto y un poco calvo.
   _____
9. Rosa no enfada casi nunca, es muy amable.
   _____
10. No me gusta la gente que no dice la verdad.
    _____
11. En mi empresa buscan a alguien que tenga conocimientos de chino.
    _____
12. Ana ha empezado trabajar en una tienda de ropa.
    _____
13. He comprado manzanas para que Luis prepara una tarta.
    _____
14. Mila, no pongas los zapatos ahí.
    _____
15. Si te duele más tiempo la cabeza, es conveniente que vas a ver al médico.
    _____

6 Lee y completa con las palabras del recuadro. 읽고 박스의 말로 완성해 보세요.

> la madrugada • diciembre • millares mejores • nuevo • la costumbre • los turrones • las campanadas

NOCHEVIEJA

Se llama Nochevieja la noche del 31 de (1)_____, cuando se despide el año viejo y se recibe el (2)_____. Los españoles ese día tienen (3)_____ de tomar doce uvas a las doce de la noche, una uva con cada campanada del reloj. Antes de eso, las familias se reúnen para cenar juntas. La cena puede consistir en cordero, pavo o mariscos, acompañado todo de vino. De postre, no pueden faltar (4)_____ y mantecados típicos de las Navidades.
Unos minutos antes de las doce, toda la familia se prepara para tomar las uvas, generalmente delante de la televisión, que ese día transmite (5)_____ del reloj de la Puerta del Sol de Madrid. Otra gente prefiere tomarlas al aire libre, delante del Ayuntamiento de su pueblo o ciudad. Sin duda, el lugar más emblemático para recibir el Año Nuevo es la Puerta del Sol, donde (6)_____ de personas se reúnen para vivir el momento en directo. Al terminar las campanadas (y las uvas), se abren las botellas de cava y todos se felicitan y se desean los (7)_____ deseos para el Año Nuevo. Por su parte, los jóvenes salen de casa para asistir a alguna fiesta y bailar hasta (8)_____. Para reponer fuerzas, se suele desayunar chocolate con churros, antes de irse a dormir.

¿Qué sabes?

                ☺   😐   ☹

- Ir de compras. Hablar un poco de economía.   ☐ ☐ ☐
- Utilizar los pronombres personales de objeto directo e indirecto.   ☐ ☐ ☐
- Utilizar los artículos determinados e indeterminados.   ☐ ☐ ☐
- Escribir una carta de reclamación.   ☐ ☐ ☐
- Hablar de fiestas tradicionales.   ☐ ☐ ☐
- Pedir un favor formalmente.   ☐ ☐ ☐
- Pedir permiso formalmente.   ☐ ☐ ☐
- Escribir una redacción.   ☐ ☐ ☐

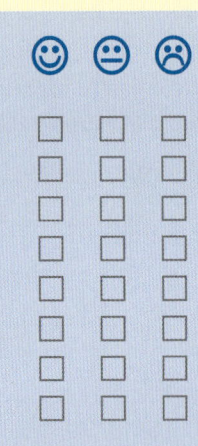
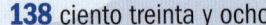

ANEXOS

·· **Gramática, vocabulario** 문법 및 어휘 **y ejercicios prácticos** 실전 연습 문제
·· **Verbos regulares e irregulares**
규칙동사 · 불규칙동사
·· **Transcripciones** 듣기 대본 · 읽기 지문 번역
·· **Soluciones** 정답

1 Gramática y vocabulario 문법 및 어휘

GRAMÁTICA 문법

PRESENTE 현재시제

→ Se utiliza la forma del **presente** de indicativo:
다음의 경우 직설법 현재를 사용합니다.

- Para hablar de hábitos. 습관에 대해 말하기 위해
  Luis no va nunca a la discoteca.
- Para dar información general sobre uno mismo o sobre el mundo.
  자기 자신이나 주변 세계에 대해 일반적인 정보 제공을 위해
  Soy española, soy peluquera y me gusta mi trabajo.
  Muchas tiendas en España cierran a mediodía.
- Para hablar del futuro. 미래에 대해 말하기 위해
  Mañana te espero a las tres en mi casa.
- Para dar instrucciones. 지시를 내리기 위해
  Para poner en marcha el coche, primero enciendes el motor y empujas el pedal del embrague…

PRETÉRITO PERFECTO 현재완료

→ Se utiliza el **pretérito perfecto**. 다음의 경우 현재완료를 사용합니다.

- Para hablar de acciones acabadas que llegan hasta el presente. 현재까지 영향을 미치는 종결된 행위에 대해 말하기 위해
  Ahora mismo he visto a Paco en el pasillo y me ha dicho que no vendrá mañana.
- También para hablar de experiencias personales o de acciones acabadas sin determinar el marco temporal.
  개인적인 경험이나 시간을 특정하지 않은 채 종결된 일에 대해 말하기 위해
  Manu ha viajado mucho por Brasil.

PRETÉRITO INDEFINIDO 단순과거

→ Se utiliza el **pretérito indefinido**.
다음의 경우 단순과거를 사용합니다.

- Para hablar de acciones o estados acabados en un momento determinado del pasado.
  과거 특정 순간에 끝난 행위나 상태에 대해 말하기 위해
  Rosalía ganó el Premio Ondas en 1998.

PRETÉRITO IMPERFECTO 불완료과거

→ El **pretérito imperfecto** se utiliza.
다음의 경우 불완료과거를 사용합니다.

- Para hablar de acciones habituales en el pasado.
  과거의 습관적인 행위에 대해 말하기 위해
  Antes salía mucho los fines de semana, pero ahora prefiero quedarme en casa.
- También para descripciones en el pasado.
  또한 과거의 일이나 상태에 대한 서술을 위해
  El camino del río era muy estrecho y acababa en un arenal.
- Se expresan acciones en desarrollo, muchas veces interrumpidas por otra puntual.
  종종 일시적인 사건으로 중단되었던 진행 중인 행위를 표현합니다.
  Empezó a llover cuando llegábamos a la playa.

FUTURO 미래시제

→ Se usa el **futuro** para: 다음의 경우 미래시제를 사용합니다.

- Hacer predicciones. 예측할 때
  Dentro de unos años viajaremos a la Luna.
- Hacer promesas. 약속할 때
  Pasado mañana visitaré a tu padre.
- Detrás de *creo que / supongo que*.
  'creo que / supongo que' 다음에 올 때
  Creo que Juan viajará a Barcelona.

EXPRESAR DURACIÓN Y TIEMPO DE UNA ACCIÓN
행위의 지속과 시간 표현하기

→ Informar, preguntar y responder sobre el tiempo que hace que se realiza una acción.
특정 행위가 실현되는 시간에 대해 알리고 질문하고 대답하기

- *Desde hace* + cantidad de tiempo Desde hace + 기간
  No veo a mis primos desde hace diez años.
- *Desde* + fecha Desde + 날짜
  Vive en Berlín desde febrero.
- *Desde que* + frase Desde que + 절
  No sale con sus amigas desde que tiene novio.
- *Hace* + tiempo + *que* + frase Hace + 기간 + que + 절
  Hace tres años que trabajo en esta empresa.
- *Cuánto tiempo hace que* + frase Cuánto tiempo hace que + 절
  ■ *¿Cuánto tiempo hace que eres vegetariana?*
  ● *Siete años.*
- *Desde cuándo* + frase Desde cuándo + 절
  ■ *¿Desde cuándo estudias chino?*
  ● *Desde hace tres meses.*

REGLAS DE ACENTUACIÓN 강세 규칙

Agudas. 종결 음절 강세
Son las palabras cuya sílaba tónica es la última. Llevan tilde cuando **terminan en vocal, n o s.**
강세음절이 마지막 음절인 어휘들로서, 모음이나 n, s로 끝나는 경우에는 강세부호를 수반합니다.
café, perdón, japonés.

Llanas. 뒤에서 두 번째 음절 강세
Son las palabras que tienen el acento tónico en la penúltima sílaba. Llevan tilde cuando **terminan en consonante, excepto en n o s.** 뒤에서 두 번째 음절에 강세가 있는 어휘들로서, n, s를 제외한 자음으로 끝날 때는 강세부호를 수반합니다.
fácil, árbol, fértil.

Esdrújulas. 뒤에서 세 번째 음절 강세
Son las palabras cuya sílaba tónica es la antepenúltima.
뒤에서 세 번째 음절에 강세가 있는 어휘들로서, 항상 강세부호를 수반합니다.
Llevan tilde siempre.
música, ácido, plátano.

VOCABULARIO 어휘

VERBOS 동사

estudiar 공부하다 • trabajar 일하다 • trasladarse 옮기다
vivir 살다 • construir 건설하다 • existir 존재하다
vender 팔다 • escribir 쓰다

Ejercicios prácticos

EXPRESAR DURACIÓN Y TIEMPO DE UNA ACCIÓN

1 Relaciona y forma frases. Hay muchas opciones posibles.
알맞은 것끼리 연결하여 문장을 만들어 보세요. 정답이 여러 개일 수도 있습니다.

1. Pedro se encuentra mejor
2. Raúl trabaja en un restaurante
3. Está deprimido
4. No vemos a María
5. Vivimos en este piso
6. Tengo carné de conducir
7. Estudio español
8. Clara lleva gafas

desde
desde hace
desde que

a. toma las pastillas nuevas
b. 2007
c. le despidieron del trabajo
d. tenía 18 años
e. tres meses
f. era niña
g. mucho tiempo
h. abril

PRET. PERFECTO, INDEFINIDO E IMPERFECTO

2 Completa las frases con el verbo en el tiempo adecuado. 적절한 시제의 동사로 문장을 완성해 보세요.

1. ¿Dónde _____ (vivir, tú) cuando _____ (tener) diez años?
2. ¿Qué _____ (hacer, vosotros) ayer?
3. Esta mañana _____ (ver, nosotros) un accidente al salir de casa.
4. ¿Cuántas veces _____ (estar, tú) en Nueva York?
5. Anoche _____ (acostarse, yo) antes de las doce.
6. La semana pasada _____ (ir, ellos) a esquiar a los Alpes suizos.
7. Hace 30 años la gente no _____ (utilizar) internet.
8. Mi hermano _____ (ganar) muchos premios de fotografía. ¡Es muy bueno!

3 Subraya el verbo adecuado.
적절한 동사에 밑줄을 그어 보세요.

1. Rosalía *vivió / ha vivido* en Lima hasta 1951.
2. Mis hermanos nunca *han salido / salían* al extranjero.
3. ▪ ¿*Tuviste / Has tenido* alguna vez un accidente grave?
   • Sí, en 1998 mi coche *chocó / ha chocado* con un camión. *Estuve / He estado* diez meses en el hospital.
4. Federico en su juventud *vivió / ha vivido* en muchos sitios: Roma, Copenhague, Nairobi…
5. ▪ Hablas muy bien español, ¿dónde lo *has aprendido / aprendiste*?
   • *Empecé / He empezado* hace diez años en el instituto y cuando *terminé / he terminado* mis estudios *vine / he venido* a Mallorca a trabajar.
6. ▪ ¿Qué tal el fin de semana?
   • Bien, el sábado *fui / he ido* a ver un partido de fútbol y el domingo *invité / he invitado* a Pablo a comer en un restaurante.
7. ▪ ¿*Has probado / Probabas* la paella alguna vez?
   • Sí, la *probaba / probé* una vez en casa de mi amigo Antonio.
8. ▪ ¿Te gusta bailar?
   • Sí, me encanta. Antes nunca *iba / he ido* a la discoteca, pero últimamente *iba / he ido* todos los sábados.

FUTURO

4 Completa con la forma adecuada del futuro.
미래시제의 적절한 형태로 완성해 보세요.

1. ¿Qué _____ (decir) si tus padres te preguntan por las notas esta noche?
2. Este domingo yo no _____ (salir) con mis amigos, tengo que estudiar.
3. Si apruebo todas las asignaturas, mis padres me _____ (pagar) un viaje a París.
4. Dicen que el año próximo _____ (haber) más becas para todos los estudiantes.
5. Han dicho en la tele que este fin de semana _____ (haber) nieve en la sierra, y _____ (poder) ir a esquiar.
6. Jorge dice que de mayor _____ (ser) pianista.
7. En el futuro la gente _____ (usar) solamente energía solar.
8. Es mejor que salgamos pronto porque si no _____ (haber) mucho tráfico.

ciento cuarenta y uno **141**

2 Gramática y vocabulario 문법 및 어휘

GRAMÁTICA 문법

PRETÉRITO PLUSCUAMPERFECTO 과거완료

→ Se utiliza para expresar acciones acabadas y pasadas, anteriores a otras acciones también pasadas.
특정한 과거의 일보다 더 이전에 종결된 과거의 일을 표현하기 위해 사용합니다.

Cuando llegué a casa, mi marido ya había preparado la cena.

(La acción de preparar la cena es anterior a la de llegar). 저녁 식사를 준비하는 행위가 도착 행위보다 전입니다.

Clara lloraba porque su madre no le había comprado un helado.

Me encontré a Carlos y me dijo que había cambiado de trabajo.

→ Se forma con el pretérito imperfecto del verbo *haber* y el participio del verbo que indica la acción.
'haber 동사의 불완료과거 + 그 행위를 의미하는 동사의 과거분사'로 구성됩니다.

Haber (imperfecto 불완료과거) + participio 과거분사		
yo	había	hablado comido vivido
tú	habías	
él / ella / Ud.	había	
nosotros/as	habíamos	
vosotros/as	habíais	
ellos / ellas / Uds.	habían	

PREPOSICIONES 전치사

A

→ Se utiliza para indicar dirección, movimiento.
방향, 움직임을 나타냅니다.

Vamos a la estación de autobuses.

→ Con el verbo *estar*, puede expresar.
estar 동사와 함께 다음을 나타낼 수 있습니다.

Ubicación 위치: *El baño está a la derecha del salón.*

Distancia 거리: *El aeropuerto está a 5 km.*

Temperatura 기온: *Estamos a 0 ºC.*

Precio 가격: *La merluza está a 30 € el kilo.*

→ Con el verbo *ir*, puede expresar velocidad.
ir 동사와 함께 속도를 나타낼 수 있습니다.

Yo nunca voy a más de 130 km/hora.

DE

→ Indica origen, en el tiempo y en el espacio.
시간과 공간적 차원에서의 근원을 나타냅니다.

Rosa viene del supermercado.

Este vino es de Rioja.

→ Con el verbo *ir* forma múltiples expresiones.
ir 동사와 함께 다양한 표현들을 형성합니다.

Ir de viaje, ir de compras, ir de vacaciones, ir de excursión.

Nosotros este año no vamos de vacaciones porque no podemos.

DESDE

→ Se usa para indicar origen en el espacio y en el tiempo.
시간과 공간적 차원에서의 근원을 나타냅니다.

Viven aquí desde 1980.

Desde mi casa hasta allí hay dos kilómetros.

EN

→ Se utiliza para indicar ubicación, en el tiempo y en el espacio. 시간과 공간에서의 위치를 나타냅니다.

En España hace mucho calor en verano.

→ Forma de transporte. 교통수단

Me gusta más viajar en tren que en avión, es más romántico.

HASTA

→ Se utiliza para indicar punto final en el tiempo y en el espacio. 시간과 공간에서의 종결점을 나타냅니다.

Estaremos en Madrid hasta el 21 de diciembre.

POR

→ Se utiliza para indicar causa, razón. 원인, 이유를 나타냅니다.

Han despedido a Juan por llegar tarde al trabajo.

→ Lugar. 장소

Ven por la carretera de Toledo, es más corto el viaje.

→ Medio. 수단

Envíame las fotos por e-mail, por favor.

PARA

→ Se utiliza para indicar finalidad, objetivo.
목적, 목표를 나타냅니다.

Para venir a mi casa tienes que bajarte en la estación del metro de Plaza Cataluña.

→ Utilidad. 유용성을 나타냅니다.

■ *Papá, ¿para qué sirve esta máquina?*
● *Para hacer agujeros en la pared.*

VOCABULARIO 어휘

MOVERSE POR LA CIUDAD 도시에서 이동하기

estación 역, 계절 • atasco 막힘, 교통체증
regresar 돌아가다 • llegar 도착하다 • metro 지하철
rápido 빨리 • durante ~동안 • tren 기차 • ir 가다
coche 자동차 • tardar 늦어지다, (시간이) 걸리다
transbordo 환승 • autobús 버스

COSAS DE LA CASA 집 안의 물건들

aire acondicionado 에어컨 • calefacción 난방
chimenea 굴뚝 • equipo de música 오디오
ordenador 컴퓨터 • televisión 텔레비전
vídeo 비디오 • DVD DVD • lavaplatos 식기세척기
lavadora 세탁기 • secadora 헤어드라이어

142 ciento cuarenta y dos

Ejercicios prácticos

PRETÉRITO PLUSCUAMPERFECTO

1 Forma frases usando el pretérito pluscuamperfecto o pretérito indefinido como en el ejemplo.
보기와 같이 과거완료나 단순과거를 이용하여 문장을 만들어 보세요.

1. Gonzalo se _enfadó_ (enfadarse) porque ellos _habían dejado_ (dejar) todas sus cosas desordenadas.
2. Cuando Franco _____ (morir) yo aún no _____ (nacer).
3. Cuando _____ (volver, ellos) a casa, todavía no _____ (arreglar, ellos) el ascensor.
4. La última vez que _____ (ver, yo) a Marisa, _____ (adelgazar) muchísimo.
5. Cuando Eva _____ (empezar) la carrera, nosotros ya _____ (terminar).
6. A los 27 años, Leopoldo Muñoz ya _____ (componer) sus obras más importantes.
7. ¿_____ (Ver, vosotras) antes un paisaje como este?
8. No _____ (poder, nosotros) comprar los sellos porque ya _____ (cerrar, ellos) el estanco.

PREPOSICIONES

2 Completa con la preposición adecuada.
적절한 전치사로 완성해 보세요.

> a • hasta • en • para • de

1. _____ Núñez de Balboa _____ Callao no hay muchas estaciones.
2. Mi abuelo iba todos los días _____ tranvía _____ la Puerta del Sol.
3. Están haciendo obras _____ comunicar este barrio con el centro.
4. Tu casa está _____ poca distancia de la mía.
5. Un coche de segunda mano de esa marca te puede costar _____ 5000 euros.
6. El mercado está _____ cinco minutos de mi casa.
7. Puedo ir _____ su casa andando, pero suelo ir _____ metro por comodidad.
8. Puedo esperar _____ menos diez, después tengo que irme a la oficina.

3 Subraya la opción correcta. 정답에 밑줄 그어 보세요.

1. Toco la guitarra _por_ / _para_ diversión, pero no soy músico profesional.
2. Me necesitan en el hospital, ahora mismo voy _por_ / _para_ allá.
3. ¿_Por_ / _Para_ dónde vivías tú?
4. Le han dado un premio _por_ / _para_ sacar buenas notas.
5. Si quieres te mando las fotos de la fiesta _por_ / _para_ e-mail.
6. Si vienes a mi casa _por_ / _para_ la autopista, toma la primera salida.

VOCABULARIO

4 Ordena las letras para formar palabras. Después, completa el texto con ellas.
낱말을 만들기 위해 철자를 배열하세요. 이후에는 이것으로 글을 완성해 보세요.

- CHOCE → _coche_
- CIÓNTAES → _____
- TASCOA → _____
- GRESARER → _____
- TERANDU → _____
- BORTRANSDO → _____
- TRARDA → _____
- PIRÁDO → _____
- NERT → _____
- MOTER → _____

5 Ahora completa el texto con las palabras del ejercicio anterior.
이제 이전 연습 문제의 낱말들로 글을 완성해 보세요.

> Querido diario:
> Hoy he decidido ir a clase en (1) _coche_ para llegar más (2) _____. ¡Vaya idea! Primero me ha pillado un (3) _____ en la M-30 y he estado ahí parada (4) _____ media hora. Luego, me he encontrado la carretera cortada por obras, así que he tenido que (5) _____ hasta el puente y tomar otro camino mucho más largo. Al rato, se me ha pinchado una rueda. ¡Y no pasaba ni un taxi! Para no (6) _____ más, he decidido caminar hasta la (7) _____ de Atocha y tomar el (8) _____ de cercanías. Mañana voy en (9) _____, como siempre, aunque tenga que hacer (10) _____, y se acabó.

ciento cuarenta y tres **143**

3 Gramática y vocabulario 문법 및 어휘

GRAMÁTICA 문법

VERBOS REFLEXIVOS Y VERBOS *LE*
재귀동사와 *LE*와 함께 쓰는 동사들

→ Tenemos una serie de verbos que funcionan habitualmente con los pronombres *me, te, le, nos, os, les*. Siguen el mismo esquema que el verbo *gustar*.
일반적으로 대명사인 *me, te, le, nos, os, les*와 함께 쓰는 일련의 동사들이 있습니다. *gustar* 동사와 동일한 구조를 갖습니다.

a mí	me	
a ti	te	
a él / ella / Ud.	le	cae/n bien/mal
a nosotros/as	nos	
a vosotros/as	os	
a ellos / ellas / Uds.	les	

A mí no me interesa la política.
¿A ti te cae bien la profesora nueva?
A ella no le queda bien esa blusa.
A nosotros nos preocupan el medioambiente.
¿A vosotros os preocupa la contaminación?
A ellos no les importa llegar tarde.

→ Otros verbos funcionan con los pronombres reflexivos *me, te, se, nos, os, se*.
재귀대명사인 *me, te, se, nos, os, se*와 함께 쓰는 동사들도 있습니다.

me llevo	nos llevamos
te llevas	os lleváis
se lleva	se llevan

Luis se lleva muy bien con Ángel.
Ayer Rosa se encontraba mal y no fue a clase.

→ A veces el mismo verbo puede usarse con las dos estructuras. En este caso, el verbo puede tener significados muy diferentes o, por el contrario, no variar apenas. 가끔은 한 동사가 위 두 개의 구조로 쓰이기도 합니다. 이런 경우, 동사는 매우 다르거나 또는 거의 차이가 없는 의미를 가질 수 있습니다.

Julio no se queda nunca en casa los sábados por la noche.
A Ana le queda muy bien el vestido blanco.

ORACIONES DE RELATIVO 관계사 구문

→ Las **oraciones de relativo** están introducidas por los pronombres *que, el/la cual, los/las cuales, quien, quienes*. El relativo más utilizado, tanto para personas como para cosas es *que*.
관계사 구문은 대명사인 *que, el/la cual, los/las cuales, quien, quienes*로 연결됩니다. 사람이나 사물에게 가장 빈번하게 사용되는 관계사는 *que*입니다.

→ Las oraciones de relativo pueden llevar el verbo en indicativo o subjuntivo.
관계사 구문은 직설법이나 접속법의 동사를 수반할 수 있습니다.

- **Indicativo:** cuando el hablante conoce la existencia del antecedente. 직설법: 화자가 선행사의 존재를 알고 있을 때
  He visto un restaurante nuevo que pone un cocido buenísimo.
  Estamos buscando un bar que tiene unas tapas buenísimas.

- **Subjuntivo:** Si el hablante no conoce la existencia del antecedente. 접속법: 화자가 선행사의 존재를 모를 때
  Estamos buscando un bar que tenga buenas tapas.

- También se usa el subjuntivo cuando decimos del antecedente que no existe o que es escaso.
또한 존재하지 않거나 매우 드문 선행사에 대해 말할 때도 접속법이 쓰입니다.
  Hay pocos bares que tengan buenas tapas.

CONDICIONAL 가정미래

→ Cuando se utiliza independientemente, el **condicional** sirve para expresar consejos, sugerencias, deseos poco probables o cortesía.
독립적으로 사용할 경우, 가정미래는 충고, 제안, 가능성이 거의 없는 소망, 정중함을 표현합니다.

Yo que tú hablaría con el profesor.
Podríamos comprar un pollo asado y unas patatas fritas para comer.
Me gustaría estudiar música.
¿Le importaría cerrar la ventana? Tengo frío.

hablar 말하다	
hablaría	hablaríamos
hablarías	hablaríais
hablaría	hablarían

CONDICIONALES IRREGULARES 불규칙형 가정미래

→ Los **condicionales irregulares** tienen la misma irregularidad que los futuros.
불규칙형 가정미래는 미래와 동일한 불규칙 형식을 갖습니다.

	Futuro	Condicional
decir 말하다	diré	diría
hacer 하다	haré	haría
poder 할 수 있다	podré	podría
poner 놓다	pondré	pondría
salir 나가다	saldré	saldría

VOCABULARIO 어휘

VERBOS 동사

> interesar 관심을 끌다 • encantar 무척 좋아하다
> parecer ~(으)로 보이다, 닮다 • quedar 남다, 만나다
> reír 웃다 • enfadarse 화나다 • preocuparse 걱정하다
> importar 중요하다, 수입하다 • darse cuenta 알아차리다
> equivocarse 틀리다

ADJETIVOS DE CARÁCTER 성격을 나타내는 형용사

> autoritario 권위적인 • vago 게으른
> creativo 창조적인 • tolerante 관용적인
> ambicioso 야망 있는 • responsable 책임감 있는
> encantador 매력적인 • competitivo 경쟁력 있는
> sociable 사교적인 • inseguro 자신감 없는
> envidioso 질투하는 • cariñoso 다정한

Ejercicios prácticos

1 Completa con el pronombre correcto (*me, te, se, le, nos, os, les*).

적절한 대명사(*me, te, se, le, nos, os, les*)로 완성해 보세요.

1. No voy a ir contigo a correr el sábado, no ____ gusta madrugar los fines de semana.
2. Niños, ¿____ apetece un helado?
3. Cuando nació Pedro ____ trasladamos a Londres.
4. Ana no ____ encuentra bien, ____ duele la cabeza.
5. Paula y Jorge no están saliendo juntos, pero ____ llevan muy bien.
6. Voy a despedir ____ de Susana, mañana ____ va a Buenos Aires.
7. No pongas las música tan alta, a mis vecinos ____ molesta mucho.
8. Víctor, ¿____ parece bien que invitemos a Teresa a comer con nosotros?
9. Mi hija ya sabe andar, pero aún ____ cae a veces.

2 Relaciona cada expresión con su significado.

각 표현의 알맞은 의미를 찾아 연결해 보세요.

1	Está de moda.	a	Se cae.
2	Acerca a su hijo al colegio.	b	Se lleva.
3	No tiene buena relación con alguien.	c	Le cae bien.
4	Le gusta esa persona.	d	Le lleva.
5	Pierde el equilibrio.	e	Se lleva mal.
6	Le gustan los coches caros.	f	Le van.
7	Deja un lugar para ir a otro.	g	Se queda.
8	Permanece en un lugar.	h	Le queda bien.
9	Le sienta bien la ropa.	i	Se va.

ORACIONES DE RELATIVO

3 Completa con el verbo en la forma correcta.

적절한 형태의 동사로 완성해 보세요.

1. Cómprate un coche barato, pero que _____ (ser) seguro.
2. Conozco una profesora de piano que _____ (dar) clases a niños por 20 euros la hora.
3. Pues yo tengo un programa de ordenador que _____ (servir) para componer tu propia música.
4. ¿Conoces a alguien que _____ (poder) cuidar de mis hijos tres tardes a la semana? Es que yo no encuentro a nadie adecuado.
5. Necesito encontrar la mochila que _____ (usar) para ir al gimnasio y no sé dónde está.
6. Estoy buscando un piso que _____ (tener) una terraza grande y preciosa. Lo vi el otro día en esta página web.
7. Mi jefe está buscando un secretario que _____ (querer) quedarse a trabajar por las tardes hasta las ocho.
8. Me han dicho que en este trabajo necesitan chicos que _____ (tener) carné de conducir.
9. ¿Conoces a alguien que _____ (trabajar) en televisión?
10. Buenos días, póngame un pollo, que no _____ (ser) muy grande, por favor.

VOCABULARIO

4 Relaciona cada adjetivo con su definición.

각 정의에 해당하는 형용사를 써 보세요.

> autoritario • creativo • tolerante • ambicioso
> conservador • vago • responsable
> encantador • ~~sociable~~
> inseguro • envidioso • cariñoso

1. Le gusta mucho estar con otra gente: *sociable*
2. No está seguro de sí mismo: _____
3. Siempre dice a los otros lo que tienen que hacer: _____
4. Desea riqueza, poder o fama: _____
5. Tiene muchas ideas originales: _____
6. Sabe bien cuáles son sus obligaciones y las cumple: _____
7. Desea lo que tienen los demás: _____
8. Admite ideas muy diferentes: _____
9. Le gusta el orden establecido: _____
10. Persona muy agradable: _____
11. No le gusta trabajar: _____
12. Afectuoso: _____

CONDICIONAL

5 Completa con el verbo en condicional.

가정미래시제로 동사를 활용하여 문장을 완성해 보세요.

1. Me *gustaría* (gustar) vivir más cerca de mi trabajo.
2. Yo que tú no _____ (salir) a esas horas por esta zona, es peligroso.
3. ¿_____ (Poder, usted) traernos otra cuchara, por favor?
4. Yo que tú _____ (ver, él) menos la televisión.
5. Nosotros, en tu lugar, _____ (leer) bien las instrucciones antes de usar el aparato.

4 Gramática y vocabulario 문법 및 어휘

GRAMÁTICA 문법

PERÍFRASIS VERBALES 조동사 구문

➡ Las **perífrasis verbales** se utilizan para expresar distintos matices en la duración, temporalidad o intencionalidad del hablante. 조동사구문은 지속, 일시적 특성, 화자의 의도를 다양한 뉘앙스로 표현하기 위해 사용합니다.

- *Seguir* o *llevar* + gerundio expresan la duración de una acción que empezó en el pasado y que aún continúa.
  '*seguir / llevar* + 현재분사'는 과거에 시작되어 아직 계속되고 있는 행위의 지속을 나타냅니다.
  ¿Sigues viviendo en la misma casa?
  Llevo trabajando en Madrid tres años.

- *Dejar de* + infinitivo expresa finalización.
  '*Dejar de* + 동사원형'은 종결을 나타냅니다.
  El niño ya ha dejado de llorar.

- *Acabar de* + infinitivo se utiliza para expresar una acción que ha sucedido en un tiempo muy reciente.
  '*Acabar de* + 동사원형'은 최근에 발생한 일을 나타냅니다.
  Acabamos de volver de vacaciones.

- *Empezar a* + infinitivo expresa inicio.
  '*Empezar a* + 동사원형'은 시작을 나타냅니다.
  Empecé a estudiar español cuando era joven.

- *Volver a* + infinitivo expresa repetición.
  '*Volver a* + 동사원형'은 반복을 나타냅니다.
  Volvieron a verse después de unos años.

ESTAR + GERUNDIO ESTAR + 현재분사

➡ Con la perífrasis *estar* + verbo en gerundio expresamos acciones en desarrollo ya sea en el presente, en el pasado o en el futuro.
'*estar* + 현재분사' 구문은 현재, 과거, 미래에서 진행 중인 행위를 표현합니다.
Roberto está leyendo una novela.
Lucía estuvo esperando el autobús una hora.
Mañana a esta hora estaré comiendo con Ana.

HE ESTADO / ESTABA / ESTUVE + GERUNDIO
HE ESTADO / ESTABA / ESTUVE + 현재분사

Pret. imperfecto 불완료과거	Pret. indefinido 단순과거	+ gerundio 현재분사
estaba	estuve	
estabas	estuviste	
estaba	estuvo	trabajando
estábamos	estuvimos	viviendo
estabais	estuvisteis	
estaban	estuvieron	

➡ La diferencia entre *estaba viviendo* y *estuve viviendo* es la misma que entre *vivía* y *viví*.
*estaba viviendo*과 *estuve viviendo* 간의 차이는 *vivía*와 *viví* 간의 차이와 동일합니다.
Yo estuve viviendo / viví en Lugo un año.
Cuando estaba viviendo / vivía en Perú, fui a Lima.

➡ No se utiliza la perífrasis *estaba* + gerundio para expresar hábitos en el pasado.
'*estaba* + 현재분사'는 과거의 습관 표현을 위해 사용되지 않습니다.
Yo antes ~~estaba jugando~~ jugaba al fútbol todos los domingos.

Pretérito perfecto + gerundio 현재완료 + 현재분사	
he estado	
has estado	
ha estado	leyendo
hemos estado	
habéis estado	
han estado	

➡ Este tiempo se utiliza para expresar acciones en desarrollo en un pasado reciente. Pretende dar énfasis a la duración de la actividad.
이 시제는 가까운 과거에 진행 중이었던 행위를 표현하기 위해 사용됩니다. 행위의 지속을 강조하기 위함입니다.
He estado leyendo toda la mañana.

➡ Recuerda que el **pretérito imperfecto** se utiliza para expresar acciones pasadas no acabadas, para hacer descripciones del pasado así como para expresar hábitos en el pasado.
불완료과거는 끝나지 않은 과거의 행위와 과거의 습관 표현과 같은 과거 서술을 위해 사용된다는 것을 기억해야 합니다.
Mi abuela vivía con nosotros.
Cuando éramos jóvenes, dormíamos mucho.

FORMACIÓN DE CONTRARIOS 반의어의 형성

➡ Para la formación de adjetivos contrarios, usamos los prefijos *in-*, *i-* y *des-*.
반의의 형용사 형성을 위해 접두사 *in-*, *i-*, *des-*를 사용합니다.

feliz	➡	*infeliz*
responsable	➡	*irresponsable*
agradable	➡	*desagradable*

➡ Si el adjetivo empieza por *p* o *b*, el prefijo es *im-*, en vez de *in-*. *p*나 *b*로 시작하는 형용사에는 접두사 *in-* 대신 *–im*을 사용합니다.
posible ➡ *imposible*

ACENTUACIÓN DE MONOSÍLABOS 단음절 어휘의 강세

➡ Las palabras de una sílaba (monosílabas) llevan tilde cuando son diferentes en categoría gramatical o significado.
단음절 어휘는 문법 범주나 의미가 다를 때 강세 부호를 수반합니다.

Con tilde 강세부호 첨가	Sin tilde 강세부호 없음
él (pronombre 대명사)	el (artículo 관사)
mí (pronombre 대명사)	mi (posesivo 소유사)
sé (verbo saber 동사)	se (pronombre 대명사)
sí (adverbio 부사)	si (conjunción condicional 조건접속사)
té (nombre 명사)	te (pronombre 대명사)
tú (pronombre 대명사)	tu (posesivo 소유사)

Ejercicios prácticos

PERÍFRASIS VERBALES

1 Daniela no ha cambiado mucho en los últimos diez años. Mira la lista y escribe frases diciendo qué cosas sigue haciendo y cuáles ha dejado de hacer. 다니엘라는 최근 10년간 많이 바뀌지 않았습니다. 목록을 보고 계속 하고 있는 일은 무엇인지, 그만 둔 일은 무엇인지 문장을 작성해 보세요.

1. Salir a correr por las mañanas.
   Daniela sigue saliendo a correr por las mañanas.
2. Escribir todo lo que hace en un diario. (NO)
   Daniela ha dejado de escribir todo lo que hace en un diario.
3. Hacer unos pasteles buenísimos.
   _____
4. Contar unos chistes muy graciosos.
   _____
5. Leer revistas del corazón. (NO)
   _____
6. Ser un poco impaciente.
   _____
7. Maquillarse a diario. (NO)
   _____
8. Morderse las uñas. (NO)
   _____
9. Ir de vez en cuando a la montaña para relajarse.
   _____

2 Cambia la frase usando *dejar de, acabar de, empezar a, volver a* + infinitivo o *seguir, llevar* + gerundio. '*dejar de / acabar de / empezar a / volver a* + 동사원형', '*seguir / llevar* + 현재분사'를 이용하여 문장을 바꿔 써 보세요.

1. Mi marido **ya no** conduce.
   Mi marido ha dejado de conducir.
2. Mañana me apuntaré **otra vez** a yoga.
   _____
3. Luisa me ha llamado **justo ahora**.
   _____
4. **Todavía** echo de menos mi antiguo barrio.
   _____
5. El niño llora **desde hace un rato**.
   _____
6. ¿**Todavía** usas esas gafas tan viejas?
   _____
7. En cuanto termino de limpiar los cristales, **llueve**.
   _____
8. Hemos puesto la televisión **ahora mismo**.
   _____
9. Siempre que te pido algo, **protestas**.
   _____

HE ESTADO / ESTABA / ESTUVE

3 Subraya la opción correcta. 알맞은 것에 밑줄 그어 보세요.

1. Antes Juanjo siempre *estaba / estuvo* gastando bromas.
2. Conozco a una chica que *ha estado / estaba* estudiando en Berlín cuando cayó el muro.
3. Anoche no pude dormir porque el gato de la vecina *ha estado / estuvo* maullando sin parar.
4. Anoche *estábamos / estuvimos* celebrando el cumpleaños de Gema en un bar cuando vimos la noticia del terremoto en televisión.
5. Durante estos últimos años, *ha estado / estuvo* viajando para perfeccionar sus conocimientos de inglés, pero ahora ha vuelto a su ciudad.
6. Cuando éramos jóvenes, *estuvimos / estábamos* saliendo juntos una temporada.

FORMACIÓN DE CONTRARIOS

4 Los amigos de Eduardo tienen cualidades, pero también defectos. Lee las frases y elige un adjetivo contrario a los del recuadro. 에두아르도의 친구들은 장점이 있지만 단점도 있습니다. 문장을 읽고 박스의 형용사와 반의의 형용사로 완성해 보세요.

> responsable • paciente • tranquilo/a
> ordenado/a • tolerante • sociable

1. Fran se preocupa demasiado por todo y nunca se relaja, siempre está _____ por alguna cosa.
2. Laura no puede esperar, lo quiere todo ahora y ya. Es bastante _____.
3. Nacho no acepta fácilmente las opiniones diferentes a la suya. Es un poco _____.
4. El escritorio de Ricardo está hecho un lío: lleno de objetos de todo tipo. Es muy _____.
5. Beatriz ha vuelto a dejar a su perro suelto por el jardín vecinal y, claro, ha destrozado las flores. Esta chica es un poco _____.
6. A Arturo no le gusta mucho la gente, y prefiere estar solo. Es un poco _____.

ACENTUACIÓN DE MONOSÍLABOS

5 Escribe las tildes que faltan. 빠진 강세부호를 첨가해 보세요.

1. El libro daselo a el.
2. Mi casa es para mi y mi familia.
3. No se si se llama Juan o Toni.
4. A ti te gusta mucho el te.
5. ¿Tu sabes que ha hecho tu hermano?

5 Gramática y vocabulario 문법 및 어휘

GRAMÁTICA 문법

ORACIONES FINALES 목적절

➜ Las oraciones que expresan finalidad y que están introducidas por *para / para que* pueden llevar el verbo en infinito o en subjuntivo.
목적을 나타내고 *para / para que*로 연결된 구문은 동사원형이나 접속법의 동사를 수반할 수 있습니다.

- **Para + infinitivo** se utiliza cuando el sujeto de los dos verbos es el mismo.
  '*Para* + 동사원형'은 두 동사의 주어가 동일할 때 사용합니다.
  *Lo llamé **para** preguntarle por su salud.*
     (yo)   (yo)

- **Para que + subjuntivo** se utiliza cuando los sujetos son diferentes.
  '*Para que* + 접속법'은 두 동사의 주어가 상이할 때 사용합니다.
  *Te lo cuento **para que** sepas lo que pasó.*
          (yo)   (yo)

➜ Las oraciones interrogativas con *para qué...* se utilizan siempre con indicativo.
Para qué... 로 구성된 의문문은 항상 직설법을 사용합니다.
*¿**Para qué** querías verme?*

IMPERATIVO 명령형

➜ Se usa el **imperativo** para dar órdenes, para pedir favores, para dar instrucciones y consejos.
명령하고 부탁하고 지시와 충고를 하기 위해 사용합니다.
Bajad la voz.
No hagas ruido, por favor.
Bebe dos litros de agua al día.

➜ Cuando el imperativo se usa para dar una orden muchas veces se suaviza con *por favor*.
명령하기 위해 사용될 경우, 자주 *por favor*로 완화합니다.
Carlos, cierra la puerta, por favor.

➜ Todas las formas del imperativo (excepto *tú* y *vosotros* en la forma afirmativa) son iguales que las del presente de subjuntivo.
모든 명령형(*tú*와 *vosotros*에 해당하는 긍정형의 경우는 제외)은 접속법 현재시제와 동일한 패턴입니다.

Imperativo 명령형	
afirmativo 긍정형	negativo 부정형
comer 먹다	
come (tú)	no comas (tú)
coma (usted)	no coma (usted)
comed (vosotros)	no comáis (vosotros)
coman (ustedes)	no coman (ustedes)
beber 마시다	
bebe (tú)	no bebas (tú)
beba (usted)	no beba (usted)
bebed (vosotros)	no bebáis (vosotros)
beban (ustedes)	no beban (ustedes)

➜ Los verbos que son irregulares en presente de indicativo suelen tener la misma irregularidad en imperativo (excepto la persona *vosotros*).
직설법 현재시제가 불규칙한 동사들은 보통 명령형에서 동일한 불규칙 패턴을 갖습니다 (*vosotros* 형 제외).

Dormir 자다	
Presente 현재시제	Imperativo 명령형
d**ue**rmo (yo)	d**ue**rme (tú) / no d**ue**rmas
	d**ue**rma (Ud.) / no d**ue**rma
	dormid (vos.) / no durmáis
	d**ue**rman (Uds.) / no d**ue**rman

➜ Otros irregulares 기타 불규칙동사
decir, ir, hacer, poner, oír, tener, ser, venir y *salir*.

Decir 말하다	
afirmativo 긍정명령형	negativo 부정명령형
di (tú)	no digas
diga (Ud.)	no diga
decid (vosotros)	no digáis
digan (Uds.)	no digan

ir: ve - no vayas	**oír:** oye - no oigas
hacer: haz - no hagas	**venir:** ven - no vengas
poner: pon - no pongas	**salir:** sal - no salgas

➜ **Imperativo** + pronombres. 명령형 + 대명사

- **Afirmativo.** Los pronombres van detrás del verbo.
  긍정명령형: 대명사가 동사 뒤로 갑니다.
  Cállense, por favor. / Díselo tú, Ángel.

- **Negativo.** Los pronombres van antes del verbo.
  부정명령형: 대명사가 동사 앞으로 갑니다.
  No te sientes ahí. / No se lo digas a Juan.

VOCABULARIO 어휘

ALIMENTOS 먹거리

berenjenas 가지 • garbanzos 병아리콩 • mejillones 홍합
filete 얇은 스테이크 • yogur 요구르트 • salchichas 소시지
merluza 대구 • queso 치즈 • lentejas 렌즈콩
coliflor 꽃양배추 • leche 우유 • huevos 달걀
fruta 과일 • carne 고기 • pescado 생선
pollo 닭고기 • bocadillos 스페인식 샌드위치
pizza 피자 • lechuga 상추 • tomates 토마토
naranjas 오렌지 • espinacas 시금치
pasta 파스타 • ensaladas 샐러드 • manzanas 사과

PARTES DEL CUERPO 신체 부위

cabeza 머리 • frente 이마 • orejas 귀 • ojos 눈 • nariz 코
boca 입 • cuello 목 • brazos 팔 • manos 손
dedos 손가락, 발가락 • pecho 가슴 • espalda 등
caderas 엉덩이 • piernas 다리 • rodillas 무릎 • pies 발

Ejercicios prácticos

ORACIONES FINALES

1 Completa con *para, para que* o *para qué*.

*para, para que, para qué*로 완성해 보세요.

1. Te he invitado _____ conozcas mi pueblo.
2. Necesitamos una escalera _____ cambiar esa bombilla.
3. ¿_____ traes los libros? No tenemos tiempo de estudiar.
4. ¿_____ han venido? No lo entiendo, no nos están ayudando.
5. Me llevé a los niños al parque _____ hicieran algo de deporte.
6. Rosario cambió la planta de sitio _____ le diera más la luz.
7. Vive en Moscú, pero de vez en cuando viene aquí _____ visitar a su familia.
8. Le he comprado el periódico _____ lea algo y se entretenga mientras espera.
9. _____ estar en forma, tienes que descansar lo necesario.
10. Habían salido _____ dar un paseo por el barrio, pero se puso a llover y entraron en un cine.

2 Completa estos trucos de cocina de una revista escribiendo el verbo en infinitivo o subjuntivo.

한 잡지의 요리 비결을 동사원형이나 접속법 시제의 동사로 완성해 보세요.

1. Para que tus ensaladas _____ (quedar) perfectas, alíñalas solo unos minutos antes de servirlas.
2. Para _____ (pelar) los tomates más fácilmente, métélos unos segundos en agua hirviendo.
3. Para _____ (conseguir) más zumo, introduce las naranjas en el microondas a máxima potencia durante un minuto.
4. Para que las lentejas no _____ (pegarse), frota el fondo de la olla con un trozo de cebolla cruda.
5. Para que la coliflor no _____ (tener) mal olor al cocerla, echa un chorrito de vinagre en el agua de cocción.
6. Para _____ (dar) un toque especial a tus bocadillos, añádeles unas semillas de sésamo.
7. Para _____ (comprobar) si un huevo es fresco, métélo en un vaso de agua. Si se hunde, es fresco; si flota, no debes utilizarlo.
8. ara que la lechuga _____ (conservar) todos sus nutrientes, córtala con las manos y no con el cuchillo.

VOCABULARIO

3 En esta sopa de letras hay diez partes del cuerpo. ¿Puedes encontrarlas?

이 십자말풀이에는 10개의 신체 부위명이 있습니다. 찾을 수 있나요?

C	A	D	E	R	A	V	I	L	E
A	O	Z	F	A	X	J	M	S	U
B	F	D	T	L	O	E	P	U	O
E	R	T	O	L	L	A	P	O	H
Z	A	Ñ	I	L	C	O	G	C	
A	N	M	Z	D	E	U	S	B	E
Q	T	S	A	O	U	R	D	Z	P
D	E	D	O	R	C	I	W	I	O

IMPERATIVO

4 Completa la tabla con los imperativos irregulares.

다음 표를 불규칙명령형으로 완성해 보세요.

	afirmativo	negativo
DECIR		
tú		*no digas*
usted	*diga*	
vosotros/as		
ustedes		
IR		
tú		
usted		
vosotros/as		
ustedes		
HACER		
tú		
usted		
vosotros/as		
ustedes		
VENIR		
tú		
usted		
vosotros/as		
ustedes		

5 Nando y Susana van a salir al teatro y después cenarán fuera. Completa la nota que dejan a su hijo con los verbos en imperativo.

난도와 수사나는 연극 극장에 갈 예정이고 이후에는 외식을 할 겁니다. 아들에게 남겨둔 메모를 명령형의 동사로 완성해 보세요.

(1) <u>Haz</u> (hacer) los deberes y no (2)_____ (poner) la música muy alta. Y no (3)_____ (ver) mucho la tele. Tienes la cena en la nevera, (4)_____ (calentar, la cena) en el micro y después de cenar (5)_____ (recoger) la mesa. (6)_____ (Leer) un poco y no (7)_____ (acostarse) muy tarde. Si necesitas algo, (8) _____ (llamar, a nosotros) al móvil.
Besos, Papá y mamá.

6 Gramática y vocabulario 문법 및 어휘

GRAMÁTICA 문법

EXPRESAR SENTIMIENTOS Y OPINIONES
감정과 의견 표현하기

➔ Las oraciones dependientes de verbos como *gustar*, *interesar*, *molestar*, que funcionan con los pronombres *me, te, le, nos, os, les*, llevan el verbo en infinitivo o subjuntivo. 간접목적대명사 *me, te, le, nos, os, les*와 함께 쓰는 *gustar*, *interesar*, *molestar* 동사들의 독립문에는 동사원형이나 접속법 시제가 사용됩니다.

- **Infinitivo**. Cuando el sujeto de las dos frases es el mismo. 동사원형: 두 절의 주어가 동일할 때
  Me preocupa llegar tarde al médico.
       (yo)   (yo)
- **Subjuntivo**. Cuando el sujeto de los dos verbos es diferente. 접속법: 두 동사의 주어가 상이할 때
  Me preocupa que Paco llegue tarde al médico.
       (yo)   (él)

HAY QUE + INFINITIVO HAY QUE + 동사원형

➔ Se utiliza *hay que* + infinitivo para hablar de obligaciones que afectan a todo el mundo. 모든 사람들에게 영향을 미치는 의무에 대해 이야기할 때 사용합니다.
  Hay que escuchar al profesor cuando está explicando.

(NO) HACE FALTA (QUE)

- **Infinitivo**. Obligación impersonal. 동사원형: 비인칭의 의무
  No hace falta limpiar los cristales, están limpios.
- **Subjuntivo**. Obligación personal. 접속법: 개인적인 의무
  No hace falta que (tú) vengas mañana.

ES NECESARIO, ES IMPORTANTE, ES CONVENIENTE (QUE)

- **Infinitivo**. Cuando la oración subordinada es impersonal, no se refiere a un sujeto concreto. 동사원형: 종속절이 비인칭일 때 특정 주어를 지칭하지 않습니다.
  Es necesario cuidar el medioambiente.
- **Subjuntivo**. Se utiliza cuando la oración subordinada tiene un sujeto personal. 접속법: 종속절에 특정한 주어가 있을 때 사용합니다.
  Es conveniente que (tú) hagas lo que dice el médico.

COMPARATIVOS 비교급

➔ Comparación con adjetivos. 형용사의 비교
- **Superioridad:** *más* + adjetivo + *que*.
  우등: *más* + 형용사 + *que*
- **Inferioridad:** *menos* + adjetivo + *que*.
  열등: *menos* + 형용사 + *que*
- **Igualdad:** *tan* + adjetivo + *como*.
  동등: *tan* + 형용사 + *como*
  Mi coche es menos ruidoso que el tuyo.

➔ Comparación con nombres. 명사의 비교
- **Superioridad:** *más* + nombre + *que*.
  우등: *más* + 명사 + *que*
- **Inferioridad:** *menos* + nombre + *que*.
  열등: *menos* + 명사 + *que*
- **Igualdad:** *tanto/a/os/as* + nombre + *como*.
  동등: *tanto/a/os/as* + 명사 + *como*
  Mi coche gasta tanta gasolina como el tuyo.

➔ Comparación con verbos. 동사의 비교
- **Superioridad:** verbo + *más que*. 우등: 동사 + *más que*
- **Inferioridad:** verbo + *menos que*. 열등: 동사 + *menos que*
- **Igualdad:** verbo + *tanto como*. 동등: 동사 + *tanto como*
  Mi coche corre tanto como el tuyo.

➔ Se utiliza la preposición *de* para introducir la segunda parte de la comparación en los siguientes casos: 다음 경우에는 비교급 문장의 뒷부분을 구성하기 위해 전치사 *de*가 사용됩니다.
- Cuando hablamos de una cantidad determinada.
  특정한 양에 대해 이야기할 때
  Me he gastado más de 100 € en la lotería.
- Cuando la comparación (adjetiva) va seguida de *lo que*.
  (형용사의) 비교가 뒤에 *lo que*로 연결될 때
  Es más caro de lo que creía.
- Cuando la comparación (nominal) es cuantitativa.
  (명사의) 비교가 양적인 경우일 때
  Tenemos menos sillas de las que necesitamos

Comparativos irregulares 불규칙형 비교급	
grande	➔ mayor
pequeño	➔ menor
bueno	➔ mejor
malo	➔ peor

SUPERLATIVOS 최상급

➔ Se utilizan para expresar las cualidades en su grado máximo. Hay dos formas de superlativo.
자질을 최대치로 표현하기 위해 사용되며, 두 개의 형식이 있습니다.

- **Superlativo absoluto:** Se destaca una cualidad sin hacer una comparación. Adjetivo + *-ísimo/a/os/as*.
  절대 최상급: 비교 없이 자질을 부각합니다. 형용사 + *–ísimo/a/os/as*
  Esta niña es guapísima.
- **Superlativo relativo:** Expresa la superioridad con respecto a un grupo.
  상대적 최상급: 최상급을 집단과 비교하여 표현합니다.
  Es el más alto de su clase.

VOCABULARIO 어휘

VERBOS DE OPINIÓN Y OBLIGACIÓN 의견 동사, 의무 동사

me molesta que…~이/가 거슬리다
me preocupa que…~이/가 걱정스럽다
es necesario que…~이/가 필요하다
es importante que…~이/가 중요하다
es conveniente que…~이/가 바람직하다
hay que… ~해야만 한다 • me gusta que… ~이/가 좋다

MUNDO NATURAL 자연계

cordillera 산맥 • mar 바다 • continente 대륙
océano 대양 • desierto 사막 • selva 밀림 • río 강
país 나라 • isla 섬 • cañón 협곡

150 ciento cincuenta

Ejercicios prácticos

EXPRESAR SENTIMIENTOS Y OPINIONES

1 Completa con los verbos del recuadro en infinitivo o subjuntivo.

박스의 동사들을 동사원형이나 접속법 시제로 활용하여 완성해 보세요.

> ser • conocer • ~~hacer~~ • vivir • cambiar • fumar estar • venir • preparar • suspender

1. A la abuela le encanta *que haga* buen tiempo.
2. Me fastidia _____ de planes por culpa de Sergio.
3. A Paula y a mí nos encanta _____ gente a casa.
4. ¿No te preocupa _____ tan lejos de la ciudad? En este pueblo ni siquiera hay un hospital.
5. Vamos a apagar los cigarrillos, creo que a Felipe le molesta _____ en su casa.
6. Me parece importante _____ otras culturas.
7. A nosotras nos gusta mucho que Roxana _____ la cena, porque suele hacer platos muy buenos.
8. A los políticos no les interesa que la gente _____ tan descontenta.
9. No es necesario _____ nativo para ser un buen profesor de inglés.
10. Enrique estudia mucho, le preocupa _____.

2 Forma frases correctas uniendo elementos de las dos columnas. Hay más de una opción.

두 박스의 요소들을 연결하여 올바른 문장을 만들어 보세요. 1개 이상의 정답이 있습니다.

1. Hay que ☐
2. Me preocupa ☐
3. Es conveniente ☐
4. Me molesta que ☐
5. No hay que ☐
6. Es importante que ☐
7. Me gusta que ☐
8. No hace falta que ☐

a. vivir en un mundo tan contaminado.
b. salvar este planeta.
c. los niños aprendan desde pequeños a cuidar el medioambiente.
d. tires latas y botellas de plástico donde está el resto de la basura, porque luego tengo que separarlo yo.
e. desenchufar los aparatos eléctricos para ahorrar energía.
f. me ayudes, puedo hacerlo solo.
g. poner más puntos limpios en esta zona si queremos que la gente recicle más.
h. tirar el aceite usado por el fregadero, porque es muy contaminante.

SUPERLATIVOS

3 Relaciona cada descripción con uno de los nombres del recuadro.

각 서술에 맞는 단어를 박스에서 찾아 써 보세요.

> Nilo • Pacífico • ~~Alpes~~ • Sahara Australia • Amazonía

1. La cordillera más alta de Europa: *Alpes*.
2. El río más largo del mundo: _____.
3. La isla más grande del mundo: _____.
4. El océano más extenso del mundo: _____.
5. El desierto más grande del mundo: _____.
6. La selva más grande del planeta: _____.

COMPARATIVOS

4 Completa las frases con las partículas comparativas correspondientes.

적절한 비교급 어휘로 문장을 완성해 보세요.

1. Esta es pequeña. Necesito una *más* grande.
2. En las ciudades la contaminación no mejora. Está cada vez _____.
3. Este trabajo no está muy bien. Otras veces te ha salido _____.
4. Ana es más joven. Es _____ que su hermana.
5. Tú trabajas más que yo. Yo no trabajo _____ horas como tú.
6. Madrid tiene _____ habitantes que Barcelona.
7. Begoña no está _____ delgada como Susana.
8. Ahora es más barato comprarse una vivienda _____ antes.
9. Estos zapatos son muy malos. Me gustaría comprarme unos _____.
10. Hago más deporte que Ángel. Estoy _____ en forma que él.

5 Completa con las palabras del recuadro.

박스의 낱말로 완성해 보세요.

> ~~más~~ (2) • menos • tanto (2) • de (1) • como (2)

El avestruz es el animal de dos patas *más* rápido _____ mundo: alcanza los 100 km/h. Además de correr mucho, es enorme: mide casi _____ _____ dos personas juntas. Y un huevo de esta ave puede pesar _____ _____ 24 huevos de gallina.

El animal _____ rápido es el perezoso, que no supera los 20 km/h, y que también tiene otro récord: es el animal que _____ horas duerme (como mínimo, 20 al día).

7 Gramática y vocabulario 문법 및 어휘

GRAMÁTICA 문법

GÉNERO DE PROFESIONES Y OFICIOS 직업과 직무의 성

→ Los nombres de profesionales pueden tener género masculino y femenino.
직업 명사는 남성과 여성의 성을 갖습니다.

masculino 남성	femenino 여성
camarero	camarera
profesor	profesora
juez	jueza
estudiante	estudiante
dependiente	dependienta
futbolista	futbolista
policía	policía
actor	actriz
alcalde	alcaldesa

ORACIONES TEMPORALES CON CUANDO
cuando 시간절

→ Las oraciones temporales introducidas por *cuando* pueden llevar el verbo en indicativo o subjuntivo.
cuando가 이끄는 시간절은 직설법이나 접속법의 동사를 수반합니다.

- **Indicativo.** Cuando nos referimos al presente o al pasado. 직설법: 현재나 과거를 가리킬 때
  Cuando voy de viaje, siempre traigo regalos.
  Cuando salí del trabajo fui a visitar a Lola.
  Cuando vivía en París, trabajaba de camarero en un restaurante.

- **Subjuntivo.** Cuando nos referimos al futuro.
  접속법: 미래를 가리킬 때
  Cuando termine este trabajo, voy a hacer un viaje por África.

- Se utiliza el verbo en **futuro** (y no en subjuntivo) en las oraciones interrogativas, directas o indirectas.
  직접이나 간접의문문에서는 (접속법이 아닌) 미래시제의 동사를 사용합니다.
  ¿Cuándo vendrás a verme?
  ¿Sabes cuándo llegará María?
  No sé cuándo iré a verte.

ORACIONES CONDICIONALES 조건절

→ Las **oraciones condicionales** introducidas por **si** pueden llevar el verbo en indicativo o subjuntivo.
si가 이끄는 조건절은 직설법이나 접속법의 동사를 수반합니다.

- **Presente de indicativo.** Cuando la condición de la que se habla puede realizarse en el presente o en el futuro. 직설법 현재: 언급한 조건이 현재나 미래에 실현될 수 있을 때
  Si tengo tiempo, iré a verte.
                    futuro 미래
  Si tienes algún problema, llámame por teléfono.
                                     imperativo 명령형
  Mi marido y yo todos los domingos, si podemos, damos un paseo.
      presente 현재

- **Pretérito imperfecto de subjuntivo.** Cuando la condición de la que se habla no se puede realizar o es poco probable.
  접속법 불완료과거: 언급한 조건이 실현될 수 없거나 가능성이 희박할 때
  Si tuviera mucho dinero, no trabajaría.

PRETÉRITO IMPERFECTO DE SUBJUNTIVO
접속법 불완료과거

Verbos regulares 규칙동사		
hablar	comer	vivir
hablara	comiera	viviera
hablaras	comieras	vivieras
hablara	comiera	viviera
habláramos	comiéramos	viviéramos
hablarais	comierais	vivierais
hablaran	comiera	vivieran

Verbos irregulares 불규칙동사	
decir	dijera, dijeras…
estar	estuviera, estuvieras…
hacer	hiciera, hicieras…
ir, ser	fuera, fueras…
pedir	pidiera, pidieras…
poder	pudiera, pudieras…
tener	tuviera, tuvieras…
venir	viniera, vinieras…

→ Generalmente estos verbos en pretérito imperfecto de subjuntivo presentan la misma irregularidad que en pretérito indefinido.
이 동사들의 접속법 불완료과거형은 일반적으로 단순과거와 동일한 불규칙 패턴을 갖습니다.

VOCABULARIO 어휘

NOMBRES DE PROFESIONES 직업 명사

jardinero/a 정원사 • camarero/a 웨이터
periodista 저널리스트, 기자 • cocinero/a 요리사
abogado/a 변호사 • locutor/a 아나운서 • secretario/a 비서
cantante 가수 • fontanero/a 배관공 • peluquero/a 미용사
bailarín/ina 댄서 • juez/a 판사 • reportero/a 리포터
anestesista 마취과 의사 • recepcionista 접수처 담당자

LÉXICO DEL TRABAJO 직무 관련 어휘

anuncio 공지 • entrevista 인터뷰, 면접
currículo 이력서 • empresa 회사 • contrato 계약서
despedir 해고하다 • horario 시간표 • sueldo 급여
salario 월급 • firmar 서명하다
experiencia 경력 • paro 실업

Ejercicios prácticos

VOCABULARIO

1 Completa las frases con las palabras del recuadro. 박스 안의 어휘를 사용하여 문장을 완성해 보세요.

> contratar • plantillas • eventual
> Recursos Humanos • candidatos • cobrar
> vacantes • categoría

1. Óscar trabaja en el Departamento de _____ de una multinacional, está contento con el trabajo.
2. Sí, esta oferta de trabajo parece muy interesante, pero seguro que tiene más de cien _____ para un solo puesto.
3. Las empresas de trabajo temporal son buenas para encontrar un trabajo _____, para el verano o Navidad, pero es muy difícil que te ofrezcan un trabajo fijo.
4. Carlos está desesperado, no sabe qué hacer porque lleva más de cinco meses sin _____ y su jefe dice que no sabe cuándo le pagará.
5. En este anuncio dice que hay diez _____ de ayudantes de cocina, voy a enviar el CV.
6. Jorge, he leído en un artículo que para esta primavera van a _____ a varios músicos en la orquesta juvenil de Radio Nacional de España.
7. Mi amigo Rubén ha encontrado un trabajo estupendo. Él estudió Formación Profesional, pero tiene _____ de especialista, realiza el trabajo de un graduado universitario.
8. En muchas empresas las _____ se han reducido mucho. Donde antes trabajaban veinte personas, ahora trabajan solo diez.

PRETÉRITO IMPERFECTO DE SUBJUNTIVO

2 Completa el cuadro. 표를 완성해 보세요.

dar	salir	decir	tener
diera		dijera	
	salieras		tuvieras
diéramos			
dierais		dijerais	
dieran			

venir	leer	ver	pedir
viniera		viera	
	leyeras		pidieras
viniéramos		viéramos	
	leyerais		pidierais
vinieran		vieran	

estar	ser	poner	ir
estuviera			
	fueras		
		pusiera	
			fuéramos
estuvierais			
	fueran		

ORACIONES CONDICIONALES

3 Relaciona. Hay más de una opción.
알맞은 것끼리 연결해 보세요. 1개 이상의 정답이 있습니다.

1	Cuando vayas a París,	llámame.
2	Cuando vuelvas del trabajo,	pásate por mi casa.
3	Cuando veas a María,	ve al museo del Louvre.
4	Cuando estés triste,	dile que la quiero.
5	Cuando quieras,	compra el pan.
6	Cuando tengas tiempo,	escribe la redacción de español.
7	Cuando necesites dinero,	come.
8	Cuando tengas hambre,	pídeselo a tu padre.

4 Subraya el verbo adecuado. 적절한 동사에 밑줄을 그어 보세요.
1. Si *tengo / tuviera* tiempo, saldré a comprarme unos zapatos.
2. Si Roberto *estudia / estudiara* más, aprobaría.
3. Si *vivimos / viviéramos* más de cien años, tendríamos tiempo para hacer muchas cosas.
4. Si trabajaras menos, no *estarías / estuvieras* tan cansado.
5. Si *llamaría / llama* Ismael, dile que estoy enferma.
6. Si *tendré / tengo* hambre, comeré antes de llegar a casa.
7. Si *podemos / podríamos* ir al cine el domingo, te llamamos.
8. Si todos *fueran / son* más amables, el mundo sería más agradable.
9. Si *estuvieras / estás* cansado, no vayas a trabajar.

8 Gramática y vocabulario 문법 및 어휘

GRAMÁTICA 문법

ESTILO DIRECTO E INDIRECTO 직접화법과 간접화법

→ **Estilo directo:** reproduce las palabras del hablante exactamente igual a como fueron dichas.

Gráficamente va escrito con dos puntos, comillas y mayúsculas. 직접화법: 화자의 말을 정확히 말한 그대로 재현합니다. 문자로는 쌍점, 쉼표, 대문자와 함께 씁니다.

Ángel dijo: "Os llamaré mañana".

→ **Estilo indirecto:** reproduce la idea del hablante pero no sus palabras textuales y requiere de adaptaciones en las estructuras (verbos, pronombres, posesivos, expresiones de tiempo...) 간접화법: 화자의 생각을 재현하지만 말 그대로가 아니라 구조의 변형이 필요합니다. (동사, 대명사, 소유사, 시간 표현 등)

Ángel me dijo ayer que nos llamaría hoy.

CONCRETAR UNA CITA 약속 잡기

→ Para **concretar una cita** podemos utilizar las siguientes expresiones.
만날 약속을 구체화하기 위해 다음 표현을 사용합니다.

¿Dónde quedamos?
¿A qué hora quedamos?
¿Adónde vamos?
¿Qué vamos a hacer?
¿Qué te parece si vamos a...?
¿Qué tal si quedamos en...?

Estilo directo 직접화법	Estilo indirecto 간접화법
Presente 현재 Ana: "**Quiero** ir al concierto de jazz".	Pretérito imperfecto (presente) 불완료과거 (현재) Ana dijo que **quería** (quiere) ir al concierto de jazz.
Pretérito imperfecto 불완료과거 Juan: "Ayer **debía** pagar el alquiler".	Pretérito imperfecto 불완료과거 Juan dijo que **debía** pagar el alquiler ayer.
Pretérito perfecto 현재완료 Pedro: "Yo **he viajado** por toda España".	Pretérito pluscuamperfecto 과거완료 Pedro dijo que **había viajado** por toda España.
Pretérito indefinido 단순과거 Ana: "**Fui** al circo el otro día".	Pretérito pluscuamperfecto 과거완료 Ana dijo que **había ido** al circo el otro día.
Pretérito pluscuamperfecto 과거완료 Juan: "A las ocho todavía no **había llegado** el tren".	Pretérito pluscuamperfecto 과거완료 Juan dijo que a las ocho todavía no **había llegado** el tren.
Futuro 미래 Ana: "El próximo año **haré** más ejercicio".	Condicional (futuro) 가정미래(미래) Ana dijo que este año **haría** (hará) más ejercicio.
Condicional 가정미래 Juan: "Yo le **diría** la verdad para evitar problemas".	Condicional 가정미래 Juan dijo que él le **diría** la verdad para evitar problemas.

VOCABULARIO 어휘

DEPORTES 스포츠

natación 수영 • fútbol 축구 • tenis 테니스 • ciclismo 사이클
boxeo 권투 • golf 골프 • guantes 글러브 • bañador 수영복
botas 부츠 • casco 헬멧 • raqueta 라켓 • palos 배트, 골프채, 스틱
pista 트랙 • ring 링 • piscina 수영장
pista de hierba o tierra 잔디 코트 또는 클레이 코트
batida 때림, 침 • estadio 스타디움 • campo 운동장, 그라운드
carretera 도로 • récord 기록 • medalla 메달
árbitro 심판 • batir 치다, 기록을 세우다 • ganador 승자
aficionado 애호가 • campeona 챔피언 • atleta 운동선수

ESPECTÁCULOS 관람물

concierto de rock / música clásica / jazz 락 / 고전음악 / 재즈 콘서트 • cine 영화관 • teatro 극장 • ópera 오페라
ballet 발레 • circo 서커스 • tablao 플라멩코 공연장
exposición de pintura / fotografía / escultura 그림 / 사진 / 조각 전람회

ARTE Y LITERATURA 예술과 문학

cantante 가수 • poeta 시인 • actriz 여자 배우
actor 남자 배우 • director de orquesta 오케스트라 지휘자
escritor 작가 • compositor 작곡가 • escultor 조각가
pintor 화가 • director de cine 영화감독

MÚSICA 음악

violonchelo / violonchelista 첼로 / 첼로 연주자
flauta / flautista 플루트 / 플루트 연주자
violín / violinista 바이올린 / 바이올린 연주자
piano / pianista 피아노 / 피아노 연주자
guitarra / guitarrista 기타 / 기타 연주자
baterista 드럼 연주자

Ejercicios prácticos

VOCABULARIO

1 ¿A qué deportes se refieren? 어떤 스포츠를 가리키나요?

1. "Hay que golpear con diferentes palos según la distancia". _Golf_
2. "No sé qué tiene de emocionante ver a 22 hombres corriendo detrás de una pelota". _____
3. "Según su peso, los deportistas se agrupan en diferentes categorías". _____
4. "Se practica con diferentes estilos: braza, mariposa, espalda…". _____
5. "Se juega en diferentes tipos de pistas (de hierba, de tierra batida, etc.) y pueden jugar dos o cuatro personas". _____

2 Lee el artículo y completa los huecos con las palabras del recuadro.
기사를 읽고 박스의 낱말로 빈칸을 채워 보세요.

> carrera • medalla • éxitos • esquiadora • esquí

> Después de haber disputado tres juegos olímpicos y cinco mundiales, María José Rienda, (1) _____ granadina de 28 años, consiguió el domingo pasado ganar su primera (2) _____ al terminar tercera en Austria, en la primera (3) _____ de la Copa del Mundo de (4) _____. A lo largo de su trayectoria deportiva ha conseguido varios (5) _____, pero este es el primero que consigue en una copa del mundo.

3 Completa las frases con las palabras del recuadro.
박스의 말로 문장을 완성해 보세요.

> música clásica • ópera • exposición • cantante
> museo • director • compositor

1. Karajan fue el _____ de la Orquesta Filarmónica de Berlín.
2. Mick Jagger es el _____ de los Rolling Stones.
3. ■ ¿Te gusta la _____?
   • Sí, muchísimo.
   ■ ¿Y quién es tu _____ favorito?
   • No es fácil decirlo, pero me gustan Bach y Vivaldi.
4. No he vuelto a la _____ desde que vi Las bodas de Fígaro.
5. Va a haber una _____ del pintor Carlos López en el nuevo _____ de la ciudad.

CONCRETAR UNA CITA

4 Ordena la siguiente conversación entre Andrés y Marisa.
안드레스와 마리사의 다음 대화를 정렬해 보세요.

Andrés: Esta tarde nos reunimos en casa de Paco, ¿te vienes? ☐
Marisa: ¡Uf! Es demasiado pronto. ¿Podemos quedar un poco más tarde? ☐
Andrés: ¡Hola, Marisa! ¿Qué vas a hacer esta tarde? ☐
Marisa: Sí, mejor, ¿dónde quedamos? ☐
Marisa: No lo tengo claro, ¿por qué? ☐
Marisa: Vale, allí estaré a las siete y media. ¡Hasta luego! ☐
Andrés: Si quieres quedamos a las siete y media. ☐
Marisa: Me gustaría, pero ¿a qué hora? ☐
Andrés: En el metro de Alonso Martínez. ¿Te parece bien? ☐
Marisa: Sobre las siete de la tarde. ☐

ESTILO DIRECTO E INDIRECTO

5 Pasa a estilo indirecto.
간접화법으로 바꿔 보세요.

Marisa: _"Estoy cansada de trabajar porque mi jefa me exige cada día más y me pagan menos. Mi marido no tiene trabajo. Mis hijos están estudiando, pero sacan malas notas. Bueno, Santi, el mayor hace casi todas las tareas de la casa, es un encanto"._

¿Sabes?, la semana pasada vi a María por la calle y me contó que estaba cansada porque _____ _____. También me dijo que su marido _____, que sus hijos _____ _____.

6 Pasa a estilo indirecto.
간접화법으로 바꿔 보세요.

1. Fernando: "Te llamaré esta noche".
   Ayer Fernando me dijo que _____.
2. Luis y Marta: "Nos casaremos el mes que viene".
   Ayer me encontré con Luis y Marta y me dijeron que se _____.
3. "Yo haré la cena mañana".
   Tú me dijiste ayer que _____.
4. Juan: "Yo haré la compra el sábado".
   Juan dijo que él _____.
5. "Mañana no saldremos".
   Ellos me dijeron ayer que _____.

9 Gramática y vocabulario 문법 및 어휘

GRAMÁTICA 문법

VOZ PASIVA 수동태

→ La **voz pasiva** se utiliza especialmente en los textos periodísticos e históricos. 특히 신문기사나 역사 기록에 사용합니다.

La penicilina fue descubierta en 1928.

→ El hablante utiliza la voz pasiva cuando no le interesa decir quién es el sujeto agente de la acción o cuando este sujeto es obvio. También se usa cuando al hablante le parece más importante enunciar el objeto directo que el sujeto. Compara.
화자가 행위의 행위자 주어가 누구인지 말하는 것에 관심이 없거나 이 주어가 너무 명백할 때 수동태를 사용합니다. 또한 주어보다 직접목적어를 밝히는 것이 더 중요하다고 생각할 때 씁니다. 비교해 보세요.

El Cuerpo de Bomberos extinguió el incendio.
　　　sujeto agente 행위자 주어　　objeto directo 직접목적어
El incendio fue extinguido por el Cuerpo de Bomberos.
sujeto pasivo 피동 주어　　complemento agente 행위자 보어

→ La voz pasiva se forma con el verbo *ser* y el participio del verbo correspondiente en el mismo género y número que el sujeto pasivo.
수동태는 *ser* 동사와 해당 동사의 과거분사를 피동 주어의 성과 수에 일치하여 구성합니다.

*Hoy **han sido recuperados** los artículos robados de la tienda.*
*El principal sospechoso del robo **ha sido declarado** culpable por el Tribunal.*

ESTILO INDIRECTO: ÓRDENES, PETICIONES Y SUGERENCIAS 간접화법: 명령, 부탁, 제안

→ Cuando presentamos una orden o sugerencia en **estilo indirecto**, el verbo de la oración subordinada tendrá que ir en subjuntivo.
간접화법으로 명령이나 제안을 할 때, 종속절 동사는 접속법으로 씁니다.

(Jefe: "No llegues tarde")
Mi jefe siempre me dice que no llegue tarde.
(Lucía: "Ven mañana a mi casa")
Lucía me pidió que fuera a su casa.

→ Si el verbo introductor está en presente o pretérito perfecto, la oración de estilo indirecto llevará el verbo en presente de subjuntivo:
도입하는 동사가 현재나 현재완료일 때, 간접화법 문장은 접속법 현재시제의 동사를 씁니다.

Mi madre siempre me dice que no corra cuando voy en coche.　Presente 현재　Pres. subj 접속법 현재
Me ha pedido que le preste mi libro.
　Pret. perf. 현재완료　Pres. subj. 접속법 현재

→ Si el verbo introductor está en pretérito imperfecto, indefinido o pluscuamperfecto, la oración de estilo indirecto llevará el verbo en pretérito imperfecto de subjuntivo.
도입하는 동사가 불완료과거, 단순과거, 과거완료시제인 경우, 간접화법 문장은 접속법 불완료과거시제의 동사를 씁니다.

Me dijo que abriera la ventana.
Pret. ind.　Pret. imperf. subj.
단순과거　접속법 불완료과거

→ El estilo indirecto va introducido por verbos como *decir* (en el sentido de "ordenar") y otros como *pedir, sugerir, recomendar, aconsejar, rogar, prohibir,* etcétera.
간접화법은 *decir*('명령'의 의미)와 *pedir, sugerir, recomendar, aconsejar, rogar* 등과 같은 동사로 유도됩니다.

EXPRESAR DESEOS 소망 표현하기

Las oraciones subordinadas dependientes de verbos de deseo y necesidad (*espero, quiero, deseo, necesito, me gustaría*) pueden llevar el verbo en infinitivo o en subjuntivo.
소망과 필요(*espero, quiero, deseo, necesito, me gustaría*) 동사들의 종속문은 동사원형이나 접속법 동사를 수반할 수 있습니다.

→ **Infinitivo.** Cuando el sujeto de las dos oraciones es el mismo. 동사원형: 두 절의 주어가 동일할 때

Deseo tener más tiempo libre.
　(yo)　(yo)
Ella espera terminar el informe a tiempo.
Nos gustaría conocer Nueva York.

→ **Subjuntivo.** Cuando el sujeto de las dos oraciones es diferente. 접속법: 두 절의 주어가 상이할 때

Yo deseo que mis hijos sean felices.
Me gustaría que limpiaras tu cuarto.

VOCABULARIO 어휘

NOTICIAS 뉴스

titular 제목 • robar 훔치다 • detener 구속하다, 검거하다
policía 경찰 • persecución 추격
agresor 공격자 • huir 도망치다
asaltar 덮치다, 공격하다 • apuñalar 칼로 찌르다
herir 상처 입히다 • herido 부상자
atacar 공격하다 • víctima 희생자

VERBOS DE INFLUENCIA 영향을 미치는 동사

recomendar 추천하다 • aconsejar 충고하다
sugerir 제안하다 • prohibir 금지하다
pedir 부탁하다 • rogar 애원하다

Ejercicios prácticos

VOZ PASIVA

1 Completa las noticias del periódico con los verbos del recuadro.
박스의 동사로 신문 기사를 완성해 보세요.

> ha sido clausurado • fue suspendido
> fue interrumpido • han sido recibidas
> ha sido criticada

> ha sido clausurado • fue suspendido
> fue interrumpido • han sido recibidas
> ha sido criticada

1. La consejería de transportes _____ por no atender a los ciudadanos durante la huelga de autobuses.
2. El partido de fútbol _____ debido al mal tiempo.
3. El Congreso de Médicos _____ por el ministro de Sanidad.
4. El servicio de trenes _____ debido a la huelga de los empleados de la RENFE.
5. Las nuevas medidas de protección ambiental _____ con entusiasmo por la ciudadanía.

ESTILO DIRECTO E INDIRECTO

2 Laura, la madre de Fede, le da muchas instrucciones y órdenes todos los días. Luego, Guillermo le pregunta a Fede sobre esas órdenes. Completa lo que le ha respondido Fede.
페데의 엄마인 라우라는 그에게 매일 많은 지시와 명령을 합니다. 이후에 기예르모가 페데에게 이 명령에 대해 묻습니다. 페데의 대답을 완성해 보세요.

Madre:
1. "Fede, ven aquí ahora mismo".
2. "Fede, lávate las manos".
3. "Fede, hijo, pon la mesa".
4. "Dile a papá que venga a comer".
5. "Fede, quita la tele".
6. "No le des azúcar al perro".
7. "Saca la basura".
8. "Lleva el pan a la mesa".

Guillermo: "¿Qué te ha dicho tu madre?"

Fede: Mi madre me ha dicho que...
1. *vaya allí ahora mismo.*
2. _____.
3. _____.
4. _____.
5. _____.
6. _____.
7. _____.
8. _____.

3 Transforma las siguientes frases de estilo indirecto a estilo directo.
다음의 간접화법 문장들을 직접화법으로 바꿔 보세요.

1. Me ha pedido que me vaya con él.
   "Ven conmigo".
2. Me ha dicho que coma más frutas.
3. Me ha pedido que lo lea en voz alta.
4. Me dice siempre que no haga ruido.
5. Nos han pedido que lleguemos a las siete.
6. Nos ha dicho que terminemos pronto.
7. Me ha pedido que haga la cena.
8. Les ha dicho a los niños que se laven las manos.

EXPRESAR DESEOS

4 Sigue el modelo. 보기와 같이 써 보세요.
1. No tenemos piso.
   Nos gustaría tener un piso.
2. Mi hija no me ayuda.
   Me gustaría que mi hija me ayudara.
3. Llego tarde todos los días.
4. Mis hijos no tienen trabajo.
5. No salgo nunca de viaje.
6. No sé hablar inglés bien.
7. Mi marido tiene pocas vacaciones.
8. Mis alumnos no hacen los deberes.
9. Penélope no viene mucho a verme.
10. No tengo un vestido largo y bonito.
11. Hace mucho calor.
12. Mi hijo es un mal estudiante.

5 Ordena las frases. 다음 단어들을 사용하여 문장을 완성해 보세요.
1. enfermera / trabajar / Me / de / gustaría
2. ganar / gustaría / dinero / Me / más
3. fueras / París / a / gustaría / que / Me
4. vinieras / casa / gustaría / Me / mi / a / que
5. Me / que / bien / gustaría / hablaras / japonés / tú
6. más / Les / gustaría / yo / amable / que / fuera

6 Escribe un párrafo sobre qué desean los habitantes de tu país de sus autoridades.
여러분 나라의 국민들이 행정 기관에 원하는 바에 대해 한 문단의 글을 작성해 보세요.

Los habitantes de mi país esperan que los gobernantes piensen más en los problemas que tenemos...

En primer lugar, queremos / deseamos que...

10 Gramática y vocabulario 문법 및 어휘

GRAMÁTICA 문법

EXPRESIÓN DE LA CONJETURA 추측 표현

➜ Para expresar nuestras dudas, deseos o planes sin definir (conjeturas) utilizamos las siguientes expresiones.
명시하지 않은(추측성) 의구심, 욕구, 계획을 나타내기 위해 다음 표현을 사용합니다.

- *A lo mejor* + presente de indicativo. *A lo mejor* + 직설법 현재
  A lo mejor vamos a Marbella.
  A lo mejor ha ido a comprar los billetes de tren.

- No se puede utilizar *a lo mejor* + verbo en futuro.
  '*a lo mejor* + 미래시제 동사'는 사용할 수 없습니다.
  A lo mejor estará de vacaciones.
                  está

- *Seguramente / probablemente* + futuro o presente de subjuntivo. *seguramente / probablemente* + 미래나 접속법 현재
  Seguramente estará / esté enferma. La llamaré.
  Probablemente iremos / vayamos a cenar a un restaurante japonés.

- *Quizás* + indicativo o subjuntivo. *Quizás* + 직설법 / 접속법
  Indicativo. Se puede utilizar *quizás* + indicativo cuando nos referimos a acciones pasadas o presentes.
  직설법: '*quizás* + 직설법'은 이미 지나간 일 혹은 현재의 일을 나타냅니다.
  Quizás ha tenido que ir al médico y por eso no ha venido a trabajar.
  Subjuntivo. Se prefiere cuando hablamos de acciones futuras. 접속법: 미래의 일에 대해 말할 때 사용됩니다.
  Quizás compremos un coche nuevo, pero no sé cuándo.

PEDIR UN SERVICIO DE FORMA ADECUADA
적절한 방식으로 서비스 요청하기

Formal 격식체	
¿Le importaría…? ¿Sería posible…? ¿Sería(n) tan amable(s) de…?	+ infinitivo 동사원형
Informal 비격식체	
¿Te importaría…? ¿Podrías…?	+ infinitivo 동사원형
Respuestas 답변	
Sí, cómo no. Sí, ahora mismo. Lo siento, pero… Por supuesto. Claro que sí.	

ESCRIBIR POSTALES: TEMAS A TRATAR
우편 엽서 쓰기: 다루는 주제

Para hablar del tiempo 날씨에 대해 말하기
Hace mucho frío / calor / viento / sol   Llueve sin parar / a cántaros   Está nublado / nevando   Hay nubes y claros / niebla / tormenta / lluvia / nieve
Para hablar del paisaje 경치에 대해 말하기
Esto es precioso / impresionante / muy bonito
Para hablar de la gente 사람들에 대해 말하기
La gente es amable / antipática / acogedora
Para despedirse 작별인사하기
Saludos   Recuerdos   Un abrazo   Besos   ¡Hasta pronto!

VOCABULARIO 어휘

ALOJAMIENTOS 숙박

En el hotel 호텔에서
piscina 수영장 • sala de reuniones 회의실   gimnasio 헬스장 • sauna 사우나   restaurante 레스토랑 • servicio de plancha 다림질 서비스   cuidado de niños 어린이 돌보미 • aparcamiento 주차장   lavandería 세탁실 • prensa gratuita 무료 신문   telefax 팩스

En las habitaciones 방에서
radio 라디오 • televisión 텔레비전   teléfono 전화기 • secador de pelo 헤어드라이어   albornoces 가운 • minibar 미니바   baño privado 개인 욕실   servicio de habitaciones 24 h 24시간 룸서비스   cafetera 커피 메이커 • tetera 차 주전자   terraza 테라스 • aire acondicionado 에어컨   escritorio 책상

TIEMPO ATMOSFÉRICO 날씨

nubes 구름 • lluvia 비 • niebla 안개
tormenta 폭풍우 • viento 바람 • sol 태양
nubes y claros 흐린 뒤 갬 • nieve 눈
nublado 구름낀 • lluvioso 비오는
frío 추위 • calor 더위

Ejercicios prácticos

EXPRESIÓN DE LA CONJETURA

1 Completa las frases con los verbos del recuadro en el tiempo correspondiente.
박스 안의 동사를 적절한 시제로 활용하여 문장을 완성해 보세요.

> encontrar • venir • estar (x2) • tener (x2)
> vivir • subir • poder • oír

1. Juan no me habla. Quizás _____ enfadado conmigo.
2. ¿Necesitas un trabajo? A lo mejor _____ conseguirte uno.
3. El niño está llorando. Seguramente _____ hambre.
4. Estamos buscando billetes de avión. A lo mejor los _____ en internet.
5. Paco no puede venir este fin de semana. Probablemente _____ trabajo en casa.
6. Hace mucho tiempo que no veo a Victoria. A lo mejor ya no _____ en Madrid.
7. El avión tenía que haber aterrizado. Quizás _____ con retraso.
8. No sé por qué no abre. Quizás no _____ el timbre.
9. El director quiere hablar contigo. Seguramente te _____ el sueldo.
10. Alicia no ha venido a trabajar. A lo mejor _____ enferma.

VOCABULARIO

2 ¿Qué tiempo crees que hacía para que sucedieran las siguientes cosas?
다음과 같은 일들이 일어나려면 어떤 날씨였을까요?

1. Tuvimos que sentarnos a la sombra durante toda la tarde. _____
2. Los coches salpicaban agua y mojaban a los peatones. _____
3. Tuvieron que cerrar el aeropuerto. No había suficiente visibilidad. _____
4. Se me voló el periódico de las manos. _____
5. Mirando al cielo parecía que iba a llover. _____
6. Pudimos ir a esquiar el fin de semana. _____
7. Un rayo partió un árbol. _____
8. Tuve que ponerme el abrigo, los guantes y un gorro. _____

PEDIR UN SERVICIO DE FORMA ADECUADA

3 ¿Cómo sería el diálogo que mantendrías con el recepcionista del hotel en las siguientes situaciones? Utiliza las distintas fórmulas de cortesía. 다음 상황에서 호텔의 접수처 담당자와 나누는 대화는 어떨까요? 빈칸을 채워 보세요.

1. Quieres ir a un hotel a pasar el fin de semana.
   Cliente: ¿_____ decirme si hay habitaciones libres para el fin de semana?
   Recepcionista: _____ ¿Qué tipo de habitación desearía?

2. Tienes las maletas preparadas para irte del hotel y quieres pedir la cuenta.
   Cliente: ¿_____ prepararme la cuenta, por favor?
   Recepcionista: _____. ¿Su número de habitación por favor?

3. Quieres comer en un restaurante japonés cerca del hotel.
   Cliente: ¿_____ de indicarme dónde hay un restaurante japonés por esta zona?
   Recepcionista: _____ no hay ningún restaurante japonés en los alrededores.

4. Estás en un alberge juvenil y quieres que te despierten a las ocho de la mañana.
   Cliente: ¿_____ despertarme a las ocho de la mañana?
   Recepcionista: _____, ¿en qué habitación estás?

ESCRIBIR POSTALES

4 Lee la siguiente postal y contesta a las preguntas. 다음 엽서를 읽고 질문에 답해 보세요.

> Querido Juan:
> Estamos de vacaciones en Córdoba. Esta mañana hemos recorrido su precioso barrio judío, lleno de patios con flores. También hemos estado en la Mezquita y nos ha gustado muchísimo. Por otro lado, hace muy buen tiempo: mucho sol y una temperatura estupenda para pasear.
> Ya te contaremos a la vuelta.
> Muchos besos.
>   Ana y Manuel

1. ¿Quién envía la tarjeta?
2. ¿Desde qué ciudad la envían?
3. ¿A quién va dirigida?
4. ¿Cuáles son los principales atractivos turísticos de Córdoba?
5. ¿Qué tiempo hace?

11 Gramática y vocabulario 문법 및 어휘

GRAMÁTICA 문법

PRONOMBRES DE OBJETO DIRECTO E INDIRECTO
직·간접목적대명사

Pronombres de objeto directo 직접목적대명사

	singular 단수	plural 복수
1.ª persona	me	nos
2.ª persona	te	os
3.ª persona	lo (le) / la	los (les) / las

Pronombres de objeto indirecto 간접목적대명사

	singular 단수	plural 복수
1.ª persona	me	nos
2.ª persona	te	os
3.ª persona	le (se)	les (se)

→ Los **pronombres de objeto directo e indirecto** van delante del verbo conjugado y detrás del imperativo afirmativo. 직·간접목적대명사는 동사의 앞과 긍정명령형 뒤에 사용합니다.
  Lo compré ayer.
  ▪ *¿Me podrías dejar tu móvil?*
  • *Sí, cógelo.*

→ En perífrasis de infinitivo o gerundio, pueden ir detrás o delante del verbo que los acompaña. 동사원형이나 현재분사 조동사 구문에서는 조동사의 앞이나 동사원형과 현재분사 뒤에 사용합니다.
  Quiero verlos. / Los quiero ver.

→ En 3.ª persona el uso de los pronombres **le / les** está aceptado para personas masculinas. 3인칭 대명사 le/les의 사용은 남성일 때만 허용됩니다.
  Estuve con tu hermano. Le / Lo encontré muy bien.

→ Cuando utilizamos los dos pronombres (directo e indirecto), el indirecto siempre va en primer lugar. 2개의 대명사(직접목적대명사와 간접목적대명사)를 함께 쓰는 경우, 간접목적대명사가 항상 첫 번째 자리에 옵니다.
  Dámelo, por favor.

→ Cuando al pronombre **le** (objeto indirecto) le sigue uno de los objetos directos de 3.ª persona (*lo, la; los, las*), el primero se convierte en **se**. 간접목적대명사 le 뒤에는 3인칭 목적대명사(lo, la, los, las) 중 하나가 오는 경우, le가 se로 바뀝니다.
  Acércaselo a tu compañero.

→ Aunque el objeto indirecto aparezca detrás del verbo, el pronombre suele repetirse también delante. 간접목적어가 동사 뒤에 오는 경우, 대명사도 동사 앞에 반복되어 쓰입니다.
  ¿Le has dado la noticia a Luis?

INDEFINIDOS 부정어

→ **Poco** 거의 없는: *Hay poco personal en esta empresa.*
→ **Un poco** 조금: *Quiero un café con un poco de leche.*
→ **Mucho** 많은: *Me gusta mucho. / Julián come muchos dulces.*
→ **Bastante** 충분한: *Las patatas están bastante buenas. / Esperé bastantes horas.*
→ **Demasiado** 과도한: *Tenía demasiado miedo. / Hay demasiados coches.*

ARTÍCULOS 관사

	Determinados 정관사		Indeterminados 부정관사	
	Masc. 남성	Fem. 여성	Masc. 남성	Fem. 여성
Sing.	el	la	un	una
Pl.	los	las	unos	unas

→ Los artículos determinados (*el, la, los, las*) se usan: 정관사(el, la, los, las)는 다음의 경우에 사용됩니다.
  • Cuando hablamos de algo que conocemos: 이미 알고 있는 것에 대해 말할 때
    Devuélveme el libro que te presté.
  • Con el verbo **gustar** y con todos los verbos que llevan **le**: gustar 동사와 le를 수반하는 모든 동사들과 함께 쓸 때
    Me gusta la música clásica.
  • Es obligatorio con nombres de juegos y actividades de ocio, con partes del cuerpo, objetos personales o ropa, en lugar del posesivo. 놀이와 여가 행위의 명칭, 신체 부위명, 개인용품이나 옷의 경우에는 소유사 대신 관사 사용이 의무적입니다.
    Me duele la cabeza (Me duele mi cabeza).
    El fútbol es un deporte muy popular en Europa.
  • Con la hora. 시간 표현과 함께
    Son las seis de la tarde.
  • Con los días de la semana. 요일명과 함께
    El jueves voy a verte.
  • A veces se puede eliminar el sustantivo y dejar el artículo. 때로는 명사를 생략하고 관사만 사용되기도 합니다.
    ▪ *¿Quién es tu novia?*
    • *La del vestido rosa.*

→ Los artículos indeterminados (*un, una, unos, unas*) se usan: 부정관사(un, una, unos, unas)는 다음의 경우에 사용됩니다.
  • Cuando se habla de algo por primera vez: 처음으로 무언가를 언급할 때
    Me han regalado un gato.
  • Para hablar de una cantidad aproximada: 대략적인 수량에 대해 말할 때
    He tardado unas doce horas.

→ El artículo neutro (*lo*) se usa: 중성관사(lo)는 다음의 경우에 사용됩니다.
  • Seguido de un adjetivo o un adverbio para sustantivarlo: 형용사나 부사 앞에서 이들을 명사화 할 때
    Lo más difícil es aprobar el primer examen.

→ No se usa artículo: 관사를 생략하는 경우
  • Cuando se habla de una profesión, excepto si va con un adjetivo: 형용사와 함께 쓰는 경우를 제외하고 직업에 대해 말할 때
    Mi primo es un carpintero estupendo.
  • Tras las preposiciones *de, con, sin*: 전치사 de, con, sin 뒤에 올 때
    Tengo dolor de cabeza.

VOCABULARIO 어휘

ROPA Y COMPLEMENTOS 의복과 장신구

chaqueta 자켓 • bolsillos 주머니 • botones 단추 • falda 치마
blusa 블라우스 • bufanda 목도리 • pendientes 귀걸이
pañuelo (de cuello) 스카프 • cinturón 허리띠
medias 스타킹 • zapatos de tacón 하이힐 • bolso 핸드백
gorro 캡모자 • abrigo 코트 • bufanda 목도리 • guantes 장갑
camisa 셔츠 • traje (de caballero) (남성용) 정장
corbata 넥타이 • sombrero 모자 • paraguas 우산
traje de chaqueta (de señora) (여성용) 정장

Ejercicios prácticos

PRONOMBRES DE OBJETO DIRECTO

1 Completa con pronombres de objeto directo.
직접목적대명사를 사용하여 빈칸을 채워 보세요.

1. ■ ¿Has visto la última exposición de Barceló?
   ● Sí, _____ vi el sábado y me gustó mucho.
2. ■ ¿Has hablado con tu hermana últimamente?
   ● Sí, _____ llamé la semana pasada.
3. ■ ¿Has preparado los macarrones?
   ● No, _____ prepararé más tarde.
4. ■ ¿Sabes dónde están mis gafas?
   ● Sí, _____ he visto encima de la mesa.
5. No pagues, yo _____ invito.

VOCABULARIO

2 Localiza la palabra que no pertenece al grupo.
같은 집단에 속하지 않은 낱말을 골라 보세요.

1. bañador, botas, abrigo, guantes, bufanda.
2. vestido, blusa, falda, corbata, bolso.
3. traje, corbata, zapatos, jersey, collar.
4. bufanda, zapatos, botas, medias, calcetines.
5. pendientes, reloj, pulsera, anillo, camisa.

3 Completa el texto con las palabras del recuadro.
박스의 표현으로 글을 완성해 보세요.

> tiendas • talla • moda • barato
> ir de compras • probártelo • marca
> rebajas • queda bien

El mejor momento para (1) _____ es la época de (2) _____, cuando todas las (3) _____ recortan sus precios. Todo es más (4) _____; algunas veces la diferencia es de hasta más de un 50%. Cuando compras algo de ropa, debes (5) _____ para asegurarte de que es tu (6) _____ y de que te (7) _____. También se rebajan los productos de (8) _____ y los de (9) _____ más actual.

4 Relaciona. 알맞은 것끼리 연결해 보세요.

1. Llueve mucho afuera.
2. Voy a la playa.
3. Tengo una entrevista de trabajo.
4. Me voy a la cama.
5. Voy a hacer deporte.
6. Hace mucho frío. Me duele la garganta.
7. Tengo las manos heladas.

> Pijama
> Bañador
> Guantes
> Traje
> Chándal
> Paraguas
> Bufanda

ARTÍCULOS

5 Completa con un artículo determinado o indeterminado, si es necesario.
필요한 경우 정관사나 부정관사를 넣어 문장을 완성해 보세요.

1. En esta tienda se venden _____ tejidos muy caros.
2. ¿Puede decirme dónde hay _____ farmacia, por favor?
3. Mis vecinos son _____ mecánicos.
4. Hay _____ botella de leche en el frigorífico.
5. A finales de mes siempre estoy sin _____ dinero.
6. Ayer llamó por teléfono _____ señora Pérez.
7. He visto _____ casas de dos plantas preciosas.
8. ¡Oiga, por favor! Quiero medio kilo de _____ boquerones.
9. Era casi imposible comprar _____ entrada para el concierto. Pero al fin tengo _____.
10. El primo de Ana es _____ chico muy simpático.

6 Corrige los errores en las siguientes frases.
문장에서 틀린 부분을 찾아 수정해 보세요.

1. He comprado bastantes cerveza.
2. Mis abuelos están un pocos sordos.
3. Muchas días hago deporte.
4. Había demasiado gente en la discoteca.
5. En mi pueblo hay muchas coches.
6. No he bebido bastantes agua.
7. He ahorrado muchos dinero este mes.
8. No me lo puedo comprar; es poco caro.
9. Tengo mucho amigos.
10. Demasiada horas de trabajo no son buenas.
11. Los bocadillos son bastantes buenos.
12. Los niños tienen muchas sed.

ciento sesenta y uno **161**

12 Gramática y vocabulario 문법 및 어휘

GRAMÁTICA 문법

IMPERSONAL CON *SE* *se* 비인칭 구문

→ Cuando al hablar o escribir no conocemos el sujeto o no nos interesa mencionarlo, usamos estructuras impersonales. Una de ellas es la formada por *se* + verbo activo + sujeto pasivo.
말을 하거나 글을 쓸 때 주어를 모르거나 주어 언급에 관심이 없으면 비인칭구문을 사용합니다. 그중 하나가 '*se* + 능동태 동사 + 수동 주어'입니다.

Se venden pisos.

→ Otras veces no aparece ningún sujeto, entonces son totalmente impersonales.
때로는 그 어떤 주어도 쓰이지 않는데, 이 경우가 완전한 비인칭구문입니다.

*Profesora, hable más alto, aquí no **se** oye.*

ADVERBIOS 부사

→ Los adverbios sirven para calificar al verbo, al adjetivo o a otro adverbio.
부사는 동사, 형용사, 다른 부사의 평가를 위해 사용합니다.

*Canta **maravillosamente**.*

*Es **muy** bueno.*

*Vive **bastante** cerca.*

→ Según su significado, pueden indicar tiempo, modo, lugar o cantidad. 의미에 따라 시간, 양상, 장소, 양을 가리킵니다.

Tiempo 시간	Modo 양상	Lugar 장소	Cantidad 양
ahora	bien	aquí	mucho
ya	mal	ahí	poco
todavía	despacio	allí	bastante
tarde	así	arriba	demasiado
ayer	(Adverbios	abajo	muy
mañana	en *-mente*)	delante	ciento
hoy		detrás	
		cerca	
		lejos	

→ Se pueden formar numerosos adverbios de modo añadiendo el sufijo *–mente* a los adjetivos.
접미사 *–mente*를 형용사에 첨가하는 방식으로 다수의 부사를 형성할 수 있습니다.

correcto > correctamente

fácil > fácilmente

lento > lentamente

directo > directamente

rápido > rápidamente

tranquilo > tranquilamente

PEDIR FAVORES, PERMISO Y OFRECER AYUDA
부탁하기, 허락 구하기, 도움 제공하기

→ Pedir un favor 부탁하기
Te / Le importa + infinitivo *Te/Le importa* + 동사원형

*¿**Te importa repetir** lo que has dicho?*

→ *Podría(s)* + infinitivo *Podría(s)* + 동사원형

*¿**Podrías prestarme** dinero? Olvidé mi cartera en casa.*

→ Pedir permiso 허락 구하기
Te / Le importa + *que* + subjuntivo *Te/Le importa* + *que* + 접속법

*¿**Le importa que me siente** aquí?*

→ Ofrecer ayuda 도움 제공하기
Quiere(s) + *que* + subjuntivo *Quiere(s)* + *que* + 접속법

*¿**Quieres que te ayude** a resolver el ejercicio?*

UNA REDACCIÓN: CONECTORES DISCURSIVOS
작문: 담화 연결어

Introducción 도입부
Mucha gente piensa / dice…
Este tema es polémico porque…
Para empezar, tengo que decir que…

Argumentación 의견
En primer lugar…, en segundo lugar…, por último…
Por una parte / Por otra parte…
Sin embargo / No obstante…
Antes…, ahora, en cambio…
Además…
Aunque…
Por ejemplo…

Conclusión 결론
En resumen…
Para terminar…
En fin, yo pienso que…

VOCABULARIO 어휘

TRADICIONES 전통

Navidad 크리스마스 • Nochebuena 크리스마스 이브
Nochevieja 12월 31일 • Año Nuevo 새해
Reyes Magos 동방박사의 날(1월 6일)
turrón 꿀, 계란 흰자, 아몬드 등의 견과류를 넣어 굳혀 만든 연말 특수 과자
regalos 선물 • belén 예수 탄생을 재현한 인형
villancicos 성탄 캐럴 • árbol de Navidad 크리스마스 트리
viejito pascuero (칠레의) 산타클로스
cola de mono '원숭이 꼬리'라는 성탄절 음료
pan de pascua 크리스마스 케이크 • pavo 칠면조
frutos secos 견과류

FIESTAS 축제

San Fermín 7월 7일 Pamplona의 소몰이 축제명
Año Nuevo Chino 음력 새해 첫 날 • Carnavales 카니발
Halloween 할로윈 • Corpus Christi 성체절
Inti Raymi (culto al sol) (페루의) 태양제
Fallas de Valencia 거대 조형물을 태우는 발렌시아 축제명

162 ciento sesenta y dos

Ejercicios prácticos

IMPERSONAL CON SE

1 Completa con los verbos del recuadro. Conjúgalos.

박스의 동사들을 활용하여 문장을 완성해 보세요.

> vender • pasear • bañar • impartir
> alquilar • cuidar • compartir

1 _____ piso de 120 metros cuadrados. Buen precio: 200 000 €.
2 _____ habitación en el Colegio Mayor.
3 _____ clases particulares de física.
4 _____ niños los fines de semana.
5 _____ bicicletas por horas.
6 _____ y _____ perros.

ADVERBIOS

2 Completa las frases con los adverbios correspondientes.

알맞은 부사를 사용하여 문장을 완성해 보세요.

> lentamente • finalmente
> estupendamente • tontamente
> tranquilamente • detenidamente
> rápidamente • maravillosamente

1 La ambulancia llegó _____ al lugar del accidente.
2 María observó _____ el cuadro de Picasso.
3 El ciclista subió _____ el puerto de montaña, porque estaba muy cansado.
4 _____, Juan aprobó el carné de conducir.
5 El finalista del concurso de música cantó _____ bien.
6 Esperaré _____ hasta que me llame por teléfono.
7 Me caí por la escalera _____.
8 A mi compañero de piso le encanta comer bien, y lo mejor es que cocina _____.

VERBOS

3 Subraya el verbo más adecuado.

알맞은 동사에 밑줄을 그어 보세요.

PLÁCIDO DOMINGO

Yo *nací / nacía* en Madrid, en la calle Ibiza. En la misma casa *vivíamos / vivieron* mis padres, cuatro tíos, mi hermana y yo. Nosotros *íbamos / fuimos* todos los días a un colegio que *estaba / estuvo* cerca del Retiro. Mi padre *fue / era* actor y yo lo recuerdo interpretando El caballero de Gracia, porque muchas veces nos *llevaban / llevaron* al teatro. Cuando yo *tenía / tuve* ocho años, nos *fuimos / íbamos* todos a México. Allí los niños normalmente *llevaban / llevaron* pantalón corto y por eso un día *tenía / tuve* una pelea con unos chicos mexicanos.

Empecé / Empezaba a tocar el piano desde muy pequeño, el primer año que *llegué / llegaba* a México. *Canté / Cantaba* por primera vez el 14 de abril de 1958 cuando yo *tenía / tuve* 15 años. Antes, mi hermana y yo habíamos *actuado / actuaba* en pequeños papeles porque el teatro *era / fue* de mis padres. Mis padres *eran / fueron* encantadores, siempre me ayudaron en mi carrera.

Verbos regulares e irregulares 규칙동사·불규칙동사

VERBOS REGULARES

TRABAJAR					
Presente ind.	Pret. indefinido	Pret. imperfecto	Futuro	Pret. perfecto	
trabajo	trabajé	trabajaba	trabajaré	he trabajado	
trabajas	trabajaste	trabajabas	trabajarás	has trabajado	
trabaja	trabajó	trabajaba	trabajará	ha trabajado	
trabajamos	trabajamos	trabajábamos	trabajaremos	hemos trabajado	
trabajáis	trabajasteis	trabajabais	trabajaréis	habéis trabajado	
trabajan	trabajaron	trabajaban	trabajarán	han trabajado	

Pret. pluscuam-perfecto	Condicional	Imperativo afirmativo/negativo	Presente de subjuntivo	Pret. imperfecto subjuntivo
había trabajado	trabajaría	trabaja / no trabajes (tú)	trabaje	trabajara / trabajase
habías trabajado	trabajarías	trabaje / no trabaje (Ud.)	trabajes	trabajaras / trabajases
había trabajado	trabajaría	trabajad / no trabajéis (vosotros)	trabaje	trabajara / trabajase
habíamos trabajado	trabajaríamos	trabajen / no trabajen (Uds.)	trabajemos	trabajáramos / trabajásemos
habíais trabajado	trabajaríais		trabajéis	trabajarais / trabajaseis
habían trabajado	trabajarían		trabajen	trabajaran / trabajasen

COMER					
Presente ind.	Pret. indefinido	Pret. imperfecto	Futuro	Pret. perfecto	
como	comí	comía	comeré	he comido	
comes	comiste	comías	comerás	has comido	
come	comió	comía	comerá	ha comido	
comemos	comimos	comíamos	comeremos	hemos comido	
coméis	comisteis	comíais	comeréis	habéis comido	
comen	comieron	comían	comerán	han comido	

Pret. pluscuam-perfecto	Condicional	Imperativo afirmativo/negativo	Presente de subjuntivo	Pret. imperfecto subjuntivo
había comido	comería	come / no comas (tú)	coma	comiera / comiese
habías comido	comerías	coma / no coma (Ud.)	comas	comieras / comieses
había comido	comería	comed / no comáis (vosotros)	coma	comiera / comiese
habíamos comido	comeríamos	coman / no coman (Uds.)	comamos	comiéramos / comiésemos
habíais comido	comeríais		comáis	comierais / comieseis
habían comido	comerían		coman	comieran / comiesen

VIVIR

Presente ind.	Pret. indefinido	Pret. imperfecto	Futuro	Pret. perfecto
vivo	viví	vivía	viviré	he vivido
vives	viviste	vivías	vivirás	has vivido
vive	vivió	vivía	vivirá	ha vivido
vivimos	vivimos	vivíamos	viviremos	hemos vivido
vivís	vivisteis	vivíais	viviréis	habéis vivido
viven	vivieron	vivían	vivirán	han vivido

Pret. pluscuamperfecto	Condicional	Imperativo afirmativo/negativo	Presente de subjuntivo	Pret. imperfecto subjuntivo
había vivido	viviría	vive / no vivas (tú)	viva	viviera / viviese
habías vivido	vivirías	viva / no viva (Ud.)	vivas	vivieras / vivieses
había vivido	viviría	vivid / no viváis (vosotros)	viva	viviera / viviese
habíamos vivido	viviríamos	vivan / no vivan (Uds.)	vivamos	viviéramos / viviésemos
habíais vivido	viviríais		viváis	vivierais / vivieseis
habían vivido	vivirían		vivan	vivieran / viviesen

VERBOS IRREGULARES

Presente ind.	Pret. indefinido	Futuro	Imperativo	Presente sub.	Pret. imperfecto sub.
ACORDAR(SE)					
(me) acuerdo	acordé	acordaré		acuerde	acordara / acordase
(te) acuerdas	acordaste	acordarás	acuerda(te) / no (te) acuerdes	acuerdes	acordaras / acordases
(se) acuerda	acordó	acordará	acuerde(se) / no (se) acuerde	acuerde	acordara / acordase
(nos) acordamos	acordamos	acordaremos	acordad (acordaos)	acordemos	acordáramos / acordásemos
(os) acordáis	acordasteis	acordaréis	/ no (os) acordéis	acordéis	acordarais / acordaseis
(se) acuerdan	acordaron	acordarán	acuérden(se) / no (se) acuerden	acuerden	acordaran / acordasen
ACOSTAR(SE)					
(me) acuesto	acosté	acostaré		acueste	acostara / acostase
(te) acuestas	acostaste	acostarás	acuesta(te) / no (te) acuestes	acuestes	acostaras / acostases
(se) acuesta	acostó	acostará	acueste(se) / no (se) acueste	acueste	acostara / acostase
(nos) acostamos	acostamos	acostaremos	acostad (acostaos)	acostemos	acostáramos / acostásemos
(os) acostáis	acostasteis	acostaréis	/ no (os) acostéis	acostéis	acostarais / acostaseis
(se) acuestan	acostaron	acostarán	acuesten(se)/ no (se) acuesten	acuesten	acostaran / acostasen
ANDAR					
ando	anduve	andaré		ande	anduviera / anduviese
andas	anduviste	andarás	anda / no andes	andes	anduvieras / anduvieses
anda	anduvo	andará	ande / no ande	ande	anduviera / anduviese
andamos	anduvimos	andaremos		andemos	anduviéramos / anduviésemos
andáis	anduvisteis	andaréis	andad / no andéis	andéis	anduvierais / anduvieseis
andan	anduvieron	andarán	anden / no anden	anden	anduvieran / anduviesen

ciento sesenta y cinco **165**

Verbos regulares e irregulares 규칙동사·불규칙동사

Presente ind.	Pret. indefinido	Futuro	Imperativo	Presente sub.	Pret. imperfecto sub.
APROBAR					
apruebo	aprobé	aprobaré		apruebe	aprobara / aprobase
apruebas	aprobaste	aprobarás	aprueba / no apruebes	apruebes	aprobaras / aprobases
aprueba	aprobó	aprobará	apruebe / no apruebe	apruebe	aprobara / aprobase
aprobamos	aprobamos	aprobaremos		aprobemos	aprobáramos / aprobásemos
aprobáis	aprobasteis	aprobaréis	aprobad / no aprobéis	aprobéis	aprobarais / aprobaseis
aprueban	aprobaron	aprobarán	aprueben / no aprueben	aprueben	aprobaran / aprobasen
CERRAR					
cierro	cerré	cerraré		cierre	cerrara / cerrase
cierras	cerraste	cerrarás	cierra / no cierres	cierres	cerraras / cerrases
cierra	cerró	cerrará	cierre / no cierre	cierre	cerrara / cerrase
cerramos	cerramos	cerraremos		cerremos	cerráramos / cerrásemos
cerráis	cerrasteis	cerraréis	cerrad / no cerréis	cerréis	cerrarais / cerraseis
cierran	cerraron	cerrarán	cierren / no cierren	cierren	cerraran / cerrasen
CONOCER					
conozco	conocí	conoceré		conozca	conociera / conociese
conoces	conociste	conocerás	conoce / no conozcas	conozcas	conocieras / conocieses
conoce	conoció	conocerá	conozca / no conozca	conozca	conociera / conociese
conocemos	conocimos	conoceremos		conozcamos	conociéramos / conociésemos
conocéis	conocisteis	conoceréis	conoced / no conozcáis	conozcáis	conocierais / conocieseis
conocen	conocieron	conocerán	conozcan / no conozcan	conozcan	conocieran / conociesen
DAR					
doy	di	daré		dé	diera / diese
das	diste	darás	da / no des	des	dieras / dieses
da	dio	dará	dé / no dé	dé	diera / diese
damos	dimos	daremos		demos	diéramos / diésemos
dais	disteis	daréis	dad / no deis	deis	dierais / dieseis
dan	dieron	darán	den / no den	den	dieran / diesen
DECIR					
digo	dije	diré		diga	dijera / dijese
dices	dijiste	dirás	di / no digas	digas	dijeras / dijeses
dice	dijo	dirá	diga / no diga	diga	dijera / dijese
decimos	dijimos	diremos		digamos	dijéramos / dijésemos
decís	dijisteis	diréis	decid / no digáis	digáis	dijerais / dijeseis
dicen	dijeron	dirán	digan / no digan	digan	dijeran / dijesen
DESPERTAR(SE)					
(me) despierto	desperté	despertaré		despierte	despertara / despertase
(te) despiertas	despertaste	despertarás	despierta(te) / no (te) despiertes	despiertes	despertaras / despertases
(se) despierta	despertó	despertará	despierte(se) / no (se) despierte	despierte	despertara / despertase
(nos) despertamos	despertamos	despertaremos	despertad (despertaos)	despertemos	despertáramos / despertásemos
(os) despertáis	despertasteis	despertaréis	/ no (os) despertéis	despertéis	despertarais / despertaseis
(se) despiertan	despertaron	despertarán	despierten(se) / no (se) despierten	despierten	despertaran / despertasen

Presente ind.	Pret. indefinido	Futuro	Imperativo	Presente sub.	Pret. imperfecto sub.
DIVERTIR(SE)					
(me) divierto	divertí	divertiré		divierta	divirtiera / divirtiese
(te) diviertes	divertiste	divertirás	divierte(te) / no (te) diviertas	diviertas	divirtieras / divirtieses
(se) divierte	divirtió	divertirá	divierta(se) / no (se) divierta	divierta	divirtiera / divirtiese
(nos) divertimos	divertimos	divertiremos	divertid (divertios)	divirtamos	divirtiéramos / divirtiésemos
(os) divertís	divertisteis	divertiréis	/ no (os) divirtáis	divirtáis	divirtierais / divirtieseis
(se) divierten	divirtieron	divertirán	diviertan(se) / no (se) diviertan	diviertan	divirtieran / divirtiesen
DORMIR(SE)					
(me) duermo	dormí	dormiré		duerma	durmiera / durmiese
(te) duermes	dormiste	dormirás	duerme(te) / no (te) duermas	duermas	durmieras / durmieses
(se) duerme	durmió	dormirá	duerma(se) / no (se) duerma	duerma	durmiera / durmiese
(nos) dormimos	dormimos	dormiremos	dormid (dormíos)	durmamos	durmiéramos / durmiésemos
(os) dormís	dormisteis	dormiréis	/ no (os) durmáis	durmáis	durmierais / durmieseis
(se) duermen	durmieron	dormirán	duerman(se) / no (se) duerman	duerman	durmieran / durmiesen
EMPEZAR					
empiezo	empecé	empezaré		empiece	empezara / empezase
empiezas	empezaste	empezarás	empieza / no empieces	empieces	empezaras / empezases
empieza	empezó	empezará	empiece / no empiece	empiece	empezara / empezase
empezamos	empezamos	empezaremos		empecemos	empezáramos / empezásemos
empezáis	empezasteis	empezaréis	empezad / no empecéis	empecéis	empezarais / empezaseis
empiezan	empezaron	empezarán	empiecen / no empiecen	empiecen	empezaran / empezasen
ENCONTRAR					
encuentro	encontré	encontraré		encuentre	encontrara / encontrase
encuentras	encontraste	encontrarás	encuentra / no encuentres	encuentres	encontraras / encontrases
encuentra	encontró	encontrará	encuentre / no encuentre	encuentre	encontrara / encontrase
encontramos	encontramos	encontraremos		encontremos	encontráramos / encontrásemos
encontráis	encontrasteis	encontraréis	encontrad / no encontréis	encontréis	encontrarais / encontraseis
encuentran	encontraron	encontrarán	encuentren / no encuentren	encuentren	encontraran / encontrasen
ESTAR					
estoy	estuve	estaré		esté	estuviera / estuviese
estás	estuviste	estarás	está / no estés	estés	estuvieras / estuvieses
está	estuvo	estará	esté / no esté	esté	estuviera / estuviese
estamos	estuvimos	estaremos		estemos	estuviéramos / estuviésemos
estáis	estuvisteis	estaréis	estad / no estéis	estéis	estuvierais / estuvieseis
están	estuvieron	estarán	estén / no estén	estén	estuvieran / estuviesen
HABER					
he	hube	habré		haya	hubiera / hubiese
has	hubiste	habrás	he / no hayas	hayas	hubieras / hubieses
ha	hubo	habrá	haya / no haya	haya	hubiera / hubiese
hemos	hubimos	habremos		hayamos	hubiéramos / hubiésemos
habéis	hubisteis	habréis	habed / no hayáis	hayáis	hubierais / hubieseis
han	hubieron	habrán	hayan / no hayan	hayan	hubieran / hubiesen

Verbos regulares e irregulares 규칙동사·불규칙동사

Presente ind.	Pret. indefinido	Futuro	Imperativo	Presente sub.	Pret. imperfecto sub.
HACER					
hago	hice	haré		haga	hiciera / hiciese
haces	hiciste	harás	haz / no hagas	hagas	hicieras / hicieses
hace	hizo	hará	haga / no haga	haga	hiciera / hiciese
hacemos	hicimos	haremos		hagamos	hiciéramos / hiciésemos
hacéis	hicisteis	haréis	haced / no hagáis	hagáis	hicierais / hicieseis
hacen	hicieron	harán	hagan / no hagan	hagan	hicieran / hiciesen
IR					
voy	fui	iré		vaya	fuera / fuese
vas	fuiste	irás	ve / no vayas	vayas	fueras / fueses
va	fue	irá	vaya / no vaya	vaya	fuera / fuese
vamos	fuimos	iremos		vayamos	fuéramos / fuésemos
vais	fuisteis	iréis	id / no vayáis	vayáis	fuerais / fueseis
van	fueron	irán	vayan / no vayan	vayan	fueran / fuesen
JUGAR					
juego	jugué	jugaré		juegue	jugara / jugase
juegas	jugaste	jugarás	juega / no juegues	juegues	jugaras / jugases
juega	jugó	jugará	juegue / no juegue	juegue	jugara / jugase
jugamos	jugamos	jugaremos		juguemos	jugáramos / jugásemos
jugáis	jugasteis	jugaréis	jugad / no juguéis	juguéis	jugarais / jugaseis
juegan	jugaron	jugarán	jueguen / no jueguen	jueguen	jugaran / jugasen
LEER					
leo	leí	leeré		lea	leyera / leyese
lees	leíste	leerás	lee / no leas	leas	leyeras / leyeses
lee	leyó	leerá	lea / no lea	lea	leyera / leyese
leemos	leímos	leeremos		leamos	leyéramos / leyésemos
leéis	leísteis	leeréis	leed / no leáis	leáis	leyerais / leyeseis
leen	leyeron	leerán	lean / no lean	lean	leyeran / leyesen
OÍR					
oigo	oí	oiré		oiga	oyera / oyese
oyes	oíste	oirás	oye / no oigas	oigas	oyeras / oyeses
oye	oyó	oirá	oiga / no oiga	oiga	oyera / oyese
oímos	oímos	oiremos		oigamos	oyéramos / oyésemos
oís	oísteis	oiréis	oíd / no oigáis	oigáis	oyerais / oyeseis
oyen	oyeron	oirán	oigan / no oigan	oigan	oyeran / oyesen
PEDIR					
pido	pedí	pediré		pida	pidiera / pidiese
pides	pediste	pedirás	pide / no pidas	pidas	pidieras / pidieses
pide	pidió	pedirá	pida / no pida	pida	pidiera / pidiese
pedimos	pedimos	pediremos		pidamos	pidiéramos / pidiésemos
pedís	pedisteis	pediréis	pedid / no pidáis	pidáis	pidierais / pidieseis
piden	pidieron	pedirán	pidan / no pidan	pidan	pidieran / pidiesen

Presente ind.	Pret. indefinido	Futuro	Imperativo	Presente sub.	Pret. imperfecto sub.
\multicolumn{6}{c}{PODER}					
puedo	pude	podré		pueda	pudiera / pudiese
puedes	pudiste	podrás	puede / no puedas	puedas	pudieras / pudieses
puede	pudo	podrá	pueda / no pueda	pueda	pudiera / pudiese
podemos	pudimos	podremos		podamos	pudiéramos / pudiésemos
podéis	pudisteis	podréis	poded / no podáis	podáis	pudierais / pudieseis
pueden	pudieron	podrán	puedan / no puedan	puedan	pudieran / pudiesen
\multicolumn{6}{c}{PONER}					
pongo	puse	pondré		ponga	pusiera / pusiese
pones	pusiste	pondrás	pon / no pongas	pongas	pusieras / pusieses
pone	puso	pondrá	ponga / no ponga	ponga	pusiera / pusiese
ponemos	pusimos	pondremos		pongamos	pusiéramos / pusiésemos
ponéis	pusisteis	pondréis	poned / no pongáis	pongáis	pusierais / pusieseis
ponen	pusieron	pondrán	pongan / no pongan	pongan	pusieran / pusiesen
\multicolumn{6}{c}{PREFERIR}					
prefiero	preferí	preferiré		prefiera	prefiriera / prefiriese
prefieres	preferiste	preferirás	prefiere / no prefieras	prefieras	prefirieras / prefirieses
prefiere	prefirió	preferirá	prefiera / no prefiera	prefiera	prefiriera / prefiriese
preferimos	preferimos	preferiremos		prefiramos	prefiriéramos / prefiriésemos
preferís	preferisteis	preferiréis	preferid / no prefiráis	prefiráis	prefirierais / prefirieseis
prefieren	prefirieron	preferirán	prefieran / no prefieran	prefieran	prefirieran / prefiriesen
\multicolumn{6}{c}{QUERER}					
quiero	quise	querré		quiera	quisiera / quisiese
quieres	quisiste	querrás	quiere / no quieras	quieras	quisieras / quisieses
quiere	quiso	querrá	quiera / no quiera	quiera	quisiera / quisiese
queremos	quisimos	querremos		queramos	quisiéramos / quisiésemos
queréis	quisisteis	querréis	quered / no queráis	queráis	quisierais / quisieseis
quieren	quisieron	querrán	quieran / no quieran	quieran	quisieran / quisiesen
\multicolumn{6}{c}{RECORDAR}					
recuerdo	recordé	recordaré		recuerde	recordara / recordase
recuerdas	recordaste	recordarás	recuerda / no recuerdes	recuerdes	recordaras / recordases
recuerda	recordó	recordará	recuerde / no recuerde	recuerde	recordara / recordase
recordamos	recordamos	recordaremos		recordemos	recordáramos / recordásemos
recordáis	recordasteis	recordaréis	recordad / no recordéis	recordéis	recordarais / recordaseis
recuerdan	recordaron	recordarán	recuerden / no recuerden	recuerden	recordaran / recordasen
\multicolumn{6}{c}{SABER}					
sé	supe	sabré		sepa	supiera / supiese
sabes	supiste	sabrás	sabe / no sepas	sepas	supieras / supieses
sabe	supo	sabrá	sepa / no sepa	sepa	supiera / supiese
sabemos	supimos	sabremos		sepamos	supiéramos / supiésemos
sabéis	supisteis	sabréis	sabed / no sepáis	sepáis	supierais / supieseis
saben	supieron	sabrán	sepan / no sepan	sepan	supieran / supiesen

Verbos regulares e irregulares 규칙동사·불규칙동사

Presente ind.	Pret. indefinido	Futuro	Imperativo	Presente sub.	Pret. imperfecto sub.
SALIR					
salgo	salí	saldré		salga	saliera / saliese
sales	saliste	saldrás	sal / no salgas	salgas	salieras / salieses
sale	salió	saldrá	salga / no salga	salga	saliera / saliese
salimos	salimos	saldremos		salgamos	saliéramos / saliésemos
salís	salisteis	saldréis	salid / no salgáis	salgáis	salierais / salieseis
salen	salieron	saldrán	salgan / no salgan	salgan	salieran / saliesen
SEGUIR					
sigo	seguí	seguiré		siga	siguiera / siguiese
sigues	seguiste	seguirás	sigue / no sigas	sigas	siguieras / siguieses
sigue	siguió	seguirá	siga / no siga	siga	siguiera / siguiese
seguimos	seguimos	seguiremos		sigamos	siguiéramos / siguiésemos
seguís	seguisteis	seguiréis	seguid / no sigáis	sigáis	siguierais / siguieseis
siguen	siguieron	seguirán	sigan / no sigan	sigan	siguieran / siguiesen
SER					
soy	fui	seré		sea	fuera / fuese
eres	fuiste	serás	sé / no seas	seas	fueras / fueses
es	fue	será	sea / no sea	sea	fuera / fuese
somos	fuimos	seremos		seamos	fuéramos / fuésemos
sois	fuisteis	seréis	sed / no seáis	seáis	fuerais / fueseis
son	fueron	serán	sean / no sean	sean	fueran / fuesen
SERVIR					
sirvo	serví	serviré		sirva	sirviera / sirviese
sirves	serviste	servirás	sirve / no sirvas	sirvas	sirvieras / sirvieses
sirve	sirvió	servirá	sirva / no sirva	sirva	sirviera / sirviese
servimos	servimos	serviremos		sirvamos	sirviéramos / sirviésemos
servís	servisteis	serviréis	servid / no sirváis	sirváis	sirvierais / sirvieseis
sirven	sirvieron	servirán	sirvan / no sirvan	sirvan	sirvieran / sirviesen
TRADUCIR					
traduzco	traduje	traduciré		traduzca	tradujera / tradujese
traduces	tradujiste	traducirás	traduce / no traduzcas	traduzcas	tradujeras / tradujeses
traduce	tradujo	traducirá	traduzca / no traduzca	traduzca	tradujera / tradujese
traducimos	tradujimos	traduciremos		traduzcamos	tradujéramos / tradujésemos
traducís	tradujisteis	traduciréis	traducid / no traduzcáis	traduzcáis	tradujerais / tradujeseis
traducen	tradujeron	traducirán	traduzcan / no traduzcan	traduzcan	tradujeran / tradujesen
VENIR					
vengo	vine	vendré		venga	viniera / viniese
vienes	viniste	vendrás	ven / no vengas	vengas	vinieras / vinieses
viene	vino	vendrá	venga / no venga	venga	viniera / viniese
venimos	vinimos	vendremos		vengamos	viniéramos / viniésemos
venís	vinisteis	vendréis	venid / no vengáis	vengáis	vinierais / vinieseis
vienen	vinieron	vendrán	vengan / no vengan	vengan	vinieran / viniesen

Transcripciones 듣기 대본 · 읽기 지문 번역

UNIDAD 1 - Gente

1A Vida cotidiana

듣기

3

> **1 Carlos, 12 años, estudiante:**
> A mí me gusta bastante jugar al fútbol, pero también estoy aprendiendo a tocar el piano, así que tengo que tocar todos los días. En verano me gusta ir a la playa.
>
> **2 Fernando, jubilado, 67 años:**
> Yo estoy jubilado, así que monto en bicicleta todos los días, también oigo las noticias de la radio y, muchas veces, hago la compra, pues a mi mujer no le gusta nada ir al mercado.
>
> **3 Rocío, 20 años, dependienta:**
> A mí me encanta leer novelas, especialmente las policíacas, leo una a la semana. Veo las noticias de la tele y también me gusta mucho salir con mis amigos a tomar algo, sobre todo los fines de semana.
>
> **4 Carmen, 40 años, ama de casa:**
> Yo soy ama de casa, tengo cuatro niños, y normalmente hago los trabajos de la casa. Por la tarde estudio ruso en la Escuela de Idiomas, y en mis ratos libres escucho música. Me gusta especialmente el jazz.

1 카를로스, 12세, 학생
나는 축구를 꽤 좋아하지만 피아노 치는 법도 배우고 있다. 그래서 매일 연주해야만 한다. 여름에는 해변에 가는 것을 좋아한다.

2 페르난도, 퇴직자, 67세
나는 은퇴해서 매일 자전거를 탄다. 라디오 뉴스도 듣고, 장도 자주 본다. 내 아내가 시장에 가는 것을 전혀 좋아하지 않기 때문이다.

3 로시오, 20세, 점원
나는 소설, 특히 추리 소설을 읽는 것을 무척 좋아한다. 일주일에 한 권을 읽는다. TV 뉴스를 보고, 특히 주말에 친구들과 무언가를 먹기 위해 외출하는 것도 무척 좋아한다.

4 카르멘, 40세, 주부
나는 주부이고 네 명의 자녀가 있다. 주로 집안일을 한다. 오후에는 외국어 학교에서 러시아어를 공부하고, 여가 시간에는 음악을 듣는다. 특히 재즈를 좋아한다.

1B ¿Qué hiciste? ¿Qué has hecho?

읽기

4

훌리에타 베네가스 페르세바울
1970년 멕시코의 티후아나에서 태어났다. 여덟 살에 피아노를 배우기 시작했으며, 아직 학생 신분이었을 때 친구의 권유로 '찬타헤'라는 그룹에서 연주하며 노래를 작곡하기 시작했다.
다른 그룹들도 조직하였으며, 1996년 간소하게 훌리에타 베네가스로 변신하였다. 이듬해 솔리스트로서 첫 음반인 '여기'를 발표하였는데, 이 음반에서 그녀는 여러 곡을 작사하고 노래한 것 외에도 아코디언, 피아노, 기타, 비브라폰을 연주하였다.
음악 활동 기간 내내 그녀는 극작품을 위한 음악을 작곡하였고, 알레한드로 곤살레스 이냐리투 감독의 '아모레스 페로스'와 같은 영화의 사운드 트랙에도 참여하였다.
2006년에는 '레몬과 소금', '나는 가요'와 같이 엄청난 성공을 거둔 노래들이 담긴 앨범 '레몬과 소금'을 발표하였다. 최근 라틴아메리카 팝-록 분야에서 가장 독보적인 가수들 중 한 명이며, 다수의 수상 경력이 있지만 그중 라틴 그래미상을 다섯 번 수상하였다.
또한 다양한 인도주의적 프로젝트에 참여하였는데 현재는 멕시코의 유니세프 대사이다.
최근에 새로운 앨범을 발표하였다.

1C El futuro que nos espera

읽기

1

석유가 없는 삶
지질학자들은 석유가 '보물'이라고들 한다. 마리아노 마르소 교수에 의하면, (석유는) 가장 강력하고 가장 경쟁력 있으며 가장 다용도의 에너지원이다. 우리가 그 가격을 생각해 본다면 비교적 싼 편인 셈이라고 한다.
그러나 이 보물은 영원히 지속되지 않을 것이고 점점 더 비싸질 것이다. 그렇다면 우리는 어떻게 그것을 대체할 것인가?
태양광 발전이나 풍력 발전 같은 대체 에너지가 에너지를 생산하지만, 플라스틱 봉지, 신발, 가전제품, 세제 등과 같이 매일 사용하는 물건들을 만드는 석유 화학 산업에는 이용될 수 없다.
바르셀로나 대학의 호아킨 셈페레 교수에 의하면 우리는 더 적은 에너지로 살아가는 법을 배워야만 할 것이라고 한다.
이 분야의 또 다른 전문가인 호아킨 니에토는 다음과 같이 추측한다. "나는 장차 석유 없는 이 세계가 훨씬 나을 것이라고 생각한다. 자동차가 적어질 것이고 모든 것이 전기로 기능하게 될 것이다. 그러므로 도시에서는 숨쉬기가 더 편해질 것이고, 공기는 더 깨끗해질 것이며, 소음 공해와 환경오염도 감소할 것이다. 사람들은 이동을 위해 자전거를 더 많이 사용할 것이고, 더불어 운동을 함으로써 더 건강해질 것이다."
한편, 여행은 더 비싸질 것이므로 먼 타국에서의 휴가나 사업상의 출장은 사라질 것이다. 화상 회의가 늘어나고 각종 회의는 줄어들 것이다. 또한 업무 풍토도 변화할 것이다. 이동을 줄이기 위해 일주일에 4일간 10시간씩 일하거나 또는 가정에서 근무하게 될 것이다.
정말로 거대한 변화가 우리를 기다리고 있는 것이다!

('라 방구아르디아'에서 발췌)

발음과 철자

2

> conservador, simpático, alegre, tímido, formal, aburrido, rizado, jardín, amable, televisión, enfadarse, olvidar, dormir.

보수적인, 상냥한, 쾌활한, 내성적인, 정중한, 지겨운, 곱슬거리는, 정원, 친절한, 텔레비전, 화나다, 잊다, 잠자다

4

> 1 Laura se enfadó con José porque él quería ver el fútbol en la televisión y ella quería ver una película.
> 2 Yo creo que Raúl es un egoísta.
> 3 Ayer no trabajé mucho porque me dolía el estómago.
> 4 Necesitan una persona que trabaje bien la madera.
> 5 Yo creo que deberías ir al médico.
> 6 El sábado me encontré en el autobús con Víctor.
> 7 A él le molestó la broma de Fátima.
> 8 Dijo que vendría más tarde.
> 9 Los profesores hablaron en árabe durante toda la conversación.

1 라우라는 영화를 보고 싶은데 호세가 TV로 축구를 보고 싶어 해서 그에게 화를 냈다.
2 나는 라울이 이기주의자라고 생각한다.
3 어제 나는 배가 아파서 일을 많이 하지 못했다.
4 그들은 목재를 잘 다루는 사람 한 명이 필요하다.
5 나는 네가 병원에 가야 한다고 생각한다.
6 토요일에 나는 버스에서 빅토르를 만났다.
7 그는 파티마의 농담이 거슬렸다.
8 좀 더 이따가 올 것이라고 말했다.
9 선생님들은 대화하는 동안 내내 아랍어로 이야기했다.

1D COMUNICACIÓN Y CULTURA

듣기

4

> Mi amigo Dimitri fue a pasar el domingo a la playa de Salou con sus amigos. Por la tarde fue a la estación a coger el tren para volver a Barcelona. Se despidió de sus amigos y subió a un tren que salía a la hora prevista en su billete, a las 20.45. Después de quince minutos de viaje pasó el revisor y al ver su billete le preguntó adónde iba. "A Barcelona", respondió él tan tranquilo. Y el revisor le explicó que se había equivocado de tren, pues aquel tren no iba a Barcelona, sino a Valencia, es decir, en dirección contraria. Además, era un tren de largo recorrido, así que la siguiente parada estaba a 45 minutos de allí. Dimitri tuvo que continuar hasta la siguiente parada. Allí se bajó y esperó toda la noche en la estación para coger el tren de las cinco de la madrugada que iba a Barcelona. ¡Menuda aventura!

내 친구 디미트리는 친구들과 함께 일요일에 살로우 해변으로 갔다. 오후에는 바르셀로나로 돌아오는 기차를 타기 위해 역으로 갔다. 친구들과 헤어지고 자신의 기차표에 적힌 출발 예정 시간이 20시 45분인 기차에 올랐다. 출발 15분 후, 검표원이 지나갔고 그의 기차표를 보고는 그에게 어디 가는지 물었다. "바르셀로나요."라고 침착하게 대답했다. 그러자

Transcripciones 듣기 대본·읽기 지문 번역

검표원은 그에게 기차를 혼동했다고 설명했는데, 그 기차는 바르셀로나가 아닌 발렌시아로 가는 중이었기 때문이다. 즉 정반대의 방향으로 가는 것이었다. 더군다나, 그것은 장거리 기차였으므로 다음 정차역은 그곳에서 45분 떨어져 있었다. 디미트리는 다음 정차역까지 계속 갈 수 밖에 없었다. 그곳에서 내려서 바르셀로나로 가는 새벽 5시 기차를 타기 위해 역에서 밤새도록 기다렸다. 대단한 모험이었다!

읽기

3

Voseo (vos로 부르기)

스페인 스페인어와 아메리카 대륙 스페인어 간의 중요한 차이점 한 가지는 인칭대명사 vosotros / ustedes / tú의 쓰임이다.

정중한 형태인 ustedes를 선호하는 라틴아메리카에서 vosotros는 거의 쓰이지 않는다. 동사형에서 약간의 차이가 있기는 하지만 스페인의 안달루시아나 카나리아스 제도의 일부 지역에서도 ustedes가 사용된다.

라틴아메리카인들은 usted이나 tú로 주로 이야기를 한다. 연장자나 모르는 사람, 정중한 대화 상황에서는 usted을 사용한다. 보통 스페인 사람들보다 더 많이 사용하는데, 스페인에서는 tú의 사용이 더 일반적이다. 라틴아메리카 사람이 부모나 조부모에게 usted을 사용하는 것은 드문 일이지만 스페인에서는 이미 사라진 언어 습관이다.

한편, 중앙아메리카와 남아메리카의 일부 국가(아르헨티나, 우루과이 등)에서는 tú 대신 vos를 사용한다.

vos는 스페인에서 18세기에 사라진 고어형 호칭어이지만 현재는 아메리카 대륙의 일부 지역에 남아 쓰이고 있는데, 현재 스페인어 사용 인구의 약 30%가 vos를 쓰는 것으로 추정된다. voseo(vos를 사용하는 행위)는 동사형도 변화시킨다.

스페인	아르헨티나
Tú eres	Vos sos
Tú cantas	Vos cantás
Tú tienes	Vos tenés
Tú sabes	Vos sabés

쓰기

2

안녕, 마이테

너한테 내 소개를 하려고 이메일을 써. 내 이름은 프란체스카이고 34년 전에 시칠리아에서 태어났어. 난 내가 태어난 도시에서 19살에 간호사 과정을 끝마쳤어. 1999년에 결혼했고 다섯 살 먹은 아들 하나 두었어. 여가 시간에 가장 좋아하는 일은 음악을 듣고 TV를 보고 독서를 하는 거야. 특히 추리 소설을 좋아해. 나는 1년 전부터 이곳에서 가족과 함께 살고 있고 외국어를 좋아하기 때문에 스페인어를 배우는 중이야. 그리고 스페인 사람들과 이야기하고 싶어. 이 수업에서 새로운 친구들과 새로운 문화를 알게 되는 것 외에도 스페인어 쓰기와 말하기를 향상시킬 수 있으면 좋겠어.

UNIDAD 2 - Lugares

2A En la estación

듣기

3 🎧 005

Cliente: Hola, quería un billete para Alcalá de Henares para el tren de las 9.30.
Taquillero: ¿Ida solo o ida y vuelta?
Cliente: ¿Cuánto vale el de ida y vuelta?
Taquillero: El billete de ida cuesta 2 euros y el de ida y vuelta 3,60.
Cliente: Pues... deme uno de ida y vuelta.
Taquillero: Aquí tiene su billete, son 3,60.
Cliente: Gracias, adiós.

Azafata: Buenos días, ¿me da el billete y el pasaporte?
Pasajero: Aquí tiene.
Azafata: ¿Ventana o pasillo?
Pasajero: Pasillo, por favor.
Azafata: ¿Estas son sus maletas?
Pasajero: Sí, las dos marrones.
Azafata: Muy bien. Mire, esta es su tarjeta de embarque. Tiene que estar en la sala de embarque media hora antes de la salida, a las 6.35. Todavía no se sabe en qué sala. Mírelo en los paneles de información.
Pasajero: ¿A qué hora ha dicho que tengo que embarcar?
Azafata: A las 6.35.
Pasajero: Ah, vale, gracias.

손님: 안녕하세요. 알칼라 데 에나레스행 9시 30분 기차표 한 장 주세요.
창구 직원: 편도인가요, 왕복인가요?
손님: 왕복표는 얼마죠?
창구 직원: 편도표는 2유로이고 왕복표는 3.6유로입니다.
손님: 그럼…… 왕복표 한 장 주세요.
창구 직원: 여기 있습니다. 3.6유로입니다.
손님: 고맙습니다. 안녕히 계세요.

승무원: 안녕하세요. 티켓과 여권을 주시겠습니까?
승객: 여기 있습니다.
승무원: 창 쪽입니까, 통로 쪽입니까?
승객: 통로 쪽으로 부탁합니다.
승무원: 여행 가방이 있으십니까?
승객: 네, 고동색 두 개요.
승무원: 좋습니다. 자, 이것이 탑승 티켓입니다. 출발 시간 30분 전인 6시 35분에 탑승구 대기실에 가 계셔야 합니다. 아직까지 어떤 대기실인지 모릅니다. 항공 정보 안내 모니터에서 확인해 주세요.
승객: 몇 시에 탑승해야 한다고 말씀하셨죠?
승무원: 6시 35분입니다.
승객: 아, 알겠습니다. 감사합니다.

2B ¿Cómo vas al trabajo?

3 🎧 006

Normalmente voy al trabajo en coche. Es que vivo a quince kilómetros de Madrid y no hay ninguna estación de tren cerca de mi casa. Si no hay problemas, tardo media hora en llegar, pero si hay algún atasco, tardo una hora o, a veces, más. No me gusta mucho conducir, pero así puedo regresar a casa media hora antes y recoger a mi hija del colegio.

Yo vivo en el sur de Madrid y tengo que ir a la Universidad Autónoma, que está al norte. Primero voy en metro hasta la plaza de Castilla. Tengo que hacer un transbordo en Gran Vía. En la plaza de Castilla tomo el autobús que va a la Universidad. La verdad es que está un poco lejos, tardo más de una hora en llegar. Durante el viaje puedo leer y estudiar algo, si no hay muchos pasajeros.

Yo vivo en Madrid y trabajo en Alcalá de Henares. No tengo coche, así que voy a trabajar en metro y en tren. Primero voy en metro hasta Atocha, es lo más rápido, y luego tomo el tren de cercanías hasta Alcalá de Henares. Tardo una hora en llegar, más o menos. Durante el viaje tengo tiempo de leer el periódico o una novela, o también puedo dormir, si tengo sueño. El tren es cómodo, rápido y barato.

보통 나는 직장에 자동차로 갑니다. 마드리드에서 15km 떨어진 곳에 사는데 집 근처에 기차역이 없거든요. 별일 없으면 도착까지 30분 걸리지만 교통 정체라도 있으면 한 시간이나 걸리거나 가끔은 더 걸리기도 합니다. 나는 운전하는 것을 썩 좋아하지는 않지만, 그렇게 하면 집에 30분 빨리 돌아올 수 있고 딸을 학교에서 데려올 수 있습니다.

나는 마드리드 남쪽에 사는데, 북쪽에 있는 자치 대학교에 가야만 합니다. 먼저, 지하철로 카스티야 광장까지 갑니다. 그란 비아에서 환승해야 해요. 카스티야 광장에서 대학교로 가는 버스를 탑니다. 사실 조금 멀어요. 도착까지 1시간 이상 걸리죠. 승객이 많지 않으면 가는 동안 책을 읽고 공부도 조금 할 수 있습니다.

나는 마드리드에 살고 알칼라 데 에나레스에서 일합니다. 자동차가 없기 때문에 지하철과 기차를 타고 일하러 가요. 먼저, 지하철로 아토차까지 갑니다. 그게 가장 빠르죠. 그리고는 알칼라 데 에나레스까지 교외선 기차를 타요. 도착까지 대략 1시간이 걸려요. 가는 동안 신문이나 소설을 읽을 시간이 있어요. 잠을 잘 수도 있죠, 졸리면요. 기차는 편안하고 빠르고 저렴해요.

읽기

7

마드리드에서 이동하기

마드리드는 전 지역에 이르는 광범위하고 현대적인 대중교통수단을 구비하고 있다. 버스, 지하철, 택시, 교외선 열차가 그것이다.

시립운수회사의 버스들이 전 도시를 누비는데, 노선 대부분이 매일 6시에서 23시까지 매 10~15분 간격으로 운행된다. 바라하스 공항과 도심을 연결하는 노선도 있다. 또한 시벨레스 광장에서 출발하는 야간 버스(일명 부엉이)

도 있다.
버스는 정해진 정류장에서 탄다. 버스에서 직접 승차권을 구입할 수 있으나 메트로부스(버스나 지하철 10회 승차권)를 구입하는 것이 더 경제적이다. 이것은 버스에서 직접 구입할 수 없고 지하철역과 전매품 판매소에서 구입할 수 있다. 지하철은 아침 6시에 운행을 시작하여 새벽 2시에 끝난다.

교외선 기차는 마드리드 자치주를 이동하는 또 다른 수단이다. 이들은 아토차역에서 출발하거나 통과한다. 마드리드 교외의 과다라마 산맥과 아랑훼스, 알칼라 데 에나레스, 엘 에스코리알 같은 가까운 도시를 방문하기 위해 유용할 뿐만 아니라 값이 싸고 빠르다.
'교외선'은 매일 5시~6시 사이에 운행을 시작하여 24시에 끝난다. 가격은 거리에 따라 다르다.

당신이 마드리드에 살고 있다면 가장 저렴한 공공 운송 수단 이용 방법은 교통 패스이다. 이는 지하철, 버스, 교외선 기차에서 사용할 수 있는 1개월 탑승권이다.

발음과 철자

1

¡Estupendo!
¡No me digas!
¡Enhorabuena!
¡Cuánto tiempo sin verte!
¡Ven aquí!
¡Qué bonito!
¡Eres genial!
¡Estoy harta!
¡Espérame!

멋져요!
그럴 리가!
축하해요!
오랜만이야!
이리 왜
너무 예뻐!
너는 진짜 끝내 줘!
나는 지긋지긋해!
기다려 줘!

2

¿Está libre?
¡Qué pena!
¿Vas a la compra?
¡Qué barato!
¿Puedo salir?
¡He aprobado!
¡No es barato!
¡Estás tonto!
¿Te gusta?
¡Es carísimo!

시간 있어요?
너무 안타까워요!
쇼핑 가니?
너무 싸요!
나가도 돼요?
나 시험 통과했어요!
싸지 않아요!
너 정신 없구나!
마음에 들어?
엄청 비싸요!

2C Intercambio de casa

읽기

2

a

위치: 쿠에르나바카
숙박 인원수: 최대 6명. 침실: 3개
욕실: 2개
어린이 수용 불가
아카풀코에서 자동차로 세 시간, 멕시코시티에서 한 시간, 타스코에서 한 시간 거리에 위치한 주택가의 매력적인 작은 집. 자쿠지, 에어컨, 주차장, 수영장, 넓은 정원 구비. 주변에 흥미로운 관광지와 문화 유적지가 있음. 쇼핑센터가 가까이에 있음.

소유주
직업: 은행원, 체육 교사
가족 구성원: 성인 2명
희망 여행지: 이탈리아, 스페인, 미국

b

위치: 아카풀코
숙박 인원수: 최대 4명
침실: 2개
욕실: 1개
흡연자 불가
해변에 위치한 예쁜 아파트. 바닷가 옆 골프장이 있는 주택가에 위치. 주민용 수영장 있음. 에어컨, 현대적인 주방, 바비큐 시설, 작은 정원 구비. 이 지역에 흥미로운 관광지와 문화 유적지가 있음. 낚시와 골프 애호가에게 매우 매력적인 지역임. 요트와 서핑에 이상적임.

소유주
직업: 변호사
가족 구성원: 성인 2명
희망 여행지: 다양한 가능성이 있음.

듣기

7

Maribel: ¿Sí, dígame?
Juan Zúñiga: ¡Hola, buenos días! Soy Juan Zúñiga, desde México.
Maribel: ¡Ah, buenos días! ¿Cómo está usted?
Juan Zúñiga: Pues, nada... Que llamaba para enterarme de cómo llegar a su casa en España.
Maribel: Bien, desde Madrid, deben tomar la Nacional VI hasta Villacastín.
Juan Zúñiga: ¿Y qué distancia hay de Madrid a Villacastín?
Maribel: Este pueblo está a unos 80 kilómetros de Madrid.
Juan Zúñiga: ¿Y una vez allí?
Maribel: Desde Villacastín tienen que desviarse por la carretera que va a Segovia, y a cinco kilómetros del pueblo encontrarán una señal que indica la entrada a la urbanización: Coto de San Isidro.
Juan Zúñiga: Cuando lleguemos a la urbanización, ¿cómo encontramos la casa?
Maribel: Es muy fácil. En la entrada verán un hostal y una plaza con una fuente. Justo detrás de la fuente está nuestra casa. Las llaves están en el buzón.
Juan Zúñiga: No parece muy difícil. De todas formas, si tenemos algún problema nos pondremos en contacto.
Maribel: Muy bien. Me alegro de saludarle y espero que tengan un buen viaje.
Juan Zúñiga: Gracias. ¡Hasta pronto!

마리벨: 네, 여보세요?
후안 수니가: 안녕하세요? 저는 후안 수니가입니다. 멕시코에서 전화하는 겁니다.
마리벨: 아, 안녕하세요! 어떻게 지내세요?
후안 수니가: 뭐, 별일없어요. 스페인의 당신 집에 어떻게 가면 되는지 알아보려고 전화했어요.
마리벨: 좋아요. 마드리드에서 비야카스틴까지 6번 고속도로를 타셔야 해요.
후안 수니가: 마드리드에서 비야카스틴까지 거리가 얼마나 돼요?
마리벨: 이 마을은 마드리드에서 약 80km 떨어져 있어요.
후안 수니가: 그곳까지 가서는요?
마리벨: 비야카스틴에서 세고비아로 가는 국도로 돌아가야 하고, 마을에서 5km 떨어진 지점에서 코토 데 산 이시드로 주택 지구 입구를 가리키는 표지판을 발견하실 거예요.
후안 수니가: 우리가 그 주택 지구에 도착하면 집을 어떻게 찾죠?
마리벨: 아주 쉬워요. 입구에 호텔과 분수가 있는 광장이 보일 거예요. 분수 바로 뒤에 우리 집이 있어요. 열쇠는 우편함에 있습니다.
후안 수니가: 아주 쉬워 보이지는 않네요. 어쨌든 문제가 있으면 연락을 드릴게요.
마리벨: 좋아요. 인사를 드리게 되어 기쁘고요, 좋은 여행이 되시길 바래요.
후안 수니가: 감사합니다. 또 뵙죠!

2D COMUNICACIÓN Y CULTURA

듣기

1

Sandra: ¿Has leído la revista de El Viajero de la semana pasada?
María: No, ¿por qué?
Sandra: Pues venía un artículo muy interesante sobre la ciudad de Cuenca.
María: ¿Ah, sí? ¿Y qué dice?
Sandra: Habla de su catedral, sus museos, su casco antiguo... Había pensado que, si quieres, nos organizamos el próximo fin de semana para ir a conocerla.

Transcripciones 듣기 대본·읽기 지문 번역

María: Bueno, ¿y cómo vamos?
Sandra: Podemos ir en coche, pero yo creo que es más cómodo ir en tren.
María: Yo también prefiero el tren. ¿Y dónde dormiríamos?
Sandra: Podríamos buscar un hotel barato en internet. Lo que sí me gustaría es comer en un restaurante nuevo que está en las Casas Colgadas, junto al Museo de Arte Abstracto. El cocinero es muy famoso y creo que se come muy bien.
María: ¡Genial! ¿Por qué no se lo decimos a Luisa y a Alicia para que se vengan con nosotras?

산드라: 지난주 '여행자' 잡지 읽어 봤어?
마리아: 아니, 왜?
산드라: 쿠엥카에 대한 아주 흥미로운 기사가 나왔거든.
마리아: 아, 그래? 뭐라고 하는데?
산드라: 그 도시의 대성당, 박물관, 구시가지 등에 대한 이야기야. 너만 괜찮다면 우리 다음 주말에 그 도시를 방문하러 갈 계획을 짤 수도 있다고 생각했었어.
마리아: 좋아, 그런데 어떻게 가지?
산드라: 자동차로 갈 수 있어. 하지만 기차로 가는 것이 더 편할 것 같아.
마리아: 나도 기차가 더 좋아. 그럼 우리 어디서 잠을 자는 거야?
산드라: 인터넷으로 싼 호텔을 찾을 수 있을 거야. 내가 원하는 건 카사스 콜가다스(매달린 집)의 추상미술관 옆 새로운 레스토랑에서 식사하는 거야. 요리사가 굉장히 유명해서 내 생각에는 아주 맛있게 식사할 수 있을 거야.
마리아: 좋아! 루이사와 알리시아에게 우리와 함께 가자고 말할까?

5 🎧 011

Sandra: ¡Hola, Luisa! ¿Qué tal? Soy Sandra.
Luisa: Hola, Sandra. ¿Qué tal?
Sandra: Pues, mira, he estado hablando con María y queremos ir a Cuenca el próximo fin de semana. ¿Te vienes?
Luisa: La verdad es que no tengo nada que hacer este fin de semana. Estaría muy bien. ¿Cómo pensáis ir?
Sandra: Habíamos pensado ir en tren. Desde Madrid no se tarda más de una hora.
Luisa: Pero..., ¿sabéis que la estación está a más de cinco kilómetros del centro de la ciudad? Tendríamos que coger un taxi. Mejor vamos en mi coche.
Sandra: Vale, no creo que a María le parezca mal.
Luisa: ¿Y habéis decidido dónde vamos a dormir?
Sandra: Sí, podemos buscar un hotel barato en internet. Es una ciudad muy turística y hay muchos hoteles para elegir. ¿Qué te parece la idea?

Luisa: A mí me parece estupendo. Se lo voy a decir a Alicia para que se apunte también. Te mando un mensaje cuando hable con ella.

산드라: 안녕, 루이스! 어떻게 지내? 나 산드라야.
루이스: 안녕, 산드라. 잘 지내니?
산드라: 저기, 내가 마리아와 이야기 중이었는데, 우리 다음 주말에 쿠엥카에 가 보고 싶어. 너도 올래?
루이스: 사실 이번 주말에 아무 할 일이 없어. 아주 잘 됐네. 어떻게 갈 생각이야?
산드라: 기차로 갈 생각이었어. 마드리드에서 한 시간 이상 걸리지 않아.
루이스: 하지만...... 역이 그 도시의 중심가에서 5km 이상 떨어진 곳에 있다는 것 알아? 우리 택시를 타야만 할 거야. 내 차로 가는 것이 더 나아.
산드라: 좋아, 내 생각에는 마리아도 나쁘게 생각하지는 않을 거야.
루이스: 그리고 우리 어디에서 잘지 결정했어?
산드라: 응, 인터넷에서 싼 호텔을 찾을 수 있어. 엄청난 관광 도시라서 고를 만한 호텔이 많아. 이 아이디어 어때?
루이스: 아주 좋은 것 같아. 내가 알리시아도 참고하라고 말할게. 걔랑 이야기하고 네게 메시지를 보낼게.

읽기
2

카르타헤나 데 인디아스
콜롬비아의 북서쪽에 있는 카르타헤나 데 인디아스는 볼리바르라는 주의 주도이다. 카리브해의 해안에 위치하며 열대성 기후이다. 대략 90만 명의 주민이 거주한다. 1984년 유네스코에 의해 세계 문화유산으로 지정되었다.

역사
이 도시는 1533년 스페인 사람인 페드로 데 에레디아에 의해 건설되었으며, 스페인으로부터의 완벽한 독립이 조인된 1811년 11월 11일까지 스페인의 식민지였다.

카르타헤나에서는 무엇을 하나?
카르타헤나 데 인디아스에는 가 볼 만한 곳이 많다. 역사, 오락, 휴식, 즐거움과 그 이상의 것들을 만날 수 있는 곳이다.
섬과 해변: 섬과 석호로 둘러싸인 넓은 만에 위치하고 있다.
밤놀이: 밤놀이를 위해 선호하는 장소들은 성벽 내의 도심과 아르세날 거리, 보카그란데이다.
흥미로운 장소: 카르타헤나는 꼭 방문해야만 하는 유적지(교회, 수도원, 박물관, 성)로 가득하다. 도시 외곽에는 로사리오 섬이나 산 마르틴 수족관으로 소풍을 갈 수도 있다.

요리
카르타헤나의 식문화에는 원주민과 스페인의 재료들이 혼합되어 있다. 다음은 가장 유명한 요리들이다.
아히아코: 닭고기와 감자로 만든 스프
타말: 닭고기, 돼지고기, 채소가 들어간 옥수수가루 반죽을 바나나 잎에 싸서 찐 음식
파타콘: 육류나 치즈가 들어간 초록색 바나나 튀김
아레파: 옥수수가루 반죽 안을 다양한 재료로 채운 음식
엠파나다: 밀가루 반죽 안을 쌀, 육류, 채소로 채운 음식

쓰기
1

친애하는 카티

어떻게 지내니? 네가 잘 지내고 있길 바란다. 일찍 소식을 전하지 못해서 미안해. 너무 바빴거든. 멕시코에서 돌아온 후 곧 일을 시작했어.
카티, 우리가 유카탄에서 찍었던 사진을 네게 보내기 위해 이메일을 써. 보다시피 정말 잘 나왔어.
우리가 그 여행에서 얼마나 즐거운 시간을 보냈는지 몰라! 그렇지?
하지만 이곳 살라망카에서의 생활은 그다지 재미있지는 않아. 병원 일을 마치고 나서 나는 일주일에 이틀 헬스클럽에 가. 그리고는 주말에 친구들과 영화를 보거나 함께 식사를 하러 외출을 하지. 그래, 전혀 특별할 것이 없어.
너는 그 건축 프로젝트를 계속하고 있니? 네 친구 안토니오는 어떻게 지내? 그에게 안부를 대신 전해 줘. 네가 답장을 금방 해서 네가 어떻게 지내는지 이야기 해주면 좋겠다. 살라망카에 올 기회가 있으면 이곳에 네가 머물 집이 있다는 것을 알아 주기를 바란다.

포옹을 보내며
카르멘

1/2 Autoevaluación
2

그는 1939년 리마에서 태어났다. 미국과 영국 학교에서 수학했다. 1957년 법학과 인문학을 공부하기 위해 산 마르코스 국립대학에 입학했다. 1964년 유럽으로 이주했다. 프랑스, 이탈리아, 그리스에서 살았으며, 스페인에서는 여러 대학교에서 교수로 근무했다.
1968년 카사 데 라스 아메리카스 경선에서 수상한 첫 단편작인 '닫힌 텃밭'을 발간했다.
1970년 '훌리우스를 위한 세상'을 집필했으며, 많은 사람들은 그것을 그의 최고의 작품으로 손꼽는다. 그 시기부터 그는 여러 편의 단편, 정기적인 연대기물, '살기 위한 허가(1993)', '느껴보기 위한 허가(2005)'와 같은 일련의 '안티메모리'를 발간했다. 2002년 '내 연인의 텃밭'으로 플라네타 상을 수상했다.

UNIDAD 3
Relaciones personales

3A Julia me cae bien

발음과 철자

1

¿Ha venido María?
¿Tienes hambre?
¿Quién ha venido?
¿Estás seguro?
¿Quieres venir?
¿Cómo lo sabes?

마리아 왔어요?
배고프니?
누가 왔어요?
확실해?

올래?
그걸 어떻게 아니?

2

> Hace frío. / No ha venido. / ¿Quiere comer? / ¿Estudia mucho? / ¿Le gusta la tortilla? / Está esperando.

날씨가 추워요. / 안 왔어요. / 밥 먹을래요? / 공부 많이 해요? / 토르티야 좋아해요? / 기다리고 있어요.

3B Amigos

듣기

2

> (Paloma habla de Jaime)
> ¿Qué me gusta de Jaime? Pues lo que más me gusta es su sentido del humor, es muy divertido, hace bromas continuamente. En su trabajo, por el contrario, es muy serio y formal. Con la familia y sus amigos es cariñoso y también generoso, hace bastantes regalos. Lo peor es que a veces se pone un poco terco. Físicamente es muy alto. Cuando le conocí tenía el pelo un poco largo y rizado, pero ahora no tiene mucho, está casi calvo y lleva gafas. Es bastante presumido, le gusta comprarse ropa.
> (Jaime habla de Paloma)
> De Paloma me gusta mucho su mirada. Tiene unos ojos grandes y expresivos, unas veces alegres y otras, tristes. Es muy ordenada, y también es sociable, le gusta mucho organizar actividades con los amigos y reunir a toda la familia alrededor de una mesa llena de comida. Tiene el pelo castaño y largo. Lo que menos me gusta es que a veces se enfada conmigo.
> (Rosa habla de Paco)
> Con Paco nunca me aburro. Unas veces es un niño grande que inventa juegos para sus hijos y otras veces es un hombre serio, preocupado por todos los problemas de la Humanidad. Es muy inteligente, amable con casi todo el mundo, pero cuando se enfada, es terrible. No es muy alto, lleva el pelo largo y tiene bigote y perilla; no le preocupa mucho la ropa.
> (Paco habla de Rosa)
> Lo que me gustó de Rosa cuando la conocí fue su generosidad y amabilidad. Es comprensiva y sabe escuchar, por eso la gente le cuenta sus problemas. Es muy romántica: le gustan las puestas de sol, las flores, las cenas para dos, y también le gusta ir al campo con sus amigos y andar. No es muy alta, es delgada y siempre lleva el pelo corto. Le gusta ponerse vaqueros, pero es elegante cuando sale.

(팔로마가 하이메에 대해 말한다)
하이메의 어떤 점이 좋냐고요? 내가 가장 좋아하는 점은 그의 유머 감각이에요. 아주 재미있어요. 계속 농담을 하죠. 반대로, 직장에서는 무척 진지하고 정중합니다. 가족과 친구들한테는 다정하고 관대해요. 선물을 많이 하죠. 가장 안 좋은 점은 가끔씩 고집을 조금 부린다는 거예요. 신체적으로는 키가 무척 커요. 그를 처음 알게 되었을 때는 머리카락이 조금 길고 곱슬 거렸어요. 하지만 지금은 (머리카락이) 많지 않아서 거의 대머리이고 안경을 써요. 그는 꽤 꾸미는 사람이라 옷 사는 것을 좋아해요.

(하이메가 팔로마에 대해 말한다)
팔로마에 대해서는 그녀의 시선이 나는 무척 마음에 들어요. 무척 크고 표현력이 강한 눈을 가졌어요. 어떤 때는 기쁘고, 또 어떤 때는 슬프죠. 그녀는 매우 착실하고 사교적이에요. 친구들과의 활동을 계획하는 것을 좋아하고 음식이 가득한 테이블에 가족과 함께 모이는 것을 좋아해요. 밤색의 긴 머리카락을 가지고 있어요. 그녀에게서 덜 마음에 드는 점은 가끔 나에게 화를 낸다는 거예요.

(로사가 파코에 대해 말한다)
파코와는 한 번도 지루한 적이 없어요. 가끔은 아이들을 위해 놀이를 발명해 내는 큰 아이고요, 또 가끔은 인류의 모든 문제에 대해 근심하는 진지한 남자예요. 무척 똑똑하고 거의 모든 사람들에게 친절해요. 하지만 화를 낼 때는 무시무시해요. 키가 매우 크지는 않고 긴 머리카락을 가졌어요. 콧수염과 구레나룻이 있어요. 옷에 대해 크게 신경 쓰지 않아요.

(파코가 로사에 대해 말한다)
내가 로사를 처음 만났을 때 마음에 들었던 점은 그녀의 관대함과 상냥함이었어요. 이해심이 많고 경청할 줄 알아요. 그래서 사람들이 그녀에게 자신들의 문제를 털어놓죠. 그녀는 무척 낭만적이에요. 노을과 꽃, 둘만의 저녁 식사를 좋아하고, 친구들과 들판으로 가서 걷는 것도 좋아합니다. 키가 많이 크지는 않아요. 말랐고 항상 짧은 머리를 해요. 청바지 입기를 좋아하지만 외출할 때는 우아해요.

읽기

7

■ 말씀해 보세요, 찾으시는 것이 정확하게 뭔가요?
● 똑똑하고, 이해심이 많고, 상냥하고, 대학 교육을 받았고, 아파트와 차가 있는 남자를 찾아요. 가능하다면 해변에 있는 아파트요. 아, 아이들을 좋아했으면 좋겠네요. 제가 아이가 셋이거든요.
■ 좋습니다, 좋아요. 우리가 운이 있을지 파일을 한번 뒤져 보지요. 하지만 그 어떤 것도 보장해 드릴 수는 없습니다.
■ 카르멘, 그런 사람을 찾았어요! 상냥하고, 친절하고, 고등 교육을 받았고, 엔지니어 인데다가 해변에 아파트가 있고 아이들을 좋아하는 남자를 찾았어요.
● 참 잘됐네요! 정말 기뻐요. 어디에서 일하나요?
■ 그것이 문제입니다. 실직 상태이거든요.

3C Tengo problemas

읽기

2

상담 문의

1. 어떻게 해야 할지 모르겠어요

몇 달 전부터 강아지를 한 마리 사려고 생각 중이에요. 저와 생각이 같은 여자 친구 두 명과 함께 살고 있어서 강아지를 무척 잘 돌봐 줄 거예요. 문제는 우리 아파트가 작고 1주일에 4일간 아침부터 밤까지 근무한다는 거예요. 가능하다는 것은 알아요. 많은 사람들이 아파트에서 개를 키우잖아요. 하지만 그것이 개를 위해 좋을까요? 어떻게 해야 하죠?

2. 결정을 못 하겠어요

저는 서른 살의 남자입니다. 최근에 인생에 대해 진지하게 생각하고 있어요. 여자 친구와 2년 동안 함께 살고 있는데 제 생각에는 제 평생의 반려자입니다. 우리는 처음에 아주 잘 지냈어요. 취미가 같고 저를 무척 사랑한다고 말하곤 했지요. 사실은 가끔 다투기는 했어요. 다른 커플들처럼요. 하지만 전혀 심각한 것은 아니었습니다. 최근에 제 여자 친구가 많이 바뀌었어요. 이제는 이전에 우리가 함께 하던 일들에 대해 관심이 없어요. 가끔씩 저의 말투, 옷차림, 식사 방식 등 모든 일에 대해 불만스러워합니다. 저는 절망스러워요. 다른 남자가 생겼는지 알아보려고 그녀와 대화를 시도하지만 그녀는 항상 아니라고 합니다. 제게 어떤 충고를 해 주시겠어요?

답변

A. 동물을 키운다는 것은 자녀를 갖는 것과 같아요. 다른 생명(이 경우에는 개)을 책임지는 것이지요. 모든 것을 신경 써 줘야 해요. 먹이를 주고, 씻기고, 해가 나든 비가 오든 산책시켜야 하고, 이 외에도 많은 일을 해야 하지요. 더는 일하지 않게 된 노인이 혼자 있지 않기 위해 반려 동물을 키우는 것은 일반적입니다.
그러므로 구입하기 전에 당신과 당신 친구들, 개에게 발생할 수 있는 모든 문제와 결과에 대해 생각해 보아야만 합니다. 휴가 때나 (다른 사람이) 방문할 때, 외출할 때 어떻게 할 거죠? 당신들이 일할 때 강아지 혼자 무엇을 할까요? 내가 당신이라면 생활 환경이 바뀔 때를 기다려 보겠어요. 또 다른 방법은 당신들이 여의치 않을 때 강아지를 돌봐 줄 수 있는 사람을 찾는 겁니다.

B. 모든 커플들에게는 행복한 시절과 행복하지 않은 시절이 있습니다. 어려운 시기는 행복한 시기보다 더 오래 지속되는 것 같습니다. 인간관계란 쉽지 않으니까요. 그래서 많은 커플들이 이혼을 합니다. 일상적인 공동 생활의 문제를 해결할 만한 인내심과 능력이 없기 때문입니다. 이것이 당신의 경우가 아니면 좋겠네요.
내가 당신의 입장이라면 친구들이 어떤 말을 하는지 들어 보기 위해 그들과 대화하며 문제를 이야기하겠습니다. 그러나 그 전에 당신이 해야 할 일은 그녀와 차분히 대화하며 당신의 감정을 설명하는 것입니다. 무엇보다도 평정심을 유지해야만 하며, 결국에는 그녀가 당신 인생을 함께할 여성인지 아닌지 결정해야만 할 것입니다.

듣기

5

Alicia: ¿Sabes?, me gusta un chico de la clase de español.
Bea: ¿Ah, sí?, ¿quién?
Alicia: Se llama Peter y es inglés.
Bea: ¿Qué tal es?
Alicia: Es alto, no muy guapo, pero es simpático y parece tranquilo. Yo creo que también le gusto, porque me he dado cuenta de que me mira mucho, pero no sé qué hacer, porque no estoy segura...
Bea: Yo en tu lugar le preguntaría algo de gramática, le pediría el diccionario, en fin...
Gonzalo: Estoy harto de mis padres, me voy a ir de casa.

ciento setenta y cinco **175**

Transcripciones 듣기 대본 • 읽기 지문 번역

Adrián: Pero hombre, ¿qué te pasa?
Gonzalo: Ya te lo he dicho, estoy harto de mis padres. Son pesadísimos, todos los días me preguntan por las clases, los exámenes, si estudio o no. Mi madre me mira la ropa para ver si fumo. Ayer estaba viendo la tele tan tranquilo y mi padre se sentó a mi lado, a preguntarme por mis amigos, si tengo problemas, en fin, un rollo.
Adrián: Bueno, hombre, no te preocupes, todos los padres o casi todos son iguales, tú tranquilo. Lo que tienes que hacer es salir más con nosotros y no contar nada en casa. Yo en tu lugar no me preocuparía. ¿Adónde vas a ir a vivir si no tienes dinero ni trabajo?

알리시아: 너 알고 있어? 나는 스페인어 수업의 한 남자애가 마음에 들어.
베아: 아, 그래? 누구?
알리시아: 이름은 피터이고 영국인이야.
베아: 어떤데?
알리시아: 키가 크고 썩 잘 생기지는 않았어. 하지만 상냥하고 침착해 보여. 내 생각에는 나도 그 애의 마음에 든 것 같아. 왜냐하면 나를 무척 바라본다는 것을 눈치챘거든. 하지만 어떻게 해야 할지 모르겠어. 확신이 없거든…….
베아: 내가 너라면 그에게 문법에 대한 것을 질문하거나 사전을 빌리거나 하겠어. 말하자면 그런 거지…….
곤살로: 나는 우리 부모님한테 질렸어. 집에서 나가 버릴 거야.
아드리안: 갑자기 무슨 일 있어?
곤살로: 내가 이미 말했잖아, 부모님한테 질렸다고. 그들은 지긋지긋해. 수업과 시험, 내가 공부를 하는지 안 하는지 매일 물어봐. 우리 엄마는 내가 담배를 피우는지 보려고 내 옷을 살펴봐. 어제는 편안하게 TV를 보고 있었는데 아빠가 친구들과 내가 무슨 문제라도 있는지 물어보려고 내 옆에 앉더라고. 한 마디로 엄청 따분해.
아드리안: 그래, 알겠다. 신경 쓰지 마. 모든 부모님들은 대부분 다 똑같아. 너는 신경 쓸 것 없어. 네가 할 일은 우리랑 더 놀러 다니고 집에서는 아무 말도 하지 않는 거야. 내가 네 입장이라면 걱정하지 않겠어. 네가 돈도 직업도 없다면 어디로 살러 가겠어?

3D COMUNICACIÓN Y CULTURA

듣기

1 🎧 016

Laura: ¿Qué tal tu fiesta de cumpleaños?
Carmen: Lo pasamos muy bien. Al final no vino mucha gente, pero estuvo mi hermana y conocimos a su novio. ¿Sabías que tenía novio?
Laura: ¡No sabía nada! ¿Y cómo es?
Carmen: Me cayó muy bien. Me pareció encantador. Se llama Eduardo. Es mexicano. Es muy simpático y nada tímido. ¡No paró de hablar sobre su país!
Laura: ¿Y es lindo?
Carmen: Es muy alto y moreno y tiene unos ojos muy bonitos. Lo que no me gusta es que tiene barba. ¿Quieres que te enseñe alguna foto de la fiesta?
Laura: ¡Ah, parece muy alegre! ¿A qué se dedica?
Carmen: Es cocinero en un restaurante mexicano y nos preparó un postre riquísimo.
Laura: ¿Cuándo se conocieron?
Carmen: El verano pasado, cuando estaban de vacaciones en la playa. El único problema es que es un poco celoso. No deja a mi hermana sola ni un momento al día. Pero se llevan muy bien.

라우라: 네 생일 파티는 어땠니?
카르멘: 아주 즐거운 시간을 보냈어. 결국 많은 사람들이 오지는 않았지만 우리 언니가 왔고 언니의 남자 친구를 만났어. 남자 친구 있다는 것 알고 있었어?
라우라: 전혀 몰랐어! 어땠어?
카르멘: 나는 마음에 들었어. 매력적으로 보였어. 이름은 에두아르도이고 멕시코인이야. 무척 상냥하고 전혀 소극적이지도 않았어. 자기 나라에 대한 이야기를 멈추지 않더라고!
라우라: 잘생겼어?
카르멘: 키가 무척 크고 검은 머리에 아주 예쁜 눈을 가졌어. 마음에 들지 않는 점은 턱수염을 길렀다는 거야. 파티 사진을 몇 장 보여 줄까?
라우라: 아, 정말 쾌활해 보이네! 무슨 일을 해?
카르멘: 멕시코 레스토랑의 요리사인데 아주 맛 좋은 후식을 만들어 주기도 했어.
라우라: 언제 만났대?
카르멘: 지난여름 휴가 차 해변에 가 있을 때. 유일한 단점이 질투가 약간 심하다는 거야. 우리 언니를 매일 단 한 순간도 혼자 내버려 두지 않아. 하지만 사이는 아주 좋아.

5 🎧 017

Marcos: ¡Hola, Santiago! ¿Qué haces ahí sentado?
Santiago: ¡Hola, Marcos! Estoy chateando.
Marcos: ¿Con quién?
Santiago: Con una compañera de clase, para ver si quedo con ella.
Marcos: ¿La conozco? ¿Quién es?
Santiago: Ana, una chica alta y morena, con el pelo largo y rizado.
Marcos: ¡Ah, ya sé quién es! Es muy seria, ¿no?
Santiago: No tanto, no, no creas, lo que pasa es que es un poco tímida, pero luego es simpática cuando la conoces.
Marcos: Pero, ¿no está saliendo con Pedro, ese chico rubio, tan educado, que tiene una empresa de informática?
Santiago: ¡Ah, no lo sé! No tenía ni idea. Además, solo estamos chateando.
Marcos: Yo en tu lugar no intentaría salir con ella. Si sale con ese chico tan guapo y que tiene tanto dinero…, no tienes nada que hacer. Sería mejor que pensaras en otra chica.

마르코스: 안녕, 산티아고! 거기 앉아서 뭐 해?
산티아고: 안녕, 마르코스! 채팅 중이야.
마르코스: 누구랑?
산티아고: 수업을 같이 듣는 여자 친구랑, 만날 수 있을지 알아보려고.
마르코스: 내가 그녀를 알고 있나? 누구지?
산티아고: 키가 크고 밤색에 긴 곱슬머리를 가진 아가씨인 아나.
마르코스: 아, 이제 누군지 알겠어! 무척 무뚝뚝하잖아, 안 그래?
산티아고: 많이는 아니야, 그렇게 생각하지 마. 사실 약간 내성적이라서 그래. 하지만 이후에 그녀를 알게 되면 상냥해.
마르코스: 하지만 그 금발머리에 예의 바른 페드로와 사귀고 있는 것 아니었어? 컴퓨터 회사를 가지고 있다는.
산티아고: 아, 몰라! 전혀 아무 생각 없었어. 더군다나 우린 그냥 채팅 중이야.
마르코스: 내가 너라면 그녀와 사귀려고 시도하지 않겠어. 그렇게 잘 생기고 돈 많은 남자와 사귄다면……. 네가 할 수 있는 일이 없어. 다른 여자를 생각해 보는 것이 나을 거야.

읽기

2

마추피추
쿠스코 근교 페루 안데스 중앙 산맥의 산들로 둘러싸인 오래된 잉카의 도시이다. 이 잉카의 고고학적 현장은 해발 2,438m에 자리하고 있다. 이 도시의 면적은 길이 530m, 폭 200m이며, 172개의 건물이 자리하고 있다.

이 고고학적 지역은 오직 잉카의 길이나 아구아스 칼리엔테스에서 시작해서 이 성스러운 장소의 입구에서 끝나는 도로를 이용해야만 접근이 가능하다. 아구아스 칼리엔테스로 접근하는 것은 오직 기차를 통해서만 가능한데, 쿠스코에서부터 약 세 시간이 걸린다. 주요 잉카의 길을 통해 마추피추에 도달하기 위해서는 대략 사흘을 걸어야만 한다. 이를 위해 쿠스코-아구아스 칼리엔테스 철도의 82km 지점까지 기차를 타야 하며, 거기서부터 걷기 시작한다.

그 역사에 관해서는 두 가지 학설이 있다. 하나는 이 도시가 1440년 파차쿠텍(1438-1470)왕에 의해 건설되었다는 것이고, 다른 하나는 약 1380-1400년에 이 경이로운 도시의 건설을 명령한 왕이 위라코차라는 것이다.

어찌 되었던 간에, 수 세기 동안 초목에 둘러싸인 채 버려져 있었다. 1911년 미국의 역사 교수였던 하이럼 빙이 그 장소를 알고 있었던 몇몇 토착민의 안내를 받아 마추피추에 도착했다.

빙은 그가 본 것에 무척 감명을 받았고, 즉시 현장에 대한 과학적인 조사를 시작하기 위해 예일 대학과 미국 지리학회, 페루 정부 간의 협정을 체결했다. 그리하여 빙은 잡목을 제거하고 그 도시의 외곽에 있던 잉카의 무덤을 발굴했던 1912년부터 1915년까지 마추피추에서 고고학적인 연구를 지휘하였다. 마추피추의 '공적 생활'은 1913년 내셔널 지오그래픽 잡지에 이 모든 것에 대한 기사가 실리면서 시작되었다.

현재 이 신비로운 유적지는 세계 인류 문화유산의 하나이며 세계에서 가장 관광객이 많이 찾는 장소 중 하나이다.

쓰기

1

주민 번호가 03827254P인 엘레나 가르시아 산도발은 1983년 12월 3일 출생하였으며, 마드리드 자치주의 한 도시인 헤타페에 거주하고 있다. 거주지 주소는 우편 번호 28011, 발레아레스 거리 15번지, 2층 좌측이다. 이메일 주소는 egarciasandoval3@yahoo.es이며, 전화번호는 9125165700이다. 휴대 전화번호는 6503928000이다. 엘레나는 연구소 기술자이며, 번호가 0021 2456 3718 5344인 VISA 카드를 가지고 있다. 그녀는 잡지를 보관하며 각 호에 맞는 표지로 묶어 두는 것을 좋아한다.

UNIDAD 4 - El tiempo pasa

4A ¡Cuánto tiempo sin verte!

듣기

2

Laura: ¡Hombre, Javier, cuánto tiempo sin verte!

Javier: ¡Hola, Laura, no te conocía! ¿Qué es de tu vida? ¿Acabaste la carrera?

Laura: Bueno, la verdad es que no. La vida me cambió mucho. Cuando estaba terminando, encontré un trabajo en una inmobiliaria. Dejé de estudiar y estuve trabajando en esa empresa hasta que conocí a Juan y montamos nuestro propio negocio. Además, nos hemos casado y tenemos dos hijos. ¿Y tú, qué tal?

Javier: Pues yo terminé la carrera y empecé a trabajar en una agencia publicitaria. Desde entonces, sigo trabajando para la misma empresa, pero ya no vivo en Madrid. He estado viajando por media España: Córdoba, Sevilla, Barcelona...

Laura: ¿Y ahora, dónde vives?

Javier: Me he comprado una casa en el campo, cerca de Segovia, y llevo viviendo allí dos años.

Laura: ¿Y Ana, tu mujer, qué tal?

Javier: Me divorcié hace cuatro años, pero me volví a casar el año pasado. Ahora estamos esperando nuestro primer hijo para el mes que viene.

Laura: ¿Y qué haces por Madrid?

Javier: He venido a ver a mi familia. Mi madre ha estado enferma últimamente y he venido a pasar unos días con ella. Bueno; ¿y tú qué haces por aquí?

Laura: Estoy esperando a unos amigos para ir al teatro. Hoy mi marido se ha quedado con los niños. Bueno, me voy, que ya están aquí. Yo sigo teniendo el mismo teléfono. Llámame un día y conoces a mis hijos y a mi marido.

Javier: ¡Ah, muy bien! Os llamo la semana que viene.

라우라: 어머, 하비에르, 이게 얼마만이야!

하비에르: 안녕, 라우라, 너를 못 알아봤어! 어떻게 살고 있어? 전공은 마친 거야?

라우라: 뭐, 사실 그렇지 못해. 내 인생은 너무 바뀌었어. 전공 과정을 끝내가던 도중에 부동산 중개소에서 일자리를 찾았어. 공부를 그만두고 그 회사에서 후안을 만나 우리만의 사업을 차릴 때까지 일했어. 게다가 우린 결혼해서 아이가 둘이야. 그런데 너는 어떻게 지내?

하비에르: 나는 전공을 마쳤고 광고 회사에서 일하기 시작했어. 그때부터 같은 회사에서 계속 일하고 있어. 하지만 이젠 마드리드에서 살지 않아. 스페인 절반은 여행했지. 코르도바, 세비야, 바르셀로나……

라우라: 그럼 지금은 어디에 사니?

하비에르: 세고비아 근교의 시골에 집을 한 채 샀고 거기서 2년째 살고 있어.

라우라: 그럼, 네 부인인 아나는 어떻게 지내?

하비에르: 4년 전에 이혼했어. 하지만 작년에 재혼했지. 지금 우리는 다음 달에 태어날 첫 아이를 기다리는 중이야.

라우라: 마드리드에서는 뭐 하는 거야?

하비에르: 우리 가족을 보러 왔어. 어머니가 최근에 편찮으셔서 함께 며칠 지내려고 온 거야. 그래, 너는 이 근처에서 뭐하고 있어?

라우라: 나는 극장에 가기 위해 친구 몇 명을 기다리고 있어. 오늘 남편이 아이들과 남아 있을 거라서. 자, 나는 가 볼게, 벌써 저기 와있네. 나는 계속 같은 번호야. 언제 한번 전화해서 내 아이들하고 남편을 만나 봐.

하비에르: 아, 좋아! 다음 주에 전화할게.

4B La educación antes y ahora

읽기

3

교실 안의 신기술

수많은 연구들이 교실에서의 디지털 칠판, 인터넷, 컴퓨터의 사용이 교수법을 개선하고, 역동적인 새 교수법을 창조하며, 학생들의 학습 참여도를 증가시킨다는 사실을 증명한다. 또한 숙제를 통한 단순한 정보화는 지식 습득의 표면적인 변화일 뿐 그 이면에 교육 체계의 진정한 변화가 존재하지 않는다는 사실 또한 이 연구들이 알려준다.

전통적인 교수법의 보완으로 제시되는 신기술은 중요한 도전이 되어 교실에 적용되고 있다. 전통적인 칠판은 컴퓨터, 프로젝터와 접목되어 작동하는 것으로 변화한다. 노트와 볼펜은 휴대 가능하고 Wi-fi 기능이 있으며 손글씨를 이해하는 컴퓨터와 태블릿으로 대체된다. 종이책은 디지털 북에 자리를 내주고, 인터넷은 가장 중요한 정보의 원천이다.

그러나 이 모든 것은 수업에 관심을 갖고 집중하며, 문제점을 수정하고, 습득한 지식을 평가하는 또 다른 방식을 요구하고 있다.

우리는 변화의 시작점에 와 있다. 정치인들, 교수자들, 사회는 교실에서 신기술의 사용이 매우 긍정적일 수 있고, 학습을 개선하고 역동적인 교육을 창출하며, 학습 실패율을 낮추는 데에 이바지할 수 있다는 사실을 이해하기 시작했다.

(lavanguardia.com에서 발췌)

듣기

7

César: ¿Escuchaste el programa sobre educación que pusieron ayer en la televisión?

Ana: Sí, pero no estoy de acuerdo con algunas de las cosas que dijeron. Yo creo que la educación que reciben nuestros hijos hoy en día es mejor que la de antes. Antes solo se utilizaba la memoria y los alumnos no aprendían a razonar.

César: Pero ahora el gran problema es que los chicos no tienen interés por los estudios y no respetan al profesor. No prestan atención en las clases y así no aprenden nada.

Ana: Yo creo que antes la relación con los profesores era mucho peor. Los profesores eran muy estrictos y no facilitaban la comunicación con el alumno. Además las chicas estábamos separadas de los chicos y eso no nos preparaba para la vida, donde todos estamos juntos.

César: Sí, pero el silencio y la atención en clase eran mucho mayores y eso facilitaba el aprendizaje.

Ana: Pero eso no era realmente aprender: no podías participar, no podías hacer preguntas y mucha gente se perdía por el camino.

César: Ahora nuestras escuelas son mixtas, pero también muchos alumnos se pierden, porque cuando un alumno no tiene interés por lo que está aprendiendo, yo creo que no tiene solución.

Ana: Para mí lo importante es convencer al alumno de que tiene que aprender para buscarse un lugar en la vida y facilitarle el trabajo para seguir avanzando, pero si él no hace el esfuerzo de estudiar, el sistema de enseñanza no va a poder hacer nada por él.

세사르: 어제 TV에서 방영한 교육에 관한 프로그램을 들어 봤어?

아나: 응, 하지만 나는 그들이 말했던 것들 중 일부에는 동의하지 않아. 난 오늘날 우리 자녀들이 받는 교육이 과거의 교육보다는 좋다고 생각해. 전에는 오직 기억력만 사용했고 학생들은 생각하는 법을 배우지 못했어.

세사르: 하지만 지금 큰 문제는 아이들이 공부에 관심이 없고 선생님을 존경하지 않는다는 거야. 수업에 관심이 없으니 아무것도 배우는 것이 없어.

아나: 나는 과거에 선생님들과의 관계가 훨씬 안 좋았다고 생각해. 선생님들은 무척 엄격했고 학생과의 의사소통을 허락하지 않았지. 게다가 우리 여자애들은 남자애들과 분리되어 있어서 모두 함께해야만 하는 인생을 대비하지 못하도록 만들었어.

세사르: 그래, 하지만 수업 중에 고요함과 경청은 훨씬 나아서 그것이 학습을 도왔어.

아나: 하지만 그건 정말로 배우는 것은 아니었어. 참여할 수 없었고, 질문할 수 없었고, 많은 사람들이 도중에 방황하고 있어.

Transcripciones 듣기 대본·읽기 지문 번역

세사르: 지금 우리 학교들은 남녀공학이야. 그렇지만 역시 많은 학생들이 방황해, 왜냐하면 학생이 배우고 있는 것에 대해 관심이 없을 때는 해결책이 없기 때문인 것 같아.

아나: 내게 가장 중요한 건 인생에서 자신의 자리를 찾기 위해서는 배워야만 한다는 것에 대해 학생을 설득하는 것과 계속 앞으로 나아가도록 일자리를 알선해 주는 일이야. 하지만 만일 그 학생이 공부를 하고자 노력하지 않을 경우 교육 시스템은 그 아이를 위해 아무것도 할 수가 없어.

4C Trabajo y vocación

읽기

2

바르가스 요사

교육, 불행에 맞서는 방어 수단

2010년 노벨문학상을 수상한 페루인이자 스페인 국적의 작가 마리오 바르가스 요사는 멕시코시티의 메트로폴리탄 자치 대학교에서 있었던 강연에서 다음과 같이 말했다.

"교육의 첫 번째이자 가장 중요한 기능은 어린이들과 청소년들이 자신의 적성을 발견하도록 돕는 것과 그 일에 전념하도록 그들을 설득하는 것이다. 왜냐하면 미래에 있을지 모를 불행에 대해 스스로를 방어하는 최선의 방법이기 때문이다.

내가 평생 동안 만났던 덜 불행한 사람들은 자신의 시간과 노력, 재능, 창의력을 자신이 좋아하는 것에 투자했던 이들이다. 그렇기 때문에 학교와 대학의 가장 중요한 임무는 젊은이들로 하여금 자신의 진정한 적성을 발견하도록 도와주는 일인 것이다. 나의 경우, 작가가 되는 것이 내 평생 가장 중요한 결정이었다.

적성과 동떨어진 이유로 직업을 선택하는 사람은 그렇게 하면 사회적, 경제적 성공을 이루리라고 종종 생각한다. 보통 이런 사람들은 그 일에서 실패하여 좌절할 가능성이 있다.

사람이 자신의 존재를 적성에 맞는 일에 바칠 때 성공을 거머쥘 가능성이 훨씬 크다. 성경에 의하면 노동은 신성한 징벌이다. 우리는 노동으로 인해 이마에 흘러내리는 땀으로 우리의 삶을 영위해 가도록 판결받은 존재들인 것이다. 그러나 좋아하는 일을 하는 사람에게 있어 그 일은 절대로 벌이나 저주를 의미하지 않는다.

일을 많이 하는 나로서는 일을 할 때면 종종 엄청난 노력을 기울인다. 그러나 즐겁다. 고통스러우면서도 즐겁다. 그 어떤 사람과도, 그 어떤 것과도 이 일을 바꾸지 않으리라".

(eleconomista.com에서 발췌)

발음과 철자

2

1 Déjame el diccionario.
  A él no le digas nada.
2 El té verde es muy bueno.
  ¿Cuándo te vas a duchar?
3 Dame el paquete a mí.
  Mañana viene mi hermano.
4 Este niño no se llama Pedro.
  Yo no sé dónde está Carmen.

5 ¿Tú vas a ir a la boda de María?
  ¿Dónde está tu abrigo?
6 Si puedo, iré a verte.
  Él sí quiere casarse, pero ella no.

1 내게 사전을 빌려 줘.
  그에게 아무 말도 하지 마.
2 녹차는 아주 좋아.
  언제 샤워할 거야?
3 상자를 나에게 줘.
  내일 내 동생이 온다.
4 이 아이는 이름이 페드로가 아니다.
  나는 카르멘이 어디 있는지 모른다.
5 마리아의 결혼식에 갈 거니?
  네 코트는 어디 있니?
6 가능하면 너를 보러 갈게.
  그는 정말 결혼하고 싶어 하지만 그녀는 아니야.

4D COMUNICACIÓN Y CULTURA

듣기

1

Paloma: ¡Hombre, Jorge! ¡Cuánto tiempo sin verte! ¿Dónde te has metido últimamente?

Jorge: ¡Hola, Paloma! Es que he estado viviendo en Barcelona. Después de terminar la carrera de Piano, empecé a dar clases en el Conservatorio de allí. Y ahora he vuelto a vivir a Madrid y acabo de presentarme a unas pruebas para la orquesta de la Comunidad. Y tú, ¿qué tal?

Paloma: Yo acabé la carrera de Medicina el año pasado y he empezado a trabajar en un hospital este verano. ¿Y qué sabes de Eva? ¿Sigues en contacto con ella?

Paloma: ¡Ah! ¿Pero no te has enterado?

Paloma: Yo acabé la carrera de Medicina el año pasado y he empezado a trabajar en un hospital este verano. ¿Y qué sabes de Eva? ¿Sigues en contacto con ella?

Jorge: No, antes nos veíamos mucho, pero ahora hace tiempo que no la veo. ¿Y tú, sigues saliendo con David?

Paloma: ¡Ah! ¿Pero no te has enterado? Llevamos casados seis meses y ¡estamos esperando nuestro primer hijo!

Jorge: ¡Vaya! ¡Enhorabuena! ¡Esto hay que celebrarlo!

Paloma: Vale, vente a cenar mañana a casa y así saludas a David.

Jorge: Muy bien. Venga, mañana nos vemos.

팔로마: 어머, 호르헤! 이게 얼마 만이야! 요즘 너 어디 있었니?

호르헤: 안녕, 팔로마! 바르셀로나에서 살았어. 피아노 전공을 마친 후 그곳 음악원에서 피아노를 가르치기 시작했거든. 그리고 지금은 다시 마드리드에서 살게 됐고 주립 오케스트라에 오디션을 신청해 놓았어. 너는 어때?

팔로마: 나는 작년에 의대를 졸업하고 이번 여름에 한 병원에서 근무하기 시작했어. 그런데 에바에 대해 아는 것 있니? 그 애와 아직 연락해?

호르헤: 아니, 전에 우린 자주 만났는데 지금은 그 애를 못 본지 오래 됐어. 너는 다비드와 계속 사귀고 있어?

팔로마: 아! 아직 너 몰랐었구나? 우리 결혼한 지 6개월 됐고 첫 아이를 기다리는 중이란다!

호르헤: 어머! 정말 축하해! 이건 정말 축하해야 할 일이구나!

팔로마: 그래, 내일 우리 집으로 저녁 먹으러 와. 다비드에게도 인사하게.

호르헤: 그래, 좋아. 자, 그럼 내일 만나.

5 022

Sandra: ¡Hola, Pedro! ¿A que no sabes a quién acabo de encontrarme en el autobús?

Pedro: Ni idea.

Sandra: ¿Te acuerdas de Beatriz?

Pedro: ¿Quién? ¿La hermana de Héctor, nuestro compañero de clase?

Sandra: La misma. ¿Te acuerdas de que se divorció y poco después se fue a Argentina?

Pedro: Sí, sí. ¿Y cómo le fue?

Sandra: Pues, parece que muy bien. Está aquí para pasar unas vacaciones con sus padres, pero luego se vuelve a Buenos Aires.

Pedro: ¿Y qué hace allá?

Sandra: Está estudiando Arte Dramático. Se ha vuelto a casar con un argentino y tienen un niño.

Pedro: ¡Me gustaría verla!

Sandra: Pues hemos quedado para tomar café mañana por la tarde. Si quieres, vente con nosotras.

산드라: 안녕, 페드로! 내가 버스에서 방금 누구를 만났는지 모르지?
페드로: 전혀 모르겠는데.
산드라: 베아트리스 기억해?
페드로: 누구? 우리 반 친구였던 엑토르의 누나?
산드라: 응, 그 애. 이혼하고 얼마 후 아르헨티나로 간 것 기억나?
페드로: 그래, 그래. 그녀는 어떻게 지내는데?
산드라: 아주 좋아 보여. 부모님과 휴가를 보내려고 여기 와 있지만 나중에 부에노스아이레스로 돌아가.
페드로: 그녀는 뭐 해?
산드라: 연극 예술을 공부하고 있어. 아르헨티나 남자와 재혼해서 아들이 하나 있어.
페드로: 만나 보면 좋겠네!
산드라: 내일 오후에 커피를 마시기로 약속했어. 원한다면 너도 우리랑 가자.

쓰기

3

가브리엘 가르시아 마르케스

나의 어머니가 집을 팔러 가는데 함께 가 달라고 내게

부탁하셨다. 그녀는 가족이 살고 있던 머나먼 마을에서 떠나 그날 아침 바랑키아에 도착했으므로 어떻게 나를 찾아야 하는지 전혀 알지 못했다. 지인들에게 이곳저곳을 수소문하였더니, 문도서점이나 동료 작가들과 이야기하기 위해 매일 두 번씩 들르는 근처 카페에서 나를 찾으라고 알려주었다. 그렇게 전한 사람이 어머니께 경고하였다. "조심하세요, 미친놈들 중에 미친놈들이니까요." 그녀는 12시 정각에 도착했다. 전시 중인 책 테이블 사이를 가벼운 발걸음으로 걸어 오시더니 내 앞에 멈춰 서셨다. 잘 나가던 시절의 그 짓궂은 미소를 띠고 내 눈을 바라보시며 내가 그 어떤 반응을 보이기도 전에 내게 말씀하셨다. "내가 네 엄마야."

('이야기하기 위해 살다' 중에서)

UNIDAD 5 - Salud y enfermedad

5A ¿Por qué soy vegetariano?

듣기

3

¿Por qué soy vegetariano?
Yo creo que estaba destinado a ser vegetariano, pues poco a poco me di cuenta de que la carne y todos sus derivados me afectaban físicamente, y empezó a no gustarme la idea de comer animales.
A medida que pasaban los meses dejé primero la carne, después el pollo, el pescado y más tarde los huevos y la leche. Comencé a leer algunos libros interesantes y el que más ha cambiado mi vida ha sido el libro de La antidieta. Una de las cosas que comencé a hacer al leer este libro fue desayunar fruta por las mañanas para desintoxicarme diariamente, así que cada mañana comienzo el día con fruta fresca y zumos y no como nada más hasta el mediodía, para que mi cuerpo pueda limpiarse.
Cuando me convertí en vegetariano, la reacción de los que estaban a mi alrededor (mi familia, amigos, etc.) fue muy cruel. Estaban constantemente insistiendo en ir a tomar una hamburguesa. Ahora, muchos de ellos, incluida mi madre, se han hecho vegetarianos. Mis hijos, por supuesto serán vegetarianos, y si quieren comer perritos calientes, haré todo lo posible para informarles de lo que hay en un perrito caliente antes de comérselo.
Me gusta cocinar muchas cosas. Me encantan las verduras al horno, las zanahorias y las cebollas con un poquito de aceite de oliva, sal y pimienta. Me gustan mucho los cereales y las legumbres, pero mi plato favorito es un pastel de tomate y patatas.
Es estupendo invitar a mis amigos a cenar e impresionarles con una buena comida y, al final de la cena, informarles de que no se han empleado animales en ninguno de los platos.

제가 왜 채식주의자냐고요?
제 생각엔 채식주의자가 될 운명이었던 것 같아요. 육류와 그 모든 부산물들이 육체적으로 내게 영향을 미친다는 것을 조금씩 깨달았고 동물을 먹는다는 생각이 꺼려지기 시작했으니까요.
몇 달이 지나는 동안 먼저 고기, 다음에는 닭고기, 생선, 더 이후에는 계란과 우유를 끊었어요. 흥미로운 책을 몇 권 읽기 시작했는데, 내 인생을 가장 크게 변화시킨 것은 '반다이어트'라는 책이었어요. 이 책을 읽을 때 시작했던 일들 중 하나는 매일 해독을 위해 아침에 과일로 식사를 하는 것이었어요. 그래서 매일 아침 신선한 과일과 주스로 하루를 시작하고 점심 때까지 아무것도 먹지 않았어요. 제 몸이 정화될 수 있도록요.
제가 채식주의자가 되었을 때 제 주변에 있던 사람들(가족, 친구 등)의 반응은 아주 잔인했어요. 햄버거를 먹으러 가자고 계속 졸랐어요. 이제는 그들 중에서 우리 어머니를 포함한 다수가 채식주의자가 되었답니다. 물론 우리 아이들도 채식주의자가 될 텐데, 만일 아이들이 핫도그를 먹고 싶어 하면, 그것을 먹기 전에 핫도그 안에 든 것에 대해 알려 주기 위해 저는 가능한 모든 일을 할 거예요.
저는 많은 것들을 요리하는 것을 좋아해요. 채소 오븐구이, 약간의 올리브유와 소금과 후추를 곁들인 당근, 양파를 무척 좋아하죠. 곡물류와 콩류도 무척 좋아하지만 제가 가장 좋아하는 요리는 토마토와 감자 케이크예요.
친구들을 저녁 식사에 초대해서 훌륭한 음식으로 그들에게 감동을 주고, 저녁 식사를 마친 후 그 어떤 요리에도 동물을 쓰지 않았다고 알려 주는 일은 너무 멋져요.

5B Las otras medicinas

읽기

2

아로마 요법
아로마 요법은 심신의 건강을 개선하기 위해 농축된 식물성 오일(에센셜 오일)을 사용하는 약초 과학의 한 분야이다. 음용을 위한 차의 형태로 약용 식물 상점에서 사용하는 식물과 달리 에센셜 오일은 마시지 않고 향기를 맡거나 피부에 바른다.
아로마 요법이라는 용어는 프랑스인 화학자 르네-모리스 가테포세에 의해 1935년 최초로 사용되었다. 과학의 관점에서는 이를 전통적인 의학의 일부가 아닌 대체 의학의 하나로 간주한다.
식물에서 추출한 에센셜 오일은 수백 년 전부터 치료의 목적으로 사용되어 왔다. 중국인, 인도인, 이집트인, 그리스인, 로마인이 에센셜 오일을 화장품과 향수, 약에 사용했던 것이다. 중앙아메리카에서는 꽃과 일부 식물의 아로마를 목욕을 위한 탕제로 사용하였다.
1920년경 프랑스인 화학자 르네-모리스 가테포세가 실험실에서 사고를 겪고 라벤더 에센셜 오일을 손의 화상에 바르면서 그 의학 성분을 발견하였는데, 그렇게 하여 식물성 오일의 사용이 유행하기 시작했다.
이후, 프랑스 군의사였던 장 발네 박사가 전쟁에서 부상당한 병사들을 치료하기 위해 에센셜 오일을 성공적으로 사용하였다. 1964년 발네는 많은 사람들이 아로마 요법의 성경으로 간주하는 책인 '아로마테라피'를 발간하였다.
감정을 생성하는 뇌의 부위인 대뇌변연계, 시상하부와 향기 간에 존재하는 화학적 효과는 의심의 여지가 없다.

에센셜 오일의 이용
가장 널리 사용되는 에센셜 오일의 일부 성분들은 다음과 같다.
바질 오일: 우울증, 두통, 호흡기 질환 치료에 쓰인다.

티트리 오일: 호주 원주민의 전통적인 치료제이다. 처음에는 이것으로 음용을 위한 차를 만들었으므로, 여기서 영어 명칭인 '티트리'가 유래했다. 최근 연구에 의하면 티트리 오일은 모든 종류의 감염에 효과적이라고 한다.
로즈 오일: 정서 장애 치료에 사용된다. 달콤하고 강한 향기가 있다.
백단 오일: 우드향의 오일로, 명상 시 이완제나 건조한 피부 치료에 사용된다.
로즈마리 오일: 가장 많이 쓰이는 에센셜 오일 중 하나이다. 근육통이나 호흡기 감염 치료 효과뿐만 아니라 강력한 정신 자극제이다. 항균 성분이 뛰어나며, 미용 관리, 특히 모발 강화에 매우 효과적이다.

5

대체 의학 소사전
아로마 요법: 식물의 향기에 기반을 둔 자연 치료 요법
색채 요법: 심리 반응을 도출하기 위해 색을 이용
약용 식물 요법: 원 상태 그대로이거나 또는 제조한 식물을 치료 목적으로 이용
수 요법: 치료 목적으로 물을 이용
음악 요법: 음악을 감정과 느낌의 표현 수단으로 이용
웃음 요법: 웃음을 기분과 질병 개선을 위해 이용

듣기

6

El saludo al sol
El saludo al sol es un ejercicio de yoga que consiste en una serie de movimientos suaves sincronizados con la respiración. Una vez que haya aprendido las posturas, es importante que las combine con una respiración rítmica.

1 De pie espire al tiempo que junta las manos a la altura del pecho.
2 Aspire y estire los brazos por encima de la cabeza. Inclínese hacia atrás.
3 Espirando, lleve las manos al suelo, a cada lado de los pies, de forma que los dedos de manos y pies estén en línea.
4 Aspire al tiempo que estira hacia atrás la pierna derecha y baje la rodilla derecha hasta el suelo.
5 Conteniendo la respiración lleve hacia atrás la otra pierna y estire el cuerpo.
6 Apoye las rodillas, el pecho y la frente sobre el suelo.
7 Aspire, deslice las caderas hacia delante e incline la cabeza hacia atrás.
8 Espire y, sin mover las manos ni los pies, levante las caderas.
9 Aspire y lleve el pie derecho hacia delante. Estire hacia atrás la pierna izquierda.
10 Lleve el otro pie hacia delante. Estire las rodillas y toque las piernas con la frente.
11 Aspire a la vez que inclina la espalda con la cabeza hacia atrás y mantiene los brazos junto a las orejas.
12 Espire al tiempo que regresa a la posición inicial.

Transcripciones 듣기 대본 • 읽기 지문 번역

태양 예배 자세

'태양 예배 자세'는 호흡에 맞춘 일련의 부드러운 움직임으로 구성된 요가 동작이다. 일단 자세를 익히면 그것을 리듬감 있는 호흡과 조합하는 것이 중요하다.

1. 선 채로 가슴 높이에서 손을 모으고 숨을 내쉬세요.
2. 숨을 들이마시며 머리 위로 팔을 뻗으세요. 몸을 뒤로 구부리세요.
3. 숨을 내쉬며 손가락과 발가락이 일직선이 되도록 손을 양 발의 양쪽 바닥에 붙이세요.
4. 오른쪽 다리를 뒤로 뻗고 오른쪽 무릎을 바닥까지 내리는 동시에 숨을 들이마시세요.
5. 숨을 참으면서 다른 쪽 다리를 뒤로 향하고 몸을 쭉 펴세요.
6. 양 무릎과 가슴, 이마를 바닥에 붙이세요.
7. 숨을 들이마시고, 허리를 앞쪽으로 미끄러뜨리고, 머리를 뒤로 젖히세요.
8. 숨을 내쉬고, 손과 발을 움직이지 않은 채 허리를 들어 올리세요.
9. 숨을 들이마시고 오른발을 앞으로 내미세요. 왼쪽 다리를 뒤로 뻗으세요.
10. 다른 쪽(왼쪽) 발을 앞으로 내미세요. 무릎을 펴고 다리를 이마에 붙이세요.
11. 숨을 들이마시고, 동시에 머리와 허리를 뒤로 기울이고 팔을 귀 옆에 붙이세요.
12. 숨을 내쉬며 시작 자세로 돌아오세요.

5C El sueño

읽기

2

불면증을 가져올 것이 확실한 행동들

많은 사람들이 수면의 질에 영향을 미친다는 생각 없이 몇몇 해로운 행동들을 합니다. 만일 당신이 잠들지 못한 채 침대에서 이리저리 돌아누우며 온밤을 보내고 싶다면 다음을 실천하세요.

A. 낮 시간 동안 당신에게 일어났던 온갖 부정적인 일들에 대해 생각하며 잠자리에 드세요. 그리고 다음 날 당신을 기다리고 있는 문제들을 어떻게 해결할지 생각하세요.
B. 풍족한 저녁 식사를 하자마자 잠자리에 드세요. 당신의 횡격막이 너무나 짓눌러서 부엉이보다 더 크게 뜬 두 눈을 하게 될 겁니다.
C. 잠자리에 들기 한 시간 전에 테니스나 축구처럼 승패를 가르는 운동을 하세요. 승리하기 위해 신체 조직에서 분비된 아드레날린이 패배 가능성으로 인한 분노를 더하여 밤새도록 눈을 붙이지 못하게 할 겁니다.
D. 하루가 멀다 하고 습관을 바꾸세요. 베개 없이 잠을 자거나, 잠들기 전에 이전에는 하지 않았던 뜨거운 목욕을 하세요. 잠을 자게 된다면 그것이 거의 기적인 셈입니다.
E. 오후 8시에 커피나 차 혹은 각성 성분이 있는 음료를 드세요.
F. 점심 식사 후 낮잠을 오래 주무세요.

발음과 철자

1 025

genio, gente, joven, jueves, jefe, jirafa, gato, gorro, agua, García, goma, guapo, guerra, guía, guitarra, guepardo.

성질, 사람들, 젊은/젊은이, 목요일, 상사, 기린, 고양이, 캡 모자, 물, 가르시아(사람의 성), 고무, 잘생긴, 전쟁, 가이드, 기타, 치타

3 026

| 1 El jueves pasado jugué al fútbol con Martín.
2 El guepardo es un animal muy rápido.
3 Lávate las manos con jabón.
4 El novio de Isabel es muy guapo.
5 En el jardín de Luis hay dos geranios
6 Tu corbata es igual que la mía.
7 Luis, toca la guitarra, por favor.
8 Julia, tráeme la agenda que está al lado del teléfono.
9 María ha tejido un jersey para su nieto.
10 Para llegar al hotel, sigue todo recto y luego gira a la derecha. |
|---|

1. 지난 목요일 나는 마르틴과 축구를 했다.
2. 치타는 아주 빠른 동물이다.
3. 손을 비누로 닦아라.
4. 이사벨의 남자 친구는 아주 잘생겼다.
5. 루이스의 정원에는 제라늄이 두 개 있다.
6. 네 넥타이는 내 것과 똑같다.
7. 루이스, 기타 좀 쳐 줘.
8. 훌리아, 전화기 옆에 있는 수첩을 가져다줘.
9. 마리아는 손자를 위해 스웨터를 짰다.
10. 호텔에 도착하려면 곧장 직진한 다음 오른쪽으로 돌아가라.

5D COMUNICACIÓN Y CULTURA

듣기

1 027

Antonio: Hola, Luis. Soy Antonio.
Luis: Hola, ¿qué tal?
Antonio: Te llamo para decirte que no voy a poder ir a la oficina mañana y no vamos a poder terminar el informe que tenemos pendiente.
Luis: ¿Por qué? ¿Qué te pasa?
Antonio: Me encuentro fatal. Me duele la cabeza y tengo fiebre.
Luis: Habrás cogido la gripe. Tómate una aspirina y métete en la cama. Ya terminaremos nuestro trabajo otro día. No te preocupes. Si puedo, me acerco mañana a verte.
Antonio: Vale y tráeme alguna revista para entretenerme.
Luis: Y no te preocupes. Si quieres, yo aviso mañana en la oficina para que sepan que no vas a poder ir a trabajar.
Antonio: No, déjalo. Ya llamo yo. Muchas gracias.
Luis: ¡Que te mejores!

안토니오: 안녕, 루이스. 나 안토니오야.
루이스: 안녕, 어떻게 지내?
안토니오: 내가 내일 사무실에 가지 못해서 우리가 작성 중인 보고서를 끝내지 못할 것 같다는 말을 하려고 전화했어.
루이스: 왜? 무슨 일 있어?
안토니오: 몸이 너무 안 좋아. 머리가 아프고 열이 있어.
루이스: 독감에 걸린 것 같네. 아스피린을 먹고 침대에 누워. 우리 일은 다음 날 끝내면 돼. 걱정하지 마. 가능하면 내일 내가 너를 보러 들를게.
안토니오: 그래, 시간 때우기용 잡지나 가져다줘.
루이스: 걱정하지 마. 너만 괜찮다면 네가 내일 출근할 수 없다는 것을 사무실에 내가 알릴게.
안토니오: 아니야, 그냥 둬. 내가 전화할게. 정말 고맙다.
루이스: 얼른 낫길 바랄게!

5 028

Conversación 1

Servicio de Urgencias: Servicio de urgencias, buenas tardes. ¿Me puede decir su nombre, por favor?
Ángel: Me llamo Ángel Moreno.
S.U.: ¿En qué puedo ayudarle?
Ángel: Me he hecho un corte en el brazo con el cristal de una ventana, que se ha roto cuando iba a cerrarla, y me sale mucha sangre.
S.U.: Bien, lo primero, póngase una venda muy apretada sobre la herida para cortar la hemorragia. No mueva el brazo y acérquese al Servicio de Urgencias lo antes posible. ¿Puede venir usted solo?
Ángel: Estoy muy mareado. Envíen una ambulancia, por favor.
S.U.: No se preocupe. Enseguida vamos para allá.

Conversación 2

Roberto: ¡Hola, papá! Soy Roberto. ¡Te llamo porque mamá se acaba de quemar la mano cocinando! ¿Qué hago?
Julián: ¡Tranquilo! Mójale la mano con agua fría y ponle un poco de aceite sobre la quemadura. ¡Ahora mismo voy para allá! Pero antes voy a pasar por la farmacia a comprar una crema para la quemadura.
Roberto: ¡Venga, vale! Pero date prisa. Parece que le duele mucho.

대화 1

응급 구조대: 응급 구조대입니다. 안녕하세요. 이름을 말씀해 주실 수 있습니까?
앙헬: 제 이름은 앙헬 모레노입니다.
응급 구조대: 무슨 일을 도와드릴까요?
앙헬: 창문을 닫으려다가 깨진 창문 유리에 팔을 베었는데 피가 많이 나요.
응급 구조대: 알겠습니다. 먼저, 출혈을 멈추기 위해 상처 위에 붕대를 아주 세게 묶어 주세요. 팔을 움직이지 마시고요, 가능한 빨리 응급 구조대로 오세요. 혼자 오실 수 있신가요?
앙헬: 무척 어지러워요. 구급차를 보내 주세요.

응급 구조대: 걱정마세요. 저희가 곧 그쪽으로 가겠습니다.

대화 2

로베르토: 안녕, 아빠! 저 로베르토예요. 엄마가 요리하시다가 방금 손을 데셔서 전화 드리는 거예요! 어떻게 해요?

훌리안: 침착하렴! 찬물에 손을 담그고 화상 위에 오일을 조금 발라 드려. 지금 당장 내가 그쪽으로 갈게. 하지만 그 전에 화상에 바를 연고를 사러 약국에 들러야겠다.

로베르토: 알겠어요! 하지만 서두르세요! 많이 아프신 것 같아요.

읽기

2

쿠바의 음률에 맞춰

아메리카 대륙에서 가장 재미있는 섬나라, 춤추고 쉬고 즐기기에 최적인 장소에 지금까지 가 본 적이 없다고요? 네, 쿠바입니다.

쿠바가 여러분의 목적지예요. 빛나는 태양, 백사장이 있는 예쁜 해변들, 수백 년이 지속된 문화.

이 섬에서 방문할 수 있는 곳은 무척 많습니다. 수도인 라 아바나가 시작점이 될 수 있겠죠. 이곳은 현대와 전통이 뒤섞여 있는 도시입니다. 거리를 걷고 성채를 방문하고 제방과 극장, 레스토랑을 즐기고…… 하지만 뭐니 뭐니 해도 라 아바나에서 가장 인상적인 것은 전 세계에서 찾아보기 힘든 친절하고 미소 짓는 사람들입니다.

우리의 여행은 '푸른 해변'으로 알려진 바라데로로 이어질 수 있습니다. 백색 모래 해변과 다채로운 바다는 당신을 검게 그을리게 하고 휴식을 선사할 것입니다. 잠수가 취미라면 다양한 종류의 산호초와 물고기가 당신을 천국에 있는 것처럼 만들어 줄 것입니다. 의심하지 마세요. 바라데로가 당신을 기다립니다.

(당신에게) 스페인과 아프리카의 영향을 받은 쿠바 음식을 빼놓을 수 없죠. 일명 '무슬림과 크리스트교인'이라고 불리는 강낭콩 밥, 다양한 방식으로 조리되는 돼지고기, 바닷가재는 가장 전통적인 요리입니다. 커스터드 크림이나 쌀 푸딩 등의 달콤한 음식들도 잊어서는 안 되죠.

전통적인 쇼핑 품목은 라 아바나 시가와 쿠바 음악입니다. 가능한 한 빨리 이 카리브해의 보석을 방문하세요.

쓰기

1

A. 사이클 애호가의 무릎 통증
B. 오른쪽 어깨의 통증

(A1) 저는 43세의 남자로 키는 1.75m이고 몸무게는 68kg입니다. 몇 년 전부터 산악자전거를 탑니다. 항상 좋았지만 한 달 전부터 양쪽 무릎에 통증을 느끼기 시작했습니다.

(A2) 계단을 올라갈 때 무릎 연골에 찌르는 듯한 통증이 있어 꼼짝할 수 없습니다. 밤에 침대에 누우면 저려요. 오전에 다시 참을 수 없는 고통이 시작됩니다.

(A3) 2주 전부터 사이클은 전혀 탈 수가 없고 검사를 기다리고 있습니다. 심각해 보이나요?

(B1) 3개월 전부터 오른쪽 어깨가 아파요. 처음에는 하루 종일 약하게 통증이 있었어요. 밤에는 좀 더 아팠고요.

(B2) 며칠 후 병원에 가서 건초염 진단을 받았고 15일간 염증 억제제를 처방받았습니다. 그러나 통증은 계속 됐고 염증 억제제가 소용없었습니다. 15일째 되던 날 다시 병원에 갔더니 엑스레이를 찍어 보라고 하더군요.

(B3) 저는 검사를 기다리고 있지만 최근에는 머리를 빗지 못할 정도로 통증이 더 심해졌어요. 엑스레이를 기다려야 할지 응급실에 가야 할지 모르겠습니다.

UNIDAD 6 - Nuestro mundo

6A Ecológicamente correcto

말하기

2

점수

대부분의 답이 a인 경우: 당신은 환경 보호 운동가이거나 거의 그렇게 되고 있습니다. 자연에 대해 걱정할 뿐만 아니라, 적극적으로 환경 보호에 참여합니다.

대부분의 답이 b인 경우: 대체로 환경을 존중하고 오염시키지 않으려고 애씁니다. 그러나 많은 노력을 하는 것도 아닙니다. 분명 좀 더 할 수 있는데 말이죠.

대부분의 답이 c인 경우: 당신의 태도는 오염원이라고 부를 수 있습니다. 당신을 둘러싼 환경 문제를 등진 채 살고 있군요.

4 029

Entrevistadora: Hoy tenemos con nosotros a un representante de la organización Greenpeace en España. Buenas tardes, Miguel. ¿Cuáles son los objetivos de vuestra organización?

Miguel: Greenpeace es una organización internacional que trabaja para conseguir un mundo mejor para las futuras generaciones. Queremos que el mundo esté libre de guerras y que nuestro medioambiente sea más limpio. Por todo esto nos preocupa que haya atentados ecológicos como la deforestación, la contaminación de la atmósfera y de los océanos.

Entrevistadora: ¿Vosotros creéis que la situación del planeta tiene arreglo en el futuro?

Miguel: A nosotros nos gustaría. Para ello, las empresas, los gobiernos y las organizaciones ecologistas deben trabajar conjuntamente. El tiempo para salvar nuestro planeta se está agotando y no entiendo por qué las grandes industrias no hacen algo. Si no se cambian las formas de organización, puede que muy pronto sea demasiado tarde.

Entrevistadora: ¿Os sentís comprendidos por la gente?

Miguel: En algunas acciones sí, pero, en otras, no tanto. A mí me molesta que algunas personas me consideren un terrorista por defender el medioambiente. Nosotros, la gente de Greenpeace, solo somos un grupo de personas con una misión común: defender la tierra.

Entrevistadora: Y desde aquí, ¿cómo podemos ayudaros?

Miguel: Lo ideal sería conseguir más socios. Necesitamos dinero para continuar con nuestras campañas. Por favor, ayúdanos a ayudarte.

Entrevistadora: Muchas gracias, Miguel. Espero que esta entrevista os ayude en vuestra lucha contra la contaminación del planeta.

Miguel: Muchas gracias.

인터뷰 담당자: 오늘 우리는 그린피스 스페인 지부 대표를 모셨습니다. 안녕하세요, 미겔. 당신 단체의 목표는 무엇입니까?

미겔: 그린피스는 미래 세대를 위한 더 나은 세상을 만들기 위해 활동하는 국제 단체입니다. 우리는 이 세상이 전쟁으로부터 자유롭고 우리의 환경이 더 깨끗해지길 원합니다. 이 모든 것 때문에 우리는 삼림 파괴와 대기, 해양 오염과 같은 환경 테러가 있는 것이 걱정스럽습니다.

인터뷰 담당자: 여러분은 미래에 지구 환경에 대한 해결책이 있다고 생각하나요?

미겔: 그랬으면 좋겠습니다. 그것을 위해 기업, 정부, 환경 보호 단체가 함께 일해야만 합니다. 우리의 지구를 살리기 위한 시간은 끝나 가고 있는데 왜 거대 기업들은 아무것도 하지 않는지 이해가 되지 않아요. 조직의 형태가 바뀌지 않으면 조만간 너무 늦어 버릴 수도 있습니다.

인터뷰 담당자: 여러분은 사람들로부터 이해받는다고 느끼시나요?

미겔: 어떤 활동에서는 그래요. 하지만 또 다른 활동에서는 그렇지 않죠. 어떤 사람들은 저를 환경 보호를 위한 테러리스트라고 본다는 사실이 절 언짢게 만들어요. 우리들, 그린피스 회원들은 단지 지구를 지킨다는 공통의 임무를 가진 사람들의 집단일 뿐이죠.

인터뷰 담당자: 그럼 이곳에서 여러분을 어떻게 도울 수 있나요?

미겔: 이상적인 것은 더 많은 회원을 구하는 것이겠죠. 우리는 캠페인을 지속하기 위한 돈이 필요해요. 제발 여러분을 도울 수 있도록 우리를 도와주세요.

인터뷰 담당자: 대단히 감사합니다, 미겔. 이 인터뷰가 지구 오염에 대항하는 여러분의 싸움에 도움이 되면 좋겠군요.

미겔: 대단히 감사합니다.

6B Menos humos, por favor

읽기

2

대도시에서는 자전거를 탄다

이제 100개가 넘는 스페인 도시에서 공공 대여 서비스를 제공한다. 자동차 운전자와 보행자와 함께 그 사용을 가능하게 만들어야 한다.

스페인 대도시에서 일반적으로 사이클족인 31세의 마누엘은 자동차와 버스 사이에서 자전거를 사용할 때마다 안전 문제로 인해 두려움을 느낀다. 매일 직장까지 걸어가는 카르멘은 길을 건널 때 자전거 한 대가 신호등을 무시하고 그녀를 거의 칠 뻔한 일에 분개한다. 카를로스는 자신의 자동차에서 자전거의 두 바퀴를 긍정적으로 바라보지만 도로를 주행할 때는 장애물이자 위험이 되어 버린다는 사실을 인정한다. 공존은 쉽지 않다. 그럼에도 불구하고, 자전거는 멈추지 않고 대도시에서 길을 열어 가고 있다.

자전거를 이용하는 것은 바람직하다. 지속 가능하고, 도시에 인간미가 있으며, 앉아 있기만 하는 생활방식을 바꾸고, 즐거운 경우가 많으며, 게다가 자유라는 유쾌한 기분을

ciento ochenta y uno **181**

Transcripciones 듣기 대본·읽기 지문 번역

제공하기 때문이라고 가장 열렬한 지지자들은 말한다. 불과 얼마 전까지 대략 십여 곳의 스페인 도시에 공공 자전거 대여 시스템이 있었는데, 지금은 100개가 넘는 도시들이 그러하다.

그러나 아직까지도 자전거 사용이 일상적인 네덜란드나 덴마크, 프랑스 같은 나라와 무척 동떨어져 있다. 더군다나 스페인의 여러 도시의 상황은 각각 다르다. 바르셀로나에서는 일일 운송량의 2%가 자전거로 이루어진다. 산 세바스티안은 사라고사나 비토리아와 마찬가지로 거의 3%이며, 세비야는 운송량의 6%로 모든 도시의 선두에 있다. 반면 마드리드와 같은 주도의 경우는 고작 0.3%에 달할 뿐이다.

자동차, 버스, 자전거의 통행이 공존하는 마법 같은 공식은 존재하지 않는다. 각 도시에서 가능한 것을 실천할 뿐이다. 모든 교통수단의 공존을 돕는 조치를 취할 필요가 있다. 많은 도시에서 자전거 통행을 위해 도로와 인도를 사용한다. 어떤 경우에는 자전거 도로가 한쪽으로 나머지 교통수단과 분리되어 있고, 다른 경우에는 바닥에 도색을 한 라인으로 통행한다. 또한 시속 30km로 제한된 이면 도로로 자전거 통행을 우회시키는 것을 선호하는 도시도 있다. 파리나 브뤼셀에서는 자전거가 버스와 차선을 나눠 사용한다. 해결책이 무엇이든 간에 자전거를 안전하게 사용하기 위해서는 다른 교통수단의 속도를 줄이고 도로로 자동차가 덜 다니도록 하는 조치가 필요하다.

('엘 파이스'에서 발췌)

발음과 철자

2

1 Es conveniente que los bares cierren a las once.
2 En las zonas de ocio hay mucho ruido.
3 Dicen que van a fabricar coches más silenciosos.
4 Greenpeace es una organización dedicada a defender la naturaleza.
5 Las denuncias que hacen los vecinos son inútiles.

1. 바(bar)가 11시에 문 닫는 것은 적절하다.
2. 유흥지에는 소음이 많다.
3. 더 조용한 자동차를 생산할 거라고 말한다.
4. 그린피스는 환경 보호에 헌신하는 단체이다.
5. 이웃들이 하는 신고는 쓸모없다.

6C La ecologista del Himalaya

읽기

1

반다나 시바

민중의 권리를 위해 적극적으로 투쟁하는 국제적으로 가장 권위 있는 환경 보호 운동가, 페미니스트이자 과학 철학자인 그녀는 인도의 히말라야 산자락에서 태어났다. 농업에 종사하는 가족의 일원으로서 시바는 곧 자연에 대한 깊은 경외심을 품게 되었다.

물리학 전공과 자연에 대한 사랑으로 인해 시바는 환경에 미치는 과학 기술의 영향에 대해 우려하기 시작했고, 고향의 종자 다양성을 보호하기 위해 '9개의 씨앗'을 뜻하는 '나브다냐'를 설립했다. 이 단체는 농부들로 하여금 인도의 생물학적 다양성을 위협할 수 있는 정치적, 경제적 압력을 거부하도록 지원한다.

시바는 70년대 평화주의 운동인 '치프코'에도 참여했다. 주로 여성들이 선도한 이 운동은 벌목을 피하기 위해 나무들을 끌어안는 전술을 택했다.

여러 권의 책과 300편 이상의 에세이 저자인 시바는 관개 수로, 비료, 살충제, 기계화를 이용하여 경작을 개선함으로써 기아의 문제를 해결하고자 했던 70년대 '녹색 혁명'에 공개적으로 저항했다. 그녀는 '녹색 혁명'이 제3세계의 농부들을 돕기 위해 서구의 기술을 이용하고자 한다고 하였다. 그러나 새로운 종자가 풍요로움 대신 더 큰 가난과 '환경 파괴'를 가져왔다. '녹색 혁명'에 대한 비판 외에도 시바는 유전자 변형 식품에 반대하는 국제적 캠페인을 지속하고 있다. 아프리카, 아시아, 라틴아메리카, 아일랜드, 스위스, 오스트리아의 유전 공학에 반대하는 캠페인에서 여러 단체와 협력하기도 했다.

환경 보호에 대한 의식화와 자연 보호에 기여한 공로로 국내외에서 15차례 이상 수상하였는데, 그중에서 Right Livelihood Award('바른 생활 상': 노벨상 대신으로 알려졌다)와 같은 매우 중요한 상을 받기도 했다.

6D COMUNICACIÓN Y CULTURA

듣기

1

Periodista: Estamos en la plaza Mayor de Villanueva, donde tiene lugar en estos momentos una manifestación. Para Radio 1, en directo, ¿puede decirnos por qué se están manifestando?

Fernando: Estamos protestando porque quieren instalar una central nuclear en nuestro pueblo.

Periodista: ¿Y por qué piensa que esto puede ser negativo?

Fernando: Nos preocupa que haya un accidente en la central. Creemos que la energía nuclear es muy peligrosa y por eso no queremos tenerla cerca de nuestras casas.

Periodista: Pero dicen que van a crear muchos puestos de trabajo. Habrá gente que esté a favor...

Fernando: Sí, pero la mayoría de los habitantes del pueblo pensamos que es más importante nuestra salud.

Periodista: Concretamente, ¿qué quieren conseguir con esta protesta?

Fernando: Esperamos que paralicen las obras de la central y nos gustaría que los representantes de los vecinos puedan negociar con el gobierno para alcanzar una solución.

기자: 저희는 지금 시위가 벌어지고 있는 비야누에바의 대광장에 나와 있습니다. 생방송 중인 라디오 우노를 위해 왜 시위를 하시는지 말씀해 주실 수 있으세요?

페르난도: 우리 마을에 원자력 발전소를 건설하려고 하기 때문에 시위하고 있습니다.

기자: 왜 그 일이 부정적이라고 생각하시는가요?

페르난도: 우리는 원전 사고가 있을까 봐 걱정입니다. 우리는 원자력 에너지가 매우 위험하다고 생각하기 때문에 집 근처에 건설되는 것을 원하지 않는 겁니다.

기자: 하지만 많은 일자리를 창출할 거라고 이야기를 합니다. 동의하는 사람들도 있을 텐데요……

페르난도: 네, 그러나 대부분의 마을 주민은 건강이 더 중요하다고 생각합니다.

기자: 구체적으로 이 시위로 무엇을 얻고자 하십니까?

페르난도: 원전 공사를 멈출 수 있게 되길 바랍니다. 또한 해결책에 이르기 위해 주민 대표들이 정부와 협상할 수 있으면 좋겠습니다.

5

Locutora: Estoy en la Puerta del Sol, en Madrid, donde hay más de 15000 personas manifestándose aquí hoy. Vamos a hablar con uno de los manifestantes. Hola, estamos en directo en Radio 4, ¿podrías contestarme a algunas preguntas?

Manifestante: Sí, claro.

Locutora: ¿Puedes explicar a nuestros oyentes el motivo de vuestra protesta?

Manifestante: Nos manifestamos en contra de las medidas que el gobierno está tomando para solucionar la crisis económica.

Locutora: ¿A qué medidas concretas te refieres?

Manifestante: Principalmente a los recortes que se están produciendo en educación y sanidad. Nos preocupa que el presupuesto para las escuelas y hospitales disminuya.

Locutora: ¿Hacia dónde se dirige la manifestación?

Manifestante: Vamos hacia el Parlamento. Es necesario que nuestros representantes oigan la voz del pueblo.

Locutora: ¿Qué queréis conseguir?

Manifestante: Creemos que en este momento es necesario que todos participemos más activamente y que los políticos estén más atentos a las exigencias de los ciudadanos.

아나운서: 저는 오늘 만 오천 명 이상의 사람들이 시위 중인 마드리드의 푸에르타 델 솔에 나와 있습니다. 시위 중 한 분과 이야기해 보도록 하겠습니다. 안녕하세요, 라디오 쿠아트로 생방송 중입니다. 몇 가지 질문에 대답해 주실 수 있나요?

시위자: 예, 물론이죠.

아나운서: 우리 청취자들에게 시위의 목적을 설명해 주실 수 있어요?

시위자: 우리는 정부가 경제 위기를 해결하기 위해 취하고 있는 정책에 반대하는 시위를 하고 있습니다.

아나운서: 구체적으로 어떤 정책을 말씀하시는 거죠?

시위자: 주로 교육과 의료에서 발생하고 있는 삭감에 대한 겁니다. 우리는 학교와 병원을 위한 예산이 줄어드는 것이 걱정스러워요.

아나운서: 시위는 어디를 향하고 있나요?
시위자: 우리는 의회까지 갑니다. 우리 대표들이 민중의 목소리를 들을 필요가 있어요.
아나운서: 무엇을 얻게 되길 바라십니까?
시위자: 우리는 모두가 더 적극적으로 참여하고, 정치인들이 시민들의 요구에 더 주의를 기울이는 것이 이 순간 필요하다고 생각합니다.

읽기

3
환상적인 스페인의 도시들

단지 그 이름만으로도 수천 가지의 꿈을 일깨운다. 그러나 그중에서도 가장 멋진 것은 그 돌들이 살아 있고 그곳에 페니키아인, 로마인, 서고트인, 이슬람인 등의 흔적이 남아 있다는 것이다. 스페인의 세계 문화유산인 이 도시들 중에서 메리다, 코르도바, 산 크리스토발 데 라 라구나, 이 세 곳만 재빨리 거닐어 보자.

메리다
엑스트레마두라의 주도인 메리다는 1993년 유네스코에 의해 세계 문화유산으로 등재되었다. 이 도시는 서기 25년에 아우구스투스 황제에 의해 '에메리타 아우구스타'라는 명칭으로 건설되었다. 서로마 제국이 멸망할 때까지 수세기 동안 메리다는 매우 중요한 법, 경제, 군사, 문화의 중심지였으며, 로마 시대에 가장 융성했던 도시 중 하나였다.
로마 극장과 국립 로마예술박물관 방문은 빠뜨리면 안 된다.

산 크리스토발 데 라 라구나
대중적으로는 라 라구나로 알려진 이 도시는 테네리페 섬에 있는 카나리아스 제도의 한 도시이다. 1496~1497에 세워졌으며, 당시의 엘리트와 귀족 계급, 종교 권력자들이 정착하였다.
이 도시의 구시가지는 1999년 유네스코에 의해 세계 문화유산으로 등재되었다. 가장 큰 이유는 15세기의 원형을 거의 그대로 보존하고 있다는 점과 최초의 (성벽 없는) 평화로운 도시로 건설되었다는 점이다. 이 도시의 구조, 거리, 색채, 분위기는 쿠바의 라 아바나, 페루의 리마, 콜롬비아의 카르타헤나 데 인디아스와 같은 아메리카 대륙의 식민지 도시들과 공통점이 있다.
식민지풍의 교회와 수도원은 방문해 볼 만하다.

코르도바
안달루시아의 도시 중 하나인 코르도바는 과달키비르 강을 끼고 모레나 산맥의 기슭에 자리하고 있다. 아직도 코르도바가 로마 제국과 코르도바 이슬람 왕국의 수도였던 시절의 건축 요소가 남아 있는 건축물을 찾아볼 수 있다. 고고학자들의 고증에 따르면 10세기경 이 도시는 전 세계에서 가장 크고 박식하며 부유한 곳으로, 약 100만 명의 주민이 살았다.
이 도시에는 모스크와 도서관, 목욕탕, 시장이 많이 있었다. 그 모든 것이 유럽의 르네상스의 탄생에 기여한 것이다.
구시가지는 1994년 유네스코에 의해 세계 문화유산으로 등재되었다.
현재 가톨릭 대성당인 메스키타와 다수의 궁전들을 주의 깊게 방문할 필요가 있다. 분수와 꽃으로 장식된 중정과 좁은 골목이 있는 유태인 지역을 거닐어 보는 것도 잊으면 안 된다.

쓰기

2
편집장에게 보내는 편지
소음 공해

저는 스페인보다 훨씬 많은 인구와 교통량에도 불구하고 소음 없이 진정한 휴식을 즐겼던 독일에서 휴가를 마치고 막 돌아왔습니다. 제가 사는 도시의 소음은 그 어느 때보다 지금 훨씬 더 대단합니다.
제 생각에는 이 공해의 최대 원인 중 하나가 자유롭게 내달리는 오토바이로, 의식이 더 깨어 있는 다른 나라에서는 볼 수 없거나 처벌받는 현상입니다. 이 불쾌한 소리는 대화를 중단하게 하고, 작업을 할 때 거슬리고, 수면을 방해합니다.
제가 이 편지를 쓰는 것은 우리 모두가 소음 조절의 필요성에 대해 의식하게 되기를 바라며 지난 일요일 도시의 소음 문제를 다뤘던 기사에 감사 인사를 하기 위해서입니다.

—카르멘 산체스

편집장에게 보내는 편지
우리 동네

시장님, 저의 괴로움과 분노, 노여움의 이유를 말씀 드리고자 합니다. 몇 년 전만 해도 우리 동네는 평범한 사람들이 있고, 대도시 도심에 있는 동네로서의 장점과 단점이 있는 평범한 곳이었습니다.
최근에는 점점 더 악화되고 있습니다. 예전에는 가게로 가득했던 거리가 통행이 불가능한 인도가 있는 더러운 거리로 변했습니다.
거리를 지나가거나 출근하기 위해 지하철을 탈 때 가끔 구역질이 납니다.
시장님, 이 도시가 이렇게 괴롭다니요. 제발 우리 나라에서 가장 더러운 도시라는 타이틀을 없애 주세요.

—이사벨 마르티네스

5/6 Autoevaluación
읽기

6
가뭄이 스페인의 절반을 덮치다

벌써 100곳이 넘는 마을과 도시가 겪고 있는 단수는 비가 오지 않으면 계속될 것이다.

가뭄이 희생자를 만들기 시작했다. 우에스카에서 그라나다까지, 마드리드에서 바르셀로나까지 스페인의 절반이 계속 비가 오지 않을 경우에 발생할 물 부족 상황에 대비하고 있다. 100곳이 넘는 마을이 벌써 물로 인한 문제를 겪고 있다. 공급 중지 명령이 떨어졌고, 일부에서는 배급 트럭에 의존하고 있다. 농부들은 거두들이지 못한 수확물 전부를 잃어버렸고, 많은 이들이 다음 철을 위해 파종을 해야 하는지 판단을 내리지 못하고 있다. 스페인에서 강우를 측정하기 시작한 1947년 이후 근래가 가장 건조하며, 3개월 내로 비가 올 것인지 알아내기 위한 믿을 만한 시스템도 존재하지 않는다. 상황은 민감하며 극적인 결과가 될 수도 있다. 매 해가 작년처럼 가뭄지는 않았으나 최근의 가뭄은 4~6년 동안 지속되었다.

('엘 파이스'에서 발췌)

UNIDAD 7
Trabajo y profesiones

7A Un buen trabajo

듣기

5

- ¿En qué consiste la actividad de las empresas de trabajo temporal?
Contratan trabajadores para cederlos a otras compañías de forma temporal. Las empresas podrían incorporar a esos empleados directamente, pero a veces prefieren acudir a una ETT.

- ¿Qué ventajas tiene para las empresas contratar personal por medio de una empresa de trabajo temporal?
Muchas: solo han de indicarles el puesto de trabajo que quieren cubrir y el tipo de persona que buscan. La ETT hace el resto: selecciona al candidato, lo forma -si es necesario-, se encarga de las gestiones administrativas de la contratación, etc.

- ¿Qué posibilidades hay de encontrar un trabajo estable a través de una empresa de trabajo temporal?
Las empresas de trabajo temporal aseguran que alrededor del 30 o el 35% de los trabajadores que ceden son contratados después directamente por la empresa usuaria.

- ¿En qué meses canalizan más ofertas de empleo?
Las ETT ofrecen trabajo durante todo el año, aunque el verano junto con la Navidad son probablemente las épocas más fuertes. Las empresas les piden perfiles de todo tipo, no solo peones o mozos de almacén. Cada vez les solicitan personal más cualificado: técnicos, titulados de FP y universitarios.

- ¿Cuánto pagan las empresas de trabajo temporal?
El trabajador cedido por la ETT a una empresa usuaria cobra lo mismo que estaría cobrando si esta lo contratara directamente. Esa es la gran novedad que introdujo la reforma que regula la ley de las ETT de 1999: la equiparación total de salarios.
El sueldo incluye de forma prorrateada las pagas y las vacaciones. Esto quiere decir que a final de mes un trabajador cedido por una empresa de trabajo temporal puede estar cobrando más que uno de plantilla con la misma categoría profesional y que realice funciones similares. En realidad el salario es el mismo, pero el trabajador de la ETT cobra antes la parte que le corresponde de vacaciones y pagas porque no ha de esperar a que lleguen para percibirlas, sino que se le incluyen en el sueldo mensual.

Transcripciones 듣기 대본 · 읽기 지문 번역

- ¿Se queda la ETT una parte del salario de los trabajadores que cede?

No, está prohibido por ley y si detectamos alguna irregularidad en este sentido debemos denunciarla, aunque no son en absoluto habituales. Ningún empleador puede cobrar a un empleado por darle trabajo.

- ¿Utilizan las empresas de trabajo temporal pruebas psicotécnicas para seleccionar personal?

La mayoría sí, y también de conocimiento: test de aptitud, de personalidad, de inteligencia general, de idiomas, de mecanografía y muchas otras, de acuerdo con las características del puesto a cubrir. Y no hay que tomárselas a la ligera porque son tan exhaustivas como las que pueda pasar una empresa privada e incluso más.

– 파견 회사의 업무는 무엇에 기반을 두고 있나요?
근로자를 기간제로 다른 기업에 파견하기 위해 그들을 고용합니다. 기업은 그 직원들을 직접 채용할 수도 있으나 종종 임시직 회사에 맡기는 것을 선호하기도 합니다.

– 파견 회사를 통해 인력을 고용하는 것이 기업에게 어떤 장점이 있습니까?
많죠. 충원하고 싶은 일자리와 찾고 있는 사람의 부류를 알려 주기만 하면 됩니다. 임시직 회사가 후보를 선택하고,
(필요하다면) 그를 교육하고, 도급 계약의 행정적인 절차를 도맡는 등의 나머지를 합니다.

– 파견 회사를 통해 안정적인 일자리를 찾을 가능성은 얼마나 되나요?
파견 근무자의 30~35% 가량이 이후에 사용 기업에 의해 직접 고용된다고 임시직 회사는 단언합니다.

– 몇 월에 고용 수요가 가장 많이 나오나요?
파견 회사는 1년 내내 일자리를 제공합니다. 아마도 여름이 크리스마스 시즌과 함께 가장 강한 시기이겠지만요. 기업들은 단순히 인부나 상점의 심부름꾼이 아닌 온갖 종류의 프로필을 요구합니다. 기술 인력, 직업 교육 자격증 소지자, 대학 졸업자 등 점점 더 자질을 갖춘 인력을 요청하고 있어요.

– 파견 회사는 얼마나 지불하나요?
임시직 회사가 사용자 기업에 파견한 노동자는 직접 고용한 것과 동일한 임금을 받습니다. 임금의 완전 평등은 1999년 파견 회사 규제법 개정이 불러온 큰 변화입니다. 급료는 배분의 형태로 월급과 휴가비를 포함합니다. 이것은 임시직 회사에 의해 파견된 노동자가 동일한 직업군의 직원으로 유사 기능을 수행하는 사람보다 월말에 더 받을 수 있다는 의미입니다. 사실상 급료는 같아요. 그러나 임시직 회사의 근로자는 휴가비 명목으로 해당하는 부분과 월급을 미리 받습니다. 그것을 받기 위해 휴가를 기다릴 필요가 없기 때문이 아니라 월급에 포함되어 있기 때문입니다.

– 파견 회사가 파견된 노동자들의 월급에서 일부를 환수하나요?
아니요, 법으로 금지되어 있고 이러한 의미에서 부정행위를 감지하면 우리는 그것을 신고해야만 해요. 상습적인 일은 전혀 아니지만요. 그 어떤 고용인도 피고용인에게 일자리를 주었다는 명목으로 돈을 받을 수 없습니다.

– 파견 회사는 인력을 선별하기 위해 정신 공학적 테스트를 이용하나요?
대부분이 그렇습니다. 그리고 지식에 대한 테스트도 합니다. 충원해야 하는 일자리의 특성에 맞춰 적성 검사, 인성 검사, 일반적인 지능 검사, 외국어, 타자 실력, 그 외에도 많은 것들이 있죠. 사설 기업이나 그보다 더한 곳도 들어갈 수 있을 만큼 철저하기 때문에 가볍게 받아들여서는 안 됩니다.

읽기

7

GLOBAL TRAIN
인적 자원 개발 분야의 전문가
급료: 1000유로 / 8시간 근무
희망 자질:
* 학사나 석사 학위
* 인적 자원 개발 분야 전문
* 외국어
* 탁월한 의사소통 능력
* 다문화 조직의 관리 능력

채용 공고에 접근하려면 JOB IP: 1235210을 empleo.lanación.com의 검색창에 쓰십시오.

Globomedia
외국어 가능 편집자
Globomedia 그룹의 연구소가 외국어를 구사하는 편집자를 찾습니다.
작업은 일일 보고서 작성과 다양한 국가의 TV 소식을 알아내는 것입니다.
자격:
* 신문방송학이나 시청각 커뮤니케이션 분야의 석사 학위
* 이탈리아어, 프랑스어, 스페인어 능통자
* 팀 작업 능력

채용 공고에 접근하려면 JOB IP: 1763을 empleo.lanación.com의 검색창에 쓰십시오.

다국적 기업 서비스 분야
위치
도시: 마드리드
설명
결원: 요리사
카테고리: 관광과 외식 조리
부서: 생산
수준: 전문가
직원: 6~10
결원 수: 2
출장요리 서비스 분야의 리더 업체로 다음의 경력과 능력을 갖춘 2명의 요리사를 찾습니다.
–계획과 조직
–자재 반입의 책임
–위생 조치 수행, 질, 음식 안전에 대한 검수
자격 요건
최소 학위: 중등 전문 교육–관광과 외식 조리
최소 경력: 최소 3년
최소 자격 요건:
최소 3년 경력의 요리 자격증 보유자
–리더십, 스트레스가 있어도 근무할 능력
계약
계약 유형: 기간 한정, 3~6개월
근무 일정: 전일제
시간: 교대

7B Cuando pueda, cambiaré de trabajo

읽기

2

원격 근무
일주일 전에 집에서 이번 신문의 주간 칼럼을 작성하고 있었을 때 초인종이 울렸다. 문을 열자, 2년 전쯤부터 사적으로는 만나지 못했던 내 친구 앙헬라가 있었다. 비록 우리가 휴대 전화나 이메일을 통해 지속적으로 소통하고는 있었지만, 분명한 것은 최근 2년간 커피 한 잔 마시거나 영화 한 편을 보기 위해 한나절이라도 만나지 못했다는 것이다.
내 친구는 안색이 좋지 않았다. 들어와서 처음 한 말은 "회사에 일자리를 구할 수 있도록 네가 나를 좀 도와줘. 더 이상은 나 혼자 집에서 일을 못 하겠어"였다. 나는 친구에게 "자동차나 버스를 타거나 상사의 안 좋은 기분을 참아낼 필요 없이 집에서 근무하는 것을 네가 만족스러워 할 거라고 생각했어."라고 말했다. "그래, 그렇지. 처음에는 좋았어. 아침 일찍 일어나거나 사람들로 만원인 지하철을 타지 않아도 됐으니까. 일하는 동안 음악을 듣고 비디오도 보고 인터넷으로 수다도 떨었지. 사람들이 나에게 전화도 걸었어. 하지만 지금은 이런 종류의 삶을 참을 수가 없어. 집에서는 컴퓨터와 오디오, 기타 전자 기기들이 작동하는 소리만 들려. 사람 목소리는 전혀 없어. 사실 난 무척 외로워. 인터넷으로 쇼핑하면 집으로 배달해 주기 때문에 장을 보러 가지도 않아."
"그럼 왜 인터넷으로 수다를 떨거나 대화를 하지 않니?" 라고 내가 물었다.
"하지, 물론. 컴퓨터 모니터 상으로 만나는 사람들은 엄청 많아. 내게 농담이나 요리법을 보내고 뉴스에 대해 이야기를 하고는 해……. 하지만 내가 원하는 건 살과 뼈로 된 사람들과 이야기를 하는 거야, 기계가 아니라."
내 친구 앙헬라는 시간표에 얽매이거나 교통과 직장 동료의 감정 변화로 인한 불편함 없이 집에 머무를 수 있는 새로운 근무 방식을 선택한 전 세계 수천 명의 사람들 중의 하나이다. 또한 근무자가 원하는 곳, 예를 들어 훌륭한 삶의 질을 영위하며 시골에서 살 수 있다는 장점이 있다.
반대로, 이러한 유형의 일은 인간적인 접촉과 동료와의 아이디어 교환 부족으로 고립과 고독으로 흘러갈 수 있다. 정신 건강을 위해 타인과의 실제적인 접촉(기계를 통한 것뿐만 아니라)이 필요한 것이 분명하다. 신기술을 이용한 소통이 많으면 많을수록 실제로는 서로가 서로에게서 멀어진다는 것이 모순처럼 보인다.
작별 인사를 하며 앙헬라는 내게 사무실 일자리를 찾아보는 데에 도움을 요청했다.
"걱정 마, 뭐든 알게 되면 네게 연락할 테니까." 라고 나는 그녀에게 약속했다.

7C Si tuviera dinero…

발음과 철자

1 🔊 034

1 Si no estuviera cansada, iría a verte esta tarde.
2 María estará en casa a las ocho.
3 Luis terminará el informe mañana.
4 Elena te llamaría si tú fueras más amable con ella.

5 Si tú hablaras con Pablo, quizás dejaría de fumar.
6 Mañana vendrán tus abuelos.
7 Si vinieras a casa en Navidad, tus abuelos se alegrarían mucho.

1. 내가 피곤하지 않으면 오늘 오후에 너를 보러 갈 텐데.
2. 마리아는 8시에 집에 있을 것이다.
3. 루이스는 내일 보고서를 끝낼 것이다.
4. 네가 엘레나에게 더 상냥하게 굴면 그녀가 네게 전화할 텐데.
5. 네가 파블로와 이야기한다면 아마도 그는 담배를 끊을 텐데.
6. 내일 너의 조부모님이 오실 것이다.
7. 만일 네가 크리스마스에 집에 온다면 네 조부모님이 무척 기뻐하실 거야.

3

lloviera, hablara, beberá, comiera, tuviera, leeremos, bebiera, escribiremos, dijeran, escribiera

7D COMUNICACIÓN Y CULTURA

듣기

1

Encargada de Personal: Hola, buenas tardes. Usted está interesado en un puesto vacante de cocinero. ¿Ha trabajado alguna vez en la cocina de un restaurante?
Antonio: Cuando acabé mis estudios de cocina, hice prácticas en la cocina de la Escuela de Hostelería.
Encargada de Personal: ¿Durante cuánto tiempo estuvo de prácticas?
Antonio: Durante seis meses, y cuando terminé, me fui a París para hacer un curso de cocina francesa.
Encargada de Personal: ¿Y qué es lo que más le gusta de este trabajo?
Antonio: Me gusta la cocina en general, pero mi especialidad son los postres.
Encargada de Personal: Tenemos dos turnos: de mañana y de tarde. ¿En qué horario le gustaría trabajar?
Antonio: Hombre, si pudiera trabajar por la mañana, continuaría mis estudios por la tarde.
Encargada de Personal: ¿Y qué está estudiando?
Antonio: Estoy estudiando inglés y haciendo un curso de cocina.
Encargada de Personal: Bien, pues como ya sabe tenemos varios candidatos. Cuando tomemos una decisión definitiva, nos pondremos en contacto con usted.

인사 책임자: 안녕하세요. 결원인 요리사에 관심이 있으시다고요. 레스토랑 주방에서 근무해 보신 적이 있으신가요?
안토니오: 요리 교육을 마쳤을 때 외식 조리 학교의 주방에서 실습을 했습니다.
인사 책임자: 얼마 동안 실습하셨나요?
안토니오: 6개월 동안이었고, 마치고 나서 프랑스 요리 수업을 듣기 위해 파리에 갔습니다.
인사 책임자: 그럼 이 직업에서 가장 마음에 드는 것이 무엇입니까?
안토니오: 저는 요리를 전반적으로 좋아합니다만 제 전공은 후식입니다.
인사 책임자: 저희는 오전과 오후, 두 번 교대 근무를 합니다. 어떤 시간에 근무하시는 것이 더 좋으신가요?
안토니오: 뭐, 오전에 근무할 수 있다면 오후에 공부를 계속 할 수 있을 것 같아요.
인사 책임자: 공부 중이신가요?
안토니오: 영어 공부 중이고 요리 수업을 받고 있습니다.
인사 책임자: 좋습니다. 그럼, 아시다시피 저희는 여러 신청자들이 있어서요. 결정이 나면 연락을 드리겠습니다.

5

Carlos: ¿Cómo te fue en la entrevista?
Juan: Bueno, no sé. Yo he salido con buena impresión. Si me seleccionaran, podría hacer planes para el próximo curso y pagarme mis clases en la universidad.
Carlos: ¿Y cuánto te pagarían?
Juan: Si me dan el horario completo, cobraría unos 900 € más propinas.
Carlos: Tal y como están las cosas no está mal. ¿No necesitarán más gente? Si yo encontrara algo parecido, me vendría muy bien. ¿Y cuándo empezarías?
Juan: Es un contrato para la temporada de verano, así que empezaría el 1 de julio. El problema es que es un restaurante italiano y tendría que aprender a hacer pizzas.
Carlos: ¿Y cuándo te van a dar una respuesta?
Juan: No sé. Espero que pronto. En cuanto sepa algo ya te lo contaré.

카를로스: 인터뷰 어땠어?
후안: 모르겠어. 좋은 인상을 줬어. 만일 나를 선택한다면, 다음 학기 계획을 짜고 대학 수강료를 낼 수 있을 거야.
카를로스: 그럼 얼마나 너에게 지불하는 거야?
후안: 종일직을 준다면 9백 유로에 보너스를 더 받을 거야.
카를로스: 상황이 그렇다면 나쁘지 않네. 사람 더 필요하지 않을까? 나도 만일 비슷한 자리를 찾으면 너무 좋을 텐데. 그럼 언제 시작하는 거야?
후안: 여름 시즌을 위한 계약이야. 그러니까 7월 1일에 시작할 것 같아. 문제는 이탈리아 레스토랑이라 피자 만드는 법을 배워야만 한다는 거야.
카를로스: 언제 네게 답을 줄까?
후안: 모르겠어. 빨리 주면 좋겠어. 뭔가를 알게 되면 바로 너한테 얘기해 줄게.

읽기

1

속담

1. 하늘은 스스로 돕는 자를 돕는다.
2. 선물 받은 말의 이빨을 보지 말라.
3. 닫힌 입으로는 파리가 들어가지 않는다.
4. 소문난 잔치에 먹을 것 없다.
5. 뿌린 대로 거둔다.
6. 사랑하는 이와 함께라면 빵과 양파만으로도 좋다.
7. 제 돈 한 냥이 남의 돈 천 냥보다 낫다.
8. 아니 땐 굴뚝에 연기 나랴.

쓰기

1

지원 동기서

HISPANOTOURS 여행사
여행 에이전트
바르소비아 사무소의 책임자
자격 요건:
* 관광 분야 학위자
* 고급 수준의 영어, 폴란드어, 독일어
* 조직력과 고객들과의 뛰어난 소통 능력
* 동일 업종의 경력
근로 조건:
* 6개월 계약
* 높은 보수
이력서를 hispanotours@españolenmarcha.es로 보낼 것.
지원 동기서를 Paseo de la Andaluza, 130, 3.º 좌측. 28046 마드리드로 보낼 것.

2

루이스 카스트로 로호
산 페르난도, 17
28015 마드리드
Tel.: 91 123 45 67 / 666 666 666
Email: luis.castro@presentación.es

하이메 고뎃 로살레스 귀하
부장
HISPANOTOURS 여행사
안달루사 대로, 130 – 3.º 좌측
28046 마드리드

마드리드, 2014년 3월 30일

안건: 중부 유럽 여행 에이전트 지원
존경하는 담당자 귀하:
지난 3월 28일 '라 나시온'지에 실린 중부 유럽 지역에 특화된 여행 에이전트를 모집하는 귀 회사의 공고에 대한 응답으로 이 지원서를 쓰게 되었습니다.
저는 여행사 관련 분야의 전문가입니다. 국제 관광학교에서 수학하였으며 B2 수준의 영어 외에 폴란드어와 독일어에 능통합니다. 저의 이력서를 첨부합니다만 저는 다음과 같은 점을 강조하고 싶습니다.
저는 독일, 폴란드, 크로아티아와 같은 나라의 관광지 홍보 프로젝트를 수행했던 스페인 여행사와 독일의 여행사에서 2년간 근무했던 경력이 있습니다.

Transcripciones 듣기 대본 · 읽기 지문 번역

트래블 출판사와 폴란드의 관광 안내서 신간 편집에 협력한 적 있습니다. 이 작업은 많은 경험을 가능하게 했고 저로 하여금 특히 그 나라에 대해 전문가가 될 수 있도록 해 주었습니다.

적절하다고 생각하신다면 여러분과의 면접에서 기꺼이 저의 경력에 대해 좀 더 상세한 정보를 제공해 드릴 수 있습니다.

답변을 기다리며 정중하게 인사드립니다.

서명   루이스 카스트로 로호

UNIDAD 8 - Tiempo de ocio

8A Deportes

읽기

2

테레사 페랄레스

19세에 하반신이 마비되었다. 수영장에서 자신의 운을 시험해 보았고, 36세인 지금은 마이클 펠프스와 같이 22개라는 역사상 가장 많은 수의 메달을 획득한 신체장애인이다.

1. 테레사, 하반신 마비가 된 후 초기에는 어땠습니까?
2. 왜 수영을 선택했나요?
3. 런던 장애인 올림픽에서 스페인 팀의 기수가 될 거라는 말을 들었을 때 어땠나요?
4. 당신의 네 번째 올림픽이었습니다. 좀 특별했나요?
5. 런던에서 몇 개의 메달을 획득했습니까?
6. 지금까지 마이클 펠프스와 같은 수인 22개의 올림픽 메달을 획득했습니다. 그럼에도 불구하고, 방송에서 같은 반응을 얻지는 못했습니다.
7. 그러한 결과를 얻으려면 얼마나 연습해야 합니까?
8. 그러한 노력의 시간을 당신의 의무와 어떻게 조화시키나요?
9. 당신의 책인 '바퀴 위의 인생'에서는 무엇을 다루고 있나요?
10. 미래를 위한 당신의 계획은 무엇입니까?

a. 처음에는 무척 힘들었습니다. 하지만 곧 가족의 도움으로 앞으로 나아갈 수 있었어요.
b. 특별한 경험이었어요. 왜냐하면 제 아들이 계단석에 있었고 그 애에게 제 은메달을 전해 줄 수 있었으니까요.
c. 합숙 훈련에 들어가 있을 때 특히 어렵습니다. 사실 제게 가장 힘든 것이 올해 합숙 훈련 기간 동안 아들도 남편도 볼 수 없었다는 거예요. 두 살짜리 아이는 왜 엄마가 며칠간 집을 떠나 있는지 이해하지 못하니까요. 그것이 가장 힘듭니다.
d. 몸이 지탱해 주느냐에 달렸죠. 하지만 리우 올림픽에 갈 가능성을 배제하지는 않아요.
e. 여섯 개 중 여섯 개요. 금메달 한 개, 은메달 세 개, 동메달 두 개.
f. 가장 중요한 것은 극복이라는 메시지 전달입니다. 그 책은 이것을 강조하고 있어요. 우리는 우리 자신을 사랑하는 법을 배우고 수많은 가능성을 가지고 있다는 사실을 깨달아야만 합니다.
g. 결코 수영이라는 가능성에 대해 생각해 보지 않았어요. 사실상 아주 못 했었죠. 하지만 구명조끼를 입고 시작했고, 전에는 느끼지 못했던 자유라는 감정을 조금씩 느꼈어요.

h. 맞아요. 동일한 시간을 연습하고 동일한 구성을 가지고 있죠. 하지만 장애인 스포츠의 경제적 상황은 훨씬 열악해요.
i. 엄청난 감동과 책임감을 느꼈어요. 스타디움에 들어갈 때 관중으로 가득했는데 결코 그 느낌을 잊지 못할 거예요.
j. 최근 3개월간 오직 하루만 종일 쉬었어요. 나머지는 일주일에 오후 한두 차례만 쉬면서 훈련했죠. 수영장과 체육관을 모두 합쳐서 매일 약 6시간이에요.

('엘 파이스' 주말 호에서 발췌)

듣기

5

Marina Alabau, windsurfista profesional, nació en Andalucía, y ganó la medalla de oro en las Olimpiadas de Londres, después de ser campeona del mundo en 2009 y campeona europea en 5 ocasiones. Marina cuenta que se entrenaba en Inglaterra pero que cada tres semanas volvía a Tarifa, en el sur de España, para desconectar. Sin duda, el momento más importante de su carrera fue lograr la medalla de oro en unos Juegos Olímpicos. A partir de las próximas olimpiadas, el Comité Olímpico internacional ha decidido eliminar la categoría de windsurf, y sustituirlo por el kitesurf, así que Marina se plantea competir en esta disciplina.

Aparte de Marina, en su familia también practica windsurf su hermana Marta, que está deseando enfrentarse a ella en los próximos campeonatos de Europa y ganarle al menos en alguna manga.

Marina también hace snow y esquía. Su comida favorita es el pescado a la plancha, el gazpacho y el puchero andaluz. Le encanta pasar sus vacaciones en las playas de Tarifa y perderse por las montañas verdes de Nueva Zelanda.

프로 윈드서핑 선수인 마리나 알라바우는 안달루시아에서 태어났고, 2009년 세계 챔피언과 다섯 차례 유럽 챔피언이 된 이후 런던 올림픽에서 금메달을 획득했다. 마리나는 영국에서 연습했으나 외부와의 단절을 위해 3주마다 스페인 남부의 타리파로 돌아왔다고 말한다. 틀림없이 그녀의 경력에서 가장 중요한 순간은 올림픽에서 금메달을 딴 것이다. 그 다음 올림픽부터 국제 올림픽 조직 위원회는 윈드서핑 종목을 삭제하고 그것을 카이트 서핑으로 대체하기로 결정했다. 그래서 마리나는 이 분야에 출전할 생각이다.

마리나 외에도 그녀의 가족 중에는 다음 유럽 챔피언십에서 그녀와 겨뤄서 최소한 배의 폭만큼이라도 이기기를 원하고 있는 동생 마르타도 윈드서핑을 한다.

마리나는 스노우 보드와 스키도 한다. 그녀가 좋아하는 음식은 프라이팬에 구운 생선, 가스파초, 안달루시아풍 스튜이다. 그녀는 휴가를 타리파의 해변에서 보내는 것과 뉴질랜드의 녹음이 우거진 산속을 돌아다니는 것을 무척 좋아한다.

8B ¿Salimos?

듣기

2

Ana: Pedro, ¿qué podemos hacer esta tarde?
Pedro: Podemos ir al cine.
Ana: ¿Y si hacemos algo diferente? Tengo aquí la cartelera y hay algunas cosas que parecen muy interesantes. Mira este espectáculo de danza.
Pedro: ¿Qué tipo de danza es?
Ana: Es ballet clásico.
Pedro: No, preferiría algo distinto.
Ana: Podemos ir a ver el espectáculo de flamenco Los Tarantos.
Pedro: Empieza un poco tarde. ¿Y si vamos a ver el Circo del Sol? Creo que tienen un nuevo espectáculo muy interesante.
Ana: Ya los vimos actuar el año pasado. Preferiría algo distinto... ¿Qué te parece el espectáculo de El Rey León? Me han dicho que es un musical muy bueno.
Pedro: ¡Ah, vale, buena idea! ¿A qué hora empieza?
Ana: A las nueve de la noche.
Pedro: Muy buena hora. ¿Dónde quedamos?
Ana: Podemos quedar en la puerta de mi oficina.
Pedro: Bien, ¿a qué hora quedamos?
Ana: ¿Qué tal a las siete y tomamos unas tapas antes de entrar?
Pedro: Estupendo. Nos vemos a las siete, entonces.
Ana: Bien, de acuerdo.

아나: 페드로, 오늘 오후에 우리는 무엇을 할 수 있을까?
페드로: 영화관에 갈 수 있지.
아나: 좀 색다른 것을 하면? 여기 관람물 소식지가 있는데 아주 흥미롭게 보이는 것이 몇 개 있어. 이 댄스 공연 좀 봐.
페드로: 어떤 종류의 댄스인데?
아나: 고전 발레야.
페드로: 아니야, 나는 뭔가 다른 것이 더 좋겠어.
아나: 플라멩코 공연인 로스 타란토스를 보러 갈 수도 있어.
페드로: 조금 늦게 시작하네. 그럼 태양의 서커스를 보러 갈까? 내 생각에는 아주 흥미로운 새로운 공연을 하는 것 같아.
아나: 우리 이미 작년에 봤잖아. 다른 것이 좋을 것 같아……. '라이온 킹' 공연은 어때? 아주 훌륭한 뮤지컬이라는 말들을 해.
페드로: 아, 좋아, 좋은 생각이야! 몇 시에 시작해?
아나: 밤 9시.
페드로: 아주 좋은 시간이군. 우리 어디서 만나지?

아나: 내 사무실 출구에서 만나자.
페드로: 좋아. 몇 시에 만나지?
아나: 7시에 만나서 입장하기 전에 타파스를 먹는 것은 어때?
페드로: 아주 좋아. 그럼, 우리 7시에 보자.
아나: 그래, 좋아.

8C Música, arte y literatura

읽기

5

제안

'어느 계단의 이야기' 코르도바에 오다

코르도바 대극장이 안토니오 부에로 바예호의 희곡 '어느 계단의 이야기'를 맞이한다. 호세 사크리스탄과 메르세데스 삼피에트로가 한 계단을 쓰는 이웃들의 개인적인 문제를 이야기하는 이 위대한 희곡 작품의 주인공이다.

토요일과 일요일: 21시

입장권: 5~18유로

안달루시아의 젊은 락을 그라나다에서

그라나다는 오늘밤 안달루시아 음악 페스티벌을 개최할 예정이다. 이곳에서 그라나다 출신의 베로니카즈 어그레시브 스테이트, 하엔 출신의 도그마, 코르도바 출신의 수퍼플라이가 연주할 것이다. 또한 첫 연주자로 말루가 공연할 예정이다.

페리아 구역의 대형 천막.

토요일: 22시

입장권: 20유로

오요스가 '예르마'를 산 페르난도로 인도하다

플라멩코 댄서인 크리스티나 오요스의 무용단이 가르시아 로르카의 원작에 기초한 '예르마'를 산 페르난도(카디스)에서 공연한다.

이 공연은 헛되이 모성을 갈구하는 한 기혼 여성의 싸움을 들여다본다.

라스 코르테스 왕립 극장.

토요일과 일요일: 21시

입장권: 무료

하엔에서 스페인 현대 회화 전시

20세기 주요 스페인 화가들의 작품 약 300점이 전시되며, 이 작가들의 최근 작품을 구입할 수 있는 가능성도 제공한다.

의회 전시실.

금요일, 토요일, 일요일

입장권: 무료

듣기

7

Fernando: Buenos días.
Generosa: Hola, hijo. ¿Quieres comer?
Fernando: Gracias, que aproveche. ¿Y el señor Gregorio?
Generosa: Muy disgustado, hijo. Como lo retiran por la edad... Y es lo que él dice: "¿De qué sirve que un hombre se deje los huesos conduciendo un tranvía durante cincuenta años, si luego le ponen en la calle?". Y si le dieran un buen retiro... Pero es una miseria, hijo; una miseria. ¡Y a mi Pepe no hay quien lo encarrile! ¡Qué vida! No sé cómo vamos a salir adelante.
Fernando: Lleva usted razón. Menos mal que Carmina...
Generosa: Carmina es nuestra única alegría. Es buena, trabajadora, limpia... Si mi Pepe fuese como ella...
Fernando: No me haga mucho caso, pero creo que Carmina la buscaba antes.
Generosa: Sí. Es que se me había olvidado la cacharra de la leche. Ya la he visto. Ahora sube ella. Hasta luego, hijo.
Fernando: Hasta luego.

페르난도: 안녕하세요.
헤네로사: 안녕, 얘야. 좀 먹을래?
페르난도: 고맙습니다, 맛있게 드세요. 그런데 그레고리오 씨는요?
헤네로사: 무척 못마땅해 하고 있단다, 얘야. 나이 때문에 퇴직을 시키니까……. 이게 그가 하는 말이란다. "50년 동안 전차를 운전하며 뼈를 묻은 남자가 무슨 짝에 쓸모가 있겠어, 나중에 거리로 쫓아 낸다면?" 그에게 넉넉한 퇴직금을 준다면야……. 하지만 아주 형편없어, 얘야, 형편없다고. 그리고 우리 페페를 정신 차리게 할 만한 사람이 없어! 이런 인생이라니! 앞으로 우리가 어떻게 살아갈지 모르겠구나.
페르난도: 부인 말씀이 맞아요. 천만다행히도 카르미나가…….
헤네로사: 카르미나는 우리의 유일한 기쁨이야. 착하고 성실하고 깨끗하고…… 우리 페페가 그 애 같다면…….
페르난도: 제 말씀에 크게 신경 쓰시지 마세요. 제 생각에는 카르미나가 전에 부인을 찾고 있었던 것 같아요.
헤네로사: 그래. 우유통을 잊어버렸지 뭐니. 이미 그 애를 봤어. 지금 올라오는구나. 다음에 보자, 얘야.
페르난도: 다음에 봬요.

8D COMUNICACIÓN Y CULTURA

듣기

1

Daniel: ¿Has visto últimamente alguna película que te haya gustado?
Alicia: Ayer vi en la televisión Chico y Rita. Me dio mucha rabia no verla cuando la estrenaron. Yo prefiero ver las películas en el cine siempre que puedo.
Daniel: ¿De quién es?
Alicia: De Fernando Trueba y Javier Mariscal.
Daniel: ¿Y qué te pareció?
Alicia: Ya sabes que es una película de animación. No son mis preferidas. Pero los directores han hecho un trabajo extraordinario. Es muy romántica y la música es fantástica. Ganó el premio Goya a la mejor película de animación y también estuvo nominada para los Óscar.
Daniel: ¿Y qué es lo que más te gustó?
Alicia: El argumento y la música. Es un homenaje al jazz latino. Se desarrolla en La Habana, París y Nueva York.
Daniel: Entonces, ¿me la recomiendas?
Alicia: Claro, con lo que te gusta el jazz..., estoy segura de que te va a encantar.

다니엘: 최근에 마음에 드는 영화를 본 적 있어?
알리시아: 어제 TV에서 '치코와 리타'를 봤어. 그것을 상영했을 때 못 본 것이 무척 아쉽더라. 나는 가능하면 항상 극장에서 영화 보는 것을 좋아하거든.
다니엘: 누구 건데?
알리시아: 페르난도 트루에바와 하비에르 마리스칼.
다니엘: 어땠어?
알리시아: 애니메이션 영화라는 것 너도 알고 있잖아. 내가 좋아하는 종류는 아니야. 하지만 감독들이 정말 훌륭하게 작업했어. 무척 낭만적이고 음악은 환상적이야. 최우수 애니메이션 영화로 고야상을 탔고 오스카상 후보로도 올랐었어.
다니엘: 가장 좋았던 것이 뭐야?
알리시아: 줄거리와 음악. 라틴 재즈에 대한 헌정이야. 라 아바나와 파리, 뉴욕에서 이야기가 진행돼.
다니엘: 그렇다면 나한테 추천할 만해?
알리시아: 물론이야. 네가 재즈를 그렇게나 좋아하는데……. 나는 네 마음에 쏙 들 거라고 생각해.

5

Entrevistadora: Hoy tenemos en nuestro programa de cine a dos aficionados: Carlos y Susana. Carlos, ¿cuál es la última película que has visto?
Carlos: REC. Es una película española, de terror, rodada con cámaras digitales y móviles, con un presupuesto muy bajo, que ha sido una de las más taquilleras en Europa.
Entrevistadora: ¿Y quién trabaja?
Carlos: No es una película de actores. Esta hecha a modo de documental.
Entrevistadora: ¿De qué trata?
Carlos: Una periodista y un cámara van a una estación de bomberos por la noche. Reciben una llamada de emergencia de un edificio, a la que acuden dos bomberos acompañados de los periodistas sin saber qué encontrarán.
Entrevistadora: ¿Qué te pareció la película?
Carlos: Es muy realista. Está muy bien hecha y te mantiene en tensión durante la hora y media que dura.

Transcripciones 듣기 대본 • 읽기 지문 번역

Entrevistaora: ¿A quién se la recomendarías?

Carlos: Estoy seguro de que les encantará a todos los amantes del cine experimental y de terror.

Entrevistadora: Y tú, Susana, ¿qué es lo último que has visto?

Susana: Bueno, yo prefiero las películas de humor. La última que vi fue Torrente 4. Había visto las anteriores y me daba mucha rabia perderme la última.

Entrevistadora: ¡Ah, sí! Es la última de la saga del actor y director Santiago Segura, ¿no? ¿Y qué te ha parecido?

Susana: Como sabés son películas cómicas y, a veces, con bromas de mal gusto. Las primeras me parecieron muy divertidas, esta última, ya no tanto.

Entrevistadora: Entonces, ¿nos la recomiendas?

Susana: La verdad es que esta última a mí me gustó menos, pero sí, pueden ir a verla.

인터뷰 담당자: 오늘 우리 영화 프로그램에 카를로스와 수사나, 두 명의 팬을 모셨습니다. 카를로스, 마지막으로 본 영화가 뭐죠?

카를로스: REC요. 스페인 영화이고 공포물입니다. 디지털 카메라와 휴대 전화 카메라로 찍은 저예산 영화로, 유럽에서 가장 많은 관객을 끌어들인 영화들 중 한 편입니다.

인터뷰 담당자: 누가 나오죠?

카를로스: 배우가 나오는 영화는 아니에요. 다큐멘터리 형식으로 만든 거예요.

인터뷰 담당자: 무엇에 관한 건가요?

카를로스: 저널리스트 한 명과 카메라 한 대가 밤에 한 소방서에 갑니다. 한 건물에서 긴급 전화를 받고 무엇을 발견하게 될지 알지 못한 채 소방관 두 명이 저널리스트를 대동하고 그곳으로 가는 거죠.

인터뷰 담당자: 영화는 어땠나요?

카를로스: 아주 사실적입니다. 아주 잘 만들었고 상영되는 1시간 반 동안 긴장의 끈을 놓지 못하게 해요.

인터뷰 담당자: 어떤 사람에게 추천하시겠어요?

카를로스: 체험과 공포 영화를 사랑하는 모든 사람이 좋아할 거라고 확신합니다.

인터뷰 담당자: 그럼, 수사나, 당신은 마지막으로 본 영화가 무엇인가요?

수사나: 저는 코믹 영화를 선호해요. 마지막으로 본 건 토렌테 4편이었어요. 이전 편들도 보았고 마지막을 놓치는 것이 무척 분했어요.

인터뷰 담당자: 아, 그렇군요! 배우이자 감독인 산티아고 세구라의 시리즈물 마지막 편이네요, 그렇죠? 어땠나요?

수사나: 아시다시피 코믹 영화라서 가끔은 악취미의 농담이 있어요. 전 편들은 아주 재미있었는데, 이제 이 최종 편은 그 정도는 아니에요.

인터뷰 담당자: 그럼 우리에게 그것을 추천하시는 건가요?

수사나: 사실 이 최종 편은 마음에 덜 들었어요. 하지만 네, 보러 가셔도 돼요.

읽기

2

플라멩코 예술

플라멩코 예술은 안달루시아에서 발달하여 세대를 거쳐 전수된 음악 문화가 총합된 결과이다. 그 근원은 매우 오래되었으나 18세기까지 플라멩코에 대해 쓰인 자료는 존재하지 않는다. 이 음악에서는 유태인, 아랍인, 카스티야인, 집시, 즉 안달루시아를 거쳐 간 모든 민족들의 흔적들이 발견된다. 플라멩코의 탄생을 위해 안달루시아의 민속에 가장 큰 영향을 미친 사람들은 집시들이었다. 이들은 15세기에 스페인에 들어왔으나, 안달루시아 지역의 춤과 노래를 언급할 때 플라멩코라는 단어는 19세기 후반까지 등장하지 않는다.

20세기 후반, 플라멩코는 그 정수를 잃어버리지 않은 채 야외 행사를 통해 대중에게 알려졌다. 관광객의 증가가 춤과 음악이 공연의 기본이 되는 타블라오의 등장에 기여했다. 플라멩코 예술의 역사상 단 한 번도 오늘날 구가하고 있는 인기를 누려 본 적이 없었다. 스페인의 대학교들은 플라멩코 음악 콘서트를 개최하고, 일부 음악인들은 예술 아카데미가 주는 상을 수상하기도 했다. 그들 중 기타리스트인 파코 데 루시아가 두드러진다.

국제적인 기타리스트

파코 데 루시아는 1947년 카디스의 알헤시라스에서 태어났다. 20세에 첫 음반을 녹음했고, '두 개의 강 사이에서'라는 테마로 1974년 처음으로 대중적인 성공을 이루었다. 여러 영화에서 배경 음악을 작곡했는데, 그 중에서 스페인 영화감독인 카를로스 사우라와의 협업을 강조할 만하다. 2004년 10월, 예술 분야에서 아스투리아스 황태자 상을 수상했다. 2009년에 카디스 대학, 2010년에 버클리 음악 대학에서 명예 박사 학위를 받았다.

오늘날 파코 데 루시아는 이 예술의 '석좌 교수'들 중 한 사람으로 평가된다. 이 카디스 출신 기타리스트의 작품은 플라멩코 음악사의 이정표를 의미하며, 스페인 음악에서 반론의 여지가 없는 참고서가 되었다.

그는 2014년 2월 25일 멕시코의 도시인 플라야 델 카르멘에서 숨을 거두었다.

쓰기

1

프라도 국립미술관

고야의 검은 그림들

이 스페인 화가의 가장 충격적인 작품들을 만나 보세요.

5월 1일부터 15일까지

전시회 입장: 6유로 (단체 할인)

시간: 매일 10:00~20:00

월요일 휴관

7/8 Autoevaluación

읽기

6

"제가 지금 바빠요. 하지만 오늘 오후나 내일 그곳에 들를게요. 지붕은 금요일에 수리할 예정이고요. 다음 주에 새 소파를 가져갈게요. 지난달에 난방 기능을 확인했고 최근에 새 세탁기를 구입했습니다. 카펫은 세탁소에 있어요. 집으로 갖다 달라고 전화해야 할 거예요. 문제가 있으면 오늘 밤 집으로 전화 주세요."

UNIDAD 9 - Noticias

9A Sucesos

읽기

5

1. 경찰은 월요일 밤 극적인 추격전 끝에 세 명의 남자를 검거했다……

2. 18세의 두 청년이 경찰에 의해 발각됐다……

3. 한 남자가 아파트 동거인과의 말싸움을 두 차례의 칼부림으로 끝냈다……

☐ …… 그들은 1시간 반이 조금 넘는 동안 마드리드에서 차 한 대를 훔쳐 마드리드에 있는 바 두 곳과 알코벤다스의 레스토랑 한 곳을 털었다. 검거된 이들은 23시에 흰색 BMW를 한 대 훔쳤고, 헬리콥터 한 대와 여러 대의 경찰차가 출동한 극적인 추격전 끝에 1시쯤 붙잡혔다. 경찰차와 추돌하며 체포된 세 사람은 전과가 있다.

☐ …… 사건은 금요일에 아빌라에서 발생했다. 7시 30분경 28세의 피의자가 칼을 들고 함께 사는 남자를 두 번 찔렀는데, 한 번은 가슴, 또 한 번은 목이었다. 두 사람은 임대 아파트를 나눠 쓰고 있었다. 그는 친구를 공격한 후, 그곳에서 도망쳤다. 습격자는 두 시간 후 특수 경찰대에 의해 검거되었다. 피습자는 병원에 옮겨졌으며, 그곳에서 치료를 받고 있다.

☐ …… 마드리드의 리오스 로사스 지역에 있는 시립수영장에서 새벽에 수영하던 중이었다. 사건은 지난 토요일 새벽 1시쯤 발생했다. 그 지역 주민인 두 청년들은 오로지 수영을 하겠다는 의도로 수영장에 들어갔다. 두 사람은 경찰서로 이송되었는데, 경악과 수영을 뒤로 한 채 각자 집으로 돌아갔다.

듣기

8 043

…Y ahora, pasamos al apartado de sucesos.

Un hombre ha sido condenado a pagar a su exmujer la mitad del premio que le tocó en la lotería Primitiva, aunque ambos habían iniciado ya los trámites de separación. El Tribunal Supremo ha sentenciado que el premio de 2 millones de euros pertenece a los bienes gananciales del matrimonio y, por tanto, que la mujer tiene derecho a percibir su parte.

El pasado mes de octubre, cuando aún no estaban separados legalmente, Diego, el marido de Juani, durante un viaje a Madrid, rellenó un boleto de la lotería Primitiva. En esta ocasión se hizo realidad el refrán: "Afortunado en el juego, desgraciado en amores".

A continuación las noticias deportivas...

…… 이제 사건 소식으로 넘어갑니다. 한 남자가 프리미티바 복권에서 당첨된 상금의 절반을 전 부인에게 지불하라는 판결을 받았습니다만 두 사람은 이미 이혼 절차를 시작했다고 합니다. 대법원은 2백만 유로의 상금이 부부의 재산에 속하므로 부인은 자신의 몫을 받을 권리가 있다고 판결했습니다.

지난달인 10월, 아직 법적으로 이혼하지 않은 채 후아니의 남편인 디에고는 마드리드 여행 중에 프리미티바 복권 한

장을 채웠습니다. 이때 '놀이에서 운 좋은 자가 사랑에서는 불운하다'라는 속담이 현실이 되었습니다. 계속해서 스포츠 뉴스……

9B ¡Cásate conmigo!

듣기

6

Ya estamos en Berlín. Estamos bien pero, antes de salir, en el aeropuerto del Prat pasamos un mal momento. Eran las ocho de la mañana y estábamos esperando la salida del avión. Cuando fuimos a facturar el equipaje, nos pidieron que enseñáramos nuestros pasaportes. Y Sergio no lo encontraba.
La azafata nos recomendó que fuéramos rápidamente a la comisaría de policía del aeropuerto. Allí le pidieron que rellenara un impreso y un par de fotos. Se las hizo en una máquina que había allí mismo. Cuando entregó la documentación, le prometieron que tendría el pasaporte en 30 minutos. Con el tiempo muy justo y el susto en el cuerpo, conseguimos coger nuestro avión en el último momento.

이제 우리는 베를린에 있어. 우리는 괜찮지만 출발 전에 프랏 공항에서 좋지 않은 순간을 겪었어. 아침 8시였고 우리는 비행기 출발을 기다리고 있었어. 짐을 부치려고 했을 때 우리 여권을 보여 달라고 요청하더군. 그런데 세르히오가 그것을 찾지 못했던 거야. 승무원은 우리에게 곧장 공항 경찰서로 가라고 조언했어. 거기서 그에게 서식 작성과 사진 2장을 요구했어. 그곳에 있던 기계에서 사진을 찍었지. 서류를 건네줄 때 30분 내로 여권을 가지게 될 것이라고 약속하더군. 아주 빠듯한 시간과 놀라움을 간직한 채 우리는 마지막 순간 비행기에 타는 데 성공했단다.

9C Quiero que mi ciudad esté bonita

읽기

2

독자의 편지

인도에서 벌어지는 너무 많은 공사들

지난주 내가 몇 명의 친구와 함께 우리 동네를 걸어가고 있을 때 한 명이 벽돌에 걸려 넘어져서 어깨가 부러졌습니다. 문제의 원인은 3개월 훨씬 전부터 인도에서 하고 있는 공사 때문이었습니다.
나는 마드리드 사람들 대부분은 우리의 행정 기관이 우리 삶을 이런 공사들로 인해 더 어렵게 하지 말고 좀 더 편안하고 쾌적하게 해 줄 원한다고 생각합니다.
시민들이 원하는 단순한 일이란 어떤 것일까요?
* 길이 더 깨끗할 것, 인도가 노인이나 시각장애인에게 위험하지 않을 것.
* 대중교통 수단을 규칙적으로 운행할 것. 특히 버스.
* 우리 도시가 아름다워서 방문객에게 자랑할 수 있을 것.
* 행정 기관에서 하는 공사가 오랫동안 지속되지 않을 것.

저는 현재 진행 중인 이 공사가 끝났을 때 내 소망이 이루어지기를 바랍니다.
마드리드에서, 이사벨 카미노 빌라

듣기

5

Marcos Rodríguez, 34 años: "Quiero que este año me toque el gordo de Navidad y así poder pagar la hipoteca de mi casa. Lo que deseo es vivir sin muchos problemas económicos".

Andrea Rodríguez, 28 años: "Yo quiero volver a Roma y pasarme allí tres meses. Estuve el verano pasado y me encantó. Me gustaría vivir allí para siempre".

Raquel Molina, 8 años: "Yo quiero ser famosa, quiero ser una cantante famosa. Me gustaría salir en la tele".

Alberto Barrios, 9 años: "Yo quiero que mi madre me compre un perro, pero no sé si me lo comprará. Ya lo he pedido otros años, y no ha sido posible. A lo mejor este año es el bueno".

Óscar Rubio, 29 años: "¿Un deseo? Tengo varios deseos, pero básicamente, quiero encontrar un trabajo bueno y que mi novia Cati se case conmigo, hace cinco años que somos novios, y que bajen los precios de los pisos...".

Alejandra García, 78 años: "Yo pediría un nuevo amor, pero a mis años... En realidad solo deseo seguir como estoy, tener salud. Me gustaría viajar, pero como ya soy muy mayor, no tengo muchas condiciones".

마르코스 로드리게스, 34세: "저는 올해 크리스마스 복권이 당첨돼서 집의 대출금을 갚을 수 있길 바랍니다. 제가 원하는 것은 큰 경제적 문제 없이 사는 겁니다."
안드레아 로드리게스, 28세: "저는 로마로 돌아가서 그곳에서 3개월을 보내고 싶어요. 지난여름에 갔었는데 너무 마음에 들었어요. 그곳에서 영원히 살면 좋겠습니다."
라켈 몰리나, 8세: "저는 유명해지고 싶어요. 유명한 가수가 되고 싶어요. TV에 나오면 좋겠어요."
알베르토 바리오스, 9세: "저는 엄마가 강아지를 한 마리 사 줬으면 좋겠어요. 하지만 사 줄지 모르겠어요. 다른 해에도 부탁했지만 불가능했어요. 아마 올해는 좋은 해일 거예요."
오스카르 루비오, 29세: "소망이요? 여러 가지 소망이 있어요. 하지만 기본적으로 좋은 일자리를 찾고 싶고, 여자 친구인 카티가 나와 결혼해 주면 좋겠어요. 우리는 5년 된 연인이에요. 그리고 아파트 가격이 내려가면 좋겠어요……."
알레한드라 가르시아, 78세: "저는 새로운 사랑을 바랍니다. 하지만 이 나이에…… 사실은 단지 지금 이대로만 계속되기를, 건강을 유지하기를 바라요. 여행을 하면 좋겠지만, 이제는 너무 나이가 많아서 많은 조건이 맞지 않아요."

발음과 철자

1

pala, padre, rápido, poco, poder, pena, ópera, piscina, boda, vino, baño, ambulancia, vela, vida, buda, bolso, verde, abuelo, robo, avión, ave, pavo, Ávila, robó.

삽, 아버지, 빨리, 조금, 권력/~할 수 있다, 안타까움, 오페라, 수영장, 결혼식, 포도주, 목욕, 구급차, 돛, 생명/삶,

부처, 핸드백, 녹색, 할아버지, 절도, 비행기, 조류, 칠면조, 아빌라(도시명), 훔쳤다

2

pela, baba, pueblo, avión, pala, vuelvo, Japón, jarabe, rápido, ropa.

(그/그녀/당신은) 껍질을 벗기다, 침, 마을/민족, 비행기, 삽, (나는) 돌아오다, 일본, 시럽, 빨리, 옷

5

1 ¿Adónde vas con esa ropa tan elegante?
2 A Luis le gusta mucho poner apio en la ensalada.
3 Mi padre necesita la pala para trabajar en el jardín.
4 Ese chico es bobo, ahora resulta que no sabe multiplicar.
5 ¿Te has tomado el jarabe para la tos?
6 Me encanta este jabón, huele estupendamente.
7 Este tren es muy rápido.

1. 그렇게 우아한 옷차림으로 넌 어디 가니?
2. 루이스는 샐러드에 샐러리 넣는 것을 무척 좋아한다.
3. 나의 아버지는 정원에서 일하시기 위해 삽이 필요하시다.
4. 그 청년은 멍청해, 곱셈할 줄 모르더라고.
5. 기침용 시럽 먹었니?
6. 이 비누 너무 좋아. 아주 좋은 향기가 나.
7. 이 기차는 아주 빨라.

9D COMUNICACIÓN Y CULTURA

듣기

1 049

Tutor: Buenos días, Laura. Siéntate, por favor.
Laura: Buenos días.
Tutor: Como sabes estoy hablando con todos vosotros para saber qué os gustaría hacer al acabar vuestros estudios en el instituto. ¿Qué planes tienes para el próximo curso?
Laura: Estoy un poco dudosa. Por una parte, me gustaría ir a la universidad y estudiar Arquitectura. Me encanta dibujar, pero a veces pienso que es un poco difícil. Por otra parte, también me gustan mucho los niños pequeños.
Tutor: ¿Y tus padres qué piensan?
Laura: Dicen que es mejor que estudie algo práctico que me sirva para encontrar trabajo y poder ayudar en casa.
Tutor: ¿Por ejemplo?
Laura: Escuela Infantil o algún curso de formación profesional de diseño gráfico o algo así. Todavía no he tomado una decisión y me gustaría tener su opinión.

Transcripciones 듣기 대본 · 읽기 지문 번역

Tutor: Yo en tu lugar estudiaría lo que más me gustara. Siempre puedes hacer Formación Profesional y ampliar tus estudios más adelante, cuando estés trabajando. Estoy seguro de que no te equivocarás. Eres una chica inteligente y acertarás en tu elección.

지도교사: 안녕, 라우라. 앉으렴.

라우라: 안녕하세요.

지도교사: 알다시피 고등학교 학업을 마치면 무엇을 하고 싶은지 알아보기 위해 너희 모두와 이야기를 하고 있어. 다음 학기에 무슨 계획이 있니?

라우라: 저는 조금 갈팡질팡하고 있어요. 한편으로는 대학에 가서 건축을 공부하고 싶어요. 그림 그리는 것이 너무 좋거든요. 하지만 가끔 그것이 조금 어렵다는 생각이 들어요. 다른 한편으로는 어린 아이들이 무척 좋아요.

지도교사: 네 부모님 생각은 어떠시니?

라우라: 직업을 찾고 집에 도움이 되는 데 쓸모 있는 좀 더 실질적인 것을 공부하는 것이 낫다고 하세요.

지도교사: 예를 들면?

라우라: 유아교육이나 그래픽 디자인 같은 직업 교육 과정이요. 저는 아직 결정을 못 내렸는데 선생님 의견을 듣고 싶어요.

지도교사: 내가 네 입장이라면 내 마음에 드는 것을 공부하겠어. 직업 교육과 앞으로 네 공부를 확장시키는 것은 언제라도 할 수 있어. 네가 일하는 도중이라도 말이야. 나는 네가 그릇된 선택을 하지 않으리라고 확신한다. 너는 현명한 아이니까 올바르게 선택할 거야.

5

Tutor: ¡Hola, Ricardo! ¡Hola, Inés! Pasad, por favor, y sentaos. Me gustaría comentar con vosotros qué planes tenéis para el curso próximo. ¿Quieres empezar tú, Ricardo?

Ricardo: Yo hace tiempo que tengo claro lo que voy a hacer. Voy a estudiar Económicas.

Tutor: ¿Y por qué?

Ricardo: Bueno, mi padre tiene una empresa pequeña y espera que acabe pronto mis estudios para poder ayudarle. Siempre ha deseado que, cuando él se jubile, yo me quede al frente de la empresa.

Tutor: Y tú, Inés, ¿qué planes tienes?

Inés: Yo me quiero ir a Estados Unidos para perfeccionar mi inglés. Creo que es muy importante hablar idiomas para encontrar trabajo hoy en día.

Tutor: ¿Y tu familia qué piensa?

Inés: Ellos dicen que prefieren que me quede en España. Pero también entienden que pasar un año mejorando mi inglés será bueno para mi futuro profesional.

Tutor: Bueno, chicos. Os deseo mucha suerte y estoy seguro de que vais a conseguir vuestros objetivos. Espero que sigamos en contacto.

지도교사: 안녕, 리카르도! 안녕, 이네스! 들어와서 앉으렴. 다음 학기에 어떤 계획이 있는지 너희들과 이야기하면 좋겠구나. 너부터 시작할까, 리카르도?

리카르도: 얼마 전부터 저는 제가 할 일을 분명히 알고 있어요. 저는 경제학을 공부할 거예요.

지도교사: 왜?

리카르도: 아버지가 작은 회사를 가지고 계신데, 아버지를 도와드릴 수 있도록 제가 공부를 빨리 마치기를 바라세요. 은퇴하시면 제가 회사 전면에 나서기를 항상 바라셨어요.

지도교사: 이네스, 너는 어떤 계획을 가지고 있니?

이네스: 저는 영어를 잘하기 위해 미국에 가고 싶어요. 요즘은 직장을 찾는데 외국어 구사가 무척 중요하다고 생각해요.

지도교사: 네 가족들은 어떻게 생각하시니?

이네스: 제가 스페인에 남아 있으면 좋겠다고 말씀하세요. 하지만 영어 실력을 향상시키며 1년을 보내는 것이 제 직업적인 미래를 위해 좋을 것이라는 생각도 이해하세요.

지도교사: 그렇구나, 얘들아. 너희들에게 행운이 있길 바라고, 나는 너희들이 목표를 이룰 것이라고 확신한다. 우리가 계속 연락하며 지내길 바란다.

읽기

2
아타푸에르카
인류의 근원

아타푸에르카는 이베리아 산맥, 카스티야 이 레온 자치주의 부르고스 지역에 위치하고 있다. 그곳에서 100만 년 전으로 거슬러 올라가는 영장류의 흔적이 남아 있는 유적지와 마지막 백만 년 동안 바뀐 기후를 알 수 있는 수많은 기후학적 지표들이 발견되었다.

1978년 중요한 결실을 낳은 발굴이 시작되었다. 알려진 것 중에서 가장 오래된 유럽인 해골이 아타푸에르카에서 발견되었는데, 이는 호모 안테세소르라는 새로운 종으로 분류되었다. 1992년까지 최초의 화석들을 찾아내지 못했는데, 이들은 유적지 중 한 곳의 하부층에 있었고 그 위에는 180개가 넘는 곰 화석이 있었으므로, 이로써 쉽게 가정해 볼 수 있다. 작업 조건이 매우 어려웠다는 것을 상상하기가 수월하다. 이 유적지는 호모 에렉투스 종의 30구 개체군에 속한 유골 흔적과 같이 다수의 도구들과 동물 화석, 꽃가루 또한 감추고 있었다. 1997년 유적지를 조사하던 후안 루이스 아르수아가가 이끌던 과학자 팀은 아스투리아스 황태자상을 받았다. 아타푸에르카 유적지는 2000년 유네스코에 의해 세계 인류 문화유산 목록에 수록되었다.

2010년 부르고스에 인류 진화 박물관이 개장했다. 그곳에서 아타푸에르카에서 발견된 고고학적 유적을 볼 수 있다.

쓰기

2
메모와 메시지

펠리페:
급해! 집에 도착하면 아버지께 전화 드려! 극장 입구에서 널 기다릴게. 문제가 있으면 휴대 전화로 전화해.
입맞춤을 보내며

호르헤:
고양이 사료가 없어. 네 방에 내 몫의 임대료를 놔뒀어. 주말에 보자.
후안호

사라:
서랍에 리포트를 놔뒀어. 목요일에 제출해야 해. 빨리 끝나면 함께 커피 마시자.
롤리

카를로스:
파블로의 학교에 당신이 전화해. 그 애의 선생님이 우리와 이야기하고 싶어 해.
입맞춤을 보내며

당신 차를 그렇게 제 차 가까이 주차하지 말아 줄래요? 차에 탈 때 어려움이 생길 거예요.
감사합니다.

훌리아:
안경점에서 전화했는데 네 안경을 이제 찾을 수 있대. 310유로야.
엄마가

듣기

4

1. Hola, Mari Carmen. Soy mamá. Llegamos mañana a la diez de la mañana a la estación de Chamartín. Ven a buscarnos con el coche que vamos muy cargados con las maletas. Un beso. ¡Hasta mañana!

2. Oye, Pepe, mira, soy Luisa, que no puedo ir de ninguna manera esta tarde a tu fiesta de cumpleaños. No me acordaba de que tengo que presentar mañana el trabajo de inglés. Pasadlo bien. Besitos.

3. Luis, soy tu hermana. Me sobran dos entradas para el concierto del jueves en el Auditorio. Si quieres ir con Paqui, llámame esta noche. Venga, ¡hasta luego!

1. 안녕, 마리 카르멘. 엄마다. 우린 내일 아침 10시에 차마르틴 역에 도착해. 여행 가방을 들고 힘겹게 가니까 차를 가지고 우리를 데리러 오렴.

2. 얘, 페페, 나 루이사야. 어떻게 해도 오늘 오후 네 생일 파티에 갈 수가 없네. 내일 영어 과제를 제출해야 한다는 것을 깜빡했지 뭐야. 즐겁게 보내. 입맞춤을 보낸다.

3. 루이스, 누나야. 목요일 음악당에서 하는 콘서트 입장권 두 장이 남았어. 파키와 함께 가고 싶거든 오늘 밤 전화해. 그럼, 다음에 보자!

UNIDAD 10
Tiempo de vacaciones
10A De viaje

듣기

2

> Locutora: Todo el año esperando las vacaciones y ya están aquí, pero..., ¿vas a dedicar tu verano a realizar ese viaje que siempre has soñado, o quizás te veas atrapado otra vez por la realidad de tu economía? Veamos qué planes tienen nuestros invitados. Cuéntanos Alejandra.
>
> Alejandra: Bueno, este año, seguramente, será mitad descanso y mitad trabajo. Estoy montando un negocio de diseño de moda y voy a recorrer varias ciudades del Mediterráneo, relajándome y visitando clientes.
>
> Locutora: Preguntemos ahora al más joven. Eduardo, ¿qué quieres hacer este verano?
>
> Eduardo: No sé, pero..., si pudiera escoger, seguramente seguramente me iría a algún lugar exótico a bucear, por ejemplo, a las islas Galápagos. Pero como es muy caro quizás coja la mochila y haga un viaje en tren por Europa.
>
> Locutora: ¿Y tú, María? ¿Cómo serían tus vacaciones ideales?
>
> María: ¡Puff...! Para que fuesen perfectas necesitaría un año sabático y recorrer toda América del Sur, me gustaría conocer el Perito Moreno. Pero como no puede ser, a lo mejor, me voy unos días a la Costa Brava con mi familia.
>
> Locutora: Por último, Rodrigo, ¿qué prefieres: playa o montaña?
>
> Rodrigo: Me encanta la montaña, pero no me imagino un verano sin playa. Lo más seguro es que primero vaya con mis amigas a Cádiz, porque queremos hacer un curso de vela. Después quizás me vaya una semanita con mi novia a Menorca.
>
> Locutora: Bueno, como pueden ver, no faltan ideas para estas vacaciones. Solo necesitamos que el buen tiempo nos acompañe.

진행자: 해마다 우리는 휴가를 기다리는데 벌써 가까이 와 있네요. 그런데…… 이번 여름 항상 꿈꿔 왔던 그 여행을 하는 데에 바칠 건가요, 아니면 다시 한 번 경제적 현실로 인해 옴짝달싹하지 못할 건가요? 우리 손님들은 무슨 계획을 가지고 있으신지 봅시다. 알레한드라, 우리에게 이야기해 주세요.

알레한드라: 예, 이번 여름은 확실히 절반은 휴식, 절반은 일이에요. 저는 패션디자인 사업을 준비 중에 있는데, 휴식도 취하고 고객들도 만나 보며 지중해의 여러 도시들을 돌아다닐 예정입니다.

진행자: 이제 가장 젊은이에게 물어봅시다. 에두아르도, 이번 여름에 무엇을 하고 싶으신가요?

에두아르도: 잘 모르겠어요. 하지만…… 선택할 수만 있다면 틀림없이 잠수를 하기 위해 갈라파고스 제도 같은 이국적인 장소로 떠날 거예요. 그러나 너무 비싸니까 아마도 배낭을 메고 유럽 기차 여행을 하겠죠.

진행자: 그럼 당신은요, 마리아? 당신의 이상적인 휴가는 어떤 걸까요?

마리아: 어휴……! 완벽하려면 1년의 안식년과 남아메리카 전체를 돌아다녀야 할 거예요. 페리토 모레노 빙하를 보게 되면 좋겠어요. 하지만 그럴 수는 없으니까, 아마도 가족과 함께 며칠간 브라바 해안으로 갈 거예요.

진행자: 마지막으로, 로드리고, 해변과 산 중 어떤 것을 더 선호하나요?

로드리고: 저는 산이 너무 좋아요. 하지만 해변 없는 여름을 상상할 수는 없죠. 가장 확실한 것은 먼저 친구들과 카디스에 가는 거예요. 돛을 단 요트 수업을 받고 싶거든요. 그리고 나서 아마 여자 친구와 일주일간 메노르카로 갈 거예요.

진행자: 좋습니다. 보시는 것처럼 이번 휴가를 위한 아이디어가 부족하진 않네요. 단지 좋은 날씨가 우리와 함께 하기만 하면 됩니다.

읽기

4

세계 속의 스페인 사람들

카르멘 데 코스는 TV 프로그램 '세계 속의 스페인 사람들'의 연출자이다. 3백만의 시청자들이 사랑이나 직업, 또는 단순한 호기심으로 다른 장소로 뛰어들기 위해 스페인에서의 삶을 버릴 결심을 한 여러 스페인 사람들의 이야기와 결정적인 경험들에 대해 알아보려고 매주 이 프로그램을 시청한다.

카르멘, 이 프로그램이 주요하게 기여한 바가 어떤 점이라고 생각하시나요?

우리 프로그램은 우리 나라 국경 밖에서 살고 있는 스페인 사람들의 삶에 접근하는 직접적이고 신선한 프로그램입니다. 그들의 이야기를 통해 우리는 다양한 나라를 여행했고, 세계에서 우리의 자리를 찾는 것이 가능하고, 스페인 사람들이 그것을 무척 오랫동안 하고 있었다는 것을 증명했습니다.

'세계 속의 스페인 사람들'이 세계를 접하고, 우리 국경 저 너머에서 삶을 찾아가도록 사람들을 자극했다고 생각하시나요?

다른 나라, 다른 문화, 다른 삶의 방식에서 어떻게 살아가는지 보여 줄 때, 분명히 이 프로그램이 호기심과 다른 곳을 만나 보기 위해 떠나고 싶은 욕구를 자극했을 거예요.

경제적으로 어려운 시기에는 아마도 몇 군데의 목적지가 완벽한 해결책으로 보였습니다.

우리는 일련의 삶의 선택지를 제공합니다. 각 시청자가 이 이야기들에서 다른 것들을 발견할 겁니다. 어떤 사람들은 일하기 위해 떠나겠다는 생각을, 또 어떤 사람들은 은퇴 후에 생활을 할 천국 같은 장소들을, 아니면 단순히 다음 여행의 목적지를 발견하죠.

가장 오래된 이민자들과 현재 스페인을 떠나는 젊은이들 간에 어떤 차이점을 찾으셨나요?

아마 많은 공통점이 있을 겁니다. 용감하고 대범하며 모험가인 사람들이죠. 경제 위기로 인하여 일자리를 찾아 이민 가는 젊은이들이 점점 더 많아지는 것은 맞아요. 하지만 차이점이라면 아마도 지금은 그것이 훨씬 쉽고, 커뮤니케이션이 나아졌으며, 더 많은 교육을 받았고, 외국어를 구사할 줄 안다는 것이죠.

새로운 도전과 목표는 무엇이죠?

저는 현재 분쟁이나 치안 불안, 자유의 결여 등으로 여행 갈 수 없는 나라들이 머지 않아 평화의 땅이 되면 좋겠어요. 그곳에서 단지 스페인 사람뿐만 아니라 어느 곳의 국민이라도 행복하게 살게 되면 좋겠습니다.

(www.rtve.es에서 발췌)

10B Alojamientos

어휘

2

호텔 '꿈의 정원'

시설

수영장 * 회의실 * 헬스장 * 사우나 * 레스토랑 * 다림질 서비스 * 어린이 돌보미 * 주차 * 세탁 * 무료 신문 * FAX

객실은 다음을 갖추고 있습니다.

라디오 / TV * 전화 * 목욕 가운 * 헤어드라이어 * 미니바 * 개인 욕실 * 24시간 룸서비스 * 커피 머신과 찻주전자 * 테라스 * 에어컨 * 책상

듣기

3

> **1. (conversación telefónica en un hotel)**
>
> Recepcionista: Recepción, dígame.
>
> Cliente: Buenos días. ¿Sería posible que me subieran el desayuno a la habitación, por favor?
>
> Recepcionista: Sí, señor, por supuesto. ¿Qué desea tomar?
>
> Cliente: Dos cafés con leche, tostadas y mantequilla y mermelada, si es tan amable.
>
> Recepcionista: De acuerdo, señor. En diez minutos se lo subirán a su habitación.
>
> Cliente: Muchas gracias.
>
> **2. (en la recepción de un albergue)**
>
> Cliente: ¡Hola, buenas tardes!
>
> Recepcionista: Buenas tardes. ¿En qué puedo ayudarte?
>
> Cliente: Mira, ¿podrías dejarnos alguna manta más para nuestra habitación? Parece que hace bastante frío esta noche.
>
> Recepcionista: ¡Cómo no! ¿Cuántas necesitáis?
>
> Cliente: Dos, una para cada cama.
>
> Recepcionista: Aquí las tienes.
>
> Cliente: Muchas gracias. ¡Hasta luego!
>
> Recepcionista: ¡Hasta luego!

ciento noventa y uno **191**

Transcripciones 듣기 대본·읽기 지문 번역

3. (conversación telefónica en un hotel)
Recepcionista: Buenas noches, ¿dígame?
Clienta: Hola, buenas noches. ¿Serían tan amables de despertarme a las siete de la mañana?
Recepcionista: Claro que sí, señora. Ya lo dejo aquí anotado para que mi compañero la despierte mañana.
Clienta: Muchas gracias, muy amable.
Recepcionista: Adiós, buenas noches.

4. (en la recepción de un hotel)
Recepcionista: Buenas tardes, señores. ¿En qué puedo atenderles?
Cliente: ¿Le importaría pedir a alguien que nos revisara el aire acondicionado de la habitación, por favor?
Recepcionista: Sí, ahora mismo. ¿Cuál es el problema?
Cliente: Hace un ruido insoportable.
Recepcionista: De acuerdo, señores, dentro de un momento subirá el técnico.
Cliente: Muchas gracias. Aquí le dejo la llave.

1. (호텔에서의 전화 통화)
접수처 담당자: 접수처입니다. 여보세요.
투숙객: 안녕하세요. 아침 식사를 방으로 올려다 주실 수 있나요?
접수처 담당자: 예, 손님, 물론입니다. 무엇을 드시고 싶으신가요?
투숙객: 카페라테 두 잔과 토스트, 버터, 마멀레이드면 좋겠습니다.
접수처 담당자: 알겠습니다, 손님. 10분 내로 방으로 올려다 드리겠습니다.
투숙객: 대단히 감사합니다.

2. (산장의 접수처에서)
투숙객: 안녕하세요!
접수처 담당자: 안녕하세요! 무엇을 도와드릴까요?
투숙객: 우리 방에 담요를 더 주실 수 있으신가요? 오늘 밤은 꽤 추운 것 같아요.
접수처 담당자: 물론입니다! 얼마나 필요하신가요?
투숙객: 두 개요, 각 침대에 하나씩.
접수처 담당자: 여기 있습니다.
투숙객: 대단히 감사합니다. 안녕히 가세요!
접수처 담당자: 안녕히 계세요!

3. (호텔에서의 전화 통화)
접수처 담당자: 안녕하세요, 여보세요.
투숙객: 안녕하세요. 아침 7시에 깨워 주실 수 있으신가요?
접수처 담당자: 물론입니다, 부인. 동료가 부인을 내일 깨워 드릴 수 있도록 여기에 메모해 두겠습니다.
투숙객: 대단히 감사합니다. 무척 친절하시네요.
접수처 담당자: 좋은 밤 보내시기 바랍니다.

4. (호텔의 접수처에서)
접수처 담당자: 안녕하세요, 손님. 무엇을 도와드릴까요?
투숙객: 방의 에어컨 점검을 누군가에게 요청해 주실 수 있나요?
접수처 담당자: 네, 지금 당장 하지요. 문제가 어떤 건가요?
투숙객: 참을 수 없는 소음을 냅니다.

접수처 담당자: 알겠습니다. 손님. 잠시 후에 기사가 올라갈 겁니다.
투숙객: 대단히 감사합니다. 여기 열쇠를 맡길게요.

발음과 철자

1 054

diez / Díez
secretaria / secretaría
sería / seria
hacia / hacía
río / rio
guío / guio
sabia / sabía
estudio / estudió
cantara / cantaría

10 / 디에스 (사람의 성)
비서 / 사무국
ser의 1·3인칭 가정미래 / 진지한
향하여 / hacer의 1·3인칭 불완료과거
강 / rio (X)
guío (X) / 인도하다 (1인칭 현재)
현명한 / 알고 있었다 (saber의 3인칭 과거)
공부하다 (estudiar의 1인칭 현재) / 공부했다 (estudiar의 3인칭 단순과거)
cantar의 1·3인칭 접속법 과거 / cantar의 1·3인칭 가정미래

2 055

1 Ángel se rio mucho de los chistes de Rosa.
2 Mañana no vendrá la secretaria.
3 Roberto estudió en Valencia.
4 El río Ebro pasa por Zaragoza.
5 Luisa se cree muy sabia.
6 Moisés guio a su pueblo por el desierto.
7 Ayer no salí porque hacía frío.
8 Le pidieron que cantara otra canción.
9 Yo no estudio mucho, no me gusta.
10 Yo creo que ella no sabía nada.

1. 앙헬은 로사의 농담에 많이 웃었다.
2. 내일 비서가 오지 않을 것이다.
3. 로베르토는 발렌시아에서 공부했다.
4. 에브로 강은 사라고사를 지난다.
5. 루이스는 자신이 매우 현명한 줄 안다.
6. 모세가 사막에서 자신의 민족을 인도했다.
7. 나는 어제 날씨가 추워서 외출하지 않았다.
8. 다른 노래를 불러 달라고 그에게 부탁했다.
9. 나는 공부를 많이 하지 않는다. 좋아하지 않는다.
10. 내 생각에 그녀는 아무것도 몰랐다.

10C Historias de viajes

읽기와 듣기

1 056

Los señores Blanco iban entusiasmados a pasar sus vacaciones en un hotel de tres estrellas en la playa.
Pero, cuando regresaron, lo primero que hicieron fue ir a su agencia de viajes para quejarse. Sus vacaciones habían sido una pesadilla. Dijeron que su estancia había resultado desastrosa porque el hotel estaba muy sucio, con cucarachas en los dormitorios y en el restaurante.
También se quejaron del mal servicio, dijeron que la bañera estaba en muy malas condiciones y que había un olor horrible en el baño. Aseguraron que se parecía más a una cárcel que a un hotel, y pidieron 6000 € de compensación.
Sin embargo, los responsables del hotel negaron todas las críticas y en la agencia de viajes les dijeron que fueran a juicio si lo deseaban. En el juicio los responsables del hotel llevaron a varios testigos que dijeron que habían disfrutado mucho durante su estancia en el hotel y pidieron al juez que viera un vídeo para demostrar lo agradable que era.
Después de escuchar a las dos partes del conflicto, el juez dijo que parecía que estaban hablando de dos hoteles diferentes.
Al final, el juez decidió que era imposible decir quién estaba diciendo la verdad. Así que solo se podía hacer una cosa: ir a ver el hotel por sí mismo.

블랑코 씨 부부는 기대감을 가지고 휴가를 보내러 해변의 3성급 호텔로 갔다.
그러나 그들이 돌아와서 가장 먼저 한 일은 불만을 제기하러 여행사에 가는 것이었다.
그들의 휴가는 악몽 같았다. 그 호텔은 침실과 레스토랑에 바퀴벌레가 있는 무척 더러운 상태였기 때문에 그들의 체류는 참담했다라고 말했다.
또한 형편없는 서비스에 대해서도 불만을 제기했는데, 욕조가 무척 열악한 상태였고 욕실에서 끔찍한 냄새가 났다고 말했다. 호텔보다는 감옥에 더 가까웠음에 틀림없고, 보상금으로 6천 유로를 요구했다.
그러나 호텔 책임자들은 모든 비난을 부정했고, 여행사에서는 원한다면 재판까지 가라고 말했다.
재판에서 호텔 책임자들은 그 호텔에서의 체류 기간 동안 무척 즐거웠다고 말하는 여러 명의 증인을 데려왔고 판사에게 얼마나 쾌적한지 보여 주는 비디오를 봐 줄 것을 요구했다.
분쟁 당사자 양측의 이야기를 들은 후, 판사는 상이한 두 호텔에 대해 이야기하고 있는 것 같다고 말했다.
결국, 판사는 누가 진실을 이야기한다고 말하는 것이 불가능하다고 판단했다. 그래서 자신이 유일하게 할 수 있는 것은 호텔에 직접 가 보는 것이었다.

듣기

3 [057]

Nunca olvidaré cómo empezó mi viaje a Nueva York.
Llegué al aeropuerto de Barajas y facturé mi equipaje. Estaba haciendo mis últimas compras mientras esperaba para embarcar, cuando, de repente, me di cuenta de que había perdido mi tarjeta de embarque.
Todo el mundo estaba entrando en el avión y yo no podía embarcar. Creía que me quedaba en tierra. De repente, por el altavoz oí mi nombre solicitando que me presentara en el mostrador de Iberia. Una niña lo había encontrado junto a la puerta de servicio.
Por fin, ya en el avión, comenzó mi viaje de ocho horas atravesando el océano.
Al llegar al aeropuerto Kennedy, en Nueva York, todos los pasajeros fuimos a recoger nuestro equipaje.
Poco a poco mis compañeros de viaje iban desapareciendo con sus maletas, hasta que me encontré yo sola con una única maleta, que no era la mía, girando sobre la cinta de equipajes.
Ya no sabía qué hacer. Me dirigí hacia el puesto de policía y, al verme tan nerviosa, me pidieron que me sentara y me tranquilizara. De repente vi llegar a un señor corriendo con mi maleta en la mano, tratando de aclarar el malentendido.
Me explicó que se había llevado mi maleta por error, ya que se parecía bastante a la suya, que seguía girando en la cinta de equipajes. No pude evitar darle un abrazo de alegría al ver que podía continuar mi viaje tranquilamente.
El resto del viaje fue fantástico. Disfruté de unos días maravillosos en Nueva York.

내 뉴욕 여행이 어떻게 시작되었는지 절대 잊지 못할 것이다.
나는 바라하스 공항에 도착해서 짐을 부쳤다. 탑승을 위해 기다리는 동안 마지막 쇼핑을 하고 있었는데, 그때 갑자기 탑승권을 분실했다는 것을 깨달았다.
사람들이 전부 비행기에 들어가고 있었는데 나는 탑승할 수 없었다. 나는 지상에 남겨 될 거라고 믿었다. 갑자기 확성기를 통해 이베리아 데스크로 오라고 요청과 함께 내 이름이 들려 왔다. 한 여자아이가 화장실 문 옆에서 그것을 발견했던 것이다.
마침내 비행기에 올라 대양을 가로지르는 8시간의 여행이 시작됐다.
뉴욕의 케네디 공항에 도착하자 모든 승객이 수하물을 찾으러 갔다.
나 혼자만 수하물 벨트 위에서 돌고 있는 내 것이 아닌 단 하나의 가방과 함께 남겨질 때까지 여행을 함께 한 사람들이 자신들의 가방을 가지고 조금씩 사라져갔다.
이제는 무엇을 해야 할지 몰랐다. 나는 경찰 데스크로 향했는데, 긴장한 나를 보자마자 그들은 앉으라고 하더니 나를 진정시켰다. 갑자기 손에 내 여행 가방을 들고 오해를 해명하려고 애쓰면서 뛰어 들어오는 한 남자가 보였다.
그는 실수로 내 가방을 들고 갔다고 내게 설명했다. 왜냐하면 수하물 벨트에서 계속 돌고 있는 그의 것과 꽤 비슷하다는 것이었다.
나는 여행을 안심하고 진행할 수 있다는 것을 알게 되자 기쁨에 차서 그를 껴안을 수밖에 없었다.
이후의 여행은 환상적이었다. 나는 뉴욕에서의 멋진 며칠을 즐겼다.

9 [058]

Mi primera experiencia de lo que es un verano lluvioso la tuve el pasado mes de julio cuando decidí ir de fin de semana con mi novio a Galicia.
Nosotros vivimos en Sevilla, donde casi no llueve y el sol brilla todo el año. Nada más bajar del coche tuvimos que sacar el paraguas, porque empezó a llover. El resto de la gente caminaba por la calle tranquilamente, mientras nosotros buscábamos refugio en el hotel. Al día siguiente, cuando íbamos a salir hacia nuestra primera excursión, tuvimos que cambiar de planes, porque estaba lloviendo a cántaros. A mediodía se retiraron las nubes y apareció el sol. Muy contentos nos preparamos para bajar a la playa. A la media hora de estar sentados al sol (el agua estaba bastante fría y era imposible bañarse), el cielo se nubló, empezó a lloviznar y tuvimos que volvernos al hotel. Al día siguiente nos dirigimos al Cabo de Finisterre, para ver sus bonitas vistas. Nos tuvimos que llevar la chaqueta porque hacía bastante frío y allí soplaba un viento muy fuerte. Pero lo peor fue que, al llegar al mirador, no se veía absolutamente nada porque había una niebla muy espesa. Eso sí, comimos el plato de pulpo más rico que habíamos probado en nuestra vida.

비 내리는 여름에 대한 나의 첫 번째 경험은 지난 7월 남자친구와 갈리시아로 주말을 보내기 위해 가려고 결정했을 때였다.
우리는 비가 거의 오지 않고 태양이 일 년 내내 반짝이는 세비야에 산다. 차에서 내리자마자 우리는 우산을 꺼내야만 했다. 비가 내리기 시작했기 때문이다. 나머지 사람들이 거리를 조용히 걸어가는 동안 우리는 호텔에서 피난처를 찾고 있었다. 다음 날, 우리는 첫 여행지에 가기 위해 나가려고 할 때 계획을 바꿔야만 했다. 비가 억수같이 쏟아지고 있었기 때문이다. 정오에 구름이 걷히고 해가 모습을 드러냈다. 무척 기뻤던 우리들은 해변으로 내려갈 준비를 했다. 태양 아래 앉아 있은 지 30분 만에 (물이 꽤 차가워서 수영은 불가능했다.) 하늘에 구름이 끼더니 비가 부슬부슬 내리기 시작해서 우리는 호텔로 돌아올 수밖에 없었다. 다음 날 우리는 예쁜 전경을 감상하기 위해 피니스테레 곶으로 향했다. 날씨가 꽤 춥고 그곳에 매우 강한 바람이 불어서 우리는 웃옷을 챙겨 가야만 했다. 그러나 최악인 것은 전망대에 도착했을 때 아주 짙은 안개가 껴서 아무것도 보이지 않았다는 것이다. 그러나 이것은 해 보였다. 우리는 일생에서 가장 맛있는 문어 요리를 먹어 보았던 것이다.

10D COMUNICACIÓN Y CULTURA

듣기

1 [059]

Sara: ¡Hola, buenos días! Quería visitar las islas Canarias. ¿Sería tan amable de informarme?
Agente: Sí, ¿cómo no? ¿Cuándo le gustaría viajar?
Sara: Probablemente vaya en el mes de julio, que hace buen tiempo.
Agente: Bueno, ya sabe usted que en las islas Canarias hace buen tiempo en todas las estaciones del año. ¿Qué islas le gustaría conocer?
Sara: Quiero ir a Lanzarote y me gustaría conocer Fuerteventura, pero quizás sea un poco caro, ¿no?
Agente: Todo depende del tipo de alojamiento que elija.
Sara: ¿Sería posible un hotel de tres estrellas cerca de la playa?
Agente: Sí, tenemos varios hoteles de esas características. ¿Cuántos días quiere estar allí?
Sara: Quisiera estar diez días. ¿Cuánto me costaría?
Agente: Si se aloja siete días en Lanzarote y tres días en Fuerteventura, el precio aproximado sería de 1200 €.
Sara: ¿Este precio incluye la comida?
Agente: No, solo el viaje, alojamiento y desayuno.
Sara: Seguramente iré, pero tengo que pensármelo. Volveré la semana que viene. Muchas gracias por la información.

사라: 안녕하세요! 카나리아스 제도를 방문하고 싶어요. 정보 좀 주실 수 있으세요?
여행사 직원: 네, 물론이죠. 언제 여행하고 싶으신가요?
사라: 아마도 7월에 갈 거예요. 날씨가 좋잖아요.
여행사 직원: 그렇군요. 아시다시피 카나리아스 제도는 4계절 내내 날씨가 좋습니다. 어떤 섬을 가 보고 싶으신가요?
사라: 란사로테를 가고 싶고 푸에르테 벤투라를 가 봤으면 좋겠어요. 하지만 조금 비싸겠죠, 안 그래요?
여행사 직원: 모든 것이 선택하시는 숙소의 종류에 달려 있습니다.
사라: 해변 근처의 3급 호텔도 가능한가요?
여행사 직원: 네, 그런 특성의 호텔 여러 개 있어요. 그곳에서 며칠 동안 계시고 싶으세요?
사라: 열흘 있으면 좋겠어요. 얼마나 들까요?
여행사 직원: 란사로테에 7일 묵으시고 푸에르테 벤투라에서 3일 계시면 대략적인 가격이 1,200 유로입니다.
사라: 이 금액이 식사도 포함하나요?
여행사 직원: 아닙니다. 단지 비행과 숙박, 아침 식사만 입니다.
사라: 분명 갈 거예요. 하지만 생각을 해 봐야만 하겠어요. 다음 주에 다시 전화하죠. 정보를 주셔서 대단히 감사합니다.

Transcripciones 듣기 대본·읽기 지문 번역

5

Enrique: ¿Sabes qué tal tiempo va a hacer este fin de semana?

Elena: Pues no tengo ni idea, ¿por qué?

Enrique: Porque a lo mejor voy con mis amigos a Santander.

Elena: Seguramente esté nublado. Ya sabes que en el norte suele llover en esta época del año.

Enrique: Tenemos que consultarlo, y, si vemos que va a llover, quizás cambiemos de planes y nos vayamos al sur. ¿Podrías recomendarme alguna página web para enterarme de qué tal tiempo va a hacer?

Elena: Claro que sí. Ahora mismo te apunto un par de ellas que son fiables.

Enrique: ¿Y tú qué vas a hacer?

Elena: Probablemente me vaya con mi novio a Salamanca. Nunca ha estado allí y tiene muchas ganas de ir. Pero no estoy segura, porque si va a hacer mucho frío, me quedaré en casa. Ya veremos.

엔리케: 이번 주말 날씨가 어떤지 알고 있니?
엘레나: 아니, 전혀 몰라. 왜?
엔리케: 아마 친구들과 산탄데르에 갈 것 같아서 그래.
엘레나: 분명히 흐릴 거야. 북부에는 이 시기에 비가 자주 오는 것 알고 있잖아.
엔리케: 문의해 봐야겠다. 비가 올 거라는 것을 알면 아마 계획을 바꿔서 남쪽으로 갈 거야. 날씨가 어떻게 될지 알아보기 위해 웹페이지를 추천해 줄 수 있어?
엘레나: 물론이야. 지금 당장 믿을 만한 곳을 두어 개 적어 줄게.
엔리케: 그런데 너는 뭐 할 거야?
엘레나: 아마 남자 친구와 살라망카에 갈 것 같아. 그는 한 번도 거기 가 본 적이 없어서 무척 가 보고 싶어 해. 하지만 잘 모르겠어. 왜냐하면 날씨가 아주 추우면 집에 남아 있을 예정이거든. 두고 보지 뭐.

읽기

1

과테말라

과테말라 여행을 하고 싶으신가요⋯⋯?

여행을 시작하기 전에 알아두는 것이 필수입니다.

기후: 연중 평균 기온은 20도이다. 해안에서는 37도까지 올라갈 수 있는 한편 가장 높은 산악 지대에서는 영하의 기온으로 내려갈 수 있다. 일반적으로, 연중 어느 시기에도 밤은 꽤 선선하다.

복장: 일 년 내내 권장할 만한 복장은 천연 섬유로 된 가벼운 옷이다. 스웨터나 코트 종류가 야간에 에어컨이 있는 상점에 들어갈 때 유용할 것이다.

음식: 수도(시우닷 데 과테말라)의 레스토랑들은 매우 적당한 가격에 중국, 프랑스, 이탈리아, 또는 미국 음식과 같이 매우 다양한 요리를 제공한다. 토착 음식은 쌀, 튀긴 콩, 옥수수 토르티야, 커피, 열대 과일을 곁들인 해산물, 닭고기, 소고기, 돼지고기를 기반으로 한 독특한 것들이다.

시우닷 데 과테말라: 이 나라의 수도는 식민지 건축 양식의 표본일 뿐만 아니라 근대적이면서 국제적이기도 한데, 이곳에는 전통과 주민들의 현대적인 삶이 뒤섞여 있다. 박물관들은 이 나라의 역사와 문화에 대한 광범위한 사료들을 제공한다.

마야인: 이 나라에 도착하는 여행자는 마야인이 자신들의 제국의 중심을 오늘날의 과테말라인 장소에 유치했었다는 사실을 알아내는 데 오래 걸리지 않는다. 그러나 마야 제국의 영광은 단지 유적에만 남아 있는 것이 아니다. 오늘날 과테말라 인구의 절반 이상이 이 오래된 문명의 후손이라고 생각한다.

1

엽서

친애하는 호르헤:

우리는 갈리시아에 휴가차 와 있어. 오늘 우리는 라 코루냐에 갔었어. 대서양을 향한 예쁜 전경을 지니고 있는 도시를 둘러싸고 있는 10km 이상의 해변 산책로를 거닐었어. 그리고는 세계에서 가장 오래되고 여전히 작동 중인 로마 등대 '헤라클레스의 탑'을 방문했어. 아주 잘 지내고 있고 게다가 비가 안 오고 날씨도 화창해!

입맞춤을 듬뿍 보내며,

라우라와 사라가

UNIDAD 11
Tiempo de compras

11A En el mercadillo

듣기

4

A.

Pepa: Mira, Juani, ¡qué jarrón tan bonito! ¿Te gusta?

Juani: Sí, sí, es precioso.

Pepa: ¿Me lo deja ver, por favor?

Vendedor: Sí, señora, ¡cómo no! Es de cerámica de Talavera.

Pepa: ¿Cuánto cuesta?

Vendedor: 30 €.

Juani: Es un poco caro. Nos lo dejará usted un poco más barato.

Vendedor: Venga, se lo dejo en 18 €. ¿De acuerdo?

Pepa: Vale, nos lo llevamos. ¿Nos lo podría envolver para regalo?

Vendedor: No hay problema. Ahora mismo.

B.

Pepa: El domingo me voy a la playa y no tengo zapatillas.

Juani: Pues mira esas de ese puesto, qué bonitas son.

Pepa: ¿Las tendrán en mi número? Se lo voy a preguntar. "¡Oiga, por favor! ¿Tiene usted esas zapatillas de color naranja en el número 38?".

Vendedor: Un momento, señora, que lo miro. Ha habido suerte. Aquí tenemos un par. Pruébeselas, si quiere.

Pepa: Déjemelas, por favor. ¿Te gusta cómo me quedan, Juani?

Juani: Sí, son preciosas. Además tiene ese bolso haciendo juego.

Pepa: ¿Cuánto vale el bolso?

Vendedor: Si se lleva las dos cosas, se las dejo en 50 €.

Pepa: ¿50 €? Hágame una rebaja o, si no, no me las llevo.

Vendedor: 40 € y no se hable más.

Pepa: Venga, vale, póngamelas.

C.

Paco: Hola, buenos días. Mire, que me compré estos pantalones la semana pasada y me están un poco pequeños. Venía a ver si tiene una talla más.

Vendedor: Déjeme ver. Esta es la 38 y usted necesitaría la 40. Vamos a ver. Pues sí que la hay. Debería probárselos. Pase por aquí, que tenemos un probador.

Paco: Esta es mi talla. Me los llevo. ¿Tengo que pagarle algo?

Vendedor: No, no. Cuestan lo mismo. Lo que hace falta es que le queden bien.

Paco: Bueno, pues nada. Muchas gracias. ¡Hasta otro día!

Vendedor: Adiós, buenos días.

A.

페파: 이것 봐, 후아니, 꽃병이 너무 예뻐! 마음에 들어?
후아니: 응, 그래, 예쁘네.
페파: 그것을 보여 주실 수 있어요?
상인: 예, 부인, 물론이죠! 탈라베라의 도자기예요.
페파: 얼마죠?
상인: 30유로입니다.
후아니: 조금 비싸네요. 조금 더 싸게 주시겠죠.
상인: 그럼, 18유로에 드리죠. 괜찮죠?
페파: 좋아요. 살게요. 선물용으로 포장해 주실 수 있나요?
상인: 문제없습니다. 지금 바로 해 드리죠.

B.

페파: 일요일에 해변에 갈 건데 운동화가 없어.
후아니: 저 가판대의 저것들 좀 봐. 정말 예뻐.
페파: 내 사이즈가 있을까? 물어봐야겠다. "저기요! 저 오렌지색 운동화 38사이즈 있어요?"
상인: 잠시만요, 부인, 한번 볼게요. 운이 좋네요. 여기 한 켤레 있습니다. 원하시면 신어 보세요.
페파: 한번 줘 보세요. 내가 신어 본 게 마음에 들어, 후아니?
후아니: 그래, 예뻐. 게다가 그 핸드백과 한 세트야.
페파: 핸드백은 얼마예요?
상인: 두 개를 다 사시면 50유로에 드릴게요.
페파: 50유로요? 할인을 좀 더 해 주세요. 아니면 안 살래요.
상인: 40유로요. 더 이상은 안 돼요.
페파: 좋아요, 싸 주세요.

C.

파코: 안녕하세요. 지난주에 이 바지를 샀는데 조금 작아요. 하나 더 큰 사이즈가 있는지 보려고 왔어요.

상인: 한번 볼게요. 이것이 38사이즈고 손님은 40 사이즈가 필요하시다는 거네요. 어디 봅시다. 있어요. 입어 보셔야 할 거예요. 이쪽으로 오세요, 피팅룸이 있습니다.

파코: 이게 제 사이즈네요. 가져갈게요. 돈을 더 내야 하나요?

상인: 아니에요. 가격이 같아요. 중요한 것은 손님께 잘 맞는 거죠.

파코: 네, 그럼 다 됐네요. 대단히 감사합니다. 다음에 봐요!

상인: 안녕히 가세요.

11B ¡Me encanta ir de compras!

어휘

2

쇼핑 가고 싶으신가요?

어떤 사람들에게는 쇼핑 가는 것이 쾌락인 반면 또 어떤 사람들에게는 진정한 고문이기도 합니다. 당신은 이들 중 한 사람인가요? 네 명의 시민이 이 질문에 대답했습니다.

나탈리아, 19세, 미혼

나탈리아는 어머니와 바르셀로나에 사는데 패션을 무척 좋아한다고 고백한다. 매주 좋아하는 상점들로 산책을 나가며 꽤 많은 돈을 옷에 소비한다는 것을 인정한다. 자신을 강박적 구매자라고 정의한다. "패션 잡지를 보지만 곧이곧대로 따라하지는 않아요. 저와 친구들은 패션에 대해 이야기를 많이 하지는 않습니다. 제 생각에는 대부분의 사람들보다 제가 더 좋아하는 것 같아요."

아나, 39세, 기혼

"저는 쇼핑 가는 것이 무척 좋아요. 하지만 누구랑 하느냐에 따라 다르죠. 자녀들과 쇼핑하는 건 매번 진짜 악몽 같아요. 남편과 함께 쇼핑하는 것도 좋아하지 않아요. 항상 급하고 뭐든 조금 비싸다고 생각하거든요. 저는 여자 친구들과 가거나 혼자 가는 것을 더 좋아해요."

후안, 31세, 기혼

후안은 빌바오에서 보험 판매원으로 일하며 합리적인 구매자이다. "저는 판매원으로 일하므로 이미지가 무척 중요합니다." 쇼핑 시, 후안은 단지 필요한 것만 살 뿐 많이 사지는 않는다. 쇼핑을 위해 세일을 이용하고 원하는 것을 발견할 때까지 찾아보는 것을 대수롭지 않아 한다. "청바지가 필요하면 원하는 것을 만날 때까지 다섯 곳의 상점을 돌아다닐 수 있어요."

알베르토, 56세, 기혼

"사실은 상점을 돌아다니는 것을 그다지 좋아하지 않습니다. 봄에 한 번 하고 가을에 또 한 번 하는 편이죠." 알베르토는 단골 점포에 가는 것을 선호한다. 부인의 조언에 따르고 아주 드물게 혼자 쇼핑을 간다. 그가 단언하기를, 브랜드는 전혀 관심이 없고 특히 품질에 주의를 기울인다.

11C Un hombre emprendedor

읽기

1

아만시오 오르테가

사라의 주인인 백만장자

아만시오 오르테가는 부인인 로살리아 메라와 함께 사라 제국을 세웠다. 포브스지에 의하면 그는 현재 세계에서 가장 부유한 인물들 가운데 자리하고 있다.

브랜드는 사라 1963년 첫 공장 개업과 함께 탄생했고, 1975년 최초의 상점을 개점했다. 현재는 5대륙의 가장 중요한 도시들의 주요 상업 지구에 위치하고 있다.

아만시오 오르테가는 1936년 부스동고 데 아르바스(레온)에서 태어나, 어렸을 때 세 명의 형제들과 함께 아 코루냐로 왔다. 그는 아주 어려서부터 일하기 시작했다. 14세에 와이셔츠 상점에 배달원으로 들어갔고, 얼마 후 첫 부인이 될 사람이 이미 일하고 있던 재봉용품 상점에 형제들과 함께 고용되었다. 그 상점에서 원단에 대한 기본적인 지식을 얻는 것 외에 첫 사업을 위한 최초의 아이디어를 얻었다. 누빔 가운[1]이 그것이다. 더 적은 비용으로 그것을 생산하고 유통하고 직접 판매하는 방법이 오르테가에게 떠올랐던 것이다. 이 아이디어가 사라의 시작이었다.

생산과 판매의 증가로 1985년 풀 앤 베어, 버쉬카, 오이쇼, 마시모 두티, 스트라디바리우스 같은 브랜드를 아우르는 인디텍스 그룹이 창립된다. 90년대는 회사의 상승에 결정적인 시기였는데, 국제적으로 변창했기 때문이다. 2000년부터 오르테가는 자신의 투자를 다양화하여, 부동산, 금융, 자동차 판매 대리점, 투자 매니지먼트의 분야에 뛰어들었다.

패션 분야에서는 "싼 값에 매우 유행에 민감한"이라는 그의 컨셉트가 두드러진다. 사라는 소비자들의 취향 변화에 정답을 제시하는 놀라운 능력을 가지고 있다. 몇 주 만에 전 세계의 상점에 새로운 유행 경향이 도달하게 만드는 능력이 있는 것이다.

2011년 1월 아만시오는 주식 대부분을 소유하기는 하겠지만 인디텍스 그룹의 회장직을 그만두고 파블로 이슬라를 후계자로 지명한다는 사실을 직원들에게 편지를 통해 알렸다.

사라의 공동창업자인 로살리아 메라가 2013년 8월 69세의 나이로 세상을 떠났으며, 자신의 딸인 산드라 오르테가를 상속자로 남겼다.

[1] 누빔 가운: 집에 있을 때 사용하는 옷 (일종의 홈웨어)

발음과 철자

1

1 Pablito clavó un clavito.
¿Qué clavito clavó Pablito?

2 Pancha plancha con cinco planchas.
Con cinco planchas Pancha plancha.

3 Perejil comí
perejil cené
y de tanto perejil
me emperejilé.

4 Tres tristes tigres
comen trigo en un trigal.

11D COMUNICACIÓN Y CULTURA

말하기와 듣기

1

Dependienta: ¡Hola, buenos días! ¿Puedo ayudarla en algo?

Clienta: Sí, buenos días. Mire, mi hijo me regaló estos pendientes por el Día de la Madre y me parecen demasiado largos. ¿Podría cambiarlos por otra cosa?

Dependienta: Muy bien. ¿Desea algo más?

Clienta: Ya he estado mirando y me gustaría llevarme este pañuelo.

Dependienta: Muy bien. ¿Desea algo más?

Clienta: Sí, he visto una camisa blanca que me gusta, pero la prefiero de color rosa.

Dependienta: Sí, aquí la tiene.

Clienta: ¡Ah, sí! Esta me gusta más. ¿Me la puedo probar?

Dependienta: ¡Cómo no! El probador está al fondo a la izquierda.

(...)

Dependienta: ¿Cómo le queda?

Clienta: Bien, me gusta mucho como me queda. Me la llevo también. ¿Puedo pagar la diferencia con la tarjeta?

Dependienta: No hay ningún problema. Deme, por favor, el ticket de los pendientes y así le cobro la diferencia.

Clienta: Muchas gracias. Muy amable.

종업원: 안녕하세요! 무엇을 도와드릴까요?

손님: 네, 안녕하세요. 우리 아들이 어머니의 날에 내게 이 귀걸이를 선물했는데요. 너무 긴 것 같아요. 다른 것으로 교환해 주실 수 있을까요?

종업원: 네, 부인, 물론이죠. 보시고 마음에 드는 것을 찾아보세요. 아무 문제없이 교환해 드리겠습니다.

손님: 벌써 보고 있었는데 이 스카프를 가져가면 좋겠어요.

종업원: 좋습니다. 뭐 더 필요한 것 있으신가요?

손님: 네, 마음에 드는 흰색 셔츠를 봤어요. 하지만 분홍색으로 된 것이 더 좋겠어요.

종업원: 네, 여기 있습니다.

손님: 아, 그래요! 이것이 더 마음에 들어요. 입어 볼 수 있나요?

종업원: 그럼요! 피팅룸이 왼쪽 끝에 있습니다.

(......)

종업원: 어떠신가요?

손님: 좋아요, 입은 모습이 정말 마음에 들어요. 이것도 가져가겠어요. 차액을 카드로 계산해도 되나요?

종업원: 문제없습니다. 귀걸이 영수증을 주세요. 그러면 차액을 계산할게요.

손님: 정말 고맙습니다. 무척 친절하시네요.

5

¡Aprovecha las rebajas del mes de agosto en todas nuestras secciones! ¡No te arrepentirás!

- Busca los lavavajillas y los frigoríficos en la sección de electrodomésticos. Los encontrarás con un 50% de descuento.

- En la sección de hogar, todas las toallas y sábanas te costarán un 20% menos.

- Si compras ropa interior de caballero, te la vendemos a mitad de precio.

- Tenemos una oferta de dos por uno en bañadores de señora y caballero en todos los modelos.

ciento noventa y cinco 195

Transcripciones 듣기 대본·읽기 지문 번역

- Encontrarás zapatillas de deporte para niños desde 25 euros.
- Adelántate al inicio del curso escolar y compra los uniformes de tus hijos. Te los ofrecemos con un 15% de descuento.

¡No lo dejes para el último día! ¡Ven a nuestras rebajas y ahorrarás mucho dinero!

우리의 모든 매장에서 8월의 할인 행사를 이용하세요! 후회하지 않으실 거예요!

- 가전제품 매장에서 식기세척기와 냉장고를 찾으세요. 50% 할인된 가격으로 만나 보실 수 있습니다.
- 가정용품 매장에서 수건과 침대시트 전 품목이 20% 할인됩니다.
- 남성용 속옷을 구입하시면 그 가격의 절반으로 드립니다.
- 남성용과 여성용 수영복 전 상품을 1개 가격에 두 개 드리는 행사를 합니다.
- 어린이용 운동화를 25유로부터 만나 보실 수 있습니다.
- 학기 시작 전 자녀들의 유니폼을 구입하세요. 15% 할인된 가격으로 드립니다.

마지막 날까지 미루지 마세요! 저희 할인 행사에 오시면 많은 돈을 절약하게 될 겁니다!

읽기
2
나스카
나스카의 지상화

페루, 리마에서 남쪽으로 400km, 태평양 해안에서 50km 떨어진 곳에 공중에서만 관망이 가능한 수많은 그림들과 기하학적 형상으로 뒤덮인 나스카의 건조한 고원지대가 펼쳐져 있다.

한 페루 조종사가 땅 위에 그려진 믿을 수 없는 선들을 우연히 발견한 것은 1927년이었다.

1939년 미국인 고고학자 폴 코속은 발굴에 대한 연구를 시작했다. 나스카의 선들은 세 종류의 상이한 특징으로 구성되어 있다. 직선, 지그재그, 최장 5km까지 달할 수 있는 나선 모양의 그림들, '활주로'를 닮은 엄청난 크기의 띠 모양의 기하학적 형상들, 길이가 150m가 넘는 동물 형상들이 그것이다.

이 형상들은 마리아 레이헤라는 독일인 수학자의 노력 덕분에 최고의 전성기를 맞이하였다.

나스카의 선들은 무엇을 뜻하는가? 마리아 레이헤는 일반적으로 서로 겹치는 태양광의 모티브를 구성하는 직선들이 날짜와 계절 계산을 위한 일종의 천문 캘린더를 형성한다고 생각했다. 그러나 기하학적 형상과 생물 형상 전체의 기획을 연구했던 과학자와 정보 처리학자 팀은 기상 캘린더에 관련된 것이라고 확신했다.

나스카인들은 어떻게 보지도 않고 그렇게 완벽한 그림들을 그릴 수 있었을까? 마리아 레이헤는 '모형'을 확대해 가면서 그 일을 했으리라고 단언했는데, 이에 대해서는 몇몇 동물 형상 근처에서 흔적을 발견했다. 영국인 우주비행사 줄린 노트는 나스카인들이 형상들의 윤곽 그림을 감독하기 위한 기구를 제작할 줄 알았다는 것을 확인하려 했다. 무모한 가정이지만, '활주로'들이 과거 우리 행성을 방문차 들렀던 외계인을 위한 초보적인 공항이라고 보았던 스위스인 에리히 폰 다니켄의 것보다는 좀 더 합리적이다.

쓰기
2
항의 편지
새 메시지
받는 사람: vistebien@gmail.com
안건: 이의 제기
존경하는 담당자님

당신의 상점에서 내가 받았던 좋지 않은 대우와 열악한 서비스로 인한 불쾌감을 귀하께 알리기 위해 편지를 씁니다. 지난 10월 10일 고동색 코듀로이 바지를 당신의 상점에서 샀는데, 실비아 마르티네스가 나를 맞았습니다. 바지는 내 사이즈였으나 길었으므로 줄일 필요가 있었습니다. 실비아양이 적당한 길이를 쟀습니다. 나는 바지 대금을 계산했고 3일 후에 그것을 찾으러 오기로 했죠.

그것을 찾으러 다시 왔을 때 실비아가 없고 호아나 모레노라는 다른 점원이 있었습니다. 나는 바지를 입어 봤는데 지나치게 짧았어요. 그 순간 돈을 환불해 달라고 했죠. 사지 않을 것이었으니까요. 호아나는 바지를 수선한 이상 환불은 불가능하다고 내게 (그다지 친절하지 않게) 대답했습니다.

이런 모든 일로 인해, 첫째, 호아나의 경솔한 대우에 대해 항의하고, 둘째, 지불한 돈의 환불을 요청하기 위해 귀하께 편지를 씁니다. 바지가 아무짝에도 쓸모없어진 것은 분명하니까요.

제가 요청한 바에 대한 해결을 기대하며 정중하게 인사를 드립니다.

셀리아 이스키에르도

UNIDAD 12
Fiestas y tradiciones

12A 7 de julio, San Fermín

읽기

3

인티 라이미: 태양에 바치는 제례

6월 24일 남반구의 동짓날, 페루인들이 생명의 원천인 태양을 찬미하다.

A. 모든 쿠스코 사람들은 즐거움에 가득 차 인티 라이미 또는 태양의 축제를 기다린다. 쿠스코에서 2km 떨어진 오래된 잉카의 요새 삭사이와망에서 개최된다. 그 날 그 유적지에서 천여 명의 배우들이 신들에 대한 잉카인들의 제례를 재현하는 연극적인 공연이 있다. 아침 11시에 관광객과 페루인들이 요새에 도착하고 오래된 바위들 위에 음식이 차려진다. 돈을 낸 관광객들은 자리에 앉을 권리를 갖는다.

B. 무대에서 색색의 다양한 분위기로 공연이 진행된다. 가장 중요한 순간이 왕(잉카)이 라마의 심장을 꺼집어내어 인티(태양)에게 바칠 때 만들어진다(당연히 심장은 헝겊으로 만든 것이다). 심장의 상태를 보면서 백성들은 기다리는 좋고 나쁜 일들을 알게 되는 것이다. 작품 전체가 잉카인들의 언어인 케추아어로 진행된다. 이 예식은 스페인인들에 의해 금지되었다가, 이후 1944년에 페루인들이 그것을 되찾았다.

C. 그러나 이 예식의 개최 외에도 인티 라이미는 모든 이들이 먹고, 마시고, 즐기기 위해 모이는 대중적 축제이다. 쿠스코 사람들은 땅에 화덕을 파고, 그곳에서 감자를 익히기 위한 장작불을 지핀다. 또한 많은 사람들이 쿠이(기니피그)를 곁들인 쌀 요리나 옥수수, 솜사탕, 청량음료, 헝겊으로 만든 라마 등을 파는 장사를 한다. 한 마디로 말해, 그냥 축제인 것이다.

12B ¿Quieres venir a mi casa en Navidad?

읽기와 듣기

6

Los componentes principales de la Navidad chilena son el viejito pascuero, el pan de pascua, la bebida llamada cola de mono y el calor.

Nuestro viejito pascuero tiene una gran barriga y una barba blanca, viene con un traje rojo y el saco lleno de regalos. Entra en las casas por la chimenea o las ventanas para dejar los regalos.

Las familias cenan ensaladas y pavo y beben cola de mono, que es una especie de ponche hecho de pisco o aguardiente, café con leche, azúcar y canela. Tampoco falta el pan de pascua, una masa alta horneada, rellena de frutas confitadas, pasas y frutos secos, que se puede encontrar en cualquier esquina y en todas las confiterías.

Los niños dejan los zapatos debajo del árbol de Navidad, adornado con trozos de algodón, que recuerdan a la nieve, y bolas de colores. Después de la medianoche el viejito pascuero dejará en los zapatos los regalos que cada uno ha pedido.

La calurosa Navidad chilena dura hasta el cinco de enero. A partir de ahí empiezan las vacaciones de verano, el calor y la playa.

칠레의 크리스마스에서 주요 요소는 (칠레의) 산타클로스, 크리스마스 빵, 일명 '원숭이 꼬리'라는 음료, 그리고 더위이다.

우리의 (칠레의) 산타클로스는 불룩 나온 배와 흰 턱수염을 가졌고 빨간 옷을 입고 선물로 가득한 자루를 가지고 온다. 선물을 놔두기 위해 굴뚝이나 창문을 통해 집에 들어온다.

가족들은 샐러드와 칠면조로 저녁 식사를 하고 '원숭이 꼬리'를 마시는데, 이것은 피스코나 증류주, 카페라테, 설탕, 계피로 만든 일종의 칵테일이다. 또한 설탕 절임 과일, 건포도, 견과류로 속을 채워 고온의 오븐에 구운 케이크인 크리스마스 빵도 빠지지 않는다. 어느 모퉁이에서나 제과점에서도 찾아볼 수 있다. 아이들은 눈을 흉내 낸 목화솜과 색색의 구슬로 장식한 크리스마스트리 아래 신발을 놔둔다. 자정이 지나면 (칠레의) 산타클로스가 각자가 빌었던 선물을 신발에 놓아둔다.

무더운 칠레의 크리스마스는 1월 5일까지 지속된다. 그때부터 여름방학과 더위, 해변이 시작되는 것이다.

12C Gente

듣기

3

Locutor: Buenas tardes, hoy vamos a entrevistar a Sonia, la cantante gaditana que se presentó al programa de Operación Triunfo.
Locutor: Sonia, ¿quién es la persona de tu familia que más admiras?
Sonia: Mi madre.
Locutor: ¿En qué parte de la casa te sientes más cómoda?
Sonia: En mi dormitorio.
Locutor: ¿Sabes cocinar?
Sonia: Sí, un poco.
Locutor: ¿Cuál es tu plato preferido?
Sonia: La paella.
Locutor: ¿Te gustan los animales?
Sonia: Sí, tengo dos perros.
Locutor: ¿A qué lugar del mundo te gustaría viajar?
Sonia: A la India.
Locutor: ¿Qué tipo de música escuchas normalmente?
Sonia: Me gusta el pop y a veces escucho música romántica.
Locutor: ¿Quién es tu actor o actriz preferido?
Sonia: Javier Bardem.
Locutor: ¿Cuántos idiomas hablas?
Sonia: Inglés y un poco de francés.
Locutor: ¿Qué haces cuando estás nerviosa?
Sonia: Canto, o llamo por teléfono a alguien.
Locutor: ¿Qué es lo que más te molesta de la gente?
Sonia: Que no sea sincera.
Locutor: ¿A qué tienes miedo?
Sonia: A la muerte.
Locutor: ¿Cuál es tu principal virtud?
Sonia: Soy ambiciosa, consigo lo que quiero.
Locutor: ¿Cuál es tu principal defecto?
Sonia: La ambición se vuelve a veces contra mí.
Locutor: ¿Qué planes tienes para las vacaciones del año próximo?
Sonia: No tengo planes porque tengo una gira en verano.
Locutor: ¿Qué te gustaría hacer cuando te jubiles?
Sonia: No lo he pensado, de momento solo pienso en cantar.

진행자: 안녕하세요. 오늘은 오페라시온 트리운포(작전명 승리) 프로그램에 출전했던 카디스 출신의 가수 소니아 씨를 인터뷰하도록 하겠습니다.
진행자: 소니아, 가족 중에서 가장 존경하는 사람이 누구인가요?
소니아: 우리 어머니요.
진행자: 집의 어느 부분에서 가장 편안하다고 느끼시나요?
소니아: 제 침실에서요.
진행자: 요리할 줄 아시나요?
소니아: 네, 조금요.
진행자: 좋아하는 요리는 뭔가요?
소니아: 파에야예요.
진행자: 동물을 좋아하세요?
소니아: 네, 강아지 두 마리가 있어요.
진행자: 이 세상 어디로 여행 가고 싶으신가요?
소니아: 인도요.
진행자: 평소에 어떤 종류의 음악을 듣죠?
소니아: 팝 음악이 좋아요. 가끔은 로맨틱한 음악을 듣고요.
진행자: 좋아하는 배우는 누구인가요?
소니아: 하비에르 바르뎀이에요.
진행자: 몇 개 국어를 할 줄 알죠?
소니아: 영어와 프랑스어 조금요.
진행자: 긴장할 때는 어떻게 하시나요?
소니아: 노래해요. 아니면 누군가에게 전화를 걸어요.
진행자: 사람들에게서 싫은 점이 뭐죠?
소니아: 솔직하지 않은 거요.
진행자: 무엇을 무서워하시나요?
소니아: 죽음이요.
진행자: 당신의 큰 장점은 뭐죠?
소니아: 저는 야망이 있어요. 원하는 것을 성취하죠.
진행자: 당신의 큰 단점은 뭐죠?
소니아: 야망이 가끔 저를 공격해요.
진행자: 내년 휴가에 무슨 계획이 있으시죠?
소니아: 여름에 순회공연이 있어서 휴가 계획은 없어요.
진행자: 은퇴하면 무엇을 하고 싶어요?
소니아: 생각해 보지 않았어요. 당장은 오직 노래하는 것만 생각합니다.

발음과 철자

1

1 ¿Ayer nevó en Ávila?
2 ¡Volverá más tarde!
3 Tienes muchas plantas.
4 ¿Ella no lo sabe?
5 ¡Han llegado!
6 ¡Hay mucha gente!
7 ¿No la quieres?
8 ¿Qué pasó?

1. 어제 아빌라에 눈이 왔어요?
2. 이따가 돌아와!
3. 너는 화초가 많구나.
4. 그녀는 그것을 몰라?
5. 그들이 도착했어요!
6. 사람들이 많아요!
7. 그것을 원하지 않아?
8. 무슨 일이야?

12D COMUNICACIÓN Y CULTURA

말하기와 듣기

1

Abel: ¿Qué te parece si organizo una barbacoa en mi casa con los compañeros de clase para celebrar el final de curso?
Gloria: ¿Cuándo?
Abel: El próximo domingo.
Gloria: ¡Genial! ¿Puedo ayudarte en algo?
Abel: Bueno, te lo agradezco mucho. Yo puedo encargar la comida el sábado por la mañana, pero me queda por organizar el tema de las bebidas.
Gloria: ¿Quieres que te ayude? Conozco una tienda cerca de aquí, que además tiene muy buenos precios. Podemos ir el sábado por la tarde.
Abel: ¿De verdad no te importa?
Gloria: Por supuesto que no. Lo haré encantada.
Abel: Además de la bebida, vamos a necesitar unas bolsas de hielo y vasos y platos de plástico.
Gloria: Vale. No hay problema. Espero que haya de todo en esta tienda. ¿Cuándo se lo vamos a decir a los compañeros?
Abel: Se lo decimos esta tarde sin falta. Ahora quería pedirte un último favor: ¿te importaría quedarte para ayudarme a recoger después de la fiesta?
Gloria: No hace falta que me lo pidas. Ya lo había pensado. Y así me invitas a un último refresco cuando se vayan todos.

아벨: 학기말을 기념하기 위해 우리 집에서 반 친구들과 함께 바비큐를 하면 어떨까?
글로리아: 언제?
아벨: 다음 주 일요일.
글로리아: 정말 좋아! 내가 너를 도와줄 수 있을까?
아벨: 그래, 정말 네가 고마워. 내가 토요일 오전에 음식을 주문할 수 있는데 음료 문제를 해결하는 일이 남아.
글로리아: 내가 도와줄까? 이곳에서 가까운 상점을 하나 알고 있어. 게다가 가격이 아주 훌륭해. 우리가 토요일 오후에 가 볼 수 있어.
아벨: 정말 괜찮겠어?
글로리아: 물론 괜찮지. 즐겁게 할게.
아벨: 음료 외에도 우리는 얼음 봉지들과 플라스틱 접시도 필요할 거야.
글로리아: 좋아. 문제없어. 이 상점에 전부 다 있으면 좋겠다. 그것을 언제 친구들에게 이야기할까?
아벨: 오늘 오후에 꼭 말하자. 지금은 네게 마지막 부탁을 좀 하고 싶어. 파티가 끝난 후에 정리하는 것을 돕기 위해 남아 줄 수 있을까?
글로리아: 부탁할 필요도 없어. 그건 벌써 생각했었어. 그럼 모두들 간 다음 네가 마지막 음료를 내게 주면 돼.

ciento noventa y siete **197**

Transcripciones 듣기 대본 · 읽기 지문 번역

5 🎧 069

Miguel: ¡Hola, Elisa! Soy Miguel. ¿Sabes que empieza el festival Madrid-Río la semana que viene? Yo voy a ir, ¿quieres que te saque entradas y vamos juntos?

Elisa: Sí, sí, vale. Tengo muchas ganas de ir. ¿Te importa si se lo digo a Pedro y a Ana?

Miguel: Claro que no. Diles que si quieren les puedo sacar las entradas.

Elisa: ¿Y has pensado cómo vamos a ir? ¿Si quieres, llevo el coche?

Miguel: No, no hace falta. Podemos ir en transporte público. Han puesto autobuses especiales desde la plaza de Cibeles.

Elisa: Vale. Mucho mejor. Oye, una cosa: ¿sabes cuánto cuestan las entradas?

Miguel: No, aún no. Voy a llamar ahora para preguntarlo. ¿Quieres que te avise cuando lo sepa?

Elisa: Vale, venga. Y así les doy a Pedro y a Ana la información completa.

Miguel: Bueno, pues te llamo en diez minutos.

Elisa: Muy bien. Gracias. Hasta luego.

미겔: 안녕, 엘리사! 나 미겔이야. 다음 주에 마드리드-리오 페스티벌이 시작되는 것 알고 있어? 나는 갈 건데, 입장권을 사다 줄까? 우리 함께 갈래?

엘리사: 응, 그래, 좋아. 나는 무척 가고 싶어. 페드로와 아나에게 말해도 괜찮아?

미겔: 물론이지. 만일 그 애들이 원한다면 입장권을 사다 줄 수 있다고 말해 줘.

엘리사: 그럼 우리 어떻게 갈 건지 생각해 봤어? 네가 괜찮다면 내 차를 가져갈까?

미겔: 아니, 필요 없어. 대중교통 수단을 이용하면 돼. 시벨레스 광장에서 특별 버스를 운행해.

엘리사: 좋아. 훨씬 낫네. 얘, 한 가지 더. 입장권이 얼마인지 알아?

미겔: 아니, 아직 몰라. 물어보러 지금 전화해 볼게. 알게 되면 너에게 알려 줄까?

엘리사: 좋아. 그러면 페드로와 아나에게 완벽한 정보를 주는 거지.

미겔: 그래. 그럼 10분 후에 전화할게.

엘리사: 좋아. 고마워. 이따 봐.

읽기

2

아스테카인들

오늘날 멕시코시티의 소칼로는 세계에서 가장 넓은 광장 중 하나이다. 그 광장은 도심 주변 태평양 해안에서부터 중앙 아메리카까지 펼쳐진 제국의 수도였던 테노치티틀란이라는 도시의 심장부였다.

아스테카인들은 북쪽 나야릿 주의 호수 한가운데 있는 섬인 일명 아스틀란(왜가리의 땅)이라는 곳에서 발원했다. 테노치티틀란을 건설하기 위해 오늘날의 바예 데 메히코로 알려진 곳에 도착할 때까지 3백년이 넘는 시간 동안 강줄기를 따라 낚시와 사냥을 하며 떠돌았다.

테노치티틀란은 1345년 텍스코코 호숫가에 버려진 작은 섬에 건설되기 시작했는데, 전설에 의하면 바로 그 자리에서 아스테카인들이 우이칠로포츠틀리 신이 내린 독수리가 선인장 위에서 뱀을 잡아먹고 있는 것을 보았던 것이다. 아직도 이 장면은 멕시코 국기의 문장으로 재현되어 볼 수 있다.

아스테카인들 또는 멕시코 사람들은 피라미드 형태의 신전 건축의 대가였고, 수학과 천문학에 대한 그들의 발전된 지식은 익히 알려진 그들의 달력에서 발견된다. 1년은 18개월인데, 각 달이 20일이고 추가로 더해진 5일로 구성되어 있다. 그들의 경제는 주로 농업에 기반을 두었다. 옥수수와 고구마, 담배, 채소를 경작했다. 게다가 카카오 나무에서 추출한 초콜릿을 만들어냈다.

또한 아스테카인들은 주변 대부분의 부족들을 복속시킨 능숙한 전사였다. 그들의 영토 지배에서 최전성기는 1519년 스페인의 사령관인 에르난 코르테스가 이끈 스페인 군대의 도착과 일치했다.

스페인의 사령관은 군사적인 힘보다는 전략으로 목테수마(아스테카인들의 지도자)를 붙잡았고, 2년 후 테노치티틀란을 파괴하는 데 성공했다. 거대한 피라미드의 돌들로 성당과 수많은 아스테카 문명의 족적을 땅 밑에 묻어 버리고 새로운 식민 도시 왕궁을 건설했는데, 이들은 오랜 시간이 지난 후 재발견되었다.

*소칼로: 멕시코 광장들의 명칭

쓰기

4

결국 제 생각에는 오염과 인공적인 삶에도 불구하고 우리들이 우리 할아버지들보다 더 많은 기회를 가지고 있다고 생각해요.

어른들은 지금보다 전에 더 잘 살았다고들 말해요.

다른 한편으로는, 예전에는 음식이 더 자연적이었어요. 지금처럼 많은 보존제를 넣지 않았어요.

발전 덕분에 지금 우리는 짧은 시간에 세계 어느 곳이든 여행 갈 수 있어요.

11/12 Autoevaluación

읽기

6

오래된 밤

12월 31일 밤을 노체비에하(오래된 밤)라고 한다. 묵은 밤을 보내고 새해를 맞이하는 때인 것이다. 그날 스페인 사람들은 밤 12시에 포도 12알을 시계탑의 타종소리에 맞춰 한 알씩 먹는 풍습이 있다. 그보다 전에 가족들은 함께 저녁 식사를 하기 위해 모인다. 저녁 식사는 새끼 양, 칠면조, 해산물로 구성되고 모든 것에 포도주가 곁들여진다. 후식으로는 크리스마스 시즌 특유의 투론과 만테카도가 빠질 수 없다.

12시가 되기 몇 분 전, 온 가족이 TV 앞에서 포도를 먹기 위해 준비하는데, 그날 마드리드 푸에르타 델 솔 시계탑의 종소리를 방영한다. 어떤 사람들은 자신들의 마을이나 도시 시청 앞 야외에서 먹는 것을 선호한다. 의심의 여지없이 새해를 맞이하기 위한 가장 상징적인 장소는 푸에르타 델 솔인데, 그곳에는 수천 명의 사람들이 그 순간을 직접 느끼기 위해 모인다. 타종이 끝나면 (포도와 함께) 샴페인 뚜껑이 열리고 모두들 축하하며 새해를 위한 최고의 소망을 기원한다. 한편, 젊은이들은 파티에 참석하여 새벽까지 춤을 추기 위해 집에서 나온다. 잠자러 가기 전에, 기력 충전을 위해 추로스를 곁들인 핫초코를 종종 아침으로 먹기도 한다.

Soluciones 정답

UNIDAD 1 Gente
1A Vida cotidiana

2
1. Rocío
2. Rocío
3. Carlos
4. Carmen
5. Fernando
6. Carlos
7. Rocío
8. Carmen
9. Carlos
10. Fernando
11. Fernando
12. Carmen

3
1. Verdadero.
2. Falso. (Carlos toca el piano todos los días)
3. Falso. (Fernando oye las noticias de la radio)
4. Verdadero.
5. Falso. (Carmen estudia en la Escuela de Idiomas)

7 1 c 2 a 3 e 4 b 5 d

8
1. ■ ¿Cuánto tiempo hace que sales con ese chico?
   ● (Hace) medio año.
   ■ ¿Desde cuándo sale con ese chico?
   ● Desde hace medio año.
2. ■ ¿Cuánto tiempo hace que juegas al tenis?
   ● (Hace) dos años.
   ■ ¿Desde cuándo juegas al tenis?
   ● Desde hace dos años.
3. ■ ¿Cuánto tiempo hace que ha empezado la película?
   ● (Hace) diez minutos.
4. ■ ¿Cuánto tiempo hace que esperas el autobús?
   ● (Hace) casi veinte minutos.
   ■ ¿Desde cuándo esperas el autobús?
   ● Desde hace casi veinte minutos.
5. ■ ¿Desde cuando tienes carné de conducir?
   ● Desde enero.
6. ■ ¿Desde cuándo conoces a Pilar?
   ● Desde 2012.
7. ■ ¿Desde cuándo tienes móvil?
   ● Desde hace un mes.

9
1. nací
2. vivo
3. tenía
4. es
5. Tengo
6. Soy
7. Estudié
8. trabajo
9. jugar
10. leer
11. estudio
12. viajar
13. iré

1B ¿Qué hiciste? ¿Qué has hecho?

2
1. b 2 a 3 a 4 b 5 b
6. a 7 b 8 c 9 d

3
1. he ido / tenía
2. gustaba / gustan
3. fuimos / pasamos
4. has hecho / limpié / vi
5. ha escrito / ha ganado
6. ganó
7. es / tiene
8. tomé / me he levantado / He dormido
9. conoció / estudiaban
10. vivía / era

4 y 5
1. En Tijuana, México
2. tenía / empezó – Cuando empezó a estudiar piano, tenía ocho años.
3. se convirtió – Se convirtió en Julieta Venegas en 1996.
4. editó – Editó su primer disco sola en 1997.
5. Ha compuesto – Ha compuesto música tanto para el teatro como para el cine.
6. ha ganado – Ha ganado entre otros cinco premios Grammys.
7. Ha participado – Ha participado en diversos proyectos humanitarios y actualmente es embajadora de Unicef en México.

6
Nació – en 1970
A los ocho años – comenzó
en 1996 – se convirtió
Al año siguiente – editó
En 2006 – publicó

7
1. vivió
2. han salido
3. Has tenido / chocó / Estuve
4. has aprendido / Empecé / terminé / vine
5. ha vivido
6. fui / invité

1C El futuro que nos espera

3 1 – 3 – 4 – 7

5
1. casaremos
2. Vendré
3. subirán
4. construirán
5. existirán
6. venderá
7. ganará
8. bajará
9. habrá
10. iremos
11. querrá
12. podré

6 **Con petróleo:** bolígrafo, bolsa de papel*, bolsa de plástico, botella, gafas de sol, cerillas, CD, calculadora, pasta de dientes, pinzas, gasolina

* Generalmente el papel suele llevar un esmalte que contiene petróleo.

Sin petróleo: cesto, ladrillos, jersey de lana, tiesto, anillos, caja, cuchara

Pronunciación y ortografía

conserva**dor** / sim**pá**tico / a**le**gre / **tí**mido / for**mal** / abu**rri**do / ri**za**do / jar**dín** / a**ma**ble / televi**sión** / enfa**dar**se / olvi**dar** / dor**mir**

3
1. Laura se enfadó con José porque él quería ver el fútbol en la televisión y ella quería ver una película.
2. Yo creo que Raúl es un egoísta.
3. Ayer no trabajé mucho porque me dolía el estómago.
4. Necesitan una persona que trabaje bien la madera.
5. Yo creo que deerías ir al médico.
6. El sábado me encontré en el autobús con Victor.
7. A él le molestó la broma de Fátima.
8. Dijo que vendría más tarde.
9. Los profesores hablaron en árabe durante toda la conversación.

Soluciones 정답

1D COMUNICACIÓN Y CULTURA

말하기와 듣기

2
1. Encantada de conocerte.
2. ¿Ah, sí?
3. ¿Y tú, de dónde eres?
4. Empecé en el colegio.
5. ¿Cuánto tiempo hace que llegaste a Barceloona?
6. ¡Qué suerte!
7. ¿Qué te parece?
8. De acuerdo

5
1. Dimitri fue a pasar el domingo a la playa de Salou con sus amigos.
2. Para volver a Barcelona.
3. Se equivocó de tren y tomó uno en dirección contraria.
4. Se lo dijo el revisor.
5. En la estación.

읽기

3
1. Verdadero.
2. Falso. (En general se utiliza *usted* más que n España)
3. Verdadero.
4. Verdadero.
5. Falso. (El voseo es utilizar *vos* en lugar de *tú*)

쓰기

1
1 – 3 – 2 – 5 – 4

2. ... un hijo de cinco años. // Lo que más me gusta...
... sobre todo las novelas policíacas. // Estoy aprendiendo español porque...
... quiero comunicarme con los españoles. // En esta clase espero...

3
1. El cantante italiano Nicola di Bari triunfa en el festival de Mallorca.
2. El próximo otoño el Papa viajará a México.
3. Las obras del río Manzanares terminarán en marzo.
4. El presidente del gobierno ha aunciado una nueva ley antitabaco.
5. Millones de europeos visitan cada año la torre Eiffel de París.
6. El lunes próximo es Navidad.
7. Los Juegos Olímpicos de 2012 fueron ene Londres.

Ejercicios prácticos   p.141

1 **Posibles respuestas:**
1. Pedro se encuentra mejor desde que toma las pastillas nuevas.
2. Raúl trabaja en un restaurante desde abril.
3. Está deprimido desde que le despidieron del trabajo.
4. No vemos a María desde 2007.
5. Vivimos en este piso desde hace mucho tiempo.
6. Tengo carné de conducir desde que tenía 18 años.
7. Estudio español desde hace tres meses.
8. Clara lleva gafas desde que era niña.

2
1. vivías / tenías 2. hicisteis
3. hemos visto 4. has estado
5. me acosté 6. fueron
7. utilizaba 8. ha ganado

해설
* 1. vivías / tenías, 7. utilizaba: 과거에 지속된 일, 나이 표현에는 보통 불완료과거시제를 사용합니다.
* 2. hicisteis, 5. me acosté, 6. fueron: ayer, anoche, la semana pasada 등의 종결시점이 분명한 과거의 일이므로 단순과거시제를 사용합니다.
* 3. hemos visto: Esta mañana라는 근접성을 나타내는 부사어와 쓰였으므로 현재완료시제와 사용합니다.
* 4. has estado, 8. ha ganado: 경험의 유무나 횟수를 표현하므로 현재완료시제와 사용합니다.

3
1. vivió
2. han salido
3. Has tenido / chocó / Estuve
4. ha vivido
5. has aprendido / Empecé / terminé / vine
6. fui / invité
7. Has probado / probé
8. iba / he tenido

해설
* 1. vivió: 1951년이라는 명확한 종결 시점은 단순과거시제와 사용합니다.
* 2. han salido, 4. ha vivido: 경험의 유무를 나타내므로 현재완료시제와 씁니다. 종결시점이 나타나있지 않습니다.
* 3. Has tenido / chocó / Estuve, 5. has aprendido / Empecé / terminé / vine, 6. fui / invité, 7. Has probado / probé, 8. iba / he ido: 경험의 유무(현재완료)를 나타내는지, 과거의 특정시점이 명시(단순과거)되었는지, 종결시점이 명확한지(단순과거), 산발적인 과거의 일(단순과거)를 표현하는지, 현재까지 포함하는 시점(현재완료)인지에 따라 판단합니다.

4
1. dirás 2. saldré
3. pagarán 4. habrá
5. habrá / podré
6. será 7. usará
8. habrá

UNIDAD 2 Lugares
2A En la estación

2
1. 7 – 3 – 1 – 5 – 2 – 4 – 6
2. 1 – 4 – 6 – 2 – 3 – 8 – 5 – 7 – 9 – 10

5
1. llamó / había salido
2. vino / nos habíamos acostado
3. contó
4. alegré
5. estaba
6. había regalado

6
1. llamó / había ido
2. perdió / habían regalado
3. descubrió / habían escondido
4. vino / había olvidado
5. se enfadó / había llegado
6. enseñaron / habían hecho
7. llegó / había empezado
8. Empezó / habíamos llegado
9. compró / había ahorrado
10. fuimos / habíamos acabado

7
1. Cuando yo llegué a la oficina, el jefe ya había salido.
2. Cuando Carlos entró a trabajar aquí, ya había trabajado en un supermercado.
3. Cuando entramos en el cine, la película ya había empezado.
4. Cuando llegué a casa, mi marido ya había preparado la cena.
5. Cuando se casó, su madre ya había muerto.
6. Cuando Ramón empezó a estudiar chino, ya había estado trabajando en China.

7 Cuando les quitaron el carné de conducir, él ya había tenido dos accidentes.

8   1 había muerto
    2 había vendido
    3 había ido
    4 había encontrado
    5 había terminado

2B ¿Cómo vas al trabajo?

2   1 estación   2 llegar
    3 atasco   4 regresar
    5 ir   6 hasta
    7 transbordo   8 va
    9 tardo   10 Durante
   11 coche   12 hasta
   13 tren   14 Tardo
   15 Durante   16 tren
   17 rápido

7   1 Falso. (Tiene autobuses, metro, taxis y trenes de cercanías)
    2 Verdadero.
    3 Verdadero.
    4 Falso. (Los cercanías terminan a las 24:00)

8   1 Autobuses, metro, taxis y trenes de cercanías.
    2 Cada diez o quince minutos.
    3 No.
    4 Entre las cinco y las seis de la madrugada.
    5 El Metrobús es un billete de diez viajes en metro o en autobús y el Abono Transporte es un billete mensual que se puede utilizar en el metro, el autobús y en los trenes de cercanías.

Pronunciación y ortografía

2   1 ¿Está libre?
    2 ¡Qué pena!
    3 ¿Vas a la compra?
    4 ¡Qué barato!
    5 ¿Puedo salir?
    6 ¡He aprobado!
    7 ¡No es barato!
    8 ¡Estás tonto!
    9 ¿Te gusta?
   10 ¡Es carísimo!

2C Intercambio de casa

3   1 b   2 a/b   3 b
    4 b   5 a/b   6 b
    7 a/b   8 b   9 b
   10 b

A Maribel y a Andrés les interesa la casa B.

5   1 anuncio   2 intercambio
    3 quincena   4 hijos
    5 profesores   6 urbanización
    7 visitar   8 gastronomía
    9 fotografías   10 alrededores

7   1 80 km de madrid
    2 hasta Villacastín
    3 Desde Villacastín
    4 a la urbanización
    5 detrás de la fuente
    6 en el buzón

2D Comunicación y cultura

말하기와 듣기

3   1 comer   2 comemos
    3 prefiero   4 Por qué no
    5 restaurante

5   1 Para proponerle ir a Cuenca el próximo fin de semana.
    2 Desde madrid.
    3 La estación de tren está a más de cinco kilómetros del centro de la ciudad.
    4 En el coche de Luisa.
    5 Hay muchos hoteles para elegir.

쓰기

1   a Querida Cati... trabajar enseguida.
    b Cati, te escribo para... Yucatán.
    c En cambio... nada especial.
    d Y tú,... de mi parte.
    e Bueno, espero... Carmen.

2 Cati y Carmen son amigas. El motivo del correo es enviarle las fotos que se hicieron en un viaje a Yucatán.

3   4 – 2 – 5 – 1 – 3

Ejercicios prácticos   p.143

1   1 se enfadó / habían dejado
    2 murió / había nacido
    3 volvieron / habían arreglado
    4 vi / había adelgazado
    5 empezó / había terminado
    6 había compuesto
    7 Habíais visto
    8 hemos podido / habían cerrado

해설
*과거완료: 과거의 일보다 더 먼 과거의 일을 나타내며, 과거의 일에 대한 이유 설명에도 사용된다. 또는 ya, todavía no 등의 완료를 나타내는 부사나 경험의 유무를 나타내는 alguna vez, nunca 등과도 사용됩니다.

2   1 De / a   2 en / por
    3 para   4 a
    5 hasta   6 a
    7 a / en   8 hasta

3   1 por   2 para   3 Por
    4 por   5 por   6 por

해설
*1. Toco la quitarra por la diversión...: 동기
*2. ...voy para allá.: 방향
*3. ¿Por dónde vivías...?: 대략적인 시기나 장소
*4. Le han dado un premio por...: 동기
*5. ...te mando las fotos... por e-mail: 도구
*6. Si vienes a mi casa por la autopista...: 경로

4 COCHE / ESTACIÓN / ATASCO / REGRESAR / DURANTE / TRANSBORDO / TRADAR / RÁPIDO / TREN / METRO

5   1 coche   2 rápido
    3 atasco   4 durante
    5 regresar   6 tardar
    7 estación   8 tren
    9 metro   10 transbordo

AUTOEVALUACIÓN (Unidades 1 y 2)

1   1 Martínez Herrero
    2 naciste
    3 vives
    4 ¿Estás casado?
    5 ¿Tienes hijos?
    6 ¿A qué te dedicas?
    7 ¿Desde cuándo trabajas? / Desde

Soluciones 정답

    8 ¿Qué te gusta hacer en tu tiempo libre?

    9 Has estado alguna vez

2 1 Nació   2 estudió
    3 ingresó   4 se trasladó
    5 Vivió   6 Trabajó
    7 Publicó   8 obtuvo
    9 publicó / escribió
   10 ha escrito / ha publicado
   11 ganó

3 de / con / en / a / con / por / a / por / para / Desde / hasta / para / Por / al / a / de

> 해설
> * dar un paseo por / pasear por (~을/를 산책하다): 관용적으로 전치사 por와 함께 구성됨에 유의 구성됩니다.
> * pasar por (~를 들르다): 관용 표현으로 이해하는 것이 좋습니다.
> * desde ~ hasta ~ / de ~ a ~: 일반적으로 이들을 구성하는 쌍은 교체하여 사용하지 않으며, 특히 de ~ a ~의 경우, 정관사를 생략하고 쓰는 것이 일반적입니다.

4 1 ¿Has leído ya el periódico? / No, lo leeré más tarde.
    2 ¿Has hecho la comida? / No, la haré dentro de un rato.
    3 ¿Le has mandado el mensaje a Carmen? / No, se lo mandaré esta tarde.
    4 ¿Has llamado por teléfono a tu madre? / No, la llamaré luego.
    5 ¿Has fregado los platos? / No, los fregaré mañana.
    6 ¿Has planchado las camisas? / No, las plancharé más tarde.
    7 ¿Has puesto la lavadora? / No, la pondré el lunes.

5 1 crucero
    2 vía
    3 parada
    4 estación / cercanías
    5 billetes
    6 tarjeta de embarque
    7 puerto

6 1 e 2 d 3 a 4 c 5 b

7 Jorge vive en un barrio de Madrid, cerca de una estación <u>de</u> metro. Antes iba a trabajar todos <u>los</u> días <u>en</u> metro. Pero ahora su empresa se ha trasladado a un polígono industrial fuera de la ciudad y <u>está</u> desesperado. Todos los días tarda una hora y media <u>en</u> llegar al trabajo. Así que tiene que levantarse a las seis <u>de</u> la mañana. Sale de su casa a las seis y media para llegar a la oficina al as ocho. Coge el metro hasta plaza de Castilla y luego tiene que tomar un autobús <u>hasta</u> su empresa. Si un día hay <u>algún</u> problema en la carretera, se forma un atasco y entonces <u>llega</u> tarde. Su jefe ya le ha dicho que, si llega tarde más veces, tendrá <u>que</u> buscarse otro trabajo.

8 1 está   2 centro   3 vuelos
    4 tarda   5 día   6 red
    7 que   8 estaciones

> 해설
> * estar a + 시간, 거리: ~만큼 떨어져 있다
> * al día / mes / año, a la semana: 하루에 / 다달에 / 매년, 매주 (빈도 표현)

UNIDAD 3
Relaciones personales
3A Julia me cae bien

2 1 os interesan
    2 les preocupa
    3 le pasa
    4 te queda
    5 te cae / me parece / me cae
    6 les encanta
    7 se ha enfadado

3 1 se   2 se   3 se
    4 se / se 5 le   6 le
    7 le   8 les   9 le / se
   10 se / se

> **Pronunciación y ortografía**
> 2 1 Hace frío.
>   2 No ha venido.
>   3 ¿Quiere comer?
>   4 ¿Estudia mucho?
>   5 ¿Le gusta la tortilla?
>   6 Está esperando.

3B Amigos

2 1 Paloma   2 Paco
    3 Rosa   4 Jaime

3 1 Jaime
    Carácter: Divertido, serio, formal, cariñoso, generoso, terco, presumido
    Físico: Muy alto, casi calvo, con gafas
    Gustos: Comprarse ropa

    2 Paloma
    Carácter: muy ordenada, sociable
    Físico: Ojos grandes y expresivos, pelo castaño y largo
    Gustos: Organizar actividades con los amigos y comer con toda la familia

    3 Paco
    Carácter: Divertido, serio, muy inteligente, casi siempre amable
    Físico: No muy alto, pelo largo, bigote y perilla

    4 Rosa
    Carácter: Generosa, amable, muy comprensiva, sabe escuchar y es muy romántica.
    Físico: No muy alta, delgada, pelo corto
    Gustos: Las puestas de sol, las flores, las cenas para dos y ponerse vaqueros.

7 1 Un hombre con unas características determinadas.
    2 A una empresa de búsqueda de pareja.
    3 Está en el paro.

8 1 quiera   2 tengan
    3 tenga   4 trabaje
    5 sea   6 sea

9 1 b 2 a 3 a 4 b

10 posibles respuestas
    1 ... se ríe mucho. / ... expresa sus sentimientos.
    2 ... no escucha a los demás. / ... habla mucho.
    3 ... tengan los mismos gustos que yo.
    4 ... tienen muy buena pronunciación.
    5 ... haga la paella como Celia. / ... le gusta la música.
    6 ... le gustan mucho los deportes de riesgo.

3C Tengo problemas

2 1 A   2 B

3 1 No sabe si comprarse un perro o no.
   2 El chico está desesperado. Tiene problemas con su pareja.

4 1 me imagino
   2 se enfadó
   3 se me ha olvidado
   4 te has acordado / se me ha olvidado
   5 te has dado cuenta de
   6 optar
   7 se ha equivocado
   8 se preocupa

5 1 Yo en tu lugar le preguntaría algo de gramática, le pediría el diccionario, …
   2 Lo que tienes que hacer es salir más con nosotros y no contar nada en casa. Yo en tu lugar no me preocuparía.

3D Comunicación y cultura

말하기와 듣기

2 1 Cómo   2 aburrido
   3 moreno   4 rizado
   5 barba

5 1 Está chateando.
   2 Que Ana es muy seria.
   3 Dice que al principio es un poco tímida, pero que cuando la conoces, es simpática.
   4 Dice que Pedro es un chico rubio, muy educado y que tiene una empresa de informática.
   5 Porque Ana sale con Pedro.

읽기

2 1 a 2 c 3 b 4 b 5 b
   6 b 7 c 8 c 9 a 10 a

쓰기

1 NIF: 0382754P
   NOMBRE: Elena
   APELLIDOS: García Sandoval
   DIRECCIÓN: c/ Baleares, 15 – 2.° izda
   C. P.: 28011
   POBLACIÓN: Getafe
   PROVINCIA: Madrid
   PAÍS: España
   TELÉFONO: 912516570
   TEL. MÓVIL: 650392800
   E-MAIL: egarciasandoval@yahoo.es
   PROFESIÓN / ACTIVIDAD: Técnica de laboratorio
   FECHA DE NACIMIENTO: 3 de septiembre de 1983
   FORMA DE PAGO: Tarjeta de crédito VISA; 0021 2456 3718 5344
   Nombre de la entidad bancaria: _ _ _
   Titular de la cuenta: Elena García Sandoval

2 NOMBRE: Antonio
   APELLIDOS: Fernández Herrero
   DIRECCIÓN: Avda. Filipinas, 32-2.°
   CIUDAD: Zafra
   PROVINCIA: Badajoz
   AÑO DE NACIMIENTO: 1962
   DNI: 37282739
   PROFESIÓN: Abogado
   TELÉFONO MÓVIL: 606320718
   EMAIL: ferher86@gmail.com
   DOMICILIACIÓN BANCARIA:
   N.° DE CUENTA: 3628 0021 24 2733849221
   ENTIDAD BANCARIA: Caja Sevilla

Ejercicios prácticos   p.145

1 1 me   2 os
   3 nos   4 se / le
   5 se   6 me / se
   7 les   8 te
   9 se

해설
* gustar류 동사의 구문 형성에 필요한 간접목적 대명사: 1~2번, 4번 두 번째, 7~8번
* 재귀대명사: 3번, 4번 첫 번째, 6번 첫 번째, 9번
* 상호적 용법의 재귀대명사: 5번
* 강조적 용법의 재귀대명사: 6번 두 번째

2 1 b 2 d 3 e 4 c 5 a
   6 f 7 i 8 g 9 h

3 1 sea   2 da   3 sirve
   4 pueda   5 uso   6 tenga
   7 quiera   8 tengan 9 trabaje
   10 sea

해설
* 주절과 종속절의 주어가 다르고, 종속절의 주어에 대한 정보가 없을 때 접속법을 씁니다.: 1번, 4번, 6~10번
* 주절과 종속절의 주어가 다르지만, 종속절 주어에 대한 정보를 가지고 있을 때 직설법을 씁니다.: 2~3번, 5번

4 1 sociable   2 inseguro
   3 autoritario   4 ambicioso
   5 creativo   6 responsable
   7 envidioso   8 tolerante
   9 conservador 10 encantador
   11 vago   12 cariñoso

5 1 gustaría   2 saldría
   3 Podría   4 vería
   5 leeríamos

해설
* 발화 시점에 실현 가능한 가정: 조건절에 직설법 현재시제의 동사 + 결과절에 현재, 미래, 명령형의 동사
* 발화 시점에 실현 불가능한 가정: 조건절에 접속법 불완료시제의 동사 + 결과절에 가정미래시제의 동사
* 과거의 일과 반대되는 가정: 조건절에 접속법 과거완료시제의 동사 + 결과절에 가정미래완료시제의 동사

UNIDAD 4 El tiempo pasa

4A ¡Cuánto tiempo sin verte!

2 1 Falso. (Hace mucho tiempo que no se ven)
   2 Falso. (Ha montado un negocio con su marido, se ha casado y tiene tres hijos)
   3 Falso. (Javier vive en el campo, cerca de Segovia)
   4 Verdadero.
   5 Verdadero.

3 1 Porque encontró trabajo y dejó la carrera. Conoció a su marido y montaron un negocio juntos.
   2 En Madrid, en su propio negocio.
   3 Madrid, Córdoba, Sevilla y Barcelona.
   4 Dos años.
   5 No.
   6 El mes que viene.
   7 Ha venido a pasar unos días con su madre, porque está enferma.
   8 En casa, con su marido.

Soluciones 정답

4   1 b   2 e   3 a   4 d   5 c   6 f

5
1. Roberto ha vuelto a jugar al fútbol.
2. Mi hermana acaba de tener / ha vuelto a tener un hijo.
3. Rosa lleva diez años cantando en un coro.
4. Emilio ha dejado de jugar al balonmano.
5. Mi amiga Eva sigue pintando / lleva pintando desde que tenía ocho años.

6
1. ha estado visitando
2. estuve hablando
3. estaban durmiendo
4. has estado jugando
5. estuvimos viendo
6. estuvimos hablando / hemos estado hablando
7. estaba saliendo
8. ha estado limpiando
9. estuvo estudiando

4B La educación antes y ahora

3
1. Las nuevas tecnologías pueden mejorar la enseñanza, crear otra dinámica pedagógica y una mayor participación del alumnado en el proceso de aprendizaje.
2. La pizarra digital (pizarra unida a un ordenador y a un proyector), el ordenador, la tableta y los libros digitales.
3. Otra manera de enfocar las clases.
4. Puede contribuir a mejorar el aprendizaje, a crear otra dinámica pedagógica y a rebajar el fracaso escolar.

5
1. Antes tomaba café, pero ahora tomo té.
2. Antes Alicia vivía en Barcelona, pero ahora vive en Madrid.
3. Antes mis amigos y yo escuchábamos música *rock*, pero ahora escuchamos música clásic.
4. Antes Luisa iba al trabajo en coche, pero ahora va en metro.
5. Antes Joaquín era alegre, pero ahora es serio.
6. Antes mis hermanos practicaban ciclismo, pero ahora practican natación.

7
1. Verdadero.
2. Verdadero.
3. Falso. (Ahoa nuestras escuelas son mixtas)
4. Verdadero.
5. Falso. (Los profesores eran muy estrictos y no facilitaban la comunicación con el alumno)
6. Falso. (Ahora los alumnos sí pueden preguntar y participar en clase)
7. Verdadero.
8. Verdadero.
9. Falso. (El silencio y la atención en clase antes era mucho mayor)
10. Verdadero.

4C Trabajo y vocación

2   1 c   2 b   3 a

3
1. infeliz   2. ilimitado
3. intranquila   4. deshonesto
5. imposible   6. imperfecto
7. desconectado 8. inmortal
9. intranquilo 10. incómodo

4
1. necesario   2. inexperta
3. irresponsable 4. inútil
5. cómodo   6. controlada
7. intolerante

5
1. desagradable 2. insensible
3. impaciente   4. inmadura
5. ilegal   6. injusto
7. insociable   8. imposible

Pronunciación y ortografía

1 y 2
1. b. A <u>él</u> no le digas nada.
2. a. El <u>té</u> verde es muy bueno.
3. a. Dame el paquete a <u>mí</u>.
4. b. Yo no <u>sé</u> dónde está Carmen.
5. a. ¿<u>Tú</u> vas a ir a la boda de María?
6. b. <u>Él</u> <u>sí</u> quiere casarse, pero ella no.

4D Comunicación y cultura

말하기와 듣기

3
1. ¿Pero no te has enterado?
2. ¡Enhorabuena!
3. si quieres
4. Venga

5
1. Sandra y Beatriz han estado hablando en el autobús.
2. De Buenos Aires.
3. Está estudiando Arte Dramático y vive con su marido argentino.
4. Al día siguiente por la tarde.

읽기

1
1. una fuente en Madrid
2. la Giralda
3. fútbol
4. Barcelona
5. Javier Bardem
6. el vino
7. 40 millones
8. Cervantes
9. la paella
10. AVE

쓰기

2
1. No tuvo que decirme cuándo, dónde ni por qué.
2. Cambié de imagen y me puse a la moda: bigote, pelo largo, pantalones vaqueros, camisa de flores y sandalias.
3. Jacinto, ven aquí, que voy a contarte algo.
4. Quise pedir un préstamo, pero mi sueldo era muy bajo.
5. No le faltaba razón: ese barco no era seguro.
6. Pedro, ¿estás contento con tu trabajo?
7. Le dije a Adriana: "Estás igual que siempre".
8. Ella no dijo nada. Sin embargo, todos la entendimos.
9. Él me dijo: "Hace más de un año que no veía a Juan".
10. Encontré lo que estaba buscando: tijeras, pegamento, papel y rotuladores.

3   Mi madre me pidió que la acompañara a vender la casa. Había llegado a Barranquilla esa mañana desde el pueblo distante donde vivía la familia. No tenía la menor idea de cómo encontrarme. Preguntando por aquí y por allá, entre los conocidos le indicaron que me buscara en la librería Mundo o en los cafés vecinos donde iba dos veces al día a conversar con mis amigos escritores. El que se lo dijo le advirtió: "Vaya con cuidado, porque son locos de remate".

Llegó a las doce en punto, se abrió paso con su andar ligero por entre las mesas de libros en exhibición, se me plantó enfrente, mirándome a los ojos con la sonrisa pícara de sus días mejores, y antes de que yo pudiera reaccionar, me dijo: "Soy tu madre".

Ejercicios prácticos   p.147

1   1   Daniela sigue saliendo a correr por las mañanas.
    2   Daniela ha dejado de escribir todo lo que hace en un diario.
    3   Daniela sigue haciendo pasteles buenísimos.
    4   Daniela sigue contando unos chistes muy graciosos.
    5   Daniela ha dejado de leer revistas del corazón.
    6   Daniela sigue siendo un poco impaciente.
    7   Daniela ha dejado de maquillarse a diario.
    8   Daniela ha dejado de morderse las uñas.
    9   Daniela sigue yendo de vez en cuando a la montaña para relajarse.

> 해설
> * seguir + 현재분사: 계속 ~하다
> * dejar de + 동사원형: ~하는 것을 그만 두다

2   1   Mi marido ha dejado de conducir.
    2   Mañana volveré a apuntarme a yoga.
    3   Luisa acaba de llamarme.
    4   Sigo echando de menos mi antiguo barrio.
    5   El niño lleva llorando un rato.

    6   ¿Sigues usando esas gafas tan viejas?
    7   En cuanto termino de limpiar los cristales, empieza a llover.
    8   Acabamos de poner la televisión.
    9   Siempre que te pido algo, empiezas a protestar.

> 해설
> * dejar de + 동사원형: ~하는 것을 그만 두다
> * acabar de + 동사원형: 막 ~하다
> * empezar a + 동사원형: ~하기 시작하다
> * volver a + 동사원형: 다시 ~하다
> * seguir + 현재분사: 계속 ~하다
> * llevar (+ 기간) + 현재분사: (~동안) ~하고 있다

3   1   estaba   2   estaba
    3   estuvo   4   estuvimos
    5   ha estado   6   estuvimos

> 해설
> * 과거의 불특정한 기간 동안 유지되었던 일을 나타냅니다: 1번
> * 과거의 특정하고 산발적인 일이 발생했을 때, 동시간에 유지되고 있던 일을 나타냅니다: 2번
> * 특정 시간이 명시된 과거에 발생한 일을 나타냅니다: 3~4번, 6번
> * 현재와의 근접성을 나타내는 부사구가 쓰였습니다: 5번

4   1   intranquilo
    2   impaciente
    3   intolerante
    4   desordenado
    5   irresponsable
    6   insociable

5   1   ¡El libro dáselo a él.
    2   Mi casa es para mí y mi familia.
    3   No sé si se llama Juan o Toni.
    4   A ti te gusta mucho el té.
    5   ¿Tú sabes que ha hecho tu hermano?

AUTOEVALUACIÓN (Unidades 3 y 4)

1   1   nos divertimos
    2   se enfada
    3   se aburre
    4   se olvida
    5   me acuerdo
    6   Te has dado cuenta / Te das cuenta
    7   se llevan
    8   se preocupa

2   1   te / me
    2   se
    3   le
    4   se / se
    5   te / me / me
    6   le
    7   nos
    8   me / me / te / te
    9   se
    10 le

> 해설
> * llevarse bien/ mal: 사이가 좋다/ 나쁘다
> * (a alguien) + 간접목적대명사 + caer bien/ mal: ~에게 마음에 들다/ 들지 않다
> * (a alguien) + 간접목적대명사 + quedar bien/ mal: ~에게 잘 어울리다/ 어울리지 않다
> * preocuparse por: ~ 때문에 걱정하다
>   (a alguien) + 간접목적대명사 + preocupa(n): (~이/가) ~에게 걱정되다

3   1 e   2 d   3 c   4 b   5 a

4   1   A mí me gusta que la gente sea simpática. / A mí me gusta la gente que es simpática.
    2   Roberto se enfadó con su novia.
    3   Viven en un piso que tiene dos dormitorios.
    4   María es tímida y cariñosa.
    5   Roberto tiene el pelo castaño.
    6   ¿Conoces a alguien que sepa hablar japoés?
    7   Últimamente se me olvidan las cosas.
    8   Yo en tu lugar hablaría con tus padres.
    9   Busco una chica que sea sincera.
    10 ¿Te acuerdas de Elena, la hermana de Jorge? Pues ha tenido un accidente.

> 해설
> * 선행사를 수식하는 que 절에서 그 선행사에 대한 정보를 이미 알고 있다면 직설법 동사를, 전혀 알고 있지 않다면 접속법 동사를 사용합니다.
> * enfadarse con ~: ~에게 화가 나다
> * se + 간접목적대명사 + olvida(n): ~이/가 ~에게 잊히다 (주어의 잘못이 아니라 상황 때문에 그렇게 되었다는 무의지의 표현)
> * Yo en tu lugar/ Yo que tú(내가 너라면) 등과 함께 쓰인 나머지 절에서는 가정미래시제가 사용됩니다.
> * acordarse de ~: ~에 대해 기억하다

Soluciones 정답

5
1. escribiría
2. saldría
3. pondrías
4. diría
5. haríamos
6. comería
7. viviría
8. estudiarías
9. buscaría
10. vendría

6 Actividad libre.

7
1. estabas haciendo
2. estaba comprando
3. estuve estudiando
4. Habéis estado comiendo
5. estaba preparnado
6. estuvimos trabajando
7. han estado viajando
8. estuvimos trabajando
9. he estado esperando
10. Estábamos viendo

해설
* 1. estabas haciendo, 2. estaba comprando, 5. estaba preparando, 10. Estábamos viendo: 과거에 산발적인 일이 발생했을 때 지속되고 있던 상황
* 3. estuve estudiando, 6. estuvimos trabajando: el año pasado, ayer와 같이 종결 시점이 확실한 과거에 지속했던 일
* 4. Habéis estado comiendo: 가까운 과거에 지속했던 일의 강조
* 7. han estado viajando, 9. he estado esperando: este verano, esta mañana와 같이 근접성이 두드러지는 과거에 지속했던 일
* 8. estuvimos trabajando: 과거의 불특정 시점에 지속했던 일

8
1. vivía
2. subía
3. viajaba
4. esperaba
5. se abrazaban
6. volvía
7. escuchó
8. vino
9. vio
10. desapareció

9
1. a trabajar
2. trabajando
3. de fumar
4. fumando
5. viviendo
6. a vivir
7. de llamar
8. estudiando
9. a casarse
10. escuchando

UNIDAD 5
Salud y enfermedad
5A ¿Por qué soy vegetariano?

1 **Carne:** filete, salchichas
Legumbres: garbanzos, lentejas
Pescado: mejillones, merluza
Lácteos: yogur, queso
Verduras: berenjenas, coliflor

3
1. Porque se dio cuenta de que la carne le perjudicaba y dejó de gustarle comer animales.
2. Carne, pollo, pescado, huevos y leche.
3. Para que su cuerpo pueda limpiarse.
4. De manera cruel: insistían en ir a tomar una hamburgesa.
5. Su madre.
6. Explicarles qué contiene.
7. Verduras, cereales y legumbres.
8. Impresionarles con una buena comida hecha sin emplear animales.

6
1. j 2. b 3. f 4. e
5. h 6. a 7. i 8. g
9. d / f / j   10. c

7
1. estar
2. oír
3. riegue
4. explique
5. saber
6. haga
7. se seque
8. sepas
9. cocinar

5B Las otras medicinas

2
1. Verdadero.
2. Falso. (La aromaterapia es una rama de la ciencia herbolaria)
3. Falso. (Los aceites no se beben, sino que se huelen o se aplican en la piel)
4. Verdadero.
5. Verdadero.

3 1 d 2 c 3 a 4 e 5 d

5
1. Hidroterapia
2. Aromaterapia
3. Risoterapia
4. Musicoterapía
5. Fitoterapia

6
1. manos
2. pecho
3. brazos
4. cabeza
5. pies
6. dedos
7. pierna
8. rodilla
9. cuerpo
10. fuente
11. caderas
12. manos
13. pies
14. pie
15. pierna
16. pie
17. rodillas
18. espalda
19. brazos
20. orejas

5C El sueño

2 Los consejos que se dan son para no dormir.

3 Acuéstese / piense / cene / practique / cambie / duerma / dese / tome

4 Acuéstese , No se acueste
Piense , No piense
Cene , No cene
Practique , No practique
Cambie , No cambie
Duerma , No duerma
Dese , No se dé
Tome , No tome

6
a. No tomes
b. Elige
c. No duermas
d. Olvídate
e. Pon
f. Levántate
g. Recuerda

5D Comunicación y cultura
말하기와 듣기

2
1. estómago
2. Tómate
3. cenes
4. traerme
5. llevártelos

5
1. Se ha hecho un corte en el brazo.
2. Con el cristal de una ventana cuando iba a cerrarla.
3. Le dicen que se ponga una venda apretada sobre la herida para cortar la hemorragia, que no mueva el brazo y se acerque al Servicio de Urgencias lo antes posible.
4. En ambulancia.
5. La madre de Roberto se acaba de quemar la mano cocinando.
6. Julián le dice a Roberto que le moje la mano con agua fría y que le ponga un poco de aceite sobre la quemadura.
7. Para la quemadura.

206 dos cientos seis

읽기

1
1. Verdadero.
2. Falso. (Está en el mar Caribe)
3. Falso. (Los cubanos hablan español)
4. Verdadero.
5. Falso. (La capital es La Habana)

2
1. En América, en el mar Caribe.
2. La Habana.
3. Hospitalarios y sonrientes.
4. Broncearse y descansar en la playa, bucear.
5. Distintos tipos de corales y peces.
6. Un plato cubano de arroz con frijoes.
7. Natillas y arroz con leche.
8. Puros habanos y música cubana.

쓰기

1
A-1 Soy un hombre …
A-2 Cuando subo …
A-3 ace dos semanas…
B-1 Desde hace tres …
B-2 A los pocos días …
B-3 Estoy a la espera ….

Ejercicios prácticos   p.149

1
1. para que   2. para
3. Para qué   4. Para qué
5. para que   6. para que
7. para   8. para que
9. Para   10. para

해설
* 전치사는 명사나 동사원형과 함께 사용합니다.
* 미래의 목적을 나타내는 para que는 접속법시제의 동사와 함께 사용합니다.
* 목적을 나타내는 의문문은 para qué로 구성됩니다.

2
1. quedan   2. pelar
3. conseguir   4. se pequen
5. tenga   6. dar
7. comprobar   8. conserve

해설
* 전치사는 명사나 동사원형과 함께 씁니다.
* 미래의 목적을 나타내는 para que는 접속법 제의 동사와 함께 씁니다.

3

(word search grid)

4

DECIR	afirmativo	negativo
tú	di	no digas
usted	diga	no diga
vosotros/as	decid	no digáis
ustedes	digan	no digan
IR		
tú	ve	no vayas
usted	vaya	no vaya
vosotros/as	id	no vayáis
ustedes	vayan	no vayan
HACER		
tú	haz	no hagas
usted	haga	no haga
vosotros/as	haced	no hagáis
ustedes	hagan	no hagan
VENIR		
tú	ven	no vengas
usted	venga	no venga
vosotros/as	venid	no vengáis
ustedes	vengan	no vengan

5
1. Haz   2. pongas
3. veas   4. caliéntate
5. recoge   6. Lee
7. te acuestes 8. llámanos

UNIDAD 6 Nuestro mundo

6A Ecológicamente correcto

3 y 4
1. Falso. (Es una organización internacional que trabaja para conseguir un mundo mejor para las futuras generaciones)
2. Falso. (Es una organización internacional)
3. Verdadero.
4. Falso. (Los países más ricos no colaboran activamente con esta organización)
5. Verdadero.

5
1. Defender el planeta.
2. Cuestiones como la deforestación, la contaminación de la atmósfera y de los océanos.
3. Los gobiernos, las empresas y las organizaciones ecologistas.
4. No siempre.
5. Haciéndose socio y enviando dinero a Greenpeace.

6
1. b   2. a
3. c / d / e / f   4. d / e / f
5. c / d / e / f

7
1. la gente no cuide
2. el gobierno no solucione
3. la televisión haga
4. lleve
5. los políticos no colaboren
6. no llueva

6B Menos humos, por favor

3
1. atropellar
2. calzada
3. sostenible
4. sedentarismo
5. carril

4
1. Es sostenible, humaniza las ciudades, combate el sedentarismo, suele ser divertida y proporciona una grata sensación de libertad.
2. Sevilla.
3. Un gran número de capitales usan igual la calzada que las aceras para la circulación de las bicis. En unos casos los carriles bicis están separados del resto del tráfico por un bordillo, en otros solo por una línea pintada en el suelo. También hay ayuntamientos que prefieren desviar el tráfico de bicicletas por calles secundarias, donde la velocidad se limita a los 30 kilómetros por hora. En París o Bruselas, la bici comparte el carril con autobuses.
4. hace falta que disminuya la velocidad del tráfico y circulen menos vehículos por las calles de la ciudad.
5. Actividad libre.

6
1. hay que   2. es necesario que
3. hay que   4. Hace falta que
5. hay que   6. es necesario que
7. Es importante

Soluciones 정답

7
1. Es conveniente que
2. No hay que
3. Hay que
4. Es necesario
5. No es necesario
6. Hay que
7. Es necesario
8. No es necesario que por
9. Es importante
10. Es necesario que

Pronunciación y ortografía

1 y 2
1. Es conveniente **qu**e los bares **c**ierran a las on**c**e.
2. En las **z**onas de o**c**io hay mucho ruido.
3. Dicen **qu**e van a fabricar **c**oches más silen**c**iosos.
4. Greenpeace es una organi**z**ación dedi**c**ada a defender la naturale**z**a.
5. Las denuncias que ha**c**en los ve**c**inos son inútiles.

6C La ecologista del Himalaya

1
1. Verdadero.
2. Falso. (Estudió el impacto de la tecnología científica sobre el medioambiente)
3. Verdadero.
4. Falso. (El movimiento pacífico Chipko estaba encabezado principalmente por mujeres)
5. Falso. (Shiva ha combatido públicamente la "revolución verde")
6. Verdadero.

2
1. río
2. océano
3. cordillera
4. país
5. desierto
6. mar
7. isla
8. selva
9. continente
10. cañón

3
1. más
2. menos / que
3. más / que
4. menos / que
5. tanto / como
6. mayor / que
7. menos / que
8. tantos / como

4
1. más increíble
2. meons lluviosos
3. más dañada
4. tan fría
5. mayor
6. más habladas
7. menor que
8. más / larguísimo
9. peores
10. mejor

6D Comunicación y cultura

말하기와 듣기

2
1. explicarme
2. recojan
3. conseguir
4. recogerla
5. reciclemos

5
1. En Madrid.
2. Hay más de 15 000 personas.
3. Se manifiestan en contra de las medidas que el gobierno está tomando para solucionar la crisis económica.
4. Van hacia el Parlamento.
5. Piden que los políticos estén más atentos a las exigencias de los ciudadanos.

읽기

1
1. Verdadero.
2. Falso. (Mérida fue fundada por los romanos)
3. Falso. (Durante el Imperio Romano, fue un importantísimo centro jurídico, económico, militar y cultural.
4. Verdadero.
5. Falso. (Actualmente es una catedral de culto católico)
6. Falso. (La Laguna pertenece a las islas Canarias)
7. Verdadero.

쓰기

1 Todas las funciones que aparecen son habituales en las cartas al director, excepto la última (*felicitar a alguien el cumpleaños*), que es posible, pero no habitual.

2 **Carta 1:** El autor expresa su preocupación por la contaminación acústica y su agradecimiento al periódico por publicar un artículo sobre el tema.

Carta 2: Expresa su tristeza y su enfado por la suciedad de las calles de Madrid.

3 A 3 B 1 C 2 D 4

Ejercicios prácticos p.151

1
1. que haga
2. cambiar
3. que venga
4. vivir
5. que fumen
6. que conozcas
7. prepare
8. esté
9. ser
10. suspender

해설
* 주절의 동사가 감정을 나타내는 gustar류 동사 (encantar, molestar, parecer, gustar, interesar...)이며, 주절과 종속절의 주어가 다른 경우, 관계사절인 종속절에 접속법 시제의 동사를 씁니다.
* 가치평가를 나타내는 'ser/estar + 형용사 (necesario, importatne, bueno, malo, interesante, conveniente...)' 절은 동사원형으로 구성되며, que절로 연결되는 경우에는 주어를 명시할 수 있습니다.

2 Posibles respuestas:
1. Hay que desenchufar los aparatos eléctricos para ahorrar energía. / Hay que salvar el planeta.
2. Me preocupa vivir en un mundo tan contaminado.
3. Es conveniente poner más puntos limpios en esta zona si queremos que la gente recicle más.
4. Me molesta que tires latas y botellas de plástico donde está el resto de la basura, porque luego tengo que separarlo yo.
5. No hay que tirar el aceite usado por el fregadero, porque es muy contaminente.
6. Es importante que los niños aprendan desde pequeños a cuidar el medioambiente.
7. Me gusta que los niños aprendan desde pequeños a cuidar el medioambiente.
8. No hace falta que me ayudes, puedo hacerlo yo solo.

3
1. Alpes
2. Nilo
3. Australia
4. Pacífico
5. Sahara
6. Amazonía

4
1. más
2. peor
3. mejor
4. menor
5. tantas
6. más
7. tan
8. que
9. mejores
10. más

> **해설**
> * más bueno / bien (que) → major(es) (que)
> * más malo / mal (que) → peor(es) (que)
> * 나이 비교:
>   más viejo/a (que) → mayor (que),
>   más pequeño/a (que) → menor (que)
> * estar en forma: 몸매/건강 상태가 좋다

5 El avestruz es el animal de dos patas <u>más</u> rápido <u>del</u> mundo: alcanza los 100 km/h. Además de correr mucho, es enorme: mide casi <u>tanto</u> <u>como</u> dos personas juntas. Y un huevo de esta ave puede pesar <u>tanto</u> <u>como</u> 24 huevos de gallina. El animal <u>menos</u> rápido es el perezoso, que no supera los 20 km/h, y que también tiene otro récord: es el animal que <u>más</u> horas duerme (como mínimo, 20 al día).

AUTOEVALUACIÓN (Unidades 5 y 6)

1 1 para que no entre
   2 para hacer
   3 para adelgazar
   4 para que haya
   5 para no tener
   6 para que juegan
   7 para comprar
   8 para que no salga
   9 para ver
   10 para que vengan

> **해설**
> * para와 para que의 사용 구분은 두 행위의 주어가 동일한가 그렇지 않은가입니다. 주어가 같다면 동사 원형을, 주어가 다르다면 접속법 동사를 사용합니다.

2 1 cabeza   2 brazos
   3 manos   4 piernas
   5 pies   6 dedos
   7 rodillas   8 caderas
   9 pecho   10 espalda

3 1 ¡Di la verdad! / ¡No digas la verdad!
   2 ¡Ve al dentista! / ¡No vayas al dentista!
   3 ¡Salid de uno en uno! / ¡No salgáis de uno en uno!
   4 ¡Apague la luz, por favor! / ¡No apagues la luz, por favor!
   5 ¡Haz lo que te han dicho! / ¡No hagas lo que te han dicho!
   6 ¡Pon la televisión, por faovr! / ¡No pongas la televisión, por favor!
   7 ¡Bajen el volumen, por favor! / ¡No bajen el volumen, por favor!
   8 ¡Siga los consejos! / ¡No siga los consejos!

4 1 no quiera   2 suba
   3 no ayuden   4 hagamos
   5 encuentren   6 sea
   7 no tenga   8 vayamos
   9 pongan   10 piensen

> **해설**
> * 간접목적대명사 + preocupa/ molesta/ gusta/ importa que + 접속법 동사(~이/가 ~에게 걱정스럽다/ 거슬리다/ 마음에 들다/ 중요하다): 종속절에 대한 감정을 표현합니다.

5 1 vayamos   2 te levantes
   3 tener   4 esté
   5 llamar   6 deje
   7 conseguir   8 te pongas
   9 leáis   10 terminar

> **해설**
> * hay que + 동사원형: ~해야만 한다 (일반적인 차원의 의무)
> * es necesario/ conveniente/ importante que + 접속법 동사(~이/가 필요하다/ 적절하다/ 중요하다): 내용에 대한 가치 평가를 표현합니다.

6 1 Falso. (Más de un centenar de pueblos sufren ya problemas con el agua)
   2 Verdadero.
   3 Verdadero.
   4 Falso. (No hay sistemas fiables para saber si en los próximos tres meses lloverá)
   5 Falso. (Las últimas sequías duraron entre cuatro y seis años)

UNIDAD 7
Trabajo y profesiones

7A Un buen trabajo

2 el bombero / la bombera
   el pastelero / la pastelera
   el juez / la juez – la jueza
   el médico / la médico – la médica
   el fontanero / la fontanera
   el cantante / la cantante
   el peluquero / la peluquera
   el cámara / la cámara

5 1 Verdadero.
   2 Verdadero.
   3 Falso. (Alrededor del 30 o el 35% de los trabajadores que ceden son contratados después directamente por la empresa usuaria)
   4 Falso. (Las ETT ofrecen trabajo durante todo el año, aunque el verano junto con la Navidad son probablemente las épocas más fuertes)
   5 Verdadero.
   6 Falso. (No, está prohibido por ley)
   7 Verdadero.

6 1 paro   2 anuncio
   3 currículo   4 entrevista
   5 firmar   6 contrato
   7 extra   8 sueldo
   9 fijo   10 despidieron
   11 paro
   Sobran: horario y empresa

7 1 En el anuncio 3.
   2 En el anuncio 1.
   3 En el anuncio 3.
   4 Respuesta libre.

7B Cuando pueda, cambiaré de trabajo

1 a Verdadero.
   b Verdadero.
   c Falso. (Cuanto más comunicados estamos a través de la tecnología, más alejados estamos en la realidad unos de otros)
   d Verdadero.

3 1 e   2 d   3 a   4 g   5 h
   6 b   7 c   8 f

4 1 Falso. (Estaban en permanente comunicación por móvil y por correo)
   2 Verdadero.
   3 Falso. (Ángela charlaba por internet)
   4 Verdadero.
   5 Verdadero.
   6 Verdadero.
   7 Verdadero.

Soluciones 정답

7
1. Llamaré a Rosa cuando llegue a casa.
2. Iré a verte cuando vaya a Valencia.
3. Pondré la tele cuando termine este trabajo.
4. Saldré de copras cuando el jefe me pague.
5. Compraré un piso cuando tenga un trabajo fijo.
6. Volveré a mi pueblo cuando tenga vacaciones.
7. Limpiaré el piso cuando tenga tiempo.
8. Compraré un coche cuando tenga dinero.
9. Me casaré cuando encuentre a mi media naranja.
10. Empezaré a trabajar cuando termine los estudios.

8
1. sea 2. tenga
3. salimos 4. puedas
5. trabajaba 6. llevaba
7. tengas 8. termine

7C Si tuviera dinero...

2 1 f 2 d 3 c 4 b 5 a 6 e

3 subieran
hablara
supiera
tuviera

4
1. vivieran 2. fuéramos
3. tuviera 4. pusiera
5. estuvieran 6. viera
7. vinieras 8. leyeran

5
1. tuviera / iría
2. fuera / nos casaríamos
3. leyeran / vieran / serían
4. lloviera / plantaría
5. fuera / empezaría
6. pudiera / iría
7. quisieras / haríamos

6
1. Si yo fuera, ...
2. Si tuviera, ...
3. Si fuera, ...
4. Si pudiera, ...
5. Si un/una hombre/mujer rico/a, me pidiera que me casara con él/ella...
6. Si encontrara, ...

Pronunciación y ortografía

1
1. estu<u>v</u>iera 2. estar<u>á</u>
3. terminar<u>á</u> 4. <u>f</u>ueras
5. hab<u>l</u>aras 6. vendr<u>á</u>n
7. vi<u>n</u>ieras

3 Futuro: beberá, leeremos, escribiremos
Imperf. subj.: lloviera, hablara, comiera, tuviera, bebiera, dijeran, escribiera

7D Comunicación y cultura

말하기와 듣기

2
1. trabajado 2. terminé
3. encontré 4. pudiera
5. gustaría

5
1. No sabe cómo ha ido la entrevista.
2. Para pagarse las clases en la universidad.
3. Si le dan el horario completo, cobraría unos 330 euros más las propinas.
4. Empezaría a trabajar el 1 de julio.
5. pizzas.

읽기

1 1 e 2 f 3 h 4 a 5 b
6 c 7 g 8 d

쓰기

2
1. Formal.
2. Estimado señor.
3. En espera de su respuesta, le saluda atentamente.

3 4 – 6 – 7 – 1 – 3 – 2 – 8 – 5

Ejercicios prácticos p.153

1
1. Recursos Humanos
2. candidatos 3. eventual
4. cobrar 5. vacantes
6. contratar 7. categoría
8. plantillas

2

dar	salir
diera	saliera
dieras	salieras
diera	saliera
diéramos	saliéramos
dierais	salierais
dieran	salieran

decir	tener
dijera	tuviera
dijeras	tuvieras
dijera	tuviera
dijéramos	tuviéramos
dijerais	tuvierais
dijeran	tuvieran

venir	leer
viniera	leyera
vinieras	leyeras
viniera	leyera
viniéramos	leyéramos
vinierais	leyerais
vinieran	leyeran

ver	pedir
viera	pidiera
vieras	pidieras
viera	pidiera
viéramos	pidiéramos
vierais	pidierais
vieran	pidieran

estar	ser
estuviera	fuera
estuvieras	fueras
estuviera	fuera
estuviéramos	fuéramos
estuvierais	fuerais
estuvieran	fueran

poner	ir
pusiera	fuera
pusieras	fueras
pusiera	fuera
pusiéramos	fuéramos
pusierais	fuerais
pusieran	fueran

3 respuestas Posibles:
1. Cuando vayas a París, ve al museo del Louvre.
2. Cuando vuelvas del trabajo, compra el pan.
3. Cuando ueas a María, dile que la quiero.
4. Cuando estés triste, llámame.
5. Cuando quieras, pásate por mi casa.
6. Cuando tengas tiempo, escribe la redacción de español.
7. Cuando necesites dinero, pídeselo a tu padre.
8. Cuando tengas hambre, come.

4
1. tengo 2. estudiara
3. viviéramos 4. estarías
5. llama 6. tengo
7. podemos 8. furean
9. estás

해설
* 실현 가능한 가정을 나타낼 때는 조건절에 직설법 현재 동사를 쓰며, 결과절에는 현재, 미래, 명령형을 씁니다.

> *실현 불가능한 가정을 나타낼 때는 조건절에 접속법 불완료과거 동사를 쓰며, 결과절에는 가정미래 시제의 동사를 씁니다.

UNIDAD 8 Tiempo de ocio

8A Deportes

1 Foto 1: Marc Márquez, piloto de motociclismo, español.
Foto 2: Juan Martín del Potro, tenista, argentino.
Foto 3: Mireia Belmonte, nadadora, española.
Foto 4: Neymar da Silva, futbolista, brasileño.

2 1 a 2 g 3 i 4 b 5 e
  6 h 7 j 8 c 9 f 10 d

3 1 campeona
  2 medalla de oro
  3 abanderados
  4 paralímpicos
  5 entrenar
  6 concentración
  7 gradas
  8 chaleco salvavidas

4 1 atleta   2 medalla
  3 campeona   4 batir
  5 ganador   6 récord
  7 árbitro   8 aficionado

5 1 Andalucía
  2 2009
  3 Europa
  4 Inglaterra
  5 la medalla de oro
  6 windsurf
  7 su hermana María
  8 *snow* / esquía
  9 pescado a la plancha / puchero
  10 Tarifa / Nueva Zelanda

6 DEPORTE: natación, boxeo, ciclismo, tenis, golf, fútbol
LUGAR: piscina, ring, pista, carretera, pista de hierba, pista batida, campo, estadio
EQUIPAMIENTO: bañador, guantes, casco, raqueta, palos, botas, balón, bicicleta

8B ¿Salimos?

1 1 C 2 E 3 B 4 A 5 D

2 1 Para esta tarde.
  2 A ver un musical.
  3 A las siete.
  4 En la puerta de la oficina de Ana.
  5 A tomar unas tapas.

3 1 ¿Qué <u>podemos hacer</u> esta tarde?
  2 Podemos <u>ir al cine</u>.
  3 ¿Y si <u>hacemos algo diferente</u>? ¿Qué te parece <u>el espectáculo de Nacho Cano</u>?
  4 ¡Ah, vale, <u>me parece buena idea</u>!
  5 ¿Dónde <u>quedamos</u>?
  6 Podemos quedar <u>en la puerta del cine</u>.
  7 ¿A qué hora <u>quedamos</u>?
  8 ¿Qué tal a <u>las siete</u>?
  9 Nos vemos <u>a las siete</u>, entonces.
  10 Bien, <u>de acuerdo</u>.

7 1 Dijo que el concierto había empezado / empezó a las siete y media.
  2 Dijo que sacarían las entradas hoy por la tarde.
  3 Dijo que vamos / íbamos a ir en coche.
  4 Dijo que hacía dos años que no iba al teatro.
  5 Dijo que irían todos juntos.
  6 Dijo que aquel concierto había sido muy caro.
  7 Dijo que no le había gustado / gustó nada la película.
  8 Dijo que lo había oído por la radio.
  9 Dijo que le habían regalado las entradas.
  10 Dijo que iba a leer la novela de Andrés.

8 1 Dijo que / Quería saber dónde quedábamos.
  2 Preguntó si / Quería saber si íbamos al cine esa tarde.
  3 Dijo que / Quería saber cuánto habían costado las entradas.
  4 Dijo que / Quería saber a qué hora habíamos llegado.
  5 Preguntó si / Quería saber si nos veíamos a la salida del trabajo.
  6 Preguntó si / Quería saber si comeríamos con ellos.
  7 Dijo que / Quería saber cuándo había vuelto.
  8 Preguntó si / Quería saber si había ido en metro.
  9 Dijo que / Quería saber dónde los había escuchado la última vez.
  10 Preguntó si / quería saber si me gustaría ir con ellos.

8C Música, arte y literatura

1 1 Penélope Cruz es actriz.
  2 Alejandro Aménabar es director de cine.
  3 Hebert von Karajan era director de orquesta.
  4 Pablo Picasso era pintor.
  5 Leon Tolstoi era escritor.
  6 Federico García Lorca era poeta.
  7 Mick Jagger es cantante.
  8 Guiseppe Verdi era compositor.

3 1 violonchelista 2 violinista
  3 pianista   4 guitarrista
  5 saxofonista   6 batería
  7 flautista

4 1 Poesía 2 Teatro 3 Cine
  4 Pintura / escultura 5 Música

5 1 La obra de teatro *Historia de una escalera*.
  2 El espectáculo de baile *Yerma*.
  3 *Yerma*.
  4 La exposición de pintura contemporánea.
  5 En el Festival de rock joven andaluz.
  6 En *Yerma*.
  7 A la exposición de pintura.
  8 El festival de rock.
  9 El festival de rock.
  10 *Yerma* y la exposición de pintura, que son gratuitos.

6 3 / 1 / 5 / 2 / 4

Soluciones 정답

8
1. Generosa y Fernando.
2. De Gregorio, de Crmina y de Pepe.
3. A Gregorio.
4. Conductor de tranvía.
5. Que "no hay quien lo encarrile", es decir, que no lleva un "buen camino" en la vida: no trabaja, etc.
6. Buena, trabajadora y limpia.
7. Con Carmina.

8D Comunicación y cultura
말하기와 듣기

2
1. última 2. trabaja 3. pareció
4. extraordinaria 5. aburrida

5
1. REC es una película de terror.
2. Muy realista y muy bien hecha.
3. Se la recomendaría a todos los amantes del cine experimental y de terror.
4. *Torrente* 4 es una película cómica y, a veces, con bromas de mal gusto.
5. No le pareció divertida.
6. A los seguidores de Torrente.

읽기

2
1. Poco más de doscientos años.
2. La judía, la árabe, la castellana y la gitana.
3. Los gitanos.
4. En el siglo XIX, en referencia a los cantes y bailes de la región andaluza en España.
5. Un lugar donde se puede disfrutar del baile y el cante flamenco.
6. La guitarra.
7. El tema *Entre dos aguas* de su primer disco.
8. Como uno de los catedráticos de la guitarra flamenca.
9. Murió en la ciudad mexicana de Playa del Carmen el 25 de febrero de 2014.

Ejercicios prácticos p.155

1
1. Golf   2. Fútbol
3. Boxeo 4. Natación
5. Tenis

2
1. esquiadora 2. medalla
3. carrera   4. esquí
5. éxitos

3
1. director
2. cantante
3. música clásica / compositor
4. ópera
5. exposición / museo

4 3 / 6 / 1 / 8 / 2 / 10 / 7 / 4 / 9 / 5

5 ¿Sabes?, la semana pasada vi a María por la calle y me contó que estaba cansada porque su jefa le exigía cada día más y le pagaban menos. También me dijo que su marido no tenía trabajo, que sus hijos estaban estudiando y sacaban malas notas, y que Santi, el mayor hacía casi todas las tareas de la casa, que era un encanto.

> 해설
> * 직접화법 → 간접화법: 주어의 인칭, 시제, 법, 소유사의 인칭, 시간이나 장소를 나타내는 부사의 변화에 주의합니다.

6
1. Ayer Fernando me dijo que me llamaría esta noche.
2. Ayer me encontré con Luis y Marta y me dijeron que se iban a casar el mes que viene.
3. Tú me dijiste ayer que harías la cena hoy.
4. Juan dijo que él haría la cena el sábado.
5. Ellos me dijeron ayer que hoy no saldrían.

> 해설
> * 직접화법 → dijo que 간접화법
> : 미래시제 → 가정미래시제
> 'ir a + 동사원형'을 선택할 경우, 불완료과거시제를 사용합니다.
> 간접화법으로 전달 시점에 따라 때를 나타내는 부사를 바꿉니다.

AUTOEVALUACIÓN (Unidades 7 y 8)

1
1. anuncio / experiencia
2. gano
3. paro / currículo / entrevista

2
1. vaya   2. terminó
3. salgo   4. se casaron
5. encuentre 6. puedas
7. termine   8. vayas
9. está   10. ahorremos

> 해설
> * 1. vaya, 5. encuentre, 6. puedas, 7. termine, 8. vayas, 10. ahorremos: 미래의 일을 표현하므로 접속법 시제를 씁니다.
> * 2. terminó, 4. se casaron: 과거에 일어난 일을 표현하므로 직설법 과거시제를 씁니다.
> * 3. salgo, 9. está: 습관적인 일을 표현하므로 현재시제를 씁니다.

3
1. supiera   2. tuviera
3. regalara   4. encontrara
5. pudiera   6. pudiera
7. supiera   8. tocara

4
1. e 2. h 3. a 4. f 5. d
6. b 7. g 8. c

5
1. ganador   2. árbitro
3. aficionado 4. récord
5. atleta   6. piloto
7. natación   8. raqueta

6 Cuando me llamó, me dijo que estaba ocupado, pero que se pasaría por aquí esta tarde o al día siguiente. También me dijo que el tejado lo arreglaría el viernes y que llevaría un sofá nuevo la semana siguiente. Que había comprado el funcionamiento de la calefacción el mes anterior y había comprado una lavadora recientemente. Además, dijo que las alfombras estaban en el tinte, y que tendría que llamar por teléfono para que me las llevaran a casa. Y que si tenía algún problema, le llamara esa noche a casa.

7
1. Nací   2. dio   3. Debuté
4. Fundé   5. retiré 6. vivo
7. hacer   8. son   9. Era

> 해설
> * 1~5: 과거사에 대한 단편적인 사건의 열거이므로 모두 단순과거시제입니다.
> * 6. 현재 시점에 대한 설명이므로 현재시제를 씁니다.
> * 7. como 이후는 주어가 없는 예시에 해당하므로 동사원형을 사용합니다.
> * 8. 객관적인 진실이나 진리, 역사적 사실에는 현재시제를 사용합니다.
> * 9. 과거에 지속된 일에 대한 설명이므로 불완료과거시제를 사용합니다.

UNIDAD 9 Noticias
9A Sucesos

4
1. 1   2. 2   3. 3   4. 1   5. 2
6. 3   7. 3   8. 3   9. 3   10. 1
11. 3   12. 2   13. 1   14. 1

5 1 / 3 / 2

6
1. El coche.
2. Tras una espectacular persecución.
3. Sí, tienen antecedentes policiales.
4. Una navaja.
5. Dos.
6. No.
7. Agentes municipales.
8. Darse un baño.
9. Fueron trasladados a comisaría, pero luego regresaron a su casa sin castigo alguno.

7
1. serán clausurados
2. fue inaugurada
3. Han sido encontrados
4. fueron detenidos
5. fue detenido
6. ha sido elegido
7. serán elegidos
8. fueron elogiadas

8
1. Falso. (Le ha tocado la lotería primitiva)
2. Verdadero.
3. Falso. (El Tribunal Supremo ha sentenciado que se reparta el premio)
4. Verdadero.
5. Falso. (El boleto fue rellenado durante un viaje a Madrid)
6. Falso. (El premio es de dos millones de euros)

9B ¡Cásate conmigo!

1
1. C   2. D   3. A
4. F   5. B   6. E

2
1. e   2. a   3. c
4. b   5. f   6. b

3 *Primera columna:* pretérito perfecto
Segunda columna: presente de subjuntivo

4
1. hagamos   2. habláramos
3. llames   4. viniera
5. compre   6. fuera
7. duerma   8. lea
9. dejemos   10. vaya

5
1. La azafata ha ordenado que nos abrochemos los cinturones.
2. El policía nos ha dicho que recojamos la documentación en el mostrador 25.
3. Mi padre me ha pedido que cierre la puerta, pero no eche la llave.
4. La profesora siempre dice que busquemos en el diccionario las palabras que no conozcamos.
5. Paloma te ha dicho que hace frío, que cojas el abrigo.
6. Carlos nos ha dicho que empecemos a comer.
7. María me ha pedido que no llegue tarde.
8. Mi mujer me ha pedido que recoja al niño del colegio a las cinco.
9. Susana me ha dicho que no me olvide del cumpleaños de Óscar.
10. El médico me ha prohibido que pruebe el alcohol y las grasas.

6
1. antes de salir
2. las ocho de la mañana
3. que enseñáramos
4. recomendó
5. un par de fotos
6. el pasaporte
7. nuestro avión

9C Quiero que mi ciudad esté bonita

2
1. Que tropezó por la calle con un ladrillo, se cayó y se rompió el hombro.
2. Que las calles <u>estén</u> limpias y las aceras no <u>sean</u> peligrosas para las personas mayores o los invidentes. Que los transportes públicos <u>funcionen</u> normalmente. Que la ciudad <u>esté</u> bonita y <u>podamos</u> presumir de ella. Y que las obras municipales no <u>se eternicen</u>.
3. En presente de subjuntivo.

3
1. digas   2. paséis
3. encuentre   4. vayamos
5. sean   6. poner
7. ayudes   8. compre
9. salgas   10. llegar

5
1. Marcos, 34 años. "Quiero que <u>este año me toque el gordo de Navidad</u> y así <u>poder pagar</u> la hipoteca de mi casa".
2. Andrea, 28 años. "Quiero <u>volver a Roma</u> y pasarme allí <u>tres meses</u>".
3. Raquel, 8 años. "Yo quiero ser famosa, quiero <u>ser una cantante famosa</u>. Me gustaría <u>salir en la tele</u>".
4. Alberto, 9 años. "Yo quiero que <u>mi madre me compre un perro</u>, pero no sé si me lo comprará".
5. Óscar, 29 años. " Quiero <u>encontrar un trabajo bueno</u> y que mi novia <u>Cati se case conmigo</u>, hace cinco años que somos novios, y que <u>bajen</u> los precios de los pisos…".
6. Alejandra, 78 años. "Solo deseo <u>seguir como estoy, tener salud</u>. Me gustaría <u>viajar</u>, pero como ya soy muy mayor, no tengo muchas condiciones".

Pronunciación y ortografía

2 y 3
1. pela   2. baba
3. pueblo   4. avión
5. pala   6. vuelvo
7. Japón   8. jarabe
9. rápido   10. ropa

4 y 5
1. ropa   2. apio   4. bobo
5. jarabe   6. jabón   7. rápido

9D Comunicación y cultura

말하기와 듣기

2
1. año   2. encontrar
3. gustaría   4. novia
5. busquemos

5
1. Ricardo quiere estudiar Económicas.
2. Porque su padre tiene una empresa.
3. Que acabe pronto sus estudios para ayudarle.
4. Inés quiere ir a Estados Unidos.
5. Para perfeccionar su inglés.
6. Sus padres están de acuerdo y la apoyan.

dos cientos trece **213**

Soluciones 정답

읽기

2 1 yacimientos 2 clima
   3 excavaciones 4 fósiles
   5 esqueletos 6 arqueólogos
   7 herramientas 8 científicos

4 1 Un millón de años.
   2 En 1978.
   3 Una nueva especie de homínidos hallada en Atapuerca. Son los europeos más antiguos conocidos.
   4 De más de 180 esqueletos de osos.
   5 Herramientas, fósiles de animales y polen.
   6 Juan Luis Arsuaga.
   7 Han sido incluidos en la lista de Patrimonio Mundial por la UNESCO.
   8 Museo de la Evolución Humana.

쓰기

2 Posibles respuestas:

   Recado entre novios: Que felipe llame a su padre cuando llegue.

   Recado entre compañeras de trabajo: Que sara recoja los papeles para entregarlos el jueves.

   Recado de un vecino: Que alguien aparque su coche un poco más lejos del de otra persona.

   Recado de Juanjo a su compañero de piso: Que jorge compre comida para el gato y sepa que su compañero ya ha pagado su parte del alquiler.

   Recado de una mujer a su marido: Que Carlos sepa que la profesora de su hijo quiere hablar con él y con su mujer.

   Recado de una madre a su hija: Que Julia sepa que ya están listas sus gafas.

Ejercicios prácticos p.157

1 1 ha sido criticada
   2 fue suspendido
   3 ha sido clausurado
   4 fue interrumpido
   5 han sido recibidas

2 1 vaya allí ahora mismo.
   2 me lave las manos.
   3 ponga la mesa.
   4 le diga a papá que venga a comer.
   5 quite la tele.
   6 no le dé azúcar al perro.
   7 saque la basura.
   8 lleve el pan a la mesa.

해설
* 직접화법의 명령형 동사는 현재완료시제의 동사로 연결된 간접화법구문에서는 접속법 동사가 됩니다.

3 1 "Ven conmigo".
   2 "Come más fruta".
   3 "Léelo en voz alta".
   4 "No hagas ruido".
   5 "Llegad a las siete".
   6 "Terminad pronto".
   7 "Has la cena".
   8 "Lavaos las manos".

4 1 Nos gustaría tener un piso.
   2 Me gustaría que mi hija me ayudara.
   3 Me gustaría llegar pronto todos los días.
   4 Me gustaría que mis hijos tuvieran trabajo.
   5 me gustaría salir de viaje.
   6 me gustaría hablar inglés bien.
   7 Me gustaría que mi marido tuviera muchas vacaciones.
   8 Me gustaría que mis alumnos hicieran los deberes.
   9 Me gustaría que Penélope viniera más a verme.
   10 Me gustaría tener un vestido largo y bonito.
   11 Me gustaría que no hiciera tanto calor.
   12 Me gustaría que mi hijo fuera un buen estudiante.

5 1 Me gustaría trabajar de enfermera.
   2 Me gustaría ganar más dinero.
   3 Me gustaría que fueras a París.
   4 Me gustaría que vinieras a mi casa.
   5 Me gustaría que tú hablaras bien japonés.
   6 Les gustaría que yo fuera más amable.

해설
* 주절이 gustar 동사의 가정미래형으로 구성되어 '소망'을 나타내는 경우, 종속절의 주어가 주절의 의미상의 주어와 다르다면 que 종속절의 형식을 취하며 접속법 불완료과거시제의 동사를 씁니다.
* trabajar de + 직업명: ~으로 일하다

6 Respuesta libre.

UNIDAD 10
Tiempo de vacaciones
10A De viaje

2 1 un negocio de diseño de moda / a varias ciudades del Mediterráneo
   2 algún lugar exótico a bucear / haga un viaje en tren por Europa
   3 toda América del Sur / a la Costa Brava
   4 la playa / Cádiz / Menorca con su novia.

3 1 llegue
   2 comemos
   3 visitarán
   4 vamos
   5 hagan
   6 vendrá / venga
   7 visitaremos
   8 sea
   9 haga / hará
   10 no hay

4 1 El programa trata de conocer las historias de españoles que viven en el extranjero.
   2 Amor, trabajo o curiosidad.
   3 Porque el programa estimula la curiosidad y el deseo de salir a conocer otros países.
   4 Que es posible encontrar tu lugar en el mundo.

5 Son personas con coraje, arriesgados, aventureros.
6 Porque las comunicaciones son mejores, tienen más formación y saben idiomas.
7 Es difíciil emigrar a los países que tienen conflictos, inseguridad, falta de libertades.
8 Que fuesen muy pronto lugares de paz.

10B Alojamientos

1 1 ¿Sería posible…? / …, por supuesto.
   2 ¿Podrías…? / ¡Cómo no!
   3 ¿Serían tan amables de …? / Claro que sí, …
   4 ¿Le importaría…? / Sí, ahora mismo.

Pronunciación y ortografía

2 1 Ángel se rio mucho de los chistes de Rosa.
   2 Mañana no vendrá la secretaria.
   3 Roberto estudió en Valencia.
   4 El río Ebro pasa por Zaragoza.
   5 Luisa se cree muy sabia.
   6 Moisés guio a su pueblo por el desierto.
   7 Yo no estudio mucho, no me gusta.
   8 Yo creo que ella no sabía nada.

10C Historias de viajes

1 g – b – h – e – c – d - a - f

2 1 Fueron
   2 habían disfrutado
   3 estaban
   4 viera
   5 se quejaron
   6 fueran

3 3 – 6 – 2 – 1 – 4 – 5

4 1 había perdido
   2 me presentara
   3 había encontrado
   4 me sentara y me tranquilizara
   5 se había llevado

9 1 sol   2 paraguas
   3 lloviendo   4 nubes
   5 nubló   6 frío
   7 viento   8 niebla

10D Comunicación y cultura

말하기와 듣기

2 1 semana   2 haga
   3 vayamos   4 seguramente
   5 paraguas

5 1 Enrique quiere viajar con sus amigos.
   2 A Santander.
   3 El tiempo.
   4 Para consultar el tiempo.
   5 Para que su novio conozca Salamanca.

읽기

1 1 Falso. (En Guatemala, las noches son bastantes frescas en cualquier época del año)
   2 Verdadero.
   3 Falso. (Aconsejan llevar un jersey o alguna prenda de abrigo para las noches y para los locales con aire acondicionado)
   4 Verdadero.
   5 Verdadero.
   6 Verdadero.
   7 Falso. (En Guatemala ciudad hay edificios modernos)
   8 Falso. (La huella de los mayas es muy visible en Guatemala)
   9 Verdadero.
   10 Falso. (La mayoría de la población guatemalteca tiene ascendencia maya)

쓰기

1 1 Laura y Sara.
   2 Desde La Coruña.
   3 A Jorge.
   4 El paseo marítimo y la Torre de Hércules.
   5 Hace sol.

2 1 d 2 f 3 a 4 c 5 e 6 b

3 1 C/Príncipe, 90, 2.° D, 30029, Barcelona, España.
   2 Pza. de Peñuelas, 5, 4.° E, 28045, Madrid.
   3 Avda. de la Paz, 128, 3.° izda., 12005, Toledo.
   4 P.° Imperial, 16, 5.° dcha., 35004, Valencia.

Ejercicios prácticos   p.159

1 1 esté   2 puedo
   3 tenga   4 encontramos
   5 tenga   6 vive
   7 venga   8 ha oído
   9 va a subir 10 está

> 해설
> *a lo mejor, seguramente: 직설법을 사용합니다.
> *quizás, probablemente: 가능성이 큰 경우에는 직설법을, 가능성이 낮은 경우에는 접속법을 씁니다.

2 1 Hacía mucho calor.
   2 Llovía a cántaros.
   3 Había niebla.
   4 Hacía viento.
   5 Estaba nublado.
   6 Nevaba.
   7 Había tormenta.
   8 Hacía frío.

3 respuestas Posibles:
   1 Podría / Por supuesto
   2 Le importaría / Ahora mismo, señor
   3 Sería tan amable / Lo siento
   4 Podrías / Sí, cómo no

4 1 Ana y Manuel.
   2 Desde Córdoba.
   3 A juan.
   4 El barrio judío y la Mezquita.
   5 Hace muy buen tiempo: mucho sol y una temperatura estupenda para pasear.

AUTOEVALUACIÓN (Unidades 9 y 10)

1 1 c 2 a 3 e 4 d 5 b

2 1 circulación   2 sequía
   3 tifón   4 atasco
   5 prisión

3 1 El doctor me dice que haga más ejercicio.
   2 Antonio siempre me dice que no le espere a comer.
   3 Mis amigos me dicen que vaya a verlos los fines de semana.

Soluciones 정답

4 Todos los días le digo a mi marido que me espere a la salida de la oficina.

5 En la Administración siempre te dicen que vuelvas al día siguiente.

4 Un montón de cosas: que atienda en clase, que haga los deberes, que pregunte si tengo dudas, que no moleste a mis compañeros y que estudie para los exámenes.

5
1 "Vente conmigo".
2 "Ven mañana".
3 "Léelo en voz alta".
4 "No hagas ruido".
5 "Sed puntuales".
6 "Terminad pronto".
7 "Haz la cena".
8 "Lavaos las manos"

해설
* 1. "Vente conmigo", 2. "Ven mañana": 시제의 교체도 중요하지만 말을 전하는 화자의 시점이 달라졌으므로 irse 동사는 venirse로 바꿉니다.
* 3. "Léelo en voz alta", 5. "Sed puntuales", 6. "Terminad pronto", 7. "Haz la cena", 8. "Lavaos las manos": 직접화법에서 쓰인 명령형은 간접화법에서 접속법시제가 되며, 연결동사 dijo, pidieron, pidió가 과거시제이므로 간접화법에서는 접속법과거시제가 됩니다.
* 4. "No hagas ruido": 직접화법에서 쓰인 명령형은 간접화법에서 접속법시제가 되며, 연결동사 dice가 현재시제이므로 간접화법에서는 접속법현재시제가 됩니다.

6
1 seas   2 salgas
3 digas   4 estudie
5 salir   6 comprarnos
7 tener   8 vinieran
9 ayude   10 acompañe
11 venga   12 tener

해설
* 1. seas, 2. salgas, 4. estudie, 8. vinieran, 10. acompañe, 11. venga: 소망을 나타내는 (no) esperar, querer, gustar 동사가 주절에 쓰였으며, 주절과 종속절의 주어가 다릅니다.
* 3. digas, 9. ayude: 감정을 나타내는 necesitar 동사가 주절에 쓰였으며, 주절과 종속절의 주어가 다릅니다.
* 5. salir, 6. comprarnos, 7. tener, 12. tener: 두 동사의 주어가 동일하므로 동사원형을 씁니다.

7
1 Televisión   2 Restaurante
3 Aparcamiento 4 ---
5 Perros   6 Wifi
7 Cafetería   8 Piscina
9 Minusválidos

8
1 llegué
2 he pasado
3 cruzábamos
4 empezó
5 nos abrocháramos
6 nos asustamos
7 atravesamos
8 hacía
9 había aterrizado
10 nos quitáramos

해설
* 1. llegué, 4. empezó, 6. nos asustamos, 7. atravesamos: 과거의 특정 시점이나 종결된 시점이 분명한 시간에 발생한 단편적인 일이므로 직설법 과거시제를 씁니다.
* 2. he pasado: 현재까지 감정과 여파가 지속되고 있음을 나타내므로 현재완료시제를 씁니다.
* 3. cruzábamos, 8. hacía: 과거에 특정한 일이 벌어진 순간 지속되고 있던 다른 일이나 상황에 대한 설명이므로 불완료과거시제를 씁니다.
* 5. nos abrocháramos, 10. nos quitáramos: 과거시제로 표현된 간접명령이다. 과거시점의 명령이므로 접속법 불완료과거시제를 씁니다.
* 9. había aterrizado: 과거의 행위(nos anunció) 보다 더 앞선 과거의 일이므로 직설법과거완료시제를 씁니다.

9 Respuesta libre.

UNIDAD 11
Tiempo de compras
11A En el mercadillo

2
1 falda / blusa
2 traje / pantalones
3 zapatos
4 guantes
5 chaqueta
6 chándal
7 botas
8 traje
9 bolsillos
10 medias

3
1 ¿Dónde lo has comprado?
2 ¿Quién te lo ha regalado?
3 Llévaselas.
4 Se lo he dado.
5 ¿Me los has traído?
6 Lo he perdido.
7 Se los compraron.
8 Acércamela, por favor.
9 Virginia los/les ha invitado a su cumpleaños.
10 Lo/Le llamé ayer por la tarde.
11 Léeselas.
12 Se lo compré.
13 ¿Se los has leído?

4
A 1 caro / barato
   2 nos lo llevamos
B 1 Tiene usted
   2 un par
   3 se las dejo
C 1 talla
   2 probador
   3 le quedan

11B ¡Me encanta ir de compras!

2
1 Todas las semanas.
2 Bastante dinero.
3 Una compradora compulsiva, porque compra sin pensarlo mucho y a veces se pasa.
4 Un comprador de comportamiento racional, porque solo compra lo que necesita.
5 En rebajas.
6 Sí, porque busca hasta encontrar lo que quiere.
7 Ni con sus hijos ni con su marido.
8 No demasiado.
9 En primavera y en otoño.
10 Calidad.

3
1 bastante   2 pocos
3 demasiado   4 mucho
5 un poco de   6 mucho
7 demasiado   8 mucha
9 un poco de

4
1 demasiado dinero
2 demasiadas horas
3 demasiado tiempo
4 bastante agua
5 bastantes huevos
6 Demasiada responsabilidad
7 demasiados estudiantes
8 demasiada ropa

11C Un hombre emprendedor

1
1. Verdadero.
2. Falso. (Nació en 1936)
3. Verdadero.
4. Falso. (Antes fue repartidor en una camisería)
5. Verdadero.
6. Verdadero.
7. Falso. (En pocas semanas hace llegar a sus tiendas las últimas tendencias)

2
1. a 2. c 3. j 4. b 5. d
6. e 7. f 8. g 9. h 10. i

3
1. ø / unos   2. ø / un
3. al   4. los / las
5. unas / al

11D Comunicación y cultura

말하기와 듣기

2
1. Me 2. lo 3. algo
4. estos 5. los

5
1. Están más rebajados los lavavajillas.
2. Bañadores de señora y caballero en todos los modelos.
3. La ropa interior de caballero.
4. Zapatillas de deporte para niños.
5. Los uniformes tiene un descuento del 15%.

읽기

2
1. Unos dibujos geométricos en una meseta al sur de Lima que solo pueden verse desde el aire.
2. En Perú.
3. Un piloto peruano.
4. La alemana María Reiche.
5. Que forman un calendario astronómico para calcular fechas y estaciones.
6. Que se trata de un calendario meteorológico.
7. María Reiche dice que se hicieron agrandando maquetas. Julin Nott decía que los nazcas podían fabricar globos aerostáticos. Por su parte, el suizo Erich von Daniken afirmaba que eran pistas de aterrizaje para extraterrestres.

쓰기

3 a 4 b 1 c 3 d 2 e 5

4
1. en   2. estrellas
3. que   4. habitación
5. exijo   6. importe
7. indemnización

Ejercicios prácticos   p.161

1
1. la   2. la   3. los
4. las   5. te

2
1. bañador   2. corbata
3. collar   4. bufanda
5. camisa

3
1. ir de compras
2. rebajas   3. tiendas
4. barato   5. probártelo
6. talla   7. queda bien
8. marca   9. moda

4
1. Paraguas   2. Bañador
3. Traje   4. Pijama
5. Chándal   6. Bufanda
7. Guantes

5
1. ø   2. una
3. ø   4. una
5. ø   6. la
7. unas   8. ø
9. una / una   10. un

해설
* 일반적으로 재귀형식의 수동구문에서는 범주만을 나타내는 불특정 주어에 관사를 사용하지 않습니다.: 1번
* 일반적으로 hay 동사와 함께 쓰는 명사(구)에는 정관사를 사용하지 않으며, 단수형 가산명사의 경우는 부정관사를 첨가합니다.: 2, 4번
* 단순하게 직업을 나타내는 ser 동사 구문에는 관사를 생략합니다.: 3번
* 'sin + 단수명사'가 부재나 부족을 나타내는 경우 관사를 생략합니다.: 5번
* 호칭어 señor(a), señorita는 직접 호명의 경우를 제외하고 정관사를 수반합니다.: 6번
* 수식어구가 있는 보어나 목적어의 경우 첫 언급에서 부정관사를 첨가합니다.: 7, 10번
* 'de + 재료'의 경우 관사를 생략합니다.: 8번
* 부정관사는 수적인 의미가 있습니다.: 9번

6
1. He comprado bastantes cervezas.
2. Mis abuelos están un poco sordos.
3. Muchos días hago deporte.
4. Había demasiada gente en la discoteca.
5. En mi pueblo hay muchos coches.
6. No he bebido bastante agua.
7. He ahorrado mucho dinero este mes.
8. No me lo puedo comprar; es un poco caro.
9. Tengo muchos amigos.
10. Demasiadas horas de trabajo no son buenas.
11. Los bocadillos están bastante buenos.
12. Los niños tienen mucha sed.

해설
* un poco: 형용사, 부사, 동사를 수식하는 경우 성과 수의 변화가 없습니다.
* mucho/a/os/as: 수식하는 명사에 성과 수를 일치합니다.
  mucho: 형용사, 부사, 동사를 수식하는 경우 성과 수의 변화가 없습니다.
* bastante(s): 명사를 수식하는 경우 수를 일치합니다.
  bastante: 형용사, 부사, 동사를 수식하는 경우 수의 변화가 없습니다.
* 특정 음식의 맛: estar 동사로 표현합니다.

UNIDAD 12
Fiestas y tradiciones

12A 7 de julio, San Fermín

3
1. El 24 de junio, solsticio de invierno.
2. El Inti Raymi o fiesta del sol.
3. En la antigua fortaleza inca de Sacsayhuamán.
4. En una representación teatral para recordar el culto de los incas a su dios.
5. Desde 1944.
6. En quechua, la lengua de los incas.
7. Se venden platos de arroz con cui (conejo de indias), mazorcas de maíz, algodón de azúcar, refrescos, llamas de trapo...

4 1 C   2 B   3 A

5
1. se vende
2. se arreglan
3. se terminarán
4. se hacen
5. se oye
6. se hace
7. se escribe
8. se hace
9. se han vendido
10. se vive / se trabaja

Soluciones 정답

12B ¿Quieres venir a mi casa en Navidad?

2 1 B / D   2 A   3 C

3 1 ¿Podrías prestarme este libro? Tengo ganas de leerlo. / ¿Te importa prestarme este libro?...
   2 ¿Podrías bajar un poco la tele, por favor? / ¿Te importa bajar un poco la tele?
   3 ¿Quiere que la ayude?
   4 ¿Podrías quedarte con el niño, por favor? / ¿Te importa quedarte con el niño?
   5 ¿Podría salir hoy un poco antes? Es que tengo que hablar con el profesor de mi hijo. / ¿Le importa que salga hoy un poco antes?
   6 ¿Le imoprta que deje la maleta en la habitación hasta las tres? / ¿Podría dejar la maleta en la habitación hasta las tres?
   7 ¿Podría darme cambio para coger un carro, por favor? / ¿Le importa darme cambio para coger un carro, por favor?
   8 ¿Quieres que me quede con tus hijos?
   9 ¿Podría ponerme un vaso de agua, por favor?
   10 ¿Te importa enviarme las fotos? / ¿Podrías enviarme las fotos?

4 1 ¿Queréis que me quede con Carlos?
   2 ¿Queréis que te lo compre?
   3 ¿Quieres que te ayude con el informe?
   4 ¿Quieres que te lo explique?
   5 ¿Queréis que os lleve en coche?

5 1 lleno de regalos
   2 dejar los regalos
   3 ensaladas y pavo
   4 frutos secos
   5 trozos de algodón
   6 cada uno ha pedido

12C Gente

2 a 1 b 2 c 4 d 9 e 11
   f 7 g 6 h 12

3 1 Mi madre.
   2 En mi dormitorio.
   3 Sí, un poco.
   4 La paella.
   5 Sí.
   6 A la India.
   7 Música pop y, a veces, música romántica.
   8 Javier Bardem.
   9 Inglés y un poco de francés.
   10 Canta o llama por teléfono a alguien.
   11 Que no sea sincera.
   12 A la muerte.
   13 Es ambiciosa y consigue lo que quiere.
   14 Su ambición.
   15 Tiene una gria.
   16 no lo ha pensado.

5 1 sorprendentemente
   2 perfectamente
   3 inmediatamente
   4 próximamente
   5 amablemente
   6 profundamente
   7 rápidamente
   8 exactamente
   9 felizmente
   10 finalmente

6 1 Bien
   2 bien / muchos
   3 despacio
   4 demasiados
   5 rápidamente
   6 pronto
   7 bien
   8 mal
   9 buen
   10 nunca

7 y 8

   1 b / d / e / g / h
   2 a / c / d / e / f / g / h
   3 a / c / d / e / g / h
   4 a / c / d / f
   5 c / h
   6 a / b / c / d / f
   7 c / d / e
   8 a / d / e / g / h
   9 a / c / d / e / h
   10 a / b / c / d / e / f / g / h / i / j

Pronunciación y ortografía

1 y 2

1 b 2 b 3 a 4 b 5 a
6 c 7 c 8 a

12D Comunicación y cultura

말하기와 듣기

5 1 Al festival Madrid-Río.
   2 Para preguntarle si quiere que le saque una entrada del festival Madrid-Río e ir juntos.
   3 Elisa le propone a Miguel decírselo a Pedro y a Ana.
   4 Se ofrece para llevar el coche.
   5 Van a ir al festival en transporte público.
   6 El precio de las entradas.

읽기

1 1 Falso. (Los aztecas fundaron México)
   2 Verdadero.
   3 Verdadero.
   4 Falso. (Era un capitán español)
   5 Falso. (Era el maíz)
   6 Verdadero.

3 1 Tenochtitlan.
   2 Hernán Cortés era un capitán español. Detuvo a Moctezuma y venció a los aztecas, destruyendo Tenochtitlan.
   3 El último caudillo de los aztecas.
   4 Del árbol del cacao.
   5 De pirámide.
   6 Está compuesto por un año de dieciocho meses, de veinte días cada uno, más otros cinco complementarios.

쓰기

4 d – a – c – b

Ejercicios prácticos p.163

1
1. Se vende
2. Se comparte
3. Se imparten
4. Se cuidan
5. Se alquilan
6. Se pasean / se bañan

> 해설
> *se 비인칭구문에서 동사는 주어에 수를 일치합니다.

2
1. rápidamanete
2. detenidamente
3. lentamente
4. Finalmente
5. maravillosamete
6. tranquilamente
7. tontamente
8. estupendamente

3 nací / vivíamos / íbamos / estaba / era / llevaban / tenían / fuimos / llevaban / tuve / Empecé / llegué / Canté / tenía / actuado / era / fueron

> 해설
> *단순과거: 과거의 산발적인 행위와 특정 기간에 이루어진 행위를 표현합니다.
> *불완료과거: 과거 불특정한 시점에 지속된 행위나 습관, 묘사, 나이 표현 등에 사용됩니다.

AUTOEVALUACIÓN (Unidades 11 y 12)

1
1. El hombre lleva un traje negro, un sombrero, una corbata, una camisa blanca, unos zapatos negros y un maletín negro.
2. La mujer lleva una gorra, unas gafas de sol, unos auriculares, un jersey gris, unos pantalones vaqueros, unas zapatillas azules, un patinete y un bolso.

2
1. cálidos 2. fríos
3. vestirse 4. gorro
5. guantes 6. calcetines
7. botas 8. abrigo
9. jersey 10. bufanda

3
1. Me lo 2. lo / Pídeselo
3. me / te lo 4. Le / se la
5. te lo

> 해설
> *2. No, lo necesito yo.
> (ordenador를 가리키는 직접목적대명사)
> Pídeselo a Enrique.
> (se: le의 의미로 a Enrique를 가리키는 간접목적대명사, 직접목적어 lo와 함께 사용해야 하므로 se로 형태 바뀜. / lo: ordenador를 가리키는 직접목적대명사)

4
1. cuesta 2. talla
3. caro / barato 4. quedan
5. las

5
1. Vivo en París desde <u>hace</u> dos años.
2. Ernesto <u>ha estudiado</u> tres años en la Universidad de Sevilla.
3. Mi abuelo <u>murió</u> en 1977.
4. Correcta.
5. Luis llega a casa a las nueve de la noche.
6. Cuando llegamos a la estación, el tren ya <u>había salido</u>.
7. Correcta.
8. Correcta.
9. Rosa no <u>se</u> enfada casi nunca, es muy amable.
10. Correcta.
11. Correcta.
12. Ana ha empezado <u>a</u> trabajar en una tienda de ropa.
13. He comprado manzanas para que Luis <u>prepare</u> una tarta.
14. Correcta.
15. Si te duele más tiempo la cabeza, es conveniente que <u>vayas</u> a er al médico.

> 해설
> *1. Vivo en París desde hace dos años.
> (시작된 연도나 일시를 명시할 때는 desde로 쓸 수 있으나 경과된 기간을 표현하려면 desde hace 을 사용합니다.)
> *2. Ernesto ha estudiado tres años en la Universidad de Sevilla. / 3. Mi abuelo murió en 1977.
> (과거에 종결된 시점이 정확히 명시되었으므로 가까운 과거라면 현재완료를, 그렇지 않다면 단순과거시제를 사용합니다.)
> *5. Luis llega a casa a las nueve de la noche.
> (llegar a + 장소: ~에 도착하다)
> *6. Cuando llegamos a la estación, el tren ya había salido.
> (과거의 행위보다 더 앞선 과거에 대한 표현이므로 과거완료시제를 사용합니다.)
> *9. Rosa no se enfada casi nunca, es muy amable.
> (타인을 목적어로 하는 경우가 아닌 재귀동사이므로 enfadarse가 올바른 표현입니다.)
> *12. Ana ha empezado a trabajar en una tienda de ropa.
> (empezar a + 동사원형 '~하는 것을 시작하다')
> *13. He comprado manzanas para que Luis prepare una tarta.
> (주절과 종속절의 주어가 다르고 주절보다 미래의 목적을 나타내고 있으므로 접속법 시제를 사용합니다.)
> *15. Si te duele más tiempo la cabeza, es conveniente que vayas a ver al médico.
> (es conveniente que 절은 가치 평가를 나타내는 절로서 접속법 시제를 사용합니다.)

6
1. diciembre
2. nuevo
3. la costumbre
4. los turrones
5. las campanadas
6. milares
7. mejores
8. la madrugada

Notas

Notas

NUEVO
ESPAÑOL EN MARCHA 3
한국어판

지은이 Francisca Castro Viúdez, Ignacio Rodero Díez, Carmen Sardinero Francos
편역 조혜진
펴낸이 정규도
펴낸곳 (주)다락원

초판 1쇄 인쇄 2018년 3월 9일
초판 2쇄 발행 2022년 3월 28일

책임편집 이숙희, 장지은
디자인 구수정, 주희연

㈜ 다락원
주소 경기도 파주시 문발로 211
전화 (02)736-2031 (내선 420~426)
팩스 (02)738-1714
출판등록 1977년 9월 16일 제300-1977-23호
공급처 (주)다락원
구입문의 전화: (02)736-2031 (내선 250~252)
     팩스: (02)732-2037

Nuevo Español En Marcha 3 © SGEL S.A., 2014
Avda. Valdelaparra 29. 28108 Madrid, Spain
Korean translation copyright © 2018, DARAKWON
All rights reserved. This Korean edition published by arrangement with SGEL S.A.

이 책의 한국어판 저작권은 SGEL S.A.와 독점 계약한 다락원에 있습니다. 저자 및 출판사의 허락 없이 이 책의 일부 또는 전부를 무단 복제·전제·발췌할 수 없습니다. 구입한 후 철회는 회사 내규에 부합하는 경우에 가능하므로 구입 문의처에 문의하시기 바랍니다. 분실·파손 등에 따른 소비자 피해에 대해서는 공정거래위원회에서 고시한 소비자 분쟁 해결 기준에 따라 보상 가능합니다. 잘못된 책은 바꿔 드립니다.

값 20,000원
ISBN 978-89-277-3200-6
     978-89-277-3194-8(SET)

http://www.darakwon.co.kr
다락원 홈페이지를 통해 주문하시면 상세한 출판 정보와 함께 MP3 자료 등 다양한 어학 정보를 얻으실 수 있습니다.

© Joaquín Salvador Lavado (QUINO) Todo Mafalda - Editorial Lumen, 1992 (pág.15).

Ilustraciones: Pablo Torrecilla, págs.: 14, 98, 110, 130 y 137. Maravillas Delgado, págs.: 33, 70, 100, 111, 118 y 123.

Cartografía: Joaquín Marín

Fotografías: ARCHIVO SGEL: pág. 22 (Cuernavaca), pág. 26. CORDON PRESS: Unidad 1: pág. 9, pág. 11 (todas, excepto foto de Amy Winehouse). Unidad 2: pág. 20 (foto Cercanías), pág. 21, pág. 25 (foto mercado de frutas). Unidad 4: pág. 44, pág. 47 (todas, excepto la del Real Madrid), pág. 48. Unidad 5: pág. 53 (fotos 2 y 3), pág. 55 (fotos cromoterapia, fitoterapia, hidroterapia, musicoterapia y risoterapia). Unidad 6: pág. 62 (fotos 2 y 3), pág. 63, pág. 66, pág. 68. Unidad 8: pág. 84 (fotos de Marc Márquez y de Teresa Perales), pág. 85, pág. 86 (todas, excepto la C), pág. 88, pág. 89 (todas, excepto la foto de Jaén), pág. 90, pág. 91, pág. 92 (cuadro de Goya), pag. 94. Unidad 9: pág. 101 (todas, excepto la de Raquel), pág. 103 (foto de Juan Luis Arsuaga). Unidad 10: pág. 113 (foto mercado). Unidad 11: pág. 121, pág. 122 (foto de Amancio Ortega), pág. 125. Unidad 12: pág. 129, pág. 135. SHUTTERSTOCK: Resto de fotografías, de las cuales, solo para uso de contenido editorial: Unidad 1: Portadilla (Chad Zuber / Shutterstock.com), pág. 11 Amy Winehouse (Razuan Iosif / Shutterstock.com). Unidad 2: Portadilla (S. Borisov / Shutterstock.com), pág. 18 foto B (Anton_Ivanov / Shutterstock.com), foto C (Tupungato / Shutterstock.com), pág. 20 metro de Madrid (Tupungato / Shutterstock.com), pág. 25 fotos 2 y 3 (Toniflap / Shutterstock.com). Unidad 3: Portadilla (rubiphoto / Shutterstock.com), pág. 37 foto de Aguas Calientes (Jennifer Stone / Shutterstock.com), pág. 38 foto Unicef (Anton_Ivanov / Shutterstock.com), pág. 47 foto Real Madrid (Maxisport / Shutterstock.com), pág. 39 foto de La Habana (Patricia Hofmeester / Shutterstock.com), foto músicos (Kamira / Shutterstock.com). Unidad 6: Portadilla (Pavel L Photo and Video / Shutterstock.com), pág. 64 foto bicicletas (Isa Fernandez Fernandez / Shutterstock.com), Ámsterdam (Aija Lehtonen / Shutterstock.com). Unidad 8: Portadilla (Aija Lehtonen / Shutterstock.com), pág. 84 Mireia Belmonte (Maxisport / Shutterstock.com), Neymar (Celso Pupo / Shutterstock.com), Juan Martín del Potro (Neale Cousland / Shutterstock.com), pág. 86, Circo del Sol (Randy Miramontez / Shutterstock.com). Unidad 9: Portadilla (Migel / Shutterstock.com), pág. 96 foto Puerta del Sol (Dmitro2009 / Shutterstock.com), pág. 99 (pio3 / Shutterstock.com), pág. 103 foto Museo (Roberaten / Shutterstock.com), foto Yacimiento (Natursports / Shutterstock.com). Unidad 10: Portadilla (Bruce Raynor / Shutterstock.com), pág. 113 Plaza Mayor de Guatemala (cleanfotos / Shutterstock.com). Unidad 11: Portadilla (lornet / Shutterstock.com), pág.119 (claudio zaccherini / Shutterstock.com). Unidad 12: Portadilla (nito / Shutterstock.com), pág.128 foto San Fermín (Migel / Shutterstock.com), carnaval de Río (Celso Pupo / Shutterstock.com), fiesta del Dragón (windmoon / Shutterstock.com). Para cumplir con la función educativa del libro, se han empleado imágenes de: Unidad 1: Cartel de *No sos vos soy Yo*. Unidad 3: Cubierta *Muy Interesante*.

NUEVO ESPAÑOL EN MARCHA
한국어판 | 워크북

3

Ilustraciones: Maravillas Delgado (págs. 30, 37, 40, 45, 51, 52, 55) y Pablo Torrecilla (págs. 4, 43, 53) Para cumplir con la función educativa del libro se ha incluido la viñeta de Leo Verdura, cuyo autor es Rafa Ramos.

Fotografías: Archivo SGEL, Cordon Press (págs. 9, 13, 14, 15, 17, 18, 20, 31), Shutterstock (págs. 8, 10, 11, 12, 22, 23, 29, 33, 35, 37, 39, 42, 49, 53)

NUEVO
ESPAÑOL EN MARCHA 3
한국어판 | 워크북

지은이 Francisca Castro Viúdez, M.ª Teresa Benítez Rubio, Ignacio Rodero Díez, Carmen Sardinero Francos
편역 조혜진
펴낸이 정규도
펴낸곳 (주)다락원

초판 1쇄 인쇄 2018년 3월 9일
초판 2쇄 발행 2022년 3월 28일

책임편집 이숙희, 장지은
디자인 구수정, 주희연

다락원
주소 경기도 파주시 문발로 211
전화 (02)736-2031 (내선 420~426)
팩스 (02)738-1714
출판등록 1977년 9월 16일 제300-1977-23호
공급처 (주)다락원
구입문의 전화: (02)736-2031 (내선 250~252)
　　　　　팩스: (02)732-2037

Nuevo Español En Marcha 3 © SGEL S.A., 2014
Avda. Valdelaparra 29. 28108 Madrid, Spain Korean translation copyright © 2018, DARAKWON All rights reserved. This Korean edition published by arrangement with SGEL S.A.

이 책의 한국어판 저작권은 SGEL S.A.와 독점 계약한 다락원에 있습니다. 저자 및 출판사의 허락 없이 이 책의 일부 또는 전부를 무단 복제 · 전재 · 발췌할 수 없습니다. 구입한 후 철회는 회사 내규에 부합하는 경우에 가능하므로 구입 문의처에 문의하시기 바랍니다. 분실 · 파손 등에 따른 소비자 피해에 대해서는 공정거래위원회에서 고시한 소비자 분쟁 해결 기준에 따라 보상 가능합니다. 잘못된 책은 바꿔 드립니다.

값 20,000원
ISBN 978-89-277-3200-6
　　　978-89-277-3194-8(SET)

http://www.darakwon.co.kr
다락원 홈페이지를 통해 주문하시면 상세한 출판 정보와 함께 MP3 자료 등 다양한 어학 정보를 얻으실 수 있습니다.

CONTENIDOS 목차

UNIDAD 1	Gente 사람들	4
UNIDAD 2	Lugares 장소	8
UNIDAD 3	Relaciones personales 인간관계	12
UNIDAD 4	El tiempo pasa 시간은 흐른다	16
UNIDAD 5	Salud y enfermedad 건강과 질병	20
UNIDAD 6	Nuestro mundo 우리의 세계	24
UNIDAD 7	Trabajo y profesiones 일과 직업	28
UNIDAD 8	Tiempo de ocio 여가	32
UNIDAD 9	Noticias 뉴스	36
UNIDAD 10	Tiempo de vacaciones 휴가철	40
UNIDAD 11	Tiempo de compras 쇼핑 시간	44
UNIDAD 12	Fiestas y tradiciones 축제와 전통	48

LEER MÁS 더 읽어 보기	52
TRANSCRIPCIONES 듣기 대본·읽기 지문 번역	64
SOLUCIONES 정답	80

1 Gente

A Vida cotidiana

1 Lee el artículo y elige la opción adecuada. 기사를 읽고 정답을 골라 보세요.

EN LA MOTO LLEVA INFORMACIÓN Y CULTURA

Desde hace 30 años, Juan Carlos Valenzuela reparte el diario *El Comercio*. Antes usaba la bicicleta.

Juan Carlos tiene 45 años y desde hace 30 es repartidor y vendedor de periódicos. Ahora, desde hace tres semanas tiene una moto, financiada por este periódico. Su esposa Lidia lo ayuda montada en el asiento trasero.

UN DÍA EN SU VIDA
Juan Carlos vive en Surquillo con su esposa Lidia y sus cuatro hijas: María, de 19 años; Joana, de 17; Clara, de 14, y Paola, de 4. Las tres mayores lo ayudan también en el quiosco.

A las 4.30 la pareja recoge los diarios que tienen que repartir. Necesitan 30 minutos para empacar correctamente los periódicos y a continuación salen a recorrer Miraflores hasta las 7 a.m. Luego montan el quiosco para vender prensa durante todo el día. Dice que el secreto para ser buen vendedor está en el buen trato y la buena relación con los clientes.

Por su parte, el diario *El Comercio* ha impartido a sus vendedores un cursillo de atención al cliente con el fin de mejorar el servicio de venta y distribución del periódico. Dentro del plan está también el programa de financiación de motos a tres años, con una tasa muy baja para permitir a los *canillitas realizar su trabajo con más comodidad y rapidez.

(Extraído de *El Comercio*)
*Canillita: vendedor callejero de periódicos.

1 ☐ Según el texto, Juan Carlos Valenzuela:
 a Reparte el periódico en bicicleta.
 b Reparte y vende el periódico desde hace tres semanas.
 c Desde hace tres semanas puede repartir el periódico en moto.

2 ☐ El texto nos informa de que:
 a Las hijas mayores de Juan Carlos y su mujer lo ayudan en su trabajo.
 b La pareja reparte los periódicos y todas las hijas están en el quiosco.
 c Su mujer se queda en casa.

3 ☐ Según el artículo:
 a El diario El Comercio vende motos a muy buen precio a sus clientes.
 b Juan Carlos ha comprado una moto con ayuda del diario El Comercio.
 c El diario El Comercio no tiene interés en mejorar el servicio de venta y distribucion del periodico.

2 Completa las preguntas con *hace que, desde, cuándo, cuánto*.
hace que, desde, cuándo, cuánto를 사용하여 질문을 완성해 보세요.

1 ¿Cuánto tiempo <u>hace que</u> no vas al cine?
2 ¿Desde _____ vives aquí?
3 ¿Cuánto tiempo _____ sales con Laura?
4 ¿_____ cuándo conoces a Carlos?
5 ¿Cuánto tiempo _____ ha empezado la película?
6 ¿_____ tiempo hace que tienes esta bici?
7 ¿Desde _____ trabajas en esta oficina?
8 ¿Cuánto tiempo _____ empezaste a estudiar español?
9 ¿_____ tiempo hace que viniste a vivir a México?
10 ¿_____ estudias japonés?

3 Inventa una respuesta para cada una de las preguntas anteriores.
2번 문제의 각 질문에 대한 대답을 써 보세요.

1 *Dos meses.*
2 _____
3 _____
4 _____
5 _____
6 _____
7 _____
8 _____
9 _____
10 _____

B ¿Qué hiciste? ¿Qué has hecho?

1 Relaciona. 알맞은 것끼리 찾아 연결해 보세요.

1 Hace mucho tiempo ⟶ [a]
2 La semana pasada ☐
3 El mes que viene ☐
4 Normalmente ☐
5 En 1945 ☐
6 De vez en cuando ☐
7 Mañana ☐

a que no veo a Antonio.
b voy a ir de viaje a Sevilla.
c no salgo los domingos.
d me encontré con Rosa en la calle.
e salgo a correr por la playa.
f acabó la Segunda Guerra Mundial.
g voy a jugar al fútbol con mis amigos.

2 Completa las frases con el marcador temporal adecuado. En algún caso hay más de una posibilidad.
알맞은 시간 표현으로 문장을 완성해 보세요. 경우에 따라 1개 이상을 선택할 수도 있습니다.

> ~~varias veces~~ • todos los días
> siempre • muchos años • la semana pasada
> hace poco tiempo • nunca • tres años
> tres días a la semana

1 Roberto ha estado _varias veces_ en México.
2 Juanjo va al mismo restaurante _____.
3 Eugenia escribe un montón de correos _____.
4 Hace _____ que no voy de vacaciones porque mi trabajo no me lo permite.
5 Eduardo no ha estado en el extranjero _____.
6 Federica va al gimnasio _____.
7 Margarita ha estado en Brasil _____ y ahora va a volver otra vez.
8 Eugenio acabó sus estudios hace _____ y ahora trabaja en una empresa de telecomunicaciones.
9 Estuve en el cine con Ricardo _____.

3 La siguiente biografía está escrita en presente histórico. Cambia los verbos subrayados a pretérito indefinido o imperfecto en algún caso.
다음의 전기는 역사적 현재시제로 쓰여 있습니다. 경우에 따라 밑줄 친 동사들을 단순과거형이나 불완료과거형으로 바꿔 써 보세요.

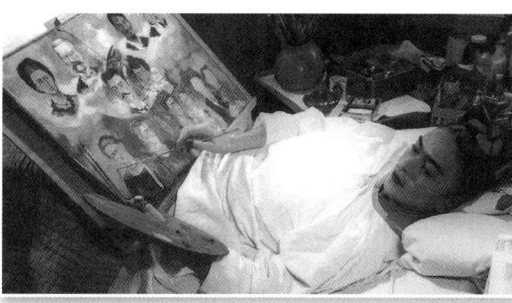

Frida Kahlo

Esta pintora mexicana, hija de un fotógrafo alemán y de una mestiza mexicana, (1) <u>nace</u> en Coyoacán, en 1907. Cuando (2) <u>tiene</u> tres años, (3) <u>enferma</u> de polio. En 1925, cuando estaba aprendiendo la técnica del grabado, (4) <u>tiene</u> un accidente de autobús que le obligó a estar en cama mucho tiempo. En este tiempo (5) <u>empieza</u> a pintar.

En 1928 (6) <u>entra</u> en el Partido Comunista y (7) <u>conoce</u> a Diego Rivera, con quien (8) <u>se casa</u> al año siguiente. Entre 1931 y 1934 (9) <u>vive</u> en Nueva York y Detroit con su marido.

En 1938 Breton (10) <u>califica</u> su obra como surrealista, pero ella misma (11) <u>declara</u> más tarde: "Creían que yo era surrealista, pero no lo era. Nunca pinté los sueños. Pinté mi propia realidad".

En 1939 (12) <u>expone</u> en París en la galería Renon et Colle. Cuatro años más tarde (13) <u>trabaja</u> dando clases en Ciudad de México. En 1953 la Galería de Arte Contemporáneo de la capital mexicana le (14) <u>organiza</u> una importante exposición. (15) <u>Muere</u> en Coyoacán en 1954.

Cuatro años más tarde, su casa familiar se convirtió en el Museo Frida Kahlo.

1 _nació_
2 _____
3 _____
4 _____
5 _____
6 _____
7 _____
8 _____
9 _____
10 _____
11 _____
12 _____
13 _____
14 _____
15 _____

4 Lee las siguientes biografías. ¿Sabes a qué personaje famoso corresponden?

다음 일대기를 읽어 보세요. 어떤 유명인에 대한 것인가요?

1 _____

Fue un cantante, compositor y bailarín estadounidense de música pop, disco y dance. Conocido como el «Rey del Pop», fue incluido en el Libro Guinness de los récords en numerosas ocasiones, entre ellos: por ser el artista musical más premiado de la historia. Su contribución a la música, al baile y a la moda, lo convirtieron en una figura de la cultura popular mundial. Murió a los 53 años, en 2011.

2 _____

Luchó contra el *apartheid* en su país y fue arrestado y condenado a cadena perpetua por sus acciones. Pasó más de 27 años en la cárcel. Después de su liberación, el 11 de febrero de 1990, trabajó con el entonces presidente de su país en las negociaciones para conseguir una democracia multirracial que dieron paso a las primeras elecciones con sufragio universal de 1994. Tras el aplastante triunfo de su partido, fue elegido presidente por el parlamento. Recibió el Premio Nobel de la Paz de 1993. Trabajó por la reconciliación nacional, el progreso de su país y la alfabetización de la infancia. Falleció el día 5 de diciembre del año 2013.

3 _____

Además de actriz y política, fue primera dama de su país. Impulsó y logró la aprobación en 1947 de la ley de sufragio femenino en Argentina. Desarrolló una amplia acción social a través de su fundación: construyó hospitales, asilos y escuelas, impulsó el turismo social creando colonias de vacaciones, difundió el deporte entre los niños mediante campeonatos que abarcaron a toda la población, otorgó becas para estudiantes, ayudas para la vivienda y promocionó a la mujer en diversas facetas. Falleció el 26 de julio de 1952, a la edad de 33 años.

C El futuro que nos espera

1 Completa con uno de los verbos del recuadro en futuro. 박스의 동사를 미래시제로 바꿔 문장을 완성해 보세요.

> ~~decir~~ • volver • ganar (x 2) • hacer (x 2) • estar • ser (x 2) • ofrecer
> conocer • aprobar • sentirse • llegar • engordar • casarse • ir

1. **A** ¿Le has dicho ya a tu hermano que quieres vender la casa del pueblo?
   B No, todavía no, se lo <u>diré</u> cuando encuentre el momento adecuado.
2. **A** ¿Crees que Marta _____ con Pablo? Llevan ya tres años saliendo juntos.
   B No estoy segura, pero si no lo hace este año, lo _____ el que viene.
3. **A** Supongo que _____ a la fiesta que ha organizado Celia, ¿no?
   B No sé, todavía no lo he decidido.
4. **A** ¿_____ de vacaciones a Menorca el año que viene?
   B No. El año que viene _____ viviendo en México y el viaje _____ muy caro.
5. ¿Sabes? He ido a la echadora de cartas y me ha dicho que este verano _____ el mejor de mi vida: _____ a un hombre maravilloso en la playa, y me _____ un trabajo bien pagado y con un buen horario.
6. **A** ¿Cómo va tu hijo en los estudios?
   B Bien, creo que _____ todas las asignaturas en junio.
7. No hagas la compra, ya la _____ yo.
8. Si sigues comiendo así, _____.
9. Si no salimos pronto, _____ tarde otra vez a la reunión.
10. **A** Estoy seguro de que este año _____ la liga el Atlético de Madrid.
    B ¿Sí?, pues yo creo que no, que la _____ el Barcelona.
11. **A** Mamá, me duele la cabeza.
    B Pues túmbate en la cama un rato y _____ mejor.

2 Completa los huecos con la forma adecuada del futuro imperfecto.
알맞은 형태의 미래시제로 바꿔 빈칸을 채워 보세요.

El tiempo

El sol se impone en toda la Península con temperaturas que alcanzarán los 23 grados. MADRID, 7 (EUROPA PRESS)

Los cielos despejados (1)_____ (imponerse) durante la jornada de este viernes en toda la Península y los dos archipiélagos, con temperaturas en moderado ascenso que (2)_____ (llegar) a alcanzar los 23 grados en varios puntos de la geografía, según informa la Agencia Estatal de Meteorología (Aemet).

Las temperaturas diurnas (3)_____ (subir) moderadamente en Baleares y las islas Canarias. En el litoral cantábrico (4)_____ (cambiar) poco. (5)_____ (bajar) en Andalucía, donde Huelva y Córdoba (6)_____ (alcanzar) los 23 grados.

La Agencia Estatal de Meteorología (Aemet) prevé para mañana sábado, temperaturas en ligero ascenso y cielos despejados en general, al tiempo que (7)_____ (continuar) el viento fuerte en el área del estrecho de Gibraltar.

(8)_____ (estar) poco nuboso o despejado en la Península y Baleares. El cielo de la Comunitat Valenciana (9)_____ (estar) mañana poco nuboso o despejado, los vientos (10)_____ (ser) flojos y las temperaturas mínimas (11)_____ (subir) moderadamente.

En Madrid, hoy (12)_____ (predominar) el cielo poco nuboso, los vientos (13)_____ (ser) flojos y las temperaturas (14)_____ (experimentar) un ligero descenso.

En las aguas costeras de Castellón (15)_____ (soplar) el viento del noroeste, fuerza 2 a 3.

3 Forma frases con estos términos que se utilizan en la predicción del tiempo.
미래 예측에 사용하는 이 용어들로 문장을 만들어 보세요.

1 El viento
2 Las temperaturas
3 El cielo
4 El tiempo

a será flojo
b estará despejado
c irán en ascenso
d será ligero
e estará poco nuboso
f no experimentarán cambios
g alcanzarán los 30 grados
h soplará con fuerza

4 Escribe las tildes que faltan en las frases siguientes.
다음 문장에서 빠진 강세 부호를 넣어 보세요.

1 S<u>é</u> hablar alem<u>á</u>n, español e ingl<u>é</u>s.
2 Ayer vino a clase un chico muy timido que tenia unos ojos preciosos.
3 ¿Cuando llego Alvaro de Malaga?
4 Me gustan muchisimo los pajaros.
5 ¡Que tengais un buen viaje!
6 ¡Que simpatico es Luis!
7 Llego tarde a la oficina todos los dias por culpa del autobus.
8 Deberias hablar con el.
9 El examen de matematicas es la proxima semana.
10 Anteayer estudie gramatica toda la tarde.
11 Alvaro se compro un coche de segunda mano y a los dos meses se le estropeo.
12 ¿Por que no vino Maria a la reunion de Biologia?
13 Ramon, ¿cuantas veces te he dicho que no juegues con el balon en el jardin?
14 No me acorde de que habia quedado con Ursula y la deje plantada, no fui a la cita.
15 Oscar no abrio la boca y su jefe le pregunto si no tenia nada que decir.
16 Si no te das prisa, llegaras tarde.

5 🎧 001 Escucha y comprueba.
듣고 확인해 보세요.

2 Lugares

A En la estación

1 Lee el texto y contesta a las preguntas.
글을 읽고 질문에 답해 보세요.

CHAMBERÍ, la estación fantasma

Quien la ha visto alguna vez, pegado a la ventanilla entre las estaciones de Iglesia y Bilbao, se habrá preguntado qué hace una ruinosa estación en mitad de la nada de la Línea 1 del metro de Madrid. Quienes han cruzado las vías para averiguar qué hay detrás aseguran que es como viajar en el tiempo. Cuarenta años después de su clausura, tras 15 meses de rehabilitación y 3,8 millones de euros, la estación de Chamberí volvió a la vida. No como parada, sino convertida en *Andén 0*, el museo de la historia del Metro de Madrid.

Situada en la esquina entre las calles de Luchana y de Santa Engracia, la estación de Chamberí cerró el 21 de mayo de 1966 debido a la ampliación de la Línea 1. Por su situación en curva, que hacía técnicamente imposible su reforma, y tan próxima a las estaciones de Iglesia y Bilbao que obligaba a los trenes a mantener una velocidad muy reducida, el ministerio de Obras Públicas decidió clausurarla.

Desde su cierre, cientos de leyendas urbanas han acompañado a esta misteriosa estación. Jóvenes grafiteros han dejado su firma en ella, e incluso sirvió de escenario para algunas escenas de la película *Barrio*.

El visitante de *Andén 0* Chamberí, al que se entra por una espiral de cristal que alberga la escalera y el ascensor, se encontrará con las taquillas, barreras de acceso e indicadores de la estación original. Su rehabilitación consistió en la restauración del interior, suelos, muros, bóvedas y carteles, así como la recuperación del mobiliario y de los andenes originales. También se conservan los logotipos originales de Metro y los anuncios publicitarios en paños de azulejos de productos que ya no existen y de comercios ya cerrados. Además, se han incorporado pantallas gigantes que proyectan documentales de la época. Mientras, en las taquillas, un cartel amarillento informa de unas "rebajas de tarifas" y otro ofrece un pase especial para ir a los toros por 0,50 céntimos.

Extraído de Público.es

1   ¿Por qué llaman a Chamberí "la estación fantasma"?

2   ¿Qué es *Andén 0*?

3   ¿Por qué se cerró la estación de Chamberí?

4   ¿Para qué se usó la estación después de su cierre y antes de convertirse en *Andén 0*?

5   ¿Qué se puede ver en *Andén 0*?

2 ¿Cómo se dicen estas palabras en tu lengua? Puedes usar el diccionario.
여러분의 모국어로 이 단어들은 뭐라고 하나요? 사전을 이용해도 됩니다.

conductor
intercambiador
andén
asiento

3 ¿Conoces más palabras relacionadas con los medios de transporte? Haz una lista y enséñasela a tu compañero.
교통수단과 관련된 말을 더 알고 있나요? 목록을 만들어 짝에게 보여 주세요.

4 Completa los diálogos con las siguientes palabras. 박스 안의 단어를 사용하여 대화를 완성해 보세요.

> parada • hacer transbordo • billete
> plano • línea • sencillo

1 (En la taquilla del metro)
  A Un _____, por favor
  B ¿De diez viajes o _____?
  A De diez.
  B Aquí tiene.
  A Gracias. Por favor, ¿puede darme también un _____?
  B Claro, tome.

2 (Hablando con el conductor del autobús)
  A Perdone, ¿para ir al Centro de Salud?
  B Es la tercera _____.
  A Ah, vale, gracias.

3 (En el metro)
  A Perdone, ¿para ir a Sol?
  B Tiene que tomar la _____ cinco y _____ en Ventas.

5 Construye frases. 문장을 만들어 보세요.

1 19:30 → Rosa llegar.
  19:00 → La clase empezar.
  Cuando Rosa llegó, la clase ya había empezado.

2 12:15 → Yo arreglar el televisor.
  12:35 → Venir el técnico.

3 16:00 → Mercedes volver.
  15:40 → Su hijo fregar los platos y recoger la cocina.

4 Lunes 9 → El dueño venderlo.
  Martes 10 → Hugo preguntar por aquel piso.

5 1981 → Gustavo Carrascosa ganar el Premio Nobel de Literatura.
  1978 → Escribir *La jaula de cristal*.

6 Por la mañana → Yo escuchar tu mensaje en el contestador.
  Por la tarde → Tú telefonearme otra vez.

7 1990 → Yo terminar mis estudios.
  1988 → Yo empezar a trabajar.

8 Febrero → Nuestro hijo aprender a andar.
  23 de marzo → Nuestro hijo cumplir diez meses.

6 Gema y Víctor están viendo un reportaje sobre una actriz en una revista del corazón. Completa el diálogo con los verbos del recuadro en pretérito pluscuamperfecto. 헤마와 빅토르는 연예 잡지에서 한 여배우에 대한 취재 기사를 보고 있습니다. 박스 안의 동사를 과거완료형으로 바꿔 대화를 완성해 보세요.

> abrir • morir • ~~casarse~~
> divorciarse • nacer • hacer

GEMA: ¡Mira, mira, mira! Aquí tenía 21 años. Todavía no (1) *se había casado* con Pedro Manzanares.
VÍCTOR: Sí, pero ella era ya famosa, (2) _____ ya 4 o 5 películas.
GEMA: Y pone aquí que su infancia fue muy triste: tuvo que irse a vivir con una tía porque sus padres (3) _____ en la guerra.
VÍCTOR: ¡Pobre!
GEMA: Y mira, aquí están en Nueva York.
VÍCTOR: ¿En Nueva York?
GEMA: Sí, fueron porque unos amigos (4) _____ un restaurante de lujo allí y están celebrando una fiesta.
VÍCTOR: En esta foto está espectacular.
GEMA: Pues aquí (5) _____ ya tres veces.
VÍCTOR: Parecen fotos muy antiguas.
GEMA: ¡Claro! En esta época tú y yo todavía no (6) _____ .

7 Subraya la forma correcta. 알맞은 형태를 골라 밑줄을 그어 보세요.

1 Cuando mis hermanos y yo éramos / fuimos pequeños nos mudamos / nos habíamos mudado de casa.

2 Cuando volvió / había vuelto mi prima, las dos lloramos / habíamos llorado de alegría.

3 Ayer por la mañana no contesté / contestaba a tu llamada porque en ese momento no había estado / estaba en casa.

4 El mes pasado habíamos comprado / compramos la casa que vimos / habíamos visto en internet.

5 Cuando vivíamos / habíamos vivido en el pueblo, nadábamos / nadamos en el río todos los días.

6 El día en que conocí / conocía a Teresa yo todavía no había salido / salí con ninguna chica.

7 Hace un par de días se nos había roto / rompió el jarrón que nos habías regalado / regalabas en Navidad.

8 Antes siempre pasábamos / pasamos las vacaciones en la playa, pero el verano pasado estuvimos / estábamos en un pueblo de montaña.

B ¿Cómo vas al trabajo?

1 En este crucigrama encontrarás palabras relacionadas con los medios de transporte.
아래 십자말풀이에서 교통수단에 관련된 단어를 찾아 써 보세요.

1. Persona que comprueba los billetes en el autobús, el tren o el metro.
2. Cambiar de línea de metro para llegar a donde quieres es hacer _____.
3. Billete especial de diez viajes para ir en autobús y en metro.
4. Transporte público que no es ni el autobús, ni el metro ni el tren.
5. Lugar donde la gente espera a que venga el tren.
6. Hoy he llegado tarde al trabajo porque había un _____ tremendo.

CRUCIGRAMA

2 Vas a escuchar una historia curiosa, pero antes mira las viñetas y escribe lo que crees que pasó.
흥미로운 이야기를 듣게 될 겁니다. 그러나 그전에 삽화를 보고 일어났을 것 같은 일에 대해 써 보세요.

3 🎧 002 Ahora escucha y comprueba.
이제 듣고 확인해 보세요.

C Intercambio de casa

1 Fernando nos cuenta su experiencia de intercambio de casa. Lee el texto y contesta a las preguntas en la página siguiente. 페르난도가 집을 맞교환했던 자신의 경험을 우리에게 들려줍니다. 글을 읽고 다음 페이지에서 질문에 대답해 보세요.

Aventura en Roma

Nosotros no sabíamos que existía esto de los intercambios de casa hasta que unos amigos nos contaron que lo habían hecho un verano. Como estaban tan entusiasmados con la experiencia, nos animamos nosotros también. Lo primero que hicimos fue informarnos y mandar un formulario por internet con nuestras preferencias a una agencia que concertaba intercambios.

Pensábamos en una pareja sin hijos, como nosotros. En principio estábamos abiertos a varias posibilidades, pero al final nos gustó una oferta de un matrimonio italiano.

Era una casa grande, muy cerca de Roma, con jardín y bonitas vistas. Así que contactamos con ellos y enseguida llegamos a un acuerdo. Total, que en un abrir y cerrar de ojos estábamos allí: la casa era estupenda, tenía hasta piscina y una chimenea que no tuvimos que usar, porque estábamos en mayo. Fue un mes inolvidable en el que conocimos gente maravillosa y descansamos muchísimo, porque la zona era muy tranquila…, bueno, quizás demasiado: estuvo muy bien, pero creo que la próxima vez elegiremos una casa en la ciudad, por cambiar de experiencia.

1. ¿Cómo se enteraron Fernando y su mujer de que la gente intercambia su casa?
   _____

2. ¿En qué estación del año hicieron el intercambio?
   _____

3. ¿Cuánto tiempo duró?
   _____

4. ¿Piensan volver a hacer intercambio de casa?
   _____

2 Completa con las preposiciones del recuadro.

> al (x 2) • del • hasta • en (x 3)
> a̶ • de (x 3) • desde

Yo vivo (1) <u>a</u> 20 kilómetros (2) _____ la ciudad, así que voy todos los días (3) _____ trabajo (4) _____ tren. La casa está (5) _____ norte de Tihual, (6) _____ la sierra de Vallehermoso. (7) _____ el pueblo (8) _____ la casa hay unos 10 kilómetros (9) _____ coche. Las vistas son preciosas y la casa está muy cerca (10) _____ río, así que es un lugar ideal para ir (11) _____ pesca o (12) _____ excursión al campo.

3 Completa con la preposición correcta.

1. Para ir <u>desde</u> mi casa _____ lugares que están lejos prefiero ir _____ taxi.
2. Vivimos _____ diez minutos de la estación.
3. Los huevos están _____ 1,50 € la media docena.
4. Para llegar a la ciudad donde yo vivo tienes que ir _____ la carretera de Valencia.
5. La próxima semana no estaré _____ la ciudad, me voy _____ viaje.
6. El pueblo de Rita está _____ una hora _____ tren.
7. Hoy solo estaré en casa _____ las tres y media, porque _____ las cuatro entro a trabajar.
8. _____ el día uno de enero el billete de diez viajes costará 50 céntimos más.

4 🎧 Carlos e Inés son un matrimonio que quiere intercambiar su casa. Escucha cómo se lo cuentan a su vecino José y rellena el formulario con lo que buscan.

카를로스와 이네스는 집을 맞교환하고 싶은 부부입니다. 이웃인 호세에게 어떻게 이야기하는지 듣고, 찾고자 하는 내용을 골라 신청서를 작성해 보세요.

País de intercambio:	Brasil	
Época del año:		
Número de personas:		
Niños:	☐ Sí	☐ No
Tipo de propiedad:	☐ Urbana	☐ Rural
Fumadores:	☐ Sí	☐ No
Intercambio de coche:	☐ Sí	☐ No
☐ Lago	☐ Playa	
☐ Montaña	☐ Bosque	
☐ Atracciones turísticas	☐ Zona comercial	

5 Aquí tienes algunos elementos que puedes encontrar en una casa. Escribe su nombre debajo de cada dibujo.

여기 집에서 발견할 수 있는 몇몇 물건들이 있습니다. 각 사진 아래에 그 이름을 써 보세요.

1 _____

2 _____

3 _____   4 _____

5 _____   6 _____

7 _____   8 _____

once **11**

3 Relaciones personales

A Julia me cae bien

1 Forma frases siguiendo el modelo. Utiliza los pronombres *me, te, le, nos, os, les*. 보기와 같이 문장을 만들어 보세요. 대명사 *me, te, le, nos, os, les*를 이용하세요.

1. Rosa / molestar / los ruidos.
   A Rosa le molestan los ruidos.
2. Yo / quedar mal / los vaqueros.
   _____
3. Carlos / preocupar / su trabajo.
   _____
4. Manuel y Laura / interesar / la Historia.
   _____
5. Mis padres / encantar / el cine.
   _____
6. Mi mujer / caer mal / mi jefe.
   _____
7. Mis hijas / preocupar / la contaminación de la atmósfera.
   _____
8. Nosotros / no pasar / nada importante nunca.
   _____
9. Yo / interesar / los problemas de la gente que quiero.
   _____
10. ¿Vosotros / importar / el futuro de los niños?
    _____

2 Elige el pronombre. 알맞은 대명사를 골라 보세요.

1. ¿Qué se / <u>le</u> pasa a Manuel?, está raro.
2. Mi hijo se / le ha caído y se / le ha roto una pierna.
3. Estoy enfadada con David porque no se / le interesan nada los estudios.
4. Ana se / le lleva muy bien con su amiga Clara.
5. A Andrés solo le / se interesan las noticias de deportes, no le / se importa cómo va el mundo.

3 Completa con el pronombre adecuado. 알맞은 대명사를 넣어 대화를 완성해 보세요.

1. **A** ¿A ti <u>te</u> molesta la gente que habla mucho?
   B No, a mí _____ molesta más la gente que no habla nada.

2. **A** No _____ cae nada bien Lorenzo.
   B ¿Por qué lo dices?
   A Siempre está hablando de lo mismo, no _____ interesan nada más que el fútbol y los coches.

3. **A** Estás muy seria, ¿qué _____ pasa?
   B Es que _____ preocupa mi hija Violeta porque no sale, _____ queda en casa todo el fin de semana y no tiene amigos.

4. **A** ¿Qué _____ pasa? ¿Por qué tenéis esa cara?
   B Es que hemos llegado aquí hace media hora y no hay nadie. No _____ gusta nada esperar.

5. **A** Mira esta falda, ¿cómo _____ queda?
   B Muy bien. Cómpratela.

6. Quita la tele, no _____ interesan nada los cotilleos de los artistas.

7. **A** ¿Qué _____ pasa a tu marido?
   B _____ ha enfadado conmigo porque no quiero ir a casa de sus amigos.

8. Pepe, no _____ lleves el coche, lo necesito yo.

4 Completa la conversación con los verbos en el tiempo adecuado.
주어진 동사를 알맞은 시제로 바꿔 대화를 완성해 보세요.

MIGUEL: Hola, Susana, ¿qué tal?
SUSANA: Hola, Miguel, bien. Hace tiempo que no te (1) *veo* (ver). ¿Qué (2) _____ (hacer) ahora?
MIGUEL: Pues la verdad es que (3) _____ (buscar) trabajo. Hace tres meses (4) _____ (cerrar) la empresa donde (5) _____ (trabajar) y (6) _____ (quedarse) en la calle. ¿Y tú?
SUSANA: Yo, bien, ahora (7) _____ (trabajar) en el hospital del Mar.
MIGUEL: No me digas, no lo sabía. ¿Cuánto tiempo hace que (8) _____ (trabajar) ahí?
SUSANA: Solo dos meses, (9) _____ (estar) muy contenta.
MIGUEL: Me alegro mucho. Yo todos los días (10) _____ (mirar) los anuncios del periódico. Ayer (11) _____ (tener) una entrevista, no sé si me (12) _____ (llamar).
SUSANA: Claro que sí, hombre. Seguro que tienes suerte.

5 🎧 004 Escucha y comprueba. 듣고 확인해 보세요.

6 Completa las frases con el verbo en el tiempo adecuado. Pon los pronombres donde sea necesario. 주어진 동사를 알맞은 시제로 바꿔 문장을 완성해 보세요. 필요한 곳에는 대명사를 함께 써 보세요.

1   A ¿_Has estado_ (estar) alguna vez en París?
    B Sí, _____ (estar) allí en 2002. _____ (ir) con mi marido y mis hijos.

2   Antes _____ (gustar, yo) mucho salir los sábados por la noche, pero ahora _____ (preferir, yo) quedarme en casa leyendo un libro.

3   A Rosa, pronto es Navidad. ¿Dónde _____ (pasar) la Nochebuena, aquí o en tu pueblo?
    B Pues la Nochebuena la _____ (pasar) con mis padres en el pueblo y en Nochevieja _____ (cenar) aquí en Madrid con los amigos.

4   A ¿_____ (ver) ya la última película de Almodóvar?
    B No, últimamente no _____ (ir) mucho al cine.

5   A ¿Qué _____ (hacer) normalmente los fines de semana?
    B Pues normalmente no _____ (salir) mucho, pero este fin de semana _____ (ir) a la montaña con un amigo.

6   A ¿Dónde _____ (estar) esta mañana? _____ (llamar) varias veces al móvil.
    B Pues _____ (estar) en el hospital viendo a mi cuñada.

7   A ¿Cuánto tiempo hace que _____ (estar) casado?
    B Muy poco, solo seis meses.

8   A ¿Sabes? _____ (ir) de vacaciones a Brasil, tengo ganas de ver las cataratas de Iguazú.
    B ¡Qué bien! Yo las _____ (ver) hace cinco años y _____ (gustar) mucho. Son impresionantes.
    A Yo nunca _____ (estar) en Brasil.

7 En el texto siguiente hay 10 errores, encuéntralos y corrígelos.
다음 글에는 10개의 오류가 있습니다. 그것을 찾아서 수정해 보세요.

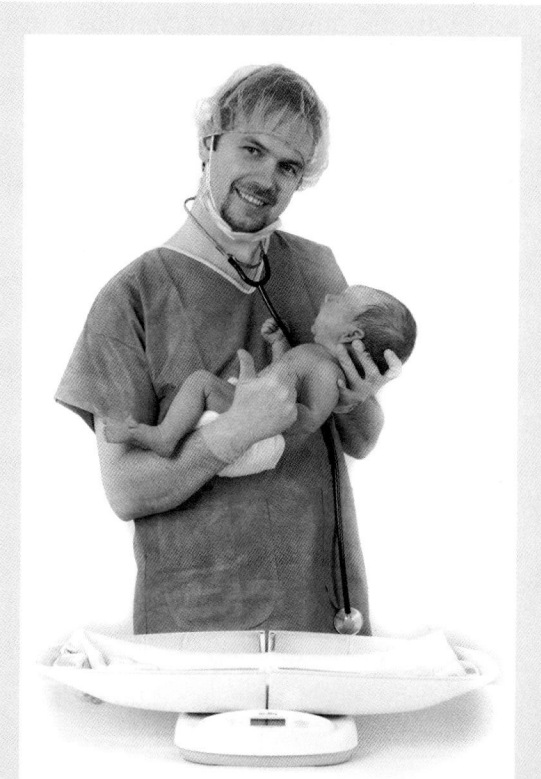

Joaquín tiene una profesión atípica para un hombre

Me llamo Joaquín del Campo y es matrona. Trabajo en el hospital de El Escorial de hace 17 años. A las mujeres no les importa, pero a veces sí les choca a los médicos, porque espera que la matrona sea una mujer.

Algunas mujeres dicen que me prefieren a mí porque soy más sensible. No lo sé. A mí me gustan mi trabajo, siempre intento animar la madre, la pregunto cómo se va a llamar el bebé, le cuento que es un momento duro pero que pronto tendrá a su bebé en los brazos y el dolor pasarán.

Si a alguna mujer le molestan mi presencia, otra compañera viene y no pasa nada. Creo que he atendido unos 4 000 partos. El mejor, cuando ayudé a mi mujer. Creo que todos los padres debe ver cómo nace sus hijos, es una experiencia inolvidable.

B Amigos

1 Encuentra en la sopa de letras nueve adjetivos de carácter y relaciónalos con sus definiciones.
오른쪽 글자 맞추기에서 9개의 성격 형용사를 찾아 아래의 정의에 맞는 형용사를 써 보세요.

Alguien que…

a … no le gusta trabajar. _vago_
b … reparte lo que tiene. _____
c … se mantiene en sus ideas. _____
d … comprende bien a los demás. _____
e … cumple su palabra. _____
f … muestra cariño. _____
g … solo piensa en sí mismo. _____
h … siempre dice la verdad. _____
i … le cuesta relacionarse. _____

S	P	R	T	M	C	B	G	R	T	N	S
C	F	V	A	G	O	T	S	N	B	O	P
A	Z	F	O	R	M	A	L	L	U	Y	O
S	D	R	T	B	P	W	S	T	R	N	A
N	B	V	C	A	R	I	Ñ	O	S	O	L
Q	V	B	Y	T	E	R	C	O	I	B	C
Z	Q	C	V	U	N	P	Ñ	L	N	P	Ñ
X	E	G	O	I	S	T	A	Ñ	C	G	M
P	O	T	I	M	I	D	O	M	E	U	B
Z	E	R	F	Q	V	E	U	N	R	Z	P
G	E	N	E	R	O	S	O	Ñ	O	P	T

2 Completa con el verbo en subjuntivo.
동사를 접속법으로 활용하여 완성해 보세요.

ser • tener (x 2) • entender • ~~hablar~~
poder • cuidar • jugar • estar • poner
venir • atender

1 No conozco a nadie que _hable_ tantos idiomas como tú.
2 Estoy buscando un piso que _____ más de 100 m², que _____ luminoso y exterior.
3 Aquí no vive nadie que _____ perros ni gatos.
4 Necesitamos a alguien que _____ de nuestra hija.
5 Este puesto de trabajo es para un hombre joven que _____ dispuesto a viajar con frecuencia.
6 ¿Hay alguien en vuestra familia que _____ al ajedrez?
7 Quiero comprar un perro que _____ protegernos.
8 Necesito hablar con alguien que _____ de decoración.
9 Quiero que mis amigos _____ a Roma conmigo.
10 ¿Conoces una discoteca donde _____ buena música?
11 Cuando voy de compras me gusta que me _____ bien.

3 Subraya el verbo más adecuado.
알맞은 동사를 골라 밑줄을 그어 보세요.

1 Lucas es una persona que hace / haga amigos fácilmente.
2 Aquí hay alguien que sabe / sepa la verdad.
3 Hay pocas personas que estudien / estudian esa carrera.
4 Necesitan un coche que tiene / tenga un buen maletero.
5 Tengo un sobrino que hace / haga mucho deporte.
6 Le encantan las películas que acaban / acaben bien.
7 ¿Les queda algún traje que cueste / cuesta menos de 60 €?
8 ¿Sabes de alguien que venda / vende una moto?
9 Me gusta mucho la casa que tengan / tienen en el pueblo.
10 ¡Avísame cuando hierva / hierve el agua!

4 Escribe un *e-mail* a una agencia matrimonial explicando cómo es la persona que buscas. Elige algunas características de esta lista y añade tú otras nuevas. 결혼 정보 회사에 여러분이 원하는 사람이 어떤 사람인지 설명하는 이메일을 써서 보내 보세요. 아래 목록에서 성격 일부를 고르고 그 외의 새로운 것들을 추가해 보세요.

✓ *Ser comprensivo / atrevido / apasionado / sincero / responsable / formal.*
✓ *Gustar bailar / el cine / la música clásica / el deporte / viajar / comer bien / los deportes de riesgo.*
✓ *Tener sentido del humor…*
✓ *Tocar algún instrumento musical / cocinar bien / cantar bien…*
✓ *Saber escuchar / hacerme reír…*

C Tengo problemas

1 Relaciona cada problema con el consejo o sugerencia correspondientes.
아래 각 문제에 적절한 충고나 제안을 찾아 연결해 보세요.

1. Siempre llega tarde al trabajo. ☐
2. Nuestros vecinos son muy ruidosos. ☐
3. Estoy muy sola. ☐
4. Trabajo demasiado. ☐
5. Todos los días lo mismo: estoy harto de atascos. ☐
6. Últimamente estoy muy cansado y me siento débil. ☐
7. Cocino fatal. ☐
8. Mi primo vive muy lejos de su trabajo, todos los días tiene que coger dos trenes. ☐
9. No me llevo bien con mi hermana: siempre quiere tener razón, y yo también. ☐
10. Tengo muchas cosas que hacer y no sé por dónde empezar. ☐

a. Lo que tienes que hacer es comprarte una mascota.
b. Tiene que sacarse el carné de conducir.
c. Tiene que madrugar más.
d. Deberías organizar tu tiempo.
e. Deberíais hablar con ellos.
f. Deberías hacer un curso de cocina.
g. Lo que tienes que hacer es ir en metro.
h. Deberíais ser menos tercas.
i. Tienes que ir al médico.
j. Lo que tienes que hacer es relajarte un poco y descansar.

2 Completa con el verbo apropiado en condicional.
박스의 동사를 가정미래시제로 바꿔 문장을 완성해 보세요.

salir • tener • hacer • ver • poner • ~~abrigarse~~ • enviar • estar • ir (x 2)

1. Yo en tu lugar *me abrigaría* bien, porque hace muchísimo frío.
2. Yo en tu lugar _____ la tele. Va a empezar el partido.
3. Yo en tu lugar _____ cuidado. Acabo de encerar el suelo.
4. Alberto está muy preocupado por su examen. Pero yo en su lugar _____ tranquilo: va muy bien preparado.
5. ¿Otra vez le duele la muela? Yo en su lugar _____ al dentista.
6. Yo en tu lugar _____ las maletas esta noche. Mañana nos iremos muy temprano.
7. Yo en tu lugar _____ esa película. Es buenísima.
8. Parece que va a llover. Yo en vuestro lugar no _____ sin paraguas.
9. Yo en tu lugar le _____ un mensaje antes de ir a su casa.
10. Andrés se va de vacaciones en Navidades. Yo en su lugar me _____ a Canarias.

3 Escribe un consejo para cada una de estas personas. Utiliza la siguiente estructura:
각각의 사람들에게 조언하는 글을 써 보세요.

Yo en tu/su/vuestro lugar...

1. Me cuesta mucho ahorrar. Gasto demasiado.
   Yo en tu lugar compraría una hucha, no compraría cosas innecesarias.
2. Estoy enfermo y tengo que quedarme en la cama, pero me aburro muchísimo y no sé qué hacer.
3. No tengo éxito con las chicas. Soy muy tímido y no sé de qué hablar con ellas.
4. Tengo problemas en español: no sé cómo memorizar el vocabulario.
5. Soy muy desordenado. Mi casa está llena de libros y papeles y ya no sé dónde meterlos.
6. Desde que me mordió un perro me dan mucho miedo. No sé qué hacer para superarlo.
7. Me da mucha vergüenza hablar en clase de español. Siempre pienso que voy a cometer muchos errores.
8. Mi hermano y su novia quieren comprarse un piso, pero no tienen suficiente dinero.
9. He terminado la carrera y no encuentro trabajo.
10. Queremos montar una empresa, pero no tenemos suficiente dinero.

4 El tiempo pasa

A ¡Cuánto tiempo sin verte!

1 Escribe frases según el modelo.
보기와 같이 문장을 만들어 보세요.

1. salir (ellos) / llover.
   Cuando salieron de casa, estaba lloviendo.
2. volver del trabajo (él) / su mujer leer el periódico.
   _____
3. despertar (ella) / preparar el desayuno (él).
   _____
4. entrar (ella) / la profesora escribir en la pizarra.
   _____
5. Paula y Eduardo poner la radio / cantar su canción favorita (ellos).
   _____

2 Observa las viñetas y escribe una frase. Sigue el modelo de las frases del ejercicio 1.
그림을 보고 문장을 만들어 보세요. 1번 문제의 예를 참고하세요.

1 _____
2 _____
3 _____
4 _____

3 Escribe el verbo en la forma adecuada. Utiliza *he estado / estaba / estuve* + gerundio
알맞은 형태의 동사를 써 보세요. 'he estado / estaba / estuve' + 현재분사'를 이용하세요.

1. Violeta tiene hoy un examen de piano. *Ha estado practicando* (practicar) mucho esta semana.
2. Cuando llegamos al zoo, los cuidadores _____ (dar de comer) a los leones.
3. Se cayó cuando _____ (esquiar).
4. Anoche _____ (hablar, nosotras) del problema de Carmen hasta las doce de la noche.
5. Esta tarde _____ (escuchar, ellos) música de los años ochenta.
6. Hoy no habéis trabajado nada, _____ (criticar, vosotros) a Luis toda la mañana.
7. Este director de cine murió mientras _____ (rodar) su última película.
8. El lunes pasado _____ (ellos, escribir) un informe para el director. No lo terminaron hasta las 14.30.

4 Estás de vacaciones en Ibiza y te has encontrado con una amiga a quien no veías desde hace tiempo. Habéis hablado bastante sobre cómo ha cambiado vuestra vida. Escribe frases contando lo que sigue haciendo y lo que ya no hace.
여러분은 이비사에서 휴가 중인데 오래전부터 안 보이던 친구를 만났어요. 여러분의 삶이 어떻게 바뀌었는지에 대해 꽤 이야기를 나눴습니다. 계속 하고 있는 일과 지금을 하지 않는 일에 대한 문장을 만들어 보세요.

1. Veranear en Ibiza. (Sí) *Sigue veraneando en Ibiza.*
2. Coleccionar postales. (No) *Ha dejado de coleccionar postales.*
3. Jugar al fútbol. (No) _____
4. Salir con Tomás. (Sí) _____
5. Vivir en Múnich. (Sí) _____
6. Estudiar medicina. (No) _____
7. Vivir con sus padres. (No) _____
8. Ser vegetariana. (No) _____
9. Hacer submarinismo. (Sí) _____
10. Ir a clases de *ballet*. (No) _____
11. Escribir poemas. (Sí) _____
12. Ser muy alegre. (Sí) _____

5 Completa con las palabras del recuadro.
박스의 말로 문장을 완성해 보세요.

> sigue (x 2) • vuelve a (x 2) • llevan • lleva
> empieza a (x 2) deja de (x 2) • acaba de (x 2)

1 **A** ¿Está Rosa?
   B No, _acaba de_ salir hace un minuto.
2 A mi hijo pequeño no le gustan los perros, siempre que ve uno, _____ llorar.
3 Paco y Yolanda _____ viviendo juntos cinco años.
4 Mi madre _____ llegar de viaje y está muy cansada.
5 Estela aún no se ha independizado porque _____ buscando piso.
6 ¡Qué mala suerte! Siempre que lavo el coche, _____ llover.
7 Si mi hermano _____ preocuparse por todo, dormirá mucho mejor.
8 Roma es una ciudad tan fascinante que todo el que va una vez _____ visitarla.
9 Me he quejado varias veces, pero mi vecino _____ haciendo muchísimo ruido.
10 Es un chico muy tenaz: cuando no consigue algo, siempre _____ intentarlo.
11 Hemos ido al médico y hemos probado muchas cosas, pero mi marido no _____ roncar.
12 Tere está muy ocupada: hoy _____ trabajando todo el día.

6 Reescribe las siguientes frases utilizando una perífrasis. 조동사 구문을 이용하여 다음 문장들을 바꿔 써 보세요.

1 El profesor ha llegado ahora mismo.
   El profesor acaba de llegar.
2 Me examiné del carné de conducir, pero no aprobé. Hoy me he examinado otra vez.
   _____
3 Son las 18.01, y he terminado el informe a las 18.00.
   _____
4 Mi cuñado busca trabajo desde hace dos meses.
   _____
5 ¿Por qué ya no me escribís cartas?
   _____
6 Esta actriz es muy mayor, pero aún actúa en el cine.
   _____
7 Antes vendíamos revistas, pero ya no las vendemos.
   _____
8 Trabajan desde los 18 años.
   _____
9 He visto de nuevo la película que me prestaste.
   _____
10 Julia ha llamado justo ahora para preguntar por ti.
   _____
11 ¡Nuestro equipo de fútbol ha ganado otra vez!
   _____

B La educación antes y ahora

1 Construye frases. 문장을 만들어 보세요.

1 Los niños tener mucha imaginación / ser menos creativos.
   Antes los niños tenían mucha imaginación, pero ahora son menos creativos.
2 Darme miedo el agua / encantarme nadar.
3 Los niños construir sus propios juguetes / sus padres comprárselos.
4 Los niños jugar en la calle con sus amigos / preferir divertirse con los videojuegos.
5 Las madres pasar más tiempo en casa con sus hijos / trabajar fuera.
6 (Vosotros) ir a clase por la mañana y por la tarde / tener jornada continua.
7 Este colegio ser solo para niñas / ser mixto.

2 Seguro que has mejorado mucho tu español. Habla de tus progresos construyendo cinco frases con antes y ahora.
여러분의 스페인어는 많이 향상되었습니다. antes와 ahora를 이용한 5개의 문장을 만들어 여러분의 발전에 대해 이야기해 보세요.

Antes	Ahora
Me daba mucha vergüenza hablar español.	Ahora lo hago sin problemas.

3 Completa las frases con la palabra adecuada.
알맞은 모형을 골라 문장을 완성해 보세요.

> *pedir una beca* *matricularse* *colegios públicos*
> *uniforme* *aprobar* ~~*colegio privado*~~ *asignatura*
> *colegio mixto* *guardería* *suspender*

1 Su hijo estudia en un <u>colegio privado</u> carísimo.
2 Estoy en un _____, así que en mi clase hay niños y niñas.
3 No he estudiado lo suficiente: creo que voy a _____ este examen.
4 Mi _____ favorita son las matemáticas.
5 Para _____ el curso tendrás que esforzarte mucho.
6 En la mayoría de los _____ los alumnos no llevan _____.
7 Clara va a _____ en la universidad para el próximo curso.
8 Voy a _____ para estudiar en el extranjero.
9 A las 16.00 horas recojo a mi hijo de la _____.

C Trabajo y vocación

1 🔊 Escucha al aventurero Manuel de los Peligros y marca con una X las cosas que dice que ha hecho. 모험가인 마누엘 데 로스 펠리그로스의 이야기를 듣고 그가 해 보았다고 말하는 일에 X 표시해 보세요.

1 Visitar España. ☐
2 Ver un desierto de Chile. ☐
3 Ir a la Luna. ☐
4 Viajar a Kenya. ☐
5 Escalar el K2. ☐
6 Bucear con tiburones. ☐
7 Comer carne de serpiente. ☐
8 Nadar en el Amazonas. ☐
9 Dar la vuelta al mundo en bicicleta. ☐
10 Viajar acompañado. ☐

2 Ahora haz tú cuatro preguntas a Manuel de los Peligros sobre las cosas que ha podido hacer (utiliza siempre el pretérito perfecto). 이제 마누엘 데 로스 펠리그로스에게 그가 할 수 있었던 일에 대해 네 가지 질문을 해 보세요 (항상 현재완료시제를 사용하세요).

1 <u>¿Has aprendido a hablar otros idiomas?</u>
2 _____
3 _____
4 _____
5 _____

4 Patricia es periodista. Ha tenido una entrevista para trabajar en una cadena de televisión muy importante. Estas son las cosas que ha contado a su entrevistador. Escribe tú las frases como en el ejemplo. 파트리시아는 기자입니다. 매우 큰 TV 채널에서 일하기 위해 면접을 봤습니다. 이것이 면접관에게 말했던 것들입니다. 보기와 같이 문장을 만들어 보세요.

1 Estudiar periodismo en la universidad del Saber.
<u>He estudiado periodismo en la universidad del Saber.</u>
2 Hacer un curso de redacción y corrección de estilo.
_____
3 Presentar un programa en la radio.
_____
4 Trabajar en la redacción del periódico *Dime*.
_____
5 Dar una conferencia en las XI Jornadas de Periodismo de La Habana.
_____
6 Escribir un libro sobre política exterior.
_____
7 Ganar varios premios de periodismo.
_____
8 Ser corresponsal en Asia.
_____

3 Aquí tienes algunos adjetivos que has visto en esta unidad. Escribe sus contrarios en la columna correspondiente. 이번 단원에서 보았던 형용사들이 아래에 있습니다. 그 반의어를 해당하는 빈칸에 써 보세요.

> feliz • tranquilo • limitado • honesto • útil
> legales • ordenado • necesario • experto
> responsable • cómodo • controlado • tolerante
> paciente • justo • maduro • legal
> agradable • sensible • sociable

Des-	In- / Im- / I-

5 Lee esta entrevista y responde verdadero o falso.
이 인터뷰를 읽고 참(V)인지 거짓(F)인지 표시해 보세요.

Una profesora de lujo

Decir María Rosa es decir danza. Su *ballet* estuvo más de cuarenta años trabajando por todo el mundo. Ahora, tras más de una década retirada de los escenarios, ha abierto el «Centro de Danza María Rosa», en Madrid.

—¿Cuántos años ha estado bailando?

—Empecé a actuar cuando tenía ocho años, y me retiré con 63.

—¿Una carrera bonita?

—Preciosa. He tenido la suerte de triunfar en mi profesión y he disfrutado muchísimo. Mi *ballet* ha sido el que más años ha estado actuando consecutivamente, más de cuarenta.

—Y ahora se enfrasca en la aventura de montar un «Centro de Danza», ¿por qué?

—Quería montarlo cuando me retiré, pero, después de estar toda la vida viajando sin parar, preferí volcarme en mis nietas. Ahora que ya son mayores considero que es el momento de hacerlo.

—¿Y la gente ve por allí a María Rosa dando clases?

—Tenemos muchos profesores, porque enseñamos todo tipo de danzas: clásica, española, flamenco, «hip-hop», «funky»…, y eso necesita gente especializada, pero hay gente que solo quiere aprender conmigo y, claro, les doy las clases personalmente.

—Tantos años bailando profesionalmente, ¿pasan factura al cuerpo?

—Sí, porque lo has forzado una barbaridad. Yo he pasado ya por varias operaciones de los pies y de la espalda.

—¿Cuántas horas bailaba cada día?

—De seis a ocho horas. En mis ensayos hacía hora y media de *ballet*, una hora de bailes regionales, media de trabajo solo con pies, y luego lo montaba todo para el espectáculo. Eran auténticas palizas físicas.

—¿No se paraba nunca?

—Jamás. Cuando se lleva una compañía no se puede parar porque hay mucha gente a tu cargo, así que lo que hice durante años fue ponerme inyecciones de novocaína para soportar el dolor. No parar ha hecho que las lesiones se hicieran más graves.

—Una carrera bonita, pero dura…

—La danza es muy esclava porque te obliga a vivir solo para ella. No solo es bailar, son los viajes, los ensayos, los sacrificios a la hora de comer. Hay veces que pienso que me tenía que haber retirado cinco o seis años antes de lo que lo hice.

—¿Por qué?

—Porque al final los dolores eran insoportables, pero ya sabe que a los artistas nos cuesta mucho dejar las tablas.

—Pero ahora se encuentra estupenda.

—Sí, desde que me operé de la espalda, estoy muy bien. Antes le decía que el baile es duro, pero también te da una disciplina y una fuerza física que permite que te esfuerces más en la recuperación y la consigas en menos tiempo.

—¿En qué país le gustaba más actuar?

—Me encantaba bailar en la antigua Unión Soviética porque era un público maravilloso, igual que en Londres. En realidad, en todos he trabajado a gusto. Ahora bien, como bailar en tu país no hay nada.

Extraído de *La Razón*

1. María Rosa dejó de bailar en los escenarios hace más de 10 años. ☐
2. Su ballet es el que más años seguidos ha actuado. ☐
3. No montó antes su escuela de baile para pasar tiempo con sus nietas. ☐
4. Actualmente no se encuentra bien físicamente porque bailar le ha producido muchas lesiones. ☐
5. A su edad, María Rosa sigue trabajando. ☐
6. María Rosa da clases de funky. ☐
7. Donde más le gustaba bailar era en España. ☐

6 Acentúa los monosílabos que lo necesiten.
필요한 경우 단음절 어휘에 강세 부호를 넣어 보세요.

1. ¿Te preparo un te?
2. A mi no me eches azúcar, por favor.
3. El estaría orgulloso de ti.
4. El sobrino de Luis no va a ir a tu despedida de soltero.
5. Se que estás preocupada.
6. ¡Que tengáis un buen viaje!
7. ¿Cómo se dice esto en español?
8. ¡Que sorpresa!
9. A Pedro no le gusta esquiar, pero a Laura si.
10. Si te duele la cabeza, descansa un rato.

5 Salud y enfermedad

A ¿Por qué soy vegetariano?

1 Escribe el nombre de estos alimentos.
다음 음식물의 이름을 써 보세요.

1 _____   2 _____   3 _____
4 _____   5 _____   6 _____
7 _____   8 _____   9 _____
10 _____ 11 _____ 12 _____
13 _____ 14 _____ 15 _____
16 _____ 17 _____ 18 _____

2 Completa con *para* o *para que*.
*para*나 *para que*로 문장을 완성해 보세요.

1 Se ha levantado muy temprano <u>para</u> llegar pronto al trabajo.
2 Cocino con poca sal _____ mi familia esté más sana.
3 Yo bebo dos litros de agua al día _____ eliminar toxinas.
4 Mi madre ha dejado el coche en el taller _____ se lo arreglen.
5 Dejadme un mensaje en el móvil _____ sepa que ya habéis llegado.
6 Nosotros cenamos ligero _____ dormir mejor.
7 Se han apuntado a un curso de bailes de salón _____ divertirse.
8 Habla bajo _____ no despertar a los niños.

3 Termina las frases. 각 문장의 뒷부분을 완성해 보세요.

1 He llamado por teléfono a mi padre para que
_____
2 Te he comprado estos libros para que
_____
3 Mis amigos han organizado una fiesta para
_____
4 Paco ha ido al médico para
_____
5 Os doy mi dirección para que
_____
6 Ha dejado de fumar para
_____

4 Construye frases. 보기와 같이 문장을 만들어 보세요.

1 Yo ir a la farmacia / (ellos) recomendar un medicamento.
<u>He ido a la farmacia para que me recomienden un medicamento.</u>
2 (Ellos) Regalar una bufanda a su sobrina / no tener frío. _____
3 (Yo) Poner el despertador / (tú) levantarse temprano. _____
4 (Ella) Dejar algo de ropa en la habitación / (vosotros) ponérosla. _____

B Las otras medicinas

1 🎧 Vas a escuchar una grabación donde se dan instrucciones para relajarse. Escúchala y escribe el nombre de las partes del cuerpo que se mencionan en el lugar correspondiente.
편안해지기 위한 방법을 설명하는 녹음을 듣게 될 겁니다. 그것을 듣고 언급되는 신체 부위명을 알맞은 곳에 써 보세요.

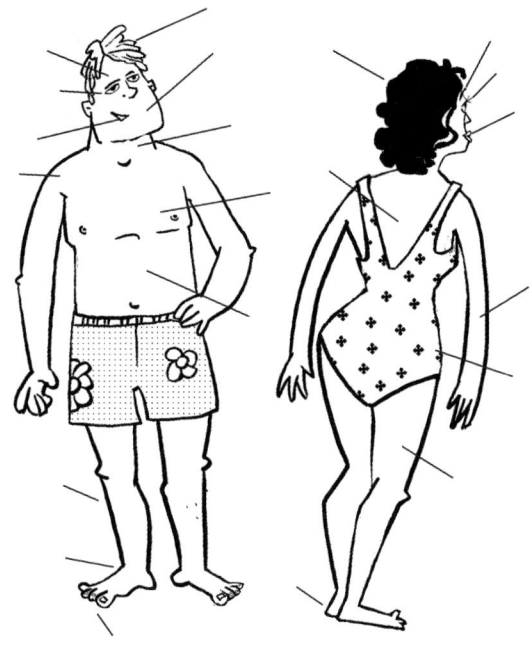

2 ¿Conoces otras partes del cuerpo? Anota sus nombres en la imagen del ejercicio anterior. Si no sabes cómo se dicen en español, consulta tu diccionario.
다른 신체 부위명을 알고 있나요? 1번 문제의 그림에 그 이름을 써 보세요. 스페인어로 어떻게 말하는지 모르면 사전을 참고하세요.

3 Crucigrama. 십자말풀이를 완성해 보세요.
1 Lo que hacen los médicos.
2 Perder peso.
3 Tengo que seguir una _____ baja en sal para cuidar mi corazón.
4 Una terapia muy divertida.
5 El lugar donde se compran hierbas y productos naturales para la salud.
6 Este _____ me lo ha recetado el médico.
7 La gripe es una _____ muy común.
8 Un chico que no come carne.

4 Completa estos remedios naturales con la palabra adecuada.
알맞은 말을 넣어 자연 치료법에 대한 글을 완성해 보세요.

> tos • quemaduras solares
> fiebre • estreñimiento • mareo
> dolor de cabeza • ~~insomnio~~

1 Para no tener *insomnio*, tómate una infusión de hierbas relajante después de cenar.
2 Para acabar con la _____ rebelde, prepara un jarabe cortando una cebolla en rodajas y cubriéndola de miel. Deja reposar la mezcla toda la noche, cuélala y tómala cuatro veces al día.
3 Para evitar el _____ en los viajes, toma frutos secos, chupa regaliz o una rodaja de limón.
4 Para calmar el dolor de las _____, aplica en la zona unas rodajas de pepino fresco.
5 Para bajar la _____, aplica en la frente y en las muñecas una compresa empapada en alcohol de romero.
6 Para acabar con el _____, pela y lava una patata, córtala en rebanadas y empápala en vinagre de manzana. Colócala sobre una toalla húmeda y póntela en la frente.
7 Para combatir el _____, toma dos kiwis al día (mejor en el desayuno).

(crucigrama: 1 ↓ c-u-r-a-r)

5

C El sueño

1 Lee este texto y completa los huecos con una de las palabras del recuadro. Sobran dos.
이 글을 읽고 박스의 표현을 넣어 빈칸을 채워 보세요. 두 개가 남습니다.

> demuestran • descanso • tranquilidad
> gente • persona • echar • comida • masaje
> británicas • de moda • a oscuras • estrés
> sin • despido • con

DORMIR en el trabajo

Echarse la siesta en la oficina empieza a ponerse (1) _de moda_. Estudios científicos demuestran que dormir 20 minutos mejora la productividad.

Dormirse en el trabajo puede ser motivo de sanción o incluso de (2)_____. Sin embargo, ahora algunas compañías animan a sus empleados a (3)_____ una cabezadita en la misma oficina para reponer fuerzas.

Según las experiencias recogidas en el diario *Financial Times*, empresas (4)_____ están preparando salas especiales de descanso para que sus empleados puedan dormir durante 15 o 20 minutos. En la sala, que está (5)_____, hay un sillón y música relajante, y los responsables de la idea afirman, (6)_____ ninguna duda, que el sueño es uno de los pilares de la salud.

Otro objetivo de las salas de (7)_____ es evitar el (8)_____ y el cansancio. Algunos trabajadores no utilizan la sala para dormir, sino simplemente para tener un momento de silencio y (9)_____, lejos de los teléfonos. Según la regla informal de funcionamiento de la sala, solo puede permanecer en el interior una (10)_____ y por un tiempo máximo de 20 minutos.

En otros casos se han instalado algunas sillas electrónicas de (11)_____ shiatsu. Este corto período de tiempo que el trabajador pierde merece la pena cuando vuelve a su tarea fresco y (12)_____ ganas de seguir trabajando.

Estas experiencias, pioneras en Europa, llevan años aplicándose en Japón, donde incluso existen ya estudios científicos que (13)_____ la rentabilidad de estas salas de descanso. En Estados Unidos, un informe de la Fundación Nacional del Sueño afirmaba que la falta de sueño de los trabajadores cuesta a la economía unos 13 500 millones de euros anuales.

Extraído de Metro Directo

2 Completa el cuadro. 다음 표를 완성해 보세요.

escribir	escribe	escriba	escribid	escriban
mirar	mira		mirad	
jugar		juegue		jueguen
leer	lee	lea		
salir		salga		salgan
dormir	duerme			duerman
oír			oíd	oigan
poner	pon			
decir		diga		
cerrar			cerrad	
empezar				empiecen

3 Escribe en forma negativa.
다음 문장을 부정명령형으로 만들어 보세요.

1. Dame más papel.   _No me des más papel._
2. Habla más alto.   _____
3. Escríbelo aquí.   _____
4. Siéntate ahí.   _____
5. Llévale el café.   _____
6. Préstale el coche a Luis.   _____
7. Díselo a María.   _____
8. Dámelo.   _____
9. Levántate temprano.   _____
10. Dale el diccionario a Rosa.   _____
11. Maquíllate más.   _____
12. Ponle el vestido rosa a María.   _____
13. Empieza a cantar.   _____
14. Dale este libro a Pepe.   _____

4 Repite el ejercicio anterior, con la forma *usted*. usted에 해당하는 형태로 3번 문제의 문장을 바꿔 보세요.

No me dé más papel.

22 veintidós

5 Lee el siguiente prospecto de un popular analgésico y completa con los verbos en forma imperativa. Utiliza los verbos del recuadro.
일반 진통제의 설명서입니다. 주어진 동사를 명령형으로 바꿔 완성해 보세요.

> *interrumpir tomar conservar consultar (x2) leer*

GELOCATIL

(1) *Lea* todo el prospecto detenidamente porque contiene información importante para usted. Este medicamento puede obtenerse sin receta, para el tratamiento de afecciones menores sin la intervención de un médico.

- (2) _____ este prospecto. Puede tener que volver a leerlo.
- Si necesita información adicional o consejo, (3) _____ a su farmacéutico.
- Si los síntomas empeoran o persisten después de 10 días, o la fiebre continúa más de 3 días, (4) _____ a un médico.

Gelocatil 1 g Comprimidos está indicado para el tratamiento sintomático del dolor de cualquier causa de intensidad moderada: dolores posoperatorio y de posparto, dolores reumáticos, lumbago, tortícolis, ciática, neuralgias, dolor de espalda, dolores musculares, dolores menstruales, dolor de cabeza, dolor dental. Estados febriles y en las molestias que acompañan al resfriado y a la gripe.

ANTES DE TOMAR GELOCATIL 1 G COMPRIMIDOS

No (5) _____ Gelocatil 1 g Comprimidos:
- Si ha experimentado una reacción alérgica al paracetamol o a algún otro componente de Gelocatil 1 g comprimidos.
- Si padece alguna enfermedad en el hígado.

Si el dolor se mantiene durante más de 10 días, la fiebre durante más de 3 días o bien el dolor o la fiebre empeoran o aparecen otros síntomas, (6) _____ el tratamiento y consulte al médico.

6 Completa los siguientes consejos. Utiliza los verbos del recuadro. 다음 조언들을 완성해 보세요. 박스의 동사를 이용해 보세요.

> *vivir no tener no enfadarse escuchar respirar expresar no dejar reír ser no perder*

Para ser feliz...

a *Vive* el presente.
b _____ miedo al futuro.
c _____ optimista.
d _____ mucho.
e _____ profundamente.
f _____ por tonterías.
g _____ el canto de los pájaros.
h _____ tus sentimientos.
i _____ nunca la confianza en ti mismo.
j _____ de soñar.

7 Aquí tienes una lista de enfermedades o molestias y otra de posibles remedios. Escribe diálogos como el del ejemplo.
여기 질병이나 불쾌감의 목록과 가능한 치료법의 목록이 있습니다. 보기와 같이 대화를 만들어 보세요.

TENER DOLOR DE MUELAS
- No comer tantos dulces.
- No tomar alimentos muy calientes ni muy fríos.
- Ir enseguida al dentista.

ESTAR MUY ESTRESADO
- No trabajar tanto.
- Buscar algún momento para relajarse.
- Oír música suave.
- Salir y distraerse.

ESTAR RESFRIADO
- Abrigarse bien.
- Tomar alguna infusión bien caliente.
- Ir al médico.

DOLER LA RODILLA
- Poner la pierna en alto.
- No hacer movimientos bruscos con la rodilla. • No subir escaleras.
- Dejar de montar en bicicleta.

1 A ¿Qué te pasa?
  B Tengo dolor de muelas.
  A Pues hombre, no comas tantos dulces.
  Y no _____ ni _____
  Y sobre todo _____

2 _____

3 _____

4 _____

8 Escucha y comprueba. 다음을 듣고 확인해 보세요.

9 Escucha la grabación y completa los huecos. Atención, ¿se escriben con 'g' o con 'j'? 녹음을 듣고 빈칸을 채워 보세요. g나 j의 철자에 주의하세요.

gabardina, _____, gota, _____, _____, hoguera, _____, _____, jirafa, _____, _____, jota, _____, _____, guepardo, _____.

6 Nuestro mundo

A Ecológicamente correcto

1 Escribe frases siguiendo el modelo.
보기와 같이 문장을 써 보세요.

1. Tirar desperdicios en el campo.
   Me molesta muchísimo que la gente tire desperdicios en el campo.
2. Hacer fuego en el bosque sin tomar precauciones.
3. Comerciar con especies protegidas.
4. Usar abrigos de piel.
5. Malgastar el agua.
6. Ensuciar los ríos.
7. Abandonar sus mascotas.
8. No esforzarse lo suficiente en cuidar el medioambiente.
9. No separar la basura.

2 Construye frases. 알맞은 것끼리 연결하여 문장을 만들어 보세요.

1	Me preocupa contaminar
2	Me preocupa dañar
3	Me preocupa encontrar
4	Me preocupa derrochar
5	Me preocupa escuchar
6	Me preocupa ver
7	Me preocupa utilizar
8	Me preocupa no hacer

a. demasiado.
b. basura en el mar.
c. tantos pueblos abandonados.
d. la capa de ozono.
e. sustancias tóxicas para el medioambiente.
f. en la radio las advertencias de las organizaciones ecologistas.
g. lo suficiente por conservar el medioambiente.
h. los recursos naturales.

3 Lee las siguientes propuestas de fin de semana y recomienda la más adecuada en cada caso. ¡Cuidado! Sobra un grupo.
다음의 주말 (활동) 제안서를 읽고 각 경우에 가장 적절한 것을 추천해 보세요. 주의! 한 그룹이 남습니다.

a. Una familia con un niño de 10 años.
b. Un grupo de vecinos que quieren crear un huerto urbano y necesitan aprender sin gastar dinero.
c. Unos amigos que quieren quedar el domingo a partir de las 17:00.
d. Un grupo de amigos que buscan una actividad al aire libre para pasar la mañana.

1 APRENDER SOBRE SETAS. La previsión de lluvias moderadas sobre Madrid no deben encerrarnos en casa. Todo lo contrario: Navalmedio Eventos de Naturaleza invita a una salida para reconocer las setas de nuestros montes.
Sábado 13 de 10.00 a 17.00. Consultar punto de encuentro. **Precio:** 35 euros. Niños hasta 12 años: 23 euros. Incluye comida. Información **91 852 30 19** / www.navalmedio.es

2 TESOROS BOTÁNICOS. Son los árboles del Retiro, una muestra vegetal que generalmente pasa inadvertida en los paseos de los madrileños por el parque, pero que representan una gran variedad de especies, historias y curiosidades.
Domingo 14. Salida, a las 11.00, desde la puerta de la plaza de la Independencia de los jardines del Buen Retiro. **Precio: 10 euros.** Dirigida al público adulto. Imprescindible reservar: **91 127 39 88** / inforetiro@madrid.es

3 AGRICULTURA ECOLÓGICA
Un suelo muy vivo. Desde el centro de educación ambiental del parque Polvoranca enseñan que uno de los pilares de la agricultura ecológica es el manejo del suelo. Con esta máxima se realizan pruebas para conocerlo y así aprender a mejorarlo (abonado, compostaje, vermicompostaje...).
Domingo 14. De 11.30 a 13.30 en el CEA Polvoranca, en Leganés. ACTIVIDAD GRATUITA. A partir de los 16 años. Información: 91 648 44 87 / www.madrid.org

4 Escribe frases siguiendo el modelo.

A mis padres / salir de noche / yo. (no gustar)
A mis padres no les gusta que yo salga de noche.

1 ¿A ti / casarse / Julia y Hugo? (alegrar)

2 A vosotros / ser feliz / Carlos. (fastidiar)

3 A nosotros / sacar malas notas / tú. (preocupar)

4 A mí no / venir a mi casa / vosotros. (molestar)

5 A los políticos / creer en ellos / la gente. (interesar)

6 A usted / visitarle / sus hijos. (encantar)

7 A mi vecina / jugar en el patio / mis hijos. (molestar)

8 A Pablo / hablar todos a la vez / vosotros. (irritar)

9 A nosotros / escribirnos postales cuando viajas / tú. (gustar mucho)

5 Escucha la conversación entre estas personas y marca en la lista cuáles son las cosas que más les molestan.

1	Que enciendan un cigarrillo sin permiso en su casa.
2	Que le aconsejen sobre la educación de sus hijos.
3	La impuntualidad.
4	Que la gente fume.
5	Que le mientan.
6	Que alguien hable demasiado alto.
7	Que le insistan para que coma alguna cosa.
8	Que alguien le empuje en el autobús.

6 ¿Y a ti? ¿Qué es lo que más te... *molesta, fastidia, preocupa, gusta, alegra, sorprende?*

Lo que más me _____ es que _____

B Menos humos, por favor

1 Lee y completa el texto con los verbos del recuadro.

tires • colaboremos • dejar • seguir • encender • avises • utilizar • ~~ser~~ • acampar

TODOS PODEMOS COLABORAR

No hace falta (1) ser un héroe para combatir los incendios forestales. No es necesario (2) _____ de ir al campo. Tan solo hay que (3) _____ unas sencillas normas.

- No hay que (4) _____ el fuego para el trabajo agrario sin pedir primero el permiso correspondiente a las autoridades.
- Si vamos a comer y pasar el día con los amigos al campo, no hay que (5) _____ fuego, es mejor llevar la comida preparada en casa. Un poco de viento puede avivar el fuego y producir graves daños.
- Es fundamental que no (6) _____ desperdicios. Las botellas abandonadas y los trozos de vidrio, además de ensuciar el monte, pueden ocasionar incendios.
- Es conveniente (7) _____ solamente en las zonas autorizadas.
- Es importante que todos nosotros (8) _____ con los profesionales que realizan la vigilancia y protección de la naturaleza.
- Por último, es imprescindible que (9) _____ a las autoridades cuando veas un fuego llamando al teléfono de emergencia 112.

(Adaptado de un folleto de la Consejería de Medio Ambiente de la Junta de Andalucía)

2 Ahora tú: escribe un pequeño texto con algunas normas para ahorrar energía en casa.
이제 집에서 에너지를 절약하기 위한 몇몇 규칙을 담은 짧은 글을 작성해 보세요.

> Para *ahorrar energía en casa* no hace falta *esforzarse mucho*. Solo hay que _____
> _____. En primer lugar, es necesario que _____
> _____.
> También hace falta _____
> _____.
> No es necesario _____
> _____ pero es conveniente que _____
> _____. Además, hace falta que
> _____. Y,
> sobre todo, no hay que _____
> _____.
> Por último, es importante _____
> _____.

3 Construye frases. 알맞은 것끼리 연결하여 문장을 만들어 보세요.

1 Para ser paracaidista...
2 No es necesario que...
3 Hay que...
4 Es conveniente que...
5 No hace falta que...
6 Es necesario...
7 No es necesario...
8 Es fundamental...

a ...hagas...
b ...ser tolerante...
c ...hacer...
d ...hace falta...
e ...me regales nada...
f ...friegues los platos...
g ...que estudies un poco...
h ...hacer un gran esfuerzo para mantener...

1 ...porque ya lo hago yo.
2 ...tener mucho valor.
3 ...con las opiniones de los demás.
4 ...algunas reformas en la casa.
5 ...algo de ejercicio a diario.
6 ...por mi cumpleaños.
7 ...todos los días.
8 ...la casa ordenada.

Para ser paracaidista hace falta tener mucho valor.

C La ecologista del Himalaya

1 ¿Vives en la ciudad? ¿Conoces a alguien que viva en el campo? ¿Crees que te gustaría vivir allí? Hay personas que deciden dejar su trabajo y su vida en la ciudad para marcharse al campo. ¿Por qué crees que lo hacen? Lee este texto y contesta a las preguntas.
도시에 사나요? 시골에 사는 사람을 알고 있나요? 그곳에서 살고 싶다고 생각하나요? 시골로 떠나기 위해 도시에서의 일과 삶을 버리기로 결심한 사람들이 있습니다. 왜 그렇게 한다고 생각합니까? 이 글을 읽고 질문에 대답해 보세요.

Volver al campo

Christoph Gaupp Berghussen tenía 24 años cuando llegó a Torronteras, una aldea abandonada de Guadalajara. En la aventura le acompañaba su mujer, Sarah. Ahora tienen 46 y 44 años, son apicultores y padres de tres hijos: Malva, de 12 años; Ángela, de 10, y Daniel, de 6. Ni la soledad, ni la falta de agua y electricidad de los primeros años han sido un obstáculo insalvable para esta familia. Malva, la hija mayor, cuenta que, aunque tiene que madrugar bastante para ir al instituto, no le gustaría vivir en una ciudad: "Hay más cines, más tiendas, pero también más ruido".

Ágata Blanco, de 25 años, que vive en La Vera, Cáceres, opina que "la mejor manera de ser ecológico es irse a vivir al campo. No son solo pueblos, hay muchas tierras de cultivo muy fértiles abandonadas. Solo están esperando que alguien las trabaje". Ágata es agricultora y, además, está estudiando Psicología en la Universidad a Distancia.
Está muy contenta de que su niño haya nacido en el campo, pero no todo son ventajas: "Por un lado, piensas que para el bebé va a ser más sano, más seguro, y luego resulta que en invierno no hay bomberos en la zona y que tienes la central nuclear de Almaraz a un paso".

Según **Carlos Marín,** que cambió su trabajo en la ciudad en una compañía eléctrica, por ser pastor de cabras en un pueblo de Huesca, "la vida es dura, pero también sencilla y barata. Por ejemplo, todas las verduras y la carne las sacamos de aquí". Él y su mujer consideran que el campo es una salida para los que están en paro. "Es difícil estar aislado, pero siempre te puedes acercar a la ciudad". Cuando van a Madrid a ver a la familia, aprovechan para ir al cine y de tiendas. Pero siempre con el billete de vuelta cerrado: "Una semana allí y ya te apetece volver a casa".

6

1
1. ¿Qué tiene que hacer Malva Gaupp para estudiar?
2. ¿Por qué Malva prefiere el campo a la ciudad?
3. Según Ágata, ¿cuáles son las desventajas de vivir en La Vera?
4. ¿En qué trabajaba antes Carlos? ¿Y ahora?
5. ¿Dónde consiguen gran parte de los alimentos Carlos y su familia?

2 Completa las vocales que faltan y encontrarás algunas palabras que has visto en esta unidad.
빠진 모음을 채워 보세요. 그러면 이 단원에서 배운 말들을 발견할 것입니다.

1. L A G O
2. C_NT_M_N_C__N _C__ST_C_
3. C_RD_LL_R_
4. S_LV_
5. M_D__ _MB__NT_
6. __SL_
7. __C__ NO
8. __NC_ND__   F__R__ST_L
9. C_NT_N_NT_
10. C_P_ D__ _Z_N_
11. C_Ñ_N
12. D_S__ _RT_

3 Completa las siguientes frases con el comparativo correspondiente.
알맞은 비교급으로 다음 문장을 완성해 보세요.

1. La vida es <u>más</u> tranquila en los pueblos <u>que</u> en las ciudades.
2. La comida rápida es _____ sana _____ la tradicional.
3. Me gusta mi nuevo trabajo: es _____ estresante _____ el anterior.
4. Los niños de hoy leen _____ _____ los de antes. Ahora prefieren ver la televisión.
5. Por culpa del cambio climático, ahora hace _____ calor _____ hace unos años.
6. El piso de Ana es más espacioso, pero tiene _____ luz _____ el mío.
7. Coge la caja más pesada, tú tienes _____ fuerza _____ yo.
8. En otros países se genera _____ basura _____ aquí porque la gente es más ecológica.
9. Este barrio es _____ ruidoso _____ el mío porque también hay muchos bares y discotecas.

4 Pon el adjetivo entre paréntesis en la forma más adecuada (comparativo o superlativo).
주어진 형용사를 알맞은 형태로 바꿔 써 보세요 (비교급이나 최상급).

1. México es la ciudad <u>más contaminada</u> (contaminada) del mundo.
2. El verano pasado fue una de las _____ (malo) temporadas de incendios forestales en nuestro país.
3. La selva amazónica es el _____ (grande) pulmón del planeta.
4. La hormiga es el animal _____ (fuerte), porque puede levantar 12 veces su propio peso.
5. El elefante asiático es _____ (pequeño) que el africano.
6. Valencia es casi _____ (ruidosa) como Tokio.
7. Reciclar está muy bien, pero es mucho _____ (bueno) producir poca basura.
8. La bicicleta es un medio de transporte _____ (ecológico) como agradable.
9. Australia es uno de los países _____ (seco) del mundo.

5 Escribe el superlativo de estos adjetivos, como en el ejemplo. 보기와 같이 형용사의 최상급 형태를 써 보세요.

1. interesante   <u>interesantísimo.</u>
2. grande   _____
3. seco   _____
4. ruidoso   _____
5. vago   _____
6. pequeño   _____
7. lento   _____
8. fuerte   _____

6 Completa con *tan, tanto, tanta, tantos, tantas*.
tan, tanto, tanta, tantos, tantas로 완성해 보세요.

1. Mi hijo no es <u>tan</u> estudioso como el tuyo.
2. En Madrid hay _____ tráfico como en mi ciudad.
3. Antes había muchísimas truchas en este río, pero últimamente ya no hay _____.
4. Este coche tiene _____ prestaciones como ese otro y, además, es más barato.
5. Nosotros lo pasamos _____ bien en la playa como en la montaña.
6. En algunas ciudades hay _____ coches como personas.
7. Yo no tengo _____ confianza en mí misma como tú.
8. Este año la empresa no ha obtenido unos resultados _____ buenos como el anterior.
9. Nunca había visto _____ libros antiguos.
10. Mi sobrino duerme _____ como un lirón.

7 Trabajo y profesiones

A Un buen trabajo

1 Relaciona. 알맞은 것끼리 연결해 보세요.

1. El mecánico
2. El fontanero
3. El albañil
4. El camionero
5. El carpintero
6. El electricista
7. El taxista
8. El bombero
9. El jardinero

a. construye casas
b. arregla los grifos
c. arregla el coche
d. hace muebles
e. transporta mercancías
f. transporta viajeros
g. apaga el fuego
i. hace instalaciones eléctricas
h. cuida las plantas

2 Completa el texto con los fragmentos del recuadro. 박스의 말을 사용하여 다음 글을 완성해 보세요.

> clientes femeninos   del dinero que gana
> por teléfono   en su consulta   barajas de cartas
> fue su abuela

3 Busca en la sopa de letras el nombre de diez profesiones. 다음 글자 맞추기에서 10개의 직업명을 찾아 보세요.

Q	E	D	V	B	N	P	I	N	T	O	R	A	L
D	C	U	D	E	P	E	N	D	I	E	N	T	A
J	U	Y	W	P	N	R	Ñ	L	X	R	A	I	Y
T	R	Z	C	O	C	I	N	E	R	O	C	K	T
R	N	P	E	A	B	O	G	A	D	O	T	I	U
Y	X	M	J	A	R	D	I	N	E	R	O	L	P
B	A	I	L	A	R	I	N	A	S	Y	R	R	X
M	E	R	T	Y	C	S	V	B	H	J	K	M	B
C	A	N	T	A	N	T	E	E	M	B	G	J	K
P	O	L	I	C	I	A	A	S	D	F	H	Y	U

De profesión: ADIVINAR EL FUTURO

Un vidente cubano atiende desde hace diez años a sus clientes en su consulta de Madrid.

Llegó hace diez años a España procedente de Cuba con una maleta sin ropa y llena de hierbas para curar, y caracolas y (1) _____ para adivinar el futuro. Desde entonces, José Sada se gana la vida con su consulta de videncia afrocubana, en la que atiende tanto a público español como latinoamericano.

"Tengo sobre todo (2) _____ y los temas por los que más preguntan son los del trabajo", cuenta este hombre, casado con una española. Mientras hablamos, le llama un cliente de Sevilla al que le lee el futuro (3) _____. Por la tarde tiene otra cliente ecuatoriana a la que atenderá en persona. Él se define como "vidente afrocubano y espiritista".

(4) _____ hay desde vírgenes y muñecas negras hasta estampas de San Francisco de Asís o de Jesucristo. (5) _____ la que le inició en la videncia. "Con diecisiete años me dedicaba, cuando salía de trabajar, a la curación con hierbas y a leer caracolas", cuenta. Parte (6) _____ lo envía a Cuba, a su madre y a una hija de 15 años.

Aunque aquí en España tiene otros dos hijos, a José le gustaría regresar un día a su país.

Extraído de *EL PAÍS*

B Cuando pueda, cambiaré de trabajo

1 Relaciona. 알맞은 것끼리 찾아 연결해 보세요.

1. Cuando trabajo muchas horas con el ordenador, ... [d]
2. Cuando me quede en el paro, ... ☐
3. Ganaba poco dinero... ☐
4. ¿Te felicitó tu jefe... ☐
5. Me cambiaré de casa... ☐
6. Cuando puedas, ... ☐
7. Cuando salen de la oficina, ... ☐
8. Cuando vio a Rosa, ... ☐
9. Se enfadaron mucho... ☐
10. Te llamarán... ☐

a ...pásate por mi oficina.
b ...buscaré otro empleo.
c ...cuando vuelvan.
d ...me duele la cabeza.
e ...cuando me suban el sueldo.
f ...toman un café con los compañeros.
g ...cuando empecé a trabajar.
h ...le preguntó por Miguel.
i ...cuando les dije que no venías.
j ...cuando acabaste el proyecto?

2 Completa las frases con la forma correcta del verbo entre paréntesis. 괄호 속 동사를 알맞게 활용하여 문장을 완성해 보세요.

1. Avísame cuando <u>termines</u> (terminar) tu trabajo.
2. Saldré cuando me _____ (llamar) Juan por teléfono.
3. Cuando vi a Elena en la calle, _____ (acabar) de encontrar trabajo.
4. ¿En qué idioma hablabais cuando _____ (ir) a China?
5. Cambiaré de coche cuando _____ (terminar) de pagar la hipoteca.
6. Espérame en la cafetería cuando _____ (salir) de la oficina.
7. Cuando _____ (hacer) mucho calor, ponemos el aire acondicionado.
8. Cuando _____ (estar) en Italia, acuérdate de mí.
9. Cuando _____ (saber) la hora de la reunión, me lo dices.
10. Cuando _____ (ir) a salir, te avisaremos.
11. Cuando _____ (poder), pon la lavadora.
12. Cuando _____ (ir) a la compra, trae fruta.

3 Completa las preguntas utilizando *cuando* + subjuntivo. 'cuando + 접속법'을 이용하여 질문을 완성해 보세요.

1. ¿Cuándo os vais a casar?
   (Ellos) / entregar (a nosotros) / el piso.
   <u>Cuando nos entreguen el piso.</u>
2. ¿Cuándo te vas de viaje?
   (Ellos) / dar (a mí) / las vacaciones.
   _____
3. ¿Cuándo te vas a comprar el ordenador?
   Empezar / las rebajas.
   _____
4. ¿Cuándo vamos al teatro?
   Ser / tu cumpleaños.
   _____
5. ¿Cuándo nos vemos?
   (Yo) / tener / tiempo.
   _____
6. ¿Cuándo veréis a Ana?
   Ir / a Barcelona.
   _____
7. ¿Cuándo pintarán la oficina?
   (Vosotros) / estar / de vacaciones.
   _____
8. ¿Cuándo se lo dirás?
   (Ella) / venir / a verme.
   _____
9. ¿Cuándo te vas a cortar el pelo?
   Hacer / calor.
   _____
10. ¿Cuándo vas a empezar el tratamiento?
    Decir (a mí) / el médico.
    _____
11. ¿Cuándo me van a llamar?
    (Ellos) / llegar / a casa.
    _____

7

C Si tuviera dinero…

1 Completa las frases con el pretérito imperfecto de subjuntivo del verbo correspondiente.
알맞은 동사의 접속법 불완료과거형으로 문장을 완성해 보세요.

> sacar haber encontrar ~~trabajar~~ ir hablar
> invitar venir tener (x 2) tocar estar subir

Sería feliz si…

1 (yo) _trabajara_ menos horas al día.
2 este verano (nos.) _____ de vacaciones al Caribe.
3 no _____ guerras en el mundo.
4 mi novio me _____ a un crucero.
5 me _____ la lotería.
6 mis hijos _____ buenas notas.
7 (yo) _____ un año sin trabajar.
8 mi marido y yo _____ una casa en el campo.
9 mis hermanos _____ trabajo.
10 (tú) _____ a mi fiesta de cumpleaños.
11 _____ bien otros idiomas.
12 _____ más hijos.
13 mi jefe me _____ el sueldo.

3 Completa el siguiente diálogo poniendo los verbos en su forma correspondiente.
알맞은 형태의 동사로 다음 대화를 완성해 보세요.

A ¿Quieres aprender a hablar español? Si yo (1) _fuera_ (ser) tú, (2) _pasaría_ (pasar) un verano en España.

B No tengo dinero para eso. Si yo (3) _____ (ir) a España, (4) _____ (tener) que pagarme las clases y el alojamiento.

A ¿(5) _____ (ir, tú) si no (6) _____ (tener) que pagar el alojamiento? Tengo unos amigos españoles en Almería. Si tú (7) _____ (querer), yo les (8) _____ (escribir).

B ¿Y si me (9) _____ (alojar) con ellos no (10) _____ (tener) que pagar nada?

A No, no sería necesario. Ellos quieren aprender inglés. Si tú les (11) _____ (dar) clases de inglés, (12) _____ (poder) vivir con ellos gratis.

B Pero si (13) _____ (tener, yo) que darles clases de inglés, (14) _____ (tener, yo) que prepararme muy bien las clases…

2 Completa las frases con el verbo en su forma correspondiente. 알맞은 형태의 동사로 문장을 완성해 보세요.

Cosas de niños

1 Si _pesara_ (pesar, yo) ocho kilos menos, _comería_ (comer) muchos pasteles.
2 Mi padre no _____ (discutir) tanto con mi madre si _____ (encontrar) trabajo.
3 Si _____ (ser) aún más guapa, aunque ya lo soy, _____ (tener) muchos novios.
4 _____ (ser, yo) muy feliz si mis abuelos no _____ (morirse) nunca.
5 Si _____ (construir, ellos) los coches de goma, no _____ (haber) tantos accidentes.
6 Si siempre _____ (estar, nosotros) en verano, _____ (bañarse, yo) todos los días en la piscina.
7 Si mi familia y yo _____ (vivir) en un pueblo _____ (tener) gallinas y vacas.
8 Si yo _____ (ocuparse) de la educación de mi hermano, le _____ (castigar) siempre que fuera necesario.
9 La vida _____ (ser) más interesante, si yo _____ (tener) diez años más.
10 Yo me lo _____ (comer) todo si siempre _____ (cocinar) mi abuela.

4 Lee el texto. 다음 글을 읽어 보세요.

¿Qué pasaría si...?

Si seguimos a este ritmo, en cincuenta años los recursos hídricos y energéticos se agotarán. Todos podemos poner de nuestra parte para evitarlo. Estas son algunas cosas que podemos hacer.

● **...si utilizáramos menos el coche?**
Si hiciéramos uso del transporte público o compartiéramos nuestro vehículo con otras personas, habría menos problemas de tráfico, menos contaminación del aire y acústica, y disminuirían las emisiones de CO_2.

● **...si desperdiciáramos menos agua?**
Ahorraríamos una enorme cantidad de agua si:
- cerráramos el grifo cuando nos lavamos los dientes o fregamos los cacharros,
- nos ducháramos en menos tiempo,
- regáramos los jardines con agua reciclada.

● **...si utilizáramos electrodomésticos y bombillas de bajo consumo?**
El 15% de la factura de la luz se debe a la iluminación. Las bombillas de bajo consumo gastan hasta cinco veces menos y, aunque su precio es mayor que el de las convencionales, su duración es mucho mayor. Si usamos pilas, mejor que sean recargables. Y debemos recordar que existen cargadores solares de pilas muy eficientes.

● **...si siguiéramos la filosofía de las "tres r": reciclar, reutilizar, reducir?**
Si lo hiciéramos, la producción diaria de millones de toneladas de basura en todo el mundo se reduciría en más de un tercio. Reciclar plásticos, papeles, cartón, latas, vidrio..., no solo es beneficioso para el medioambiente, sino que además crea nuevos puestos de trabajo. Debemos reutilizar todo lo que sea posible. Muebles y ropa son los principales elementos objeto de reutilización.

Reducir el consumo de productos contaminantes es esencial. En ello nos va la calidad de vida propia, pero especialmente la de nuestros hijos. La solución está en nuestra mano.

5 Relaciona la primera parte de las frases con sus finales. 문장의 첫 부분과 마지막 부분을 알맞게 연결해 보세요.

1 Si seguimos consumiendo a este ritmo... ☐
2 No habría tanta contaminación... ☐
3 Si tuviéramos cuidado de cerrar los grifos... ☐
4 Pagaríamos menos de luz... ☐
5 Si recicláramos más cantidad de basura... ☐

a ...gastaríamos menos agua.
b ...los recursos energéticos se agotarán.
c ...si tuviéramos bombillas de bajo consumo.
d ...si utilizáramos más el transporte público.
e ...mejoraríamos nuestra calidad de vida.

6 Contesta a las siguientes preguntas. 다음 질문에 답해 보세요.

1 ¿Qué podemos hacer para disminuir los problemas de tráfico?
_____

2 ¿Qué podemos hacer con nuestros jardines para mejorar el problema del consumo del agua?
_____

3 ¿Qué ventajas y desventajas tienen los productos de bajo consumo?
_____

4 ¿Qué tipo de pilas son las más convenientes?
_____

5 ¿Qué ventajas tiene el reciclaje de basuras?
_____

6 ¿Qué productos se reutilizan con mayor facilidad?
_____

7 🔊 010 Enrique y Adela están rellenando un cuestionario. Escucha y completa las siguientes afirmaciones. 엔리케와 아델라가 질문지를 작성하고 있습니다. 듣고 다음 문장을 완성해 보세요.

1 Si su jefe le encargara un nuevo proyecto,
_____

2 Si otra empresa le ofreciera un nuevo puesto de trabajo,
_____

3 Si le dieran un premio por su buena actuación,
_____

4 Si le propusieran un puesto en la dirección,
_____

5 Si le propusieran viajar,
_____

8 Tiempo de ocio

A Deportes

1 Busca en la sopa de letras los nombres de estos objetos. ¿Con qué deporte está relacionado cada uno? 글자 맞추기에서 오른쪽 물건들의 이름을 찾아보세요. 각각 어떤 스포츠와 관련 있나요?

```
K B I C I C L E T A M K A P
A A B E S R K F F G A E L A
V P Q G U A N T E S N A A T
G S R E S Q U I E S D R I I
P C T O R U A T V B A L O N
A A L S P E L O T A A L T E
E S L T I T E A Ñ B O U S
R C B O T A S I T A C X L O
P O M A I T E M E D A L L A
M O P A I T I A S A E I Y Z
L O B B A Ñ A D O R W V O P
```

2 Completa con la palabra adecuada.
알맞은 말로 문장을 완성해 보세요.

1. Se dedica al fútbol.
    <u>Es futbolista / jugador/a de fútbol.</u>
2. Se dedica a montar en bicicleta. _____
3. Se dedica al baloncesto. _____
4. Se dedica a la natación. _____
5. Se dedica al patinaje. _____
6. Se dedica al tenis. _____
7. Se dedica al atletismo. _____
8. Se dedica al boxeo. _____
9. Se dedica al golf. _____
10. Se dedica al voleibol. _____
11. Se dedica a esquiar. _____

3 🎧 Escucha esta entrevista al ciclista Emilio Pedal y completa el cuestionario.
사이클 선수 에밀리오 페달의 인터뷰를 듣고 질문지를 완성해 보세요.

1. Edad a la que tuvo su primera bici: _____
2. Lo que hace para relajarse: _____
3. Un defecto: _____
4. Un sueño: _____
5. Su victoria más importante: _____
6. N.º de bicicletas que tiene: _____

B ¿Salimos?

1 🎧 Escucha a Isabel y a Jesús hablando sobre la programación de televisión y contesta a las siguientes preguntas. 이사벨과 헤수스가 TV 프로그램에 대해 이야기하는 것을 듣고 다음 질문에 대답해 보세요.

1. ¿Hay algún concurso esta noche?
   _____
2. ¿A qué hora se puede ver un documental?
   _____
3. ¿Por qué no van a poder ver la serie de los abogados?
   _____
4. ¿En qué canal le gusta a Jesús ver las noticias?
   _____
5. ¿Hay alguna película divertida esta noche?
   _____
6. ¿Cuándo es el partido de fútbol?
   _____

2 Completa el diálogo. 다음 대화를 완성해 보세요.

A *¿Qué quieres hacer esta tarde?*
B Podemos dar una vuelta.
A ¿_____?
B No sé, a mí no me apetece mucho…
A ¿_____?
B ¡Ah, vale, me parece una buena idea!
A ¿_____?
B Si quieres quedamos en la puerta de mi casa.
A ¿_____?
B ¿Te parece bien a las _____?
A _____.
B Vale, hasta luego, entonces.

3 Ahora escribe un diálogo parecido teniendo en cuenta que…
이제 다음 사항들을 염두에 두고 (위 대화와) 유사한 대화를 작성해 보세요.

- Tú quieres ver una película.
- A tu amigo no le gusta mucho el cine.
- Tú quieres quedar a las 19.00.
- Tu amigo no puede llegar antes de las 19.30.
- Os gustaría tomar algo antes o después del espectáculo.

4 Transforma las siguientes preguntas de estilo directo a estilo indirecto.
다음 직접화법의 질문들을 간접화법으로 바꿔 보세요.

1 ¿Qué hora es?
   Quería saber qué hora era. / Dijo que qué hora era.
2 ¿Por qué os vais tan pronto?
3 ¿Dónde habéis quedado?
4 ¿Cuándo tendrás el dinero?
5 ¿En qué año naciste?
6 ¿Qué vas a hacer esta noche?
7 ¿Quién era ese hombre?

5 Transforma las siguientes preguntas de estilo directo a estilo indirecto, como en el ejemplo.
보기와 같이 다음 직접화법의 질문들을 간접화법으로 바꿔 보세요.

1 ¿Te interesa la pintura?
   Preguntó si / Quería saber si me interesaba la pintura.
2 ¿Habéis visto el último *ballet* de la Compañía Nacional de Danza?
3 ¿Ponen algo interesante en la tele?
4 ¿Vas tú a sacar las entradas para el concierto, o las saco yo?
5 ¿Cenaste en el restaurante que te recomendé?
6 ¿Volverás tarde a casa?
7 ¿Preferirías quedar más pronto?
8 ¿Participáis en alguna red social?
9 ¿Tus padres ya están jubilados?

6 Juan fue ayer a visitar a su madre. Estas son algunas de las cosas que su madre le preguntó. Escribe la pregunta como en el ejemplo.
후안은 어제 어머니를 뵈러 갔습니다. 이것이 그의 어머니가 그에게 한 질문의 일부입니다. 보기와 같이 질문을 써 보세요.

1 Me preguntó dónde pasaríamos las vacaciones.
   ¿Dónde pasaréis las vacaciones?
2 Me preguntó si me apetecía un bocadillo de calamares.
3 Me preguntó dónde habíamos visto el partido de fútbol del domingo.
4 Me preguntó a qué hora tenía la entrevista.
5 Me preguntó si hago ejercicio a menudo.
6 Me preguntó si había entregado el paquete a mi suegra.
7 Me preguntó si ya había visto su sofá nuevo.

7 Ayer hablaste con estas personas. Cuéntale a tu amigo Gonzalo lo que te dijeron.
어제 여러분은 아래의 사람들과 이야기했습니다. 그들이 했던 말을 친구인 곤살로에게 들려주세요.

VANESA: ¡Me alegro mucho de verte! ¿Tienes algo que hacer el domingo por la tarde? Es que Luis y yo vamos a hacer una fiesta para celebrar que nos hemos cambiado de casa.

Ayer vi a Vanesa. Me dijo que se alegraba mucho de verme y que si tenía algo que hacer el domingo por la tarde, que Luis y ella iban a hacer una fiesta para celebrar que se habían cambiado de casa.

RAÚL: Mañana te llevaré a casa los libros que me prestaste. Gracias, ¿eh?, me han servido de mucho.

___

ARTURO: Oye, me sobran dos entradas para el partido del domingo. ¿Os gustaría ir a ti y a Gonzalo?

___

Sra. JULIA: ¿Qué tal está Gonzalo? Hace muchísimo que no lo veo… ¿Sigue saliendo con Marta?

___

LAURA: He vuelto de Lima esta misma mañana. Es que ya tenía ganas de ver a mi familia y mis amigos de aquí.

___

Sr. GARRIDO: La semana pasada hablé con Gonzalo y me contó que habías cambiado de trabajo porque no estabas muy contento con tu sueldo.

___

8 Reconstruye lo que dijeron estas personas. 위 사람들이 했던 말을 재구성해 보세요.

1 Dani me dijo que el martes había ido/fue al estreno de la última película de Amenábar, y me preguntó si yo ya la había visto.
   <u>El martes fui al estreno de la última película de Amenábar. ¿Tú ya la has visto?</u>

2 Me contó que su abuelo había muerto cuando ella era muy pequeña.

3 El otro día vi a Carlos y a Ágata. Me contaron que sus vecinos iban a mudarse.

4 Me dijo que no me había llamado estos días porque había estado muy ocupado.

5 Ayer hablé con Pedro, y me dijo que esta mañana vendría a recogerme en coche.

6 Pues Federico me dijo que se había apuntado a un curso de tai-chi y que estaba encantado.

7 Me dijo que Juan saldría con su novia el viernes.

8 Me prometiste que ibas a poner mi fotografía en tu habitación.

9 El director me aseguró que estudiaría mi propuesta.

C Música, arte y literatura

1 Completa las frases con estas palabras. 주어진 단어로 문장을 완성해 보세요.

> entradas aplaudir cola inaugurar taquilla colarse

1. Cuando el cantante terminó su actuación, el público se puso de pie y empezó a (1) _aplaudir_ entusiasmado.
2. Cuando estábamos esperando para conseguir un autógrafo de Alejandro Sanz, una señora intentó (2) _____.
3. Prefiero sacar por internet las (3) _____ para el cine, así no tengo que hacer (4) _____.
4. El alcalde va a (5) _____ el nuevo centro cultural esta misma semana.
5. No he podido ver la obra porque cuando he llegado, la (6) _____ ya estaba cerrada.

2 Vas a leer parte de una entrevista al fotógrafo Chema Madoz. Relaciona cada respuesta con su pregunta. 사진가인 체마 마도스의 인터뷰 일부를 읽게 될 겁니다. 각 대답을 알맞은 질문과 연결해 보세요.

☐ 1 ¿Por qué crees que tus fotos tienen tanto éxito?
☐ 2 Haces fotografía artística, pero tus fotos han aparecido en alguna campaña publicitaria.
☐ 3 Cuando trabajas, ¿creas artesanalmente los objetos de la escena que luego fotografías? ¿Hasta qué punto participas en el revelado de tus fotos?
☐ 4 Mientras estás construyendo esas pequeñas escenas, ¿tienes nuevas ideas?
☐ 5 ¿Qué ocurre con los elementos después de fotografiarlos? ¿Los has expuesto alguna vez?
☐ 6 ¿Por qué no haces fotos en color?
☐ 7 ¿Qué opinas de la fotografía digital? ¿Es buena para tu profesión?
☐ 8 La fotografía digital cada vez se usa más. ¿Esto hace más difícil tener éxito en tu trabajo?

A Los objetos, una vez utilizados, se amontonan en el estudio como material de trabajo, que puede ser reutilizado en otras composiciones. Únicamente se ha expuesto algún objeto cuando no existía una foto de él y tan solo en un par de ocasiones.

B Sí, en ocasiones hago alguna cosa en este campo, pero son pocas las colaboraciones. Tiene que ser un encargo cercano a mi propio trabajo.

C Hago todo el proceso: elaboro el objeto, busco la luz con la que puede funcionar mejor, tomo la fotografía, revelo los carretes y hago una copia de pequeño formato. De la siguiente etapa se encargan en el laboratorio.

D La mayoría de la gente está habituada a las fotos. A diario convivimos con imágenes de todo tipo a través de la prensa y la televisión. Esto hace que mi trabajo sea más familiar y accesible. De todas formas, no deja de sorprenderme que unas imágenes elaboradas en principio para mí mismo puedan llegar a tanta gente diferente. Por ejemplo, los niños, en algunos talleres que se han hecho con mi trabajo, reciben muy bien mis imágenes, como una invitación al juego. Les despierta la curiosidad, cuando ven una, piden ver más.

E Depende de la ocasión. En general, primero tengo una idea y el resultado final está más o menos planificado, pero a veces puede haber cambios.

F Ahora es cierto que hay más gente que utiliza la fotografía pero, por ejemplo, todo el mundo tiene lápiz y papel y no por ello es más complicada la situación de los escritores.

G Desde mi punto de vista, al utilizar el blanco y negro está más claro que lo que se está mostrando es una representación, y no directamente la realidad. Además, facilita el trabajo.

H Claro que sí, porque nos ofrece nuevas posibilidades que antes no teníamos. Es muy interesante.

Extraído de www.revistaminerva.com y www.xatakafoto.com

9 Noticias

A Sucesos

1 Lee esta noticia y responde a las preguntas. 이 뉴스를 읽고 질문에 답해 보세요.

DOCE CAMPANADAS PARA ROBAR OBRAS DE ARTE

Trece obras de arte (cuadros y esculturas) han sido robadas del Servicio de Aduanas en Huelva, Andalucía, por una banda de ladrones mientras sonaban las doce campanadas de Nochevieja. Minutos antes de la medianoche unos diez ladrones acudieron encapuchados al edificio de Aduanas, junto al puerto, y aprovecharon la fiesta por el cambio de año para entrar en el edificio donde se almacenaban las obras, que habían sido aprehendidas cuando intentaban atravesar la aduana de forma ilegal.

Los miembros de la banda llegaron en dos vehículos todoterreno, uno de ellos con un remolque para transportar las obras que se llevaron. El edificio de Aduanas no tiene personal de vigilancia y solo cuenta con cámaras de seguridad.

Entre ocho y diez personas participaron en el robo, según la grabación de las cámaras del edificio que han sido analizadas por la policía. En esos momentos no se encontraba presente ningún funcionario, y los investigadores de la Policía se centran en averiguar cómo entraron al edificio los cacos, que actuaron con gran rapidez.

Una vecina avisó a la policía, pero cuando los agentes llegaron al lugar ya no había rastro de la banda. "Llevaban pasamontañas y los veíamos entrar y salir del edificio cargando algo en dos todoterrenos para transportar el botín", relató. "Le dije a mi marido que bajara las persianas porque teníamos mucho miedo".

1. ¿Qué día tuvo lugar el robo?
   _____
2. ¿A qué hora ocurrió?
   _____
3. ¿Dónde sucedió?
   _____
4. ¿Cómo transportaron el material robado?
   _____
5. ¿Qué se ha descubierto al analizar las grabaciones de las cámaras?
   _____
6. ¿Pudo ver la vecina la cara de los delincuentes? ¿Por qué?
   _____

2 Busca en el texto palabras que signifiquen:
글에서 다음을 뜻하는 말을 찾아 보세요.
1. cacos: _____
2. capturada: _____
3. llevar de un sitio a otro: _____
4. estudiadas detenidamente: _____
5. vehículo que se adapta a diferentes superficies. _____

3 🎧 Escucha las noticias y relaciona cada una con uno de estos titulares.
뉴스를 듣고 각 뉴스에 해당하는 제목과 연결해 보세요.

a | Inaugurado en Barcelona el cuarto ordenador más potente del mundo. **Noticia n.º** ☐

b | Cuatro ancianas atropelladas en Oviedo. **Noticia n.º** ☐

c | Sigue sin conocerse la identidad del ganador del Euromillón. **Noticia n.º** ☐

d | Un hombre es atacado por una tigresa del circo. **Noticia n.º** ☐

e | Descubren un plan para mejorar la memoria en dos semanas. **Noticia n.º** ☐

4 Reconstruye los titulares con los verbos del recuadro. 박스의 동사로 제목을 재구성해 보세요.

> fue visitada • ha sido elegido
> fue detenido • ha sido condenado
> han sido construidos • serán publicados
> ~~ha sido inaugurado~~ • ha sido traducido
> serán llevados • fueron expuestas

1 Hoy *ha sido inaugurado* un nuevo tramo del metro.
2 Ayer _____ en Murcia el ladrón de coches más buscado.
3 La próxima semana _____ los resultados del sorteo de un coche.
4 En el barrio de Oliva _____ más aparcamientos públicos.
5 La exposición de pinturas de Goya _____ el pasado mes por más de cien mil personas.
6 El pirata informático _____ a dos años de prisión.
7 Federico Pérez _____ mejor empresario del año 2006.
8 Las fotos del famoso reportero de guerra _____ en la sala Lavapiés en Madrid.
9 Los delincuentes _____ ante el juez mañana por la mañana.
10 Su último libro _____ a muchos idiomas.

5 Construye frases como la del modelo. 보기와 같이 문장을 만들어 보세요.

1 Mañana / inaugurar / el museo de la ciudad.
   Mañana será inaugurado el museo de la ciudad.
2 Hoy / capturar / el gorila que se escapó del zoo.
   _____
3 Esta casa / construir / en 1860.
   _____
4 Últimamente / despedir / muchos trabajadores en esta empresa.
   _____
5 En el futuro, el tráfico aéreo / controlar / por ordenadores.
   _____
6 Ayer / subastar / las gafas de John Lennon.
   _____
7 Todavía / no encontrar / las obras de arte robadas de la Fundación.
   _____
8 Este año, el traje de novia de muchas mujeres famosas / diseñar / Victorio & Lucchino.
   _____
9 *El Quijote* / escribir / Cervantes.
   _____
10 El cuadro / vender / la semana pasada.
   _____
11 Ángela / elegir / delegada de curso el próximo trimestre.
   _____
12 La semana que viene / presentar / su última novela.
   _____
13 Ayer / aprehender / los ladrones de cuadros.
   _____

B ¡Cásate conmigo!

1 Relaciona las dos partes para formar el mensaje en estilo indirecto.
메시지를 간접화법으로 만들기 위해 이 두 부분을 알맞게 연결해 보세요.

1 El juez le prohibió… [g]
2 Mi jefe me ha mandado… [ ]
3 Su profesor le ha recomendado… [ ]
4 Siempre me pide… [ ]
5 Unos amigos nos aconsejaron… [ ]
6 Mamá os dijo… [ ]
7 El médico siempre te dice… [ ]
8 Los de la agencia nos han aconsejado… [ ]
9 La vecina le pidió a su marido… [ ]
10 Un policía afirmó… [ ]

a …que le haga unas fotocopias.
b …que ordenarais vuestra habitación.
c …que no fuéramos a ese hotel.
d …que te dé las gracias.
e …que no tomes tanto café.
f …que reservemos con bastante antelación.
g …que se acercara a menos de 100 metros.
h …que practique con algún amigo de habla hispana.
i …que los ladrones llevaban pasamontañas.
j …que bajara la persiana.

2 Completa este cuadro.

escuchar	escuche	escuchara / escuchase
venir	vengáis	
correr		corriéramos / corriésemos
hacer	hagáis	
ser	sean	
ir	vayan	
querer	queramos	
morir		murierais / murieseis
poder		pudieras / pudieses
salir		salieran / saliesen

3 Pasa las siguientes frases a estilo indirecto.

1 "Consulten el catálogo".
   El vendedor nos recomendó que consultáramos el catálogo.

2 "Abrid el libro por la página 23".
   El profesor nos dijo _____

3 "Pruébese el vestido rojo".
   La dependienta le sugirió a mi amiga _____

4 "No vuelvas muy tarde".
   Mi madre siempre me pide _____

5 "Prueba mis pasteles".
   Mi tío me ha dicho _____

6 "Quédate un poco más".
   La abuela te ha pedido _____

7 "Siga todo recto por esta calle y luego gire a la izquierda".
   El policía me dijo _____

8 "Conduce con cuidado y no corras".
   Mi mujer siempre me dice _____

9 "No tengas miedo a equivocarte".
   Mi profesor siempre me dice _____

10 "Nos vemos a las nueve".
   Su novia le dijo _____

4 Completa el texto de las viñetas.

Tómate estas pastillas. Come con poca sal, no fumes y evita las grasas. Bebe mucha agua, no hagas grandes esfuerzos y procura descansar. ¡Ah, y vuelve dentro de dos semanas!

Me ha dicho que (1)_____ con poca sal, que no (2)_____ y que (3)_____ las grasas. También que (4)_____ mucha agua, que no (5)_____ grandes esfuerzos y que (6)_____ descansar. Y me ha pedido que (7)_____ dentro de dos semanas.

A ¿Qué tal ayer en el médico?
B Bien, me dijo que (8)_____ con poca sal, que no (9)_____ y que (10)_____ las grasas. Que (11)_____ mucha agua, que no (12)_____ grandes esfuerzos y que (13)_____ descansar. Y que (14)_____ dentro de dos semanas.

C Quiero que mi ciudad esté bonita

1 Completa las frases con el verbo en el tiempo adecuado. 알맞은 시제의 동사로 문장을 완성해 보세요.

1. Espero que Ángel *se cure* (curarse) pronto.
2. Deseamos que _____ (ser, vosotros) muy felices.
3. No quiero que _____ (ir, tú) sola.
4. A Carlos y a Charo les gustaría que tú _____ (ser) el padrino de su hijo en el bautizo.
5. Les encantaría _____ (ir) a tu boda, pero no van a poder.
6. Necesita que le _____ (prestar, yo) algo de dinero.
7. Me gustaría que alguien me _____ (regalar) un ordenador portátil.
8. Espero _____ (tener, yo) más suerte el año que viene.
9. Se ha abrigado bien porque no quiere _____ (resfriarse, él) otra vez.
10. Necesitáis que alguien _____ (recoger) todo esto.

2 En las frases siguientes hay errores, búscalos, márcalos y corrígelos. 다음 문장에는 오류가 있습니다. 그것을 찾아서 표시하고 수정해 보세요.

1. Yo quiero que Jorge venir mañana a la oficina.
   Yo quiero que Jorge venga mañana a la oficina.
2. Óscar dijo que vayas mañana a su casa.
3. La excursionista desaparecida el lunes fue rescatado ayer.
4. Tomás pidió que escribes tus datos en esta hoja.
5. Los premios será entregado el próximo lunes.
6. Necesitas que tú conozcas gente.
7. Preguntaron que si de dónde eras.
8. Me dijo que haciera los deberes.
9. Esta iglesia ha sido construida en el siglo xiii.
10. Espero que te encuentras bien después de la operación.

3 Lee este anuncio publicitario de una cadena de hoteles. 호텔 체인 광고를 읽어 보세요.

¿QUÉ ESPERAS DE UN HOTEL?

- Que me den una sonrisa con el desayuno.
- Que entre el sol por la ventana pero que no me despierte.
- Que nada más llegar me den ganas de descalzarme.
- Que no haya contratiempos.
- Que me acuerde para siempre.

Ahora, escribe tú frases parecidas sobre lo que esperas... 이제 여러분이 기대하는 것들에 대해 위와 유사한 문장을 작성해 보세요.

- ...de un restaurante.
- ...de un amigo.
- ...de una niñera para tus hijos.
- ...de unas vacaciones.

4 🔊 014 Escucha y subraya las palabras que oigas. 다음을 듣고, 들린 단어에 밑줄을 그어 보세요.

1. poca / boca
2. polo / bolo
3. siembre / siempre
4. vago / pago
5. bar / par
6. tiemblo / tiempo
7. beca / peca
8. vaca / Paca

5 ¿Con 'b' o con 'v'? b로 쓰나요, v로 쓰나요?

1. __ER__O
2. __IGOTE
3. __ASURA
4. ESCRI__IR
5. HER__IR
6. IN__ISI__LE
7. __RA__O
8. __AR__A
9. A__IÓN
10. __ERTEDERO
11. SER__IR
12. ACA__AR
13. IM__ÉCIL
14. SA__ER

10 Tiempo de vacaciones

A De viaje

1 Lee el texto sobre los aeropuertos y elige la respuesta adecuada.
공항에 대한 글을 읽고 알맞은 대답을 골라 보세요.

El viaje empieza EN TIERRA

Para ser un lugar donde tantas personas pasan tanto tiempo juntas, los aeropuertos pueden ser sitios bastante aburridos. Miles de horas acumuladas haciendo cola, esperando el equipaje o, simplemente, desorientados por la falta de información sobre el vuelo pueden hacernos perder la paciencia. Por eso, algunos aeropuertos ofrecen sorprendentes opciones de ocio para hacer más amena la espera. Masajes, saunas y hasta actuaciones intentan hacer más llevadera la estancia.

Cada aeropuerto exprime al máximo sus recursos con el fin de ofrecer el menú de ocio más original. En la Terminal 4 de Barajas (Madrid), por ejemplo, los centros Elysium ofrecen (previo pago) a los pasajeros servicios de spa, belleza y peluquería. A esto se suman los más de 100 establecimientos comerciales actuales, treinta restaurantes diferentes, dos centros de masajes, siete salas vip y la tecnología para conectarse desde el ordenador a internet a alta velocidad.

Los dos aeropuertos españoles más transitados, Barajas y El Prat (Barcelona), son también los que más iniciativas realizan para intentar llenar los ratos de ocio. Ambos han acogido, por ejemplo, espectáculos de mimo, monólogos en directo o incluso un festival de cortometrajes en aeropuertos.

El atractivo comercial de un aeropuerto también hace la espera más agradable. Para Escarlata Loncán, las tiendas son decisivas: "No paro de volar durante todo el año. Por eso aprovecho para hacer cosas personales. Muchas veces incluso compro los regalos de Navidad en el aeropuerto. En Singapur, por ejemplo, la oferta es infinita, hay más de mil tiendas". Y es que Singapur es uno de los aeropuertos más espectaculares del mundo: gimnasios, salas de relajación y de cine, jardines y unas excelentes instalaciones, además de un servicio exquisito, lo convierten prácticamente en un parque temático.

Algo parecido, aunque en menor escala, sucede en otros aeropuertos: el de Frankfurt (Alemania), uno de los principales centros de escalas europeos, cuenta, entre otros servicios, con la posibilidad de contratar habitaciones por horas y cuartos de baño o duchas.

La oferta de muchos recintos se multiplica en Navidad: los pasillos del aeropuerto de Copenhague (Dinamarca), vestidos de gala, se llenan de puestecillos en forma de mercado. La banda sonora está a cargo de un pianista que interpreta en directo canciones típicas.

Actualidad Económica

1 Según el texto, los aeropuertos ofrecen opciones de ocio para:
   a ☐ Conseguir un dinero extra.
   b ☐ Que la gente no se aburra mientras espera.
   c ☐ Los pasajeros se conozcan.

2 La T4 de Barajas ofrece:
   a ☐ La tecnología necesaria para conectarse a internet.
   b ☐ 30 restaurantes.
   c ☐ Un centro de relajación.

3 ¿Cómo aprovecha el tiempo en los aeropuertos Escarlata Loncán?
   a ☐ Haciendo compras.
   b ☐ Estableciendo relaciones personales.
   c ☐ Resolviendo problemas del trabajo.

4 ¿En qué aeropuertos se puede ver cine según el texto?
   a ☐ Solo en el de Singapur.
   b ☐ Copenhague, Singapur y Frankfurt.
   c ☐ Barajas, El Prat y Singapur.

5 ¿En qué aeropuerto puedes hacer deporte?
   a ☐ En el de El Prat.
   b ☐ En el de Singapur.
   c ☐ En el de Frankfurt.

6 ¿Y ducharte?
   a ☐ En ningún aeropuerto.
   b ☐ En el de Copenhague.
   c ☐ En el de Frankfurt.

7 ¿En qué época del año podemos visitar los puestos del aeropuerto de Copenhague mientras escuchamos música en directo?
   a ☐ En invierno.
   b ☐ Durante las fiestas navideñas.
   c ☐ En Semana Santa.

2 Construye correctamente las siguientes frases.
다음 문장을 알맞게 써 보세요.

1 A lo mejor (no deber, tú) contárselo a Raquel todavía.
   A lo mejor no debes contárselo a Raquel todavía.

2 Seguramente hoy (visitar, ellos) los museos más importantes.
   _____

3 Quizás (trasladarse, yo) a otra ciudad el año que viene.
   _____

4 A lo mejor (comprarse, nosotros) un coche nuevo.
   _____

5 Seguramente (conseguir, nosotros) hablar con él antes del fin de semana.
   _____

6 Probablemente (no encontrar, vosotros) habitaciones libres en ese hotel.
   _____

7 A lo mejor (ser, ellas) extranjeras.
   _____

8 Quizás (hacer) demasiado frío para ir al campo.
   _____

3 Intenta explicar estas situaciones haciendo conjeturas. Utiliza *a lo mejor, seguramente, probablemente y quizás.* 추측하는 문장으로 이 상황을 설명해 보세요. *a lo mejor, seguramente, probablemente, quizás*를 사용하세요.

1 Llegas puntualmente a clase de español, pero no hay nadie.
   ♦ Es fiesta y hoy no hay clase.
   Seguramente es fiesta y hoy no hay clase.
   ♦ Quieren gastarme una broma.
   _____
   ♦ Hoy dan la clase en otra aula.
   _____

2 Necesitas usar tu ordenador, pero no puedes encenderlo.
   ♦ Tiene una avería.
   _____
   ♦ Está desenchufado.
   _____

3 Has hecho una tarta, pero no está muy buena.
   ♦ Le falta azúcar.
   _____
   ♦ Tiene demasiada crema.
   _____

4 Intentas hablar con tu hermana por el móvil, pero no se oye bien.
   ♦ Tu móvil ya no funciona muy bien.
   _____
   ♦ Alguien está haciendo mucho ruido donde está tu hermana.
   _____

5 Te encuentras a tu vecino en el ascensor por la mañana. Parece muy cansado.
   ♦ Tiene insomnio.
   _____
   ♦ Ha pasado toda la noche de fiesta.
   _____

6 Abres tu bolso para pagar en una tienda y ves que no está la cartera.
   ♦ Te la han robado.
   _____
   ♦ Te la has dejado en casa.
   _____

B Alojamientos

1 Completa los textos con las palabras del recuadro. 박스의 말로 다음 글을 완성해 보세요.

> ~~casa rural~~ • servicios • parque natural • bodegas • zonas recreativas • estrellas
> paisaje • hotel • oferta de ocio • castillo

La (1) _casa rural_ Los Cerrillos es una amplia finca situada en Argamasilla de Alba (Ciudad Real), en el (2)_____ de las Lagunas de Ruidera. Sus más de 300 hectáreas se dedican fundamentalmente a la fabricación de vinos y quesos. Los clientes pueden visitar las diferentes estancias de la casa, como la quesería, las (3)_____, la capilla, los corrales... Situada junto al (4)_____ de Peñarroya, la espectacularidad del (5)_____ que la rodea la convierte en un lugar muy agradable para el viajero.

Situado en la capital de La Rioja-Alavesa, el (6)_____ _____ Villa de Laguardia es un cuatro (7)_____ lleno de encanto y armonía. Sus habitaciones están equipadas con todos los (8)_____ propios de un hotel de calidad. Su (9)_____ abarca, entre muchas otras opciones, una amplia gama de actividades al aire libre y deporte. También cuenta con piscina y varias (10)_____ para los más pequeños.

2 Completa los diálogos. 다음 대화를 완성해 보세요.

1 En la recepción de un hotel
   A ¿_____ de darnos algún folleto con las actividades culturales de la ciudad?
   B _____ que _____. Aquí tienen.

2 Hablando con tu compañera de piso
   A ¿Te _____ prestarme tu maleta? La mía es demasiado pequeña.
   B _____, pero la necesito yo.

3 En un restaurante elegante
   A ¿_____ traernos otra botella de este vino?
   B _____, ahora _____.

3 Ordena las letras y encontrarás algunos de los servicios que ofrece el hotel Esmeralda. 철자를 알맞게 배열해 보세요. 그러면 에스메랄다 호텔에서 제공하는 서비스 일부를 발견할 수 있습니다.

1 VISERCIO DE HATACIOBINES
2 NASAU
3 SAPREN TUITAGRA
4 NAGIMSIO
5 BARNIMI
6 REAI DICONACIODONA
7 CAPARMIENTOA

4 🎧 (015) Completa las conversaciones. Luego, escucha y comprueba.
다음 대화를 완성해 보세요. 그러고 나서 듣고 확인해 보세요.

1 **A** Servicio de habitaciones, ¿dígame?
   B ¿_____?
   A Por supuesto. ¿Qué desean cenar los señores?
   B _____
   A ¿Y de bebida?
   B _____
   A ¿Tomarán algún postre?
   B _____
   A Gracias, señor. Enseguida les llevarán la cena.

2 **A** Perdone, ¿podría abrir la ventanilla?
   B _____
   A Gracias.

3 **A** Divertours, ¿dígame?
   B ¿_____?
   A Lo siento, pero todas las plazas están cubiertas.

C Historias de viajes

1 ¿Qué tiempo hace? Describe las ilustraciones escribiendo frases usando las expresiones del recuadro.
날씨가 어떤가요? 박스의 표현을 이용한 문장을 만들어 사진을 설명해 보세요.

> hace hay está ha salido el... nevando nublado frío
> sol buen tiempo arcoíris niebla mucho viento lloviendo

1 _____   2 _____   3 _____   4 _____

5 _____   6 _____   7 _____   8 _____

2 🎧 (016) Escucha el parte meteorológico y completa con las palabras que faltan.
일기 예보를 듣고 빠진 말을 채워 완성해 보세요.

Hoy tendremos (1) _____ y (2) _____ en prácticamente todo el norte de la Península, mientras que en el centro se esperan cielos (3) _____ y (4) _____ moderado. En el sur, se alternarán los ratos de (5) _____ y los ratos de (6) _____, con un ligero ascenso de las (7) _____ durante el día.

3 ¿Qué crees que le pasó a Federico en su último viaje? Intenta ordenar las viñetas para reconstruir la historia. 최근 여행에서 페데리코에게 무슨 일이 일어났다고 생각하나요? 이야기를 재구성하기 위해 그림을 정렬해 보세요.

A 1

B ☐

C ☐

D ☐

E ☐

F ☐

4 🎧 (017) Ahora escucha y comprueba.
이제 듣고 확인해 보세요.

11 Tiempo de compras

A   En el mercadillo

1 Completa los diálogos. 다음 대화를 완성해 보세요.

(EN UNA TIENDA)
QUIQUE: Me llevo este reloj.
VENDEDORA: ¿Va a pagar en (1)_____ o con (2)_____?
QUIQUE: Con (3)_____.
VENDEDORA: ¿Se lo (4)_____ para regalo?
QUIQUE: Sí, por favor.

(EN EL MERCADILLO)
CLARA: ¿Cuánto cuesta este jersey?
VENDEDOR: 10 €.
CLARA: ¿Me lo puedo (5)_____?
VENDEDOR: Sí, sí.
CLARA: Vaya, pues me queda un poco pequeño. ¿Lo tiene en una (6)_____ más?
VENDEDOR: Espere, que se lo miro... Sí, mire, aquí lo tiene.
CLARA: Este sí que me está bien... Pero es que no sé, es un poquito (7)_____. Si me lo (8)_____ en 20 euros...
VENDEDOR: Venga, si se lo lleva le regalo este gorro a juego.
CLARA: Bueno, vale.

(EN UNA ZAPATERÍA)
SRA. GARCÍA: Oiga, ¿estos zapatos los tienen en un 38?
VENDEDORA: No, lo siento, solo nos queda este (9)_____, y es un 40.

2 Escribe frases siguiendo el modelo. 보기와 같이 문장을 완성해 보세요.

1 Cambiar / usted / a mí / este CD.
   Cámbiemelo.
2 Regalar / tú / a ellas / unos pendientes.
   _____
3 Planchar / tú / a él / dos camisas.
   _____
4 Envolver / usted / a mí / el libro.
   _____
5 Encargar / usted / a mí / otra blusa.
   _____
6 Pagar / vosotros / el regalo.
   _____
7 Comprar / tú / a ella / un par de guantes.
   _____
8 Vender / vosotras / a nosotros / esas películas.
   _____
9 Enseñar / usted / a nosotros / otro modelo.
   _____
10 Pasar / tú / la sal / a Juan.
   _____

3 Escribe frases siguiendo el modelo. 보기와 같이 문장을 완성해 보세요.

1 ¿Podría envolverme la caja de bombones para regalo?
   ¿Podría envolvérmela? / ¿Me la podría envolver?
2 ¿Podría enseñar ese bolso a mi hija?
   _____
3 ¿Podría repararme este reloj?
   _____
4 ¿Podría cobrarme estos pantalones?
   _____
5 ¿Podría traerme otra talla del almacén?
   _____
6 ¿Podría encargarme unas tartas para el jueves?
   _____
7 ¿Podría cambiarme esta falda por otra?
   _____
8 ¿Podría venderme un libro para mis hijos?
   _____

4 Tu salón está lleno de todo tipo de objetos. Tienes que poner un poco de orden. ¿Qué vas a hacer con todas estas cosas? Puedes utilizar estos verbos. 여러분의 거실이 온갖 종류의 물건으로 가득 차 있어요. 조금 정리해야 합니다. 이 모든 물건들로 무엇을 할 거죠? 박스의 동사를 활용하여 문장을 완성해 보세요.

> regalar dar prestar devolver vender
> guardar poner ponerse colocar reciclar
> meter alquilar tirar colgar

1 Una pipa. *Se la voy a regalar a mi abuelo.*
  Voy a regalársela a mi abuelo.
2 Unas latas de cerveza. *Voy a guardarlas en la nevera. Las voy a guardar en la nevera.*
3 Unos calcetines.
4 Un jarrón.
5 Un abrigo.
6 Unos botes vacíos.
7 Un mechero.
8 Una bicicleta.
9 Unos libros.
10 Un DVD.
11 Una corbata.
12 Un par de pantalones.
13 Una cafetera.
14 Un cochecito de bebé.
15 Unas entradas para el cine.

5 Responde a las preguntas utilizando pronombres. 목적대명사를 이용하여 질문에 답해 보세요.

1 ¿Me has traído los tomates?
  Sí, te los he traído.
2 ¿Has comprado la falda a tu prima?
3 ¿Has tirado la basura?
4 ¿Has preguntado eso a tus amigos?
5 ¿Has llamado a María?
6 ¿Nos has enviado las invitaciones?
7 ¿Has felicitado al tío Lucas?
8 ¿Me has preparado el desayuno?
9 ¿Te has llevado los vestidos?
10 ¿Has contado tus problemas a Daniela?

6 Adivina de qué se habla.
무엇에 대해 이야기하는지 맞혀 보세요.

1 Los hay de tacón o planos, pero siempre te los pones en los pies. *Zapatos.*
2 Mi mujer se los pone en las orejas para estar más guapa.
3 Mi marido se la pone alrededor del cuello para ir bien vestido a la oficina.
4 Nos los ponemos en las piernas. Pueden ser largos o cortos.
5 Mi hermana se puso uno elegantísimo, largo, negro y de tirantes, el día de mi boda.
6 Me la pongo cuando hace frío, para abrigarme la garganta.
7 Lo usamos para hacer deporte o para estar cómodos.
8 Se usa para guardar cosas en los pantalones o en la chaqueta.
9 En invierno me pongo uno de lana en la cabeza.
10 Me lo pongo para que no se me caiga el pantalón.
11 Me los abrocho cuando tengo frío.
12 Los utilizo para no tener frío en las manos.

cuarenta y cinco **45**

B ¡Me encanta ir de compras!

1 Completa el texto con las palabras del recuadro (sobran tres).
박스의 단어로 글을 완성해 보세요 (세 개가 남습니다).

> súper • ~~lista~~ • ticket • cajera • precios • cola
> bolsa • factura • dinero • ofertas • cajas • carro

PAUTAS para convertirte en el perfecto comprador

1. Haz una *lista* con lo que necesitas. Es un hecho: el 70% de la compra que hacemos no está planificada.
2. Nunca vayas al _____ con hambre, puede ser tu perdición, y es probable que te apetezca todo y haga falta mucha fuerza de voluntad para frenar la tentación.
3. Atento a las _____. Si te tomas unos minutos para comparar las marcas y los _____, verás cómo tu _____ es menor de lo que tú pensabas.
4. Conserva siempre el _____ de compra, ya que es imprescindible para cualquier devolución.
5. Evita las horas de aglomeración. El agobio puede hacerte echar productos al _____ que no sean los más adecuados.
6. Si estás esperando en la _____ para pagar, mantén las manos en el carro y no caigas en la trampa de adquirir alguna de las pequeñas tentaciones que se amontonan alrededor de las _____.

2 Completa con *poco*, *un poco*, o *un poco de*.
poco, *un poco*, *un poco de*로 문장을 완성해 보세요.

1. Me gusta la falda, pero me parece *un poco* cara.
2. Date prisa, tenemos _____ tiempo.
3. Ese bolso es bonito, pero es _____ práctico.
4. Echa _____ sal a la sopa, está demasiado sosa.
5. Esta camisa te está _____ grande. Necesitas una talla menos.
6. ¿Me das _____ harina?
7. Marta es _____ envidiosa: creo que tiene celos de mí.
8. Julián es inteligente, pero _____ trabajador.
9. Últimamente duermo _____, por eso estoy tan cansado.
10. Ponte el abrigo. Hace _____ frío.

3 Completa con *poco/a/os/as*, *mucho/a/os/as*, *bastante/s*.
poco/a/os/as, *mucho/a/os/as*, *bastante/s*로 문장을 완성해 보세요.

1. Es un chico muy preparado, habla *muchos* idiomas.
2. Hay muy _____ mujeres que se dediquen a torear.
3. He hecho _____ fotos, pero todavía tengo que hacer más.
4. No tengo _____ manzanas, pero creo que son _____ para hacer el pastel.
5. Queda _____ aceite, esta tarde tengo que comprar más.
6. Hoy han venido _____ alumnos a clase: solo estaban Carlos, Victoria, Ramón, Gonzalo y Luisa.
7. Mi hijo ha sacado muy buenas notas porque ha estudiado _____.
8. Tengo _____ platos para todos, pero necesito _____ más vasos.
9. No tengo que comprar _____ cosas en el mercado; solo un _____ de fruta.

4 Completa con *bastante/s* o *demasiado/a/os/as*.
*bastante/s*나 *demasiado/a/os/as*로 문장을 완성해 보세요.

1. No pongas esa película, es *demasiado* violenta para los niños.
2. Ese cuadro no queda bien ahí, es _____ grande para un sitio tan pequeño.
3. Ha ganado _____ dinero últimamente, por eso está tan contento.
4. No me encuentro bien, creo que he comido _____ cerezas.
5. Hugo sigue en el hospital, pero ya está _____ mejor.
6. Aunque es muy joven, este violinista ha dado _____ conciertos.
7. Le ha dado un infarto porque estaba sometido a _____ presión en su trabajo.
8. No es bueno dar a los niños _____ dulces.

5 ¿Qué crees que puedes comprar a través de las siguientes páginas de internet? Relaciónalo con los productos a-d.
다음 인터넷 웹페이지에서 무엇을 살 수 있다고 생각하나요? a~d의 상품과 알맞게 연결해 보세요.

1. Teleocio. ☐
2. Experiencias. ☐
3. Al límite. ☐
4. La huerta en casa. ☐

a. Viajes de aventuras.
b. Diferentes tipos de actividades para regalar.
c. Alimentos naturales.
d. Entradas para diferentes espectáculos.

6 🎧 Escucha al comentarista de la radio hablando sobre diferentes páginas de internet y elige la opción correcta. 다양한 인터넷 웹페이지에 대한 라디오의 해설가의 이야기를 듣고 정답을 골라 보세요.

1 La página *La huerta en casa*
   a ☐ vende todo tipo de productos.
   b ☐ tiene precios más baratos estos días.
   c ☐ no te sirve los productos en tu casa.

2 ¿Qué dice el comentarista sobre los regalos de la página *Experiencias*?
   a ☐ No hay muchas ideas diferentes.
   b ☐ Puede ser difícil elegir un regalo.
   c ☐ Solo la persona que hace el regalo puede elegir.

3 En la página *Teleocio* puedes
   a ☐ comprar solo entradas para conciertos.
   b ☐ comprar entradas sin coste adicional.
   c ☐ consultar la cartelera de espectáculos.

4 En la página *Al límite* puedes
   a ☐ contratar cualquier tipo de viaje.
   b ☐ contratar un viaje de aventuras en Europa.
   c ☐ contratar un viaje de aventuras en cualquier continente.

C Un hombre emprendedor

1 ¿Con artículo o sin artículo? Subraya la frase correcta. 관사를 쓰나요, 아니면 쓰지 않나요? 알맞은 문장에 밑줄을 그어 보세요.

1 a <u>Tengo insomnio</u>.
   b Tengo un insomnio.
2 a Mi hermana es una dentista.
   b Mi hermana es dentista.
3 a Mi vecina juega muy bien fútbol.
   b Mi vecina juega muy bien al fútbol.
4 a Vinieron solo dos chicos: Nacho y Gabriel.
   b Vinieron solo unos dos chicos: Nacho y Gabriel.
5 a Tomás no ha venido: está fatal por el dolor de unas muelas.
   b Tomás no ha venido: está fatal por el dolor de muelas.
6 a ¿Tocas el piano?
   b ¿Tocas piano?
7 a ¿Cuál de ellos es el Carlos?
   b ¿Cuál de ellos es Carlos?
8 a El de la camiseta azul.
   b De la camiseta a azul.

2 Selecciona el artículo correcto. ("ø" es ausencia de artículo). 알맞은 관사를 골라 보세요. (ø은 무관사입니다.)

1 Me gusta (<u>el</u> / un / ø) tango.
2 He conocido a (la / una / ø) chica muy especial.
3 Hay (el / un / ø) hombre sospechoso en la esquina.
4 Luis es (el / un / ø) más simpático de todos.
5 ¿Vas a ir a (la / una / ø) fiesta de esta noche?
6 Odio (los / unos / ø) macarrones.
7 (Lo / Un / ø) mejor será esperar a Verónica.
8 Hemos encontrado (un / el / ø) piso precioso, muy cerca del centro.
9 ¿Cuánta (la / una / ø) harina echo?

3 En la primera parte de este texto faltan algunos artículos. Escríbelos tú y disfruta de este cuento. 이 글의 첫 부분에 관사가 부족합니다. 빠진 관사를 쓴 다음 이 이야기를 즐겨 보세요.

> Había (1) <u>una</u> vez (2)_____ dama de Bagdad a la que le gustaban muchísimo (3)_____ joyas. (4)_____ día le compró a (5)_____ comerciante (6)_____ preciosa esmeralda.
>
> Pero más tarde descubrió que (7)_____ esmeralda era falsa. (8)_____ dama fue a ver a Chelay, que gobernaba (9)_____ ciudad y era famoso por su sabiduría, y pidió la muerte de (10)_____ comerciante que le había vendido (11)_____ piedra preciosa.
>
> Entonces, Chelay condenó a (12)_____ comerciante a ser comido por los leones en un foso. (13)_____ día del castigo, (14)_____ dama, desde un mirador, contemplaba al pobre hombre, tembloroso y envejecido por la angustia.
>
> Pero la sonrisa de la dama se convirtió en un grito de ira: el sótano se había abierto y, en vez de leones, habían salido dos gatos ridículos. Avanzaban tranquilamente, olfateaban con indiferencia al pobre comerciante, que se había desmayado y, al final, saltaron ágilmente fuera del foso.
>
> La dama, furiosa, pidió explicaciones a Chelay. –¿De qué te quejas –le dijo él–. La ley manda exigir ojo por ojo, diente por diente. El comerciante te engañó; nosotros hemos engañado al comerciante. Su diamante era falso, nuestros leones también: estamos en paz.
>
> *Marius Torres*

12 Fiestas y tradiciones

A 7 de julio, San Fermín

1 Lee el texto sobre las fiestas de San Fermín y contesta a las preguntas.
산페르민 축제에 대한 글을 읽고 질문에 답해 보세요.

Los sanfermines

Las fiestas de San Fermín o sanfermines son unas fiestas en honor a San Fermín, que se celebra todos los años en la ciudad española de Pamplona. Los festejos comienzan con el lanzamiento de un cohete (chupinazo) desde el balcón del Ayuntamiento a las doce del mediodía del 6 de julio y terminan a las doce de la noche del 14 de julio. Este último día se canta una canción de despedida que se llama *Pobre de mí*.

El momento más importante de los sanfermines es el encierro, en el que los participantes corren delante de los toros un recorrido de 849 metros hasta llegar a la plaza de toros. Los encierros tienen lugar todos los días entre el 7 y el 14 de julio y comienzan a las ocho de la mañana, con una duración media de dos o tres minutos.

Tres celebraciones independientes están en el origen de la fiesta de San Fermín: los actos religiosos, desde antes del siglo XII, las ferias comerciales y las corridas de toros, documentadas desde el siglo XIV.

El escritor estadounidense Ernest Hemingway fue uno de los que contribuyeron a propagarlos mediante su libro *Fiesta*. Están considerados como una de las mejores celebraciones del mundo. La población de Pamplona durante esta semana de fiestas pasa de 190 000 habitantes a más de 1 000 000 de personas.

1 ¿Con qué frecuencia se celebran los sanfermines? _____
2 ¿Qué es el chupinazo? _____
3 ¿Cuánto duran las fiestas? _____
4 ¿Qué es el *Pobre de mí*? _____
5 ¿Qué se hace en los encierros? _____
6 ¿Desde cuando se celebran las corridas de toros en las fiestas de San Fermín? _____
7 ¿A través de qué obra literaria se hicieron famosos internacionalmente los sanfermines? _____
8 ¿Cuántos turistas suelen asistir a San Fermín? _____

2 Completa las frases con el pronombre *se* + verbo en tercera persona del singular o del plural de los verbos del recuadro. 박스의 동사를 '대명사 se + 3인칭 단수나 복수형 동사'로 바꿔 문장을 완성해 보세요.

> hablar (x 2) vivir ~~dormir~~ permitir desayunar leer cenar viajar fabricar

1 En España *se duerme* la siesta en verano.
2 En la actualidad _____ pocas ruedas de madera.
3 En los bares _____ muy alto.
4 En Nochebuena _____ cordero asado.
5 Carlos, con la boca llena no _____ .
6 Yo creo que en verano _____ más que en invierno.
7 En muchos países no _____ fumar en los restaurantes.
8 En muchos hogares españoles _____ churros los domingos por la mañana.
9 Las últimas encuestas indican que no _____ mucha poesía.
10 En el campo _____ con mayor tranquilidad que en la ciudad.

3 Transforma las siguientes afirmaciones en frases impersonales con *se*.
다음 표현들을 비인칭 *se* 구문으로 바꿔 보세요.

1. En algunos colegios los alumnos estudian latín.
   En algunos colegios se estudia latín.
2. Los conductores en Inglaterra conducen por la izquierda.
3. Los trabajadores en España trabajan 40 horas a la semana.
4. Las pastelerías venden buñuelos el día de los Santos.
5. Los niños no van al colegio durante las fiestas de Navidad.
6. En mi familia los domingos comemos paella.
7. En esta tienda, los dependientes hablan español.
8. Los diputados aprobarán la ley el próximo martes.
9. Los agricultores recogen la uva en el mes de septiembre.
10. Las autoridades municipales construirán un nuevo colegio en mi barrio.

B ¿Quieres venir a mi casa en Navidad?

1 Lee y ordena la siguiente conversación telefónica. 다음을 읽고 통화 내용을 순서대로 정렬해 보세요.

- **A:** ¡Hola! Soy Ángela. ¿Qué tal estás? ☐
- **I:** No, no te preocupes. Ya llevo yo el pan. Estaré en tu casa a las ocho. ☐
- **A:** ¿Isabel? ☐ 1
- **I:** Por supuesto, no tengo nada que hacer. ¿Quieres que prepare yo la cena? ☐
- **I:** Muy bien. Y, vosotros, ¿cómo estáis? ☐
- **A:** ¡Ah, vale! ¡Estupendo! ☐
- **A:** Me he quedado sin pan, ¿te importaría comprar una barra? ☐
- **I:** Sí, soy yo. ☐
- **A:** Estupendamente. Mira, queríamos pedirte un favor. Nos han regalado unas entradas para el teatro. ¿Podrías quedarte unas horas con el niño? ☐

2 A continuación vas a escuchar un programa de radio en el que hablan de cómo se celebra la Navidad en diferentes países. Escucha la grabación y completa las frases con la información.
이어서 여러 나라에서 크리스마스를 어떻게 기념하는지에 대해 이야기하는 라디오 프로그램을 듣게 됩니다. 녹음을 듣고 그 정보로 문장을 완성해 보세요.

1. En España, las calles *se iluminan* con luces de colores.
2. En España, para celebrar la despedida del año _____ las doce uvas al son de las campanas.
3. En Bélgica, después de la comida de Navidad _____.
4. En Finlandia _____ banderitas de los distintos países en el árbol de Navidad.
5. En Italia, la última noche del año _____.
6. A las mujeres italianas _____ lencería de color rojo, como símbolo de buena suerte para el año nuevo.
7. En Irlanda, _____ a la entrada de la casa.
8. En Letonia _____ antes de recoger los regalos de Navidad.

3 ¿Qué dirías en cada una de las siguientes situaciones? 다음의 각 상황에서 무슨 말을 할 수 있을까요?

1 Quieres pedir prestado el móvil a tu amiga para llamar a casa.

2 Quieres comprar dos entradas de cine para la sesión de las siete.

3 Pídele a alguien que te ayude a llevar una caja muy pesada.

4 Te ofreces para ayudar a una señora a bajar el carrito de su bebé por unas escaleras.

5 Le pides a tu compañero de viaje en autocar que baje el volumen de la música que va escuchando.

C Gente

1 Transforma las siguientes frases como en el ejemplo. 보기와 같이 다음 문장을 바꿔 보세요.

1 Ella es una conductora cuidadosa.
  Conduce cuidadosamente.
2 Es un trabajador muy rápido.
3 Es una bailarina muy expresiva.
4 Es un dibujante muy cuidadoso.
5 Son dependientas amables.
6 La película tiene un final trágico.
7 Dice las cosas con profundidad.
8 Pinta sin dificultad.
9 Es un escritor sorprendente.
10 Duerme con mucha tranquilidad.

2 Elige la respuesta correcta. 알맞은 말을 골라 보세요.

1 Ana es una conductora muy _____.
  a rápida   b rapidez   c rápidamente
2 La niña se comportó _____.
  a educada   b educación   c educadamente
3 Juan toca la guitarra _____.
  a bueno   b bien   c muy bueno
4 Tomás resolvió el problema _____.
  a lógica   b lógico   c lógicamente
5 Ese restaurante es el _____.
  a malo   b peor   c malamente
6 Él escribe _____. Comete muchos errores.
  a malo   b mal   c peor
7 Los niños se han portado _____.
  a estupendos   b estupendo   c estupendamente
8 Las soluciones eran _____.
  a perfectas   b perfectos   c perfectamente
9 Ella esperó _____.
  a paciencia   b paciente   c pacientemente
10 Tu trabajo es el _____.
  a bueno   b mejor   c muy bueno

3 Escribe las preguntas sobre las palabras subrayadas.
밑줄 친 부분이 답이 될 수 있는 질문을 써 보세요.

1 ¿Cómo conduce el amigo de Ángel?
El amigo de Ángel conduce muy deprisa.

2 _____
Voy a la piscina con frecuencia.

3 _____
Ramón vive cerca.

4 _____
Mis primos no tienen ninguno.

5 _____
Alfredo escribe muy bien.

6 _____
Elena nunca ha estado en España.

7 _____
Entró en casa silenciosamente.

8 _____
Alicia resuelve mal los problemas.

9 _____
Nunca compro periódicos deportivos.

10 _____
Estoy muy bien, gracias.

4 Busca y subraya los adverbios de modo en el siguiente texto. 다음 글에서 양상 부사를 찾아 밑줄을 그어 보세요.

5 Relaciona los adverbios del ejercicio anterior con las siguientes definiciones.
이전 연습 문제(4번 문제)의 부사들을 다음의 정의에 알맞게 찾아 써 보세요.

a por casualidad: casualmente.
b con pasión: _____
c con naturalidad: _____
d con sinceridad: _____
e con atención: _____
f sin dificultad: _____
g con profundidad: _____
h con agrado: _____
i con prontitud: _____
j con seriedad: _____

Una historia de amor

Francamente, no espero que te creas esta historia sobre cómo se enamoraron profundamente una cobra y una boa constrictor, pero te lo voy a contar de todas las maneras. Se encontraron casualmente una tarde lluviosa cuando se protegían de una tormenta e inmediatamente se sintieron atraídas.

La cobra quedó gratamente impresionada por el cuerpo musculoso de la boa, y la boa aseguró que nunca había visto unas marcas tan bonitas como las de la cabeza de la cobra. Naturalmente, se enamoraron enseguida e incluso empezaron a hablar seriamente de matrimonio. Pero había un problema que no podía ser resuelto fácilmente.

"Si me abrazas demasiado fuerte, podrías matarme", dijo la cobra.

"Y si tú me besas, podrías morderme y envenenarme", contestó la boa.

De todas maneras, prometieron comportase cuidadosamente. Sin embargo, la primera vez que se reunieron bajo la luna y se abrazaron apasionadamente, la boa apretó demasiado fuerte y la cobra mordió el labio de la boa.

Murieron antes de que ninguna pudiera decir una sola palabra: *Amar es no tener tiempo para decir "lo siento".*

1 Leer más

Lee el texto y señala la opción correcta.
글을 읽고 정답을 고르세요.

SOY AMO DE CASA

Cristina y Quique son médicos. Ella trabaja en una consulta y él lleva la casa.

Hoy en día (1) _____ habitual que el marido y la mujer trabajen fuera de casa. Pero si solo trabaja la mujer, el marido tiene (2) _____ hacer el trabajo de amo de casa. Cristina y Enrique son una (3) _____ un tanto atípica. Los dos son médicos, pero ella encontró un trabajo estable (4) _____ que él. Así que, cuando tuvieron una hija, decidieron que Enrique (5) _____ quedaría en casa, mientras Cristina seguía trabajando.

La jornada de Quique empieza (6) _____ la niña se despierta, a las ocho. A esa hora le da el primer biberón (7) _____ juega un poco con ella. A las diez lleva a Esperanza al parque y, a la vuelta del paseo, (8) _____ la compra. Entre las doce y la una, la niña duerme un rato, y Enrique aprovecha esa hora para limpiar un poco o planchar. A la una, da la comida a la niña y (9) _____ acuesta otra vez. Entonces le queda tiempo para preparar la comida para (10) _____ y Cristina, que vuelve a las cuatro de la tarde.

Las tardes son especialmente felices en la casa de Enrique y Cristina porque (11) _____ juntos los tres. Les encanta salir de paseo con la niña. Al volver del paseo de la tarde, mientras Cristina juega (12) _____ la niña, él prepara el baño. Cristina le da el último biberón y (13) _____ acuesta. Por su parte, Enrique (14) _____ la cena para los dos. Después de acostar a la niña, a las nueve de la noche, tienen tiempo (15) _____ cenar y hablar de sus cosas.

1 ☑ d
a está
b tiene
c hay
d es

2 ☐
a de
b que
c a
d Ø

3 ☐
a matrimonio
b doble
c situación
d pareja

4 ☐
a mientras
b después
c antes
d entre

5 ☐
a le
b se
c me
d les

6 ☐
a al
b mientras
c cuando
d desde

7 ☐
a y
b pero
c o
d para

8 ☐
a hace
b da
c compra
d prepara

9 ☐
a le
b se
c la
d lo

10 ☐
a sí
b le
c él
d ella

11 ☐
a están
b son
c hacen
d aparecen

12 ☐
a para
b de
c con
d a

13 ☐
a la
b le
c se
d las

14 ☐
a prepara
b da
c espera
d quiere

15 ☐
a para
b a
c desde
d en

52 cincuenta y dos

Lee el texto y elige la opción adecuada.
글을 읽고 정답을 고르세요.

Lavapiés
El pueblo fusión de Madrid

Cincuenta nacionalidades distintas dan vida al barrio.

En el centro de Madrid (1)_____ un pueblo. Un pueblo de pocas calles, con edificios de menos de cuatro (2)_____ y donde aún podemos ver a los niños jugando con el balón en la calle. No suele haber mucho (3)_____ en Lavapiés.

Lavapiés es una mezcla de muchas cosas. Lo más destacado es la variedad idiomática. Aquí (4)_____ castellano, chino, árabe, suajili… Según el último censo, en el barrio conviven personas de más de 50 nacionalidades.

Lavapiés (5)_____ en el corazón de Madrid: (6)_____ pocos minutos de la Puerta del Sol, a 10 minutos (7)_____ del Museo Reina Sofía, a cinco del Rastro, y está bien comunicado, (8)_____ los metros de Latina, Tirso de Molina, Antón Martín y Lavapiés.

Los habitantes de Lavapiés conviven (9)_____ la modernidad y las cosas más tradicionales. Por eso, el barrio está (10)_____ moda. Desde hace pocos años, los locales están cada vez más frecuentados, (11)_____ han establecido artistas independientes y se vive un ambiente "bohemio" muy atractivo.

(12)_____ la vida en Lavapiés no es fácil, (13)_____ la rehabilitación de las casas, el precio de las viviendas ha aumentado y, a veces, (14)_____ conflictos entre las diferentes culturas que conviven allí.

A pesar de todo, es un barrio irresistible (15)_____ los que les gusta ese ambiente, y un referente (16)_____ Madrid más típico.

1
a es
b está
c hay
d han

2
a puertas
b ventanas
c viviendas
d plantas

3
a calor
b tráfico
c niño
d árbol

4
a hay
b se habla
c es hablado
d existe

5
a es situado
b es
c están
d está

6
a en
b a
c cerca
d desde

7
a cerca
b en
c andando
d desde

8
a entre
b por
c para
d a

9
a a
b con
c de
d por

10
a de
b a la
c por
d en

11
a lo
b le
c se
d les

12
a Y
b Así
c Por eso
d Pero

13
a porque
b debido a
c como
d por eso

14
a hay
b existe
c están
d es

15
a con
b ante
c por
d para

16
a por
b en
c del
d a

3

Lee el texto y elige la opción correcta.
글을 읽고 정답을 고르세요.

Uno más en la **familia**

Numerosos estudios médicos han demostrado que tener una mascota mejora la calidad de vida. La presencia de un animal en nuestra vida cotidiana tiene muchos efectos positivos: (1)_____ es un buen remedio contra la (2)_____ de las personas (3)_____, por ejemplo, (4)_____ a un perro reduce la presión arterial y la frecuencia cardíaca, por lo tanto, disminuye el estrés.

Todos hemos experimentado algo tan sencillo como que observar los peces de un acuario también ayuda a relajarnos. Y pasear con un perro contribuye a prevenir las enfermedades cardiovasculares, la diabetes y la osteoporosis. (5)_____, un animal favorece las (6)_____: es fácil que empecemos una (7)_____ con otra persona que a su vez va con su mascota.

Los niños que tienen animales aprenden con más facilidad a tener mayor autonomía, a relacionarse, a compartir, y a pensar en los demás, de modo que tienden a ser más independientes, más (8)_____ y menos (9)_____. En un estudio alemán, el 90% de los (10)_____ opinaron que sus mascotas tenían un papel importante en la (11)_____ de sus hijos pequeños y mejoraban la calidad de vida de los niños. Incluso se han comprobado los beneficios del contacto con mascotas en niños con depresión grave.

Un experimento realizado entre (12)_____ de 13 a 15 años que residían en grandes ciudades mostró que los que vivían con animales estaban más satisfechos con la vida, tenían un mejor (13)_____ social y mantenían una (14)_____ con los adultos.

En el caso de las personas mayores, otros estudios determinan que aquellas que poseen un animal de compañía, tienen menos gastos relacionados con la salud. Y se ha comprobado que los (15)_____ que viven en un hogar para jubilados y que poseen una mascota se enfrentan mejor que los demás al envejecimiento.

1 ☐	4 ☐	7 ☐	10 ☐	13 ☐
a solo	a comprar	a conversación	a alumnos	a relación
b no solo	b cantar	b pelea	b abuelos	b vida
c no	c acariciar	c discusión	c padres	c comportamiento
d ni	d querer	d cita	d profesores	d nivel
2 ☐	5 ☐	8 ☐	11 ☐	14 ☐
a vida	a Sin embargo	a tímidos	a relación	a amistad
b soledad	b Además	b sociables	b educación	b relación positiva
c enfermedad	c Pero	c conservadores	c alimentación	c conversación
d aburrimiento	d Y	d ambiciosos	d clase	d enfrentamiento
3 ☐	6 ☐	9 ☐	12 ☐	15 ☐
a si no	a idiomas	a creativos	a adolescentes	a ancianos
b sino	b negocios	b tolerantes	b gente	b estudiantes
c sino que	c relaciones	c competitivos	c hombres	c extranjeros
d pero	d novios	d egoístas	d grupo	d enfermeros

Lee el texto y responde.

Nuestros abuelos viajan al pasado a través de LOS JUGUETES de una exposición

Los nostálgicos tienen hasta el próximo 4 de octubre una cita en el centro comercial Gran Vía de Madrid, donde se ha instalado una exposición con 35 juguetes de locomoción de principios del siglo pasado.

Bajo el título "Aquellos locos juguetes de nuestros abuelos", esta muestra quiere acercar a los más jóvenes los juguetes que entretenían a sus abuelos. Triciclos, bicicletas, caballitos de madera, avionetas, patinetes y camiones de bomberos son algunas de las joyas. El más antiguo es una avioneta que data del año 1920, y el más caro es un coche, de muy pequeño tamaño, en el que se podían meter dos niños.

La responsable de la exposición explicó que está teniendo mucho éxito y que "cada vez viene más gente a verla", sobre todo, personas mayores. Algunos abuelos se han emocionado al recordar aquellos tiempos, pues algunas veces no tenían bastante dinero para comprar un juguete auténtico y entonces lo hacían en casa con madera o cartón y mucha imaginación.

Muchos niños de ayer que ahora son abuelos tuvieron, en efecto, que usar su imaginación para entretenerse. Es el caso de José Miguel: "No tuve la suerte de tener juguetes como los que se exponen en esta muestra, pues en casa éramos muy pobres y estos eran todo un lujo en esos años. Lo que es una pena es que actualmente los niños no aprecian los juguetes como antes. Además, con el ordenador, el juguete ha pasado a un segundo plano, ya no es tan importante".

1   ¿Cuál es la pieza más cara de la exposición?

2   ¿Entre qué tipo de público ha tenido más éxito la exposición?

3   ¿Qué hacían los niños cuando no podían tener un juguete porque era demasiado caro?

4   Busca en el texto cinco diferencias entre los juguetes de antes y los de ahora.

5

Lee las indicaciones de las medicinas y luego escribe cuál es la más adecuada para cada enfermedad o trastorno.
약품의 지시 사항을 읽고 난 후 각 질병이나 질환에 어떤 것이 가장 알맞은지 써 보세요.

DOLORGEN

INDICACIONES
Alivio del dolor de intensidad moderada, como dolor dental, dolor de cabeza, muscular, articular o menstrual. Estados febriles y procesos respiratorios por enfriamiento.

POSOLOGÍA
Adultos: un sobre disuelto en un vaso de agua o zumo, tres o cuatro veces al día. Niños: un sobre disuelto en agua o zumo, dos veces al día.

CONTRAINDICACIONES
Hipersensibilidad a alguno de los componentes del producto.

Dentidol

Indicaciones
Alivio local, temporal y sintomático de las molestias o dolores de muelas, dientes, encías y molestias de la mucosa oral hasta ser atendido por el médico especialista.

Posología
Aplicar el *spray* sobre la zona a tratar. Repetir la operación a las tres horas si el dolor persiste.

Contraindicaciones
Intolerancia a alguno de sus componentes.

ANALGIUM 200

INDICACIONES
Tratamiento sintomático del dolor intenso en procesos febriles, dolor dental, dolor de cabeza, dolor de garganta y oídos, dolores musculares, dolor menstrual.

POSOLOGÍA
Un comprimido cada cuatro horas hasta la desaparición de los síntomas. No masticar.

CONTRAINDICACIONES
Se desaconseja su utilización en niños y durante el embarazo y la lactancia.

MUSCUTEL

INDICACIONES
Dolores musculares y articulares posturales, por traumatismo, tortícolis.

POSOLOGÍA
Aplicar el *spray* en la zona afectada dos veces al día.

CONTRAINDICACIONES
Hipersensibilidad a alguno de los componentes del medicamento. No aplicar sobre heridas abiertas.

1. Me duele mucho el cuello y no puedo girarlo. Creo que esta noche he dormido en mala postura.

2. Me duele muchísimo la cabeza.

3. Me duele una muela, pero estoy embarazada y no me atrevo a tomar ningún medicamento.

4. Mamá, me he resfriado, me duele mucho la garganta y creo que tengo fiebre. No voy a poder ir a jugar con mis amigos.

Lee el texto y contesta.
글을 읽고 답해 보세요.

Félix
el amigo de los animales

Su pasión por la vida le hizo dejar en 1959 la profesión de odontólogo, cuando ya había acabado el doctorado y tenía trabajo en una clínica, para dedicarse a la loca idea de ser naturalista. Estamos hablando de Félix Rodríguez de la Fuente, que consagró su vida a la defensa de la naturaleza y que con su programa *El hombre y la tierra* consiguió cambiar la mentalidad de los españoles ante el medioambiente.

Cuando las familias españolas se sentaban ante el televisor y descubrían con la particular voz de Félix los secretos que escondía la naturaleza, se inició un hito histórico sin vuelta atrás. Toda la sociedad española, la rural y la urbana, aprendió que los zorros y los lobos, las comadrejas, los reptiles, las aves rapaces, el temido oso y demás animales debían ser respetados y protegidos. Para una España en la que eran habituales las cacerías de lobos y otras prácticas dañinas para la naturaleza, el mensaje conservacionista "estamos deteriorando la Tierra de una manera irracional" fue una verdadera revolución que dio paso a una nueva conciencia sobre cómo debe ser nuestro paso por el planeta. Esta fue realmente su gran hazaña: enseñar a los españoles a amar la naturaleza, mostrar en la pantalla del único canal de televisión que había en los años 70 que el cuidado del entorno era una necesidad para la buena convivencia entre el hombre y la naturaleza.

"Queridos amigos del hombre y la Tierra". Así comenzaba Félix su programa. Luego, empezaba a hablar del lobo o de la nutria con una facilidad de palabra envidiable. Nunca llevaba nada escrito y, si se cortaba la grabación, comenzaba de otra forma, tal y como las palabras le venían a la boca.

Félix no se limitó a realizar este programa que le hizo tan popular, sino que grabó también en la radio, dirigió enciclopedias de fauna, redactó varios libros, escribió centenares de artículos y, lo más importante, se implicó siempre en campañas y actividades para la conservación del medio. Junto con otros, había fundado en 1954 la Sociedad Española de Ornitología, para el estudio y protección de las aves. Como gran experto en aves rapaces fue contratado en 1961 como asesor para el rodaje de *El Cid*, película ambientada en la Edad Media; Félix enseñó al actor Charlton Heston lo necesario para que pudiera rodar las escenas de caza con halcones. Un accidente de avioneta acabó con su vida y con la de parte de su equipo el 14 de marzo de 1980, en las tierras nevadas de Alaska, mientras hacía un reportaje sobre la Iditarod, la carrera más antigua e importante del mundo de trineos tirados por perros. Esto no impidió que su obra continuara. En tan solo quince años de trabajo provocó tal interés por la naturaleza que, tras su muerte, dejó muchos jóvenes dispuestos a seguir sus pasos.

☐ 1 Cuando Félix Rodríguez de la Fuente decidió convertirse en naturalista…
   a estaba estudiando y trabajando.
   b ya había terminado la carrera y trabajaba como dentista.
   c estaba terminando los estudios mientras hacía las prácticas en una clínica.

☐ 2 *El hombre y la tierra*…
   a se retransmitía en todos los canales de televisión.
   b solo se retransmitía en un canal porque no había más.
   c era un programa de radio.

☐ 3 Para hacer su programa…
   a Félix escribía primero un pequeño guion.
   b un guionista le daba escrito a Félix lo que tenía que decir.
   c Félix no usaba ningún guion.

☐ 4 Además de hacer su programa de televisión, Félix…
   a actuó con Charlton Heston en una película.
   b dirigió una película sobre la caza con halcones en la que actuaba Charlton Heston.
   c enseñó a los actores de una película a manejar los halcones.

☐ 5 Félix murió en un accidente de avioneta…
   a junto con algunos compañeros del programa.
   b junto con todos sus compañeros del programa.
   c mientras viajaba solo, únicamente llevaba con él su equipo.

Lee el texto y elige la opción adecuada.
글을 읽고 정답을 고르세요.

PEGADO A LA PANTALLA

Una jornada en el puesto de trabajo frente al ordenador tiene una serie de riesgos para la salud.

Una silla, (1)_____, un teclado, un ratón, un monitor y una lámpara son los elementos (2)_____ la mayoría de los lectores citan como los componentes de su puesto de trabajo.

Con el paso de los años, los ordenadores se han convertido en la herramienta principal de trabajo en las oficinas, y con ellos han aparecido también (3)_____ riesgos para la salud, agravados por el trabajo sedentario y monótono.

DOLENCIAS MÁS COMUNES

Los trastornos más habituales en trabajadores que desarrollan su trabajo (4)_____ una pantalla se dividen entre visuales (irritación en los (5)_____, visión borrosa, ojos rojos), posturales (dolores de espalda especialmente) y psíquicos (insomnio, irritabilidad).

Se trata, en muchos casos, de molestias que pueden (6)_____ tan solo con adoptar una buena postura al sentarse o una mejor organización de las diferentes actividades.

La legislación dispone unas normativas (7)_____ se establecen las condiciones recomendables para el trabajo con pantallas. (8)_____ consejos se refieren a la posición de los elementos de trabajo. Así, la mesa debe ser (9)_____ suficientemente grande para alcanzar todos los elementos (10)_____ forzar el cuerpo.

La silla, por su parte, debe (11)_____ estable, con altura regulable y con reposapiés. La (12)_____ del ordenador debe dar una imagen estable, sin reflejos.

(13)_____, es recomendable que los ojos del trabajador se encuentren (14)_____ una distancia similar entre la bandeja, la pantalla y el teclado. La distancia ideal serían (15)_____ 50 centímetros.

1 ☐
a una mesa
b un sofá
c un papel
d una carpeta

2 ☐
a de
b para
c que
d a

3 ☐
a nuevos
b buenos
c bonitos
d viejos

4 ☐
a entre
b frente a
c delante
d por

5 ☐
a párpados
b ojos
c cejas
d oídos

6 ☐
a cambiar
b desaparecer
c agravarse
d venir

7 ☐
a en las que
b para que
c que
d donde que

8 ☐
a Aquellos
b Los
c Algunos
d Mis

9 ☐
a la
b un
c lo
d una

10 ☐
a sin
b para
c de
d a

11 ☐
a situar
b ser
c parecer
d querer

12 ☐
a cabeza
b máquina
c cinta
d pantalla

13 ☐
a Pero
b Aunque
c Además
d Al final

14 ☐
a a
b en
c por
d delante

15 ☐
a los
b unos
c de
d cada

Lee el texto y completa.
글을 읽고 빈칸을 채워 보세요.

ENTREVISTA: BEBE, CANTANTE
"La fama es para quien la quiera"

(1)_____ su primer concierto en un bar cuando tenía 14 años. Ahora (2)_____ 26, pero ya (3)_____ reventar las listas de ventas gracias al single "Malo" de su primer disco, *Pafuera telarañas*. Pero ella no es, ni mucho menos, un producto de discográfica.

M.H.: A pesar de tu éxito, parece que la fama es algo con lo que no logras vivir a gusto.

BEBE: Lo (4)_____ muy mal. Creo que la fama es para quien la quiera y a mí, en concreto, no me interesa en absoluto. Espero que el tiempo (5)_____ las cosas, porque si no (6)_____ hacerlo yo. Yo solo quiero que la música me (7)_____ haciendo sentir. Ahora, por fin, (8)_____ escribir, porque hacía mucho que no (9)_____ . Me había secado, no tenía ni tiempo ni ganas.

M.H.: (10)_____ regresar de la Feria Popkomm, en Alemania, que es la segunda más importante del mundo. ¿Cómo te ha hecho sentir?

BEBE: Tenía muchas ganas de (11)_____ a Berlín; quería ver otras músicas y relacionarme con artistas distintos. Creo que ha sido un privilegio estar allí.

M.H.: ¿Cómo ha sido la experiencia de ponerse ante un público que no puede entender la fuerza de tus letras?

BEBE: Buena, porque creo que en eso está la magia de la música. (12)_____, cuando (13)_____ pequeña, yo pensaba que los videoclips (14)_____ que estar subtitulados. Pero la primera vez que (15)_____ a Laurie Hill me emocionó muchísimo, y eso que no entendí nada.

Extraído de Mujer Hoy, 15-10-2004

1 d
a Ha dado
b Había dado
c Dio
d Da

2 ☐
a es
b tiene
c tenía
d era

3 ☐
a consiguió
b consigue
c ha conseguido
d había conseguido

4 ☐
a estoy
b estoy llevado
c intento
d estoy llevando

5 ☐
a cambia
b cambiará
c cambiaría
d cambie

6 ☐
a tendré que
b hay que
c es importante
d habré que

7 ☐
a siguiera
b seguirá
c sigue
d siga

8 ☐
a he vuelto a
b he dejado de
c he puesto a
d he empezado a

9 ☐
a puedo
b podía
c pude
d he podido

10 ☐
a Terminas de
b Acabas de
c Dejas de
d Vuelves a

11 ☐
a estar
b ser
c ir
d iba

12 ☐
a Ve
b Mira
c Pues
d Dale

13 ☐
a fui
b estuve
c estaba
d era

14 ☐
a había
b habían
c tenían
d tenía

15 ☐
a he oído
b oía
c oí
d oiga

9

Lee el texto y señala la opción correcta.
글을 읽고 정답을 고르세요.

El mayor atraco de Argentina
acabó en lancha por la alcantarilla

Los ladrones cavaron un túnel desde el banco hasta un desagüe y se desplazaron por el agua en una balsa hinchable hasta la boca de una alcantarilla para salir a la calle.

Según las investigaciones sobre el mayor atraco de la historia de Argentina, es un hecho que los ladrones aprovecharon un túnel ya excavado a unos 15 metros del suelo que se había hecho en 2001 para reparar los cimientos del edificio.

Los ladrones se llevaron un botín de 600 000 pesos y también vaciaron 145 de las 408 cajas de seguridad. Durante seis horas retuvieron a 23 personas, entre clientes y empleados del banco con el fin de ganar tiempo y poder escapar sin riesgos.

REHÉN SOSPECHOSO
La policía está investigando a esas 23 personas porque parece que una de ellas pudo ser un cómplice de los atracadores, ya que un armario, que tapaba la entrada al túnel, fue colocado desde dentro de la oficina bancaria. Otros datos sobre el robo indican que los atracadores conocían perfectamente la existencia del túnel y su ubicación en el subsuelo.

De la investigación se deduce también que fueron cuatro las personas que entraron en el banco, y otras cuatro las que les ayudaron a huir.

Llama la atención el hecho de que los ladrones demostraron un buen conocimiento tanto del banco como de la actuación de la policía en el exterior. De ello se deduce que el robo pudiera estar liderado por alguien relacionado con la policía.

1 ☐
a Los ladrones escaparon del banco en una barca.
b Los ladrones excavaron un túnel para reparar los cimientos.
c En 2001 hicieron un túnel de 15 metros.

2 ☐
a Los ladrones se llevaron 408 cajas de seguridad.
b En total robaron 600 000 pesos y parte de las cajas de seguridad.
c El robo ascendió a 600 000 pesos.

3 ☐
a Se cree que uno de los rehenes ayudó a los ladrones a escapar.
b Los rehenes son sospechosos de ayudar a los ladrones a escapar.
c La policía ha detenido a 23 personas porque pusieron un armario en la entrada al túnel.

4 ☐
a Entraron ocho personas en el banco para realizar el atraco.
b Parece que el atraco fue cometido por ocho personas.
c Ocho personas ayudaron a los atracadores a huir.

5 ☐
a Los ladrones no sabían dónde estaba el túnel, se lo indicó un empleado.
b Algunos rehenes informaron de la existencia del túnel construido anteriormente.
c Los autores del robo conocían bien el túnel.

6 ☐
a Se sospecha que algún policía ha ayudado a los atracadores.
b El líder del atraco fue un policía.
c Los atracadores no sabían cómo actuar ante la policía.

Lee la siguiente entrevista a una chica de 28 años, de profesión viajera y elige la opción correcta.
직업이 여행가인 28세 여성에 대한 다음 인터뷰를 읽고 정답을 고르세요.

EL PROTAGONISTA ERES TÚ

¿Cómo empezó tu aventura en España?

Realmente, como empiezan todos los viajes: soñando. (1)_____ ya tres años que tomé la decisión de venir (2)_____ Madrid, en un principio (3)_____ la intención (4)_____ aprender el idioma. Me sorprendió (5)_____ te acoge esta ciudad. No tardé (6)_____ encontrar un puesto (7)_____ azafata gracias a que domino el alemán y el inglés; después trabajé en una tienda de decoración. Se puede decir que aprendí español trabajando (8)_____ .

¿Qué tiene Madrid que no tenga París?
Mi ciudad es maravillosa, ¡(9)_____ te voy a contar! Son diferentes. De este país me ha conquistado su manera de entender la vida y de vivirla. Valoráis a las personas y su experiencia de vida. A mí viajar (10)_____ , y me he dado cuenta de que para vivir y ser feliz no necesito mucho.

¿Crees que nos (11)_____ miedo lanzarnos a dar un paso que nos pueda cambiar la vida?
Sí, claro que a veces nos asustan los cambios. Pero tenemos que creer en nosotros (12)_____ . Estas decisiones no (13)_____ que pensárselas mucho, y no debemos preguntarnos por "qué pasaría si...". De todas formas, siempre es importante que cada uno (14)_____ un tiempo para meditar a solas antes de saber (15)_____ que hacer.

Extraído de *Metro Directo*

1 [a]
a Hace
b Desde
c Hay
d De

2 ☐
a es
b a
c de
d al

3 ☐
a es
b con
c a
d por

4 ☐
a a
b por
c es
d de

5 ☐
a cuál
b que
c cómo
d como

6 ☐
a a
b en
c de
d con

7 ☐
a como
b para
c por
d a

8 ☐
a de cara al público
b en cara al público
c cara del público
d de cara para el público

9 ☐
a que
b cómo
c cuál
d qué

10 ☐
a me ha cambiado los ojos
b me ha abierto los ojos
c me ha puesto los ojos
d me ha dado los ojos

11 ☐
a da
b tiene
c pone
d trae

12 ☐
a propio
b propios
c mismo
d mismos

13 ☐
a tiene
b hay
c es conveniente
d importa

14 ☐
a se toma
b tomarse
c tomase
d se tome

15 ☐
a lo
b el
c la
d cual

11

Elige la opción correcta.
정답을 고르세요.

JÓVENES *inquietos*

Si con 12 años montas un (1)_____ de cuidado de (2)_____ en tu casa en vez de estar en la calle (3)_____, es que eres un (4)_____ nato. Manuel Palacio hizo eso y más: no solo cuidó 38 hamsters, también vendió las crías que tuvieron, porque sus (5)_____ no las querían. Un buen negocio: consiguió 15 000 pesetas.

Manuel (6)_____ 12 horas (7)_____ –seis de ellas escuchando música– y solo duerme seis. Compagina la dirección de la discográfica Quattro Records con un (8)_____ de encargado en un bar de (9)_____ durante los fines de semana. Es el miembro con menos edad de la Asociación de Jóvenes (10)_____.

Con un espíritu inquieto, no quiso ir a la (11)_____ "porque es una pérdida de tiempo; prefiero estudiar por mi cuenta, ser (12)_____".

Fue un amigo de su padre quien inicialmente creyó en él y aportó los 6000 euros que hicieron falta para poner en marcha la discográfica el 11 de mayo de 2004. La firma de la empresa fue su regalo para (13)_____ sus 18 años: "Mi padre sabía que era una de mis mayores ilusiones", recuerda. Una ilusión que compartía también David Fernández, estudiante de Periodismo, que con 20 años y el apoyo de su (14)_____ de trabajo, en una teleoperadora, Paloma Gil, de 24 años, decidió montar *80 Días*, una revista especializada en turismo.

"Ser muy joven es una dificultad a la hora de montar una empresa, porque los bancos no te toman muy en serio". De hecho, el principal problema es obtener financiación para la empresa. ¿Y las (15)_____ de los diferentes organismos oficiales? "De eso, ni hablamos. Tengo pedidas todas las que pueden existir, pero todavía no sé nada de ellas", asegura David.

Extraído de *Actualidad Económica*

1 ☐	4 ☐	7 ☐	10 ☐	13 ☐
a tienda	**a** emprendedor	**a** diarias	**a** Artistas	**a** celebrar
b tren	**b** jefe	**b** seguidas	**b** Comerciantes	**b** terminar
c negocio	**c** loco	**c** semanales	**c** Empresarios	**c** comenzar
d espectáculo	**d** negociador	**d** continuas	**d** Músicos	**d** cumplir
2 ☐	5 ☐	8 ☐	11 ☐	14 ☐
a plantas	**a** padres	**a** amigo	**a** guardería	**a** directora
b mascotas	**b** amigos	**b** puesto	**b** escuela	**b** jefa
c ancianos	**c** familiares	**c** hobby	**c** mercado	**c** compañera
d personas	**d** dueños	**d** negocio	**d** universidad	**d** amiga
3 ☐	6 ☐	9 ☐	12 ☐	15 ☐
a trabajando	**a** trabaja	**a** día	**a** independiente	**a** ofertas
b parado	**b** descansa	**b** noche	**b** autodidacta	**b** rebajas
c jugando	**c** pasea	**c** copas	**c** autoritario	**c** ayudas
d mirando	**d** piensa	**d** niños	**d** inteligente	**d** plazas

Lee el texto y relaciona los datos de las tres columnas.

Fiestas y folclore en España

- Las tradiciones españolas más conocidas son el flamenco y los toros. El viajero encontrará corridas de toros en muchos pueblos y ciudades españolas, pero los más populares son los encierros que se celebran durante la fiesta de SAN FERMÍN, en Pamplona, en la primera semana de julio.

- El flamenco es la tradición folclórica del sur, en particular de Andalucía. Si quiere conocer las raíces del cante, la guitarra y el baile flamenco, tendrá que ir hasta allí. Por ejemplo, en abril se celebra la FERIA DE ABRIL en Sevilla, que consiste en una semana llena de cante y baile, donde se bebe vino de Jerez y otros deliciosos vinos de la zona, acompañados de jamón y queso, entre otros aperitivos.

  Además de la Feria de abril, en Sevilla no puede dejar de perderse otra celebración espectacular que se celebra todos los años: la SEMANA SANTA.

- También en Andalucía, normalmente en mayo, pero a veces en junio, se celebra la romería del ROCÍO. Miles de personas acuden a venerar a la Virgen del Rocío en Huelva. Los "peregrinos" van a pie, a caballo o en carretas adornadas. Es una fiesta en la que se mezcla la religiosidad y la alegría.

- En Valencia se celebran en marzo las FALLAS, que se caracterizan por los fuegos artificiales y la quema de cientos de esculturas.

- En el norte, en San Sebastián, se encontrará en febrero con la TAMBORRADA, en la que los tambores no paran durante una semana.

- En la capital de España, Madrid, la fiesta del patrón es el 15 de mayo, SAN ISIDRO. Los madrileños acuden a la ermita de su santo a beber el agua bendita y celebran la fiesta con una comida en el parque dedicado al Santo. Aprovechan para bailar el chotis, el baile típico madrileño, y por la tarde se celebran importantes corridas de toros.

1 San Fermín	15 de mayo	Sevilla
2 El Rocío	abril	Madrid
3 San Isidro	19 de marzo	Pamplona
4 Las Fallas	7 de julio	San Sebastián
5 La Tamborrada	mayo o junio	Huelva
6 Feria de abril	febrero	Valencia

Transcripciones

UNIDAD 1

A Vida cotidiana

읽기

1

오토바이에 정보와 문화를 싣다

30년 전부터 후안 카를로스 발렌수엘라는 엘 코메르시오 신문을 배달해왔다. 예전에는 자전거를 사용했었다.

후안 카를로스는 45세이고 30년 전부터 신문 배달원이자 판매원이다. 지금은 3주 전부터 이 신문사에서 지원한 오토바이가 있다. 그의 부인인 리디아가 뒷자리에 앉아 그를 돕는다.

그의 삶의 어느 하루

후안 카를로스는 수르키요에서 부인인 리디아와 19세인 마리아, 17세인 호아나, 14세인 클라라, 4세인 파올라, 이렇게 네 딸과 함께 산다. 세 명의 큰 딸들도 신문 가판대에서 그를 돕는다.

4시 30분 부부는 배달해야 하는 신문들을 찾아온다. 신문을 정확히 꾸리는 데 30분이 필요하고, 이어서 오전 7시까지 미라플로레스를 돌려 나간다. 그리고는 하루 종일 신문을 팔기 위해 신문 가판대를 연다. 그가 말하길 좋은 상인이 되기 위한 비결은 좋은 대우와 손님들과의 원만한 관계에 있다고한다.

한편, 엘 코메르시오 신문은 판매 서비스와 유통을 개선할 목적으로 판매원들에게 고객 응대 강좌를 실시했다. 계획 안에는 3년에 걸쳐 가두 신문 판매원들이 조금 더 편하고 빠르게 일할 수 있도록 하기 위해 매우 낮은 이율로 오토바이를 지원해 주는 프로그램도 있다.

('엘 코메르시오'에서 발췌)

*카니이타: 길에서 신문을 파는 상인

B ¿Qué hiciste? ¿Qué has hecho?

읽기

3

프리다 칼로

이 멕시코 여류 화가는 독일인 사진작가와 혼혈 멕시코 여성의 딸로 1907년 코요아칸에서 태어났다. 세 살에 소아마비를 앓았다. 1925년 조각 기법을 배우던 도중 오랫동안 침대에 있을 수밖에 없게 만든 버스 사고를 겪게 된다. 이 시기에 그녀는 그림을 그리기 시작한다.

1928년 공산당에 입당하고 디에고 리베라를 만나 이듬해 결혼했다. 1931년에서 1934년까지 남편과 함께 뉴욕과 디트로이트에서 살았다.

1938년 브르통은 그녀의 작품을 초현실주의로 평가했지만 그녀 자신은 이후에 "내가 초현실주의자라고들 알고 있지만 나는 그렇지 않다. 한 번도 꿈을 그려 본 적이 없다. 내 자신의 현실을 그렸다"라고 말했다.

1939년 파리의 르농 에 콜 갤러리에서 전시회를 가졌다. 4년 후, 멕시코시티에서 수업을 하며 일을 했다. 1953년 멕시코의 수도에 있는 현대 미술 갤러리에서 중요한 전시회를 열었다. 그녀는 1954년 코요아칸에서 숨을 거뒀다.

4년 후, 그녀의 집은 프리다 칼로 미술관으로 바뀌었다.

4

1. 마이클 잭슨

미국의 팝, 디스코, 댄스 음악의 가수이자 작곡가, 댄서였다. '팝의 황제'로 유명한 그는 수차례 기네스북에 올랐다. 그 기록 중에는 역사상 가장 많이 수상한 뮤직 아티스트가 있다. 그가 음악과 춤, 유행에 기여한 바는 그를 세계적인 대중문화의 위인으로 탈바꿈시켰다. 2011년 53세의 나이로 세상을 떠났다.

2. 넬슨 만델라

그는 조국의 인종 차별에 대항하여 싸웠고, 그의 활동으로 인해 구금되어 종신형에 처해졌다. 감옥에서 27년 이상을 보냈다. 1990년 2월 11일 석방 이후, 1994년 총선거로 첫 투표의 길을 열었던 다인종적 민주주의 쟁취를 위한 협상에서 당시 조국의 대통령과 함께 일했다. 그가 속한 정당의 압도적인 승리 이후 그는 의회에 의해 대통령으로 선출됐다. 1993년 노벨평화상을 받았다. 국민의 화해, 국가 발전, 아동의 문맹 교육을 위해 일했다. 2013년 12월 5일 타계하였다.

3. 에비타 페론

배우이자 정치인이며 국가의 영부인이었다. 1947년 아르헨티나에서 여성 투표 관련 법안을 추진하여 통과시켰다. 병원, 양로원, 학교를 짓고, 관광 단지를 만들어 사회적 관광을 추진했고, 전 국민을 대상으로 하는 챔피언십을 통해 아이들에게 스포츠를 확산시켰으며, 학생들에게 장학금 수여와 주거지를 위한 도움을 주었고, 다양한 분야에서 여성을 승진시키는 등 자신의 재단을 통해 광범위한 사회 활동을 진행했다. 1952년 7월 26일 33세의 나이로 세상을 떠났다.

C El futuro que nos espera

읽기

2

날씨

23도에 이르는 기온으로 태양이 반도 전역에서 우세할 것이다.

국립기상기구(Aemet)에 따르면 이번 금요일 하루 동안 반도 전역과 두 곳의 제도는 대체로 맑겠고, 반도 여러 지역에서는 23도까지 이르게 될 온화한 상승조의 기온이 함께 하겠습니다.

낮 동안의 기온은 발레아레스와 카나리아스 제도에서만 약간 올라가겠습니다. 칸타브리아 연안 지대에서는 거의 변화가 없겠으며, 안달루시아에서는 내려가겠으나 우엘바와 코르도바는 23도까지 올라가겠습니다.

국립기상기구(Aemet)는 내일 토요일에 약간 상승한 기온과 전반적으로 맑은 하늘을 예보했고, 지브롤터 해협 지역에서는 강한 바람이 지속될 것입니다. 반도 전역과 발레아레스 제도에서는 거의 구름이 없거나 맑은 날씨가 이어지겠습니다. 내일 발렌시아 주의 하늘은 구름이 거의 없거나 맑겠으며, 바람은 약하고 최저 기온이 약간 상승하겠습니다.

오늘 마드리드에서는 구름이 거의 없는 하늘이 우세하겠고, 바람은 약하고 기온은 약간 내려가겠습니다.

카스테욘 연안의 바다에서는 바람의 세기 2에서 3의 강한 북서풍이 불겠습니다.

읽기

5 Pista 1

1. Sé hablar alemán, español e inglés.
2. Ayer vino a clase un chico muy tímido que tenía unos ojos preciosos.
3. ¿Cuándo llegó Álvaro de Málaga?
4. Me gustan muchísimo los pájaros.
5. ¡Que tengáis un buen viaje!
6. ¡Qué simpático es Luis!
7. Llego tarde a la oficina todos los días por culpa del autobús.
8. Deberías hablar con él.
9. El examen de matemáticas es la próxima semana.
10. Anteayer estudié gramática toda la tarde.
11. Álvaro se compró un coche de segunda mano y a los dos meses se le estropeó.
12. ¿Por qué no vino María a la reunión de Biología?
13. Ramón, ¿cuantas veces te he dicho que no juegues con el balón en el jardín?
14. No me acordé de que había quedado con Úrsula y la dejé plantada, no fui a la cita.
15. Óscar no abrió la boca y su jefe le preguntó si no tenía nada que decir.
16. Si no te das prisa, llegarás tarde.

1. 나는 독일어, 스페인어, 영어를 할 줄 알아.
2. 어제 아주 예쁜 눈동자를 가진 무척 소극적인 청년이 수업에 왔어.
3. 알바로는 말라가에서 언제 왔어?
4. 나는 새가 너무 좋아.
5. 너희들 즐거운 여행하기를 바란다!
6. 루이스는 정말 상냥해!
7. 나는 버스의 잘못으로 매일 사무실에 늦는다.
8. 너는 그와 대화를 해야 할 것 같아.
9. 수학 시험이 다음 주에 있어.
10. 그저께 나는 오후 내내 문법을 공부했다.
11. 알바로는 중고 자동차를 샀는데, 2개월 만에 고장 났다.
12. 마리아는 생물학 모임에 왜 안 왔어?
13. 라몬, 정원에서 공 가지고 놀지 말라고 내가 몇 번이나 말했니?
14. 우르슬라와 약속했다는 것을 기억하지 못하고 그녀를 바람맞혔어. 약속에 안 나갔어.
15. 오스카르는 입을 열지 않았고 그의 상사는 그에게 할 말이 전혀 없냐고 물었다.
16. 너 서두르지 않으면 지각할 거야.

UNIDAD 2

A En la estación

읽기

1

유령역 참베리

이글레시아 역과 빌바오 역 사이에서 창문에 붙어 한 번쯤 그것을 본 사람은 자문했을 것이다. 마드리드 지하철 1호선의 아무것도 없는 한가운데에 쓰러져가는 역이 무슨 일이 있는건지. 그 뒤에 무엇이 있는지 알아보기 위해 선로를 건너 본 사람들은 그것이 마치 시간 여행을 하는 것 같다고 장담한다. 380만 유로와 15개월의 보수 공사 이후 폐쇄된 지 40년, 참베리 역은 다시 새 생명을 얻었다. 역으로서가 아니라 마드리드 지하철 역사박물관의 0번 플랫폼으로 변모한 것이다.

루차나와 산타 엥그라시아 거리 사이 모퉁이에 자리한 참베리 역은 지하철 1호선의 확장으로 인해 1966년 5월 21일 문을 닫았다. 기술적으로 보수가 불가능한 곡선 철로라는 상황과 이글레시아 역과 빌바오 역에 너무 가까워서 차들이 서행해야 하므로 공공사업부는 폐쇄를 결정했던 것이다.

폐쇄 이후, 수백 개의 도시 괴담이 이 이상한 역을 따라다녔다. 그래피티를 그리는 젊은이들은 그곳에 자신의 서명을 남겼고, '동네'라는 영화의 일부 장면에서 배경으로 쓰이기도 했다.

계단과 엘리베이터를 감싸고 있는 나선형 유리로 들어온 0번 플랫폼의 방문자는 창구, 출입구용 칸막이, 기존 역의 표지판을 마주하게 된다.

사회 복귀는 내부, 바닥, 벽, 천장, 표지판의 복원과 가구와 원래 플랫폼의 복구로 이루어졌다. 또한 지하철의 기존의 로고와 지금은 사라진 이미 폐업한 상점의 상품에 대한 타일 벽의 공익 광고를 보존하고 있다. 추가로 당시에 대한 다큐멘터리를 상영하는 거대한 스크린을 설치했다. 한편, 창구에서는 누르스름한 벽보가 '요금 할인'에 대해 공지하고, 다른 벽보는 0.5 센티모로 투우 경기에 갈 수 있는 특별 통행권을 제공한다고 공지한다.

(Público.es에서 발췌)

B ¿Cómo vas al trabajo?

듣기

3 Pista 2

Pues a mi abuela le pasó una cosa divertidísima en el autobús: era por la mañana, y se sentó en un asiento al lado de la ventanilla. Y al poco rato se sentó a su lado un chico con el pelo largo y sin afeitar. Bueno, pues a mi abuela se le ocurrió mirar su reloj para ver la hora… ¡y resulta que el reloj no estaba en su muñeca! Y entonces, claro, enseguida pensó que el chico ese de al lado, con ese aspecto que tenía, le había robado el reloj. Se enfadó muchísimo, cogió las llaves y se las puso al chico pegadas al cuerpo, y le dijo: "¡Pon ahora mismo el reloj en mi bolso! ¡Y calladito, que tengo un cuchillo!". Y entonces el chico, claro, se asustó un montón, se quitó el reloj y se lo metió en el bolso. Bueno, pues mi abuela se bajó enseguida del autobús, miró en el bolso y se quedó extrañadísima porque aquel reloj no era el suyo. El caso es que, cuando llegó a casa, vio que se le había olvidado su reloj en la mesilla de noche.

버스에서 우리 할머니께 엄청 재미있는 일이 생겼어. 오전이었는데, 창문 옆 좌석에 앉으셨어. 잠시 후 긴 머리에 면도를 하지 않은 청년이 옆에 앉았어. 우리 할머니는 시간을 알기 위해 시계를 보려고 하셨어. 그런데, 팔목에 시계가 없었던 거야! 그래서 당연히 옆자리의 그 청년이 그런 외모를 하고 있으니까 시계를 훔쳐 갔다고 바로 생각하셨던 거지. 무척 화가 나셔서는 열쇠를 쥐고 그 청년의 몸에 바짝 들이대고 말씀하셨어. "지금 당장 내 핸드백에 시계를 집어넣어! 그리고 조용히 해, 나는 칼을 들었어!" 그러자 당연히 그 청년이 무척 놀라서 시계를 벗어 핸드백에 넣었어. 그래서 우리 할머니는 곧 버스에서 내리셔서 핸드백 안을 보시고는 그 시계가 당신 것이 아니었기 때문에 무척 의아해 하셨어. 문제는 집에 도착하셨을 때, 당신 시계를 나이트 테이블에 깜빡 잊고 두고 나오셨다는 것을 알게 되셨다는 거지.

C   Intercambio de casa

읽기

1

로마에서의 모험

우리는 친구들이 여름에 해 봤다고 이야기해 줄 때까지 집의 맞교환이라는 것이 존재하는 줄 몰랐어요. 그 경험으로 인해 너무 들떠 있길래 우리도 고무됐지요. 가장 먼저 한 일은 정보를 구하고, 교환을 주선하는 대행업체에 우리의 취향을 담은 신청서를 인터넷으로 보내는 것이었어요.

우리는 우리처럼 자녀가 없는 커플을 생각했었어요. 처음에는 여러 가능성을 열어 두었지만, 결국에는 한 이탈리아인 부부의 제안이 마음에 들더군요. 정원과 예쁜 전경을 가진 로마에서 아주 가까운 큰 집이었어요. 그래서 우리는 그들과 접촉했고 곧 합의점을 찾았죠. 한 마디로 눈 깜빡 할 새에 그곳에 가 보게 된 거예요. 집은 멋졌고 수영장과 우리는 사용하면 안 되는 굴뚝까지 있었어요. 5월이었으니까요. 근사한 사람들을 만났고 푹 쉬었던 잊지 못한 달이었어요. 왜냐하면 그 지역이 무척 조용했거든요……. 뭐, 아마 너무 조용했던 것도 같아요. 아주 좋았어요. 하지만 다음 번에는 다른 경험을 해 보기 위해 도시에 있는 집을 고를 거예요.

듣기

4 Pista 3

CARLOS: ¿Sabes que estamos pensando en hacer un intercambio de casa?
JOSÉ: ¡Anda, pues, qué interesante! ¿Y ya sabéis dónde?
INÉS: Nos encantaría ir a algún lugar de Brasil, que esté en la ciudad y cerca de la playa, porque a los niños les gusta mucho.
CARLOS: Sí, sí, una ciudad con playa y con cosas para ver, y que tenga cerca algún sitio para hacer compras.
JOSÉ: ¿También vais a intercambiar el coche? Sé que hay gente que lo hace.
INÉS: No, no, a nosotros no nos interesa. Es que estamos hartos de coger el coche para todo, así que iremos andando o en transporte público.
JOSÉ: ¿Y cuándo pensáis ir?
INÉS: Tiene que ser en las vacaciones escolares, porque así podemos ir los cinco. A mis tres hijos pequeños les encanta el plan.
JOSÉ: No me extraña, a mí también ¿Queréis un cigarrillo?
CARLOS: No, gracias, no fumamos.

카를로스: 우리가 집 맞교환을 할 생각이라는 것을 알고 있어?
호세: 어, 정말 흥미로운데! 어디에서 할 건지 벌써 알아?
이네스: 우리는 브라질 어딘가로 가면 정말 좋겠어. 도시에 있고 해변에서 가까운 곳으로. 왜냐하면 아이들이 무척 좋아하거든.
카를로스: 응, 그래, 해변과 볼거리가 있는 도시. 그리고 근처에 쇼핑할 만한 장소가 있는 곳.
호세: 자동차도 교환할 거야? 그렇게 하는 사람들도 있다고 알고 있어.
이네스: 아니, 아니야. 우리는 관심 없어. 항상 자동차를 타는 것에 질렸거든. 그래서 걷거나 대중교통으로 다닐 거야.
호세: 언제 갈 생각이야?
이네스: 방학 때 해야만 돼. 그래야 다섯이 갈 수 있으니까. 우리 작은 애들 셋은 이 계획을 무척 마음에 들어 해.
호세: 이상한 일도 아니지 뭐. 담배 피울래?
카를로스: 아니, 고마워. 우린 담배 안 피워.

UNIDAD 3

A   Julia me cae bien

듣기

5 Pista 4

MIGUEL: Hola, Susana, ¿qué tal?
SUSANA: Hola, Miguel, bien. Hace tiempo que no te veo. ¿Qué estás haciendo ahora?
MIGUEL: Pues la verdad es que estoy buscando trabajo. Hace tres meses cerraron la empresa donde trabajaba y me quedé en la calle. ¿Y tú?
SUSANA: Yo, bien, ahora trabajo en el hospital del Mar.
MIGUEL: No me digas, no lo sabía. ¿Cuánto tiempo hace que trabajas ahí?
SUSANA: Solo dos meses, estoy muy contenta.
MIGUEL: Me alegro mucho. Yo todos los días miro los anuncios del periódico. Ayer tuve una entrevista, no sé si me llamarán.
SUSANA: Claro que sí, hombre. Seguro que tienes suerte.

미겔: 안녕, 수사나, 어떻게 지내?
수사나: 안녕, 미겔, 잘 지내. 너를 못 본 지 한참 됐구나. 지금은 뭐 하고 있어?
미겔: 사실은 일자리를 찾고 있어. 일하던 회사가 3개월 전에 문을 닫아서 거리로 나앉았지. 너는?
수사나: 나는 괜찮아. 지금은 마르 병원에서 근무해.
미겔: 그럴 수가, 나는 몰랐어. 거기서 일한 지 얼마나 됐어?
수사나: 고작 두 달 됐어. 나는 무척 만족스러워.
미겔: 정말 기쁘다. 나는 매일 신문 광고를 살펴봐. 어제는 면접이 있었는데 나에게 전화를 할지는 모르겠어.
수사나: 물론 할 거야, 친구. 분명히 너는 운이 있을 거야.

읽기

7

호아킨이 남자로서는 이례적인 직업을 갖다

내 이름은 호아킨 델 캄포이고 조산사입니다. 17년 전부터 엘 에스코리알의 병원에서 근무합니다. 여성들에게는 아무렇지 않지만 가끔은 의사들이 당황스러워합니다. 조산사가 여성일 것이라고 생각하기 때문이죠. 어떤 여성들은 더 예민하기 때문에 나를 선호한다고 이야기를 합니다. 나는 잘 모르겠습니다. 나는 내 일이 좋고, 언제나 산모에게 힘을 주려고 노력합니다. 아기의 이름을 어떻게 할 것인지 물어보고, 힘든 순간이지만 곧 두 팔에 아기를 안게 될 것이며 고통은 지나갈 것이라고 이야기를 해 주죠. 만일 어떤 여성이 나의 존재를 불편하게 하면 다른 여성 동료가 와서 문제를 해결합니다. 내가 4천 번의 출산을 도왔다고 생각해요. 최고는 집사람을 도울 때였죠. 나는 모든 아버지들이 자신의 자녀들이 어떻게 태어나는지 봐야 한다고 생각해요. 잊을 수 없는 경험이니까요.

UNIDAD 4

C Trabajo y vocación

듣기

1 Pista 5

> ENTREVISTADOR: Manuel, ¿dónde has estado?
> MANUEL: ¡Uf! He estado en tantos sitios…, el Polo Norte, Tailandia, España, la Patagonia, la selva del Amazonas… La lista es demasiado larga.
> ENTREVISTADOR: ¿Qué es lo más peligroso que has hecho?
> MANUEL: Bucear en una zona llena de tiburones. La verdad es que pasé muchísimo miedo: es impresionante verlos tan de cerca.
> ENTREVISTADOR: Seguro que has tenido que comer cosas rarísimas. ¿Has probado la carne de serpiente?
> MANUEL: Pues no, nunca, pero me han dicho que está riquísima.
> ENTREVISTADOR: Cuéntanos tu última aventura.
> MANUEL: He dado la vuelta al mundo en bicicleta en muy poco tiempo. Ha sido durísimo, pero muy interesante.
> ENTREVISTADOR: ¿Cuál es el paisaje más impresionante que has visto?
> MANUEL: Recuerdo muchos lugares increíbles. Pero me impresionó mucho el desierto de Atacama, en Chile, porque parecía que estaba andando por la Luna.
> ENTREVISTADOR: Y tu familia, ¿qué opina de todas estas aventuras?
> MANUEL: Mi mujer siempre ha respetado mi pasión por el riesgo. Además, ella misma ha venido conmigo en muchos de mis viajes. Mis padres lo llevan peor, pero bueno, poco a poco se han ido acostumbrando.

인터뷰 담당자: 마누엘, 어디에 가 보셨나요?
마누엘: 휴! 하도 많은 곳에 가 보았기 때문에……. 북극, 태국, 스페인, 파타고니아, 아마존 밀림…… 목록이 너무 길어요.
인터뷰 담당자: 해 보신 일 중 가장 위험한 것은 무엇인가요?
마누엘: 상어가 가득한 지역에서 잠수한 일이요. 사실은 무척 무서웠습니다. 그들을 그렇게 가까이에서 보는 건 경이로웠어요.
인터뷰 담당자: 분명히 아주 이상한 것들도 먹어야 했을 것 같아요. 뱀고기 먹어 보셨나요?
마누엘: 아니요, 한 번도요. 하지만 아주 맛있다고들 하더군요.
인터뷰 담당자: 마지막 모험 이야기를 해 주세요.
마누엘: 아주 짧은 시간 내에 자전거로 지구 한 바퀴를 돌았어요. 정말 힘들었지만 무척 흥미로웠지요.
인터뷰 담당자: 당신이 본 것 중 가장 인상적인 풍경은 뭐죠?
마누엘: 대단한 장소를 많이 기억해요. 하지만 칠레의 아타카마 사막이 제겐 아주 인상적이었습니다. 달을 걷고 있는 것 같았거든요.
인터뷰 담당자: 당신 가족은 이 모든 모험에 대해 어떻게 생각하나요?
마누엘: 제 아내는 항상 위험스러운 일에 대한 저의 열정을 존중해 줬어요. 더욱이 그녀 스스로 많은 여행을 저와 함께 갔고요. 부모님께서는 훨씬 좋아하지 않으시지만 조금씩 익숙해지셨어요.

읽기

5

호화스러운 선생님

마리아 로사라고 말하는 것은 춤이라고 말하는 것이다. 그녀는 발레리나로 40년 이상 전 세계에서 활동했다. 이 무대에서 10년 이상 물러나 있다가 이제 마드리드에 '마리아 로사 댄스 센터'를 개업했다.

– 춤을 몇 년 추셨나요?

여덟 살 때 활동하기 시작했고, 63세에 은퇴했죠.

– 아름다운 경력인가요?

아주 예쁘죠. 저는 직업적으로 성공하는 운을 누렸고 무척 즐거웠어요. 나의 발레는 40년 이상, 가장 오랫동안 연속적으로 공연했던 발레였어요.

– 그리고 이제는 '댄스 센터'를 여는 모험에 뛰어드셨군요. 왜요?

은퇴했을 때 열고 싶었어요. 하지만 평생을 쉼 없이 여행한 다음에 손녀들에게 전력을 다하는 것이 더 좋았지요. 이제는 컸으니 그 일을 할 때라고 생각해요.

– 거기 사람들은 수업을 하는 마리아 로사를 보는 건가요?

우리는 선생님들이 많이 있어요. 왜냐하면 우린 모든 종류의 춤을 가르치거든요. 발레, 스페인춤, 플라멩코, 힙합, 펑키…… 그것은 전문화된 사람들을 필요로 합니다. 그러나 사람들은 오직 저와 수업을 하고 싶어 해요. 물론 그들에게 개인 교습을 합니다.

– 그토록 오래 직업적으로 춤을 추셨는데, 몸에 계산서가 청구되나요 (의료비가 많이 들었나요)?

네, 엄청나게 강요했었거든요. 저는 벌써 수 차례의 발과 허리의 수술로 청구했지요.

– 매일 몇 시간 춤을 추세요?

여섯에서 여덟 시간이요. 제 리허설에서는 발레 1시간 반, 향토 무용 1시간, 발로만 하는 연습 30분을 했고요, 이후에 공연을 위해 모두 합쳤죠. 진정한 육체노동이죠.

– 한 번도 멈추지 않으셨나요?

한 번도요. 무용단을 이끌 때는 책임진 사람들이 많아서 멈출 수 없어요. 그래서 수년 간 제가 한 일은 고통을 참기 위해 노보카인 주사를 놓는 것이었어요. 멈추지 않는 것은 부상이 더 심각해지도록 만들지요.

– 아름다운 경력이지만 힘들었군요…….

무용은 정말 노예 생활 같아요. 우리에게 오직 그것만을 위해 살도록 강요하니까요. 단지 춤을 추는 것이 아니라, 여행이고 연습이고 식사 시간이고 다 버려야 해요. 실제로 한 것보다 5~6년 전에 은퇴를 했었어야 했다고 가끔 생각해요.

– 왜요?

왜냐하면 결국 고통이 참을 수 없을 정도였으니까요. 하지만 아시다시피 예술가들은 무대를 버리기가 무척 힘들어요.

– 그러나 지금은 아주 괜찮으신데요.

네, 등을 수술한 이후부터 정말 좋아요. 앞에서 춤이 힘들다고 말씀드렸죠. 하지만 회복에 더 노력하게 만들고, 단시간 내에 그것을 이루게 만드는 수양과 육체적인 힘도 줍니다.

– 어떤 나라에서 공연하는 것이 가장 좋으셨어요?

훌륭한 관객들이라서 구 소련에서 춤추는 것이 무척 좋았어요. 마찬가지로 런던에서도요. 사실은 모든 곳에서 기쁘게 일했어요. 그러나 조국에서 춤추는 것과 같은 것은 아무것도 없죠.

('라 라손'에서 발췌)

UNIDAD 5

B Las otras medicinas

듣기

1 Pista 6

> Visualice su cuerpo mientras respira lenta y profundamente. Haga un recorrido desde los pies a la cabeza. Empiece por relajar la cara, la lengua, los labios… Relaje los músculos de sus ojos: sus cejas, sus pestañas… Sienta su frente relajada e imagine que alguien está pasando despacio un cepillo muy suave por sus cabellos.
> Deje que cada parte de su cuerpo sea atraída por la gravedad: la cabeza, el cuello, los hombros, la espalda… Ahora cada parte de su cuerpo es muy pesada: los brazos, el pecho, el abdomen… Sus piernas son cada vez más pesadas: sienta como poco a poco se relajan sus caderas, sus muslos, sus tobillos… Sienta sus pies más y más relajados: el talón, cada uno de los dedos… Cualquier tensión desaparece poco a poco…

천천히, 깊게 숨 쉬는 동안 당신의 몸을 떠올려 보세요.
발부터 머리까지 훑어보세요. 얼굴, 혀, 입술 등을 이완하기 시작하세요.
눈 근육을 이완시키세요. 눈썹, 속눈썹…… 편안해진 이마를 느끼고 누군가 아주 부드러운 빗으로 천천히 머리카락을 빗겨 준다고 상상하세요.
몸의 각 부위가 중력에 의해 당겨지도록 놔두세요. 머리, 목, 어깨, 등…….
이제 몸의 각 부위가 아주 무겁습니다. 팔, 가슴, 배…… 당신의 다리도 점점 더 무거워져요. 조금씩 엉덩이와 허벅지, 발목 등이 이완되는 것을 느껴 보세요. 발이 점점 더 이완됩니다. 발뒤꿈치, 발가락 하나하나…… 그 어떤 긴장도 조금씩 사라집니다…….

C El sueño

읽기

1

직장에서 잠자기

사무실에서 낮잠을 자는 것이 유행하기 시작했다. 과학적인 연구에 따르면 20분간의 낮잠이 생산성을 개선한다고 한다.
직장에서 잠자는 것은 징계나 심지어 해고의 사유가 될 수 있다. 그럼에도 불구하고, 이제는 일부 회사들이 직원들로 하여금 기력을 충전하기 위해 사무실에서 잠깐 졸도록 독려한다.
'파이낸셜 타임즈' 지에 실린 경험담에 따르면, 영국 기업들은 직원들이 15 또는 20분간 잠잘 수 있도록 특별한 휴식용 방을 준비 중이다. 어두운 이 방에는 안락의자와 편안한 음악이 있다. 이 아이디어의 책임자들은 의심의 여지없이 잠이 건강의 버팀목 중 하나라고 단언한다.
휴식용 방의 또 다른 목적은 스트레스와 피곤함을 피하려는 것이다. 어떤 근로자들은 잠자기 위해서가 아니라 단순히 전화기에서 멀리 떨어져 고요함과 안정의 순간을 가지기 위해 그 방을 이용한다. 이 방의 운용에 대한 비공식적인 규정에 따르면 방 안에는 최대 20분간 한 사람만 머무를 수 있다. 또 다른 사례에서는 전기 안마 의자를 설치했다. 직원이 잃어버리는 이 짧은 시간은 계속 일하려는 욕구를 가지고 생기 있게 작업으로 돌아왔을 때 그 가치가 있다.
유럽에서 선구자 격인 이러한 시도는 일본에서 수년째 적용되고 있는데, 그곳에는 심지어 이 휴식용 방의 수익성을 밝힌 과학적 연구가 이미 존재한다. 미국 국립수면재단의 보고서가 근로자 수면 부족이 매년 경제에 135억 유로의 손실을 끼친다고 밝혔다.

('메트로 디렉토'에서 발췌)

5

헬로카틸

당신을 위한 중요한 정보를 포함하고 있으므로 모든 설명을 면밀히 읽어 보십시오. 이 약은 의사의 개입 없이 소규모의 질환 치료를 위해 처방전 없이 구할 수 있습니다.

* 이 설명서를 보관하십시오. 다시 읽어 봐야 할 수도 있습니다.
* 추가 정보나 조언이 필요할 경우, 약사와 상의하십시오.
* 증세가 악화되거나 10일 후까지 지속되거나 3일간 열이 날 경우 의사와 상의하십시오.

헬로카틸정 1g은 어떤 원인이든 간에 중등 정도의 통증 치료에 쓰입니다.: 수술 후나 산후 통증, 관절통, 요통, 사경, 좌골신경통, 신경통 등의 통증, 근육통, 생리통, 두통, 치통, 감기나 독감에 수반된 발열이나 불편함.

헬로카틸정 1g 복용 전에

헬로카틸정 1g을 복용하지 마십시오.:
* 파라세타몰이나 헬로카틸정 1g의 다른 성분에 알러지 반응을 경험한 경우
* 간에 질병이 있는 경우

통증이 10일 이상 지속되거나, 발열이 3일 이상 지속되거나, 통증과 발열이 악화되거나, 다른 증상이 나타나면 복용을 중단하고 의사와 상의하십시오.

듣기

8 Pista 7

> 1 Si tienes dolor de muelas: No comas tantos dulces. Y no tomes alimentos ni muy calientes ni muy fríos. Y sobre todo ve enseguida al dentista.
> 2 Si estás muy estresado: No trabajes tanto. Busca algún momento para relajarte. Oye música suave. Sal y distráete.
> 3 Si estás resfriado: Abrígate bien. Toma alguna infusión bien caliente. Ve al médico.
> 4 Si te duele la rodilla: Pon la pierna en alto. No hagas movimientos bruscos con la rodilla. No subas las escaleras y deja de montar en bicicleta.

1 어금니가 아프면 단 것을 많이 먹지 마세요. 너무 뜨겁거나 너무 찬 음식을 먹지 마세요. 특히 치과에 바로 가세요.
2 스트레스를 많이 받았으면 일을 많이 하지 마세요. 휴식을 위한 순간을 찾아보세요. 부드러운 음악을 들으세요. 나가서 기분 전환하세요.
3 감기에 걸렸다면 옷을 든든하게 입으세요. 아주 뜨거운 차를 드세요. 병원에 가세요.
4 무릎이 아프면 다리를 높은 곳에 두세요. 무릎으로 급작스러운 움직임을 하지 마세요. 계단을 오르거나 자전거를 타는 것을 중단하세요.

듣기

9 pista 8

> gabardina, gato, gota, jarrón, gente, hoguera, lentejas, gigante, jirafa, guerra, jersey, jota, guitarra, juego, guepardo, girar.

비옷, 고양이, (물)방울, 물병/꽃병, 사람들, 모닥불, 렌즈콩, 거인, 기린, 전쟁, 스웨터, j(알파벳), 기타, 놀이, 치타, 돌다

UNIDAD 6

A Ecológicamente correcto

읽기

3

1. 버섯에 대해 배우세요
마드리드에 내리는 약간의 비 예보 때문에 집에만 있어서는 안 됩니다. 정반대입니다. '나발메디오 자연 이벤트'가 산과 들의 야생 버섯을 구분하기 위한 외출을 제안합니다. 13일 토요일 10시~17시. 만남 장소 확인 요망. 가격: 35 유로. 12세까지의 아동: 23 유로. 점심 식사 포함.
안내: 91 852 30 19 / www.navalmedio.es

2. 보물 같은 식물들
이것들은 레티로의 나무들입니다. 보통 마드리드 사람들이 공원 산책에서 눈치 채지 못하고 지나치는 식물 표본이죠. 그러나 이들은 매우 다양한 종, 역사, 그리고 궁금한 점을 알려 줍니다. 14일 일요일. 11시 부엔 레티로 정원의 인데펜덴시아 광장 정문에서 출발. 가격: 10 유로. 성인 대상.
예약 필수: 91 127 39 88 / inforetiro@madrid.es

3. 환경친화적 농업
생생히 살아 있는 땅. 폴보랑카 공원의 환경 교육 센터에서 환경친화적 농업의 기초 중 하나가 땅의 이용이라는 것을 가르칩니다. 이러한 원칙으로 이를 알아보기 위한 실험을 하고, 그리하여 땅을 개선하는 방법을 배웁니다. (비료, 퇴비, 지렁이를 이용한 퇴비). 14일 일요일. 레가네스에 있는 폴보랑카 CEA에서 11시 30분~13시 30분. 무료 활동. 16세부터. 안내: 91 648 44 87 / www.madrid.org

듣기

5 Pista 9

CARLOS: A mí me molesta muchísimo que alguien llegue tarde a una cita. Es que no lo soporto...
SANDRA: Sí, sí, tienes razón, a mí tampoco me gusta nada. Me parece de muy mala educación.
DIANA: Pues yo no soporto que me insistan para que coma más de algo. Mi tía siempre lo hace cuando voy de visita a su casa y, vamos, me pone de los nervios.
SANDRA: A mí, lo que más me fastidia es que alguien se ponga a fumar en mi casa sin pedirme permiso.
ALBERTO: Bueno, pero eso no es muy normal, ¿no? Normalmente se pide permiso.
SANDRA: Sí, pero no te creas, ¿eh?, que hay gente que lo hace.
ALBERTO: Oye, ¿y no os pasa que todo el mundo os da consejos sobre cómo cuidar a vuestros hijos? ¡Incluso gente que no los tiene! A mí es una cosa que me da mucha rabia.

카를로스: 나는 누가 약속에 늦게 오는 것이 엄청 짜증 나. 내가 그런 것을 못 참아서…….
산드라: 응, 그래, 네 말이 맞아. 나도 정말 싫어. 내 생각엔 굉장한 실례인 것 같아.
디아나: 나는 뭘 좀 더 먹으라고 강요하는 것을 못 참아. 우리 이모는 내가 집으로 찾아뵐 때 항상 그러시는데, 나를 초조하게 만드시는 거지.
산드라: 나를 가장 화나게 하는 일은 허락을 구하지 않고 우리 집에서 담배를 피우는 거야.
알베르토: 그래, 하지만 그건 아주 평범하지는 않잖아, 안 그래? 보통은 허락을 구하지.
산드라: 그래, 하지만 꼭 그렇다고 생각하지는 마, 응? 그런 짓을 하는 사람들이 있으니까.
알베르토: 이봐, 모든 사람들이 너희가 자녀를 어떻게 교육시켜야 하는지에 대해 충고하지 않아? 심지어 아이가 없는 사람들까지도! 이것이 나를 무척 화나게 하는 일이야.

B Menos humos, por favor

읽기

1

우리 모두가 협력할 수 있다

산불과 싸우기 위해 영웅이 될 필요는 없다.
야외에 가는 것을 그만둘 필요가 없다. 오직 몇 가지 쉬운(간단한) 규칙을 따르기만 하면 된다.

- 행정 기관에 먼저 적절한 허가를 구하지 않고 농사를 위해 불을 사용하지 말아야 한다.
- 만일 우리가 식사를 하고 하루를 보내러 친구들과 야외로 나간다면 불을 피우지 말아야 한다. 집에서 미리 준비된 음식을 가져가는 것이 낫다. 약간의 바람이 불을 키워서 심각한 피해를 발생시킬 수 있다.
- 쓰레기를 버리지 않는 것이 매우 중요하다. 버려진 물병들과 유리 조각은 산을 지저분하게 만드는 것 외에도 산불을 발생시킬 수 있다.
- 허가된 지역에서만 캠핑을 하는 것이 바람직하다.
- 우리 모두가 자연 보호와 감시를 담당하고 있는 전문가들과 협력하는 것이 중요하다.
- 마지막으로, 불이 보이면 비상 전화인 112로 전화를 해서 담당 기관에 알리는 것이 필수적이다.

(안달루시아 의회 환경부 팸플릿에서 응용)

C La ecologista del Himalaya

읽기

1

시골로 돌아가기

크리스토프 가우프 부르크하우젠이 과달라하라의 버려진 마을인 토론테라에 도착했을 때가 스물네 살이었다. 그 모험에 부인인 사라가 그와 동행했다. 지금은 46세와 44세인 양봉업자이며 12세인 말바, 10세인 안젤라, 6세인 다니엘, 이렇게 세 자녀들의 부모이다. 초기 몇 년 동안의 고독이나 물과 전기 부족도 이 가족에게는 넘지 못 할 장애물이 되지 못했다. 장녀인 말바는 학교에 가기 위해 꽤 일찍 일어나야만 하지만 도시에 살고 싶지는 않다고 말한다. "극장도 상점도 많지만 소음도 많아요."

카세레스의 라 베라에 사는 25세의 아가타 블랑코는 "환경친화적이 되는 최선의 방법은 시골에 살러 가는 거예요. (시골은) 단순한 마을이 아니에요. 매우 비옥한 경작지가 많아요. 누군가 그것을 경작해주길 기다리고 있을 뿐이에요." 아가타는 농부인데다가 방송통신대에서 심리학을 공부하고 있다. 자신의 아들이 시골에서 태어난 것에 무척 만족해하지만 모든 것이 장점은 아니다. "한편으로는 아기를 위해 더 건강하고, 더 안전하다고 생각하죠. 하지만 겨울에 이 지역에 소방관이 없고 지척에 알마라스 원자력 발전소가 있어요."

우에스카의 한 마을에서 염소 목동이 되기 위해 도시에 있던 직장을 전기 회사로 바꾼 카를로스 마린은 "인생은 힘들어요. 하지만 단순하고 쉽기도 하죠. 예를 들어, 모든 채소와 고기는 이곳에서 얻어요."라고 말한다. 그와 그의 부인은 시골이 실업 상태에 있는 사람들에게 일종의 돌파구라고 생각한다. "고립되어 있는 것은 힘들어요. 하지만 언제나 도시로 갈 수 있어요." 그는 가족을 만나러 마드리드에 갈 때를 극장과 상점에 가는 기회로 이용한다. 하지만 늘 정해진 귀환용 차표와 함께이다. "그곳에서 일주일이면 벌써 집에 돌아오고 싶어요."

UNIDAD 7

A Un buen trabajo

읽기

2

직업: 미래 알아맞히기

한 쿠바의 점술가가 10년 전부터 마드리드의 상담소에서 손님들을 받는다. 그는 10년 전에 쿠바에서부터 옷도 없이 치료용 허브, 달팽이 껍질, 미래를 점치기 위한 카드로 가득 찬 트렁크를 들고 스페인에 왔다. 그때부터 호세 사다는 생활비를 아프로쿠바식 점술 상담소에서 벌고 있다. 여기서 스페인 사람들이나 라틴아메리카 사람들을 만나는 것이다.
"저는 특히 여성 손님이 많아요. 가장 질문을 많이 하는 주제는 일 문제죠."라고 스페인 여자와 결혼한 이 남자가 이야기한다. 우리가 대화하는 동안 그가 미래를 읽어 주는 세비야의 한 손님이 그에게 전화한다.
오후에는 그가 직접 맞이하는 에콰도르 손님이 온다. 그는 자신을 '아프로쿠바 출신 점술가이자 심령술사'라고 정의한다.
그의 상담소에는 성모상들과 흑인 인형들에서부터 아시시의 프란치스코 성인이나 예수의 관화까지 있다.
점술을 시작한 것은 그의 할머니였다. "17살 때 퇴근하면 허브 치료와 달팽이 껍질 읽기에 몰두했어요."라고 그는 말한다. 그가 버는 돈의 일부는 쿠바에 있는 그의 어머니와 열다섯 살의 딸에게 보낸다.
비록 이곳 스페인에서 다른 두 명의 자녀를 얻었지만, 호세는 언젠가 자신의 나라로 돌아가기를 원한다.

C Si tuviera dinero...

읽기

4

무슨 일이 생길까……?

만일 우리가 이 리듬으로 간다면, 50년 내에 수자원과 에너지 자원이 고갈될 것이다. 우리 모두는 그것을 피하기 위해 노력할 수 있다. 다음이 우리가 할 수 있는 일의 일부이다.

* 만일 우리가 자동차를 덜 사용한다면……?

우리가 대중교통 수단을 이용하거나 차를 다른 사람들과 함께 탄다면 교통 문제도 덜 할 것이고, 공기와 물의 오염도 덜 할 것이며, 이산화탄소 배출도 감소할 것이다.

* 만일 우리가 물을 덜 허비한다면……?

이를 닦거나 설거지를 할 때 수도꼭지를 잠그고, 짧은 시간 내에 샤워하거나 정원에 재활용한 물로 물을 준다면 상당한 양의 물을 아낄 수 있을 것이다.

* 만일 우리가 에너지 고효율 가전제품과 전구를 이용한다면……?

전기 요금의 15%는 조명 때문이다. 에너지 고효율 전구는 전기를 5배나 덜 사용하고, 가격은 일반적인 것들보다 높아도 사용 기간은 훨씬 길다. 건전지를 쓸 경우, 충전용이 좋다. 또한 매우 효율적인 태양열 충전지가 있다는 것을 기억해야 한다.

* 만일 우리가 재활용, 재사용, 단축이라는 '3R' 철학을 따른다면……?

그것을 한다면, 전 세계에서 수백만 톤의 쓰레기 일일 생산량이 1/3 이상으로 감소할 것이다. 플라스틱, 종이, 마분지, 캔, 유리 등의 재활용은 단지 환경에만 이로운 것이 아니라 새로운 일자리까지 창출한다. 우리는 가능한 모든 것을 재사용해야만 한다. 가구와 옷은 재사용 대상의 주요 품목들이다. 오염원이 되는 제품 사용을 줄이는 것은 필수이다. 이에 따라 우리들의 삶의 질이 좌우되지만, 특히 우리 자녀들의 삶이 그러하다(더 영향을 받는다). 해결은 우리들의 손에 달려 있다.

듣기

7 Pista 10

ENRIQUE: Adela, mira qué cuestionario hay en esta revista sobre tu estado de ánimo en el trabajo. ¿Quieres que te haga las preguntas?

ADELA: Bueno, si no es muy largo...

ENRIQUE: A ver... pregunta número 1. Si tu jefe te encarga un nuevo proyecto diciéndote que si lo haces bien subirías de categoría en la empresa, ¿cómo te sentirías? (a) emocionada, es la oportunidad que estaba esperando; (b) indiferente, no me interesa ascender; (c) con pocas esperanzas, no es la primera vez que me lo proponen.

ADELA: Me sentiría emocionada.

ENRIQUE: Vale. Pregunta número 2. Si una empresa de la competencia te ofreciera un puesto de trabajo con una pequeña subida de sueldo, ¿cómo reaccionarías? (a) rechazarías la oferta porque estás a gusto en tu empresa; (b) estudiarías la oferta, aunque el dinero no es lo más importante en tu vida; (c) aprovecharías la oportunidad para cambiar de empresa".

ADELA: La a. Yo estoy muy a gusto en mi empresa. La rechazaría sin dudar.

ENRIQUE: Pregunta número 3. Si en la cena de Fin de Año que organiza tu empresa te dieran un premio por tu buena actuación, ¿qué pensarías? (a) me lo merecía. Ya era hora de que reconocieran mi trabajo en la empresa; (b) ha sido una gran sorpresa. Nunca me lo hubiera imaginado; (c) la verdad es que me da lo mismo. No me interesan los premios.

ADELA: Para mí sería una gran sorpresa.

ENRIQUE: Ahora la 4. Si tu empresa te propusiera un puesto en la dirección, ¿qué dirías? (a) me siento preparada para el nuevo cargo; (b) no estoy segura de tener éxito en el nuevo puesto, mejor se lo proponen a otro compañero; (c) con la ayuda de mis compañeros podría intentar sacar la nueva tarea adelante.

ADELA: Yo creo que lo intentaría con la ayuda de mis compañeros.

ENRIQUE: Y ahora la última. Si tu jefe te propone que en tu nuevo puesto de vez en cuando tendrás que viajar fuera de tu ciudad, ¿qué le contestarías? (a) no puedo, tengo familia; (b) me encanta viajar, no me importaría; (c) estaría dispuesta, si los viajes no son muy frecuentes.

ADELA: En este momento no me importaría. Ya sabes que me encanta viajar.

ENRIQUE: Contigo la empresa estaría encantada. Eres la trabajadora ideal, entusiasta y dispuesta. Espero que te dure mucho tu puesto de trabajo.

엔리케: 아델라, 직장에서의 기분 상태에 대해 이 잡지에 나와 있는 질문 사항들 좀 봐. 네게 질문 좀 해도 될까?

아델라: 그래, 엄청 길지만 않으면…….

엔리케: 어디 보자……. 질문 1. 만일 당신의 상사가 새로운 프로젝트를 잘 해내면 회사에서 승진시켜 주겠다고 말하면서 그 일을 맡긴다면 당신은 어떨 것 같은가? (a) 감동한다. 기다리고 있던 기회이다.; (b) 관심 없다. 승진에 흥미가 없다.; (c) 기대감이 별로 없다. 그런 제안이 처음이 아니다.

아델라: 난 감동할 것 같아.

엔리케: 좋아. 질문 2. 만일 경쟁회사가 급료를 조금 올려 일자리를 제안한다면 당신은 어떻게 반응하겠는가? (a) 당신 회사에 만족하고 있으므로 제안을 거절할 것이다.; (b) 돈이 당신 인생에 가장 중요한 것은 아니지만 제안을 검토해 보겠다.; (c) 회사를 바꾸기 위한 기회로 이용할 것이다.

아델라: 나는 a. 나는 우리 회사에 무척 만족해. 망설임 없이 거절할 것 같아.

엔리케: 질문 3. 회사가 준비한 연말 저녁 식사에서 훌륭한 활동으로 인해 상을 준다면 어떻게 생각할 것인가? (a) 나는 그것을 받을 만하다. 회사에서 내 업무를 인정해 줄 때가 되었다.; (b) 굉장한 깜짝 선물이었다. 한 번도 상상해 보지 않았었다.; (c) 사실은 아무래도 상관없다. 상에 관심 없다.

아델라: 나한테는 엄청난 깜짝 선물일 테지.

엔리케: 이제 질문 4. 만일 당신 회사가 관리직을 제공한다면 무슨 말을 하겠는가? (a) 새로운 직책에 준비가 되어 있다고 느낀다.; (b) 새로운 직책에서 좋은 결과를 낼지 확신할 수 없다. 차라리 다른 동료에게 제시하는 것이 나을 것이다.; (c) 동료들의 도움으로 새로운 임무를 진행해 나갈 수 있을 것이다.

아델라: 내 생각에는 동료들의 도움을 받아 시도해 볼 수 있을 것 같아.

엔리케: 이제 마지막. 만일 당신 상사가 당신의 새 업무에서는 때때로 도시 밖으로 출장을 가야만 할 거라고 제안한다면 그에게 뭐라고 대답할 것인가? (a) 할 수 없다, 나는 가족이 있다.; (b) 여행하는 것이 무척 좋다, 상관없다.; (c) 여행이 매우 빈번하지만 않으면 기꺼이 하겠다.

아델라: 당장은 중요하지 않아. 내가 여행을 꽤 좋아하는 것 너도 알잖아.

엔리케: 회사는 너에 대해 무척 만족스러워해. 너는 이상적이고 활력적이고 준비된 직원이야. 네가 오랫동안 일하기를 바란다.

UNIDAD 8

A Deportes

듣기

3 Pista 11

> **ENTREVISTADOR:** Esta mañana tenemos con nosotros a Emilio Pedal, uno de nuestros ciclistas más famosos. Buenos días, Emilio.
>
> **EMILIO:** Buenos días.
>
> **ENTREVISTADOR:** Bueno, tú debes de llevar ya muchos años sobre ruedas, ¿cuándo te regalaron la primera bicicleta?
>
> **EMILIO:** Pues…, con cuatro años.
>
> **ENTREVISTADOR:** ¿De verdad?
>
> **EMILIO:** Sí, sí, con cuatro añitos ya iba yo en bici por las calles de mi pueblo.
>
> **ENTREVISTADOR:** Te habrás dado muchos golpes…
>
> **EMILIO:** Pues sí, unos cuantos. Pero ya sabes, cuando te gusta una cosa, pues…
>
> **ENTREVISTADOR:** Claro, claro… Oye, y, bueno, todos sabemos que los deportistas profesionales pasáis mucho tiempo entrenando pero, cuando tienes tiempo de relajarte un poco, ¿qué haces?
>
> **EMILIO:** Bueno, pues, a mí me gusta mucho ir al campo, ir a pescar, y todo eso, eso me relaja mucho.
>
> **ENTREVISTADOR:** Emilio, ¿hay algo que no te guste de ti, algún defecto?
>
> **EMILIO:** Sí… que soy muy perfeccionista. A veces es una cosa buena en tu trabajo, pero otras hay que parar y no exigirse tanto a uno mismo. Todos tenemos nuestros límites.
>
> **ENTREVISTADOR:** Claro… Y, con tanto éxito, tantos premios, ¿tienes todavía algún sueño, algo que tengas muchas ganas de conseguir?
>
> **EMILIO:** ¿Un sueño? Bueno, sí, claro, ganar otra vez la Vuelta a la Gran Montaña.
>
> **ENTREVISTADOR:** Mmmhhhh la Vuelta, que sería ya tu cuarta vez, ¿no?
>
> **EMILIO:** Sí, sí, la cuarta.
>
> **ENTREVISTADOR:** Bueno, Emilio, te veo muy bien, en plena forma, pero sabemos que hace cuatro años tuviste un accidente importante. ¿Ha sido duro, Emilio?
>
> **EMILIO:** Sí, efectivamente. Tuve que dejar de competir un tiempo y hacer una rehabilitación bastante larga y dura, sí, pero también esto me ha dado mucha fuerza, ¿no?, y… bueno, superar este accidente ha sido mi victoria más importante.
>
> **ENTREVISTADOR:** Una última pregunta, Emilio, antes de despedirnos, ¿cuántas bicicletas tienes?
>
> **EMILIO:** ¿Que cuántas? Pues… ahora mismo cinco.
>
> **ENTREVISTADOR:** ¿Cinco? ¡Qué bárbaro!
>
> **EMILIO:** (Risas) No son tantas, hombre. Para un ciclista profesional…

인터뷰 담당자: 오늘 아침에는 가장 유명한 사이클 선수인 에밀리오 페달이 우리와 함께 합니다. 안녕하세요, 에밀리오.

에밀리오: 안녕하세요.

인터뷰 담당자: 자, 당신은 벌써 수년을 바퀴 위에서 지내고 계실 텐데요, 첫 자전거는 언제 선물 받으셨나요?

에밀리오: 그것이…… 4살 때요.

인터뷰 담당자: 정말요?

에밀리오: 예, 그럼요. 4살에 벌써 마을 길을 자전거로 타고 다녔어요.

인터뷰 담당자: 엄청 부딪히셨겠어요…….

에밀리오: 물론이죠. 몇 번이나요. 하지만 아시다시피 한 가지가 마음에 들면…….

인터뷰 담당자: 그럼요, 그럼요……. 그런데, 모두들 프로 스포츠 선수들이 많은 시간을 연습으로 보낸다는 것을 알고 있습니다만, 조금이라도 쉴 수 있는 시간이 있을 때는 무엇을 하시나요?

에밀리오: 그렇죠. 저는 시골에 가고 낚시하러 가는 것이 무척 좋아요. 그 모든 것이 저에게 휴식을 주죠.

인터뷰 담당자: 에밀리오, 당신 스스로에게 마음에 들지 않는 점이 있나요, 단점이라든가?

에밀리오: 네……. 저는 무척 완벽주의자입니다. 일에서는 가끔 좋은 점이기도 하지만, 또 때로는 그만 멈추고 자기 자신을 그렇게 몰아붙이지 말아야만 해요. 우리 모두는 한계가 있으니까요.

인터뷰 담당자: 그렇죠……. 그럼, 그렇게 큰 성공과 상들을 가지고도 아직 또 다른 꿈이 있나요? 무척 이루고 싶은 어떤 것 말입니다.

에밀리오: 꿈이요? 네, 물론이죠. 부엘타 아 라 그란 몬타냐에서 다시 한 번 이기는 것이죠.

인터뷰 담당자: 음……. 라 부엘타요, 당신의 네 번째가 되겠군요, 그렇죠?

에밀리오: 네, 네, 네 번째죠.

인터뷰 담당자: 에밀리오, 완벽한 몸매에, 굉장히 좋아 보이세요. 하지만 4년 전 심각한 사고가 있었던 것으로 알고 있습니다. 에밀리오, 힘드셨죠?
에밀리오: 예, 사실입니다. 한동안 경주를 그만두고 꽤 길고 힘든 재활 훈련을 해야만 했어요. 예. 하지만 그것이 제게 큰 힘을 주기도 했지요, 안 그런가요? 그리고…… 이 사고를 극복한 것은 저의 가장 소중한 승리였습니다.
인터뷰 담당자: 마지막 질문입니다, 에밀리오. 작별 인사를 하기 전에, 몇 대의 자전거를 갖고 계십니까?
에밀리오: 몇 대요? 지금 당장은 5대입니다.
인터뷰 담당자: 5대요? 엄청나네요!
에밀리오: (웃음) 뭐, 그렇게 많지 않아요. 프로 사이클 선수에게는요…….

B ¿Salimos?

듣기

1 Pista 12

> **JESÚS:** ¿Quieres que vayamos al cine?
> **ISABEL:** Esta tarde no me apetece salir. ¿Qué te parece si nos quedamos en casa viendo la tele?
> **JESÚS:** No sé qué decirte, porque la programación no parece muy interesante.
> **ISABEL:** ¿A qué hora ponen ese concurso tan divertido?
> **JESÚS:** ¿Cifras y Letras? Es muy pronto. A las cinco de la tarde. Yo prefiero ver un buen documental.
> **ISABEL:** Mira, hay uno sobre turismo en España a las seis de la tarde. Y esta noche podemos ver el capítulo siguiente de la serie de los abogados.
> **JESÚS:** Ya no la ponen. La quitaron hace quince días. Esta noche la única posibilidad es ver las noticias de la 2, y luego ponen una película de aventuras en Telemadrid.
> **ISABEL:** ¿Cuál?
> **JESÚS:** La máscara del Zorro. Debe de ser divertida.
> **ISABEL:** ¿No prefieres ver el partido de esta noche?
> **JESÚS:** Hoy no hay partido. Es mañana, por eso pensaba que sería mejor que hoy saliésemos a cenar.

헤수스: 우리 극장에 갈까?
이사벨: 오늘 오후에는 외출하고 싶지 않아. TV를 보며 집에 있으면 어때?
헤수스: 무슨 말을 해야 할지 모르겠네. 프로그램 편성이 무척 흥미롭게 보이지는 않아서.
이사벨: 그 재미있는 퀴즈 프로그램은 몇 시에 해?
헤수스: 숫자와 철자? 무척 빨리 해. 오후 5시. 나는 좋은 다큐멘터리를 봤으면 해.
이사벨: 이것 봐, 오후 6시에 스페인의 관광에 대한 것이 하나 있어. 그리고 오늘 밤 변호사 시리즈의 다음 편을 볼 수 있고.
헤수스: 이제 안 해. 15일 전에 끝났어. 오늘 밤 유일한 가능성은 채널 2의 뉴스를 보는 거야. 그리고 나면 텔레마드리드에서 모험 영화를 한 편 해.
이사벨: 어떤 것?
헤수스: 조로의 가면. 분명히 재미있을 거야.
이사벨: 오늘 밤 축구 경기를 보고 싶지는 않아?
헤수스: 오늘은 경기가 없어. 내일이야. 그래서 오늘 저녁 식사하러 외출하는 것이 나을 거라고 생각했었어.

C Música, arte y literatura

읽기

2

A. 한번 사용한 오브제는 스튜디오에 작업 재료로 모아둡니다. 다른 작업에서 재사용될 수 있으니까요. 단지 어떤 오브제는 사진을 찍어 놓은 것이 없을 때 한 두 차례만 전시되었죠.
B. 네, 때때로 이 분야에서 뭔가 합니다만 협업은 얼마 없어요. 제 자신의 작업에 가까운 일이어야만 해요.
C. 전 과정을 합니다. 오브제를 만들고, 기능을 더 잘 발휘할 수 있는 빛을 찾고, 사진을 찍고, 필름을 현상하고, 작은 크기로 복사본을 만들어 둡니다.
D. 대부분의 사람들은 사진에 익숙하죠. 우리는 매일 신문, 잡지와 TV를 통해 온갖 종류의 이미지들과 함께 살아갑니다. 이것이 제 작품을 더 친숙하고 다가가기 쉽게 만듭니다. 어쨌든 초기에 나 자신을 위해 만들었던 이미지들이 그렇게 다양한 수많은 사람들에게 도달할 수 있었다는 것에 놀라움을 금할 수 없어요. 예를 들어, 제 작품과 함께 만들어졌던 몇몇 작업실에서 아이들은 저의 이미지를 무척 잘 받아들여요. 놀이에 초대된 것처럼요. 호기심이 그들을 일깨우죠. 하나를 보면 또 다른 것을 요구해요.
E. 경우에 따라 달라요. 보통은 먼저 아이디어를 가지고 최종 결과를 대충 계획해 봐요. 하지만 가끔은 변화가 있을 수 있어요.
F. 오늘날 사진을 이용하는 사람들이 더 많아진 것은 맞아요. 하지만 예를 들어, 모든 사람이 연필과 종이를 가지고 있지만 그것 때문에 작가들의 상황이 더 어려워지지는 않았죠.
G. 저의 관점에서는 검은색과 흰색을 이용할 때, 보이는 것이 직접적인 현실이 아니라 일종의 표현이라는 사실이 더 분명해요. 더욱이 작업을 용이하게 해요.
H. 물론이죠. 왜냐하면 우리가 전에는 가지지 못했던 새로운 가능성을 제공해 주기 때문이죠. 아주 흥미로워요.

(www.revistaminerva.com과 www.xatakafoto.com에서 발췌)

UNIDAD 9

A Sucesos

읽기

1

미술품 절도를 위한 열두 번의 종소리

세 점의 미술품(그림과 조각)이 12월 31일 종소리가 열두 번 나는 동안 한 무리의 절도범들에 의해 안달루시아의 우엘바 세관 서비스에서 도난 당했다. 자정이 되기 몇 분전 대략 열 명의 절도범들은 복면을 쓴 채 항구 옆 세관 건물로 와서 작품들을 보관해 놓는 건물로 들어가기 위해 해가 바뀌는 축하 행사를 이용했다. 불법적으로 세관을 통과하려고 시도할 때 이미 습득해 두었기 때문이다.
한 무리의 조직원들이 두 대의 지프차로 왔는데, 한 대는 가져갈 작품들을 운반하기 위한 트레일러와 함께였다. 세관 건물은 감시원이 없었고 보안 카메라만 설치되어 있었다.
경찰이 분석한 건물 카메라의 녹화분에 의하면 여덟에서 열 명 정도가 절도에 참여했다. 그 순간 어떤 공무원도 현장에 없었고, 경찰의 조사관들은 대단한 빠르기로 행동한 절도범들이 어떻게 건물에 들어왔는지 알아내는데 주력하고 있다.
한 주민이 경찰에 알렸으나, 경찰이 장소에 도착했을 때는 이미 그 무리는 흔적조차 남아 있지 않았다. 그녀는 "방한용 얼굴 가리개를 착용했는데, 약탈품을 운반하기 위한 두 대의 지프차에 무언가를 실으면서 건물로 드나드는 것을 봤어요"라고 이야기했다. "너무 무서워서 남편에게 차양을 내리라고 말했어요."

듣기

3 Pista 13

LOCUTOR: Y, ahora, otras noticias de interés:

Primera
Una tigresa del circo Price, instalado en el municipio madrileño de Arganda del Rey, arrancó ayer el brazo de un hombre de 32 años que se acercó a su jaula, según informó a Efe un portavoz de Emergencias 112. El suceso ocurrió pasadas las ocho de la tarde de ayer sábado, cuando el hombre metió su brazo derecho entre los barrotes de la jaula en la que se encontraba la tigresa.

Segunda
Cuatro mujeres, tres de ellas de 67 años y la cuarta de 71, resultaron heridas ayer al ser atropelladas por un Volvo rojo cuando cruzaban un paso de peatones en la calle del Puerto de Navas (Oviedo). Tras ser atendidas por el servicio de urgencias, fueron trasladadas al hospital Central.

Tercera
El único acertante del sorteo de EuroMillones celebrado hace diez días sigue sin revelar su identidad, a pesar de que a mediodía de ayer le fue entregado el premio de 45 117 030 euros, el de mayor cuantía repartido en España en un sorteo de loterías. El acto de entrega del talón, en un hotel de Coruña, no contó, sin embargo, con la presencia del afortunado.

Cuarta
Tras realizar un estudio con varios voluntarios, un médico estadounidense ha desarrollado un método para agilizar la memoria. Según los consejos del doctor, en tan solo 14 días podemos mejorar nuestra memoria siguiendo una serie de pautas, tales como una dieta saludable, donde además de evitar las grasas de origen animal, recomienda frutas y verduras que contienen antioxidantes.

Quinta
Hoy se ha inaugurado en Barcelona el supercomputador «Mare Nostrum», considerado el más veloz de toda Europa y el cuarto más potente del mundo. Durante la inauguración, el director del proyecto ha anunciado que se está desarrollando un nuevo superordenador que funcionará a pleno rendimiento y que será 25 veces más rápido.

앵커: 자, 이제 흥미로운 다른 뉴스들입니다:
첫 번째 소식입니다. 112 응급 구조대 대변인이 에페에 제공한 정보에 의하면 마드리드의 아르간다 델 레이에 설치된 프라이스 서커스의 암호랑이가 어제 우리로 다가간 32세 남성의 팔을 물어뜯었습니다. 사건은 그 남성이 호랑이가 있던 우리의 창살 사이로 오른쪽 팔을 집어넣었던 어제 토요일 오후 8시가 지나 발생했습니다.
두 번째 소식입니다. 67세 세 명, 71세 한 명인 네 명의 여성이 어제 푸에르토 데 나바스(오비에도)거리의 한 건널목에서 길을 건너다가 빨간색 볼보에 치이면서 부상을 당했습니다. 응급 구조대에 의해 치료를 받고 센트럴 병원으로 이송되었습니다.
세 번째 소식입니다. 열흘 전 에우로미요네스 추첨의 유일한 당첨자가 어제 정오, 스페인 복권 추첨에 할당된 가장 큰 액수인 45,117,030 유로의 상금이 전달되었음에도 불구하고 계속 정체를 드러내지 않고 있습니다. 코루냐의 한 호텔에서 있었던 수표 전달식에 이 행운아가 모습을 드러내지 않았습니다.
네 번째 소식입니다. 미국의 한 의사가 여러 지원자와 함께 연구를 진행한 후 기억력을 촉진하기 위한 방법을 개발했습니다. 이 의사의 조언에 따르면, 동물성 지방을 피하는 것 외에도 항산화 성분이 든 과일과 채소를 권장하는 건강 식단과 같은 일련의 지침을 따르면서 단 14일 만에 우리의 기억력을 개선할 수 있습니다.
다섯 번째 소식입니다. 오늘 바르셀로나에 유럽에서 가장 빠르고 전 세계에서 네 번째로 강력하다고 평가되는 슈퍼컴퓨터 '마레 노스트룸'이 첫 선을 보였습니다. 개장식에서 이 프로젝트의 책임자는 완벽한 효율로 작동할 것이고 25배 더 빠를 새로운 슈퍼컴퓨터가 개발 중에 있다고 밝혔습니다.

C Quiero que mi ciudad está bonita

읽기

3

호텔에 바라는 것이 무엇인가요?

* 아침 식사와 함께 미소를 건네줄 것.
* 창문으로 햇살이 들어오지만 내 잠을 깨우지는 않을 것.
* 도착하자마자 신발을 벗고 싶은 마음이 들 것.
* 고장이 없을 것.
* 언제나 기억될 것.

듣기

4 Pista 14

> boca – polo – siempre – vago – par – tiemblo – beca – Paca.

입 - 극, 극지 - 항상 - 게으른 - 쌍 - (1인칭 단수)떨다 - 장학금 - 파카(여자 이름)

UNIDAD 10

A De viaje

읽기

1

여행은 지상에서 시작된다

많은 사람들이 많은 시간을 함께 보내는 장소가 되기에 공항은 꽤 지겨운 곳일 수 있다. 줄을 서면서, 여행 가방을 기다리면서, 단순히 비행기에 대한 정보 부족으로 헤매면서 누적된 수천 시간은 우리로 하여금 인내심을 상실하게 만들 수 있다. 그러므로 몇몇 공항들은 좀 더 즐겁게 기다릴 수 있도록 깜짝 놀랄만한 심심풀이 옵션을 제공한다. 마사지, 사우나, 공연으로 체류가 좀 더 참을만한 것이 되도록 한다.
각 공항은 가장 독창적인 여흥 메뉴를 제공할 목적으로 자신들의 자원을 최대치까지 쥐어짠다. 일례로, 바라하스(마드리드)의 4번 터미널에서는 엘리시움 센터가 승객들에게 스파, 화장, 미용 서비스를 제공한다 (사전 지불). 여기에 현재 100개가 넘는 상점들과 30개의 다양한 레스토랑, 마사지 센터 2곳, 7개의 VIP실과 초고속 인터넷 컴퓨터로 연결되는 기술력이 더해진다.
가장 통행이 많은 두 개의 스페인 공항인 바라하스와 프랏(바르셀로나)은 남는 시간을 채우려는 노력에서 독창적인 아이디어를 가장 많이 실행에 옮기는 공항이기도 하다. 일례로, 두 곳은 마임 공연, 현장에서의 1인극, 단편 영화제까지 공항에 유치했다.
공항의 상업적인 매력 또한 기다림을 더 즐겁게 만든다. 에스카를라타 롱칸에게 있어 상점들은 결정적이다. "저는 일 년 내내 비행을 계속해요. 그래서 개인적인 일을 하는데 이용하죠. 종종 크리스마스 선물까지도 공항에서 사요. 가령, 싱가포르에서는 세일이 끝이 없어요. 천 개가 넘는 상점이 있고요." 사실 싱가포르 공항은 세계에서 가장 화려한 공항 중 하나이다. 맛있는 음식 서비스 외에도 헬스클럽, 휴게실, 영화관, 정원, 훌륭한 시설들이 그곳을 사실상 테마 공원으로 탈바꿈시킨다.
좀 더 작은 규모지만 그와 비슷한 일이 다른 공항에서도 일어난다. 유럽 차원에서 주요 요충지 중 한 곳인 프랑크푸르트(독일) 공항은 다른

setenta y tres **73**

서비스보다도 방과 욕실이나 샤워를 시간 단위로 계약할 수 있도록 구비하고 있다.
많은 시설에서 제안하는 아이디어는 크리스마스에 증가한다. 화려하게 장식된 코펜하겐(덴마크) 공항의 복도는 시장 형태의 노점으로 가득 찬다. 배경 음악은 현장에서 직접 대표적인 곡을 연주하는 피아니스트가 담당한다.

('악투알리닷 에코노미카')

B Alojamientos

듣기

4 Pista 15

> **1 EN UN HOTEL.**
> **RECEPCIONISTA:** Servicio de habitaciones, ¿dígame?
> **CLIENTE:** ¿Sería posible que nos subieran la cena?
> **RECEPCIONISTA:** Por supuesto. ¿Qué desean cenar los señores?
> **CLIENTE:** Queríamos una ensalada de salmón, un filete de ternera y tomates rellenos.
> **RECEPCIONISTA:** ¿Y de bebida?
> **CLIENTE:** Una botella de vino blanco de Rueda y una botella de agua mineral.
> **RECEPCIONISTA:** ¿Tomarán algún postre?
> **CLIENTE:** Sí, helado de naranja y fresas con nata.
> **RECEPCIONISTA:** Gracias, señor. Enseguida les llevarán la cena.
>
> **2 EN un autobús.**
> **SEÑORA:** Perdone, ¿podría abrir la ventanilla?
> **SEÑOR:** Sí, ahora mismo.
> **SEÑORA:** Gracias.
>
> **3 LLAMADA telefónica.**
> **EMPLEADA:** Divertours, ¿dígame?
> **SEÑORA:** ¿Podría decirme si hay plazas en la excursión de mañana a las termas?
> **EMPLEADA:** Lo siento, pero todas las plazas están cubiertas.

1. 호텔에서
접수처 담당자: 룸서비스입니다. 여보세요?
투숙객: 우리에게 저녁 식사를 올려다 주실 수 있으신가요?
접수처 담당자: 물론입니다. 무엇을 저녁으로 드시기 원하시나요?
투숙객: 연어 샐러드, 송아지 필레, 속을 채운 토마토요.
접수처 담당자: 그럼 음료는요?
투숙객: 루에다산 백포도주 한 병하고 미네랄 워터 한 병이요.
접수처 담당자: 후식을 드실 겁니까?
투숙객: 네, 생크림을 얹은 오렌지와 딸기 아이스크림이요.
접수처 담당자: 감사합니다, 선생님. 곧 저녁을 가져다 드리겠습니다.

2. 버스에서
부인: 실례합니다, 창문을 열 수 있으신가요?
남성: 네, 지금 열죠.
부인: 고맙습니다.

3. 전화 통화
직원: 디베르투어입니다, 여보세요?
부인: 내일 온천 방문에 자리가 있는지 여쭤볼 수 있을까요?
직원: 죄송합니다만 모든 자리가 찼습니다.

C Historias de viajes

듣기

2 Pista 16

> Hoy tendremos lluvia y viento en prácticamente todo el norte de la Península, mientras que en el centro se esperan cielos nublados y frío moderado.
> En el sur, se alternarán los ratos de sol y los ratos de nubes, con un ligero ascenso de las temperaturas durante el día.

오늘은 반도의 북부 전역에 비와 바람이 있겠고, 중부에는 흐린 하늘과 적당한 추위가 예상됩니다. 남부에는 낮 동안 약간의 기온 상승과 함께 맑거나 흐린 순간이 오락가락하겠습니다.

4 Pista 17

> Tenía que coger el tren para Sevilla esa misma mañana. Cogí mi equipaje y fui en metro hasta la estación. Mi tren salía a las 9:30. Pero allí me di cuenta de que me faltaba una maleta: me la había dejado en casa. Entonces tuve que volver a casa, coger la maleta y regresar a la estación. Pero cuando llegué eran las 9:40 y ya había salido mi tren.

당일 아침에 세비야행 기차를 타야만 했어요. 내 짐을 들고 역까지 지하철로 갔죠. 내 기차는 9시 30분에 출발했어요. 하지만 거기서 짐 가방 한 개가 부족하다는 것을 깨달았어요. 집에 놔두고 온 거죠. 그래서 집에 돌아가서 가방을 들고 역으로 돌아올 수밖에 없었습니다. 하지만 도착했을 때가 9시 40분이었고 기차는 떠나버렸습니다.

UNIDAD 11

B ¡Me encanta ir de compras!

읽기

1

완벽한 구매자로 변모하기 위한 단계

1 필요한 것들의 목록을 작성하세요. 우리가 쇼핑하는 것 중 70%가 계획하지 않았다는 것은 사실입니다.

2 배가 고픈 상태로 슈퍼마켓에 가지 마세요. 파산할 수 있습니다. 모든 것이 먹음직스럽게 보여 유혹을 잠재우기 위해 엄청난 의지력이 필요할 수 있습니다.

3 세일에 주목하세요. 브랜드와 가격의 비교를 위해 몇 분을 참으면, 어떻게 해서 당신의 계산서가 생각한 것보다 적게 나오는지 알게 될 겁니다.

4 영수증을 항상 보관하세요. 환불할 때 필요하기 때문입니다.

5 사람들이 몰리는 시간을 피하세요. 피곤함은 별로 필요하지 않은 상품들을 카트에 던져 넣게 만들 수 있습니다.

6 계산하기 위해 줄을 서는 중이라면 손을 카트에 대고 계산대 주변에 쌓여 있는 자그마한 유혹들에 손을 대는 함정에 빠지지 마세요.

듣기

6 Pista 18

…Ya son casi las doce del mediodía y es el momento de hablar sobre las mejores páginas de internet de la semana.
La primera que hemos seleccionado se llama La huerta en casa, que nos ofrece todo tipo de frutas y verduras, cultivadas de forma natural. Se pueden comprar en cajas de 6 o 15 kilos, escogiendo entre muchos productos diferentes. Si haces un pedido ahora o en los próximos dos días obtendrás un 10% de descuento. Sirven a domicilio sin gastos de envío.
A través de la siguiente página seleccionada podemos comprar distintas actividades para regalar: una cena romántica en un restaurante de moda, un masaje en un centro de belleza o unas prácticas clases de golf. *Experiencias* es la página ideal para hacer estos regalos. Hay muchas ideas diferentes, tantas que te resultará bastante difícil decidirte. También puedes solicitar un catálogo para que la persona pueda elegir su regalo preferido.
¿Quieres ir a la ópera o a un concierto de rock? ¿Prefieres asistir a cualquier otro evento? No te preocupes: en Teleocio podrás adquirir entradas para todo tipo de espectáculos. Solo tienes que pagar un euro extra por el servicio. Además esta página te proporciona información sobre la cartelera de las principales ciudades españolas.
Finalmente…, vamos a hablar de vacaciones. Hay bastantes páginas que te proporcionan información sobre viajes, pero Al límite nos permite preparar aventuras totalmente diferentes: un viaje en globo, descender un río en canoa, atravesar los Pirineos en bicicleta… Si estás en forma y buscas nuevas sensaciones, no dudes en consultar esta página para organizar viajes por España y el resto de Europa. Para el próximo año están preparando nuevas actividades en otros continentes.
Esto es todo por ahora. La próxima semana os daremos más información.

…… 이제 거의 정오이고, 이번 주 최우수 인터넷 웹페이지에 대해 이야기할 시간입니다. 우리가 선택한 첫 번째 웹페이지는 '집 안의 텃밭'이라는 이름인데, 자연 방식 그대로 키운 온갖 종류의 과일과 채소를 제공합니다. 많은 다양한 상품에서 선택하여 6~15kg 상자로 구입할 수 있습니다. 만일 지금이나 이후 이틀간 주문을 하면 10% 할인을 받을 수 있습니다. 배송비 없이 집으로 배달됩니다.
선택된 다음 웹페이지를 통해 우리는 유행 중인 레스토랑에서의 로맨틱한 저녁 식사, 미용 센터에서의 마사지, 골프 실전 수업 등을 선물용으로 다양한 이용권을 구입할 수 있습니다.: '엑스페리엔시아'는 이러한 것을 선물하기 위한 이상적인 웹페이지입니다. 다양한 아이디어가 많이 있습니다. 너무 많아서 결정이 꽤 힘들 거에요. 아울러, 그 사람이 원하는 선물을 선택할 수 있도록 카탈로그를 신청할 수도 있습니다.
오페라나 록 콘서트에 가는 것을 좋아하시나요? 다른 어떤 행사에 참석하고 싶으신가요? 걱정하지 마세요. 텔레오시오에서 온갖 종류의 관람물 입장권을 구할 수 있을 거예요. 단지 서비스로 인한 추가금 1유로를 지불해야 합니다. 게다가 이 웹페이지는 스페인의 주요 도시의 관람물 소식에 대한 정보를 제공합니다.
마지막으로…… 휴가에 대해 이야기해 보도록 하죠. 여행에 대한 정보를 제공하는 웹페이지는 꽤 많습니다. 그러나 '리미테'는 열기구 여행, 카누 래프팅, 자전거로 피레네 산맥 넘어가기 등 완전히 다른 모험을 준비하도록 해 줍니다. 건강하고 새로운 느낌을 찾고 있다면, 스페인과 유럽 전역의 여행 준비를 위해 이 웹페이지를 찾아보는 것을 주저하지 마세요. 내년을 위해 다른 대륙에서의 새로운 활동을 준비 중에 있습니다.
이것이 지금까지의 내용입니다. 다음 주에 새로운 정보를 드리도록 할게요.

UNIDAD 12

A 7 de julio, San Fermín

읽기

1

산페르미네스

산페르민 또는 산페르미네스 축제는 페르민 성인을 기리는 축제로, 매년 팜플로나라는 스페인의 도시에서 개최된다. 축하 행사는 7월 6일 낮 12시 시청 발코니에서의 폭죽 발사(추피나소)로 시작되어 7월 14일 밤 12시에 끝난다. 이 마지막 날에 '불쌍한 나'라는 제목의 이별가를 부른다.
산페르미네스에서 가장 중요한 순간은 소를 가두어 넣는 일로, 이때 참가자들은 투우장에 도착할 때까지 황소들 앞에서 849m의 거리를 달린다. 소를 가두는 행사는 7월 7일에서 14일까지 매일 개최되는데, 아침 8시에 시작하고 평균 2~3분 지속된다.
독립적인 세 개의 행사가 산페르민 축제의 기원이다. 12세기 이전부터의 종교 행사, 상업적 목적의 시장, 14세기부터 기록된 투우 경기가 그것이다. 미국 작가 어니스트 헤밍웨이는 자신의 책인 '해는 또 다시 떠오른다'를 통해 그것을 알리는데 기여한 사람들 중 한 명이다. 세계 최고의 축제 중 하나로 알려져 있다. 이 일주일의 축제 기간 동안 팜플로나의 인구는 19만 명에서 100만 명 이상으로 증가한다.

B ¿Quieres venir a mi casa en Navidad?

듣기

2 Pista 19

LOCUTOR: Muchos de nuestros oyentes se preguntan si en el resto de Europa se celebra la Navidad igual que en España. Para aclararnos esta duda está con nosotros Natalia de la Fuente, periodista y viajera incansable, que puede informarnos sobre las costumbres y tradiciones en las distintas zonas del mundo en las que ella ha celebrado estas fiestas tan entrañables. Natalia, para nuestros oyentes extranjeros, ¿cómo resumirías las celebraciones de la Navidad en España?

NATALIA: En España, las calles se iluminan con luces de colores, las plazas se llenan de mercadillos y las familias se reúnen para cenar en la Nochebuena, el 24 de diciembre, y al día siguiente para celebrar la comida de Navidad. Y, el 31 de diciembre, los españoles despiden el año delante de la televisión con doce uvas que van tomando al son de las doce campanadas.

LOCUTOR: ¿Y cómo se vive la Navidad en otros países de Europa?

NATALIA: En Bélgica, por ejemplo, tienen por costumbre salir a patinar el día de Navidad, después de la comida familiar. A los finlandeses les gusta colgar de la rama del árbol de Navidad banderitas de distintos países como símbolo del hermanamiento entre pueblos y culturas. En Italia es muy curioso cómo celebran la última noche del año, comiendo un plato de lentejas antes de salir a las distintas fiestas. A las mujeres se les regala esta noche lencería de color rojo para que tengan suerte al año siguiente.

LOCUTOR: ¿Qué otras curiosidades conoces?

NATALIA: Los irlandeses, por ejemplo, colocan una gran vela blanca en la entrada de la casa o en alguna ventana que enciende el más pequeño el día de Nochebuena, y en Letonia es muy curioso que nadie pueda recoger su regalo junto al árbol sin antes recitar un pequeño poema.

LOCUTOR: ¿Y qué pasa al otro lado del mundo?

NATALIA: En países del hemisferio sur, como Australia, la Navidad se celebra durante el verano. Allí, el clásico ambiente navideño de nieve y frío al que estamos acostumbrados se transforma en playas y Santa Claus veraniegos.

LOCUTOR: Podríamos seguir hablando durante horas, pero creemos que con esta pequeña exposición nuestros oyentes habrán quedado satisfechos.

아나운서: 우리의 많은 청취자들이 유럽 전역에서 크리스마스를 스페인에서와 동일하게 기념하는지 궁금해 합니다. 이 궁금증을 해결해 주기 위해 저널리스트이자 지치지 않는 여행자인 나탈리아 데 라 푸엔테가 우리와 함께 합니다. 본인이 이 친근한 축제를 기념했었던 전 세계 다양한 지역에서의 풍습과 전통에 대해 알려줄 수 있겠죠. 나탈리아, 우리 외국인 청취자들을 위해 스페인에서의 크리스마스 행사를 어떻게 요약할 수 있을까요?

나탈리아: 스페인에서는 거리들이 색깔의 빛으로 불을 밝히고, 광장은 시장으로 가득 차고, 가족들은 12월 24일 크리스마스이브를 위한 저녁 식사와 다음 날인 크리스마스의 점심을 먹기 위해 함께 모이죠. 그리고 12월 31일에 스페인 사람들은 TV 앞에서 12개의 포도알을 12번의 종소리에 맞춰 먹으며 한 해를 떠나보냅니다.

아나운서: 그럼, 유럽의 다른 나라들에서는 크리스마스를 어떻게 지내나요?

나탈리아: 예를 들어, 벨기에에서는 크리스마스날 스케이트를 타러 나가는 것이 풍습이에요. 가족과의 점심 식사 이후예요. 핀란드인들은 민족과 문화 간의 우호 관계의 상징으로 크리스마스트리 가지에 다양한 나라의 국기를 매다는 것을 좋아해요. 이탈리아에서는 다양한 파티에 참석하러 가기 전에 렌틸콩 요리를 먹으며 그해의 마지막 밤을 축하하는 것이 신기해요. 이듬해에 행운이 따르도록 이날 밤 여성들에게는 빨간색 속옷을 선물해요.

아나운서: 또 어떤 흥미로운 사실들을 알고 계시죠?

나탈리아: 예를 들어, 아일랜드인들은 크리스마스이브에 가장 어린 사람이 불을 붙이는 거대한 흰색 초를 집의 출입문이나 창문에 놔둬요. 레토니아에서는 짧은 시를 낭송하기 전에 아무도 크리스마스트리 옆에 있는 선물을 집어갈 수 없다는 것이 특이해요.

아나운서: 세계 정반대편에서는 무슨 일이 벌어지나요?

나탈리아: 오스트레일리아 같은 남반구의 나라들에서는 크리스마스를 여름에 축하해요. 그곳에서는 우리가 익숙한 눈과 추위의 전통적인 크리스마스 분위기가 한여름철의 해변과 산타클로스로 바뀌죠.

아나운서: 몇 시간이고 계속 이야기할 수 있을 것 같네요. 하지만 이 작은 전람회로 우리 청취자들은 만족스러우실 거라고 믿어요.

C Gente

읽기

4

어느 사랑 이야기

솔직히 말해, 나는 당신이 코브라 한 마리와 보아뱀 한 마리가 어떻게 해서 깊이 사랑하게 되었는지에 대한 이 이야기를 믿어 주리라고 기대하지 않는다. 그러나 어쨌든 간에 이야기는 들려주겠다. 어느 비 내리는 오후, 그들은 폭풍우로부터 몸을 피하려할 때 우연히 만났고 즉시 서로를 향한 이끌림을 느꼈다.

코브라는 보아뱀의 근육질 몸에 좋은 인상을 받았고, 보아뱀은 코브라의 머리 같이 예쁜 무늬는 한 번도 본 적이 없다고 단언했다. 당연히 그들은 곧 사랑에 빠졌고 결혼에 대해서도 진지하게 이야기하기 시작했다. 그러나 쉽게 해결될 수 없는 문제가 있었다.

"네가 나를 너무 세게 끌어안으면 나를 죽일 수도 있어."라고 코브라가 말했다.

"네가 나에게 키스하면 나를 물 수 있고 독살할 수도 있어."라고 보아뱀이 대꾸했다.

어쨌든 그들은 조심스럽게 행동하기로 약속했다. 그럼에도 불구하고, 그들이 처음으로 달빛 아래 모여 열정적으로 끌어안았을 때, 보아뱀은 너무 강하게 압박했고 코브라는 보아뱀의 입술을 물어버렸.

그들은 둘 다 단 한마디도 못한 채 죽어버렸다. 사랑한다는 것은 '미안해'라고 말할 시간이 없는 것이다.

Leer más

1

나는 주부입니다.

크리스티나와 키케는 의사이다. 그녀는 병원에서 일하고 그는 집안을 돌본다.

오늘날 남편과 부인이 집 밖에서 일하는 경우는 흔하다. 그러나 부인은 밖에서 일하고, 남편은 집안일을 한다. 크리스티나와 엔리케는 좀 이상한 커플이다. 두 사람은 의사이지만, 그녀가 그보다 먼저 안정적인 직장을 찾았다. 그래서 딸을 갖게 되었을 때, 크리스티나가 계속 일하는 동안 엔리케가 집에 남기로 결정했다.

키케의 하루는 8시에 딸이 깨면 시작된다. 그 시간에 첫 우유병을 주고 아기와 조금 놀아 준다. 10시에 에스페란사를 공원에 데리고 가서 산책을 하고 장을 본다. 10시에서 1시 사이에 아기는 잠을 조금 자고, 엔리케는 그 시간을 청소를 약간 하거나 다림질을 하는데 이용한다. 1시에 아기에게 점심을 주고 다시 재운다. 그러면 자신과 오후 4시에 돌아오는 크리스티나를 위해 점심 식사를 준비할 시간이 그에게 남는다.

엔리케와 크리스티나의 집에서 오후는 특히 행복하다. 셋이 함께 있기 때문이다. 그들은 아기와 산책 나가는 것을 무척 좋아한다. 오후 산책에서 돌아와서 크리스티나가 아기와 노는 동안 그는 목욕을 준비한다. 크리스티나가 아기에게 마지막 우유병을 주고 재운다.

한편, 엔리케는 두 사람을 위해 저녁 식사를 준비한다. 밤 9시에 아기를 재운 후 저녁식사와 자신들의 일에 대해 이야기할 시간을 갖는다.

2

라바피에스
마드리드의 퓨전 마을

상이한 50개의 국적이 동네에 생기를 주다

마드리드 도심에는 한 마을이 있다. 길은 거의 없고, 4층도 안 되는 건물들과 아직도 거리에서 공을 가지고 놀고 있는 아이들을 볼 수 있는 마을이다. 라바피에스에는 보통 차들도 많이 다니지 않는다.

라바피에스는 많은 것들의 혼합이다. 가장 두드러진 것은 언어 다양성이다. 이곳에서는 스페인어, 중국어, 아랍어, 스와힐리어 등이 쓰인다. 최근의 통계에 따르면, 이 동네에는 50개국 이상의 사람들이 함께 살고 있다.

라바피에스는 마드리드의 심장부에 있다. 푸에르타 델 솔에서 몇 분, 레이나 소피아 미술관에서 걸어서 10분, 라스트로에서 5분 거리에 있고, 교통이 매우 좋아서 라티나와 티르소 데 몰리나, 안톤 마르틴, 그리고 라바피에스 지하철 사이에 있다.

라바피에스의 주민들은 현대적인 것과 더 전통적인 것들과도 공존한다. 그래서 이 동네가 유행하고 있다. 몇 년 전부터 상점들은 점점 더 방문이 많고, 독립적인 예술가들이 정착했으며 무척 매력적인 '보헤미안' 같은 분위기가 살아 있다.

그러나 라바피에스에서의 생활은 쉽지 않다. 집들의 보수 공사 때문에 주택 가격이 올랐고, 가끔은 그곳에서 공존하는 다른 문화들 간에 분쟁이 있다.

이 모든 것에도 불구하고, 그런 분위기를 좋아하는 사람들에게는 거부할 수 없는 동네이고 가장 전형적인 마드리드의 표본이다.

3

가족의 또 다른 하나

수많은 의학 연구들은 반려동물을 키우는 것이 삶의 질을 개선한다는 사실을 증명해 왔다. 우리의 일상적인 삶에 동물이 존재한다는 것은 많은 긍정적인 효과가 있다. 인간의 고독에 대항하는 훌륭한 수단일 뿐만 아니라, 예를 들어, 개를 쓰다듬는 것이 혈압과 심장 박동 수를 감소시키므로 그 결과 스트레스를 줄이기도 한다.

우리 모두는 수족관의 물고기들을 바라보는 것처럼 단순한 일을 경험해 봤는데, 이 또한 우리를 편안하게 만드는 데에 도움이 된다. 또한 개와 산책하는 것은 심혈관계 질병, 당뇨, 골다공증 예방에 기여한다. 더욱이 동물은 관계에 도움이 된다. 자신의 반려동물과 다니는 다른 사람과 대화를 시작하는 것은 쉬운 일이다.

동물을 가지고 있는 아이들은 더 많은 자립심을 갖는 법과 교류하는 법, 나누는 법, 남에 대해 생각하는 법을 더 쉽게 배운다. 그래서 훨씬 독립적이고 사교적이고 덜 이기적이다. 독일의 한 연구에서는 부모 중 90%가 자신들의 반려동물이 어린 자녀들의 교육에 매우 중요한 역할을 했고 아이들의 삶의 질을 향상시켰다고 판단했다. 심지어 심한 우울증이 있는 어린이들에게 반려동물과의 접촉이 주는 이로운 점이 확인되었다.

대도시에 거주하는 13살에서 15살까지의 청소년들을 대상으로 했던 실험은 동물과 살고 있는 청소년들이 훨씬 더 삶에 만족스러워 하고, 더 나은 사회적 행동을 보이며, 어른들과 긍정적인 관계를 유지한다는 사실을 증명했다.

또 다른 연구에서 노인들의 경우 반려동물이 있는 이들이 건강과 관련된 지출이 더 적다는 사실을 밝혀졌다. 또한 은퇴자를 위한 숙소에 살고 있는 노인들과 반려동물이 있는 노인들이 다른 경우보다 노화에 더 잘 대응한다.

4

할아버지, 할머니가 전시회의 장난감들을 통해 과거로 여행하다

향수에 젖은 이들은 그란 비아 데 마드리드 쇼핑센터에서 10월 4일까지 약속이 있다. 그곳에는 지난 세기 초의 움직이는 장난감 35개와 함께 한 전시회가 자리 잡았다.

'우리 할아버지들의 그 미친 장난감들'이라는 제목 하에 이 전시회는 젊은이들을 조부모님을 즐겁게 하던 장난감들에게 접근시키고자 한다. 세발자전거, 자전거, 목마, 장난감 비행기, 씽씽카, 소방차는 그 보물들 중의 일부이다. 가장 오래된 것은 1920으로 거슬러 올라가는 장난감 비행기이고, 가장 비싼 것은 어린이 두 명이 들어갈 수 있는 아주 작은 크기의 자동차다.

전시회 책임자는 큰 성공을 거두고 있고 '점점 더 많은 사람들이 보러 온다'고, 특히 나이 지긋한 분들이 온다고 설명했다. 어떤 할아버지들은 때때로 진짜 장난감을 살만한 충분한 돈이 없어서 목재나 마분지, 그리고 많은 상상력으로 집에서 그것을 만들기도 했던 그 시절을 추억하자 감격스러워했다.

이제는 할아버지가 된 과거의 많은 어린이들은 사실상 놀기 위해 자신의 상상력을 이용할 수밖에 없었다. 호세 미겔의 경우, "나는 이 전시회에 전시된 것들과 같은 장난감을 가져 보는 행운을 누리지 못했어요. 집은 무척 가난했고, 그 시절 이것들은 정말 하나의 사치였거든요. 정말 안타까운 것은 오늘날 어린이들은 장난감을 전과 같이 아끼지 않는다는 거예요. 더군다나 컴퓨터가 있으니 장난감은 2등으로 물러났어요. 이제 그렇게 중요하지 않죠."

5

돌로르헨

효능
치통, 두통, 근육통, 관절통, 생리통과 같은 중등 정도 통증의 감소, 감기로 인한 발열과 호흡 과정

복용량
성인: 물이나 주스 한 잔에 녹인 봉투 1개 분량, 1일 3~4회.
어린이: 물이나 주스 한 잔에 녹인 봉투 1개 분량, 일일 2회

투약 금지
약품 성분에 과민 증세

덴티돌

효능
전문의에 의해 치료받을 때까지 어금니, 치아, 잇몸, 구강 점막의 통증과 불쾌감의 국소적, 일시적, 전조적 감소

복용량
치료하고자 하는 부위에 스프레이 분사. 통증이 지속될 경우, 세 시간마다 반복 실시

투약금지
약품 성분에 과민 증세

아날히움 200

효능
발열, 치통, 두통, 인후통, 내이도 통증, 근육통, 생리통의 강한 통증 치료

복용량
증상이 사라질 때까지 매 4시간마다 1정. 씹지 말 것.

투약 금지
어린이에게 투여하거나 임신, 수유 기간 중 투여는 권장하지 않음.

무스쿠텔

효능
근육통, 자세로 인한 관절통, 외상 후 장애, 사경으로 인한 통증

투약량
1일 1회 증상이 있는 부위에 스프레이 분사

투약 금지
약품 성분에 과민증세. 개방성 상처에 분사 금지

6

동물들의 친구, 펠릭스

박사 과정을 마치고 한 병원에 직장을 구했던 1959년, 생명에 대한 그의 열정은 치과 의사라는 직업을 포기하게 만들었다. 자연주의자가 되겠다는 미친 생각에 헌신하기 위해서였다. 펠릭스 로드리게스 데 라 푸엔테에 대한 이야기이다. 그는 자신의 삶을 자연 보호를 위해 바쳤고, 그의 프로그램인 '인간과 지구'로 환경에 대한 스페인 사람들의 인식을 바꾸는데 성공했다. 스페인의 가족들이 TV 앞에 앉아 펠릭스 특유의 목소리로 자연이 숨기고 있던 비밀들을 밝혀내는 순간 되돌릴 수 없는 역사적 사건이 시작되었다. 전 스페인 사회가, 전원 지역이던 도시 지역이던 간에, 여우와 늑대, 족제비, 도마뱀, 맹금류, 무서운 곰, 그리고 기타 동물들이 존중받고 보호되어야만 한다는 것을 배웠다. 늑대 사냥과 자연에 대한 해로운 일이 일상적이었던 스페인에게 있어 "우리가 비이성적인 방법으로 지구를 망가뜨리고 있다."라는 환경친화적 메시지는 지구를 위한 우리의 발걸음이 어때야만 하는가에 대해 새로운 인식의 장을 열어준 진정한 혁명이었다. 스페인 사람들에게 자연을 사랑하는 법을 가르치고, 70년대에 있었던 유일한 TV 채널의 화면에 환경보호가 인간과 자연의 선한 공존을 위해 필요한 일이라는 것을 보여 주는 것, 이것이 진짜 그의 위대한 업적이다.

"친애하는 인간과 지구의 친구들이여." 펠릭스는 자신의 프로그램을 이렇게

시작하고는 했다. 그리고 나서 늑대와 뉴트리아에 대해 샘이 날만큼 쉬운 말로 이야기를 시작했었다. 한 번도 대본을 들었던 적이 없으며, 녹화가 중단되면 입에서 말이 나오는 대로 다른 방식으로 시작하고는 했다.

펠릭스는 자신을 그렇게 유명하게 만든 이 프로그램을 찍는데 연연하지 않고, 라디오 방송을 녹음하고, 동물계에 대한 백과사전을 감독하고, 여러 권의 책을 집필하고, 수백 편의 기사를 썼는데, 가장 중요한 것은 환경 보존을 위한 캠페인이나 활동에 항상 참여했다는 것이다. 1954년 그는 다른 사람들과 함께 조류 연구와 보호를 위해 스페인 조류학회를 설립했다. 맹금류에 대해 최고 전문가인 그는 1961년 중세를 배경으로 한 영화 '엘 시드'의 촬영에 고문으로 채용되었다. 펠릭스는 매 사냥 장면을 촬영할 수 있도록 찰턴 헤스턴에게 필요한 내용을 가르쳤다. 세계에서 가장 오래되고 가장 중요한 개 썰매 경주인 이디타로드에 대한 보도 기사를 찍던 도중 1980년 3월 14일 경비행기 사고가 눈 덮인 알래스카의 땅에서 그와 그의 팀 일부의 목숨을 앗아갔다. 이것이 그의 업적이 계속되는 것을 막지 못했다. 단지 15년의 활동 기간 동안 그는 자연에 대해 너무도 큰 관심을 불러일으켜서, 그의 죽음 이후 그의 족적을 따를 준비가 된 수많은 젊은이들을 남겼던 것이다.

7

스크린에 붙어서

직장 컴퓨터 앞에서 보낸 하루는 건강에 일련의 위험을 내포한다.

의자 한 개, 탁자 한 개, 키보드 한 개, 마우스 한 개, 모니터 한 개, 스탠드 한 개는 대부분의 독자들이 자신의 일자리 구성 요소로 언급하는 물건들이다. 세월이 흐르면서 컴퓨터는 사무실에서 주요 업무 도구로 탈바꿈했고, 그것과 함께 한 곳에 앉아 단조로운 업무에 의해 심화되는 건강에 대한 새로운 위험들도 등장했다.

일상적인 고통

모니터 앞에서 업무를 보는 근로자들에게 가장 일상적인 병은 시각적인 것 (눈의 염증, 흐릿한 시야, 충혈)과 자세적인 것(특히 등의 통증), 심리적인 것 (불면, 짜증)으로 구분된다.

많은 경우, 앉을 때 좋은 자세를 유지하거나 여러 활동을 효과적으로 정리하는 것만으로도 사라질 수 있는 불편함이다.

법률은 스크린으로 하는 작업을 위해 권고 조건이 있는 규정을 마련해두었다. 일부의 조언은 작업용 물건들의 위치에 관한 것이다. 탁자는 몸에 무리가 가지 않도록 모든 물건이 들어갈 만큼 충분히 커야 한다.

한편, 의자는 조절 가능한 높이와 발받침대를 갖춰서 안정적이어야 한다. 컴퓨터 스크린은 그림자 없이 안정적인 형상을 제공해야 한다.

게다가, 근로자의 눈은 모니터와 키보드, 책상 사이에 비슷한 간격을 유지하는 것이 바람직하다. 이상적인 거리는 약 50cm이다.

8

가수 베베와의 인터뷰

"명성은 그것을 원하는 사람의 것입니다"

그녀의 첫 콘서트는 14세에 한 바에서 열렸다. 이제 스물여섯 살이지만 벌써 첫 번째 음반 '밖으로 나가, 거미줄'의 싱글곡 '나쁘게' 덕분에 판매 리스트가 폭발할 정도이다. 그러나 그녀는 결단코 레코드 회사의 상품이 아니다.

M.H.: 성공에도 불구하고, 명성이란 함께 누릴 수 없는 어떤 것처럼 보이네요.
베베: 아주 나쁘게 견뎌내고 있어요. 명성은 그것을 원하는 사람의 것 같아요. 꼭 집어 말하자면 저는 전혀 관심이 없어요. 저는 시간이 상황을 바꿔 주길 바래요. 그렇지 않으면 제가 그것을 해야만 할 테니까요. 저는 단지 음악이 저로 하여금 계속 감정을 느끼도록 해주기만을 원해요. 이제야 마침내 다시 작곡을 하기 시작했어요. 오래 전부터 할 수가 없었거든요. 소진되었어요. 시간도 의욕도 없었습니다.

M.H.: 세계에서 두 번째로 중요한 독일의 팝콤 박람회에서 방금 돌아오셨죠. 어떤 감정이 들던가요?

베베: 베를린에 정말 가 보고 싶었어요. 다른 음악인들을 보고 다양한 아티스트들과 교류하고 싶었어요. 그곳에 있었던 것은 일종의 특권이었던 것 같아요.

M.H.: 당신의 가사가 가진 그 힘을 이해하지 못하는 관중 앞에 서는 경험은 어땠습니까?

베베: 좋았어요. 왜냐하면 거기에 음악의 마법이 있는 것 같기 때문이에요. 보세요, 저는 어렸을 때 뮤직비디오가 자막 처리가 되어야한다고 생각했어요. 하지만 처음 로리 힐을 들었을 때 정말 감동받았어요. 아무 것도 이해하지 못했는데 말이죠.

(2004년 10월 15일자 '무헤르, 오이'에서 발췌)

9

아르헨티나 최대의 절도 사건이 하수도의 보트에서 끝나다

도둑들은 은행에서 배수구까지 터널을 팠고, 거리로 나가기 위해 고무 보트를 타고 하수도 입구까지 물 위로 이동했다.

아르헨티나 역사상 가장 큰 강도 사건에 대한 조사에 의하면, 이는 2001년 건물의 시멘트 보수를 위해 지하 15미터에 이미 만들어져 있던 터널을 이용한 사건이다.

도둑들은 60만 페소의 전리품을 챙겼고, 또한 408개 중 145개의 금고를 털었다. 시간을 벌고 위험하지 않게 도주할 목적에서 은행 고객과 직원 23명을 6시간 동안 감금했다.

의심스러운 인질

이 23명 중 한 명이 강도들의 공범인 것으로 보이므로 경찰은 이들을 조사 중에 있다. 왜냐하면 터널 입구를 덮고 있던 장식장이 은행 사무실 안에 놓여 있었기 때문이다.

이 절도 사건에 대한 다른 정보들은 절도범들이 지하 터널의 존재와 위치를 정확히 알고 있음을 나타낸다.

이 수사에서 은행에 들어왔던 사람이 4명이고, 다른 4명은 도주를 도왔던 인물들이라는 사실도 밝혀진다.

절도범들이 은행이나 외부 경찰의 움직임에 대해서도 해박한 지식을 보였다는 사실이 주목을 끈다. 거기서 이 절도 사건이 경찰과 관련된 누군가에 의해 주도되었을 수 있다는 결론이 나온다.

10

주인공은 당신입니다

스페인에서의 당신 모험은 어떻게 시작되었나요?

사실 모든 여행이 시작되는 것처럼 꿈꾸면서요. 벌써 3년 전에 저는 마드리드로 올 결심을 했죠. 처음에는 언어를 배우려는 목적이었어요. 이 도시가 사람을 맞이하는 방식에 놀랐습니다. 독일어와 영어를 하는 덕분에 행사 도우미 자리를 구하는데 오래 걸리지 않았어요. 그 다음에 인테리어 상점에서 일했고요. 사람들을 직접 만나는 일을 하며 스페인어를 배웠다고 말할 수 있습니다.

마드리드는 파리에는 없는 어떤 것을 가지고 있나요?

제 도시는 환상적이에요. 무슨 말을 더 하겠어요! 두 도시는 다릅니다. 이 나라에서는 삶을 이해하고 살아가는 방식이 저를 매료시켰죠. 당신들은 사람과 삶의 경험을 중시합니다. 여행이 제 눈을 뜨이게 했고, 살아가기 위해서 그리고 행복해지기 위해서는 많은 것이 필요 없다는 것을 깨달았어요.

우리가 우리의 인생을 바꿀만한 한 발짝을 내딛는 것을 두려워한다고 생각하세요?

네, 분명히 가끔은 변화가 우리를 두렵게 합니다. 그러나 우리는 우리 자신을 믿어야만 해요. 이런 결정은 생각을 많이 하면 안돼요. 그리고 "어떻게 될까, 만일……"이라는 자문을 해서는 안 됩니다. 어쨌든 각자가 하려는 것이 무엇인지 알기 전에 혼자 심사 숙고할 시간을 가지는 것은 언제나 중요합니다.

('메트로 디렉토'에서 발췌)

11

호기심 많은 젊은이들

만일 12살에 거리에서 노는 것 대신에 반려동물 돌봄 사업체를 자기 집에 차린다면 당신은 천성적으로 진취적인 사람이다. 마누엘 팔라시오스는 그

일과 그보다 더한 일도 했다. 38마리의 햄스터만 돌본 것이 아니라 태어난 새끼들도 판매했다. 주인들이 원하지 않았기 때문이다. 훌륭한 사업이었다. 만오천 페세타를 벌었던 것이다.

마누엘은 매일 12시간 일했다(그 중에서 6시간은 음악을 들었다). 그리고 고작 6시간 동안 잠을 잤다. 콰트로 레코드의 음반 감독직을, 주말에는 바의 책임자 직을 병행했다. 그는 청년 사업가 협회의 가장 젊은 회원이다.

그는 호기심이 충만한 상태로 대학에 가기를 원치 않았다. "왜냐하면 그건 시간 낭비이기 때문입니다. 저는 제가 알아서 공부하고 독학하는 것이 더 좋아요." 처음에 그를 믿어 준 사람은 아버지의 친구였는데, 그가 2004년 5월 11일 음반 출시를 위해 필요했던 6천 유로를 출자했다. 회사의 상호는 그의 18세를 축하하기 위한 선물이었다. "우리 아버지는 그것이 저의 가장 큰 꿈 중에 하나라는 것을 알고 계셨어요"라고 그는 회상한다. 그것은 텔레마케팅 회사의 직장 동료였던 24세의 팔로마 힐의 도움으로 20세에 관광 전문 잡지인 '80일'을 발간할 결심을 한 신문방송학과 학생인 다비드 페르난데스도 가지고 있는 꿈이다.

"아주 젊다는 것이 사업체를 세울 때는 난관입니다. 은행이 무척 진지하게 대해 주지 않으니까요." 사실상 주요한 문제는 회사를 위한 자금을 조달하는 것이었다. 그럼 여러 공공 단체의 지원은 어떤가? "그것에 대해서는 말도 꺼내지 맙시다. 존재하는 모든 곳에 신청했어요. 하지만 아직 아무 것도 들은 바가 없어요"라고 다비드는 밝혔다.

('악투알리닷 에코노미카'에서 발췌)

12

스페인의 축제와 민속

* 가장 유명한 스페인의 전통은 플라멩코와 투우이다. 여행자는 투우 경기를 스페인의 많은 마을과 도시에서 발견할 수 있다. 그러나 가장 대중적인 것은 7월 첫째 주 팜플로나의 '산 페르민' 축제 기간 동안 개최되는 소 몰아 가두기 행사이다.

* 플라멩코는 남부, 특히 안달루시아의 민속 전통이다. 플라멩코 노래, 기타, 춤의 뿌리를 알고 싶거든 그곳까지 가야만 할 것이다. 예를 들어, 4월에 '4월 페리아'가 세비야에서 개최되는데, 노래와 춤으로 가득한 1주일이 특징이며, 그곳에서는 기타 여러 식전 음식 중에서도 하몽과 치즈를 곁들여 헤레스 포도주와 그 지역의 다른 맛있는 포도주를 마신다. 4월 페리아 외에도 세비야에서 매년 개최되는 다른 장엄한 행사인 성주간 기념행사도 놓쳐서는 안 된다.

* 또한 안달루시아에서는 보통 5월에, 가끔은 6월에 로시오 순례 여행이 열린다. 수천만 명의 사람들이 우엘바의 로시오 성모를 경배하러 몰린다. '순례객'들은 걷거나 말을 타거나 장식한 짐마차를 타고 간다. 신앙심과 즐거움이 혼합된 축제이다.

* 발렌시아에서는 3월에 '파야스'가 개최된다. 이는 폭죽과 100여 개의 형상들을 불에 태우는 것이 특징이다.

* 북쪽의 산 세바스티안에서는 2월에 '탐보라다'를 만날 수 있는데, 이 축제에서는 일주일 동안 북소리가 멈추지 않는다.

* 스페인의 수도 마드리드에서는 수호성인인 산 이시드로의 축일이 5월 15일이다. 마드리드 사람들은 성인의 예배당으로 성수를 마시러 가고, 이 성인에게 바쳐진 공원에서 점심 식사를 하며 축제를 벌인다. 마드리드 토속 춤인 초티스를 추고, 오후에는 중요한 투우 경기가 개최된다.

Soluciones

UNIDAD 1

A Vida cotidiana   P. 4

1   1 c   2 a   3 b

2   1 hace que   2 cuándo   3 hace que
4 Desde   5 hace que   6 Cuánto
7 cuándo   8 hace que   9 Cuánto
10 Cuándo

3   Actividad libre.

B ¿Qué hiciste? ¿Qué has hecho?   P. 5–6

1   1 a   2 d   3 b   4 c   5 f
6 e   7 g

2   1 varias veces   2 siempre
3 todos los días   4 muchos años
5 nunca   6 tres días a la semana
7 hace poco tiempo   8 tres años
9 la semana pasada

3   1 nació   2 tenía   3 enfermó
4 tuvo   5 empezó   6 entró
7 conoció   8 se casó   9 vivió
10 calificó   11 declaraba / declaró
12 expuso   13 trabajó   14 organizó
15 Murió

4   1 Michael Jackson
2 Nelson Mandela
3 Evita Perón

C El futuro que nos espera   P. 6–7

1   1 A ¿Le has dicho ya a tu hermano que quieres vender la casa del pueblo?
B No, todavía no, se lo diré cuando encuentre el momento adecuado.
2 A ¿Crees que Marta se casará con Pablo? Llevan ya tres años saliendo juntos.
B No estoy segura, pero si no lo hace este año, lo hará el que viene.
3 A Supongo que irás a la fiesta que ha organizado Celia, ¿no?
B No sé, todavía no lo he decidido.
4 A ¿Volverás de vacaciones a Menorca el año que viene?
B No. El año que viene estaré viviendo en México y el viaje será muy caro.
5 ¿Sabes? He ido a la echadora de cartas y me ha dicho que este verano será el mejor de mi vida: conoceré a un hombre maravilloso en la playa, y me ofrecerán un trabajo bien pagado y con un buen horario.
6 A ¿Cómo va tu hijo en los estudios?
B Bien, creo que aprobará todas las asignaturas en junio.
7 No hagas la compra, ya la haré yo.
8 Si sigues comiendo así, engordarás.
9 Si no salimos pronto, llegaremos tarde otra vez a la reunión.
10 A Estoy seguro de que este año ganará la liga el Atlético de Madrid.
B ¿Sí?, pues yo creo que no, que la ganará el Barcelona.
11 A Mamá, me duele la cabeza.
B Pues túmbate en la cama un rato y te sentirás mejor.

2   1 se impondrán   2 llegarán
3 subirán   4 cambiarán
5 Bajarán   6 alcanzarán
7 continuará   8 Estará
9 estará   10 serán
11 subirán   12 predominará
13 serán   14 experimentarán
15 soplará

3   1 a, d, h   2 c, f, g
3 b   4 e

4   1 Sé hablar alemán, español e inglés.
2 Ayer vino a clase un chico muy tímido que tenía unos ojos preciosos.
3 ¿Cuándo llegó Álvaro de Málaga?
4 Me gustan muchísimo los pájaros.
5 ¡Que tengáis un buen viaje!
6 ¡Qué simpático es Luis!
7 Llego tarde a la oficina todos los días por culpa del autobús.
8 Deberías hablar con él.
9 El examen de matemáticas es la próxima semana.
10 Anteayer estudié gramática toda la tarde.
11 Álvaro se compró un coche de segunda mano y a los dos meses se le estropeó.
12 ¿Por qué no vino María a la reunión de Biología?
13 Ramón, ¿cuantas veces te he dicho que no juegues con el balón en el jardín?
14 No me acordé de que había quedado con Úrsula y la dejé plantada, no fui a la cita.
15 Óscar no abrió la boca y su jefe le preguntó si no tenía nada que decir.
16 Si no te das prisa, llegarás tarde.

UNIDAD 2

A En la estación   P. 8–9

1   1 Porque era una estación abandonada y verla era como viajar en el tiempo.
2 El museo de la historia del Metro de Madrid.
3 Debido a la ampliación de la Línea 1 de Metro.
4 Se usó como escenario para algunas escenas de la

película Barrio.
5 Taquillas, barreras de acceso e indicadores de la estación original. También hay pantallas gigantes que proyectan documentales de la época.

2 Actividad libre.

3 Actividad libre.

4 1 (En la taquilla del metro)
   A Un <u>billete</u>, por favor.
   B ¿De diez viajes o <u>sencillo</u>?
   A De diez.
   B Aquí tiene.
   A Gracias. Por favor, ¿puede darme también un <u>plano</u>?
   B Claro, tome.

   2 (Hablando con el conductor del autobús)
   A Perdone, ¿para ir al Centro de Salud?
   B Es la tercera <u>parada</u>.
   A Ah, vale, gracias.

   3 (En el metro)
   A Perdone, ¿para ir a Sol?
   B Tiene que tomar la <u>línea</u> cinco y <u>hacer transbordo</u> en Ventas.

5 1 Cuando Rosa llegó, la clase ya había empezado.
   2 Cuando vino el técnico, yo ya había arreglado el televisor.
   3 Cuando Mercedes volvió, su hijo ya había fregado los platos y recogido la cocina.
   4 Cuando Hugo preguntó por aquel piso, el dueño ya lo había vendido.
   5 Cuando Gustavo Carrascosa ganó el Premio Nobel de Literatura, ya había escrito *La jaula de cristal*.
   6 Cuando me telefoneaste otra vez, yo ya había escuchado tu mensaje en el contestador.
   7 Cuando terminé mis estudios, yo ya había empezado a trabajar.
   8 Cuando nuestro hijo cumplió diez meses, ya había aprendido a andar.

6 1 se había casado   2 había hecho
   3 se habían muerto   4 habían abierto
   5 se había divorciado   6 habíamos nacido

7 1 éramos, nos mudamos   2 volvió, lloramos
   3 contesté, estaba
   4 compramos, habíamos visto
   5 vivíamos, nadábamos   6 conocí, había salido
   7 rompió, habías regalado 8 pasábamos, estuvimos

B ¿Cómo vas al trabajo?   P. 10

1 1 Revisor   2 Transbordo
   3 Metrobús   4 Taxi
   5 Andén   6 Atasco

C Intercambio de casa   P. 10–11

1 1 Por unos amigos   2 En primavera
   3 Un mes   4 Sí

2 1 a   2 de   3 al
   4 en   5 al   6 en
   7 Desde   8 hasta   9 en
   10 del   11 de   12 de

3 1 desde, hasta, en 2 a   3 a
   4 por   5 en, de   6 a, en
   7 hasta, a 8 Desde

4

País de intercambio:	Brasil
Época del año:	Vacaciones escolares
Número de personas:	5
Niños:	☑ SÍ ☐ No
Tipo de propiedad:	☐ Rural ☑ URBANA
Fumadores:	☐ Sí ☑ NO
Intercambio de coche:	☐ Sí ☑ NO
☐ Lago ☑ PLAYA	
☐ Montaña ☐ Bosque	
☑ ATRACCIONES TURÍSTICAS ☑ ZONA COMERCIAL	

5 1 Aparato de aire acondicionado
   2 Calefacción
   3 Chimenea
   4 Reproductor de música
   5 Terraza
   6 Vitrocerámica
   7 Lavaplatos
   8 Barbacoa

UNIDAD 3

A Julia me cae bien   P. 12–13

1 1 A Rosa le molestan los ruidos.
   2 A mí me quedan mal los vaqueros.
   3 A Carlos le preocupa su trabajo.
   4 A Manuel y a Laura les interesa la Historia.
   5 A mis padres les encanta el cine.
   6 A mi mujer le cae mal mi jefe.
   7 A mis hijas les preocupa la contaminación de la atmósfera.
   8 A nosotros no nos pasa nada importante nunca.
   9 A mí me interesan los problemas de la gente que quiero.
   10 ¿A vosotros os importa el futuro de los niños?

2 1 le   2 se, se   3 le   4 se   5 le, le

3 1 A ¿A ti <u>te</u> molesta la gente que habla mucho?
      B No, a mí <u>me</u> molesta más la gente que no habla nada.
   2 A No <u>me</u> cae nada bien Lorenzo.
      B ¿Por qué lo dices?

A Siempre está hablando de lo mismo, no le interesan nada más que el fútbol y los coches.

3 A Estás muy seria, ¿qué te pasa?
   B Es que me preocupa mi hija Violeta porque no sale, se queda en casa todo el fin de semana y no tiene amigos.
4 A ¿Qué os pasa? ¿Por qué tenéis esa cara?
   B Es que hemos llegado aquí hace media hora y no hay nadie. No nos gusta nada esperar.
5 A Mira esta falda, ¿cómo me queda?
   B Muy bien. Cómpratela.
6 Quita la tele, no me interesan nada los cotilleos de los artistas.
7 A ¿Qué le pasa a tu marido?
   B Se ha enfadado conmigo porque no quiero ir a casa de sus amigos.
8 Pepe, no te lleves el coche, lo necesito yo.

4 1 veo 2 haces 3 estoy buscando
       4 cerraron 5 trabajaba 6 me quedé
       7 trabajo 8 trabajas

6 1 A ¿Has estado alguna vez en París?
          B Sí, estuve allí en 2002. Fui con mi marido y mis hijos.
       2 Antes me gustaba mucho salir los sábados por la noche, pero ahora prefiero quedarme en casa leyendo un libro.
       3 A Rosa, pronto es Navidad. ¿Dónde pasarás la Nochebuena, aquí o en tu pueblo?
          B Pues la Nochebuena la pasaré con mis padres en el pueblo y en Nochevieja cenaré aquí en Madrid con los amigos.
       4 A ¿Has visto ya la última película de Almodóvar?
          B No, últimamente no voy / he ido mucho al cine.
       5 A ¿Qué haces normalmente los fines de semana?
          B Pues normalmente no salgo mucho, pero este fin de semana iré / voy a ir a la montaña con un amigo.
       6 A ¿Dónde estabas esta mañana? Te he llamado varias veces al móvil.
          B Pues estuve en el hospital viendo a mi cuñada.
       7 A ¿Cuánto tiempo hace que estás casado?
          B Muy poco, solo seis meses.
       8 A ¿Sabes? Voy / Voy a ir de vacaciones a Brasil, tengo ganas de ver las cataratas de Iguazú.
          B ¡Qué bien! Yo las vi hace cinco años y me gustaron mucho. Son impresionantes.
          A Yo nunca he estado en Brasil.

7 Me llamo Joaquín del Campo y soy matrona. Trabajo en el hospital de El Escorial desde hace 17 años. A las mujeres no les importa, pero a veces sí les choca a los médicos, porque esperan que la matrona sea una mujer. Algunas mujeres dicen que me prefieren a mí porque soy más sensible. No lo sé. A mí me gusta mi trabajo, siempre intento animar a la madre, le pregunto cómo se va a llamar el bebé, le cuento que es un momento duro pero que pronto tendrá a su bebé en los brazos y el dolor pasará. Si a alguna mujer le molesta mi presencia, otra compañera viene y no pasa nada. Creo que he atendido unos 4000 partos. El mejor, cuando ayudé a mi mujer. Creo que todos los padres deben ver cómo nacen sus hijos, es una experiencia inolvidable.

B Amigos P. 14

1 a. vago   b. generoso   c. terco
       d. comprensivo e. formal   f. cariñoso
       g. egoísta   h. sincero   i. tímido

S	P	R	T	M	C	B	G	R	T	N	S
C	F	V	A	G	O	T	S	N	B	O	P
A	Z	F	O	R	M	A	L	L	U	Y	O
S	D	R	T	B	P	W	S	T	R	N	A
N	B	V	C	A	R	I	Ñ	O	S	O	L
Q	V	B	Y	T	E	R	C	O	I	B	C
Z	Q	C	V	U	N	P	Ñ	L	N	P	Ñ
X	E	G	O	I	S	T	A	Ñ	C	G	M
P	O	T	I	M	I	D	O	M	E	U	B
Z	E	R	F	Q	V	E	U	N	R	Z	P
G	E	N	E	R	O	S	O	Ñ	O	P	T

2 1 hable   2 tenga, sea   3 tenga
       4 cuide   5 esté   6 juegue
       7 pueda   8 entienda   9 vengan
       10 pongan   11 atiendan

3 1 hace   2 sabe   3 estudien
       4 tenga   5 hace   6 acaban
       7 cueste   8 venda   9 tienen
       10 hierva

4 Actividad libre.

C Tengo problemas P. 15

1 1 c   2 e   3 a   4 j   5 g
       6 i   7 f   8 b   9 h   10 d

2 1 me abrigaría   2 pondría   3 tendría
       4 estaría   5 iría   6 haría
       7 vería   8 saldría   9 enviaría
       10 iría

3 Actividad libre.

UNIDAD 4

A ¡Cuánto tiempo sin verte! P. 16–17

1 1 Cuando salieron de casa, estaba lloviendo.
       2 Cuando volvió del trabajo, su mujer estaba leyendo el periódico.
       3 Cuando ella se despertó, él estaba preparando el desayuno.
       4 Cuando ella entró, la profesora estaba escribiendo en la pizarra.
       5 Cuando Paula y Eduardo pusieron la radio, estaban cantando su canción favorita.

2
1. llegar (ellos) / ladrón robar. Cuando llegaron, el ladrón estaba robando.
2. verla (yo) / cruzar la calle (ella). Cuando la vi, ella estaba cruzando la calle.
3. empezar la película / cenar (ellos). Cuando empezó la película, ellos estaban cenando.
4. abrir la puerta de su cuarto (nosotros) / Alicia hablar por el móvil. Cuando abrimos la puerta de su cuarto, Alicia estaba hablando por el móvil.

3
1. Ha estado practicando.
2. estaban dando de comer.
3. estaba esquiando.
4. estuvimos hablando.
5. han estado escuchando.
6. habéis estado criticando.
7. estaba rodando.
8. estuvieron escribiendo.

4
1. Sigue veraneando en Ibiza.
2. Ha dejado de coleccionar postales.
3. Ha dejado de jugar al fútbol.
4. Sigue saliendo con Tomás.
5. Sigue viviendo en Múnich.
6. Ha dejado de estudiar medicina.
7. Ha dejado de vivir con sus padres.
8. Ha dejado de ser vegetariana.
9. Sigue haciendo submarinismo.
10. Ha dejado de ir a clase de *ballet*.
11. Sigue escribiendo poemas.
12. Sigue siendo muy alegre.

5
1. acaba de
2. empieza a
3. llevan
4. acaba de
5. sigue
6. empieza a
7. deja de
8. vuelve a
9. sigue
10. vuelve a
11. deja de
12. lleva

6
1. El profesor acaba de llegar.
2. Hoy me he vuelto a examinar.
3. Acabo de terminar el informe.
4. Mi cuñado lleva buscando trabajo desde hace dos meses.
5. ¿Por qué habéis dejado de escribirme cartas?
6. Esta actriz sigue actuando en el cine.
7. Hemos dejado de vender revistas.
8. Llevan trabajando desde los 18 años.
9. He vuelto a ver la película que me prestaste.
10. Julia acaba de llamar preguntando por ti.
11. Nuestro equipo de fútbol ha vuelto a ganar.

B La educación antes y ahora   P. 17–18

1
1. Antes los niños tenían mucha imaginación, pero ahora son menos creativos.
2. Antes me daba miedo el agua, pero ahora me encanta nadar.
3. Antes los niños construían sus propios juguetes, ahora sus padres se los compran.
4. Antes los niños jugaban en la calle con sus amigos, ahora prefieren divertirse con los videojuegos.
5. Antes las madres pasaban más tiempo en casa con sus hijos, ahora trabajan fuera de casa.
6. Antes vosotros ibais a clase por la mañana y por la tarde, ahora tenéis jornada continua.
7. Antes este colegio era solo para niñas, ahora es mixto.

2 Actividad libre.

3
1. colegio privado.
2. colegio mixto.
3. suspender.
4. asignatura.
5. aprobar.
6. colegios públicos, uniforme.
7. matricularse.
8. pedir una beca.
9. guardería.

C Trabajo y vocación   P. 18–19

1 1, 2, 6, 9, 10

2 Actividad libre.

3 deshonesto, desordenado, descontrolado, desagradable, infeliz, intranquilo, ilimitado, inútil, ilegales, innecesario, inexperto, irresponsable, incómodo, intolerante, impaciente, injusto, inmaduro, ilegal, insensible, insociable

4
1. He estudiado periodismo en la universidad del Saber.
2. He hecho un curso de redacción y corrección de estilo.
3. He presentado un programa en la radio.
4. He trabajado en la redacción del periódico *Dime*.
5. He dado una conferencia en las XI Jornadas de Periodismo de La Habana.
6. He escrito un libro sobre política exterior.
7. He ganado varios premios de periodismo.
8. He sido corresponsal en Asia.

5
1. V   2. V   3. V   4. F   5. V
6. F   7. V

6
1. ¿Te preparo un té?
2. A mí no me eches azúcar, por favor.
3. Él estaría orgulloso de ti.
5. Sé que estás preocupada.
8. ¡Qué sorpresa!
9. A Pedro no le gusta esquiar, pero a Laura sí.

UNIDAD 5

A ¿Por qué soy vegetariano?   P. 20

1
1. berenjenas
2. garbanzos
3. mejillones
4. filetes
5. lechuga
6. merluza
7. salchichas
8. lentejas
9. coliflor
10. ajos
11. cebolla
12. yogur
13. espárragos
14. zanahorias
15. miel
16. pimientos
17. queso
18. alcachofas

2
1. para
2. para que
3. para
4. para que
5. para que
6. para
7. para
8. para

3 (Posibles respuestas)
1. pase a recogerme.
2. los leas.
3. divertirse.
4. hacerse una revisión.
5. me escribáis.
6. no toser.

4 1 He ido a la farmacia para que me recomienden un medicamento.
2 Han regalado una bufanda a su sobrina para que no tenga frío.
3 He puesto el despertador para que te levantes temprano.
4 Ha dejado algo de ropa en la habitación para que os la pongáis.

B Las otras medicinas P. 21

1 pies, cabeza, cara, lengua, labios, ojos, cejas, pestañas, frente, cabellos, cuello, hombros, espalda, brazoas, pecho, abdomen, piernas, caderas, muslos, tobillos, talón, dedos

2 Actividad libre.

3 1 curar   2 adelgazar   3 dieta
4 risoterapia 5 herbolario   6 medicamento
7 enfermedad   8 vegetariano

4 1 insomnio   2 tos
3 mareo   4 quemaduras solares
5 fiebre   6 dolor de cabeza
7 estreñimiento

C El sueño P. 22-23

1 1 de moda   2 despido   3 echar
4 británicas   5 a oscuras   6 sin
7 descanso   8 estrés   9 tranquilidad
10 persona   11 mesaje   12 con
13 demuestran

2

ESCRIBIR	escribe	escriba	escribid	escriban
MIRAR	mira	mire	mirad	miren
JUGAR	juega	juegue	jugad	jueguen
LEER	lee	lea	leed	lean
SALIR	sal	salga	salid	salgan
DORMIR	duerme	duerma	dormid	duerman
OÍR	oye	oiga	oíd	oigan
PONER	pon	ponga	poned	pongan
DECIR	di	diga	decid	digan
CERRAR	cierra	cierre	cerrad	cierren
EMPEZAR	empieza	empiece	empezad	empiecen

3 1 No me des más papel.
2 No hables tan alto.
3 No lo escribas aquí.
4 No te sientes ahí.
5 No le lleves el café.
6 No le prestes el coche a Luis.
7 No se lo digas a María.
8 No me lo des.
9 No te levantes temprano.
10 No le des el diccionario a Rosa.
11 No te maquilles más.
12 No le pongas el vestido rosea a María.
13 No empieces a cantar.
14 No le des este libro a Pepe.

4 1 No me dé más papel.
2 No hable tan alto.
3 No lo escriba aquí.
4 No se siente ahí.
5 No le lleve el café.
6 No le preste el coche a Luis.
7 No se lo diga a María.
8 No me lo de.
9 No se levante temprano.
10 No le dé el diccionario a Rosa.
11 No se maquille más.
12 No le ponga el vestido rosa a María.
13 No empiece a cantar.
14 No le dé el libro a Pepe.

5 1 Lea   2 Conserve   3 consulte.
4 consulte   5 tome   6 interrumpa

6 a. Vive   b. No tengas   c. Sé
d. Ríe   e. Respira   f. No te enfades
g. Escucha   h. Expresa   i. No pierdas
j. No dejes

7 1 Si tienes dolor de muelas: no comas tantos dulces. Y no tomes alimentos ni muy calientes ni muy fríos. Y, sobre todo, ve enseguida al dentista.
2 Si estás muy estresado: no trabajes tanto. Busca algún momento para relajarte. Oye música suave. Sal y distráete.
3 Si estás resfriado: abrígate bien. Toma alguna infusión bien caliente. Ve al médico.
4 Si te duele la rodilla: pon la pierna en alto. No hagas movimientos bruscos con la rodilla: no subas las escaleras y deja de montar en bicicleta.

9 gato, jarrón, gente, lentejas, gigante, guerra, jersey, guitarra, juego, girar.

UNIDAD 6

A Ecológicamente correcto P. 24-25

1 1 Me molesta muchísimo que la gente tire desperdicios en el campo.
2 Me molesta muchísimo que la gente haga fuego en el bosque sin tomar precauciones.
3 Me molesta muchísimo que la gente comercie con especies protegidas.
4 Me molesta muchísimo que la gente use abrigos de piel.
5 Me molesta muchísimo que la gente malgaste el agua.
6 Me molesta muchísimo que la gente ensucie los ríos.
7 Me molesta muchísimo que la gente abandone sus mascotas.
8 Me molesta muchísimo que la gente no se esfuerce lo suficiente en cuidar el medioambiete.
9 Me moelsta muchísimo que la gente no separe la basura.

2 1 a   2 d   3 b   4 h
     5 f   6 c   7 e   8 g

3 a 1   b 3   d 2

4 1 ¿A tí te alegra que se casen Julia y Hugo?
     2 A vosotros os fastidia que Carlos sea feliz.
     3 A nosotros nos preocupa que tú saques malas notas.
     4 A mí no me molesta que vengáis a mi casa.
     5 A los políticos les interesa que la gente crea en ellos.
     6 A usted le encanta que sus hijos le visiten.
     7 A mi vecina le molesta que mis hijos jueguen en el patio.
     8 A Pablo le irrita que habléis todos a la vez.
     9 A nosotros nos gusta mucho que nos escribas postales cuando viajas.

5 Que enciendan un cigarrillo sin permiso en su casa.
     Que le aconsejen sobre la educación de sus hijos.
     La impuntualidad. Que le insistan para que coma alguna cosa.

6 Actividad libre.

B Menos humos, por favor   P. 25–26

1 1 ser   2 dejar   3 seguir
     4 utilizar   5 encender   6 tires
     7 acampar   8 colaboremos 9 avises

2 Actividad libre.

3 1 d, 2   2 f, 1   3 b, 3   4 a, 5
     5 e, 6   6 c, 4   7 h, 8   8 g, 7

C La ecologista del Himalaya   P. 26–27

1 1 Madrugar para ir al instituto.
     2 Porque en el campo hay menos ruido que en la ciudad.
     3 Que en invierno no hay bomberos en la zona, y muy cerca hay una central nuclear.
     4 Antes trabajaba en una compañía eléctrica, y ahora es pastor.
     5 En el campo.

2 1 LAGO   2 CONTAMINACIÓN ACÚSTICA
     3 CORDILLERA   4 SELVA
     5 MEDIOAMBIENTE   6 ISLA
     7 OCÉANO   8 INCENDIO FORESTAL
     9 CONTINENTE   10 CAPA DE OZONO
    11 CAÑÓN   12 DESIERTO

3 1 más, que   2 menos, que   3 menos, que
     4 menos, que 5 más, que   6 menos, que
     7 más, que   8 menos, que   9 tan, como

4 1 más contaminada   2 peores
     3 mayor   4 más fuerte
     5 más pequeño   6 tan ruidosa
     7 mejor   8 tan ecológico
     9 más secos

5 1 interesantísimo   2 grandísimo
     3 sequísimo   4 ruidosísimo
     5 vaguísimo   6 pequeñísimo
     7 lentísimo   8 fortísimo

6 1 tan   2 tanto   3 tantas
     4 tantas   5 tan   6 tantos
     7 tanta   8 tan   9 tantos
    10 tanto

UNIDAD 7

A Un buen trabajo   P. 28

1 1 c   2 b   3 a   4 e   5 d
     6 i   7 f   8 g   9 h

2 1 barajas de cartas   2 clientes femeninos
     3 por teléfono   4 En su consulta
     5 Fue su abuela   6 del dinero que gana

3
Q	E	D	V	B	N	P	I	N	T	O	R	A	L
D	C	U	D	E	P	E	N	D	I	E	N	T	A
J	U	Y	W	P	N	R	Ñ	L	X	R	A	I	Y
T	R	Z	C	O	C	I	N	E	R	O	C	K	T
R	N	P	E	A	B	O	G	A	D	O	T	I	U
Y	X	M	J	A	R	D	I	N	E	R	O	L	P
B	A	I	L	A	R	I	N	A	Y	N	R	X	P
M	E	R	T	Y	C	S	V	B	H	J	K	M	B
C	A	N	T	A	N	T	E	E	M	B	G	J	K
P	O	L	I	C	I	A	A	S	D	F	H	Y	U

B Cuando pueda, cambiaré de trabajo   P. 29

1 1 d   2 b   3 g   4 j   5 e
     6 a   7 f   8 h   9 i   10 c

2 1 termines   2 llame   3 acababa
     4 fuisteis   5 termine   6 salgas
     7 hace   8 estés   9 sepas
    10 vayamos   11 puedas   12 vayas

3 1 Cuando nos entreguen el piso.
     2 Cuando me den las vacaciones.
     3 Cuando empiecen las rebajas.
     4 Cuando sea tu cumpleaños.
     5 Cuando tenga tiempo.
     6 Cuando vayamos a Barcelona.
     7 Cuando estéis de vacaciones.
     8 Cuando venga a verme.
     9 Cuando haga calor.
    10 Cuando me lo diga el médico.
    11 Cuando lleguen a casa.

C Si tuviera dinero... P. 30–31

1
1 trabajara 2 fuéramos 3 hubiera
4 invitara 5 tocara 6 sacaran
7 estuviera 8 tuviéramos 9 encontraran
10 vinieras 11 hablara 12 tuviera
13 subiera

2
1 pesara, comería 2 discutiría, encontrara
3 fuera, tendría 4 Sería, se murieran
5 construyeran, habría 6 estuviéramos, me bañaría
7 viviéramos, tendríamos 8 me ocupara, castigaría
9 sería, tuviera 10 comería, cocinara.

3
1 fuera 2 pasaría 3 fuera
4 tendría 5 Irías 6 tuvieras
7 quisieras 8 escribiría 9 alojara
10 tendría 11 dieras 12 podrías
13 tuviera 14 tendría

5 1 b 2 d 3 a 4 c 5 e

6 Actividad libre.

7
1 se sentiría emocionada.
2 lo rechazaría.
3 sería una gran sorpresa.
4 lo intentaría con ayuda de sus compañeros.
5 no le importaría, le encanta viajar.

UNIDAD 8

A Deportes P. 32

1

K	B	I	C	I	C	L	E	T	A	M	K	A	P
A	A	B	E	S	R	K	F	F	G	A	E	L	A
V	P	Q	G	U	A	N	T	E	S	N	A	A	T
G	S	R	E	S	Q	U	I	E	S	D	R	I	I
P	C	T	O	R	U	A	T	V	B	A	L	O	N
A	A	L	S	P	E	L	O	T	A	A	L	T	E
E	S	L	T	I	T	E	A	E	Ñ	B	O	U	S
R	C	B	O	T	A	S	I	T	A	C	X	L	O
P	O	M	A	I	T	E	M	E	D	A	L	L	A
M	O	P	A	I	T	I	A	S	O	E	I	Y	Z
L	O	B	B	A	Ñ	A	D	O	R	W	V	O	P

guantes-boxeo, casco-motociclismo,
botas-fútbol, balón-fútbol,
esquíes-esquí, medalla-atletismo,
patines-patinaje, bañador-natación,
pelota-golf y tenis, bicicleta-ciclismo

2
1 Es futbolista, jugador/a de fútbol.
2 Es ciclista.
3 Es jugador/a de baloncesto.
4 Es nadador/a.
5 Es patinador/a.
6 Es tenista.
7 Es atleta.
8 Es boxeador/a.
9 Es golfista, jugador/a de golf.
10 Es jugador/a de voleibol.
11 Es esquiador/a.

3
1 A los cuatro años.
2 Para relajarse le gusta ir al campo y a pescar.
3 Es muy perfeccionista.
4 Ganar otra vez la Vuelta a la Gran Montaña.
5 Hasta el momento ha ganado por tercera vez la Vuelta a la Gran Montaña.
6 Tiene cinco bicicletas.

B ¿Salimos? P. 32–34

1
1 No. 2 A las seis de la tarde.
3 Porque la quitaron hace quince días.
4 En la dos. 5 Sí, *La máscara del Zorro*.
6 Mañana.

2
A ¿Qué quieres hacer esta tarde?
B Podemos dar una vuelta.
A ¿Te gustaría ir al cine?
B No sé, a mí no me apetece mucho...
A ¿Prefieres ir al teatro?
B ¡Ah, vale, me parece una buena idea!
A ¿Dónde quedamos?
B Si quieres quedamos en la puerta de mi casa.
A ¿A qué hora quedamos?
B ¿Te parece bien a las ocho?
A De acuerdo, muy bien.
B Vale, hasta luego, entonces.

3 Actividad libre.

4
1 Quería saber qué hora era. / Dijo que qué hora era.
2 Quería saber por qué nos íbamos tan pronto. / Dijo que por qué nos íbamos tan pronto.
3 Quería saber dónde habíamos quedado. / Dijo que dónde habíamos quedado.
4 Quería saber cuándo tendrá/tendría el dinero. / Dijo que cuándo tendrá/tendría el dinero.
5 Quería saber en qué año había nacido. / Dijo que en qué año había nacido.
6 Quería saber qué iba a hacer esa noche. / Dijo que qué iba a hacer esa noche.
7 Quería saber quién era ese hombre. / Dijo que quién era ese hombre.

5
1 Preguntó (que) si / Quería saber si me interesaba la pintura.
2 Preguntó (que) si / Quería saber si habíamos visto el último *ballet* de la Compañía Nacional de Danza.
3 Preguntó (que) si / Quería saber si ponían algo interesante en la tele.
4 Preguntó (que) si / Quería saber si iba yo a sacar las entradas para el concierto o las sacaba él.
5 Preguntó (que) si / Quería saber si había cenado en el restaurante que me recomendó.

6 Preguntó (que) si / Quería saber si volvería tarde a casa.
7 Preguntó (que) si / Quería saber si preferiría quedar más pronto.
8 Preguntó (que) si / Quería saber si participábamos en alguna red social.
9 Preguntó (que) si / Quería saber si mis padres ya están jubilados.

6 1 ¿Dónde pasaréis las vacaciones?
2 ¿Te apetece un bocadillo de calamares?
3 ¿Dónde habéis visto el partido de fútbol?
4 ¿A qué hora tienes la entrevista?
5 ¿Haces ejercicio a menudo?
6 ¿Le has entregado el paquete a tu suegra?
7 ¿Has visto ya mi sofá nuevo?

7 **VANESA:** Ayer vi a Vanesa. Me dijo que se alegraba mucho de verme, y que si tenía algo que hacer el domingo por la tarde, que Luis y ella iban a hacer una fiesta para celebrar que se habían cambiado de casa.

ARTURO: Ayer me encontré a Arturo. Me dijo que le sobraban dos entradas para el partido del domingo, que si nos gustaría ir.

LAURA: Ayer hablé con Laura. Me dijo que había vuelto de Lima esa misma mañana, que ya tenía ganas de ver a su familia y a sus amigos de aquí.

RAÚL: Ayer vi a Raúl. Me dijo que hoy me traería a casa los libros que le presté, que gracias y que le habían servido de mucho.

Sra. JULIA: Ayer me encontré a la Sra. Julia. Me preguntó que qué tal estabas, dijo que hacía muchísimo que no te veía, y que si seguías saliendo con Marta.

Sr. GARRIDO: Ayer vi al Sr. Garrido. Me dijo que la semana pasada había hablado contigo, y que le habías contado que yo había cambiado de trabajo porque no estaba contento con mi sueldo.

8 1 "El martes fui al estreno de la última película de Amenábar. ¿Tú ya la has visto?".
2 "Mi abuelo murió cuando yo era muy pequeña".
3 "Nuestros vecinos van a mudarse, ¿sabes?".
4 "No te he llamado estos días porque he estado muy ocupado".
5 "Mañana por la mañana iré a recogerte en coche".
6 "Me he apuntado a un curso de tai-chi y estoy encantado".
7 "Pues Juan saldrá a cenar con su novia el viernes".
8 "Voy a poner tu fotografía en mi habitación".
9 "Estudiaré su propuesta".

C Música, arte y literatura   P. 35

1 1 aplaudir   2 colarse   3 entradas
4 cola   5 inaugurar 6 taquilla

2 1 D   2 B   3 C   4 E
5 A   6 G   7 H   8 F

UNIDAD 9

A Sucesos   P. 36–37

1 1 El 31 de diciembre.
2 A las 12 de la noche.
3 En Huelva.
4 Lo transportaron en dos vehículos todoterreno.
5 Se ha descubierto que entre ocho y diez personas participaron en el robo.
6 No, porque llevaban pasamontañas.

2 1 ladrones   2 aprehendida   3 transportar
4 analizadas   5 todoterreno.

3 a 5   b 2   c 3   d 1   e 4

4 1 ha sido inaugurado   2 fue detenido
3 serán publicados.   4 han sido construidos
5 fue visitada   6 ha sido condenado
7 ha sido elegido   8 fueron expuestas
9 serán llevados   10 ha sido traducido

5 1 Mañana será inaugurado el museo de la ciudad.
2 Hoy ha sido capturado el gorila que se escapó del zoo.
3 Esta casa fue construida en 1860.
4 Últimamente han sido despedidos muchos trabajadores en esta empresa.
5 En el futuro, el tráfico aéreo será controlado por ordenadores.
6 Ayer fueron subastadas las gafas de John Lennon.
7 Todavía no han sido encontradas las obras de arte robadas de la Fundación.
8 Este año, el traje de novia de muchas mujeres famosas ha sido diseñado por Victorio & Lucchino.
9 *El Quijote* fue escrito por Cervantes.
10 El cuadro fue vendido la semana pasada.
11 Ángela será elegida delegada de curso el próximo trimestre.
12 La semana que viene será presentada su última novela.
13 Ayer fueron aprehendidos los ladrones de cuadros.

B ¡Cásate conmigo!   P. 37–38

1 1 g   2 a   3 h   4 d   5 c
6 b   7 e   8 f   9 j   10 i

2 **venir:** vinierais/vinieseis
correr: corramos
hacer: hicierais/hicieseis
ser: fueran/fuesen
ir: fueran/fuesen
querer: quisiéramos/quisiésemos
morir: muráis
poder: puedas
salir: salgan

3 1 El vendedor nos recomendó que consultáramos el catálogo.
2 El profesor nos dijo que abriésemos el libro por la página 23.

3 La dependienta le sugirió a mi amiga que se probase el vestido rojo.
4 Mi madre siempre me pide que no vuelva muy tarde.
5 Mi tío me ha dicho que pruebe sus pasteles.
6 La abuela te ha pedido que te quedes un poco más.
7 El policía me dijo que siguiese todo recto por esta calle y luego girase a la izquierda.
8 Mi mujer siempre me dice que conduzca con cuidado y que no corra.
9 Mi profesor siempre me dice que no tenga miedo a equivocarme.
10 Su novia le dijo que se verían a las nueve.

4
1 coma 2 fume 3 evite
4 beba 5 haga 6 procure
7 vuelva 8 comiera/comiese
9 fumara/fumase 10 evitara/evitase
11 bebiera/bebiese 12 hiciera/hiciese
13 procurara/procurase 14 volviera/volviese

C Quiero que mi ciudad esté bonita P. 39

1
1 se cure 2 seáis 3 vayas
4 fueras 5 ir 6 preste
7 regalase 8 tener / que tenga
9 resfriarse 10 recoja

2
1 Yo quiero que Jorge venga mañana a la oficina.
2 Óscar dijo que fueras mañana a su casa.
3 La excursionista desaparecida el lunes fue rescatada ayer.
4 Tomás pidió que escribieras tus datos en esta hoja.
5 Los premios serán entregados el próximo lunes.
6 Necesitas conocer gente.
7 Preguntaron que de dónde eras.
8 Me dijo que hiciera los deberes.
9 Esta iglesia fue construida en el siglo xiii.
10 Espero que te encuentres bien después de la operación.

3 Actividad libre.

4
1 boca 2 polo 3 siempre
4 vago 5 par 6 tiemblo
7 beca 8 Paca

5
1 VERBO 2 BIGOTE 3 BASURA
4 ESCRIBIR 5 HERVIR 6 INVISIBLE
7 BRAVO 8 BARBA 9 AVIÓN
10 VERTEDERO 11 SERVIR 12 ACABAR
13 IMBÉCIL 14 SABER

UNIDAD 10

A De viaje P. 40–41

1
1 b 2 a, b y c 3 a 4 a 5 b
6 c 7 b

2
1 A lo mejor no debes contárselo a Raquel todavía.
2 Seguramente hoy visitarán los museos más importantes.
3 Quizás me traslade a otra ciudad el año que viene.
4 A lo mejor nos compramos un coche nuevo.
5 Seguramente conseguiremos hablar con él antes del fin de semana.
6 Probablemente no encontréis/encontraréis habitaciones libres en ese hotel.
7 A lo mejor son extranjeras.
8 Quizás haga demasiado frío para ir al campo.

3
1 Seguramente es fiesta y hoy no hay clase. / Quizás quieran gastarme una broma. / A lo mejor hoy dan la clase en otra aula.
2 Probablemente tenga una avería. / A lo mejor está desenchufado.
3 Quizás le falte azúcar. / A lo mejor tiene demasiada crema.
4 Seguramente mi móvil ya no funciona bien. / A lo mejor alguien esté haciendo mucho ruido donde está mi hermana.
5 Probablemente haya tenido insomnio. / A lo mejor ha pasado toda lo noche de fiesta.
6 A lo mejor te la han robado. / Probablemente te la hayas dejado en casa.

B Alojamientos P. 42

1
1 casa rural 2 parque natural
3 bodegas 4 castillo
5 paisaje 6 hotel
7 estrellas 8 servicios
9 oferta de ocio 10 zonas recreativas

2
1 **En la recepción de un hotel**
  A ¿<u>Sería tan amable</u> de darnos algún folleto con las actividades culturales de la ciudad?
  B Claro que sí.
2 **Hablando con tu compañera de piso**
  A ¿Te <u>importaría</u> prestarme tu maleta? La mía es demasiado pequeña.
  B <u>Lo siento</u>, pero la necesito yo.
3 **En un restaurante elegante**
  A ¿<u>Podría</u> traernos otra botella de este vino?
  B <u>Sí</u>, ahora <u>mismo</u>.

3
1 SERVICIO DE HABITACIONES
2 SAUNA
3 PRENSA GRATUITA
4 GIMNASIO
5 MINIBAR
6 AIRE ACONDICIONADO
7 APARCAMIENTO

4
1 A Servicio de habitaciones, ¿dígame?
  B <u>¿Sería posible que nos subieran la cena?</u>

A Por supuesto. ¿Qué desean cenar los señores?
B <u>Queríamos una ensalada de salmón, un filete de ternera y tomates rellenos.</u>
A ¿Y de bebida?
B <u>Una botella de vino blanco de Rueda y una botella de agua mineral.</u>
A ¿Tomarán algún postre?
B <u>Sí, helado de naranja y fresas con nata.</u>
A Gracias, señor. Enseguida les llevarán la cena.

2 A Perdone, ¿podría abrir la ventanilla?
B <u>Sí, ahora mismo.</u>
A Gracias.

3 A Divertours, ¿dígame?
B <u>¿Podría decirme si hay plazas en la excursión de mañana a las termas?</u>
A Lo siento, pero todas las plazas están cubiertas.

C Historias de viajes — P. 43

1
1 Hace sol. / Hace buen tiempo.
2 Está lloviendo.
3 Está nevando.
4 Hace frío.
5 Ha salido el arcoíris
6 Está nublado.
7 Hay niebla.
8 Hace mucho viento.

2
1 lluvia   2 viento   3 nublados
4 frío   5 sol   6 nubes
7 temperaturas

3 A – 1   B – 6   C – 5   D – 4   E – 3   F – 2

UNIDAD 11

A En el mercadillo — P. 44–45

1
1 efectivo   2 tarjeta   3 tarjeta
4 envuelvo   5 probar   6 talla
7 caro   8 deja   9 par

2
1 Cámbiemelo   2 Regálaselos   3 Plánchaselas
4 Envuélvamelo 5 Encárguemela   6 Pagadlo
7 Cómpraselos   8 Vendédnoslas   9 Enséñenoslo
10 Pásasela

3
1 ¿Podría envolvérmela? / ¿Me la podría envolver?
2 ¿Podría enseñárselo? / ¿Se lo podría enseñar?
3 ¿Podría repararmelo? / ¿Me lo podría reparar?
4 ¿Podría cobrármelos? / ¿Me los podría cobrar?
5 ¿Podría traérmela? / ¿Me la podría traer?
6 ¿Podría encargármelas? / ¿Me las podría encargar?
7 ¿Podría cambiármela? / ¿Me la podría cambiar?
8 ¿Podría vendérmelo? / ¿Me lo podría vender?

4 Actividad libre.

5
1 Sí, te los he traído.   2 Sí, se la he comprado.
3 Sí, la he tirado.   4 Sí, se lo he preguntado.
5 Sí, la he llamado.   6 Sí, os las he enviado.
7 Sí, lo/le he felicitado.   8 Sí, te lo he preparado.
9 Sí, me los he llevado.   10 Sí, se los he contado.

6
1 Zapatos   2 Pendientes   3 Corbata
4 Pantalones 5 Vestido   6 Bufanda
7 Chándal   8 Bolsillo   9 Gorro
10 Cinturón   11 Botones   12 Guantes

B ¡Me encanta ir de compras! — P. 46–47

1
1 lista   2 súper
3 ofertas, precios, factura   4 ticket
5 carro   6 cola, cajas

2
1 un poco   2 poco   3 poco
4 un poco de 5 un poco   6 un poco de
7 un poco   8 poco   9 poco
10 un poco de

3
1 muchos   2 pocas   3 bastantes
4 muchas, bastantes   5 poco
6 pocos   7 mucho
8 bastantes, muchos   9 muchas, poco

4
1 demasiado   2 demasiado   3 bastante
4 demasiadas   5 bastante   6 bastantes
7 demasiada   8 demasiados

5 1 d   2 b   3 a   4 c

6 1 b   2 b   3 c   4 b

C Un hombre emprendedor — P. 47

1
1 a   2 b   3 b   4 a
5 b   6 a   7 b   8 a

2
1 el   2 una   3 un   4 el   5 la
6 los   7 Lo   8 un   9 ø

3
1 una   2 una   3 las   4 Un   5 un
6 una   7 la   8 La   9 la   10 del
11 la   12 al   13 El   14 la

UNIDAD 12

A 7 de julio, San Fermín — P. 48–49

1
1 Todos los años.
2 El lanzamiento de un cohete que anuncia el comienzo de las fiestas.
3 Una semana.
4 Es la canción de despedida.
5 Los participantes corren delante de los toros a las ocho de la mañana.
6 Desde el siglo xiv.
7 A través del libro de Hemingway, *Fiesta*.
8 Alrededor de 900 000 turistas.

2
1 se duerme 2 se frabrican 3 se habla
4 se cena 5 se habla 6 se viaja
7 se permite 8 se desayunan 9 se lee
10 se vive

3
1 En algunos colegios se estudia latín.
2 En Inglaterra se conduce por la izquierda.
3 En España se trabaja 40 horas a la semana.
4 El día de los Santos en las pastelerías se venden buñuelos.
5 En las fiestas de Navidad no se va al colegio.
6 En mi familia los domingos se come paella.
7 En esta tienda se habla español.
8 El próximo martes se aprobará la ley.
9 La uva se recoge en el mes de septiembre.
10 Se construirá un nuevo colegio en mi barrio.

B ¿Quieres venir a mi casa en Navidad?   P. 49–50

1
1 A: ¿Isabel?
2 I: Sí, soy yo.
3 A: ¡Hola! Soy Ángela. ¿Qué tal estás?
4 I: Muy bien. Y, vosotros, ¿cómo estáis?
5 A: Estupendamente. Mira, queríamos pedirte un favor. Nos han regalado unas entradas para el teatro. ¿Podrías quedarte unas horas con el niño?
6 I: Por supuesto, no tengo nada que hacer. ¿Quieres que prepare yo la cena?
7 A: ¡Ah, vale! ¡Estupendo!
8 A: Me he quedado sin pan, ¿te importaría comprar una barra?
9 I: No, no te preocupes. Ya llevo yo el pan. Estaré en tu casa a las ocho.

2
1 se iluminan 2 se comen
3 se sale a patinar 4 se cuelgan
5 se comen lentejas 6 se les regala
7 se coloca una gran vela blanca
8 se recita un pequeño poema

3
1 Por favor, ¿podrías prestarme el móvil para llamar a casa?
2 Por favor, ¿me da dos entradas para la sesión de las siete?
3 Por favor, ¿podría ayudarme a llevar esta caja tan pesada?
4 Señora, ¿me permite ayudarla?
5 Por favor, ¿podrías bajar un poco la música?

C Gente   P. 50–51

1
1 Conduce cuidadosamente.
2 Trabaja rápidamente.
3 Baila expresivamente.
4 Dibuja cuidadosamente.
5 Atienden amablemente.
6 La película termina trágicamente.
7 Dice las cosas profundamente.
8 Pinta fácilmente.
9 Escribe sorpresivamente.
10 Duerme tranquilamente.

2
1 rápida 2 educadamente
3 bien 4 lógicamente
5 peor 6 mal
7 estupendamente 8 perfectas
9 pacientemente 10 mejor

3
1 ¿Cómo conduce el amigo de Ángel?
2 ¿Vas mucho a la piscina?
3 ¿Dónde vive Ramón?
4 ¿Tienen algún perro (opcional) tus primos?
5 ¿Qué tal escribe Alfredo?
6 ¿Ha estado Elena alguna vez en España?
7 ¿Cómo entró en casa?
8 ¿Cómo resuelve Alicia los problemas?
9 ¿Compras periódicos deportivos?
10 ¿Cómo estás?

4 Francamente, profundamente, casualmente, inmediatamente, gratamente, Naturalmente, seriamente, fácilmente, cuidadosamente, apasionadamente

5
a. casualmente b. apasionadamente
c. naturalmente d. sinceramente
e. atentamente f. dificultosamente
g. profundamente h. agradablemente
i. rápidamente j. seriamente

Soluciones de las lecturas

UNIDAD 1
1 d	2 b	3 d	4 c	5 b	6 c
7 a	8 a	9 c	10 c	11 a	12 c
13 a	14 a	15 a			

UNIDAD 2
1 c	2 d	3 b	4 b	5 d	6 b
7 c	8 a	9 b	10 a	11 c	12 d
13 b	14 a	15 d	16 c		

UNIDAD 3
1 b	2 b	3 c	4 c	5 b	6 c
7 a	8 b	9 d	10 c	11 b	12 a
13 c	14 b	15 a			

UNIDAD 4
1. Un coche de juguete en el que se podían meter dos niños.
2. Entre los más mayores.
3. Intentaban hacer ellos mismos el juguete artesanalmente, con materiales sencillos.
4. Los juguetes de antes eran más sencillos que los de ahora. También eran más tiernos y más inteligentes. Eran más imaginativos y más artesanales.

UNIDAD 5
| 1 Muscutel | 2 Analgium 200 |
| 3 Dentidol | 4 Dolorgen |

UNIDAD 6
| 1 b | 2 b | 3 c | 4 c | 5 a |

UNIDAD 7
1 a	2 c	3 a	4 b	5 b
6 b	7 a	8 c	9 c	10 a
11 b	12 d	13 c	14 a	15 b

UNIDAD 8
1 c	2 b	3 c	4 d	5 d
6 a	7 d	8 a	9 b	10 b
11 c	12 b	13 d	14 c	15 c

UNIDAD 9
| 1 c | 2 b | 3 a | 4 b | 5 c | 6 a |

UNIDAD 10
1 a	2 b	3 b	4 d	5 c	6 b
7 a	8 a	9 d	10 b	11 a	12 d
13 b	14 d	15 a			

UNIDAD 11
1 c	2 b	3 c	4 a	5 d	6 a
7 a	8 b	9 c	10 c	11 d	12 b
13 a	14 c	15 c			

UNIDAD 12
1. San Fermín – 7 de julio – Pamplona
2. El Rocío – mayo o junio – Huelva
3. San Isidro – 15 de mayo – Madrid
4. Las Fallas – 19 de marzo – Valencia
5. La Tamborrada – febrero – San Sebastián
6. Feria de Abril – abril – Sevilla

Notas

Notas

Notas

Notas